Das
Gesetz der Serie

Eine Lehre von den Wiederholungen
im Lebens- und im Weltgeschehen

Von

Paul Kammerer

Mit 8 Tafeln und 26 Abbildungen im Text

Deutsche Verlags-Anstalt
Stuttgart und Berlin 1919

Copyright 1919
by Deutsche Verlags-Anstalt, Stuttgart

Druck der Deutschen Verlags-Anstalt
in Stuttgart

Inhalt

5

Tafelverzeichnis

Vorrede

Wenn der Naturforscher die Werkstätte seiner begrenzten Sonderforschungen verläßt und eine Wanderung ins weite Reich philosophischer Betrachtungen wagt, wo er die Lösung jener großen Rätsel zu finden hofft, um derentwillen er der Lösung der kleinen seine Tage widmet: so begleiten ihn die geheimen Befürchtungen derer, die er am Arbeitstische der Spezialuntersuchung zurückläßt; und empfängt ihn das berechtigte Mißtrauen jener, die er als Eingeborene im Reiche der Spekulation begrüßt. So steht er in Gefahr, bei ersteren zu verlieren und bei letzteren nicht zu gewinnen.

EWALD HERING 1876.

Meinen Freunden und Gegnern glaube ich eine Erklärung dessen schuldig zu sein, was mich bewog, mit einem Werk hervorzutreten, das sich so weit abseits von meinem engeren „Fache" ausbreitet. Wer mit mir umging, hatte freilich längst wahrgenommen, wie tief und vielfältig meine Gedankenarbeit mit den Wiederholungsphänomenen verflochten war; aber bei Fernerstehenden muß es Befremden erregen, daß der Naturforscher — noch dazu (soweit eigene Untersuchungen in Betracht kamen) ganz vorwiegend einer exakten Richtung, der experimentellen Biologie ergeben — sich auf Dinge einläßt, die (wenn überhaupt) zunächst nur der reingeistigen Reflexion zugänglich erscheinen.

Tatsächlich wäre die Beschäftigung mit den Serienproblemen wohl noch lange auf mein Privatleben beschränkt geblieben; ja, sie wäre vielleicht — wie es zum Schmerze des Schaffenden so zahlreichen Arbeitsprojekten ergeht — vielleicht für immer dort verborgen geblieben: hätte nicht der Weltkrieg die Frucht zu früher Reife oder doch ihren Erzeuger zu dem Entschlusse gebracht, sie um jeden Preis abzustoßen, gleichviel ob reif oder nicht. Viele werden diese Geburt als eine Fehlgeburt und demzufolge als ungünstige Kriegsfolge bezeichnen, wenn sie ihr überhaupt die Ehre erweisen, bei den gigantischen Reaktionen

9

des Erdenringens mitzuzählen; gleichwohl glaube ich sie besser rechtfertigen zu können als die meisten Verantwortlichen dieser brennenden, blutenden Erde ihre unvergleichlich größeren Taten oder Untaten.

Die treibenden Gründe waren in meinem Falle: erstens die stete Unsicherheit und Unfreiheit von Leben, Arbeit und Eigentum des einzelnen, dessen produktive Kräfte vorzeitig gelähmt oder vernichtet aus den Kämpfen der Gegenwart hervorgehen mochten; so mußte eine vielleicht letzte Gelegenheit ausgenützt werden, um schlecht und recht einen Plan auszuführen, den unwiderstehlicher innerer Trieb als Grundriß eines wichtigen Gebäudes der Erkenntnis bezeichnete. Zweitens hatte militärische Dienstleistung mich von der Stätte angestammter, biologischer Forschung entfernt, hatte übrigens die allgemeine, allgewaltige Ungunst der Verhältnisse auch ohnedem verhindert, jene Forschung auf gewohnten Gleisen fortzusetzen. Drittens hatte ich schon vorher erfahren müssen, daß genauer Erkundung von Tatsachen oft nicht dasjenige Vertrauen geschenkt wird, das ihr gebührt; dagegen fällt dieses Zutrauen haltlosen, in keinerlei Empirie verankerten Theoremen um so müheloser in den Schoß. Sogar rein aus dem Geiste der Verneinung geborenen, eigens zum Zwecke der Tatsachenwiderlegung ersonnenen Hilfshypothesen wird bisweilen augenblicklich eine Beweiskraft zugebilligt, welche die Tatsachen selbst nicht für sich beanspruchen durften. Der Kriegsausbruch vollendete die unerfreulichen Symptome theoretischer Voreingenommenheit zum katastrophalen Zusammenbruche dessen, was ehedem als Gewissenhaftigkeit und Gesinnungsfestigkeit galt (vgl. hierüber: F. G. NICOLAI 1917; KAMMERER 1918 b).

Höhere Bewertung bloßer Tatsachenforschung brauchte mich also nicht mehr abzuschrecken, auch meinerseits für kühnen Gedankenflug freie Bahn zu verlangen. Hier möchte ich ja recht verstanden werden: nicht, weil ich etwas gemein haben will mit denen, welchen der Krieg die bisherigen Begriffe von Wahrhaftigkeit und Gegenständlichkeit verdrehte, ließ ich mich auf das „Wagnis" dieses Buches ein. Auch nicht, weil ich auf spekulativem Gebiete persönliche Anerkennung zu erringen hoffte, die mir auf empirischem Gebiete versagt geblieben war: ich geize nicht so sehr nach ihr und bin mir bewußt, daß anderenfalls die Bekenntnisse vorliegender Druckbogen so ungeeignet wie nur möglich sind, um den Zweck zu erreichen. Besser vermag ich den Drang, der mich leitete, zu kennzeichnen, indem ich sage: ich schwamm im gleichen Strome, der große Meister wie AUGUSTE COMTE (vgl. WI. OSTWALD 1914) und JULIUS ROBERT MAYER (vgl. bei seinem Biographen JENTSCH) an ihrem Lebensabend dem religiösen Glauben in die Arme trug.

Auch das klingt mißverständlich, wofern ich nicht sogleich einen weiteren Kommentar hinzufüge. Sei es Veranlagung im ganzen, die mich davor behütet, oder verhältnismäßige Jugend im besonderen, die mich hoffen läßt, noch lange nicht dem Ende meiner Lebensarbeit nahe zu sein: ich gedenke in jenem Strome nicht zu treiben, sondern kraftvoll seine Fluten zu teilen. Deutlicher ausgedrückt, was noch wiederholt zu betonen sein wird: ich will kein Opfer des tragischen Schicksales sein, ein der Klärung des Naturgeschehens geweihtes Leben zuletzt durch Untergang im Dunkel des Mystizismus zu widerrufen; sondern will in dessen Tiefen höchstens niedertauchen, um möglichst viel von seinem Grunde ans Licht zu heben. Bisher okkulte Dinge von Mystik zu befreien, nicht bereits erhellte Dinge mit einem mystischen Schleier zu bedecken, ist mir Ziel und Vorsatz. Sollte ihm ein wenn noch so bescheidenes Gelingen beschieden sein — trotz des Riesenwalles an Schlacken und groben Fehlern, der sich unvermeidbar auftürmen muß, wo Gebiete beackert werden von einer Ausdehnung und Vielgestalt, wie sie das Wissen und Nachsuchen des einzelnen nimmermehr beherrschen kann —, so würde ich mich überreich für meine zuweilen aufreibende Mühe entschädigt fühlen.

Ich vermag gar nicht eindringlich genug zu betonen, daß mir das Aufstellen jedweden Dogmas, das Aussprechen jeder Art von apodiktischer Behauptung vollkommen ferne liegt. Abgesehen von unmittelbar Beobachtetem und experimentell Gelöstem will ich demnach keine einzige Angabe, die mein Buch enthält, als bereits gesichert vorbringen: wird sie mit guten Gründen als irrig nachgewiesen — und ich gebe eine derartige Möglichkeit von vornherein bereitwillig zu —, so werde ich niemals den Ehrgeiz haben, die Serientheorie als Ganzes oder in Teilen verteidigen zu wollen, nur deshalb, weil sie mein geistiges Eigentum ist. Zur vorurteilslosen Prüfung einer anspruchslosen Gedankenreihe lade ich ein, von der ich es für nötig hielt, daß sie einmal zumindest durchgearbeitet und erörtert werde; und die Unbefangenheit ihrer Prüfung ist alles, was ich verlange und billigerweise erwarten darf. Genau wie SWOBODA es tat, als er ein Vorwort (1904 S. III) mit folgenden Worten begann:

„Manche werden der Meinung sein, ich hätte diese Schrift noch einige Zeit bei mir behalten können, um sie in einem nächsthöheren Entwicklungsstadium ans Licht zu setzen. Und es ist wahr, es repräsentiert sich namentlich der erste Teil wie eine Ausstellung am Eröffnungstag. Ich führe meine Leser meist nicht in den Salon, wo das Fertige zu sehen ist, sondern ins Atelier, wo gearbeitet und geändert wird, wo vieles angefangen und unvollendet herumliegt. Außerdem liebe ich es, Gedankengänge, die zu etwas führen, festzuhalten. Für mich hat derlei mehr Spannendes als ein Roman, und ich denke mir, es wird andere geben, denen es ebenso ergeht."

Ich betrachte mich nur als Anfänger dessen, was andere fortsetzen und vollenden sollen: wo ich mit Intuition begann, mögen jene die Empirie der Beobachtung und des Versuches eintreten lassen; was ich an Kasuistik biete, mögen sie in ihre Deduktionen übernehmen; wo bei mir Analyse zu finden ist, mag mir mit Synthese geholfen werden und umgekehrt. Ich weiß es, daß mein Stil später, im Verlaufe der Durchführung zuweilen anders, nämlich entschiedener und anspruchsvoller klingt: dann gedenke man ja der gegenwärtigen Stelle des Vorworts: nicht wie bei HAECKEL, dessen Vorrede zu „Welträtsel" einen analogen Satz enthält und ihn gegen die Anschuldigung, Dogmatiker zu sein, doch nicht geschützt hat. Es ist schwer, den hypothetischen Ton im ausführenden Text ständig festzuhalten: man müßte ihn mit so zahlreichen „dürfte", „könnte", „möchte" umgeben; mit so vielen „möglicherweise", „vermutlich" und „vielleicht" durchwirken, daß er noch schwerfälliger zu lesen wäre, als es der Schwierigkeit des Gegenstandes entsprechend ohnehin zutrifft.

Diese Schwierigkeit im Sprachlichen nicht unnötig zu vergrößern, ist überhaupt eines meiner Hauptbestreben gewesen: viele Mühe ist auf die Durchsichtigkeit des Satzbaues verwendet. Ich tue das in all meinen Schriften, — ganz gleich, ob sie streng wissenschaftlich oder gemeinverständlich sein sollen; um so mehr war diese Sorgfalt in der gegenwärtigen Schrift erforderlich, die wissenschaftlich und nach Tunlichkeit allgemeinverständlich zu gleicher Zeit sein muß, da sie der Wissenschaft neue Beiträge liefert und sich — einer freundlichen Aufnahme seitens der Berufsgelehrten mehr als unsicher — trotzdem auch sehr ausgiebig an die unbefangener denkenden, weiteren Kreise der Gebildeten wendet.

Nun wollte ich aber das Ausfeilen des sprachlichen Gerüstes nicht vergebens geleistet, nicht durch gegenteilig beschaffene Zitate schönsten „Gelehrtendeutsches" gestört oder vereitelt haben; so entschloß ich mich — nicht leichten Herzens, da die Maßregel wieder einen Grund mehr zu rücksichtsloser Verurteilung liefern wird —, kleine stilistische Änderungen, wenn nötig selbst in den mit Anführzeichen versehenen „wörtlichen" Zitaten vorzunehmen. Auch der Sperrdruck stammt, ohne daß ich es weiterhin eigens in störenden Fußnoten bemerke, immer von mir; es sei denn, daß die Absichten des Autors bei Hervorhebung einer Stelle zufällig mit den meinigen übereinstimmten: sonst ist sein Sperrdruck gelöscht und im Bedarfsfalle durch den meinigen ersetzt. Unnütz zu bemerken, daß die Feilungen nirgends den Sinn berühren und eben nur des Wohlklanges wegen geschahen; auch das wieder nicht etwa zum Selbstzwecke der Schönheit, sondern aus Zweckgründen, die stets auf Übersichtlichkeit und flüssigere Lesbarkeit des Ganzen abzielen. Übrigens machten gerade die Schriftsteller, mit denen ich hier zu tun hatte, das Redigieren in verschwindendstem Maße nötig; es ist reine Gewissenssache, wenn ich eine diesbetreffende Bemerkung mache, denn meist handelt es sich nur um das Einsetzen eines Verbindungswortes, um zitierte Sätze den meinigen organisch einzugliedern, sie im fortlaufenden Text nicht als Fremdkörper stehen zu lassen.

Nach vieler Überlegung mußte ich es endlich als das zweckmäßigste befinden, die im Text genannten Autoren zu einem Generalverzeichnis aller benützten Literatur am Schluß des Buches zu vereinigen. Es hat das ja den Nachteil, daß dort jetzt Schriften aller möglichen Gebiete gemischt vorkommen, auch solche, die mit Serienlehre gar nichts zu tun haben, sondern aus irgendeinem anderen Grunde herangezogen wurden; dieser Nachteil fällt hier deswegen nicht so sehr ins Gewicht, weil ein Verzeichnis von Büchern und Abhandlungen über Serialität im allgemeinen wie im engeren Sinne nur — die Nummer Null aufweisen müßte. Und wie erwähnt, bin ich ein Gegner der Fußnoten, weil sie die Lektüre in sehr zerstreuender Weise unterbrechen. Besondere Literaturverzeichnisse an den Kapitelenden hätten aber viele Wiederholungen, mehrfache Nennung der in mehreren Kapiteln vorkommenden Schriften nötig gemacht. — Durch Jahreszahlen oder Kennworte, die der Nennung des Autors im Texte beigefügt sind, ist die an betreffender Stelle gemeinte Schrift stets eindeutig bezeichnet, auch wenn derselbe Autor durch mehrere Schriften im Literaturregister vertreten ist.

Noch ferner war es mein Bestreben, die serialen Wiederholungen, die ja Gemeingut des Weltgeschehens, des lebenden wie des toten sind, möglichst gleichmäßig auf allen Gebieten ihres Vorkommens zu behandeln; ihrer Universalität sollte dadurch Gerechtigkeit widerfahren. Dennoch habe ich das Gefühl, mich in zweierlei Beziehung einer gewissen Bevorzugung bestimmter Gebiete schuldig gemacht zu haben. Erstens nämlich sind die Wiederholungsvorgänge, die das Leben bietet (der organisch-biologische Anteil des Serialen) unwillkürlich besonders ausführlich zu Worte gekommen; das mag vielfach daran liegen, daß ich ja schließlich Biologe bin, mich von der Fessel meiner — wenn nur die Biologen nicht wären! — stets geliebten Heimatswissenschaft schwer frei machen kann; sehr wahrscheinlich aber liegt es auch daran, daß die Serien wirklich auf organischem Gebiete häufiger sind als auf anorganischem. Sei es, daß sich dies wirklich so verhalte; sei es, daß wir es nur so und nicht anders wahrnehmen können, weil wir organisierte Wesen sind: die serialen Vorgänge bilden darin gar keine Ausnahme, sondern lediglich einen Sonderfall von der Regel, daß die meisten Prozesse überhaupt im Organismus einer ganz anderen Häufung und Verstärkung unterliegen als im Anorganismus.

Ein zweites Gebiet, das ohne meine Absicht oder sogar ihr entgegen in ungleichmäßig bevorzugter Weise zur Darstellung gelangte, ist dasjenige der regelmäßigen Wiederholungsprozesse, der periodischen Serien oder kurzweg Perioden. Die notgedrungen größere Breite in ihrer Behandlung rührt daher, daß die regelmäßigen Serien der menschlichen Beobachtungsgabe seit je mehr auffielen, weshalb sie früher als die unregelmäßigen Serien der wissenschaftlichen Erkundung unterzogen wurden und heute bereits durch ein umfangreiches Schrifttum vertreten sind, das nebenbei abermals seiner Mehrheit nach biologischen Tatsachen entstammt. Dieses Schrifttum mußte berücksichtigt, der wenig (eigentlich gar nicht) erkannte Zusammenhang periodischer Erscheinungen mit unregelmäßigen Wiederholungen freigelegt werden. Trotzdem ist die Periodenlehre, damit Umfang und Ungleichmäßigkeit der Darstellung nicht gar zu groß werde, längst nicht so eingehend gewürdigt, wie es nach dem heutigen Wissensstande bereits möglich wäre. Vielleicht gibt mir die Zukunft doch noch Gelegenheit zu einer besonderen Arbeit über jenes höchst fruchtbare, fesselnde und reichste Ernte versprechende Problem.

Noch verbleibt mir ein Wort der Rechtfertigung zu sagen in betreff des Gebietes, dem ich meine gegenständlichen Beispiele häufig entnommen habe (vgl. besonders Kapitel I und II, aber auch spätere): entsprechend dem ersten Auftauchen der Gedanken, mit denen sich mein Buch beschäftigt und die sich mir oft auf der Straße, in Ruhepausen oder mitten in anderer Arbeit aufgedrängt hatten; entsprechend den Erlebnissen, aus denen diese Gedanken ihrerseits geboren waren, entstammen die Exempel oft dem Tummelplatz des Alltags, dem banalen menschlichen Leben. Bedarf denn dieser Umstand einer besonderen Rechtfertigung? Eigentlich nicht, zumal die „breite Beschäftigung mit dem Bagatell" (VISCHER, S. 20) in so manchem neueren und auch inhaltlich sehr vorgeschrittenen Werke der strengsten Wissenschaft mit Vorteil und Beifall bereits zur Anwendung gelangt, so z. B. von Werken, die uns hier näher interessieren, in denen von HERMANN SWOBODA (1904 Kap. I, V des ersten, II des zweiten Teiles; 1905 S. 22 ironische Verantwortung des „Salonpsychologen" und der „Psychologie amusante"), RICHARD SEMON (Mneme, 3. Aufl., S. 34 ff. „Capri", 145 ff. GOETHEsches Gedicht, 212 „Foxterrier"; Mnemische Empfindungen S. 28 „Tapetenmuster", 83 ff.

14

Briefmarkenexperiment, 168 „Kakhifrucht", 175 „Ölgeruch", 193 „Blumenduft", 261 REMBRANDTsche Gemälde, 274 Karton und Glasrohr, 311 BÖCKLINsches Gemälde usw. usw.). Die bedeutsame, neue kulturforschende Bewegung, eingeleitet durch E. HANSLIK (Wien), fordert, daß Forschung und Lehre vor allen Dingen im praktischen Leben wieder heimisch werde. Trotzdem weiß ich wohl, daß Einbeziehung menschlichen Alltags in wissenschaftliche Erörterung auch eines der Vergehen ist, die von weltfremden Gelehrten übel genommen und schwer geahndet werden. Also sei's drum — ich habe hiermit meine volle Absichtlichkeit kundgetan: mag die Zukunft, die über fach- und nichtfachgenössischen, offiziellen und unoffiziellen Wissenschaftsbetrieb gerne zur Tagesordnung zurückzukehren pflegt, auch über meine Arbeit ihr Urteil fällen; in Demut und Gleichmut naht sie dem großen Filter der Zeit.

Wien, am 17. August 1918.

Paul Kammerer.

I. Die ersten Beobachtungen

Alles wiederholt sich nur im Leben,
Ewig jung ist nur die Phantasie.

SCHILLER, „An die Freunde".

Die Forschung wiederum hat sich vielfach
vom Leben entfernt. Sie hat keine lebensmäßige
Art des Denkens und Sprechens und hält es
unter ihrer Würde, sich mit den Fragen des
Tages wissenschaftlich abzugeben.

ERWIN HANSLIK, „Die Kulturpflichten
Wiens und Österreich-Ungarns".

1. Einleitung

Seit etwa anderthalb Jahrzehnten tauchen in meinen Merkbüchern Notizen über „Serien" auf. Eine geraume Zeit mußte jedenfalls vergehen, ehe eine meinem Berufsstudium (der Biologie) scheinbar so fernliegende Regelmäßigkeit meine Aufmerksamkeit derart in Anspruch nahm, daß ich ihr eine eigene, wennselbst zunächst nur gelegentliche Registrierung widmete. Ich kann demnach sagen: ungefähr seit Anfang des Jahrhunderts war mir aufgefallen, daß gleichartige und ähnliche Ereignisse sich gern wiederholen — daß sie häufig mehr als einmal, zwei- oder dreimal eintreten.

Am eindringlichsten gebärdet sich dies serienweise Eintreffen dem noch ungeübten Beobachter, wenn er sein unwillkürliches Augenmerk auf allerlei unangenehme Zufälle richtet; die Redensart „Heute hat sich alles gegen mich verschworen", das Sprichwort „Ein Unglück kommt selten allein", und das derbere „Der Teufel sch . . . . . nur auf einen großen Haufen" sind Symptome dafür, wie tief sich jener Tatbestand im Volksbewußtsein verankert hat. Gerechter Achtsamkeit kann aber nicht entgehen, daß auch die angenehmen Erlebnisse sich häufen — auch ein Glück „kommt selten allein!" „Denn das Glück," sagt ALICE BEREND, „das so leichtfüßig scheint, wenn es vor uns herläuft, wird eine seßhafte Bürgersfrau, sobald es jemand lieb gewinnt. Gewiß rührt davon der schöne Volksglaube her, daß, wer die erste Million hat, auch sicher die zweite bekommt." Nur ist man nicht geneigt, darin das Walten einer besonderen Gesetzmäßigkeit anzuerkennen; triviale Ausdeutung würde sich etwa auf folgende Weise damit abfinden: das erste, günstige oder ungünstige Erlebnis erzeugt entsprechende Seelenverfassung, welche die Aufnahme weiterer Erlebnisse bestimmt, auch wohl die Erlebnisse selbst durch gestärktes oder geschwächtes Selbstgefühl, geschicktes oder durch den ersten Mißerfolg linkisch gewordenes Verhalten herbeizwingt. Ein von uns begangener Fehler zieht leicht weiteres Fehlgeschick nach sich, weil wir uns zaghaft benehmen, unsere „Contenance" verloren haben.

Solcher Auslegung wohnt, obschon sie sich scheinbar ganz im Geleise banaler Ursächlichkeit bewegt, bereits ein Stück Serialitätsprinzip inne, weil sie mit dem allgemeinen Beharrungsvermögen (der Personen wie der Dinge) rechnet; indessen wird uns dieselbe Erklärung in ihrer grob-kausalen Form erschwert, sobald die Ereignisse sich nicht bloß dadurch als serial bekunden, daß sie als „günstige" oder „ungünstige" einer gemeinsamen Gruppe angehören oder sich sonstwie, an und für sich verschieden, einem Sammelbegriff unterordnen; sondern sobald es sich um ganz bestimmte Ereignisse handelt, die sich gleichartig oder sehr ähnlich wiederholen. Man braucht zuvörderst gar keine speziellen Beispiele anzuführen, um einzusehen, wie typisch es ist, daß Verbrechen, etwa Kassendefraudationen oder Morde, die durch irgendwelche ganz besonderen, raffinierten oder scheußlichen Begleitumstände aus der Durchschnittskriminalität herausragen (siehe in der folgenden Beispielsammlung Nr. 53), zweimal oder mehrmal geschehen. Das gleiche gilt für Unglücksfälle, wie Monstrebrände (Beispielsammlung Nr. 48 a, b), Eisenbahn- (Beispiel 46) und Grubenkatastrophen. Bei den Verbrechen macht man geltend, daß der zeitungslesende Verbrecher zur Nachahmung verführt wird, obwohl sich die Unabhängigkeit zuweilen aufs vollständigste erweisen läßt; zumal dann, wenn die gleichartigen Delikte fast gleichzeitig in verschiedenen Städten, also nicht so sehr zeitlich wie räumlich serial, begangen wurden. Bei Unglücksfällen ist der analoge Einwand ohnehin ausgeschlossen.

Wieder sind es Geschehnisse aus den Tiefen des Lebens, die sich dem sensationsgierigen Menschengeist am meisten aufdrängen — nur hier nicht beliebige Geschehnisse, die vielleicht nichts als ihre Unlustbetonung gemeinsam haben, sondern ganz bestimmt geartete. Aber auch sonst, unabhängig von Lust, Glück und Zweck, waltet hinsichtlich eindeutig bestimmter, nicht bloß Sammelbegriffen angehöriger Ereignisse das Seriengesetz; am besten läßt sich das, wenn wir im Augenblick vom Eintreten in besondere Beispiele noch Abstand nehmen, durch Hinweis auf unser staatliches Verwaltungswesen dartun. An den amtlichen Stellen wird budget- und aktenmäßig damit gerechnet, daß gleichartige Amtshandlungen, z. B. bestimmte Anzeigen, Anfragen, Beschwerden, Gesuche, Erledigungen jahraus, jahrein durch lange Zeiträume hindurch ungefähr gleich häufig bleiben und daher auch etwaige vorgedruckte Formulare und anderes, zur Erledigung nötige Material in ungefähr gleicher Menge beanspruchen. Strenge genommen ist diese Jahresrechnung der Ämter kein Ausdruck des universellen Seriengesetzes, sondern der annuellen Periode, die ich im XI. Kapitel als Spezialfall der Serialität nachzuweisen versuchen werde. BUCKLE verbreitet sich darüber, daß dieselbe Regelmäßigkeit hinsichtlich der Morde und anderer Verbrechen, hinsichtlich der Selbstmorde, der Zahl jährlich geschlossener Ehen obwaltet, ja in bezug auf ein scheinbar so „dem Zufall preisgegebenes Begegnis", wie das aus Vergeßlichkeit erfolgende Aufgeben unadressierter Briefe.

Nach alledem ist es kein Wunder, wenn sich die Tageszeitungen der Serialität, und besonders der in den Sensationsereignissen zum Vorschein kommenden, längst bemächtigt haben; und merkwürdigerweise — auch dies ist eine Serie! — genau mit demselben Ausdruck, den ich mir ganz ohne Kenntnis davon für eigenen, inneren Beobachtungsbedarf geschaffen hatte: das „Gesetz der Serie". Ich war erstaunt, als ich einst von befreundeter Seite, der ich mich mitgeteilt hatte, darauf aufmerksam gemacht wurde, jener Terminus existiere schon als keineswegs seltene Zeitungsphrase. Da ich bis vor wenig Jahren oft wochenlang keine Tageszeitung zur Hand genommen hatte und äußerst weltfremd gewesen war, so glaube ich nicht, das Wort dennoch vorher gelesen und unbewußt weitergehegt zu haben, bis es unter der Maske eigener Erfindung eines schönen Tages die Schwelle ins Oberbewußtsein überschritt; vielmehr glaube ich wirklich, unabhängig auf selbständigem Wege dazu gekommen zu sein.

Später wurde ich schon dem Seriensammeln zuliebe ein eifrigerer Zeitungsleser und fand für dasselbe Ding auch den Namen „Duplizität der Fälle" angewendet; das würde also auf eine nur zweimalige Wiederholung der Ereignisse hindeuten und daher entschieden zu eng gefaßt sein. Jedenfalls ist die unzureichende Bezeichnung dadurch entstanden, daß sehr zahlreiche Serien tatsächlich nur zweigliederig sind, indem das Kräftespiel, das sie ermöglicht, nicht länger dauert, als zur zweimaligen Realisierung nötig ist, und alsbald von anderen Kräftekonstellationen abgelöst wird. Neben dieser echten „Duplizität", die nur ein besonderer Fall ist, gibt es zweifellos eine scheinbare, weil die erste Wiederkehr dem Originalereignis an Stärke häufig näherkommt als spätere Wiederholungen, die sich abschwächen und dann der Aufmerksamkeit leicht entgehen: ein gutes Bild dafür geben die „Erdbebenschwärme" oder sogenannten „Erdbebenperioden" (richtiger „Erdbebenphasen"), die ebenfalls gewöhnlich mit dem heftigsten Stoß einsetzen, worauf dann noch eine Reihe zunehmend schwächerer Stöße, die unserer Empfindung zuletzt gar nicht mehr bewußt und nur noch dem Seismographen nachweisbar werden, die anfänglich starke Erdbewegung fortsetzt. Jedenfalls also deckt neben „Gesetz der Serie", welcher Ausdruck möglicherweise jetzt noch zu viel präjudiziert, höchstens der unverbindlichere Ausdruck „Multiplizität der Fälle" den allgemeinen Tatbestand.

Das klassische Altertum — vielleicht über feinsinnigere Beobachter verfügend als die hastende Neuzeit — kannte eine Triplizität der Fälle: ihr Urbild war die τρικυμία, die dreifache oder in anderer Auffassung „dritte Welle, die an einigen Küsten regelmäßig größer und gefährlicher sein soll als die beiden vorhergehenden" (PAPE).

Wir kommen darauf im ersten Abschnitte des XI. Kapitels zurück und begnügen uns jetzt mit der Feststellung, daß sich die Dreierwoge frühzeitig in übertragener Bedeutung auf Schicksalsschläge angewendet findet, sicher um deren Dreiheit bzw. Wiederkehr und Häufung auszudrücken. So bei DEMOKRIT, enc. 33: ἐν ἁπάσαις τρικυμίαις τῆς τύχης — in allen Wechselfällen des Geschickes. Als τρικυμία κακῶν — dreifache Woge des Unheils spielt sie bei den griechischen Tragikern eine große Rolle, so bei ÄSCHYLOS, „Prometheus", Vers 1017. Da haben wir das vorhin angezogene Sprichwort „Ein Unglück kommt selten allein" in seiner erkennbar ältesten und poetischesten Prägung; die nun von den Römern (OVID) und den lateinisch schreibenden Kirchenvätern (TERTULLIAN) und Historikern (PAULUS DIACONUS) des Mittelalters übernommen, verändert und zum Teil selbständig weitergebildet wird.

Wie lange das „Gesetz der Serie" oder die „Multiplizität der Fälle" in der neuzeitlichen Presse schon eine Rolle spielt, entzieht sich meiner Einsichtnahme; folgendes darf ich als charakteristisch zur Erkenntnisgeschichte der Serialität aus eigener Erfahrung angeben: so oft ich in früheren Jahren jemand begreiflich machen wollte, daß im anscheinend spontanen Wiederkehren gleicher oder ähnlicher Ereignisse etwas Gesetzmäßiges liege, wurde ich ausgelacht oder überhaupt nicht verstanden. Jetzt dagegen stoße ich fast überall auf sofortige Verständnisinnigkeit: man besinnt sich sogleich auf eigene einschlägige Erlebnisse; es fällt dem Belehrten entweder wie Schuppen von den Augen, oder er bedarf der Belehrung nicht mehr, weil er bereits selbständig zur gleichen Einsicht kam. Er verweist dann wohl gar auf Zeitungsnachrichten oder auf analoge Erfahrungen und Feststellungen in Statistik und Mathematik. Oder, wennselbst das nicht der Fall, ja wenn der Unterrichtete zu leugnen beflissen wäre, verfällt er trotzdem unwillkürlich bald dem Banne des Serialgeschehens, unterliegt sein Widerstreben der suggestiven Wahrheitsmacht des Gesetzmäßigen im Wiederholungsgeschehen, auf das zu achten er sich in seinem ganzen Leben von nun an gezwungen sieht. Nur bei Gelehrten stößt man gewöhnlich noch auf starke Skepsis und begegnet der Neigung, das Ganze kurzweg als „Aberglauben" abzutun.

Aus solch unverkennbarer Wandlung in den Auffassungen unserer Mitmenschen glaube ich schließen zu dürfen, daß die Erkenntnis des Serienprinzipes gegenwärtig sozusagen „in der Luft liegt" und selber zur manifesten Serie wird; daß die Menschen wieder einmal für eine neue, grundlegende Erkenntnis reif geworden sind; daß ich mithin — vom persönlichen Standpunkte aus gesehen (den ich nicht im Ernste vertrete) — alle Eile habe, mit meinem Buche darüber hervorzutreten, weil es sonst um meine Priorität geschehen wäre, die im Alltagsleben längst bekannte Serialität wissenschaftlich begründet zu haben. Kann es übrigens, nebenher, einen besseren Beweis für das Gesetz der Serie geben, als eben die Geschichte der Entdeckungen? Fast stets werden sie von mehreren Forschern unabhängig gemacht — entweder gleichzeitig oder in der nämlichen Epoche rasch hintereinander —, doch so, daß die Unabhängigkeit, das Nichtwissen des einen Entdeckers vom andern, nachgewiesen werden kann (Beispiele bei STRUNZ 1913). Ja, mehr noch: Epochen, die sich durch Entdeckungen verwandten Wesens auszeichnen, kehren mehrfach wieder; nicht allein im 19. Jahrhundert nach CHRISTI Geburt, auch im Altertum gab es ein „Zeitalter der Naturwissenschaften", eines der technischen, eines der reingeistigen Erfindungen mit feineren Detailparallelen hier und dort (STRUNZ 1910); ähnlich im Sinne solcher zyklischen Wiederkehr steht es mit sprachgeschichtlichen Ereignissen (v. d. GABELENTZ) und mit geschichtlichen Entwicklungen überhaupt (BREYSIG).

Von Beispielen in gleicher Epoche unabhängig wiederholter Entdeckungen, die mir am nächsten liegen (vgl. auch in nachfolgender Sammlung Beispiel 40 und 41), sei die Ergründung des „Kampfes ums Dasein" und Begründung des Zuchtwahlprinzipes durch WALLACE und CH. DARWIN (1858 bzw. 1859) erwähnt. Und als ich daran ging, 50 Jahre später (1909) dem universellen Kampfprinzip das ebenso universelle und evolutionistisch folgenschwere Hilfeprinzip an die Seite zu stellen, hatte W. BOELSCHE wenige Monate vorher in einem mir damals unbekannt gebliebenen, populären Aufsatz das gleiche gefordert. Jetzt, da die Zeit — wie vermutet — für Aufnahme des Seriengesetzes reif geworden, ist bereits eine damit innig verwandte Spezialerscheinung unabhängig zweimal erörtert worden: die Perioden von W. FLIESS in Berlin und von H. SWOBODA in Wien; O. STERZINGER ist mit seiner „Knäuelungstheorie" dem Gesetz der Serie noch näher gekommen. Nicht minder ist derartiges „In-der-Luftliegen" geistiger Schöpfungen bei dem Gedanken, das Gedächtnis als eine allgemeine Eigenschaft des lebenden Stoffes abzuleiten (siehe das zeitlich nächstbenachbarte Erscheinen der einschlägigen Schriften von COUTAGNE [1902], WI. OSTWALD [1902] und SEMON [1904] — Kap. XII), wirksam gewesen. Und ein weiteres, mit dem unsrigen enge in Fühlung befindliches Problem, die „ewige Wiederkehr des Gleichen" — eine ursprünglich orientalische, sodann von den Pythagoreern angedeutete Lehre — ist in ausführlicher wissenschaftlicher Gestalt „fast gleichzeitig und in ähnlicher Weise bei NIETZSCHE, BLANQUI und LE BON" auferstanden (MARBE 1916a).

2. Beispielsammlung

Nach diesen orientierenden Bemerkungen, die nötig waren, um den Begriff der Serie — eines Neben- oder Nacheinanders gleicher oder ähnlicher Begebenheiten anscheinend ohne gemeinsam fortwirkende Ursache — im Verständnis vorläufig festzulegen, gebe ich jetzt eine Aufzählung etlicher charakteristischer Serien aus meinen darüber geführten Notaten. Die Reihenfolge der Aufzählung ist eine ungezwungene: die Gruppen, in welche die Beispiele zusammengefaßt werden, dienen lediglich leichterer Übersicht der Gebiete, auf die sie sich erstrecken, und haben keinerlei systematische Bedeutung. Ein erster Versuch zur Systematik der Serien soll dem III. Kapitel vorbehalten bleiben.

Ziffern

1.   Am 25. Juni 1912 besuchte ich ein Konzert im Wiener Beethovensaal und hatte einen Sitz in der 18. Reihe inne; am darauffolgenden Tage saß ich im großen Musikvereinssaal, wiederum 18. Reihe.

2 a.   Mein Schwager E. v. W. besuchte am 4. November 1910 ein Konzert im Bösendorfersaal (Wien); er hatte den Sitz Nr. 9, sein Garderobezettel wies gleichfalls die Nr. 9 auf.

2 b.   Am 5. November, also tags darauf, besuchte er mit mir zusammen das Philharmonische Konzert im großen Musikvereinssaal (Wien) und hatte den (ihm von einem Amtskollegen, Herrn R., überlassenen Abonnements-) Platz Nr. 21, sowie auch 21 als Garderobenummer. Um Mißverständnisse auszuschließen, ist zu bemerken, daß es nicht etwa im System des Kartenverkaufes liegt, wenn Sitz- und Garderobenummer der Besucher übereinstimmen. — 2 a und b bilden zusammen eine doppelte Serie: je eine Serie besteht in der Nummernübereinstimmung, und diese beiden traten ihrerseits wieder dadurch zu einer Serie zusammen, daß sie einander in so kurzem, nur eintägigem Intervalle folgten, ferner durch das Gemeinsame, daß die Übereinstimmung hier wie dort gerade zwischen Garderobe- und Sitznummer erzielt ist. Wir werden bald herausfinden, daß auch solche Häufung von Serien erster Ordnung zu Serien zweiter bzw. n.ter Ordnung etwas Gewöhnliches, wenn nicht Regelmäßiges ist.

3.   Am 2. September 1906 nahm ich mein Mittagessen im Restaurant Konstantinhügel, Wien-Prater; die Rechnung betrug (15 — 80 — 20 — 40 — 4 — 3 — 7 Heller) 1 Krone 69 Heller. Das Abendessen desselben Tages nahm ich im Stiftskeller zu Klosterneuburg, natürlich mit ganz anderer Speisenwahl; der Rechnungszettel addiert (60 — 85 — 10 — 10 — 4) abermals 1 Krone 69 Heller. Es ist zu beachten, daß einzelne Posten des mittäglichen Rechnungszettels (3 — 7) ganz ungewöhnliche sind; ich weiß heute nicht mehr, wie sie zustande kamen, bewahre aber die beiden Zettel als Belege in meiner Seriensammlung.

Worte und Namen

4.   Das „Neue Wiener Abendblatt" vom 15. April 1915 brachte folgende Notiz: „Die unvorsichtige Logik. — Man schreibt der ‚Vossischen Zeitung': Ein kleiner, nachdenklicher Zufall: Über den Platz hoch oben surrt, jetzt wieder freudiger begrüßt als früher, da man schon fast gleichgültig geworden war, einer unserer Zeppeline. Vor mir auf dem Schreibtisch, durch einen Zufall aufgeschlagen, die ‚Logik' von HOEFLER aus dem Jahre 1890. Und ich lese von Begriffen, denen kein Gegenstand entspricht, Begriffen, deren empirischer Umfang gleich Null ist, und als Beispiel: „... der lenk-

bare Luftballon!" — Mit seltsamen Gedanken sieht man dem dahineilenden Luft-
riesen nach . . ." Was der Einsender „Zufall" nennt, daß nämlich sein Auge sofort
nach Erblicken des Luftschiffes im Buche vor ihm auf den gleichnamigen Begriff fällt,
der dort gedruckt steht — gilt uns als nichtzufälliges, sondern seriales Zusammentreffen.

5.   Samstag, den 8. Mai 1915, sagt ein kleiner Knabe, in der Straßenbahn beim Hof-
burgtheater in Wien vorüberfahrend: „Mutter, das is a Kirch'n!" — Donnerstag, den
13. Mai, fragt ein Bub, auf das Wiener Vivarium im Prater zeigend: „Mutter, is das a
Kirch'n?" (Mitgeteilt von meiner Frau, die es selbst mit angehört hat.)

6.   Mein Schwager E. v. W. wird am 30. Mai 1909 angesprochen: „Sind Sie nicht
der Herr SEBISCH?" — Abgesehen davon, daß er es nicht ist, kannte er auch keinen
Herrn dieses Namens, hatte den Namen nie gehört. Tags darauf will er im Verzeichnis akademischer Behörden etwas nachsehen: beim Aufschlagen des Büchleins fällt
sein erster Blick auf den Namen „SEBISCH".

7.   Meine Frau sieht sich im Ordinationszimmer bei Prof. Dr. J. v. H. am 18. September
1916 „Die Kunst" an; es fallen ihr Reproduktionen von Bildern des Malers SCHWAL-
BACH auf; sie nimmt sich vor, den Namen zu merken, um gelegentlich die Originale
suchen und sehen zu können. Indem öffnet sich die Türe und das Stubenmädchen
ruft unter die Wartenden: „Ist Frau SCHWALBACH anwesend? Sie soll ans Tele-
phon kommen!"

8.   Am 17. Mai 1917 waren wir bei SCHREKERs eingeladen. Auf dem Wege dahin
kaufe ich meiner Frau bei dem Kanditenstand vor dem Bahnhof Hütteldorf-Hacking
Schokoladenbonbons. — SCHREKER spielt uns aus seiner neuen Oper „Die Ge-
zeichneten" vor, deren weibliche Hauptrolle CARLOTTA heißt. Nach Hause gekommen, entleeren wir das Säckchen mit den Bonbons; eines davon trägt die hier
wiedergegebene Schleife mit der Aufschrift

9.   Am 9. April 1915 sah ich auf der Mönichkirchner Schwaig (zu erreichen von
Mönichkirchen an der Aspangbahn, Niederösterreich) folgende beiden Plakate übereinander hängen:
    (Oben) HEINRICH ROTTER, Wien, Ausrüstung für Touristik und Wintersport.
    (Unten) FRANZ ROTTLER, Aspang, Likörfabrik.

10.   Im Spital zu Kattowitz lagen 1915 zwei Soldaten, beide 19 Jahre alt, beide an
schwerer Lungenentzündung erkrankt, beide aus Schlesien, beide freiwillige Fuhr-
leute, beide heißen FRANZ RICHTER. Der eine liegt im Sterben, aber irrtümlich
werden die Angehörigen des anderen hiervon verständigt; sie eilen an sein Totenbett,
jedoch die Ähnlichkeit der Namensvettern ist eine so große, daß der dort in Agonie
liegende RICHTER nicht als Fremder erkannt wird. Lange nach dem Begräbnis meldet
sich eines Tages der richtige RICHTER bei den Seinen als Rekonvaleszent. Duplizität,
deren beide Glieder sieben Merkmale gemein haben: Alter, Heimat, Dienstverhältnis,
Krankheit, Vorname, Zuname, äußere Ähnlichkeit.

11.   In der „Österreichischen Illustrierten Rundschau" IV 24 vom 9. März 1917,
S. 670, findet sich ein Aufsatz „Über das Einküchenhaus" von E. v. FILEK: „Man
hat in Österreich die Einküchenhausfrage schon verschiedentlich angeschnitten. Es
sprach vor mehr als sieben Jahren OTTO FICK, der Begründer des ersten derartigen
Hauses in Kopenhagen, auf Aufforderung AUGUSTE FICKERTs über seine Erfahrungen . . ."

12.   Im „Illustrierten Wiener Extrablatt" vom Sonntag, den 13. September 1914, übrigens
auch in anderen Zeitungen, wird geschrieben: „Eine seltsame Namensverbindung ist
in Goldberg in Schlesien festzustellen. Ein Bürger der Stadt heißt nämlich EMMICH
und seine Frau ist eine geborene LÜTTICH. Das gibt zusammen einen guten Klang."
EMMICH heißt nämlich auch der in jenen Tagen vielgefeierte deutsche Eroberer der

belgischen Stadt Lüttich. Anhangsserien beider Serien, die sich dadurch zu einer Serie höherer Ordnung verknüpfen, bestehen in den gemeinsamen Endungen und in der, wenn auch nicht demselben Konsonanten angehörigen, Konsonantenverdopplung der Wortmitte.

13.   Auch die gegnerische Seite des Weltkrieges konnte auf — je nach Glauben oder Unglauben bedeutsame oder spielerische — Namensverquickungen ihrer Führer hinweisen: folgende Namen wiederholen sich, wenn nochmals links und rechts vom vertikalen Trennungsstrich gelesen:

Ostmacht:	P U T	N I K
	N I K	O L A I
Westmächte:	J O F	F R E
	F R E	N C H

14.   In der „Arbeiterzeitung" vom 16. Februar 1917 lese ich eine Nachricht über Kammersänger PICCAVER. Dann mache ich eine Bestellung bei der Firma KMENT und muß dies ins Bestellbuch eintragen; vor mir war ebendort etwas für einen Kammersänger bestellt worden, und mein Name kam nun derart unter seinen Titel zu stehen, daß die ersten beiden Silben einander deckten. — Die Serie schreitet also folgendermaßen gleichsam stichwortweise fort: Kammersänger (Zeitungsnotiz) — Kammersänger (Bestellbuch) — KAMMERER (Bestellbuch).

15.   MARIE, Köchin bei W., kommt am 8. Juli 1916 vom Einkaufen zurück und soll nun mittels Schiebkarren einen Koffer zu LIESER, Gloriettegasse, schieben. HILDA W. kramt in den vom Einkauf heimgebrachten Paketen und findet auf einem der Umhüllungspapiere die Anschrift „Frau LILLY LIESER, IV. Alleegasse 20". (Gloriettegasse ist die Sommer-, Alleegasse die Winterresidenz von Frau LIESER.)

16 a   Gar vieles von dem, was wir als aktives Ordnungmachen empfinden, ist dem passiven Zugegensein immanenter Serialität zu danken; das Material, gleichviel ob geistiges oder stoffliches, zerlegt sich anscheinend spontan in übersichtliche Gruppen und Reihen.

    Dies geht besonders aus Ordnungsprozessen hervor, bei denen unsere Tätigkeit sich ein bestimmtes, starres System der Ordnung zurechtgelegt hat; die einzureihenden Dinge gruppieren sich aber unter unseren Händen immer wieder auch nach anderen, unserem System parallelen oder es durchkreuzenden Gesichtspunkten. Ein unscheinbares, aber im Lichte des „passiven Ordnungsbestrebens der Dinge" bedeutsames Beispiel dieser Art ist es, wenn ich meine Korrespondenz alphabetisch nach Familiennamen ordne; und nun liegen die nächstfolgenden, noch im ungeordneten Stoß befindlichen Briefschaften so übereinander, daß das Schreiben einer Dame mit dem Zunamen „LIESER" dicht über der Karte meiner Schwägerin mit dem Vornamen „LIESCHEN" lagert; die passiv seriale Ordnung, die meine aktiv bewußte Ordnung durchkreuzt, hat ebenfalls alphabetisch gearbeitet, aber nicht relativ nach Zunamen, sondern absolut nach Namen überhaupt, nach Zu- und Vornamen durcheinander.

16 b, c   Eine dieser Serie anhaftende Nebenserie — Anhangsserien sind, wie gesagt, fast stets herauszufinden, weil eben das seriale Geschehen universell ist — besteht darin, daß genannte Dame mit Vornamen „LILLY" heißt und meine Schwägerin LIESCHEN eine Tochter namens „LILLIE" hat. In der Alliteration „LILLIE LIESCHEN LIESER" läßt sich noch eine Anhangsserie erkennen.

17.   Drei bekannte Schmetterlingsforscher (Lepidopterologen) führen die Namen: STANDFUSS, SCHAUFUSS, STRECKFUSS. — Man beachte den Parallelgang der in der Endsilbe und der im Anfangsbuchstaben gelegenen Serie.

Personen

18.   Mittwoch, den 4. Juli 1917, begab ich mich zum Inspektionsarzt in die Stiftskaserne (Wien, Mariahilferstraße), um auf meinem Urlaubsschein bestätigt zu erhalten, daß ich „infektionsfrei" sei. Beim Verlassen der Kaserne begegnet mir im Hof ein Oberleutnant, der mich mit „Servus! Grüß dich Gott!" äußerst herzlich begrüßt. Nach Stimme, Sprechweise, Gestalt, Embonpoint und Gesicht denke ich mir: „Das ist ja

M. W.!" Nur war ich bei letzterem etwas mehr Behäbigkeit gewohnt gewesen und wußte außerdem, daß er schon Hauptmann sein müsse. Es war denn auch ein ganz anderer, ein ehemaliger Kamerad vom Train (KARL GÖDRICH). — Abends nach Hause gekommen, finde ich eine (längstfällige) Besprechung meiner „Allgemeinen Biologie" in den „Mitteilungen des Österreichischen Vereines Naturschutzpark" II, Nr. 1 und 2, und einen Brief vor, beides von Hauptmann M. W., der, nach Brünn versetzt, seit Jahr und Tag nichts mehr von sich hatte hören lassen.

19.   H. N., verehelichte B., war uns ganz aus den Augen entschwunden; da trifft meine Frau mit ihr am Krankenbett ihrer Schwester A. N., verheiratete L., zusammen, die im Sanatorium Hacking, in unmittelbarer Nachbarschaft unserer Wohnung, Heilung eines Leidens suchte. Von nun an folgen einander rein „zufällige" Begegnungen zu mehreren; meine Frau trifft H. N. bei Besorgungen auf der Mariahilferstraße (Nebenbemerkung: wir entgehen nie dem Serialverlaufe: im vorigen Beispiel kam ebenfalls die Mariahilferstraße vor!), dann treffen wir beide am 17. Mai 1917 (vgl. Beispiel 8) bei SCHREKERs mit ihr zusammen; von hier ab lenken die Zusammenkünfte aus dem Bereiche des Serialen in das des Kausalen über, weil die „Zufälle" zum Anlaß geworden waren, den außer Übung gekommenen Verkehr planbewußt von neuem aufzunehmen.

20.   Am 9. Mai 1917 finde ich in altem Bodenkram die Gruppenphotographie der Reiteprüflinge, mit denen ich seinerzeit die Matura bestanden hatte; nachher hatten wir uns zusammen aufnehmen lassen: lauter blasse, abgearbeitete Gesichter — aber hochaufgerichtet ragt ERNST KRAFTs elegante Turnergestalt (vgl. Kap. II Serientypus 17: Name und Betätigung) daraus hervor. Am 10. Mai ergibt sich ein Anlaß, um Dr. L. SP. das Zustandekommen meiner starken Armmuskeln zu erklären: ich habe sie in knabenhaft schwärmerischem Wetteifer mit KRAFT beim gymnasialen Turnunterricht erworben. Am 11. Mai frühmorgens begegnet mir endlich KRAFT selber, in einer Droschke sitzend, die Kärntnerstraße entlang fahrend. Ich erkenne ihn erst, nachdem er mir lebhaft zugewunken, denn ich habe ihn vier Jahre nicht gesehen, und er ist mittlerweile — vermutlich vom Kriegsdienst hart mitgenommen — ebenfalls bleich und mager geworden.

21.   An den Wänden des „Künstlercafé" — gegenüber der Wiener Universität — hängen Bilder berühmter Schauspieler, Sänger und Musiker. Am 5. Mai 1917 fällt mir dort zum ersten Male Dr. TYROLTs Porträt in die Augen. Der Kellner bringt die „Neue Freie Presse", worin das Feuilleton „Die Krise im Deutschen Volkstheater" Dr. TYROLT zum Verfasser hat.

22.   Am 28. Juli 1915 erlebte, in „Stichworten" (vgl. Beispiel 14) weiterschreitende Serie: a) Meine Frau hat im Roman „MICHAEL" von HERMANN BANG über Frau ROHAN gelesen; dann in der Stadtbahn einen ihr unbekannten Herrn gesehen, der dem ihr befreundeten JOSEF Fürsten ROHAN ähnlich sah; abends kam Fürst ROHAN zu Besuch. — b) Der Herr in der Stadtbahn, dessen Ähnlichkeit mit Fürst ROHAN meiner Frau aufgefallen war, war von einem andern gefragt worden, ob er Weißenbach am Attersee kenne und als Sommeraufenthalt empfehlen könne. Aus der Stadtbahn begab sich meine Frau zum Naschmarkt, um Einkäufe zu besorgen, und wurde dort von einem Verkäufer gefragt, wo Weißenbach am Attersee liege — in welchem Kronland nämlich —, da er nach dort eine bestellte Sendung aufgeben müsse.

23.   Sicher schon seit vielen Monaten hatte ich Prof. F. W. nicht mehr gesehen, trotzdem ich einmal wöchentlich in demselben wissenschaftlichen Institut zu tun habe, dem er als Assistent angehört. Da schrieb er „Bemerkungen" gegen SECEROVs und meine Arbeiten im „Biologischen Zentralblatt" 1915 S. 176. Geraume Zeit verging noch, ehe ich diese gehässige Kritik, die mir ihr Autor natürlich nicht zuschickte, zu Gesichte bekam, weil ich damals, im tiefsten Jammer des Weltkrieges, die Literatur meines Faches nicht verfolgte. Seit ich aber F. W.s „Bemerkungen" hatte lesen müssen, begegnete ich ihm eine Weile ungewöhnlich oft, teils im Universitätsgebäude (aber nicht in seinem Institut!), teils auf der Straße: so Samstag, den 26. Juni 1915,

27

und am 5. Juli um 2 Uhr nachmittags am Schwarzenbergplatz, am 7. Juli um 6¹/₂ Uhr abends in der Operngasse, alle Straßenbegegnungen ganz ferne seiner Wohnung und seinem Laboratorium.

24.   H.-W.s am 19. März 1917 im Wiener Stadttheater. Frau E. H.-W. macht ihren Gatten aufmerksam: „Da vorne sitzt die Sängerin LORLE MEISSNER." — „Nein, sie ist es nicht!" erwiderte Herr R. H.; und so mehrmals Behauptung, Verneinung. Im Zwischenakt stellt sich heraus, daß sie zwei verschiedene Personen meinen: sie die richtige LORLE MEISSNER, er eine ihr bloß ähnliche Dame.

25.   Herr O. B. war aus der Zensur entlassen worden, mußte aber alsbald eine andere und einträglichere Stellung gefunden haben, denn ich sah ihn vom Fenster der Zensur aus in einem prächtigen Stadtpelze einherstolzieren, wozu ihn seine bisherigen Verhältnisse kaum berechtigten. Von da ab entfiel aber Herr O. B. meinen Augen, meinem Sinn. Nach vielen Monaten sehe ich im Café KOTMAYER, Dorotheergasse (Wien), einen Pelzmantel hängen, der in diesem einfachen Volkscafé seltsam anmutet. Dabei fällt mir O. B. ein, und daß er stets ein wenig verschwenderisch gewesen; denn er hatte mir einstmals erzählt, daß er sich nach dem Rasieren auch die Haare anfeuchten und auffrisieren lasse, das brauche er nun einmal zu seiner Erfrischung. Nun sah ich förmlich im Geiste O. B. beim Friseur sitzen, den Kopf in ein Tuch gewickelt, das dazu dient, den glatt geölten Scheitel haltbar festzukleben. Die Gedankenverknüpfung war hier so: einerseits hatte ich mich über O. B., solange er noch im Amte war, mehrfach ärgern müssen; anderseits verursachte es mir oft viele Ungeduld, wenn einem Vordermann, auf den ich beim Raseur warten mußte, der Kopf eingebunden wurde. Diese Prozedur entwickelt sich bekanntlich zu längerem Dauerzustand, während man soeben noch gehofft hatte, es werde beim Rasieren sein Bewenden haben. — Zwei Stunden nun nach diesem höchst wichtigen Gedanken- und Erinnerungsverlaufe im Café KOTMAYER begab ich mich zum Friseur, und dort saß jetzt leibhaftig O. B., wurde eben gepudert und hatte das Kopftuch umgeknotet. Auf ihn mußte ich nun warten.

26.   Frau GRETE W.-L. besuchte am 12. Juli 1916 ihre Eltern und trifft mit einer Frau NEB. und deren Tochter zusammen, die dort nicht etwa häufige oder gar ständige Besucher sind. Auch Frau GRETE W.-L. selbst war nachgerade ein seltener Gast geworden; aber auch bei ihrem dem jetzigen vorausgegangenen Besuch im Elternhause, vor vielen Wochen, war sie mit NEB.s zusammengetroffen.

Post, besonders Briefe

27.   Am 20. August 1915 ordnet Frau E. H.-W. Zyklamen in eine Vase, die ihr von Fräulein M. H. aus Wolfgang zugeschickt worden waren. Die Vase will aber nicht voll werden, es sind zu wenige Blumen; Frau E. H.-W. denkt bei sich: „Ich könnte noch welche brauchen!" Da schellt es, und der Briefträger gibt ein Paketchen ab, enthaltend Zyklamen, die Fräulein GR. K. an ihrem Landaufenthalt gepflückt hatte.

28.   Am 5. April 1916 früh erkundigt sich Prof. Dr. F. X. F. bei Dr. L. SP., ob er nichts von der seinerzeit durch alle Romanisten bestellten und vorausbezahlten Plakette ihres gemeinsamen Lehrers MEYER-LUEBKE gehört habe, da seither schon mehr als ein Jahr verstrichen. — Mittags findet Dr. L. SP. zu Hause eine Kiste mit zwei den Hofrat MEYER-LUEBKE darstellenden Kupferstichen vor, die 1915 der Wiener Maler MICHALEK ausgeführt hatte.

29 a, b.   Gräfinnen gibt es in Dr. H. M.s und meinem Bekanntenkreise gewiß nicht viele: dennoch schrieb jeder von uns am 11. (?) Juni 1917 an eine solche: ich an Gräfin HEUSSENSTAMM in Matzleinsdorf bei Melk; er an Gräfin ATTEMS in Zara — so zwar, daß die fertigen, zur Expedition bereitgelegten Briefe aufeinanderzuliegen kamen und gleichzeitig zur Post gegeben wurden. Dr. H. M. kennt immerhin noch zwei Gräfinnen: ihre Namen — ARCO bzw. ALBERTI — beginnen ebenfalls mit A.

30.   Am 13. Januar 1917 lieh mir Fräulein FELICITAS R. einen Jahresbericht der — seinerzeit von ihr besuchten — Freien Schulgemeinde Wickersdorf. Beim Lesen

des Jahresberichtes fand ich abends einen Brief darin, den Fräulein FELICITAS R. dort vergessen hatte und der ihr — in einer weiter zurückliegenden Zeit — von ihrem Freunde OTTO u. a. folgende Nachricht gebracht hatte: „Ich bin außer mir, Dich nicht sprechen und Dir in Deiner großen Not helfen zu können. Ich kann nur zu Gott hoffen, daß dies das Ende Deiner unabsehbaren Unannehmlichkeiten und Unglücksfälle sein möge und ich Dir bald, recht bald die Hand drücken darf!" Meinerseits war ich von diesem Briefe dadurch betroffen, daß seine Handschrift mit derjenigen meines Bruders OTTO einige unverkennbare Ähnlichkeit aufwies, und daß ich am selben Tage — wir schrieben uns sonst fast nie, leben ja auch in derselben Stadt — einen Brief von ihm erhalten hatte, der mich ebenfalls in einer schwierigen Lage aufrichtete — die Hoffnung in mir erweckte, mit den anscheinend noch bevorstehenden Unannehmlichkeiten in absehbarer Zeit fertig zu werden.

Träume

31   Meine Frau sieht am 26. Mai 1915 Photographien, Szenen aus der Schwimmschule in Hütteldorf-Bad darstellend. Sie muß sich daraufhin mit ihren Gedanken assoziativ dem Hühneraugenoperateur jener Badeanstalt zuwenden. — Tags darauf kommt die geschwätzige Bedienerin eines Reservespitales, wo meine Frau Pflegedienste leistete, zu ihr gelaufen und erzählt: „Mir hat heut' Nacht träumt, gnä' Frau hab'n Hühneraugen g'schnitt'n!"

32.   Zum Bezeichnen von Glasgefäßen, in denen sich biologische Versuche befinden, bedient man sich häufig blauer Fettstifte. Fräulein Y. PR., die in einem Institute, wo solches gleichfalls üblich war, Assistenzdienste leistete, träumt eines Nachts von ihrer Brosche mit blauem Stein: ihr Chef habe den Stein gespitzt und als Fettstift verwendet. — Es wurde festgestellt, daß ihr Chef, Herr L. v. P., am darauffolgenden Morgen tatsächlich Ärger hatte, weil er keinen blauen Fettstift fand und deshalb in Verlegenheit kam.

Erinnerungen

33   Mein Bruder OTTO fragt am 1. September 1907 bei Tisch, wo Celebes liege. Die Frage war rein rhetorisch, denn er weiß das sehr gut. Meine Schwägerin VIOLA antwortet mit dem Vers:

> „Es war ein Elefant in Celebes,
> Der sah von fern was Gelebes."

OTTO blickt verständnisvoll auf: er hatte denselben Stumpfsinnvers am vorigen Tage irgendwo gelesen; er war ihm seither nicht aus dem Kopfe gegangen, und dies hatte die Ursache zu seiner Frage gegeben.

34.   Am 25. Juni 1905 schrieb ich an Fräulein H. D. eine Postkarte mit Ansicht der Gipsmühle, Adlitzgraben bei Semmering (Niederösterreich). Aus einem Beweggrund, der meiner Erinnerung entschwand, setzte ich auf diese Karte das mir intellektuell recht ferneliegende Gedicht von HUGO SALUS, „Die wunderreiche Träne":

> Dies Kleinod, König, sprach der Pilgersmann —
> Hab' ich für dich vom heiligen Grab gebracht . . .

Beim nächsten Zusammentreffen ruft das Fräulein aus: „Haben Sie also auch das schöne Gedicht in der Gipsmühle gelesen?" — „In der Gipsmühle?" frage ich erstaunt, „ich war gar nicht dort!" — Die Sache klärte sich dahin auf, daß dies Gedicht mit Kohle an eine Mauer der Mühle geschrieben war; Fräulein H. D. hatte kurz zuvor einen Ausflug zur Mühle selbst unternommen und es dort gelesen. Ich aber hatte bei meinem damaligen, späteren Ausflug auf den Semmering nur „zufällig" eine Ansichtskarte eben jener Gipsmühle gewählt und aus „unerklärlichem" Motiv, das sich nachträglich als Serialtrieb erwies, eben jenes Gedicht auf die Karte geschrieben.

35.   Am 23. Dezember 1914 hatte mich vormittags das Motiv des Sirenenchores aus „Tannhäuser" (1. Akt, 1. Szene: „Naht euch dem Strande, naht euch dem Lande") mit dem charakteristischen Nonenakkord auf der vorletzten Silbe als obsedierende Melodie verfolgt. Am Abend desselben Tages begann ich, die in meinen Taschennotiz-

büchern verstreuten Anmerkungen über Serien zu sammeln und zu sichten; diese Notizbücher sind nicht etwa nur einzelnen Dingen speziell gewidmet, sondern enthalten ein Kunterbunt von allem, was mir beim momentanen Einfall des Aufzeichnens wert erscheint. Gleich beim Aufschlagen des ältesten (1903), das noch gar keine Serien verzeichnet und sich daher beim Durchblättern für Zwecke des vorliegenden Buches sonst als unbrauchbar erwies, fand ich in der linken oberen Ecke der zufällig geöffneten

Seite das Motiv, das ich damals aus einem mir heute nicht mehr erinnerlichen Grunde hingeschrieben hatte.

M u s i k

36.   Fräulein B. W. erzählt von ihren Gastspielen, die sie im Juli 1912 und Juni 1913 zu Freiburg im Breisgau absolvierte; beidemal summte eine dort lebende, mit Fräulein B. W. befreundete Dame, in ihrer Gesellschaft das Theater verlassend, das Hauptmotiv aus SCHUBERTs H-Moll-Symphonie. Zwar gab es einen bestimmten Grund, weshalb dieses Motiv zur Lieblingsmelodie werden mußte; aber auch eine Lieblingsmelodie singt man nicht unausgesetzt und nicht notwendigerweise, wenn man nach beinahe Jahresverlauf mit derselben Person dieselbe Stelle betritt.

37.   Am 29. Juli 1915 hört mein Schwager E. v. W. im Kino eine Arie aus „Rigoletto"; nach Hause gekommen, will er sie auf dem Klavier spielen, da ertönt sie gleichzeitig von einem Klavier aus dem Hause gegenüber.

38.   Die „Grottenbahnen" und einige Ringelspiele im Wiener Prater haben mächtige Orchestrions mit reichhaltigem Repertoire; jedes solche Orchestrion spielt zwar auch Stücke, die im Repertoire anderer Spielwerke ebenfalls vorkommen, aber im ganzen wie im einzelnen ist die Auswahl dennoch eine sehr reichhaltige. Am 11. August 1913 aber mochte ich mich, durch die Praterbuden schlendernd, wenden, wohin ich wollte: von allen Spielwerken, mindestens viermal, tönte mir eine große Arie aus dem „Troubadour" entgegen.

W i s s e n s c h a f t

39.   Am 3. Juli 1906 richtete Hofrat Prof. Dr. M. GOMPERZ aus Vöslau bei Wien an Prof. Dr. H. PRZ. eine briefliche Anfrage, ob die von ARISTOTELES gemachte Angabe über das Nachwachsen der Augen bei geblendeten jungen Schwalben auf Wahrheit beruhe. Am 6. Juli 1906 richtete sein Sohn Privatdozent Dr. H. GOMPERZ aus Hietzing bei Wien an Prof. Dr. H. PRZ. mittels Postkarte die Anfrage, ob die Krokodile beim Kauen tatsächlich den Oberkiefer bewegen; die alten Logiker führten nämlich diesen Umstand als Hauptargument gegen den Induktionsschluß an, daß alle Tiere nur den Unterkiefer bewegen, weil es bei den Säugetieren so sei. Separate Anfrage bei Dr. H. GOMPERZ ergab durch dessen Antwortkarte vom 9. Juli, „daß ich von dem Stattfinden einer Korrespondenz zwischen meinem Vater und Dir erst erfuhr, als meine Frage schon abgegangen war. Ich bin dann über die familienweise Behelligung Deiner Person noch mehr erschrocken, als ich über das seltsame Zusammentreffen erstaunt war."

40.   Am 26. Mai 1908 $\frac{1}{2}$12 Uhr vormittags erkundigte sich Privatdozent Dr. KARL LINSBAUER bei Herrn L. v. P., ob ihm etwas von verzweigten Wurzelhaaren bekannt sei, er (LINSBAUER) hätte solche gefunden. L. v. P. wußte darüber nichts, wie denn auch tatsächlich die botanische Literatur bis dahin keine derartige Angabe

enthält. Am selben Tage, $^1/_46$ Uhr nachmittags, richtet Prof. ZACH dieselbe Anfrage an L. v. P., auch mit der Begründung, er habe verzweigte Wurzelhaare beobachtet. Der seriale Charakter dieser Doppelanfrage erfährt eine besondere Bekräftigung dadurch, daß sich nachträglich herausstellte, die Wahrnehmung LINSBAUERs sei zutreffend, wogegen diejenige ZACHs irrtümlich.

41.   Im Gespräch mit L. v. P. wirft Hofrat Prof. Dr. J. v. WIESNER am 31. Oktober 1911 die Frage auf, wie es komme, daß in großen Städten keine Flechten gedeihen; man solle doch diesbetreffende Kulturversuche anstellen. Tags darauf, also am 1. November, wird L. v. P. im Sonderabdruck eine Arbeit von NEMEC zugesandt, „Über die Kulturen von Flechten und den Einfluß der Laboratoriumsluft". — Zu dieser und der vorigen Serie vergleiche man das in unseren einleitenden Bemerkungen (S. 23) über die Multiplizität der Entdeckungen Gesagte.

42.   Dr. L. SP. erfährt am 4. März 1916 „zufällig" die ihn nicht näher berührende Tatsache, daß ein Fürst L. an Incontinentia alvi (Ausscheidung der Exkremente durch die Bauchwand) leide. Zu dieser Zeit hatte Dr. L. SP.s Vater, an Incontinentia urinae erkrankt, eine Wärterin bekommen; früher war sie Pflegerin beim Fürsten L. gewesen und verfiel nun durch die Namensähnlichkeit der beiden „Incontinentien" darauf, ebenfalls vom Fürsten und dessen Leiden zu sprechen. Nachdem Dr. L. SP. es, wie gesagt, den Tag zuvor außer Hause bereits erfahren hatte, wurde er am 5. März auch Zeuge des Gespräches, das die Wärterin mit seinem Vater führte.

43.   Regierungsrat Dr. J. KAUDERS (Wien) — bekanntlich ein hervorragender Internist, bei dem also chirurgische Behandlungen sehr selten vorkommen — hatte 1902 im Laufe einer Woche zwei Patientinnen, die sich unter übereinstimmenden, eigentümlichen Verhältnissen das rechte Handgelenk verrenkt hatten; sie waren mit der rechten Hand voraus vom Stuhl heruntergestürzt, auf den sie gestiegen waren, um ein Bild abzustauben. Noch manch anderen Fall erzählte mir Regierungsrat KAUDERS aus seiner Praxis, wo ihm seltene Erkrankungen gewöhnlich innerhalb kurzer Zeitspannen zwei- oder mehrmal unterkamen, aber weder vorher noch dann nachher.

Unglücks- und Sterbefälle

44 a.   Als Dr. K. PRZ., Professor für Physik an der Universität in Wien, in seiner Vorlesung über „Radioaktivität" von CURIE sprach, nahm CURIE ein schreckliches Ende (verunglückte durch ein Experiment); und als K. PRZ. seine Vorlesungen über „Gastheorien" vorbereitete und eben mit den Anschauungen BOLTZMANNs beschäftigt war, fand auch BOLTZMANN ein schreckliches Ende (durch Selbstmord).

44 b.   Die Mitteilung dieser seltsamen Serie bildet selbst wieder eine Serie zu folgendem, durch die Presse mitgeteilten Fall von Duplizität („Wiener Mittagszeitung" vom 12. September 1906): „Dem „Leipziger Tageblatt" wird geschrieben: Der Selbstmord des berühmten Physikers BOLTZMANN erregt um so größeres Aufsehen, als er sich wenige Wochen nach dem Selbstmord des Berliner Physikers DRUDE ereignete, ein Beispiel jener merkwürdigen Duplizität der Fälle, wie sie im medizinischen Aberglauben eine gewisse Rolle spielt."

45.   In der Sommerfrische 1906 (zu Goisern, Oberösterreich) wird ein altes Fräulein, Baronin TRAUTENBERG, geboren 1846, von einem stürzenden Baume schwer verletzt. Im selben Sommer wird zu Kindberg (Obersteiermark) auch die unverehelichte Baronin RIEGERSHOFEN, ebenfalls geboren 1846, von einem umfallenden Waldbaum gefährdet.

46.   (Zeitungsnachricht:) „Das Gesetz der Serie bewährt sich wieder einmal in fürchterlicher Weise: Les Ponts-de-Cé, Spielfeld, Gnesen! Im knappen Zeitraum weniger Tage drei menschenmordende Eisenbahnunfälle . . ."

47.   („Neues Wiener Journal" vom 11. Juni 1914 unter der Spitzmarke „Ein Überlebender des ‚Titanic' und der ‚Empress'":) „Aus London wird uns unterm Gestrigen telegraphiert: Unter den Geretteten der ‚Empress of Ireland' fiel gestern bei der Lan-

dung in Glasgow ein noch ganz junger Mann auf, in dessen Gesicht aber tiefe Leidens-
spuren gegraben waren. Es ist WILHELM CLARK, der einzige lebende Mensch, der
die beiden größten Schiffskatastrophen der Welt überlebt hatte. Er war Heizer auf
dem ,Titanic'. Seine erste Ausreise nach der ,Titanic'-Katastrophe machte er wieder
als Heizer auf der ,Empress'. ,In derselben Stellung zweimal Unglück zu haben,'
sagte er lächelnd, ,halten wir Seeleute für fatal, aber ich heize trotzdem weiter.'" —
Selbstverständlich ist die Serie nicht darin gelegen, daß CLARK beide und allenfalls
noch spätere Reisen als Heizer mitgemacht hat, sondern darin, daß er als der einzige
alle beiden Katastrophen der bisher riesigsten Dampfer überstanden hat.

48 a.   Die „Arbeiterzeitung" Nr. 140, S. 5, Wien, Mittwoch, 23. Mai 1917, berichtet
im Anschlusse an die Nachricht, daß die ungarische Stadt Gyöngyös am 22. Mai total
abgebrannt, alles dabei eingeäschert worden sei: „Die Stadt war bereits vor 12 Jahren
von einer Brandkatastrophe heimgesucht worden, und damals ist mehr als die Hälfte
der Häuser dem Brande zum Opfer gefallen." In Nr. 141, S. 5, vom 24. Mai ergänzt
die „Arbeiterzeitung" ihren Bericht zwar dahin: „Die unglückliche Bauart der Stadt
brachte es mit sich, daß die Flammen reichlich Nahrung fanden. In die breiten asphal-
tierten Hauptstraßen münden nämlich unzählige schmale Gäßchen und Sackgäßchen,
in denen die Häuser ohne Feuermauern Rücken an Rücken stehen. Die Hitze und die
Rauchentwicklung waren hier so intensiv, daß die Feuerwehr nicht einzudringen vermochte. Auch fehlte es bei den Löscharbeiten an Wasser. Bezeichnenderweise ist
der Stadtteil, der im Jahre 1903 (das wären also 14 und nicht 12 Jahre, wie in der
ersten Notiz berichtet, oder war der Brand vor 14 Jahren ein dritter Brand? Anm. d.
Verf.) niedergebrannt und nach neuen Bauvorschriften wiedererstanden war, von
dem Feuer verschont geblieben." Jedoch ist Gyöngyös kein Unikum hinsichtlich
seiner Bauart, die es mit anderen ungarischen Städten teilt; so erklärt die Bauart
als gemeinsame Ursache beider Brandkatastrophen nicht, warum allemal gerade
Gyöngyös von ihnen heimgesucht wurde.

48 b.   Am Tage vor dem Niederbrennen der Stadt Gyöngyös in Ungarn ereignete sich
ein zweiter katastrophaler Stadtbrand, nämlich zu Wischau in Mähren. Laut „Arbeiterzeitung" vom 22. und 24. Mai 1917 wurden dabei etwa 60 Objekte, darunter das fürst-
erzbischöfliche Schloß, der Meierhof, das Rathaus und die Brauerei ein Raub der
Flammen.

49.   Die „Volkstribüne" XXIV 45, Wien, 10. November 1915, S. 5, berichtet: „Kriegs-
bild. — Gemeinsamen Tod durch einen und denselben Schuß eines russischen Ge-
schützes fanden im Oktober dieses Jahres die Zwillingsbrüder FRIEDRICH und
GUSTAV FREY aus Pr.-Holland. In einem Gefecht bei den Kämpfen um den Brücken-
kopf von ... schlug eine Granate ein und tötete beide Brüder. Von den Kameraden
wurden beide in einem gemeinsamen Grabe zur Ruhe gebettet ..." Der Fall ist auch
für die Periodenlehre von Bedeutung: manche Autoren (FLIESS, SCHLIEPER)
sind hier der Anschauung, daß nahe Blutsverwandte durch ein gemeinsames Geschick
verknüpft seien, so zwar, daß sie auch von Unfällen, Erkrankungen und vom Tode
leicht am selben Tage betroffen würden: selbst äußere Schicksalsschläge und gewalt-
sames Sterben mache hiervon keine Ausnahme, weil sie den Menschen gerne an einem
„kritischen" Tage minoris resistentiae überfallen. „Kritische Tage" aber, das sind
die Periodengipfel, und in blutsverwandten laufen gleiche Perioden ab, deren Termine
an gleichen Tagen fällig werden. Daß man sich nun hüten muß, diese vielfach gewiß
zutreffende Erklärung zu verallgemeinern, zeigt das in Rede stehende Beispiel: die
Granate, von der die Brüder und nebst ihnen sicherlich viele andere Soldaten zer-
schmettert wurden, wird sich doch nicht einen Tag geschwächter Widerstandskraft
beider ausgesucht haben? Ähnliche Erwägungen gelten für Beispiel 45, wo fallende
Bäume zwei alte Baronessen gefährdeten, in denen nach der Periodentheorie wegen
des gleichen Geburtsjahres die gleiche jahresperiodische Welle fällig gewesen sein
könnte. Aber bekümmern sich die Bäume darum?

Verbrechen

50.   Das „Fremdenblatt" Nr. 111, S. 10, Wien, Freitag, 21. April 1916, berichtet unter der Spitzmarke „Wer kauft mir mein Kind ab?" in der Gerichtssaalrubrik, daß der volltrunkene Hilfsarbeiter FRANZ KOUZELKA in der Nacht auf den 3. Januar in verschiedenen Gast- und Kaffeehauslokalen des dritten Bezirkes seinen zweijährigen Knaben zum Kaufe und schließlich zum Geschenke angeboten habe, jedoch vergeblich. Schließlich legte KOUZELKA das Kind in der Schlachthausgasse bei der Einfahrt des Hauses Nr. 21 auf das Straßenpflaster, wo es von einem Artilleristen gefunden und mitgenommen wurde. „Als der Soldat mit dem Kleinen beim Hause Markhofgasse 2 vorüberkam, öffnete dort gerade der Hausbesorger einem Heimkehrenden das Tor. Der Soldat wollte den Hausbesorger bitten, das Kind rasch in warmes Obdach zu nehmen, doch der heimkehrende Mann erklärte, er wolle den Knaben zu sich nehmen und trug ihn in seine Wohnung. Dieser Mann war, wie sich herausstellte, KOUZELKA selbst, der sein schlafendes Kind weggelegt und durch den eigenartigen Zufall beim Heimkommen wiedergefunden hatte . . ."

51.   („Wiener Mittagzeitung", 55. Jahrgang, Nr. 107, Freitag, den 28. April 1905.) Übrigens wohl in allen Wiener Blättern dürfte im gleichen Wortlaut der Verlauf des Mordprozesses FRANZISKA KLEIN berichtet sein, bei dem fortwährend schwerhörige Zeugen auftraten. Zum Beispiel: „Der Ziseleur THEODOR GOLDINGER ist ebenfalls schwerhörig. — Verteidiger Dr. ELBOGEN: Das Gesetz der Serie."

52.   („Neues Wiener Tagblatt" vom 8. Februar 1906.) Im Feuilleton „Pariser Chronik" von FRED wird über einen modernen Hexenprozeß berichtet. JEANNE VEBER, eine Arbeiterfrau, wird nacheinander fünfmal zur Zeugin beim Tode der Kinder ihrer Verwandten, der immer ein Erstickungstod unter Krämpfen ist: am 2. März 1905 bei ihrer Schwägerin (GEORGETTE), am 11. März bei sich zu Hause, wo sie eine Nichte (SUZANNE) in Obhut genommen, am 25. März bei einer anderen Schwägerin (GERMAINE), am 29. März stirbt ihr der eigene Sohn, am 5. April einer dritten Schwägerin während eines Besuches bei JEANNE VEBER deren elf Monate alter MAURICE. So gewaltig ist der Eindruck dieser vielgliedrigen Serie auf die Verwandten, und so wenig vermögen sie sich die schrecklichen Ereignisse anders als durch Fortwirken derselben Ursache vorzustellen, daß sie JEANNE als Kindermörderin verklagen; allein es fehlt zum Motiv, die psychiatrische Untersuchung ergibt volle geistige Gesundheit, nicht einmal Hysterie, die Anklage wird beweisend entkräftet.

53.   („Neue Freie Presse", Wien, Morgenblatt von Mittwoch, den 15. September 1905:) „Der Mordversuch in Heidenreichstein bestätigt das Seriengesetz der Kriminalistik; es ist seit einem halben Jahre der dritte Fall, daß ein halbwüchsiger Bursche, ein Lehrling, eine Frau vom Hause meuchlings und räuberisch überfällt. Auf den Mord des Tischlerlehrlings HEINY folgte der Raubanfall des Laufburschen beim Juwelier SKAKALIK. Auch bei FENZL ist die Nachahmung verbrecherischer Vorbilder unverkennbar." — Zu dem letzten Satz ist nur zu bemerken, daß das Wort „Nachahmung" wohl nicht im Sinne bewußter Nacheiferung, sondern unbewußter Kopierung unter dem Drucke des Serialgesetzes gemeint sein darf.

Bahnfarten, Reisen

54.   Frau E. H.-W. fährt im Motorwagen der Wiener elektrischen Straßenbahn (6oer Linie) und stützt ihren Arm auf den Fensterrahmen, findet aber dessen Holz derart von der Sonne erhitzt, daß sie sich in Gedanken die Frage vorlegt: „Ist die Radachse heiß gelaufen? Brennt es etwa gar?" Einen Augenblick darauf tritt Betriebsstockung ein: der Straßenbahnzug vor diesem 6oer Wagen brannte.

55.   Weitere Stadt- und Straßenbahnbeobachtungen: am 24. Mai 1909, früh 9 Uhr, fahre ich im Nichtrauchercoupé II. Klasse von Hacking (Vorort Wiens) zur Station Hauptzollamt. Der Waggon ist die ganze Zeit (¹/₂ Stunde Fahrt, 13 Stationen, die Ausgangs- und Endstation mitgerechnet) ausschließlich von Männern besetzt. Ein andermal sind es — im gleichen 9-Uhr-Zuge — ganz vorwiegend alte, wieder ein andermal

vorwiegend junge hübsche Damen. Noch ein anderesmal steigen auffallend viele Herren ein, die sich offenbar neue Hüte gekauft haben, da sie solche in Papiersäcken mit dem Aufdruck bekannter Wiener Hutfirmen trugen. — Meine Frau und ich steigen am Karlsplatz (Wien) in die elektrische Straßenbahn ein; wir haben auffällig viele umfängliche Pakete bei uns, enthaltend Hundefutter, Watte, Spielzeug, eine große Tragtasche mit Aufdruck „Gerngroß". Dadurch inaugurierten wir eine Serie, derzufolge nunmehr die meisten Passagiere — notabene, es war zu später Abendstunde, lange nach Geschäftsschluß und durchaus nicht in der Weihnachtszeit od. dgl. — sehr große und zahlreiche Pakete trugen. — Ein andermal saßen wir beide allein auf der einen Bank; alle später Einsteigenden setzten sich auf die Bank uns gegenüber und alle trugen Trauer (gehörten aber nicht etwa zusammen; ganz allgemein bitte ich den Leser, als selbstverständlich vorauszusetzen, daß ich eine Serie nur dann als solche hierhersetze, wenn so naheliegende Fehlerquellen ausgeschlossen sind).

Verschiedene Sachen und Ereignisse

56.   Am 29. September 1905 saß meine Mutter auf einer Bank im Wiener Stadtpark; allmählich setzen sich vier (wohlgemerkt durchaus nicht miteinander bekannte) Personen zu ihr; sie geraten in ein Gespräch, aus welchem hervorgeht, daß diese vier insgesamt aus München zugereist waren.

57.   Am Abend des 16. Oktober 1905 gingen mein Bruder OTTO und unsere aus Berlin zu Besuch in Wien weilende Schwägerin LIESBETH ins Burgtheater. Vorher suchte OTTO einen Friseurladen auf; neben ihn kam ein Herr zu sitzen, den der Friseur fragte, wie er den heutigen Abend zu verbringen gedenke. Die Antwort lautete: „Ich gehe ins Burgtheater." — Darauf der Friseur: „Das kommt bei Ihnen wohl sehr selten vor?" — „Ja! Aber meine Schwägerin ist in Wien, und da muß ich sie ins Burgtheater führen."

58.   Am 18. April 1915 hatte ich in Rekawinkl (an der Westbahn, Niederösterreich) verspätet laichende Grasfrösche *(Rana temporaria)* beobachtet. Mittags von diesem Ausflug heimkehrend, begegnet mir ein Exemplar von *Rana temporaria* in der „Hackinger Au", einem trockenen, staubigen Park, wo unzählige Menschen — es war noch dazu ein Sonntag — hin und wieder gingen und wo ich nie einen Frosch vermutet hätte, geschweige den in Hackings Umgegend überhaupt seltenen Grasfrosch, der hier meist durch den verwandten Springfrosch *(Rana agilis)* vertreten erscheint.

59.   Am 15. Mai 1917, vor 8 Uhr früh, sehe ich zufällig beim Vorbeigehen in der reich mit Spiegeln versehenen Auslage des Schuhwarengeschäftes „Paprika-SCHLESINGER" (Wien, Walfischgasse), daß sich meine Haare auf dem Scheitel schon recht sehr gelichtet haben. In meinem Bureau, dem hier mehrfach erwähnten Zensuramt angekommen, nahm auch Freund Dr. L. SP. just heute dasselbe an mir wahr, wovon er aber zunächst nur unserem Kollegen Dr. H. M. sarkastische Mitteilung machte. Da werde ich um 10 Uhr in die Mannschaftskanzlei gerufen; um sich dorthin zu begeben, muß man die Straße überqueren und kommt an der Auslage einer Rahmen- und Photographienhandlung (A. KRAUTSZAK, Tuchlauben 8) vorüber; in diese warf ich einen Blick und kehrte darauf in die eigene Kanzlei zurück, von wo aus die Kollegen meinen Weg hatten verfolgen können. Nun hielt Dr. L. SP. nicht länger hinter dem Berg; allzugrell hatte meine Glatze, als ich mich der Auslage zuwandte, heraufgeleuchtet, so daß er seine Entdeckung nicht mehr vor mir verbergen mochte. Vor einer Geschäftsauslage war mir ihre Existenz zwei Stunden vorher subjektiv zu Bewußtsein gekommen; und wieder eine Auslage hatte Dr. L. SP. dazu inspiriert, sie mir nun neuerlich auch objektiv ins Bewußtsein zu bringen.

60.   Die Inseratenkolumnen großer Tageszeitungen sind stets eine Fundgrube für seriale Vorkommnisse bei Nachfrage und Angebot. Beifolgend wiedergegebener Ausschnitt aus dem Anzeigenteil der „Vossischen Zeitung" Nr. 196, Berlin, 18. April 1915 (Sonntagmorgen), enthält zwei Inserate, in denen Zwillingskinderwagen — also gewiß schon an sich kein ganz gewöhnliches Ding — zu kaufen gesucht werden; über-

34

dies ist die horizontale Benachbarung jener beiden Annoncen eine rein „zufällige", in der vertikalen Reihenfolge der Anzeigen sind sie durch alle nur erdenklichen andersgearteten Kaufgesuche getrennt. (Siehe beistehende Reproduktion der Anzeige:)

—	fehr gut erhalten, fucht **Biedermann**, Moßstraße 41.	**Berlin**, zahlt hohe Preise für getragene Jackett- und Rockanzüge, Fracks, Smoking-Anzüge, Paletots, Pfandscheine, ganze Nachläffe (inkl. Möbel). Nur eigener Geschäftsbedarf. Fernspr. Moritzplatz 360. *	**uni md ziel Be Off au pla**
Pri- öpe-	**Geige**, alte, echte, kauft privat. Off. T. 8874f Wflt.-Fil. Lauenzienftr. 7.		
und erde 60.	**Arme Kriegerfrau** möchte billig Kinderwagen für Zwillinge kauf. Süße Otto, Berlin, Stendaler Straße 21, Hof IV.	**Zwillingswagen**, gut erhalten, zu kaufen gesucht. Wittmaac, Oberfchöneweide, Wilhelminenhoffstraße 13.	
)M. kauft III.	**Bogenlampen**, Elektromotoren, Altmetalle, Messing, Kupfer kauft Ulmer, Süßowstraße 111.	Weg. Lief. zahle f. alte Herrenanzüge b. 20,—, kaufe Damenfach., Bett., Stief., Uniform. Bornftein, Hirtenftr. 18. Poftbeftellung.	**fuch fehr gröf Dis 667**

Die soeben beendigte, ziemlich wahllose Sammlung von 60 Serien (in Wirklichkeit weit mehr als 60, da öfters eine ganze Seriengruppe oder Serienfolge unter einem Punkt subsummiert wurde) darf natürlich nicht als Erschöpfung meines Beispielmateriales betrachtet werden. Die konkreten Belege in späteren Kapiteln werden ja bald zeigen, daß ich es — außer wo es mir so erwünscht ist — niemals nötig habe, auf die einleitungsweise im I. Kapitel gegebenen Beispiele zurückzugreifen, sondern imstande bin, immer wieder neue Fälle heranzuziehen. Die 60 Einleitungsbeispiele sollten etwas ganz anderes bezwecken, als durch ihre Fülle einen Beweis serialen Geschehens erbringen: ihre Lektüre kann nicht verfehlen, Erinnerungen an häufige eigene Erlebnisse des Lesers wachzurufen — seriale Erlebnisse, die ihm bisher als nichts bedeutende Zufälle erschienen. Von nun an aber wird er auf sie als den Ausdruck einer darin verborgenen Gesetzmäßigkeit achten lernen.

Zusammen mit den Ergänzungen, die von seinen eigenen Erfahrungen unfehlbar geliefert werden, müssen schon die 60 Beispiele jedem Leser die Einsicht aufdrängen, daß solche Vorkommnisse viel zu häufig sind, um einfach als „Zufälle" gedeutet und behandelt zu werden. Ganz abgesehen davon, daß die Erklärung einer Begebenheit durch „Zufall" ein grober Mißbrauch ist und in keiner wissenschaftlichen Begründung geduldet werden sollte, erhebt sich die Häufigkeit der Serien, ja Möglichkeit der Vorausberechnung von Serien weit über den Punkt hinaus, an welchem selbst im landläufig fahrlässigen Sinne noch von „Zufall" gesprochen werden könnte.

Der erste Einwurf, der sich trotzdem gegen die Beispielsammlung erheben wird, dürfte Zweifel an der Verläßlichkeit ihrer Angaben sein; besonders, insoweit sie mir durch Mittelspersonen zugetragen wurden. Demgegenüber betone ich, daß ich mich für die Wahrheit der weitaus meisten Fälle ebenso verbürgen kann, als hätte ich sie selber erlebt (ausgenommen sind eigentlich nur die aus Zeitungen entnommenen Fälle und Beispiel 10, das auf Erzählung eines verwundeten Soldaten beruht, wobei ich nicht imstande war, vom Schauplatz des merkwürdigen Ereignisses Näheres zu erfahren); auf persönlichen und brieflichen Wegen bin ich den berichteten Vorfällen oft noch sehr weit nachgegangen, ehe ich Bestätigungen, Belege und Einzelheiten in Händen hielt, die mir genügten. Was ferner Erlebnisse anbelangt, die nicht von mir selbst gemacht oder nachgeprüft wurden, so zerfallen sie in zwei Gruppen: die eine stammt von durchaus verläßlichen, mir nahestehenden Personen, die entweder selbst wissenschaftliche Schulung besitzen (Dr. L. SP., Dr. H. M., Prof. H. und K. PRZ. u. a.) oder ein wissenschaftliches Gewissen und Bewußtsein, wie sehr es auf strengste Genauigkeit und Gegenständlichkeit ankomme. Ein Teil dieser Personen glaubte mich auf falscher Fährte und wäre um so minder geneigt gewesen, mich darin zu bestärken, hätten sich ihnen die multiplen Ereignisse nicht mit so zwingender Gewalt aufgedrängt. Die andere Gruppe stammt von Personen, die von meinen Absichten — von der Bedeutung, die ich dem, was sie erzählten, beimaß — keine Ahnung hatten: sie berichteten ihre Erlebnisse als merkwürdige Zufälle, deren Zusammentreffen ihnen Verwunderung abnötigte; einzelne empfanden sie auch als Bestätigungen ihres „Aberglaubens, daß alles zweimal oder gar mehrmal geschehen müsse"; aber sie kannten nicht mein theoretisches Interesse daran und wußten nicht, daß ihr Erzähltes mir als Material diente, das ich mir sofort notierte, um es späterer wissenschaftlicher Verarbeitung zuzuführen. „Sammler" und „Erzähler" sind also am Zustandekommen der Beispielsammlung beteiligt: jene entsprechen allen Anforderungen, die an diesbezügliche Gewissenhaftigkeit gestellt werden müssen; bei letzteren entfiel durch ihre Unkenntnis des Zusammenhanges jedweder Grund, subjektiv seriale Verbindungen in Dinge hineinzutragen, die um ihrer selbst und nicht um meinetwillen vorgebracht wurden.

Wir dürfen deshalb das erste, ganz auf empirischer Grundlage ruhende Kapitel mit dem Gewinne einer vorläufigen Definition dessen beschließen, was wir unter Serie verstehen: im Lichte der gegebenen Beispiele und Beispielgruppen stellt sich die Serie (Multiplizität der Fälle) dar als eine gesetzmäßige Wiederholung gleicher oder ähnlicher Dinge und Ereignisse — eine Wiederholung (Häufung) in der Zeit oder im Raume, deren Einzelfälle, soweit es nur sorgsame Untersuchung zu offenbaren vermag, nicht durch dieselbe, gemeinsam fortwirkende Ursache verknüpft sein können.

36

II. Serientypen

Nebenher sei hier noch auf einen Widerspruch mit der Wahrscheinlichkeitstheorie aufmerksam gemacht: es ist ungleich wahrscheinlicher, daß drei Besucher während einer Minute erscheinen als 180 in einer Stunde. Der Widerspruch kommt daher, daß der gesunde Menschenverstand mit der bei den Zufallsereignissen auftretenden Detailerscheinung der Knäuelung bereits vertraut ist, während die Theorie davon nicht Notiz nimmt.

OTHMAR STERZINGER, „Zur Logik und Naturphilosophie der Wahrscheinlichkeitslehre", S. 228.

... Nämlich die bekannten folkloristischen Tatsachen, die sich durch die Bezeichnung „Zauberkraft des Wortes" zusammenfassen lassen. Die bloße Nennung eines Namens reicht aus, um dessen Träger in magischer Weise zu beeinflussen. „Wird der Wolf genannt, so kommt er gerannt." Die Ursache dieser höchst merkwürdigen Erscheinung ist, soviel ich weiß, bis jetzt noch nicht aufgeklärt ...

HANS SPERBER, Imago I, 5, 417.

Das vorige Kapitel erzählte Einzelfälle von „Serien", die sich genau in der dort wiedergegebenen Sonderform wirklich zutrugen: individualisierte Beispiele sich wiederholender Ereignisse ohne jede Abstraktion, in ihrer nackten Empirie zwanglos aneinandergereiht.

Das gegenwärtige Kapitel macht den Anfang zur abstrahierenden Synthese: es zählt Serien auf, die sich mit mehr oder minder zahlreichen und nebensächlichen Varianten tagtäglich ereignen; Serien, die sich so häufig abspielen, daß Anführung von Sonderbeispielen hier bereits als unnützer Ballast erscheint, von dessen Beiwerk die Beschreibung der allgemeineren, typischen Seriengestalt unter beständigem Hinweis auf die früher beigebrachten besonderen Belege frei bleiben darf. Von diesen Belegen des vorangegangenen Kapitels abgesehen, müssen aber für die nunmehr schon generalisierter umschriebenen „Serientypen" jedem Leser sofort als eigene Erlebnisse viele Beispiele in den Sinn kommen; zumindest muß der Leser sogleich den vielleicht zwar noch ungefähren, nicht auf Bestimmtes gestellten, aber deutlichen Eindruck empfangen: „Ja, derartiges habe ich selbst schon oft erfahren!" Und der Leser wird weiterhin darauf achten müssen, wird der unbestimmten Summe bisheriger bald stattliche Mengen neuer Erlebnisse hinzuzufügen genötigt sein.

Auf diesem Wege hoffe ich den Leser noch sicherer als durch die Spezialbeispielsammlung des vorigen Kapitels in die Welt des serialen Geschehens einzuführen — erwarte ich, ihn in den Bann serialen Beobachtens und Denkens zwingen zu können. —

1. Eben fällt mir ein, von N. N., den ich brieflich um eine Auskunft gebeten, sollte schon Antwort da sein; geraume Zeit verstrich, seit ich ihm schrieb, die Angelegenheit war mir bereits ganz aus dem Sinn gekommen. Nun aber muß ich ihn mahnen. — Da wird die Mahnung überflüssig: am selben Abend (nächsten Morgen, mit nächster Post u. dgl.) trifft N. N.s Schreiben, wenn nicht er selbst ein; oder ich finde die Sendung zu Hause bereits vor, nachdem ich unterwegs daran gedacht.

Die Erfüllung von Wünschen und Ahnungen, Erhörung von Gebeten, unverhoffte, aber doch erhoffte Befreiung aus Bedrängnis und Gefahr („Wenn die Not am höchsten, ist Gott am nächsten"), Verwirklichung von Schlaf- und Wachträumen, die dann als „prophetische" erscheinen (Beispiel 31, 32, Kap. I), sind diesem Serientypus verwandt. Die Erkenntnis einer bisher unbeachteten natürlichen Regelmäßigkeit verspricht hier Erklärung, wo früher nur Wunderglaube Boden fand. Weiteres darüber bringt Kapitel XIII. Im vorigen Kapitel vergleiche noch die Beispiele 18, 27, 28; in Kapitel XI das Beispiel 94.

2. Ich habe X. Y. jahrelang nicht gesehen, und — aus den Augen, aus dem Sinn — wir haben jede Beziehung zueinander verloren, trotzdem wir immer im selben Orte wohnten. Unvermutet begegne ich ihm endlich wieder, und nun schon am selben oder nächsten Tage ein zweites-, vielleicht drittes- und viertesmal (Kap. I, Beispiel 19), ehe X. Y. meinen Blicken und Gedanken abermals für Jahre entschwindet.

Das erste Glied dieser Serientype kann auch ein dem lang vergessenen Freund gewidmeter Gedanke (Beispiel 23, 25) oder Traum gewesen sein (dann ist sie dem vorher beschriebenen Typus Nr. 1 angenähert); oder es besteht das erste Glied der Serie darin, daß ich eben mit jemand über den Freund gesprochen habe (Beispiel 20 im Kap. I): aus dieser Variante des in Rede stehenden Serientypus erwuchs das Wort vom „Lupus in fabula" oder in volkstümlichem Deutsch: „Wenn man den Fuchs (Wolf) nennt, kommt er gerennt!" Endlich kann das erste Serialglied (die ersten Serialglieder) aus Begegnungen von Personen bestanden haben, die dem Freund nur ähnlich sahen (Beispiel 18, 22a, 24 in Kap. I; 72 in Kap. III); oder er kommt zuerst des Weges, und die Serie läuft in seinen Doppel- bzw. Mehrfachgängern weiter.

Gerade dieser Serientypus ist sehr geeignet, sich die Überzeugung von der weitverbreiteten Wirksamkeit des Serialitätsprinzips zu verschaffen. Ich wenigstens habe die Erfahrung gemacht, daß zu einer Begegnung, die vereinzelt schien, durch Nachdenken gewöhnlich ein seriales Ergänzungsstück gefunden wird. Auf die Beispiele 18 und 20 (Kap. I) bin ich durch dies nachträgliche Verfahren gedächtnismäßiger Ermittlung erst aufmerksam geworden. Man überlege sich also bei Begegnungen oder beliebigen anderen Ereignissen: wo ist deren Doppelglied, wo sind etwa weitere Multiplen geblieben? Dabei enthalte man sich jeden willkürlichen Hineindeutens, sondern nehme nur schlagende Mehrfachfälle als solche an. Sollte man sich wirklich keiner entsinnen, so warte man ab: man hat dann — abgesehen von den Möglichkeiten des Vergessens — eben erst das Anfangsglied der Serie erlebt, die Wiederholungen werden folgen.

3. (Beispiel 61 in Kap. III.) Das Gegenstück zum Serientypus Nr. 2: Ein Unbekannter, dessen Erscheinung mir aufgefallen, begegnet mir von nun ab durch einige Zeit hartnäckig. Die Begegnungen sind unabhängig von Ort und Stunde: ich kann mich ergehen, wo und wann ich will — kann mich in meinem gewohnten Geleise bewegen oder nicht, im äußersten Fall sogar verreisen; immer läuft mir derselbe Mensch in den Weg. Aber es kommt wieder die Zeit, da ich seinen Anblick vermisse bzw. von ihm verschont bleibe.

Kennzeichnend für den rein serialen Charakter („akausalen" Charakter in dem durch Kap. IV festgelegten Sinne) des beschriebenen Vorkommnisses ist es, daß es oft nicht gelingt, eine mir liebe Person, deren Lebensweise ich genau kenne, abzupassen; wogegen die aufdringlichen Begegner sehr leicht unliebsame Erscheinungen sind (LUDWIG HIRSCHFELDs „Eklinge"), nicht etwa erst durch die Häufigkeit der Begegnung mir zuwider wurden. Zu dieser Erscheinung des Wachzustandes läuft die bekannte Tatsache des Traumzustandes parallel, daß man meist nicht von dem oder jenen träumt, die einem angenehm sind, sondern von Gleichgültigem oder Unangenehmem; jedenfalls nicht von dem, wovon man am allerliebsten träumen möchte und womit sich die wachen Gedanken am meisten und liebevollsten beschäftigen.

4. (Beispiel 56.) Zuweilen ist es nicht ein und dasselbe Individuum, das in geschilderter Weise beharrlich meine Straße kreuzt, aber dafür sind es Gruppen von Individuen, die sich meinem Erleben durch ein auffälliges Merkmal zu einer Einheit verbinden: ich habe Tage, wo mir überall Krüppel, Kranke, Kinder mit schuppenden Ausschlägen, die von Frauen getragen werden, Leute in Trauerkleidung od. dgl. (Beispiel 55) begegnen — durchaus ohne daß etwa meine Stimmung der Aufnahme gerade trauriger Eindrücke entgegenkommt oder in traurigem Sinne von ihnen nachträglich beeinflußt werden muß. Ein andermal werde ich fortwährend nach etwas gefragt, bald nach der Uhr, bald nach dem Weg — und meine Eile nützt mir nichts; nicht einmal, wenn ich Laufschritt nehme, lassen sich die Frager abschrecken. Solch ein Serientypus zerfällt in Untertypen, etwa der Typus „Frager" kann sich in der Form realisieren, daß viele Passanten um etwas Beliebiges fragen, nur eben überhaupt fragen; oder daß alle nur um etwas Bestimmtes, immer um dasselbe fragen.

Ein und dieselbe Stadt kann so, an verschiedenen Tagen durchquert, je nach dem Gepräge der serial vereinheitlichten Begegnungen ein gründlich verschiedenes Aussehen gewinnen: sie vermag das einemal den Eindruck zu erwecken, von einem wunderschönen, ein andermal, von einem grundhäßlichen Menschenschlag bewohnt zu sein. Wer in Ämtern sitzt oder Verkehrsmittel benützt oder Gast- und Kaffeehäuser besucht, wird gleichfalls bestätigen, daß manchmal die Dicken, Mageren, Riesen, Zwerge, die einander physiognomisch Ähnlichen, die Heiseren, Schwerhörigen, Brillentragenden, umfäng- liche Pakete Schleppenden (siehe nochmals Beispiel 55) usw. usw. in besonderer Mehrheit eintreten.

5. Beobachtet man ein Schalter, etwa eine Fahrkartenausgabe bei der Bahn, einen Verkaufsladen, eine Theaterkasse, eine Zahlstelle oder Auskunftei in Bank oder Amt: so wird man — sei man nun Mit- bewerber von außen oder Bediensteter von innen — meist wahr- nehmen, daß sich die Leute entweder drängen oder daß der Schalter eine Zeitlang leer bleibt. Im ersteren Falle äußert der Vielgeplagte, der dem Ansturm der Parteien standhalten muß, gerne: „Es kommt halt immer alles zusammen!" (Es müssen nicht Menschen, können auch Dienststücke, zu erledigende Agenden aller Art, Depeschen, Briefe oder solche und Besucher gemischt sein.) Dieselbe Erscheinung auf Wegen und Straßen, auf denen sich ganze Kolonnen von Fuß- gängern bzw. Wagen stauen; im nächsten Augenblick aber können sie schon wieder fast unbelebt daliegen (Kap. III, Beispiel 73).

Die Annahme gemeinsamer Gelegenheiten und Antriebe, wie Ankunft und Abfahrt von Zügen, beginnende und aufhörende Dienststunden usw. genügt nicht, um alle von Ruhepausen unter- brochenen Häufungen zu erklären. Man selber spürt, als eines der Glieder darin eingeschlossen, wie schwer es ist, die Gesellschaft los- zuwerden.

6. Eine eben in meiner Gesellschaft befindliche Person läßt irgend- ein Wort, einen Satz, Gedanken, eine Melodie laut werden, die soeben oder kurz zuvor, allenfalls und in besonders einwandfreier Weise durch Lektüre desselben Wortes, Satzes, Gedankens, Musikstückes auch mir in den Sinn gekommen waren (Beispiele 7, 33, 34 des vorigen, 64 des folgenden Kapitels, 76 in Kap. IV).

Zusammentreffen solcher Art, namentlich die Koinzidenz ge- dachter Worte des einen mit ausgesprochenen des anderen erwecken bei jenem leicht den Anschein, als könne dieser seine Gedanken erraten; oder erwecken in beiden den Glauben, sie seien in seltenem Grade „gleichgestimmte Seelen". Gegen die seriale Natur des Zusammen- treffens wird eingewendet werden, daß die ihm vorausgehenden Be- griffsassoziationen in den beieinander befindlichen, also gleichen gleichzeitigen Eindrücken ausgesetzten Personen notwendigerweise

42

zu gleichem Ziele hinführen mußten; Dinge, die bei einem Spaziergang an mir vorüberziehen, erwecken eben in mir dieselben Vorstellungen wie in meinem Gefährten, und wird ein Begriff aus der Vorstellungsreihe herausgeholt und ausgesprochen, so ist hundert gegen eins zu wetten, daß er dem Nachbarn auch soeben gegenwärtig geworden. Gewiß wird diese assoziative Erklärung, obwohl sie den verschieden präexistierenden Bewußtseinsinhalten und Empfänglichkeiten der Genossen wenig Spielraum gewährt, vielfach zutreffend sein; es gibt aber Situationen, in denen sie ganz unanwendbar ist: wenn ein Wort, das ich eben in der Zeitung lese (um als Kriterium zu dienen, darf es natürlich keines der häufigsten Wörter sein), im selben Augenblick aus jemandes Munde im Nebenzimmer vernehmlich wird (Beispiel 64 in Kap. III), so können nicht die konvergierenden Assoziationsreihen daran schuld sein. Auch in folgendem Falle, wo ein lebloser Mechanismus die Rolle des einen „gleichgestimmten" Partners zu spielen befähigt ist, können sie nicht verantwortlich sein; ich führe diesen Fall als besonderen Typus an:

7. Ich spiele Klavier, die Kirchenglocken fallen ein, und es ist die Tonart meines Klavierstückes. Eine Drehorgel, ein Grammophon, ein Instrument oder Gesang in der Nachbarschaft kann dasselbe leisten (Beispiel 38) oder doch in konsonierenden Intervallen einsetzen (KAMMERER, Musikalisches Talent, S. 32), so daß aus meinem und dem anderen Spiel beinahe eine zusammenpassende kontrapunktisch-symphonische Arbeit erwächst. Im extremen Fall wird etwa im Hause gegenüber sogar genau dasselbe Stück gespielt, das ich eben begann (Beispiel 37); um als Prüfstein der Serialität zu dienen, darf es selbstredend kein „populärer" Gassenhauer sein.

Entsprechend erlebt man, daß Farben — etwa Aufputzstoffe zu Kleidern oder Möbelstoffe zu Tapeten — in ungeahnter Weise zusammenpassen, gerade wenn man sie nicht so ausgesucht, sondern bei unabhängiger Gelegenheit erstanden hatte. Im Gegenteile ist oft kein so harmonierender Stoff aufzutreiben, wenn man ihn absichtlich suchen ging. Eine künstliche Blume etwa, die gar nicht eigens zu einer bestimmten Bluse von seltenem Heliotrop gekauft worden, ist so gleichfärbig mit ihr, daß ein Ergebnis sorgsamen Vergleiches beider nicht genauer hätte ausfallen können.

8. Heute hörte oder las ich von einer Sache, die mir bisher fremd oder fern gelegen war; womöglich ein ganz „ausgefallener" Begriff, von dessen Existenz ich vielleicht keine Ahnung gehabt oder der mir jedenfalls sehr selten unterkam, tritt in mein Bewußtsein: nun

aber wiederholt sich dieser Eintritt in knappen Zeitabständen, etwa noch am selben Tage oder in derselben Stunde. Ein seltener Anblick, ein ungewöhnliches Bild kann sich in solcher Weise alsbald nochmals darbieten (Beispiel 4, 5, 6, 8, 21, 22 b, 33, 36, 40—42 des I., 65 des III. Kapitels).

Dieser Serientypus kommt oft dem Lernenden zustatten oder auch dem Bildungsheuchler: er darf darauf rechnen, daß er, wovon er eben zum ersten Male erfahren, alsbald sehr gut anzuwenden Gelegenheit findet. Bei Prüfungen haben die Kandidaten das „Glück", gerade darum gefragt zu werden, was sie vor kurzem gelesen, während weiter Zurückliegendes, halb vergessene Dinge und der große übrige, gar nicht studierte Stoff angenehmerweise nicht dasselbe Maß von Anziehungskraft auf den Prüfer auszuüben scheinen. Wäre dem anders, niemand könnte ein Examen ernsthaft bestehen! — Ein verblüffendes Beispiel ähnlicher Beschaffenheit begegnete mir am 22. Januar 1906, nachdem ich die 50. Lektion („Rückbezügliche Fürwörter") in PLATEs Lehrbuch der englischen Sprache durchgenommen hatte; noch in derselben Stunde schloß sich daran die Lektüre von JEROME JEROME, „Diary of a pilgrimage", ab S. 41, Absatz 4, worin sofort und mehrfach die im PLATE soeben neu zugelernten Vokabeln und Regeln derart zur Anwendung kamen, als sei die Stelle von JEROME eigens als Sprachübung zu PLATEs 50. Lektion geschrieben worden.

9. Ohne daß die Dinge, die ich höre, sehe, lese, aus dem Rahmen des mir Geläufigen so heraustreten, wie es beim vorigen Serientypus der Fall war, vermögen sie — also jetzt ganz gewöhnliche oder unauffällige Eindrücke — durch ihre zeitweise außerordentliche Häufung, ja Allgegenwart Gewalt über mein Bewußtsein zu erlangen. Nicht ihre Einzelerscheinung ist dann das Besondere an ihnen, sondern ihr Massenauftreten. Ein Name, eine Zahl, eine Abbildung kann auf Plakaten und in Zeitungsinseraten, auf der Straße und in Lokalen, sogar meine eigene Wohnung nicht ausgenommen, kurz allenthalben vor meinem (nicht etwa dem geistigen, nein, dem körperlichen) Auge stehen und trotz seiner Unscheinbarkeit sehr aufdringlich werden (Beispiel 80, Kap. IV, S. 104).

Der in Rede stehende Serientypus liefert insoferne eine wichtige Ergänzung zum vorigen, als er den naheliegenden Einwand beseitigt, ein vielleicht gar nicht ungewöhnlicher, nur dem Beobachter bisher ungewohnter Eindruck müsse vom Augenblick seines ersten Erkennens naturgemäß öfter ins Auge fallen, eben weil er „augenfällig" ist und den Beobachter lehrt, von nun an darauf zu achten.

Wenn aber auch ganz alltägliche Dinge, nur notwendigerweise durch ein größeres Maß an Häufung, ihr seriales Erscheinen in einer prinzipiell gleichartigen Weise sinnfällig zu machen imstande sind, so muß der bezeichnete Einwand hierdurch als erledigt gelten.

10. Die mit Buchstaben, Ziffern oder Farben gekennzeichneten Signalscheiben, durch welche die Fahrgäste großstädtischer Straßenbahnen über das Ziel des jeweils vorüberfahrenden Wagenzuges unterrichtet werden, lassen in folgender Erscheinung einen Serientypus vermuten: wer die Straßenbahnlinien kreuzt oder an ihren Haltestellen wartet, muß wahrnehmen, daß öfter, als man vermuten sollte, zwei gleich signalisierte Straßenbahnwagen in entgegengesetzter Richtung aneinander vorbeifahren. Im Betrieb des Verkehres, etwa darin, daß identische Wagen gleichzeitig von den Endstationen abgelassen werden, kann die Ursache nicht liegen, schon weil die unterwegs eintretenden Ungleichmäßigkeiten, Verspätungen usw. das prompte Zusammentreffen der einander kreuzenden Wagen an den Haltestellen wieder verhindern müßten. Dabei geht die Erscheinung so weit, daß ich, einen von „unten" kommenden H-Wagen erblickend, mich umsehen kann in der sicheren Erwartung, es werde nunmehr von „oben" ebenfalls ein H-Wagen herankommen — und dies auf einer Strecke, die außer H noch mindestens von einem halben Dutzend anderer Linien befahren wird.

11. Auch ein Straßenbahn- bzw. allgemeiner Verkehrsgelegenheitentypus: ich erwische den Stadtbahnzug, der mich frühmorgens aus dem Vorort in die innere Stadt bringt, so knapp, daß ich eben noch das Trittbrett gewinnen kann, wenn er sich in Bewegung setzt. So bleibt es nun den ganzen Tag über: muß ich irgendwo umsteigen, so ist es mir gerade noch möglich, atemlos den Anschluß zu erreichen; aber sogar, wenn ich die Bahn mit dem Stellwagen oder der „Elektrischen" vertausche, erneuert sich das haarscharfe Zurechtkommen. — Einen andern Tag vermag ich dies auf keine Weise durchzuführen: wo immer ich beginne, fährt mir der Zug vor der Nase weg, und ich muß lange warten.

Um auch hier wiederum den nächstliegenden Einwand aus dem Wege zu räumen, sei betont, daß es sich nicht etwa um Fahrgelegenheiten handelt, bei denen man vorher den Fahrplan zu Rate zieht und sich an bestimmte Züge bindet, die zu erreichen man knapp rechtzeitig oder um ein Geringes zu spät Haus oder Amt verläßt; sondern um Verkehrsgelegenheiten, bei deren starker Frequenz man sich dem „Zufall", das heißt eben der Serie überläßt.

45

12. Pflicht- und Spaziergänge, Besorgungen wie Vergnügungen helfen zur Bekanntschaft mit einem Serientypus, der darin besteht, daß **Wege und Örtlichkeiten**, die man begeht, an denen man sich aufhielt, gleichsam die **Gewalt und Anziehungskraft eines Bannbereiches** erlangen: wie durch Zauberei fügt es sich, daß man am gleichen oder aufeinanderfolgenden Tagen nochmals dahin zurückkehren muß. Als Belege eignen sich selbstverständlich am besten Orte und Wege oder Kombinationen solcher, die nicht zu unseren gewöhnlichen gehören: bin ich heute in einem Café gewesen, das ich sonst nie zu besuchen pflege — gewiß wird morgen schon eine andere Gelegenheit, ein zweites Muß mich wieder ebendahin führen.

Sind die Wege und Lokale einigermaßen verkehrsreich, so kann ich das Serialgesetz, dem ihr Betreten gehorcht, noch an einer Begleiterscheinung nachweisen; denn da selbstverständlich nicht bloß das eigene Ich, sondern auch andere Menschen der serialen Knüpfung zwischen Personen und Ort unterliegen, so treffe ich dann dort **mit denselben Leuten zusammen.** Wie aber entscheiden, ob eine Örtlichkeit, die für mich ungewöhnlich war, nicht zum Einerlei der andern gehört? Für solche Unterscheidung gibt es zwei Möglichkeiten: entweder es sind Bekannte, die ich treffe, und sie bestätigen mir, daß auch ihr Hiersein ungewohnt, und auch ihnen mein Hiertreffen erstaunlich sei (Beispiel 26, S. 28); oder die Treffstätte bürgt mir dafür, daß beliebige Leute, die ich sehe, nicht regulär hingehören, z. B. Städter auf Landpartien, die ich an derselben Wegkreuzung wiederfinde, nachdem inzwischen beide Teile in entgegengesetzten Richtungen einen ganz verschiedenen Ausflug gemacht haben mußten (Beispiel 61, S. 56). Unter vielfältig bemerkten Beispielen nur eines: Sonntag den 20. Mai 1917 traf ich an der Einmündungsstelle der Gaheisgasse in die Erzbischofgasse (Wien-Hacking) dieselbe gutkenntliche Partie mir im übrigen unbekannter Spaziergänger nach einem Intervall von drei Stunden, die ich auf dem Himmelhof verbracht hatte, sie wahrscheinlich auf den umliegenden Wiesen längs der Lainzer Tiergartenmauer. — Mit Hilfe der „Begegnungsreaktion" kann ich selbst an ganz vertrauten, täglich begangenen Orten das Seriale meiner Bewegung und der des andern erkennen: z. B. wenn ich beim Verlassen und Wiederbetreten meines Hauses mit dem gleichen Nachbarn zusammenstoße; nur darf sich dies nicht als Folge täglich geregelter Wege (etwa ins Amt und vom Amt) einstellen, sondern bei außertourlichen Anlässen, bei extemporierten Spaziergängen u. dgl.

13. Ähnlich wie hier der Mensch in dieselbe Gegend einer Stadt, wird beim **Roulettespiel** die Kugel bei aufeinanderfolgenden Gängen

des Hasardspieles in dieselbe Stelle ihres Beckens verschlagen, von ihr gleichsam angezogen, so daß Rouge, Noir oder sogar bestimmte einzelne Ziffernfelder sich in einer Weise hartnäckig wiederholen, die dem vom Glück begünstigten Spieler, der gerade auf die Stelle gesetzt hat, deren Serie an der Reihe ist, dasselbe Staunen abnötigt, wie dem Unglücklichen, der von einem Gang zum andern glaubt, jetzt müsse die Kugel endlich anderswo liegen bleiben. Zwar hat MARBE (Kap. XVII—XIX seines Werkes über die „Gleichförmigkeit der Welt") weder zu Monte Carlo noch Biarritz u. a. Serien von mehr als zehn gleichen Gliedern bemerkt (S. 372); aber das scheint mir gerade genug und rechtfertigt MARBEs Ansicht, daß sogenanntes „Systemspielen" kein Unsinn sei. Wer zuerst das System der Serialität am Spieltisch sich wird zunutze machen können, dem wird keine Spielbank der Welt standzuhalten vermögen! Weiteres hierüber wird Kapitel XIV bringen. Ähnlich wie beim Roulette steht es bei allen Glücksspielen, das Lottospiel nicht ausgenommen (vgl. CZUBER, „Wahrscheinlichkeitsrechnung"); ähnlich steht es, laut MARBE (l. c. S. 383), auch bei Wetten und bei der Unfallversicherung: wer einmal einen Unfall erlitt, erleidet leichter einen neuen (Beispiel 47, 48, 52 unseres Kap. I).

14. Nicht nur bei versicherungspflichtigen, größeren Unfällen kommt Serialität zutage (Beispiel 68, 71 unseres Kap. III), sondern auch bei ganz kleinem, lächerlichen Mißgeschick. Ist dir heute morgens die Zahnbürste entglitten und ins Schmutzwasser des Waschbeckens oder Eimers gefallen? Getrost, morgen früh wird dir dasselbe geschehen! Hast du dich im heutigen Frühdämmer beim Ankleiden an Kopf oder Knie gegen die Kastenecke wundgeschlagen? Nur Mut — der blaue Fleck wird noch nicht richtig in Blüte sein, und schon empfängst du an gleicher oder benachbarter Körperstelle, womöglich vom selben tückischen Möbel eine neue Kontusion! (Beispiel 80 unseres Kap. IV.)

15. Auch nicht beschränkt sich derartiges auf Dinge, die dem „Zufall", unserem „guten Glücke" ausgeliefert sind — also nicht auf Hasardspiele, größere (Typus 13) und kleinere Unfälle (Typus 14); sondern ebenso erstreckt es sich auf Geschehnisse, die wir mit Hilfe unserer „Geschicklichkeit" zu meistern wähnen, wie wir es uns übrigens bereits unserem Hausrat gegenüber, der uns kleinweise martert (VISCHER, „Auch Einer") einzubilden pflegen. Sport- und Gesellschaftsspiele, bei denen alles oder fast alles von der Gewandtheit des Spielers abhängen soll, zeigen dennoch serienweises Wechseln der erfolgreichen mit den Fehlgängen. Beim Scheibenschießen, Ballspielen aller Art, Ringstechen usw. hat man reichlich Gelegenheit,

dies festzustellen. Nur sind hier rein kausale Erklärungsmöglichkeiten — Ermüdung des Spielers oder erhöhte Unsicherheit, wenn er einmal fehlgeschlagen — viel naheliegender und anwendbarer als bei reinen Glücksspielen.

16. Bei Kauf und Verkauf gewinnen oft die zu verausgabenden oder einzunehmenden Beträge Serienform, in der Weise, wie es das Beispiel 3 des vorigen Kapitels (S. 24) zeigt. Ich hörte Verkäufer ausrufen: ,,Merkwürdig, heute macht alles 12,60 Kr. aus" u. dgl., wenn mehrere Kunden, die Mehreres und ganz Verschiedenes gekauft hatten, immer zum selben Betrag gelangten.

17. Name und Beruf gehen oft seriale Verbindungen ein. Jedes Adreß- und Telephonbuch, jeder Amts- und Firmenkalender gibt eine Fülle von Exempeln, deren als ganz gelegentliche Funde, die hier nur der Anschaulichkeit zu dienen haben, die Vorkämpfer der Friedensbewegung Dr. ALFRED H. FRIED und Stadtpfarrer O. UM-FRID; der Fuhrwerksbesitzer ANTON FUHRMANN in Wien XIII/6, Linzer Straße, und der Schuhmachermeister ANTON ALOIS SCHU-STER in Innsbruck, Kiebachgasse 10, genannt seien. (Natürlich ordnen letztere beiden sich hier gleich wieder zur Serie ANTON — ANTON!)

18. In jeglichem Amtsleben ist es eine sehr vertraute Erscheinung, daß gewisse aktenmäßige Befunde — so selten sie sonst sein mögen und um so auffälliger, wenn sie selten sind — sich auf eng bemessene Zeitabstände zusammendrängen. In der Serialbildung stets häufiger und für gewöhnlich seltener Ereignisse besteht nur der Unterschied, daß jene erst durch außerordentliche Mengen ungewöhnlich werden müssen, um als Serie aufzufallen, während diese sich schon bei wenigen, zeitlich benachbarten oder zusammenfallenden Wiederholungen als Serien zu erkennen geben.
Ein Fall der erstgenannten Art ist die außergewöhnliche Häufung von Entmündigungsverfahren, die laut Aussage des Bezirksrichters Dr. RUD. GUTMANN den November und Dezember 1916 auszeichnete. Zwei Fälle der letztgenannten Art verdanke ich unter anderen dem Bezirkshauptmann (natürlich hier gleich wieder ,,Bezirks — Bezirks" selbsttätig zur Serie sich ordnend) EDGAR Ritt. v. WIEDERSPERG: von sechs Gesuchstellern, die sich am 7. Februar 1915 um eine bestimmte Stiftung bewarben, waren nicht weniger als zwei zugleich Techniker (stud. techn.) und Friseurssöhne. Am 10. Oktober 1912 hatte derselbe Bezirkshauptmann — zum ersten Male in seinem Leben —

48

privat an den Pfarrer von Wollenitz geschrieben; am selben Tage ins Amt gekommen, findet er einen Akt aus Wollenitz auf seinem Schreibtisch vor, was bis dahin nie der Fall gewesen war. Wollenitz ist ein kleines Dorf in Böhmen, von dem sich gewiß kein Aktenstrom in die Wiener Statthalterei bewegt. — Während meiner militärischen Tätigkeit bei einer Briefzensurstelle hatte ich tagtäglich Gelegenheit, die überraschendsten Serien zu beobachten; ich bedauere, sie aus Gründen des Amtsgeheimnisses in der Beispielsammlung des vorigen Kapitels nicht im einzelnen aufzählen zu dürfen. Sie lassen sich dahin verallgemeinern, daß es bei einem täglichen Einlauf von rund 100 000 Stück italienisch geschriebener Briefschaften, die von etwa 200 auf 5 „Zensurgruppen" verteilten Zensoren gelesen werden, immer wieder geschieht, daß demselben Zensor Briefe derselben Korrespondenten in die Hände kommen, wodurch allein oder hauptsächlich sich die annähernd vollständige Beobachtung und Beurteilung eines bestimmten Briefwechsels ermöglichen ließ; immer wieder fanden sich auch bestimmt geartete Merkwürdigkeiten der Korrespondenz, eine auffällige Adresse, ein eigentümlicher Ausdruck, ein Dialektschreiben, eine Geheimschrift u. dgl. derart zusammen, daß der Berichterstatter einschlägige Beispiele unabhängig gleichzeitig oder fast gleichzeitig von mehreren Seiten zugetragen erhielt. Bespricht man gerade einen Fall, wie er sich vielleicht unter Millionen von Poststücken jeweils nur einmal zuträgt, so kommt gewiß ein anderer Zensor und bringt ein Ergänzungs- oder Gegenstück, einen Parallel- oder Kontrollfall dazu. Der vorhin erwähnte E. v. WIEDERSPERG, der während des Weltkrieges der Telegrammzensur ebenso zugeteilt war wie ich der Briefzensur, bestätigt mir, daß sich dort fortwährend ganz Entsprechendes zugetragen hat.

19. Die bisherigen Typen stellten den Serienverlauf so dar, als ob sich immer nur je ein Ereignis der augenblicklichen Lage wiederholte. Da aber auch die übrigen Ereignisse, welche die jeweilige Situation zusammensetzen, zur Wiederholung neigen, so wiederholt sich wennmöglich die Gesamtlage; stehen dem aber andere Umstände entgegen (vgl. Kap. V über „Kräftekonstellationen") und wird demgemäß ein Teil der Situationskomponenten bei ihrem Wiederfälligwerden unterdrückt, so kehren jedenfalls oft die übrigen, ungehemmten Komponenten gemeinschaftlich wieder.

„Es ist ganz so wie damals," hört man dann diejenigen sagen, welche derartiges erleben und darüber verwundert sind, daß ein Zusammentreffen von Ereignissen so deutlich erkennbar wiederkehrt. Gern erfolgt dies korrelative Zusammentreffen in regelmäßigen Zwischenräumen, etwa in Jahresperioden („Wie einst im Mai").

Daß Periodenintervalle der Wiederkehr einer Gesamtsituation oder von Teilen derselben günstiger sind als unregelmäßige Zeitintervalle, ist erklärlich, weil in diesen auch für den Wiedereintritt der einzelnen Situationskomponenten ein irregulärer Faktor gelegen ist; die Komponenten wiederholen sich, aber mit gegenseitiger Verschiebung. Indem bald die eine, bald die andere Komponente, die ursprünglich gleichzeitig eintraten,· zeitlich auseinandergedrängt einsetzt, erleidet die ehemalige Gesamtlage eine Verzerrung bis zur Unkenntlichkeit, trotzdem sie doch schließlich in all ihren Teilen wiederkehrte. Umgekehrt wirkt die Periode wahrscheinlich als regulierender Faktor zugleich für die Ereignisse und Ereigniskomplexe, die nach Ablauf des Periodenintervalles fällig wurden.

Der Kreislauf der Jahreszeiten mit all seinen Begleiterscheinungen ist (vgl. Kap. XI) das großartigste Beispiel dafür. Aber am Kleinkram des Lebens erkennt man es nicht minder: Ausflüge mit demselben Ziel und unter gleichen häuslichen wie gesellschaftlichen Voraussetzungen (Beispiel 36 S. 30; Beispiel 92 S. 240; Beispiel 96 S. 335) werden oft unabsichtlich nahezu am selben Datum aufeinanderfolgender Jahre ausgeführt. Abgesehen von diesen zeitlichen Verknüpfungen (des Geschehens mit dem Periodenintervall) neigt die Wiederkehr des Geschehens auch zu örtlichen Bindungen: Besucher, die sich gegenseitig nicht kennen, treffen in derselben Familie, demselben Theater, demselben Museum u. dgl. immer zusammen, trotzdem sie dort keineswegs ständige Gäste oder Habitués sind (Beispiel 26 S. 28 und Beispiel 61, S. 56). Gespräche und sonstige Vorkommnisse korrelieren sich mit dem Ort, wo sie zum ersten Male stattfanden: H. W. ging mit M. R. in einer Allee des Schönbrunner Schloßparkes (Wien) spazieren; nach zwei Jahren wiederholte sich nicht bloß derselbe Spaziergang, sondern bei derselben Stelle erinnerten sich unversehens beide, damals ebendort über dasselbe Thema gesprochen zu haben. Obwohl das Gespräch mit der Örtlichkeit, wo es geführt wurde, nicht das geringste zu schaffen hatte, wird man vermutlich das Zusammentreffen lieber durch kausal-assoziative statt durch serial-korrelative Verknüpfung erklären wollen (hierher noch das Beispiel 36 S. 30; Beispiel 70 S. 75); daß aber für die Richtigkeit der assoziativen Erklärung keine Gewähr besteht, erhellt sofort aus einem Beispiel, wo sich diese Erklärung wegen Entfallens eines psychologischen Momentes ausschließt: so wenn F. K. bei mehreren Spaziergängen nahe Mönichkirchen just hinter dem Grenzpfahl zwischen Niederösterreich und Steiermark, vor einer dort befindlichen Votivtafel, die Schuhbänder aufgingen.

20. Ein Serientypus beruht schießlich in dem durch Beispiel 16, Seite 26, veranschaulichten Entstehen einer „Ordnung in der Ordnung". Angenommen, ich ordne irgendwelche Gegenstände der Art nach; während ich mir mit ihnen zu schaffen mache, sie hin und her räume, kommen etliche davon der Größe nach beieinander zu liegen. Oder ich sichte eine Materie dem Inhalte nach, aber die Stichworte haben sich ohne mein Zutun streckenweise alphabetisch gruppiert. Meine neueste Erfahrung hierin ist folgende: Auffällige briefliche Nachrichten, die bei der Zensurbehörde einliefen, wurden zum Zwecke der Berichterstattung auf Zetteln gesammelt; waren die Originalbriefe zum Vergleiche notwendig, so wurden sie mit Klammern an den Zetteln befestigt, das ganze Material sodann meist geographisch, zuweilen alphabetisch nach Aufgabsorten, am seltensten alphabetisch nach Absendernamen geordnet. In allen drei Fällen verteilten sich nun die (in der Minderzahl befindlichen) Berichtszettel mit angehefteten Originalen nicht etwa annähernd gleichmäßig unter den ledigen Zetteln; statt sich also, wie man zu erwarten geneigt wäre, einzelnweise unter die viel zahlreicheren losen Zettel zu mengen, fanden sich jene anderen häufchenweise zusammen. Dergestalt ordnete sich der nach so verschiedenen sonstigen Ordnungsgrundsätzen zurechtgelegte Notizenvorrat unabhängig, wennzwar begreiflicherweise unvollkommen in zwei Spontangruppen: Notizzettel mit und ohne urschriftlichen Beleg.

Deckt sich jedoch das spontane Ordnen dem Prinzipe nach mit meiner den Dingen aufzuzwingenden Ordnung; ordne ich sie also (kausal) quantitativ und sie „sich selbst" (serial) auch quantitativ (nicht qualitativ) oder umgekehrt sie sich und ich selbst sie qualitativ (nicht quantitativ), so gewinnt es den Schein, als kämen mir die Sachen in schier unheimlicher Weise entgegen, als hülfen Kobolde mir bei meiner Arbeit. —

Mit den eben aufgezählten 20 Serientypen ist selbstverständlich nur eine willkürliche, dem augenblicklichen Einfall zu verdankende Auswahl derjenigen Typen gegeben, die sich anführen ließen. Notwendig ist ferner diese Auswahl vom einseitigen, beruflichen und sonst besonderen Standpunkte der Lebenserfahrung ihres Verfassers getroffen, während sich vom Standpunkte jedes anderen Berufes und individuellen Daseins aus sofort ganz andere Zusammenstellungen ergeben müßten. Es würden sich leicht medizinische, juridische, technische, kommerzielle, literarische, sportliche, seelsorgerische Serientypen finden lassen. Auch die Erwähnung des Gesetzes der Serie in der Tagespresse spricht zuweilen vom „Seriengesetz der Kriminalisten" (Beispiel 53, S. 33), während es anderswo wieder als ein „Ärztlicher

Aberglaube" (Beispiel 44 b, S. 31) bezeichnet wird u. dgl. Ich denke nun, daß es nicht nötig war, die Serientypen, wie es bei den Serienbeispielen (Kap. I, S. 24 ff.) ohnehin versucht wurde, aus all jenen verschiedenen Gebieten herzuholen und das Bild typischen Serienvorkommens dadurch vielseitiger zu gestalten, als es vom Gesichtswinkel eines Einzellebens und -berufes möglich ist. Die durch Beispiele des I. Kapitels belegten Typen des II. Kapitels werden vielmehr in entferntesten Lebens- und Berufslagen verwandte Erfahrungen anklingen lassen; sie werden so die empirische, aus lebendigstem Alltag geschöpfte Grundlage für diejenigen Theoreme schaffen, denen die folgenden Kapitel zugedacht sind.

Wer aber vermeint, der menschliche Alltag sei ungeeignet, physikalische und philosophische Wahrheiten zu illustrieren, in seiner Kleinlichkeit unwissenschaftlich, ja zuweilen in seiner Lächerlichkeit unwürdig und deshalb ablenkend für eine solche Aufgabe: der weilt noch im Wolkenkuckucksheim einer mystischen Sonderstellung des Menschen im All; der hat noch nicht begriffen, daß alles Erleben des Menschen — was der Tag ihm außen zuträgt und was sich daraufhin in geheimsten Fächern seines Inneren regt, was er schafft und vorsorgt, denkt und ordnet — letztlich in einfache physikalische Vorgänge zerlegbar sein muß wie die zusammengesetzteste stoffliche Verbindung, etwa des Menschen Leib, zerlegt werden kann in elementare chemische Grundsubstanzen. — Ereignisse unseres Lebens, die für das menschliche Bewußtsein den übrigen und namentlich den elementaren Naturvorgängen unserer Laboratorien weit abgerückt, ja als etwas diesen schroff Gegenübergestelltes erscheinen, sind in Wirklichkeit nur deren seriale Häufungen und in ihrer hochgradigen Verbindung als Synthesen des Einfachen nicht so leicht erkennbar, in ihre Grundzüge nicht sogleich analysierbar. Darstellerisch ist diese Schwierigkeit allerdings ein Denknachteil; er wird weitaus überwogen vom Begriffsvorteil, von der Erleichterung des Einleitens in theoretische Fragen, die — wie es beim Gesetz der Serie so möglich und so notwendig ist — durch Tagesfragen nähergebracht und erfüllt werden können.

III. Klassifikation der Serien

Ordo et connexio idearum idem est ac ordo
et connexio rerum. SPINOZA.

Was wir als Analyse des Zufalls bezeichnen,
bedeutet nicht den Versuch, in das innere Wesen
der Zufallsereignisse an sich einzudringen; es
bedeutet vielmehr den Nachweis, daß auch
‚.. in diesen zunächst jeder Gesetzmäßigkeit
zu spotten scheinenden Ereignissen eine gewisse
Regelmäßigkeit erkennbar ist, wenn wir nicht
das einzelne Ereignis für sich, sondern den Einfluß aller gleich gearteten Ereignisse auf das
Weltgeschehen ins Auge fassen.

H. E. TIMERDING, „Analyse des
Zufalls", S. 1.

1. Serienbau und Serienverbindungen (Morphologie der Serien)

Wenn es richtig ist, daß die serialen Häufungen etwas Gesetz- oder doch Regelmäßiges vorstellen, so folgt daraus, daß der Begriff einer „einzelnen Serie" willkürlich ist — daß die „einfache Serie" nur ein kleiner Ausschnitt der ununterbrochenen Folge serialen Gesamtgeschehens sein kann.

Schon in den Beispielen des I. Kapitels (unter anderen bei Nr. 2, 12, 14, 16, 22, 29, 44, 48) war uns aufgefallen, daß sich die Serien gerne zu Serienfolgen verknüpfen. Dabei kommt aber das erste Glied der Folge, also die erste Serie, nicht notwendigerweise durch Wiederholung desselben Momentes zustande, wie das zweite und die folgenden Glieder, die an andere, wenn auch in charakteristischer Wahrung des serialen Gesamtcharakters sehr oft an prinzipiell ähnliche Komponenten des ersten Ereigniskomplexes anknüpfen, um sie dann zu wiederholen. So schließt sich in Beispiel 44 der einleitenden Beispielsammlung die Serie „Unglücksfälle berühmter Physiker, mit denen sich die Vorlesung Prof. Dr. K. PRZ.s beschäftigt" gewisser- maßen mit dem Stichwort „BOLTZMANN" an die Serie „Selbstmorde berühmter Physiker" an. In Beispiel 2 ist zwar das Prinzip, worin die beiden aneinandergeschlossenen Serien zum Ausdrucke kommen, noch ähnlicher, ja identisch: gleichlautende Sitz- und Garderoben- nummer; aber in Serie a ist es die Nummer 9, in b die Nummer 21, wes- halb man nicht von ein und derselben Serie, sondern nur von zwei einzelnen Serien sprechen kann, die ihrerseits zu einer Serie zweiter Ordnung zusammentreten.

Es ist mehr als wahrscheinlich, daß ein derartiges Fortspinnen der Serien, nur mit geänderter Wiederholungskompo- nente, ebensowenig wie seriales Geschehen an sich ein vereinzeltes ist, sondern ebenfalls allgemein statthat, bei genügender Aufmerk- samkeit und Gunst der Bedingungen auch wohl ausnahmslos fest- gestellt werden kann. Wir haben uns deshalb bewußt zu sein, daß das Herausschälen einer einzelnen Serie, wo wir einen Strom serialen Geschehens beobachten, einen Willkürakt unseres notwendigerweise analysierenden Bewußtseins bedeutet; wo wir aber wirklich nur eine einzelne, scheinbar in sich geschlossene Serie wahrnehmen, muß uns unsere Überlegung dies als eine durch unzulängliche Beobachtungs- mittel entstandene Vereinfachung des tatsächlichen, gehäuften Serial- geschehens aufzeigen.

Die Beispiele 1, 3, 4—11, 15, 17—21, 23 bis 25, 27, 28, 30—41, 43, 45—47, 49—54, 56 bis 58, 60 des I. Kapitels können als solch „einfache Serien" erscheinen; ihnen seien noch folgende hinzugefügt, damit wir niemals die Gegenständlichkeit der Darstellung verlieren und durch abstrakte Gedankengänge nicht zu sehr ermüden können:

61. Sonntag, den 4. Februar 1906, machte mein Bruder OTTO einen Ausflug auf den Leopoldsberg (nordwestlich von Wien); da in der Restauration sonst kein Platz mehr war, setzten sich zwei fremde Leute zu ihm an den Tisch. — Sonntag, den 11. Februar, also eine Woche später, unternahm OTTO einen Ausflug nach dem Richardshof bei Gumpoldskirchen (südlich von Wien), und dieselben beiden Leute setzten sich zu ihm an den Tisch, wiederum, weil sonst nirgends ein Stuhl mehr frei war.

62. Herr L. v. P. stutzt sich am 2. April 1906 bei seiner Cousine im Wohnzimmer den Bart, was er vorher noch nie getan hatte; seine Cousine sieht es, lacht und erzählt ihm der Kuriosität halber, daß ihr Sohn sich am selben Tage im selben Zimmer den Bart gestutzt hatte, was er gleichfalls zuvor noch niemals getan.

63. Regierungsrat Dr. J. K., ein eifriger Nimrod, hatte

56

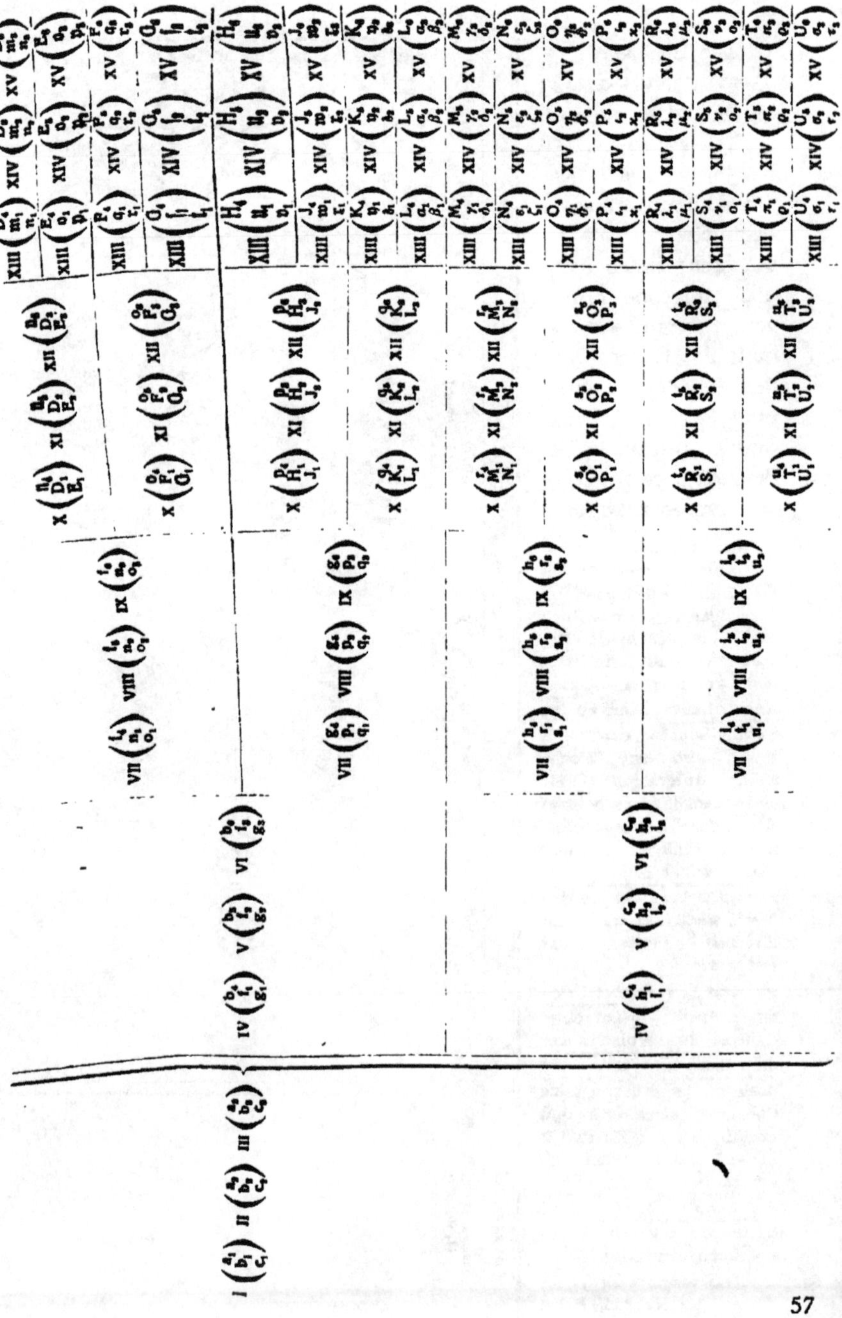

schon 15 Jahre lang keinen <u>Rehbock mit acht Enden</u> geschossen; sehr begreiflich,
denn das männliche Reh bringt es normalerweise zeitlebens nur zur Bildung von
drei Geweihspitzen, so daß sie, an beiden Geweihstangen zusammengezählt, einen
,,Sechsender" ergeben. Dann aber schoß er zwei Jahre hintereinander <u>Achtender,</u>
je einen solch raren Bock am 25. September 1903 in Ungarn, am 5. August 1904 in
Galizien.

Wir nennen also nach dem Muster dieser Beispiele eine Serie
,,einfach" oder ,,Serie erster Ordnung", wenn sie aus ein- oder
mehrmaliger Wiederholung des qualitativ gleichen oder ähnlichen
Tatbestandes hervorgeht, ohne daß sich Fortsetzungen nachweisen
lassen, die eine beliebige Komponente des der ersten Serie zugrunde
liegenden Ereigniskomplexes aufgreifen, um mit Hilfe dieser Komponente in Anhangs- und Nebenserien auszulaufen. Ist hingegen der
Nachweis einer derartigen Fortsetzung gegeben, so sprechen wir im
Gegensatze zu den ,,einfachen Serien" von ,,Serienfolgen", die, je
nachdem aus wievielen Einzelserien sie sich zusammensetzen, als
Serien zweiter, dritter, vierter Ordnung usw. bezeichnet
werden können.

Die Art des Zusammenschlusses von Einzelserien zu Serien höherer
Ordnung (Potenz) veranschaulicht vorstehendes Schema, worin die Anzahl der Wiederholungen (fortschreitenden Elemente, serialen Längsglieder oder Längskomponenten der Serie) mit römischen Ziffern
bezeichnet sind; mit Buchstaben die einzelnen Merkmale (parallelen
Elemente, serialen Querglieder oder Querkomponenten der Serie),
in bezug auf welche die Wiederholungen des betreffenden Ereignisses
gleichartig sind; die Indizes der Buchstaben zeigen an, wie oft (in wie
vielen Längsgliedern) ein bestimmtes Querelement im fortschreitenden
Verlaufe bereits aufgetreten ist. Der Übersichtlichkeit und Einfachheit zuliebe wird angenommen, daß jede Einzelserie aus drei Wiederholungen (Längskomponenten) und daß jedes ihrer drei Kennzeichen
(Querkomponenten) durch je zwei Einzelserien oder, was dasselbe ist,
je eine Serie 2. Ordnung hindurchgeht, also je sechsmal vorkommt
und dann abbricht.

Die Tabelle illustriert vor allen Dingen, wie der seriale Ereignis-
strom sich in der Weise fortsetzt, daß allemal irgendein Merkmal
(Querelement) der jeweils als Ausgangspunkt betrachteten Serie zum
Anfangspunkt der sich daranschließenden weiteren Serie genommen
oder, wie wir uns früher ausdrückten, gleichsam als Stichwort auf-
gegriffen wird: wie an Stichworten der dramatische Dialog, spinnt
sich an jenen Durchgangselementen die seriale Kette weiter. Die
einzelne Gliederkette bricht ab, nachdem sie etliche Male in Anhangsserien Aufnahme gefunden hatte (über das Wesen des ,,Abbrechens"
kann erst im zweiten Abschnitt des XV. Kapitels gesprochen werden);

daher enthält eine spätere Fortsetzung (in unserem Schema die dritte) gar kein Merkzeichen mehr, das es mit der jeweiligen Ausgangs- (im Schema jeweils der drittletzten) Serie noch gemeinsam hätte. So enthält im Schema die Serie 3. Ordnung kein a-, die Serie 4. Ordnung kein b-Element mehr usw. Nur durch Z w i s c h e n g l i e d e r also sind entfernt stehende Einzelserien untereinander in den gesamtserialen Verband gefügt; ohne Durchverfolgung der Zwischenglieder würde ihr Wechsel einem Beobachter den serialen Zusammenhang verloren gehen, Beginn und Fortführung eines serialen Ablaufs als voneinander unabhängige einfache Serien erscheinen lassen.

Bevor wir in der Analyse des Schemas fortfahren, machen wir den Versuch, für seine Buchstabensymbole — etwa in konstruktivem Anschlusse an das Serienbeispiel 55 (Kap. I) — wirkliche Werte einzusetzen. Die Anhangsserien verfolgen wir dabei nicht in ihrer ganzen T i e f e (in all ihren Potenzen) — dazu bedürften wir nämlich der gleichzeitigen Aufstellung mehrerer Beobachter mit verteilten Rollen, d. h. zugewiesenen Sonderaufgaben —, sondern wir verfolgen sie nur in der L ä n g e als Serien 2., 3., 4., 5. Ordnung einfachen Grades, so daß der ganze Verlauf als einreihige Fortsetzung der Ausgangsserie erscheint:

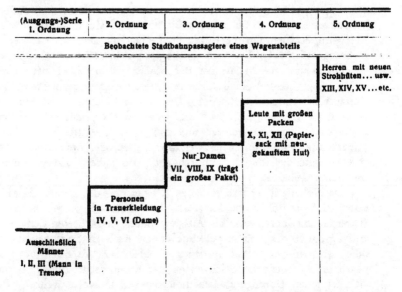

(Ausgangs-)Serie 1. Ordnung	2. Ordnung	3. Ordnung	4. Ordnung	5. Ordnung

Beobachtete Stadtbahnpassagiere eines Wagenabteils

Herren mit neuen Strohhüten... usw. XIII, XIV, XV ... etc.

Leute mit großen Packen X, XI, XII (Papiersack mit neugekauftem Hut)

Nur Damen VII, VIII, IX (trägt ein großes Paket)

Personen in Trauerkleidung IV, V, VI (Dame)

Ausschließlich Männer I, II, III (Mann in Trauer)

Dabei haben wir hier dem vorigen Schema gegenüber noch eine V a r i a n t e gebracht: dort zog sich dasjenige Element, welches als jeweiliges Verbindungsglied zur nächsten Anhangsserie diente, durch

59

die ganze Ausgangs- und ihr folgende Anhangsserie hindurch; hier tritt es immer erst mit dem Endglied jeder Einzelserie auf. Während also die (abstrakte) Serienfolge der ersten Tabelle den Gliederbau I (a_1 b_1 c_1) II (a_2 b_2 c_2) III (a_3 b_3 c_3) IV (c_4 d_1 e_1) usw. hatte, besitzt die (konkrete) Serienfolge der zweiten Tabelle, jetzt ins Abstrakt-Algebraische rückübersetzt, den Bau I (a_1 b_1) II (a_2 b_2) III (a_3 b_3 c_1) IV (c_2 d_1 e_1) usw. Natürlich ist das nur eine von unzähligen möglichen Varianten, die auch im Verlaufe ein und derselben Serienfolge entstehen können, in bezug auf welche wir aber unsere Schemen, um sie nicht allzusehr zu belasten, möglichst neutral und gleichmäßig zu halten haben.

Aus beiden Tabellen ersieht man, wie der Serialverlauf sich des ganzen Stromes des Geschehens bemächtigt; wie dieser Strom in grandioser Gleichförmigkeit und dennoch unendlicher Mannigfaltigkeit die Ereignisse als gleichgestaltete, doch bunte Kiesel mit sich fortreißt und (Kap. VI) auch aneinander abschleift, so daß sie zunehmend noch immer gleichförmiger werden. Für unser Auge, ob es nun die Tabelle im Buche oder die Wirklichkeit umfaßt, scheint sich ferner der Strom des serialen Geschehens stufenweise zunehmend auch in die Breite zu wälzen; tatsächlich nimmt er wohl ununterbrochen die volle Breite und Tiefe des Seienden ein. Denn was wir als einfache Ausgangsserie genommen haben, bedeutet nichts anderes als unsere begriffliche Abstraktion: die „Ausgangsserie" ist erstens nur ein willkürlich ergriffener Ausschnitt des Seins; zweitens eine Stufe der ganzen Serienfolge, die keineswegs am wirklichen Anfange steht — sondern eine Stufe, in die schon ungezählte vorhergegangene Einzelserien und Serienfolgen einmünden. Folgendes Schema ergänzt daher den nach „rechts" ausgebreiteten (deszendenten) Serialverlauf des ersten Schemas in seiner sich nach „links" erstreckenden (aszendenten) Vorgeschichte:

Zweitvorhergehende Serie (−2)	Erstvorhergehende Serie (−1)	„Ausgangsserie" des Schemas S. 57 (+1)
$-V\left(\begin{smallmatrix}\mathfrak{S}_1\\\mathfrak{R}_4\\\mathfrak{O}_4\end{smallmatrix}\right) -IV\left(\begin{smallmatrix}\mathfrak{S}_2\\\mathfrak{R}_5\\\mathfrak{O}_5\end{smallmatrix}\right) -III\left(\begin{smallmatrix}\mathfrak{S}_3\\\mathfrak{R}_6\\\mathfrak{O}_6\end{smallmatrix}\right)$ $-V\left(\begin{smallmatrix}v_1\\\mathfrak{P}_4\\\mathfrak{Q}_4\end{smallmatrix}\right) -IV\left(\begin{smallmatrix}v_2\\\mathfrak{P}_5\\\mathfrak{Q}_5\end{smallmatrix}\right) -III\left(\begin{smallmatrix}v_3\\\mathfrak{P}_6\\\mathfrak{Q}_6\end{smallmatrix}\right)$	$-II\left(\begin{smallmatrix}3_4\\v_4\\a_{-2}\end{smallmatrix}\right) -I\left(\begin{smallmatrix}3_5\\v_5\\a_{-1}\end{smallmatrix}\right) 0\left(\begin{smallmatrix}3_6\\v_6\\a_0\end{smallmatrix}\right)$	
$-V\left(\begin{smallmatrix}\xi_1\\\mathfrak{R}_4\\\mathfrak{S}_4\end{smallmatrix}\right) -IV\left(\begin{smallmatrix}\xi_2\\\mathfrak{R}_5\\\mathfrak{S}_5\end{smallmatrix}\right) -III\left(\begin{smallmatrix}\xi_3\\\mathfrak{R}_6\\\mathfrak{S}_6\end{smallmatrix}\right)$ $-V\left(\begin{smallmatrix}\zeta_1\\\chi_4\\\mathfrak{U}_4\end{smallmatrix}\right) -IV\left(\begin{smallmatrix}\zeta_2\\\chi_5\\\mathfrak{U}_5\end{smallmatrix}\right) -III\left(\begin{smallmatrix}\zeta_3\\\chi_6\\\mathfrak{U}_6\end{smallmatrix}\right)$	$-II\left(\begin{smallmatrix}\xi_4\\\chi_4\\b_{-2}\end{smallmatrix}\right) -I\left(\begin{smallmatrix}\xi_5\\\chi_5\\b_{-1}\end{smallmatrix}\right) 0\left(\begin{smallmatrix}\xi_6\\\chi_6\\b_0\end{smallmatrix}\right)$	$I\left(\begin{smallmatrix}a_1\\b_1\\c_1\end{smallmatrix}\right) II\left(\begin{smallmatrix}a_2\\b_2\\c_2\end{smallmatrix}\right) III\left(\begin{smallmatrix}a_3\\b_3\\c_3\end{smallmatrix}\right)$
$-V\left(\begin{smallmatrix}\psi_1\\\mathfrak{B}_4\\\mathfrak{W}_4\end{smallmatrix}\right) -IV\left(\begin{smallmatrix}\psi_2\\\mathfrak{B}_5\\\mathfrak{W}_5\end{smallmatrix}\right) -III\left(\begin{smallmatrix}\psi_3\\\mathfrak{B}_6\\\mathfrak{W}_6\end{smallmatrix}\right)$ $-V\left(\begin{smallmatrix}\xi_1\\\mathfrak{Z}_4\\\omega_1\end{smallmatrix}\right) -IV\left(\begin{smallmatrix}\xi_2\\\mathfrak{Z}_5\\\omega_2\end{smallmatrix}\right) -III\left(\begin{smallmatrix}\xi_3\\\mathfrak{Z}_6\\\omega_3\end{smallmatrix}\right)$	$-II\left(\begin{smallmatrix}v_4\\\omega_4\\c_{-2}\end{smallmatrix}\right) -I\left(\begin{smallmatrix}v_5\\\omega_5\\c_{-1}\end{smallmatrix}\right) 0\left(\begin{smallmatrix}v_6\\\omega_6\\c_0\end{smallmatrix}\right)$	

Die erste Tabelle (S. 56, 57) führt weiters den Begriff der Serien-potenz oder des serialen Grades in den Bestand derjenigen Bezeich-nungen ein, mit denen wir zu arbeiten haben, und unterscheidet ihn von dem bereits eingeführten Begriff der Serienordnung. Eine Serie höherer Ordnung ist also begrifflich nicht dasselbe wie eine Serie höherer Potenz: dem Wesen nach fällt ja wohl beides zusammen, dem Grade und der Betrachtungsweise nach ist es verschieden. Der Ordnungsrang einer Serie bestimmt sich durch den horizontalen Stufengang: eine Serie, die — von einer ,,Ausgangsserie'' an gerechnet — in wagrechter (Längs-)Richtung die zweit-, dritt-, nt beobachtete ist (so zwar, daß vermittelst von Zwischengliedern in der ganzen Serienfolge ein nirgends unterbrochener Zusammenhang hergestellt erscheint), heiße Serie 2., 3., nter Ordnung. Der Potenzrang dagegen bestimmt sich durch den vertikalen (queren) Stufenbau: eine Serie ist so vielten Grades, als mit ihr zugleich ablaufende (in derselben lot-rechten Tabellenkolumne verzeichnete) Serien festgestellt werden, die ihre Elemente aus der nämlichen Ausgangsserie beziehen, aus dieser ihren Ursprung nehmen. Demnach wollen wir unter Rangordnung einer Serie ihre Stellung im Längsschnitt des Geschehens, als Rang-grad, Rangpotenz ihre Stellung im Querschnitt des Seins verstehen — beides im Verhältnis zu einer willkürlich gewählten Ausgangsserie genommen, der die ganze Serienfolge entspringt. Ordnungs- und Potenzrang zusammen können als Wertigkeit der Serie betrachtet werden.

Noch eine Eigenschaft der Serien kann aus den Schemata (S. 56, 57 und 60) herausgelesen werden: ihre Reihigkeit. Sie läßt sich an denjenigen Merkmalen (Quergliedern) abzählen, die in ihrer Vereini-gung die Übereinstimmung der sich wiederholenden Ereignisse aus-machen: je größer die Zahl der Kennzeichen, in denen seriale Längs-glieder einander gleich sind, desto größer wird natürlich ihre Ähnlich-keit ausfallen; desto mehr werden Ereignisse, die aufeinander folgen, den serialen Charakter einer Wiederholung an sich tragen. Haben wiederholt eintretende Ereignisse I, II, III nur das gemeinschaftliche Merkmal a, so resultiert aus I (a), II (a), III (a) eine einreihige Serie; für das erste Schema (S. 56, 57) hatten wir dreireihige Serien I (a b c), II (a b c), III (a b c) usw. angenommen. In demselben Schema be-steht z. B. die letzte Kolumne aus dreireihigen Serien 5. Ordnung und 24. Potenz. In letzter Rubrik der halbschematischen Tabelle S. 59 steht eine einreihige Serie 5. Ordnung und 1. Potenz.

Die meisten Serien unserer Beispiele erscheinen einreihig, weil nur eine Reihe des wohl stets komplexen Serienablaufes zur Beob-achtung gelangte. Beispiel 45 (Kap. I) aber hält uns eine dreireihige

Serie vor Augen: denn gemeinsame Merkzeichen gibt es dort folgende: Geburtsjahr (Alter) der betroffenen Personen, beide Baronessen, beide von stürzenden Bäumen bedroht. Hingegen, daß sich der Doppelunfall im selben Sommer zutrug, darf unter den Reihen nicht mitgezählt werden, denn dieser Umstand stellt das zeitliche Substrat dar, ohne welches eben Serialität gar nicht vorliegen würde. — 53 ist eine vierreihige Serie mit den Kennzeichen: Meuchelmorde, an Frauen, desselben Hauses, verübt durch Lehrlinge. Beispiel 10 hat sieben gemeinsame Parallelglieder: Vorname, Zuname, Äußeres, Krankheit, Alter, Heimat, Dienstesverwendung der betroffenen Personen; daß beide im selben Spital lagen, darf in die Reihigkeit nicht eingerechnet werden, denn diese Tatsache stellt das räumliche Substrat dar, welches die Serialität des Falles geradesogut erst bedingt wie im Beispiel 45 der Sommer 1906 sein zeitliches Substrat.

Wie man die Zahl gemeinsamer Merkmale und daher die Reihenordnung einer Serie determiniert, läßt selbstredend abermals der Willkür Spielraum. Besteht die Serie etwa aus wiederholten Begegnungen ein und derselben Person (Beispiele 19, 20), so wird man deren Identität wohl nur als einziges Merkmal auffassen und von einreihigen Serien sprechen; hätte überdies die begegnete Person jedesmal denselben Anzug an, so dürfte bereits von zweireihiger Serialität gesprochen werden. Wechseln die Begegnungen zwischen einer bestimmten Person und Doppelgängern (18, 22 a, 24) oder Bildern (20), so könnte die Reihigkeit nach der Menge derjenigen Merkmale gezählt werden, in denen Person und Doppelgänger, Person und Porträt übereinstimmen. Danach könnte Serie 18, wo M. W.s Doppelgänger seinem Vorbild im Klang und Ausdruck der Sprache, Größe und Fülle der Statur sowie im Antlitz ähnelte, als fünfreihig; aber auch, wenn man die Ähnlichkeit mit einer Person als Einheitsmerkmal nimmt, als bloß einreihig bezeichnet werden. Große Schwierigkeiten dürften der neuen Serienwissenschaft bei ihrem jetzigen Stande aus der Möglichkeit solcher Auffassungsverschiedenheiten noch nicht erwachsen.

Wenn zwei oder mehrere Querglieder der Serie unentwegt in gleicher Linie weiterschreiten:

$$a_1 \; a_2 \; a_3 \; a_4 \; a_5 \; a_6 \; a_7 \; a_8 \ldots$$
$$b_1 \; b_2 \; b_3 \; b_4 \; b_5 \; b_6 \; b_7 \; b_8 \ldots$$

so kann man dieses seriale Verhalten passend mit dem Ausdruck „Parallelserie" kennzeichnen; im Schema S. 56, 57 sind alle Serien erster Ordnung Parallelserien. Oft aber gabeln sich, wie ebenfalls aus demselben Schema zu ersehen, ihre Doppel- oder mehrfachen

Reihen: zwei- bzw. mehrreihige Serien lösen sich in einreihige auf oder doch in solche, die über weniger Querglieder verfügen als die Ursprungsserie; oder endlich (dies ist im Schema S. 56, 57 der Fall) die von der mehrreihigen Serie abgelösten Glieder schließen sich anderen Serialverläufen an, womit sie allerdings früher oder später den Charakter ihrer Ursprungsserie verlieren und nur noch durch jene Mittelglieder mit ihr in Verbindung gebracht werden können. Schematisieren wir aber hier einen einfacheren Fall der Gabelung als den im Schema S. 56, 57 dargestellten:

$$a_1 \; a_2 \; a_3 \; a_4 \; a_5 \; a_6 \; a_7 \; a_8 \cdots$$
$$b_1 \; b_2 \; b_3 \; b_4 \; b_5 \; b_6 \; b_7 \; b_8 \cdots$$

so wäre das Gepräge einer Serie erster Ordnung durch die Verzweigung nicht eingebüßt; nur eben ist eine Parallelserie dicho- bzw. tricho- usw., polytomisch fortgesetzt worden. Wenn ihre Reihen auseinander- weichen, ist die polytomische oder Gabelungsserie zugleich eine divergierende geworden; ebenso häufig dürfte der umgekehrte Fall vorkommen, daß einreihige Serien sich zu doppel- oder mehrreihigen Parallelserien zusammenschließen:

$$a_1 \; a_2 \; a_3 \; a_4 \; a_5 \; a_6 \; a_7 \; a_8 \cdots$$
$$b_1 \; b_2 \; b_3 \; b_4 \; b_5 \; b_6 \; b_7 \; b_8 \cdots$$

Bei dieser Form der Polytomie würden wir die Serie konvergierend nennen. Natürlich sind wiederum viele quantitative Variationen denk- bar, z. B. divergierend:

$$a_1 \; a_2 \; a_3 \; a_4 \; a_5 \; a_6 \; a_7 \; a_8 \cdots$$
$$b_1 \; b_2 \; b_3 \; b_4 \; b_5 \; b_6 \; b_7 \; b_8 \cdots$$
$$c_1 \; c_2 \; c_3 \; c_4 \; c_5 \; c_6 \; c_7 \; c_8 \cdots$$
$$d_1 \; d_2 \; d_3 \; d_4 \; d_5 \; d_6 \; d_7 \; d_8 \cdots$$

und ebenso umgekehrt konvergierend.

Wo es gelingt, Polytomie nachzuweisen, in die sich eine Serie divergierend fortsetzt oder von der ausgehend sie sich konvergierend zusammenschließt, kann eben jene Verästelung als Kriterium für den Quergliederbau dienen, der die primär oder sekundär parallel ziehenden serialen Reihen kennzeichnet. Wir sprachen vorhin von den Zweifeln, die auftauchen können, ob wiederholte Merkmale der serialen Längsglieder einfach oder komplex, letztenfalls, aus wie vielen elementaren Merkmalen sie zusammengesetzt sind. Nun vermag das Divergieren eines einheitlich erschienenen Merkmales in zwei oder mehrere Gabel- reihen der Kenntnis seiner faktischen Komplexheit förderlich zu sein; umgekehrt das Konvergieren die komplexe Herkunft eines später ver- schmolzenen Merkmales zu verraten. Endgültige Lösung der Einheits- oder Vielheitsfrage bedeutet das allerdings nicht: wenn etwas Divergentes sich aus etwas Uniformem entwickelt hat, braucht letzteres noch nicht selbst eine innere Spaltung besessen zu haben. Die Keimes- und Stammesgeschichte des Lebens hat uns längst darüber belehrt, daß Mannigfaltigkeit aus Gleichförmigkeit hervorgeht, nicht minder umgekehrt Mannigfaltiges zu Homogenem verschmilzt.

Mit der serialen Reihigkeit darf eine andere Eigenschaft der Serien nicht verwechselt werden, die eigentlich bereits wiederholte Ableitung und beschreibende Anwendung gefunden hat: ihre Gliedrig- keit. Jetzt erst aber, nachdem wir tieferen Einblick in die Bauart (Morphologie) der Serien gewonnen haben, ist eine genaue Fassung auch ihres Gliederbaues möglich. Erörtern wir ihn am Beispiel 10 (S. 25), das vorhin schon zur Erklärung der Reihigkeit Verwendung fand: da die darin mitgeteilte Serie in sieben gemeinsamen Merkmalen (Quergliedern) weiterschreitet, nannten wir sie siebenreihig; da sie aber nur aus zweimaliger Wiederholung eines Tatbestandes hervor- geht, also aus zwei Längsgliedern besteht, nennen wir sie zweigliedrig. Die Reihigkeit einer Serie sagt uns, aus wie vielen Quer- oder parallelen Komponenten sie sich zusammensetzt — populärer ausgedrückt, wie viele Charakteristika den Wiederholungen des serialen Ereignisses ge- meinsam sind; die Gliedrigkeit einer Serie sagt aus, wie viele Längs- oder lineare Komponenten daran teilnehmen — volkstümlicher ge- sprochen, wie oft sich das seriale Ereignis wiederholt.

Noch mit einem anderen Tatbestand (nämlich außer mit der Gliedrigkeit) könnte die Reihigkeit der Serien verwechselt werden; jener Tatbestand muß deshalb unterscheidend herausgearbeitet werden. Die Querkomponenten einer Serie, die ihren gemeinschaftlichen Reihen- zug ausmachen, sind ohne weiteres als bloße Bestandteile ein und derselben Serie kenntlich; um so eher, als zwischen jenen Quergliedern oder gemeinsamen Merkmalen der Längsglieder meist nicht oder gewiß nicht notwendigerweise ein seriales Verhältnis ob- waltet, sondern ein ganz einfaches, offenkundig kausales Verhältnis. Die Kennzeichen einer Person, deren häufige Begegnungen mit mir eine Serie bilden, ruhen alle auf kausaler Grundlage: Physiognomie, Figur, Naturell usw. des Herrn M. W. aus Beispiel 18 sind teils von dessen Vorfahren ererbt, teils anerzogen, teils endlich auch wechselseitig durcheinander bedingt, durch ihr Zugegensein im selben Individuum und ihre dadurch herbeigeführte gegenseitige Beeinflussung. Auch das unterscheidet also noch Reihigkeit und Gliedrigkeit der Serien: eigentlich nur letztere bestimmt den serialen Charakter des Geschehens; erstere dagegen trägt kausalen Charakter, der seinerseits auf das betreffende seriale Geschehen den der Einheitlichkeit überträgt; die Serie mag noch so vielreihig sein, aus noch so zahlreichen Quergliedern sich zusammensetzen — ihre Längsglieder bilden trotzdem nur eine einfache Serie, eine Serie erster Ordnung.

Es kann nun aber der Fall eintreten, daß zwei selbständig gekennzeichnete Serienzüge sich derart miteinander verknüpfen, daß sie wie Querreihen einer und derselben Serie einherschreiten. Es sei Ereignis A von Ereignis B, soweit wir irgend wissen, kausal vollkommen unabhängig. Eintritt und Verlauf einer Serie $A_1 A_2 A_3$ usw. habe mit demjenigen der Serie $B_1 B_2 B_3$ usw. unmittelbar gar nichts zu schaffen: aber wir beobachten, daß allemal oder in der Regel, wenn A auftritt, auch B eintritt; daß demnach, wenn sie sich serial wiederholen, zwei als getrennte Serien zu charakterisierende Wiederholungsabläufe im Bilde einer Parallelserie verlaufen:

$$A_1 \ A_2 \ A_3 \ A_4 \ A_5$$
$$B_1 \ B_2 \ B_3 \ B_4 \ B_5$$

Wir wollen für einen derartigen Tatbestand den Ausdruck „Korrelationsserie" prägen. Die korrelative oder Verknüpfungsserie ist — um es nochmals zusammenzufassen, wobei wir unsere beschreibenden Worte umformen — dadurch gegeben, daß Längsglieder (sich wiederholende Elemente) zweier selbständiger Serien wohl nicht morphologisch (dem Baue nach), aber funktionell (der Verrichtung nach) zu Quergliedern werden, und zwar von dem Augenblicke ab, als jene beiden Serien einen gemeinschaftlichen Parallelverlauf nehmen. Noch in der Weise könnte man den Unterschied zwischen einer mehrreihigen, aber einheitlichen Serie und dem mehrreihigen Verlaufe korrelierter Serien ausdrücken: die Reihen der ersteren haben sich entwicklungsmäßig aus dem Keim einer Ursprungsserie herausdifferenziert; die Glieder der letzteren entstammen getrennten Ursprungsserien und haben sich nachträglich zu einer (wenn selbst nur lose gebundenen) Einheit zusammengefügt. Jenes ist ein primärer und zentrifugaler Vorgang; dieses ein sekundärer und zentripetaler Vorgang. Nehmen wir zwei Erklärungsbegriffe vorweg, mit denen wir erst in späteren Kapiteln (angefangen von Kap. VII) zu arbeiten haben werden, deren aus der Naturlehre geläufige Inhalte aber schon hier verständlich klingen, so dürfen wir sagen: zwischen den Gliedern einer

Serie herrscht Attraktion; zwischen serialen Komponenten dagegen, die miteinander zur Korrelationsserie verbunden sind, herrscht Affinität. — Einige Beispiele für Korrelationsserien sind in den Serientypus 19 (Kap. II, S. 49) aufgenommen worden, der auf Grund unserer jetzigen Ausführungen übrigens in Gänze als korrelativer Typus bezeichnet werden kann; einige andere Beispiele figurieren als „Pseudoperioden" (Nr. 90—94) in Kap. XII/2.

Den Gliederbau der Serien (ihre Morphologie) betrifft eine weitere Unterscheidung, die man je nach dem Ergebnis der Wiederholungen machen muß, in denen sich der Serienverlauf ergeht. Wie in Kapitel VII genetisch verfolgt werden soll, kann jenes Ergebnis ein zweifaches sein: entweder die Serialglieder sind einander spiegelbildlich gleich, seitlich symmetrisch; sie müssen in beiderlei Richtung der serialen Achse, nach vorwärts wie nach rückwärts des serialen Geschehens (links und rechts der graphischen Darstellung Abb. 1 unten) verglichen werden, damit ihre Gleichheit oder Ähnlichkeit ersichtlich sei. Oder die Serialglieder sind einander deckungsgleich, kongruent (Abb. 1 oben); sie müssen nur in einer einzigen Richtung der serialen Achse, nach vor- oder rückwärts in der Längsrichtung des serialen Geschehens verglichen werden, um gleich (ähnlich) zu erscheinen. Kongruenz im streng geometrischen Sinne wird praktisch zwar kaum je erreicht, aber das ändert grundsätzlich nichts an der Verschiedenheit einer wie Abb. 1 oben bzw. wie Abb. 1 unten gebauten Serie: die erste, deren Glieder im Verhältnisse der Seitengleichheit zueinander stehen, benennen wir bilaterale oder Symmetrieserie; die zweite, deren Glieder im Verhältnisse der Deckungsgleichheit stehen, nennen wir segmentale oder Metamerieserie.

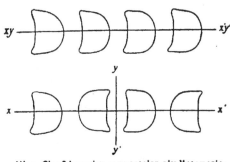

Abb. 1. Oben Schema einer segmentalen oder Metamerieserie: Seriale Hauptachse xx' (längs welcher das seriale Geschehen fortschreitet) fällt mit der Symmetrieachse yy' (die das Ergebnis des serialen Geschehens in spiegelbildliche Hälften zerlegt) zusammen. — Unten Schema einer bilateralen oder Symmetrieserie: Hauptachse des serialen Vorganges xx' und Symmetrieachse des hiervon hinterlassenen Zustandes yy' stehen aufeinander senkrecht.
(Original.)

Ihre Entstehungsgeschichte ist, wie gesagt, dem Kapitel VII über Attraktion vorzubehalten; aber vom rein beschreibenden Standpunkte aus wird es zweckmäßig sein, schon jetzt zu überlegen, daß bilaterale und segmentale Serie durch keine unüberbrückbare Kluft voneinander getrennt sind: jene ist trotzdem auch metamer, diese dennoch auch symmetrisch gebaut. Nur schließen die Symmetrieachsen einen Winkel von 90 Graden ein: bei der bilateralen Serie steht diese Achse senkrecht auf der serialen Achse, die vom Fortschreiten des serialen Prozesses bestimmt wird, seiner Richtung gleichlaufend ist; die Symmetrieachse der bilateralen Serie geht quer durch ihre Mitte hindurch. Hingegen fällt die der Metamerieserie mit der serialen Achse zusammen. Trägt das Ereignis von vornherein symmetrische Form, so gestaltet es die Wiederholung überdies metamer; umgekehrt erhält ein von vornherein zwar weder symmetrisches noch auch, solange es nicht wiederholt ist, metameres Ereignis durch den Serienablauf einen Segmentalbau, mit welchem sich nachträglich von selbst auch ein Bilateralbau einstellt, der durch die seriale Achse in spiegelbildlich gleiche Hälften zerlegt wird.

Die einfachen Serien wie die Serien höherer Ordnung (und höheren Grades) lassen sich aber noch von anderen Gesichtspunkten aus einteilen. Schon im ersten Kapitel, zuletzt in seiner abschließenden Definition (S. 36), war davon die Rede, daß die serialen Häufungen sowohl im räumlichen Neben-, als auch im zeitlichen Nacheinander realisiert sein können. Das seriale Gepräge ändert sich nicht, ob sich nun an benachbarten Punkten des Raumes dasselbe Ereignis gleichzeitig abspielt, oder ob es — dann allenfalls sogar im selben Raumpunkt — bald nachher wiederum auftaucht. Wir hätten deshalb eine Raum- oder Simultanserie von einer Zeit- oder Sukzedanserie zu unterscheiden.

Diese Trennung wird von folgenden zwei Fällen exemplifiziert, deren Erscheinungsform im übrigen gemeinsam ist, weshalb ich sie für die Gegenüberstellung sehr geeignet fand.

64.   (Raumserie:) Am 29. November 1905 kommt Kollege Dr. F. M. zu mir in mein Institutsarbeitszimmer und fragt mich, was die „Cete" für eine Säugetierordnung seien. Ich antworte: „Cete" bedeutet „Wale". — Sogleich stürzt Prof. Dr. H. PRZ., dessen Arbeitszimmer neben dem meinen liegt, so daß man jedes Wort durch die Türe hört, herein und ruft überrascht aus: „Im selben Augenblick, da Sie das Wort ‚Wale' sprachen, ist mein Auge beim Lesen über das Wort ‚Walfisch' hingeglitten." — Man muß wissen, daß die Walfische nicht etwa ein bevorzugtes Untersuchungsobjekt unseres Institutes bilden, woraus man auf häufige Beschäftigung damit schließen dürfte. Wie bereits im vorigen Kapitel als Serientypus 6 (S. 42) erwähnt, ist gleichzeitiges Lesen und Sprechen desselben Wortes ebenso häufig, wie das gleichzeitige Denken und sogar unwillkürlich gleichzeitige Aussprechen desselben Wortes oder Satzes durch zwei Personen. Letzteres wird gewöhnlich als Ausdruck einer Gedankenübertragung hingenommen, die aber in allen Fällen, die so beschaffen sind wie unser eben vorgebrachter, ausgeschlossen sind: unmöglich kann der Gedanke des fragenden Kollegen sich in das Buch übertragen, dessen nächste Zeile das fragliche Wort gedruckt aufweist; aber auch der umgekehrte Weg, Gedankenübertragung vom lesenden auf den fragenden Kollegen, ist nicht möglich, da durchaus nicht der ganze gelesene Absatz von Walen handelte, die nur als einzelnes Beispiel für eine allgemeine Erscheinung und für ein ganz anderes

Problem aufgezählt wurden. Die Gedanken des lesenden Kollegen konnten sich also kaum früher mit dem Gedanken „Wal" beschäftigt haben, als bis sein über die Zeilen gleitendes Auge zu dem Wort „Wal" gekommen war.

65. (Zeitserie:) Prof. Dr. H. PRZ. hört am 17. Oktober 1905 deutlich das Wort „ARMEGEDON" von Leuten, die vor ihm auf der Straße gehen. Am darauffolgenden Abend liest er dasselbe Wort „ARMEGEDDON", das er nie vorher vernommen hatte, in einem Buch (wohl bei H. G. Wells, „The Stolen Bacillus and other incidents", Leipzig, Tauchnitz, 1896). — Auch diese Serie wurde bereits mit Bezug auf ihren spezifischen Inhalt als typisch vermerkt (Typus 8, S. 43): rasch wiederholtes Unterkommen selten oder nie gehörter Ausdrücke in Rede- oder Leseform bzw. als Glieder derselben Serie in Gesprächs- und Lektürform.

Die vorhin auseinandergesetzte Erweiterung der Einzelserien in Serienfolgen gilt gleichermaßen für Raum- wie für Zeitserien: die Serien verknüpfen sich ihrerseits serial im Querschnitt wie im Längsschnitt des Geschehens. Je nachdem werden wir sie als simultane und sukzedane Serienfolgen benennen dürfen. Für unsere S. 56, 57 und 60 gegebenen Schemata folgt daraus, daß ihr ganzes, vielreihiges, vielgliedriges und vielgrädiges Gewebe sich sowohl im räumlichen Nebeneinander ausbreiten, wie im zeitlichen Nacheinander ausdehnen kann. Wir haben bisher von „Anhangs"- und „Nebenserien", in die sich eine gegebene Ausgangsserie fortsetzt und durch die sie sich zur Serienfolge ausweitet, unterschiedslos gesprochen; nun beschränken wir den Namen „Anhangsserie" auf die sukzedanen, „Nebenserie" auf die simultanen Erweiterungen eines von uns beobachteten serialen Ursprunges.

Die Erstreckung genannter Schemata in der Zeit, die Verknüpfung der sukzedanen Serien mit ihren Anhangsserien und ihre Kumulierung zu sukzedanen Serienfolgen ist unserem Vorstellungsvermögen ohne weiteres zugänglich. Die unmittelbar beobachteten Beispiele (Kap. I Nr. 2, 12, 14, 16, 22, 29, 44, 48) sind freilich nur kümmerliche Ansätze dazu; aber vorgreifend darf aus der Periodenlehre, wo alle Erscheinungen schon viel besser bekannt sind, auf die Verbindung der Phasen zu Perioden, der Perioden zu Periodenzirkeln verwiesen werden: 24 23stündige Phasen schließen sich zur 23tägigen; $37^1/_3$ 18stündige Phasen zur 28tägigen Periode zusammen. Nach ungefähr 4 Kalendermonaten bilden 23- und 28tägige Periode eine Periodenkonjunktur, und bis all ihre Kombinationen abgelaufen sind, verfließen 7 Jahre; je 4 Jahrsiebte oder „Hochjahre" (SWOBODA, 1917) bilden eine 28jährige Periode. Heben wir die im Periodenrepertoire des Menschen beobachteten gleichzähligen Perioden niedrigerer und höherer Ordnung heraus, so gibt es solche zu: 1 Tag, 1 Jahr; 23 Stunden, 23 Tage; 4 Tage, 4 Monate; 7 Tage, 7 Jahre; 28 Tage, 28 Jahre.

Vielleicht etwas schwerer begreiflich wird uns das räumliche Vorkommen des Schemas von S. 56, 57, die Verbindung simultaner Serien mit ihren Nebenserien und deren Potenzierung zu simultanen Serienhaufen. Simultaner Stufen- und Gliederbau serialen Gepräges ist aber gerade, und zwar sowohl bei anorganischen wie besonders bei organischen Gebilden etwas durchaus Gewöhnliches; als allgemeines Kennzeichen von Simultanserialität darf hier angegeben werden, daß sich — vom Kleineren zum Größeren aufsteigend — dieselbe Form, die gleich oder ähnlich geartete Bildung wiederfinden läßt. Geben wir zunächst ein Beispiel räumlicher Potenzierung, die nach der Unendlichkeit im großen verläuft, die Systeme der Himmelskörper: Monde, um Planeten kreisend; Planeten, um Sonnen kreisend; diese „Fixsterne", wohl auch ihrerseits um entfernte Zentren sich bewegend — immer dasselbe Bild, das sich in seinen jeweils größeren Darbietungen aus gleichbeschaffenen kleineren komponiert. Nun ein Beispiel, das nach der Unendlichkeit im kleinen hinführt: die Substanzverbindungen, sich in Molekülkomplexe; diese, sich in Moleküle; die Molekel, sich in Atome der chemischen Grundstoffe; diese, sich in Elektronen spaltend. Dabei erschließen wir im kleinsten ähnliche Zustände wie im größten: „Am faßlichsten dürfte es sein," sagt POINCARÉ, „sich ein chemisches Atom als eine Art Sonnensystem vorzustellen, worin der die Sonne repräsentierende Zentralkörper ein positives Elektron ist, um welches sich zahlreiche kleine Planeten, nämlich die negativen Elektronen bewegen."

Bei einer Substanzverbindung, dem lebenstätigen Plasma, ermöglicht die hier herrschende Eigenschaft des Bildens organischer Gestaltseinheiten die Aufzählung noch weiterer Zwischenstufen — also vom kleinsten zum größeren: Biomolekül, Biophor, Energide, Zelle, Gewebe, Organ, Organismus („Individuum"), Cormus (Stock, Staat). Das Gleichheitskennzeichen, welches — entsprechend dem Kreisen der Himmelskörper und andererseits der Elektronen um ihr jeweiliges Zentrum — diese verschiedenen Stufen organisch geformter Substanz als raumseriale Häufung charakterisiert, besteht auch hier im Vorhandensein eines festeren Mittelteils, dem sich ringsum leichter bewegliche und leichter abtrennbare Teile angliedern. Das Urbild solchen Gestaltenreigens ist die Zelle mit ihrem Kern; bei der „Energide" angefangen, der von einem biologischen Krafteinheitszentrum aus beherrschten Plasmamenge, läßt es sich überall wiederfinden — zunächst intrazellulär als Kern mit Kernkörperchen, Zentrosphäre mit Zentrosom; dann weiter extrazellulär als Zellenstaat (vielzelliges Individuum) mit Zentralorgan (des Blutumlaufes: Herz; des Erregungs- und Empfindungslebens: Hirn); als Individuenstaat mit Oberhaupt (Regent, Präsident). Bei komplizierter Staatenbildung wiederholt sich die zentrale Oberhauptbildung in den kleinsten wie den größten Verhältnissen: Familienoberhaupt, Gemeindeoberhaupt, Landes-, Reichsoberhaupt. Wo immer ein Verband aus Individuen entsteht, zentralisiert er sich: Ortsgruppen eines Bundes mit ihrer Zentralstelle; Verein mit Ausschuß, engerer Ausschuß mit Obmann. Auch in nicht selbstlebenden Niederschlägen, Arbeitsergebnissen des Lebenden bestätigt sich derselbe Grundsatz: Wohnung mit guter Stube, Haus mit Herd, Dorf mit Kirche, Stadt mit Dom oder Rathaus, Land mit Hauptstadt; dasselbe Prinzip nochmals bei untermensch- lichen Bauten: Spinnennetz, Maulwurfsbau, Termitenhügel mit Königs- kammer.

Die besonders deutlich seriale Erscheinung, die wir in ihrer zeit- lichen Form bei den gleichnamigen größeren und kleineren Perioden feststellten (z. B. 7tägige, 7jährige), wiederholt sich in räumlicher Form: auch hier gibt es Großbildungen, die mit der Kleinbildung mehr als nur ein grundsätzliches Merkmal gemeinsam haben, ihr mehr als etwa nur im Besitze festeren Zentrums mit flüssigerer Umgebung gleichen. So wenig aber sich eine 7jährige Periode aus der 7tägigen unmittelbar aufbaut und durch sie teilbar ist, so wenig besteht zwischen ähnlich beschaffenen, sozusagen gleichnamigen Raum- großbildungen und -kleinbildungen notwendig ein genetischer; und dann herrscht eben nur ein serialer Zusammenhang. Viele Merk- male der Samenzelle (des Spermiums) finden sich wieder am männ- lichen Begattungsglied (dem Penis), trotzdem dieser sich doch nicht direkt aus Spermien aufbaut: der „Kopf" (Zellkern) des Spermiums entspricht der „Eichel" des Penis; beide dienen zum Anbohren — jener zum Vordringen ins Ei, dieser zum Eindringen in die weibliche Scheide. Beide sind ihrer Verrichtung gestaltlich in der mannigfaltig- sten und feinsten Weise angepaßt; der Spermakopf ist seiner Mikro- pyle im Eikörper, die Peniseichel ihrer Vagina im Weibkörper ein- gepaßt wie der Ausguß in die zugehörige Hohlform, wie der Schlüssel in sein Schloß, wobei es freilich nicht selten vorkommt, daß er auch ein fremdes (artfremdes) Schloß aufsperrt. Der Penis kann vergleichs- weise als „Spermium höheren Grades" benannt werden.

In bezug auf ihre physiologischen Eigentümlichkeiten am voll- kommensten deckt sich die Großbildung des männlichen Begattungs- organes mit der Kleinbildung des männlichen Befruchtungselementes beim sog. „Hectocotylus": dieser zum Spermaüberträger um- gewandelte Fangarm der Kopffüßler (*Cephalopoden*) reißt bei manchen Arten ungemein leicht vom Körper des Männchens ab und schwimmt, mit Spermien beladen, selbständig durchs Meer, bis er ein Weibchen findet, in dessen Mantelhöhle er sich (dort seinen Spermaschatz ent-

70

leerend) vergräbt. Genau wie bei niederen Wassertieren die beiderlei Geschlechtsprodukte ins freie Wasser ausgestoßen werden, die Spermien sich suchend zu den Eiern hinschlängeln, um sich schließlich in die Eirindenschicht zu versenken; so werden bei einigen jener Meeresweichtiere die Hectocotylen, als wahrste Spermien höherer Potenz, abgestoßen und ihrer Eigenbewegung überlassen, bis sie auf ihrem Wege etwas Weibliches finden.

Eine letzte derartige Parallelbildung im kleinen und im großen, die wir besprechen, ist die Konjugation der Wimperinfusorien dort, die wechselseitige Befruchtung von Zwittern hier: bei der Konjugation treten zwei Einzeller zu vorübergehender Vereinigung einander nahe; in jedem der beiden Zellindividuen teilt sich der Kleinkern; eine seiner Hälften bleibt als „stationärer Kern" wo sie war, die andere geht als „Wanderkern" in die zweite Zelle hinüber und verschmilzt mit dem dort verbliebenen stationären Kern. Aus dem Verschmelzungsprodukt entsteht ein neuer Großkern, während der alte Großkern zugrunde geht. Die Konjugation ist also ein Austausch von Kernfragmenten, von Zellenteilen, wodurch ein befruchtender Einfluß ausgeübt und neue Vermehrungs-(Teilungs-)Fähigkeit der beiden daran beteiligten Zellindividuen erzielt wird. Die Begattung der Zwitter (z. B. Lungenschnecken, Erdwürmer) aber ist ein im äußeren Bilde, von welchem die Konjugation eine Miniatur darstellt, ganz ähnlich verlaufender Austausch ganzer Zellen, und zwar Spermazellen; sie entsprechen den Wanderkernen der Konjuganten, während die im Körper der einander begattenden Hermaphroditen zurückbleibenden Eier den stationären Kernen entsprechen, mit denen nunmehr auch hier die aus dem jeweils anderen Individuum herübergekommenen Produkte verschmelzen und damit die — weitere Vermehrung gewährleistende — Befruchtung vollstrecken.

2. Serienarten und Seriengruppen (Systematik der Serien)

Alle bisher betrachteten Serialformen können die sich wiederholenden Komponenten entweder in streng identischer Gestalt oder nur in prinzipiell übereinstimmender Gestalt, die das Wiedererkennen ermöglicht, dabei aber mit graduellen Abweichungen zur Erscheinung bringen. Auch dieser Tatbestand ist durch unsere Definition am Schlusse des I. Kapitels (S. 36) vorweggenommen, da wir, um seriales Geschehen verzeichnen zu dürfen, eine „Wiederholung gleicher" oder auch nur „ähnlicher Dinge und Ereignisse" in Anspruch nahmen. Das Weltgeschehen neigt. zwar, wie wir zu zeigen bemüht sind, zu unablässigen Wiederholungen; aber zugleich auch, wie niemand leugnet, zur größten Mannigfaltigkeit. Deshalb erscheinen uns Serien mit genau gleicher Wiederholung als die selteneren, wenn man darunter eine nach Intensität und Qualität mathematisch übereinstimmende Wiederholung verstehen will. Fordert man jedoch die Übereinstimmung der Komponenten nicht bis zur ziffernmäßigen Deckung, so verfließt die Grenze zwischen beiden Serienarten, die wir als „Gleichheits"- oder „Identitätsserie" und „Ähnlichkeits"- oder „Affinitätsserie" voneinander scheiden wollen. Unscharfe Grenzen haften nun aber wohl sämtlichen begrifflichen Scheidungen an, ohne notwendigerweise deren Brauchbarkeit zu beeinträchtigen; wir wollen deshalb für die Identitätsserie keine mathematische Kongruenz fordern und werden sie von der Affinitätsserie trotzdem mit genügender Sicherheit abzusondern vermögen. Natürlich gilt wieder dasselbe, wie für einfache Serien, auch für Serienreihen, für simultane sowohl als für sukzedane Einzelserien und Serienreihen — nur mit dem Unterschiede, daß sich bei den Serien höherer Ordnung das Häufigkeitsverhältnis noch mehr zugunsten der Affinitätsserien und zuungunsten der Identitätsserien verschieben dürfte, als dies schon bei den einfachen Serien erster Ordnung zutrifft.

Es folgen zwei Beispiele, abermals mit einem Grundmuster verwandter Spezifität zum Zwecke besserer Vergleichbarkeit.

66.   (Gleichheitsserie:) Rückwärts auf dem Umschlage eines Notenheftes (CRAMER, Etüden) fiel meinem Freunde Dr. ROBERT KONTA am 22. März 1906 ein Inserat von BEETHOVENs wenig gekannten „Schottischen Liedern" auf. Abends kommt ROBERTs Bruder PAUL nach Hause, findet im Posteinlauf das neueste Heft des „Kunstwart", blättert es durch und sagt seinem Bruder in der Voraussetzung, daß es ihn als Musiker interessieren müsse: „Du, ROBERT, der Kunstwart bringt diesmal in seiner Notenbeilage „Schottische Lieder"." — Darauf ROBERT: „Sind es die von BEETHOVEN?" — PAUL: „Ja!" — Eine Ähnlichkeitsserie hätte vorgelegen, wenn z. B. schottische Lieder eines anderen Komponisten im „Kunstwart" reproduziert oder im Inserat angekündigt gewesen wären, oder (minder schlagend) andere Lieder desselben Komponisten, wie nicht gerade die schottischen. Insofern aber verschwimmen die Grenzen zwischen Gleichheits- und Ähnlichkeitsserie, als man in Anbetracht dessen, daß ihr erstes Glied ein Inserat, ihr zweites Glied einen Abdruck der schottischen Lieder darstellt, graduelle Verschiedenheit der qualitativ gleichen Glieder „BEETHOVEN, Schottische Lieder" konstatieren darf.

67.   (Ähnlichkeitsserie:) Bei dem am 15. Januar 1906 im Sophiensaal (Wien) abgehaltenen Jubiläumskonzert anläßlich der 25. Veranstaltung von Ferienkolonienabenden wurde von drei Mitwirkenden je ein Lied gesungen, dessen Text von „Hans und Grete" handelte. Hofopernsängerin RITA MICHALEK sang „HANS und GRETE" aus des Knaben Wunderhorn, vertont von GUSTAV MAHLER; ein anderer Sänger brachte etwas aus HUMPERDINCKs Märchenoper „HÄNSEL und GRETEL"; als drittes Vorkommnis figurierten Schumanns „Armer Peter" im Programm, drei Lieder, worunter in einem von „HÄNSEL und GRETEL" die Rede ist. — Gleichheitsserie hätte hier vorgelegen, wenn die drei Sänger dasselbe Lied desselben Komponisten in ihr Repertoire, das sie offenbar nicht vorher miteinander vereinbart hatten, aufgenommen hätten. Ich will zugeben, daß diese Serie, die ich der spezifischen Analogie wegen, welche sie der vorigen so gut vergleichbar macht, angegeben habe, dem Ein-

wande ursächlichen Zusammenhanges zwischen Liederwahl (Kindliches Thema von „Hänsel und Gretel") und Anlaß (Ferienkolonien) begegnet und daher, wenn selbst nur bei äußerster Skepsis, als direkte Kausalität statt Serialität aufgefaßt werden könnte. Wer sich daran stößt, möge an dieser Stelle das sogleich zu besprechende, jedoch mit Beispiel 66 minder vergleichbare Beispiel 68 heranziehen.

Nahe verwandt mit Identitäts- und Affinitätsserie sind diejenigen, einander gegenüberstellbaren Seriensorten, die ich als Homologie- und Analogieserie unterscheiden möchte. Es kommt häufig vor, daß ein Serienglied uns in Form eines Originalerlebnisses gegenübertritt, das nächste hingegen in Form einer bildlichen oder plastischen Reproduktion jenes Erlebnisses. Oder das erste Glied (die ersten Glieder) in Form einer fernen Erinnerung, dem gleich darauf eine Wiederholung desjenigen realen Erlebnisses folgt, das der Erinnerung zugrunde lag. (Umgekehrt, wenn das reale Erlebnis zuerst kommt und dann die Erinnerung, dürfte man nicht einwandfrei von einer Serie sprechen, da die Erinnerung durch das Erlebnis wohl meistens direkt kausal bedingt sein würde.) In den soeben erwähnten Fällen würde ich den Eintritt einer „Analogieserie" diagnostizieren; annähernd ebensooft aber bestehen alle Serienglieder aus Originalerlebnissen oder alle aus bildlichen, plastischen oder mnemischen Reproduktionen von Erlebnissen, die durch große Raum- und Zeitintervalle außerhalb der Serialbereiche gelegen erscheinen. Bei serialer Aufeinanderfolge von lauter realen Erlebnissen, lauter Erinnerungserlebnissen, lauter Plastiken und Gemälden wäre die Diagnose auf „Homologieserie" zu stellen; hingegen abermals auf „Analogieserie", wenn etwa mnemische Empfindungen (Gedächtnisbilder) mit Eindrücken wirklicher Bilder und Werken der Bildhauerei abwechseln, jedoch dadurch serial erscheinen, daß sie alle den gleichen Gegenstand darstellen. Daß Homologie- und Analogieserie in dieser Fassung mit Identitäts- und Affinitätsserie nicht begrifflich zusammenfallen, ergibt sich daraus, daß eine Homologieserie nur aus ähnlichen Gliedern zusammengesetzt sein kann, aber aus lauter ähnlichen Originalerlebnissen oder lauter ähnlichen gedächtnismäßig oder kunstmäßig nachgebildeten Erlebnissen; dann wäre diese Homologieserie zugleich eine Affinitätsserie, wogegen sie in einem anderen Falle, wo die Folge der Original- oder der nachgebildeten Eindrücke in diesen ihren Gliedern strenge übereinstimmte, allerdings auch zugleich eine Identitätsserie ergeben könnte. Ebenso kann umgekehrt eine Analogieserie zugleich eine Identitätsserie sein, z. B. wenn ein vorangehendes Bewußtseinsbild mit einem serial nachfolgenden Realeindruck genau übereinstimmt; meistens allerdings werden sich graduelle Differenzen ergeben, die der Analogieserie nur den Charakter einer Affinitätsserie verleihen. Das Bestehen scharfer Grenzen, die immer eindeutig bleiben, zwischen Homologie- und

Analogieserie darf man übrigens ebensowenig erwarten wie zwischen Identitäts- und Affinitätsserie, die von jenen logisch verschieden sind, aber gemeinsame Teilgebiete decken.

In der Beispielsammlung des I. Kapitels waren folgende Nummern Homologieserien: 1—3, 5, 9—14, 16, 17, 19, 22 b, 24, 26, 27, 29—31, 33, 34, 36—40, 42, 43, 45—56, 58, 60; und folgende Beispiele waren Analogieserien: 4, 6—8, 15, 18, 20—22 a, 23, 25, 28, 32, 35, 41, 44, 57, 59. Hier seien einige neue kennzeichnende Beispiele, die vom augenblicklichen Nachschlagen entheben, einander gegenübergestellt:

68. (Homologieserie:) Frau V. v. W. fährt am 1. März 1906 in der Straßenbahn; einem auf der Bank ihr gegenüber sitzenden alten Herrn, der apoplektisch aussieht, wird plötzlich übel, er sinkt auf seinem Platze zusammen; die Mitfahrenden vermuten, der Schlag habe ihn gerührt. — Eine Viertelstunde später geht V. v. W. in der Herrengasse (Wien); vor ihr auf dem Gehsteig stürzt mit einem Male eine ältere Frau zusammen, wahrscheinlich vom Herzschlag getroffen. (Beide Serienglieder sind Originalerlebnisse; in Beispiel 33, 34, Kap. I sind beide etwas gedächtnismäßig Reproduziertes.)

69. (Analogieserie:) Sonntag, den 29. Oktober 1905, besuchten Mr. BLEND (ein Gast aus England), die Brüder KARL und HANS PRZ. miteinander die römische Abteilung des Wiener kunsthistorischen Hofmuseums. Eine Gruppe kleiner Figürchen fiel ihnen auf, Knaben darstellend, die auf den Händen gehen. Als sie ihren Weg fortsetzten und in die Körnergasse kamen, sahen sie einige Straßenjungen, von denen einer mitten auf der Gasse anfing, auf den Händen zu gehen.

Hätten die Spaziergänger in zwei verschiedenen Straßenzügen Buben unabhängig voneinander auf den Händen gehen sehen, oder hätten sie zwei Museen besucht und in beiden, oder sagen wir in der römischen sowie in der ägyptischen Abteilung desselben Museums ähnliche Plastiken gefunden, dann stünde die Erscheinungsform der Homologieserie vor uns.

Bei dieser Gelegenheit sei daran erinnert, daß selbstverständlich nicht bloß einzelne Serienbeispiele, sondern ganze Serientypen (Kap. II) in unserer Serienklassifikation Unterkunft finden müssen. Zur jetzt in Rede stehenden Serienklasse, der Homologieserie, gehört die Mehrzahl der von uns aufgestellten Typen, nämlich Nr. 3—6, 10—16, 18—20. Zur Analogieserie gehört Typus 1, 6, 8, während die Einreihung bei den übrigen Typen (2, 7, 9) je nach dem Einzelfalle schwankt. Bei Typus 2 z. B. werden wir dann von einer Analogieserie sprechen, wenn wir uns in Gedanken mit einem lange nicht mehr gesehenen Freunde beschäftigen, und alsbald erscheint er leibhaftig auf der Bildfläche; hingegen von einer Homologieserie, wenn nur Begegnungen mit dem Freunde in eigener Person oder nur zeitlich zusammengedrängte Erinnerungen an den Freund ihre Elemente bilden. Sei jedoch diese Erscheinung homolog oder analog serial: man kann sie — wenn nicht durch den allbeliebten „Zufall" — außer durch Serialität nur noch auf dem Wege telepathischer Vorgänge erklären; die ihr ganz nahestehende Erscheinung des reinen Analogieserientypus Nr. 1 (Kap. II) hat von SWOBODA (1904, S. 57) eine Deutung im Sinne periodischer (also nach unserer Auffassung speziell serialer) Vorgänge erfahren; das prompte Eintreffen von Briefen, Sendungen oder Besuchen, wenn man sich eben dessen bewußt geworden, daß von dieser Seite her ein Lebenszeichen längst fällig war, soll nämlich auf gleichzeitigem Ablaufen je eines Periodenspatiums beruhen, das in beiden Personen etwa durch Anfrage oder vorausgegangene Zusammenkunft induziert, nunmehr in der einen Person durch die Erinnerung, in der anderen durch das Antwortgeben oder Aufsuchen die Wiederkehr des periodischen Kulminationspunktes verrät.

Noch verbleibt meine vorhin ausgesprochene Behauptung zu illustrieren, daß eine Homologieserie zugleich entweder Identitäts- oder Affinitätsserie sein könne. Ersteres versteht sich eigentlich von selbst:

70. (Homologie-, zugleich Identitätsserien:) Am 28. Januar 1906 beim Advokaten Dr. J. R. zu Tische eingeladen, beobachte ich, daß an zwei verschiedenen Punkten der ziemlich langen Tafel gleichzeitig zwei voneinander völlig unabhängige Gespräche über dasselbe Thema (Italien) geführt werden.

71. Am 20. bzw. 29. Januar 1906 starben Frau E. M. und Frau E. v. P.; beide hatten dasselbe Haus in der Burggasse (Wien) bewohnt und standen im gleichen Alter.

Hier sind also nicht bloß die sich (in 70 räumlich, in 71 zeitlich) wiederholenden Ereignisse bis auf Einzelheiten identisch, daher Identitätsserien; sondern sie gelangen auch jeweils in gleicher Form (70 durch Selbsterlebnis, 71 durch Erzählung) zu meiner Kenntnis, sind daher Homologieserien. Erklärungsbedürftiger ist die Verschmelzung von Homologie- und Affinitätsserie in ein und demselben Serialfall. Zu dieser Erklärung eignet sich ein generelles Beispiel, das abermals dem Erscheinungsbereich des Serientypus 2 (Kap. II) entnommen sei, von welchem vorhin bereits gesagt wurde, daß er bald den Charakter der Analogie-, bald den der Homologieserie hervortreten lasse. In folgendem Falle nun ist das letztere zutreffend, das heißt, es teilen sich uns lauter Eindrücke gleicher Erscheinungsform (hier lauter reale Erlebnisse) mit; zugleich wird aber das Gepräge der Affinitätsserie hervorgerufen durch die zwischen jenen Erlebnissen obwaltenden Verschiedenheiten:

72. (Homologie-, zugleich Affinitätsserie:) Ich begegne einer Person, die mich durch eine gewisse Ähnlichkeit der Züge oder der Haltung an einen Freund erinnert; und um die nächste Ecke etwa kommt der Freund selbst. Zwischen Anfangs- und Endglied dieser typischen Serie können Mittelglieder eingeschoben sein, die sich oft in zunehmender Ähnlichkeit bis zur endlichen Übereinstimmung und Personalunion mit dem Freunde hinbewegen. Besonders frappierend ist das Erlebnis, wofür sich wohl

in jedermanns Erinnerung Belege finden, wenn es sich um einen Freund handelt, den man jahrelang nicht mehr gesehen hat; anderseits wird es durch Aufmerksamkeit in seiner Deutlichkeit gesteigert, wenn man den Freund an einem verabredeten Platze erwartet und ungeduldig ist oder er sich verspätet. Den schönsten derartigen Fall, weil doppelt serial, verdanke ich freundlicher Mitteilung des Herrn Prof. Dr. H. PRZ.: er sah in einem Wagen zwei Damen sitzen, die er irrtümlich für Bekannte hielt; nicht weit davon kam ein Wagen angefahren, worin sich die beiden Originale des vorher gesehenen Erinnerungsbildes befanden, nämlich tatsächlich die beiden bekannten (aber nicht etwa gewohnheitsmäßig miteinander ausfahrenden) Damen, und zwar genau in derjenigen gegenseitigen Positur — die eine rechts, die andere links —, wie sie das Erinnerungsbild vorher gezeichnet hatte. Inwieweit man solche Phänomene auch unter Zugrundelegung anderer Erklärungsprinzipien als des serialen deuten könnte, darüber soll sich das folgende Kapitel aussprechen.

Serien, deren Eigenschaften gleichzeitig für mehrere von uns aufgestellte Serienarten stimmen, wie solches in den vorausgegangenen Beispielen 70—72 zutraf, können als Mischlingsserien von artreinen Serien oder kurzweg Reinserien, Sortenserien unterschieden werden. Dabei ist allerdings zu bemerken, daß es Reinserien im strengen Wortsinne nicht geben dürfte; eine Homologieserie wird stets zugleich entweder Gleichheits- oder Ähnlichkeits-, eine Analogieserie stets zugleich (obschon nicht damit gleichbedeutend!) Affinitätsserie sein; sämtliche bisher unterschiedenen Serienorten können ferner als metamere oder symmetrische, alle als Serien einfacher oder höherer Ordnung, niedrigerer und zusammengesetzterer Potenz auftreten; als Parallelserien können sie all jene Eigenschaften mehrreihig in sich vereinigen, als polytome Serien in ihren Reihen divergierend oder konvergierend einherschreiten; alle können selbständige Verknüpfungen miteinander eingehen und dann als Korrelationsserien auftauchen. Nicht minder sind Mischungen all dieser bisher systemisierten mit den im weiteren Kapitelverlaufe noch zu systemisierenden Arten vorauszusetzen; und endlich ist wieder die ganze Fülle von Serienkombinationen im räumlichen wie im zeitlichen Naturvorkommen realisierbar. Unsere Terminologie wird in jedem denkbaren Falle gestatten, den Artcharakter einer Mischlingsserie kurz und dabei erschöpfend zu beschreiben; Ausdrücke wie segmentale Analogieserie oder parallele Identitätsserie; dichotomische, divergierende Sukzedanserie und bilaterale simultane Affinitätsserie usw. usw. sind leicht herzustellen, indem der Beschreiber und Benenner einen Teil der für die Serienarten geschaffenen substantivischen Attribute in adjektivische verwandelt und dadurch die singuläre Nomenklatur ungezwungen in eine binäre und trinäre erweitert. Auch fernerhin mit einem Hauptwort sollte der vorwaltende Charakter, der generelle oder Gattungscharakter ausgedrückt werden; die das Hauptwort begleitenden Eigenschaftswörter hätten sodann für den mehr spezifischen und individuellen Charakter der betreffenden Serie aufzukommen. Derartige Mischungen und

Mischbezeichnungen ausführlich zu üben und eingehend mit Beispielen ihres Vorkommens zu belegen (vgl. immerhin Nr. 70—72 in diesem, 76 und 77 im nächsten Kapitel), erscheint mir einstweilen verfrüht und daher überflüssig: ein vorgeschrittenerer Stand an Detailwissen über die Serien wird aber eine Nomenklatur bereit finden, von der er dann zur Sichtung des Materials willkommenen Gebrauch zu machen vermag.

Ein weiteres, einander gegenüberstellbares Paar von Serienformen soll sofort in Gestalt gegenständlicher, wenn auch genereller (d. h. nicht einen Einzelfall darstellender) Beispiele abgeleitet werden. Im Bereiche des Serientypus 5 (S. 42) ist das folgende Beispiel schon gestreift worden:

73. Man lasse sich auf einer Bank am Rande eines nicht allzu dicht bevölkerten, doch vielbegangenen Promenadeweges nieder und beobachte das Kommen und Gehen der Passanten: man wird sie niemals auch nur einigermaßen diffus verteilt sehen, sondern sie ziehen schubweise vorüber, und dann herrscht wieder eine Weile Ruhe. Die Gruppen bestehen nicht nur aus Leuten, die zusammengehen, weil sie zusammengehören, etwa miteinander reden oder sonst gemeinsam ihres Weges ziehen; sondern namentlich aus solchen, die nur der sogenannte Zufall als „Gruppe" erhält. Man vermag die Richtigkeit dieser Beobachtung geradezu experimentell zu betonen, wenn man das jedesmalige Erscheinen einer Menschenserie als empfindliche Störung für sich einrichtet: etwa auf der Beobachtungsbank einer anderen, angestrengten aber leicht ablenkbaren Arbeit obliegt, z. B. komponiert; oder, wie's mir im Süden oft geschah, mit einer Schlinge die an Straßenmauern sitzenden flinken Eidechsen fängt, die durch Vorübergehende stutzig gemacht und vollends verscheucht werden, wenn nun „wie verhext" einer hinter dem andern auftaucht, so daß man behufs Erlangung eines glücklichen Fanges warten muß, bis die „Personenserie" einer „Ruheserie" gewichen ist.

Ich gab mir viele Mühe, einen rein kausalen Zusammenhang im Auftreten der nicht zusammengehörigen Gruppen herauszufinden; aber Ankunft und Abfahrt von Bahnzügen, Beginn und Ende der Arbeitsstunden usw. lieferten niemals eine ausreichende Begründung, die derartige Situationen zu decken vermöchte; sie müssen deshalb ins Gebiet der Serialerscheinungen gerechnet werden.

Beispiel 73 gibt Veranlassung, drei weitere Paare spezifischer Serienverschiedenheiten aufzudecken: erstens die schon im Exempel selbst berührte Unterscheidung zwischen „Ruheserien" und „Personenserien"; letzterer Ausdruck muß vom Personenbeispiel unabhängig gemacht und durch einen allgemeinen, für beliebige Inhalte passenden Terminus ersetzt werden. Also im Gegensatze zur Ruheserie, die einen entropischen Zustand beharren läßt, die „Bewegungsserie", die von lebhaften Energieentladungen, ektropischen Vorgängen erfüllt ist.

Es könnten zweitens die Bewegungsserien des Beispieles 73 wenigstens teilweise aus solchen bestehen, wie sie in Beispiel 55, 56 (S. 33), im Schema (S. 59) und im Serientypus 3 (S. 41) geschildert waren: nämlich aus Personen, die sich nicht nur — wie im Beispiel 73 zunächst vorausgesetzt — durch ihr gesellschaftsmäßiges, aber in Wahrheit doch ungeselliges Auftreten serial geben, sondern überdies durch gemeinsame Merkmale, durch Ähnlichkeiten. Ein Trupp ähnlicher Personen — das wäre eine Qualitäts- oder Artserie; viele Personen unabhängig von sonstiger Ähnlichkeit oder Unähnlichkeit —, das hieße eine Quantitäts- oder Mengenserie. Diese namentliche Unterscheidung empfängt ihre sachliche Berechtigung noch daher, daß ähnliche Personen schon in viel geringerer gegenseitiger Nähe und Anzahl genügen, um einen serialen Eindruck hervorzubringen, während Personen ohne besondere Ähnlichkeit hierzu viel größerer Ansammlung und engerer Nachbarschaft — letzteres anders gesagt, des Wechsels von Bewegungs- und Ruheserien — bedürfen. Was hier vom Personenbeispiel (73) abgeleitet wurde, gilt selbstredend für beliebige seriale Elemente, für alle Sorten von Seriengliedern: immer wird sowohl die quantitative Häufung inmitten von Leerbereichen wie die qualitative Wiederholung serial, aber als Mengen- und Artserie so in unterschiedlicher Weise wirken.

Nun mache ich drittens auf folgendes aufmerksam: das gruppenweise Ziehen der Leute im Beispiel 73 wird nicht beeinträchtigt durch die Richtung, welche die einzelnen Fußgänger einschlagen; ob sie hintereinander in derselben oder gegeneinander in entgegengesetzter Richtung wandern — sie treffen doch gruppenweise zusammen und erzeugen jene auffallende Ungleichmäßigkeit, jenen Wechsel zwischen größter, eine Weile andauernder Belebtheit und größter, wiederum eine Zeitlang währender Stille. Allgemein ausgedrückt: der seriale Charakter eines Geschehens wird nicht gestört dadurch, daß seine Komponenten (Serialglieder) sich konträr bewegen; nur ergibt sich die Notwendigkeit, für das gleichgerichtete seriale Geschehen einen anderen Namen einzuführen als für das ungleich gerichtete: ich schlage für jenes den Terminus „Gerade (direkte) oder Reihenserie", für dieses den Ausdruck „Verkehrte (inverse) oder Kreuzungsserie" vor.

Abstrahiert man bei Anwendung dieses Begriffes von der grobsinnlichen Ortsbewegung, wie sie im Beispiele der Spaziergänger erscheint, und überträgt ihn auf jedwede „Bewegung", Veränderung, Ereignung im Gesamtgeschehen, so ergibt sich äußere Ähnlichkeit und Verwechslungsmöglichkeit der inversen Serie mit einer weiteren serialen Erscheinungsform, die aber grundsätzlich von ihr auseinanderzuhalten ist. Bisher waren wir gewohnt, nur solche Wiederholungsfälle als Serien zu bezeichnen, deren Einzelkomponenten dem Wortlaute unserer Definition nach „gleich oder mindestens ähnlich" waren. Bisweilen aber kann sich ausgesprochene Serialität darin manifestieren, daß hinter- oder nebeneinander das genaue Gegenteil geschieht oder zugegen ist, wobei nur die kontrastierenden Vorgänge oder Dinge durch Gemeinsamkeiten verknüpft sind, gleichsam durch ein identisches Grundmuster, dem sie als scharfumrissene, voneinander abstechende Zeichnungsmuster aufgestickt sind. Ehe man mir verwehrt, diese „Wiederholung ungleicher, und zwar gegensätzlicher Begebenheiten" als Serie in Anspruch zu nehmen, höre man vor allem ein Beispiel:

74. (Kontrastserie:) Am 27. August 1907 öffne ich in der Stadtbahn ein Fenster; ein brummiger alter Herr steht sofort auf und schmeißt es zu. Am 30. August 1907 sagt mein Schwager E. v. W. in der Stadtbahn, er müsse sich sehr vor Zugluft hüten; kaum hört dies eine böse aussehende alte Dame, als sie sich erhebt und zwei Fenster öffnet.

Es ist keine Täuschung darüber möglich, daß man diese beiden Erlebnisse unwillkürlich sofort in Zusammenhang bringt, im Bewußtsein assoziieren muß, trotzdem oder vielmehr gerade weil das zweite strenge umgekehrt verläuft wie das erste. Darauf beruht ja auch die „Ähnlichkeits-" und die „Kontrastassoziation" der Psychologen, die in Wahrheit keine verschiedenen Formen, sondern nur zwei Seiten ein und desselben Assoziationsvermögens darstellen. In unserem Falle empfindet man die Aufeinanderfolge der beiden gegensätzlichen Ereignisse als gesetzmäßiges Zusammentreffen, mit einem Wort als Glieder einer Serie. Methodisch und theoretisch ergibt sich nun für das Verständnis, namentlich bei starker Skepsis und sachlicher Gegnerschaft, eine erhebliche Schwierigkeit, die Einordnung dieser „Kontrastserie" — wie ich sie nennen will — in die Regelmäßigkeit des übrigen serialen Geschehens anzuerkennen. Man wird geneigt sein, mir einen Widerspruch gegenüber der Definition der Serie als „Wiederkehr gleicher oder ähnlicher Ereignisse" vorzuwerfen; man wird außerdem eine allfällige Erweiterung der Definition im Sinne der „Wiederkehr gleicher (ähnlicher) oder gegensätzlicher Ereignisse" nicht gestatten wollen, weil es dann zu bequem erschiene, das Gesamtgeschehen als seriales Geschehen anzusehen; alle einander folgenden Ereignisse oder nebeneinanderliegender Dinge, seien sie nun gleich oder ungleich, könnten dann allzuleicht als „Serien" hingestellt werden; die Erkenntnis aber, die Wahrheitsforschung, könne bei solch weiter Auslegung nichts gewinnen.

Diese Bedenken entfallen, sobald ich meinen Standpunkt gegenüber der „Kontrastserie" noch näher präzisiere. Zunächst bedeutet einfache „Ungleichheit" selbstverständlich noch nicht genaue „Gegensätzlichkeit" — Kontrastserien werden nicht durch beliebig verschiedene, disparate und diskrepante, sondern einzig und allein durch konträre Tatbestände hervorgebracht. Aber selbst das würde nicht genügen, um derartige Erlebnisse dem Empfinden unwiderstehlich als Wiederholungen statt als isoliert stehende Vorkommnisse aufzudrängen;

hierzu bedarf es vielmehr noch, wie gesagt, des gemeinsamen Grundmusters, der verbindenden Basis, wie sie im Beispiel 74 durch das Stadtbahnmilieu und das die passive Hauptrolle spielende Objekt, das geöffnete und geschlossene Fenster, geliefert wird.

Es mag gleich darauf hingewiesen werden, daß auch im Rahmen der gewöhnlichen, unmittelbaren Kausalität kein Hindernis besteht, zwei Ereignisse als zusammengehörig und durch einander bedingt anzusehen, wenn sie zu einander im konträren Verhältnisse stehen; so das in den komplementären Farben Grün, Gelb erscheinende „Nachbild" roter, blauer Gesichtsempfindung in zeitlicher, der ebenso komplementäre „Simultankontrast" in räumlicher Nachbarschaft. Der Vergleich von Negativ und Positiv hindert nicht, im Photogramm das gleiche Objekt zu erkennen. Der Kontrast im Drama oder anderen Kunstwerken hindert nicht, sondern hebt eher dessen Auffassung als ein in sich geschlossenes Ganzes. Entgegengesetzte Temperamente und Gefühle, wie Zuneigung und Abneigung, werden von Psychoanalytikern wie STEKEL und SWOBODA (1911) als bipolare Ausladungen ein und derselben seelischen Eigenschaft betrachtet.

Auch dafür, wie leicht durch falsche Auffassung der Kontrastbedeutung eine schiefe Deutung der Tatsachen selber in die Wege geleitet wird, möchte ich gleich ein Beispiel aus dem Berichte der Ursachenforschung angeben: die organische Vererbung, am einfachsten definiert als Wiederholung der elterlichen Eigenschaften bei den Nachkommen. GOLDSCHEID sprach (1911) den Satz aus, daß zuweilen „gerade die Nichtvererbung der Ausdruck der Vererbung ist". Das hat ihm heftige Angriffe seitens SCHALLMAYERs (s. darüber bei KAMMERER 1914) eingetragen, er treibe unerlaubtes Spiel mit Begriffen, die er auf den Kopf stelle. Nun deckt die eben genannte GOLDSCHEIDsche These in der Tat eine empfindliche Lücke im Verständnis der Vererbungserscheinungen auf: als hereditäre müssen wir doch alle Phänomene einbegreifen, die dazu beitragen, die Kontinuität zwischen Vorfahren und Nachfahren herzustellen; und da kommt es wirklich nicht darauf an, ob die Entfaltung ein und derselben Keimesanlage in der Generationenfolge allemal in gleicher Gestalt geschieht. BAUR, JOHANNSEN, WOLTERECK erkennen neuerdings — beim Verfolg ganz anderer Gedankengänge — im Auftreten der biologischen Merkmale (der Art- und Rassekennzeichen) chemische Reaktionen, die aber das einemal in positiver, das anderemal in negativer Richtung, und beides in verschiedenem Grade ausfallen können, woraus sich die Entstehung von Plus- und Minusvarianten ergibt, die sich meist nahezu symmetrisch um einen Mittelwert gruppieren. Wie ferner SEMON (1912) ableitete und ich selbst an einem hierzu geeigneten Objekt bestätigt fand, vererben sich z. B. Verstümmlungen deshalb nicht, weil die Reaktion des Organismus auf Verletzung in ihrer Ausheilung, in Regeneration besteht; die Vererbung des Verlustes besteht im Wiederersatz des Verlorenen — Aktion und Reaktion vollziehen sich auf dem gemeinsamen Boden derselben, vererbenden Keimsubstanz, sie formen eine Kausalität des Kontrastes.

Analog sind wir berechtigt, eine Serialität des Kontrastes als Wiederholung gegensätzlicher Ereignisse auf gemeinsamer Basis festzustellen und zu beschreiben. Es ist ja nur die gewohnte Unzulänglichkeit der Sprache, die uns narrt und — von bescheidenen Bedürfnissen ungeschulten Alltagsgeistes übernommen — den Anforderungen der forschenden Analyse längst nicht genügt. So war auch FLIESS (1907 S. 131) bei Aufstellung seiner Periodenlehre in einem ähnlichen Sinne wie wir genötigt, von ,,entgegengesetzt gleichen Kräften'' zu sprechen: machen wir uns diese Wendung zunutze, um damit auszudrücken, daß im Gegensatz (Kontrast), der aus gemeinsamer Aktion und Reaktion emporwächst, keine Verschiedenheit (qualitative Differenz) gelegen ist, so brauchen wir nicht einmal an unserer Seriendefinition (S. 36) etwas zu ändern oder zu ergänzen. Wir lassen sie als ,,Wiederholung gleicher oder ähnlicher Dinge und Ereignisse'' stehen, ohne sie durch Beifügung der ,,kontrastierenden Dinge und Ereignisse'' mehr zu belasten und unübersichtlich zu machen; denn letztere sind als ,,entgegengesetzt gleiche'' in den ,,gleichen'' ohnehin schon mit enthalten und stellen nur einen Sonderfall der ,,gleichen Dinge und Ereignisse'' vor.

Wenn wir uns vergegenwärtigen, daß Kontraste oder beliebige Ungleichheiten einander derart folgen, daß das gleiche Paar gegensätzlicher oder sonstwie verschiedengearteter Ereignisse sich zwei- oder mehrmal wiederholt, so haben wir eine weitere Spezies serialen Erscheinens vor uns, der ich den Namen ,,Alternierende oder Wechselserie'' beilege. Ein Beispiel wird, was ich damit meine, ganz klar machen:

75. (Wechselserie:) Ich sitze in einem Gartenpavillon, dessen Bretterboden in regelmäßigen Abständen zwischen den Planken durch parallele Fugen unterbrochen ist. Ich füttere die Spatzen — ein Brocken fällt in eine Fuge und wird den Vögeln unzugänglich. Der nächste Bissen fällt auf die Planke und wird von einem Sperling weggeholt. Wo steckt hier Serialgeschehen? Bis jetzt ist es nicht wahrnehmbar. Ich werfe weitere Krumen — die nächste fällt in die Tiefe, die zweitnächste bleibt oben liegen, allenfalls so noch mehrmals weiter; das Treffen der Ritzen alterniert oft einige Zeit in regelmäßiger Folge mit dem Treffen des Fußbodens, wobei selbstverständlich aufs Geratewohl geworfen wird. Aber selbst wenn man zielen wollte, bedürfte es schon eines geübten Schleuderers, einer beträchtlichen ,,Zielkraft'', um die ,,Zufallskraft'' in andere Richtung zu lenken.

Stellen wir uns weiter vor, daß statt je eines Zwischengliedes deren mehrere eingeschoben werden, so daß die Begebenheiten nach kürzerer oder längerer Ablenkung wieder in ihren Anfangszustand zurückkehren, so entsteht eine Kreis- oder zyklische Serie. Unser Beispiel (75) von der Sperlingsfütterung könnte so ausfallen, daß die vorgeworfenen Stücke zuerst mehrmals, sagen wir viermal auf die Latten, dann mehrmals, sagen wir ebensooft oder drei- oder fünfmal usw. zwischen die Latten treffen; dann wieder viermal auf, und nun je nachdem nochmals ebensooft oder drei- oder fünfmal usw. zwischen die Latten — und allenfalls mehrmals im selben Turnus so weiter. Noch anders darf das Werfen ausgehen, ohne seinen Charakter als zyklische Serie zu verlieren: ein einziger Treffer kann von Nieten unterbrochen sein, die etliche Male bei den Wiederholungen in ihrer Zahl konstant bleiben oder sogar zu- und abnehmen; desgleichen umgekehrt eine einzige Niete unterbrochen von je einer regelmäßig wiederholten beständigen bzw. vermehrten oder verminderten Trefferzahl. Schematisch ausgedrückt, vermag also die zyklische Serie folgende wichtigste Gestalten anzunehmen:

I. AAA BBB AAA BBB AAA BBB usw.

Zahl der zyklisch auftretenden Komponenten beständig, auch untereinander gleich.

II. AAA BB AAA BB AAA BB usw.

Zahl der zyklischen Komponenten beständig, doch die Teilstrecken des Zyklus hierin untereinander nicht gleich.

III. AAA BB AAABBBB AAA B AAA usw.

Zahl zyklischer Komponenten nur in der einen Teilstrecke beständig, in der zweiten Teilstrecke unbeständig und von jener der ersten verschieden.

IV. A BBB A BBB A BBB usw.

Die eine „Teilstrecke" des Zyklus konstant nur eingliedrig, d. h. nur aus einer einzigen zyklischen Komponente bestehend, die andere Teilstrecke mehrgliedrig mit gleichbleibender Komponentenzahl.

V. AA B AAAAA B AAA B A B AA

Die eine Teilstrecke konstant eingliedrig, die andere inkonstant mehrgliedrig.

VI. A B A BB A BBB A BBBB A BBBBB usw.

Die eine Teilstrecke des Zyklus konstant eingliedrig, in der andern Teilstrecke die Zahl der (gleichartigen) Komponenten gleichförmig zunehmend.

VII. A BCDEF A BCDE A BCD A BC A B

Eine Teilstrecke beständig eingliedrig, in der andern nimmt die Zahl der (ungleichartigen, aber wiederkehrenden) Komponenten gleichförmig ab.

Hierzu kann man sich leicht weit mehr Variationen ausdenken, die alle im realen Geschehen möglich sind. Insbesondere muß erwähnt werden, daß neben der Zahl auch die Art der Zwischenglieder großer Komplikationen fähig ist und nur ganz beispielsweise folgendes Aussehen annehmen kann:

VIII. A B C D A B C D A B C D usw.

Zyklische Serie aus mehr als zwei Teilstrecken, jede Teilstrecke konstant eingliedrig, d. h. beständig nur aus einer Komponente bestehend, Komponentenzahl bis zu jeder Wiederkehr ebenfalls konstant.

IX. A BCD A EFG A HIK A usw.

Zyklische Serie aus mehreren Teilstrecken, nur die eine zyklisch wiederkehrend, in Zahl und Art konstant eingliedrig; die anderen in der Zahl konstant, nämlich ebenfalls eingliedrig, in der Art verschieden; Menge der Komponenten bis zur Wiederkehr des zyklischen Elementes bleibt dieselbe.

X. A BC A DEFG A HIKLMN A OPR A STUVWX A usw.

Zyklische Serie aus mehreren Teilstrecken, die eine in Zahl und Art konstant, die anderen in Zahl und Art inkonstant, auch Zahl der zwischen die wiederkehrende Komponente eingeschobenen eingliedrigen Teilstrecken unbeständig.

Die Schemata I—VI lassen sich als Quantitätsvarianten, VII—X als Qualitätsvarianten zyklischer Serien zusammenfassen; auch im Zusammenhange qualitativer Verschiedenheiten zwischen den einzelnen Teilstrecken des Zyklus ließen sich ungeheuer viele weitere Variationen konstruieren, noch mehr, wenn Variationen der Qualität und Quantität miteinander kombiniert werden. Es ist anzunehmen, daß solche Kombinationen in der Natur verwirklicht sind; sie müssen aber hier durch Beobachtung und Experiment noch genauer verfolgt werden, was, beiläufig bemerkt, mehr als ein Forscherleben fruchtbar auszufüllen vermöchte. Bei rein schematischen Konstruktionen möchte ich mich nicht allzulange aufhalten und nur noch auf zweierlei wichtige Momente hinweisen.

In einer Serie vom Baue des Schemas Nr. X, vielleicht schon in einigen früheren, einfacheren Schemen wird uns, wenn wir sie an einem gegenständlichen Beispiel erleben, der zyklische Charakter nicht weiter' auffallen; wir werden sie als das empfinden, was wir zu Anfang vorliegenden Kapitels als „einfache Serie erster Ordnung" bezeichnet haben; erst genauere Analyse zeigt das zyklische Gepräge, und es ist sehr möglich, daß es andere Serien als zyklische, nur oft mit stark verschobener Menge und Beschaffenheit der dazwischenliegenden Ereignisse, gar nicht gibt. Immer wieder kommen wir darauf zurück, daß beim Versuch, die Serienformen zu systemisieren, Deckungen zustande kommen, so zwar, daß ein und derselbe Serialfall verschiedensten Typen angehört.

Das zweite Moment, worauf aufmerksam zu machen war, besteht darin, daß ebenso wie bei den „einfachen Serien" und ihren Abarten, so natürlich auch bei den zyklischen Serien ein Zusammenschluß zu Serienfolgen höherer Ordnung und Potenz anzunehmen wäre, von deren beobachtender und experimentierender Verfolgung ich mir ganz besonders wertvolle Aufschlüsse für unsere Gesamterkenntnis erwarte. In zyklischen Serien höherer Ordnung spielten die sie zusammensetzenden Einzelzyklen dieselbe Rolle wie bei den einfachen zyklischen Serien deren in Singulärkomponenten gegliederte Teilstrecken; und es ist klar, daß alle Mannigfaltigkeit, die vorhin hinsichtlich Zahl und Art dieser Komponenten und Teilstrecken bei einfachen Zyklen angeführt, aber in unserer Aufzählung bei weitem nicht erschöpft wurde, hinsichtlich des Gliederbaues zusammengesetzter Zyklen wiederkehren und die Komplexheit kumulieren muß. Aus dieser vorläufig nur spekulativen Erwägung ergibt sich der Ausblick, daß in einem Geschehen, das wir beim einfachen Miterleben als ein vollkommen regelloses empfinden, straffe seriale Ordnung herrschen mag; andererseits wird es noch einer gewissen Zeit bedürfen, ehe wir uns zutrauen dürfen, durch sorgsame Registrierung und Analyse des Geschehens jene Ordnung übersichtlich so herauszuarbeiten, daß wir dabei nicht der Gefahr künstlich willkürlichen Hineingeheimnissens erliegen. Denken wir aber die Häufung einfacher Zyklen zu solchen zweiter, dritter Potenz usw. jetzt nur abstrakt zu Ende, so stehen wir vor NIETZSCHEs, BAHNSENs, BLANQUIs und LE BONs „ewiger Wiederkehr des Gleichen" — der „Ekpyrosis" HERAKLITs und der Stoiker (s. bei STOBAEUS, Eclogae I, 304), der „Apokatastasis" der Kirchenväter — als einem Problem, das im Lichte unserer Ausführungen und schon heute vorliegender Erfahrungen über seriales Geschehen ein theoretisches Postulat geworden ist (vgl. auch MARBE, „Gleichförmigkeit", 8. Kap.). Ob darunter ewige Wiederkehr des Gesamtgeschehens zu verstehen sei oder — in Beachtung naheliegendster erkenntniskritischer Vorsicht — nur eine ewige Wiederkehr von Komponenten und Komponentenkomplexen, während der Gesamtzustand zu jeder Zeit immer ein etwas anderer sei, mindestens gleiche Komponenten in etwas anderer Kombination enthalte: dies ist eine Frage, die wir hier unter jedem Vorbehalt als eine unlösbare betrachten, und mit der wir uns daher nicht mehr näher beschäftigen wollen. Es ist ja nicht meine Absicht, mich in Spekulationen über „letzte Dinge" zu verlieren oder gar bestimmte Ansichten darüber zu bilden: die Andeutung „letzter Möglichkeiten" muß genügen und meist zurückstehen hinter dem Bestreben, neue Aussichten zur vollkommneren Beherrschung des uns umgebenden Alltags aufzuzeigen.

Bisher wollte ich den Ablauf der Zyklen unabhängig vom Parallellauf der Zeit vorgestellt haben. Es kommt nicht darauf an, ob die Erledigung der zyklischen Komponenten lang oder kurz, gleich lange oder verschieden lange braucht — der zyklische Charakter wird durch größte Mannigfaltigkeit der Dauer nicht gestört. Wohl aber wird er davon in seinem spezielleren Gepräge hochgradig beeinflußt. Es kann in der Natur der Komponenten liegen, daß sie alle ungefähr gleich lange dauern (etwa wie Atemzüge, die Drehung der Erde um sich selbst und um die Sonne), oder daß sie alle ganz verschieden lange dauern; dies sind die beiden Extreme, zwischen denen analog der Variabilität bezüglich Art und Zahl der Komponenten zahllose Mittelstellungen realisierbar sind. So kann sich der zeitliche Ablauf der Zyklusteilstrecken, entweder nur der einen oder einiger oder aller, in gleichförmigen oder ungleichförmigen Beschleunigungen bzw. Verzögerungen bewegen; oder die eine Teilstrecke in Beschleunigung, die andere in Verzögerung innerhalb desselben Zyklus. Häufig scheint es vorzukommen, daß eine zyklisch wiederkehrende Teilstrecke bei jedesmaligem Eintritt gleich lange dauert, während diesbezüglich den Zwischengliedern größere Freiheit gewahrt bleibt.

Gewinnen die Abläufe der Zyklen zeitliche Regelmäßigkeit, so entstehen zwei Unterarten der zyklischen Serie, die wegen der relativen Leichtigkeit, mit der sie zur Beobachtung gelangen, früher als andere entdeckt und insbesondere auch früher als sämtliche Serien wissenschaftlicher Analyse zugänglich wurden; beschränkt sich die Zeitkonstanz auf eines oder wenige Glieder, die von größerer Gliederzahl variabler Dauer geschieden sind, so haben wir die phasische Serie vor uns. Sie erweckt in uns oft den Eindruck, daß der Zyklus nur ein einzigesmal absolviert werde und isoliert dastehe. Zwar bei den Altersphasen, z. B. der Phase des menschlichen Zahnwechsels, der Geschlechtsreife, des Ergrauens, liegt die Erkenntnis auch ihrer Wiederholung noch innerhalb unseres Gesichtskreises; wir wissen, daß sie in jeder Generation wiederkehren, allein „nur einmal blüht des Lebens holder Mai" und ist durch lange Reihen mehr minder variabler Zwischenphasen vom Wiederaufblühen in Kinder- und Enkelgeneration getrennt. Ganz außerhalb unseres Erkenntniskreises liegt die Möglichkeit der Wiederholung bei vielen astronomischen Phasen. — Im folgenden Buchstabenschema einer Phase wird die Konstanz ihrer Dauer durch eine gleichlange Linie, mit der sie unterstrichen ist, angedeutet, wogegen die Zwischenphasen bezüglich ihrer Dauer nicht fixiert, also auch nicht unterstrichen sind:

I. A̲ BCDEFGHIKLMNOP A̲ BCDEFGHIKLMNOP
    A̲ BCDEFGHIKLMNOP usw.

Phasische Serie mit gleichvielen, auch in jeder Zwischenphase gleichartigen Zwischengliedern.

II. A̲ BCDEFGHIKLMNO A̲ PRSTUVWXYZabcdefgh
     A̲ ijklmnoprst A̲ usw.

Phasische Serie mit verschieden vielen, in jeder Zwischenphase auch verschieden gearteten Zwischengliedern.

Weitere Kombinationen phasischer Serien, z. B. mit zahlenmäßig konstanten, aber qualitätsmäßig abweichenden Zwischengliedern sowie mit teilweise wiederkehrenden, aber auch teilweise immer neu verschiedenen Zwischengliedern, möge sich der Leser selbst ausdenken.

Erstreckt sich hingegen die Zeitkonstanz auf alle Strecken des Zyklus, auf Phasen und Zwischenphasen, so ist eine periodische Serie entstanden. Ihren Gliedern, den einzelnen Komponenten, kann dabei immer noch eine gewisse Verschiedenheit der Dauer gewahrt bleiben, vorausgesetzt, daß sie sich wechselweise so ausgleichen, daß die Gesamtheit jeder Zyklenstrecke (Periode) als solche gleich lang gerät. Die Periode erscheint uns bei weitem als die häufigste und vertrauteste Form serialen Ablaufs, aber wohl nicht, weil sie wirklich am häufigsten vorkommt — die unregelmäßigen Serien dürften sie darin weitaus übertrumpfen —, sondern nur, weil sie sich uns am auffälligsten zu erkennen gibt und aus eben diesem Grunde auch am besten studiert ist. Deshalb sind im organischen und anorganischen Weltgeschehen die meisten, uns ganz geläufigen Serien periodischen Charakters; ich brauche als Beleg dafür wohl nur an Monatsregeln („Menses"), Blüte- und Brunftperioden, Haar- und Federnwechsel, Planetenbewegung und Mond-,,Phasen" (in unserer Terminologie richtiger ,,Mondperioden") zu erinnern. Wir kommen darauf in einem besonderen Kapitel (XI) ausführlicher zurück, namentlich was die empirische Periodenlehre anbelangt; hier bereiteten wir sie nur theoretisch vor und veranschaulichen sie jetzt noch durch Schemen, welche die Hauptformen der Perioden wiedergeben, nämlich:

I. AAA   BBB   AAA   BBB   usw.

Periodische Serie, deren zwei Teilstrecken alle, auch untereinander, gleiche Länge haben; gleichviele, innerhalb jeder Strecke gleichartige und jedesmal gleichartig wiederkehrende Komponenten besitzen.

II. AAA   BBBBB   AAA   BBBBB   AAA   usw.

Periodische Serie mit zwei Teilstrecken, jede für sich genommen gleich lang und aus gleichartigen Komponenten bestehend, von der anderen Teilstrecke aber an Länge (Dauer) und Komponentenart verschieden.

III. AAA   BCD   AAA   BCD   AAA   BCD   usw.

Periodische Serie mit zwei Teilstrecken, alle auch untereinander gleich lang, die eine Strecke aus verschiedenartigen Komponenten zusammengesetzt, die aber bei jedesmaliger Wiederholung in gleicher Art und Folge erscheinen.

IV. AAA   BCD   AAA   EFG   AAA   HIK   usw.

Periodische Serie mit zwei Teilstrecken, alle untereinander gleich lang; die eine Strecke aus verschiedenartigen Komponenten zusammengesetzt, die sich auch nicht wiederholen, sondern nach jedesmaligem Ausklingen der gleichartigen Periodenstrecke neuen Komponenten Platz machen.

V. AAA   BCDEFG   AAA   BHIKLC   AAA   DBLMNH AAA   usw.

Periodische Serie mit zwei für sich betrachtet gleichlangen, untereinander konstant verschieden langen Teilstrecken, die eine davon bei jedesmaliger Wiederkehr mit teilweise neuen Komponenten.

VI. <u>A-A</u>   <u>B-BB</u>   <u>A--</u>   <u>B--B</u>   <u>AAA</u>   <u>BB-B</u>   <u>AA-</u>
<u>BBB-</u>   usw.

Periodische Serie mit zwei gleichlangen, unter sich gleichartigen, auch in bezug
auf ihre Komponentenbeschaffenheit gleichartig wiederkehrenden Teilstrecken; die
Komponenten besitzen aber ungleiche Dauer und bewirken nur durch gegenseitigen
Ausgleich die gleiche Dauer der von ihnen gebildeten Periodenstrecken. Die verschiedene Dauer der einzelnen Komponenten ist durch verschiedene Spatien zwischen
den Buchstaben angedeutet. Bei zu langer, nämlich doppelter Dauer der einen kann
eine andere Komponente derselben Teilstrecke ganz unterdrückt werden.

VII. <u>AAA</u>   <u>BBB</u>   <u>CCC</u>   <u>AAA</u>   <u>BBB</u>   <u>CCC</u>   usw.

Periodische Serie aus drei Teilstrecken, alle auch untereinander gleich lange
dauernd, mit gleichlangen, je gleichartigen und gleichartig wiederkehrenden Komponenten usw. usw.

VIII. <u>A</u>   <u>BCDDCB</u>   <u>A</u>   <u>BCDDCB</u>   <u>A</u>   usw.

Periodische Serie aus zwei Teilstrecken: die Komponenten der längeren Teilstrecke wiederholen sich in verkehrter Folge, ehe sie durch Rückkehr in die kürzere
Teilstrecke den Zyklus beschließen. Dieselbe Form der Wiederkehr könnte natürlich
auch von einer phasischen und von einer zeitlich unabhängigen Wechselserie angenommen werden.

Das gegenwärtige Kapitel dürfen wir jetzt beschließen mit einer
Zusammenstellung, gewissermaßen einem systematischen Bestimmungs-
schlüssel derjenigen Serienarten, die wir unterschieden haben. Ich bin
mir voll bewußt, damit nur einen schüchternen Versuch zur Klassifi-
kation der Serien getan zu haben. Und von einer regelrechten Systemisierung kann noch kaum die Rede sein; der Ausbau eines vollständigen
Seriensystems erfordert gründlichere Empirie, als sie uns gegenwärtig
zu Gebote steht, und muß einer wohl nicht allzu nahen Zukunft überlassen bleiben.

I. A. Zwei- oder mehrmalige Wiederholung gleicher, ähnlicher
Dinge und Ereignisse *Einfache Serie, Serie erster Ordnung.*

B. Verknüpfung von zwei oder mehreren einfachen Serien, indem jedesmal eines ihrer Merkmale (Querkomponente) daraus
in die anschließende Serie übernommen und dort wiederholt
wird . . . . . . *Serienfolgen, Serie höherer Ordnung.*

C. Gesamtheit der aus gemeinsamer Ausgangsserie durch Kom-
ponentenübergang hervorgehenden Serien erster Ordnung
Serienpotenz, Serie höheren Grades.

II. A. Diese Wiederholung und Verknüpfung erfolgt im Nebeneinander . . . . *Räumliche* oder *Simultanserie.*

B. Wiederholung und Verknüpfung erfolgen im Nacheinander
Zeitliche oder *Sukzedanserie.*

III. A. Zeitserie, von einer gegebenen Ausgangsserie abzweigend und
durch gemeinsame Zwischenkomponenten mit ihr verknüpft
Anhangsserie.

B. Raumserie, von gegebener Ausgangsserie abzweigend und durch gemeinsame Zwischenkomponenten mit ihr verbunden *Nebenserie.*

IV. A. Nur Kennzeichen einer einzigen der vor- und der nachbenannten Serienarten nachweisbar *Reine* oder *Sortenserie.*

B. Kennzeichen von mehr als einer der vor- und nachbenannten Serienarten nachweisbar . . *Hybride* oder *Mischlingsserie.*

V. A. In den serialen Dingen oder Ereignissen nur ein sich wiederholendes Element (gemeinsames Merkmal der Wiederholungen) zugegen . . . . *Einreihige Serie.*

B. Zwei oder mehrere gemeinsame Merkmale (Querkomponenten der Serie) in den Wiederholungen zum Vorschein kommend *Mehrreihige Serie.*

a) Alle Querkomponenten bleiben gleichlaufend beisammen *Parallelserie.*

b) Querkomponenten verästeln sich . *Polytomische Serie.*

aa) Die Verästelung geschieht aus einem ursprünglich geschlossenen Serienstamm (Parallelserie geht in die polytomische Serie über) . . . *Divergierende Serie.*

bb) Die Äste vereinigen sich in einen nachträglich geschlossenen Serienstamm (Polytomische Serie geht in eine Parallelserie über) . . . *Konvergierende Serie.*

C. Zwei oder mehrere selbständige Serien treten in Querverbindung und verlaufen fortan gemeinschaftlich *Korrelationsserie.*

VI. A. Längskomponenten sind kongruent oder ähnlich, gleichgerichtet, Symmetrieachse fällt mit der Achse des serialen Verlaufes zusammen . . . . *Segmentale* oder *Metamerieserie.*

B. Längskomponenten sind spiegelbildlich gleich, Symmetrieachse steht auf der serialen Achse senkrecht *Bilaterale* oder *Symmetrieserie.*

VII. A. Serienverlauf durch Reichtum an Dingen und Ereignissen ausgezeichnet, von stürmischen energetischen Vorgängen erfüllt . . . . *Bewegungsserie.*

B. Serienverlauf führt durch verhältnismäßig leeren Raum, ereignisarme Zeit, alle Komponenten in entropischem Zustande . . . . *Ruheserie.*

VIII. A. Die Häufungen wirken nur durch Masse ihrer Komponenten serial . . . . *Quantitäts-* oder *Mengenserie.*

B. Die Wiederholungen wirken durch Beschaffenheit ihrer Komponenten serial . . . . . . *Qualitäts-* oder *Artserie.*

IX. A. Seriale Längskomponenten (Singulärglieder der Serie) von qualitativ, zuweilen auch quantitativ übereinstimmender Beschaffenheit . . . . . . *Gleichheits-* oder *Identitätsserie.*

B. Komponenten nur von annähernd gleicher Qualität, mindestens mit Abstufungen der Quantität

Ähnlichkeits- oder *Affinitätsserie.*

X. A. Nur qualitativ oder auch quantitativ übereinstimmende Komponenten gehören durchweg derselben Betrachtungswelt an, stehen entweder als objektive Körper (Naturgegenstände) oder als subjektivierte Kunstwerke, beides in Gestalt von Originalempfindungen, oder sämtlich in Gestalt von Erinnerungsempfindungen vor uns . . *Homologieserie.*

B. Die dann selbstredend höchstens qualitativ ähnlichen Komponenten verhalten sich zueinander wie Originalerlebnis und Erinnerung, Modell und Kopie, natürliche Vorlage und künstliche Nachbildung . . . . *Analogieserie.*

XI. A. Die Komponenten verlaufen (erstrecken sich) in gleiche Richtung der Zeit und des Raumes

Reihen- oder *direkte Serie.*

B. Die Komponenten bewegen (erstrecken) sich in verschiedene Richtungen . . . . . *Kreuzungs-* oder *inverse Serie.*

XII. Die serialen Komponenten verhalten sich wie Negativ und Positiv, Form und Ausguß — die „entgegengesetzte Gleichheit" ist es, die sie zur Serie verbindet

Gegensätzliche oder *Kontrastserie.*

XIII. Beliebig verschiedene Komponenten (Dinge, Ereignisse), für sich bei je einmaliger Wiederkehr noch keine Serie formend, wiederholen sich in gleicher Aufeinander- oder Beieinanderfolge zwei- oder mehrmals . . . . *Alternierende* oder *Wechselserie* (s. l.).

1. Nur zwei solche Komponenten befinden sich in Alternation

Alternierende Serie s. str.

2. Mehr als zwei Komponenten, die sich insgesamt und in mannigfachster Kombination von Gleich und Ungleich in Zahl, Art und Folge zu alternierenden Teilstrecken (Zyklen) zusammenschließen, wechseln miteinander ab

Zyklische oder *Kreislaufserie* (s. l.).

a) Komponenten und Teilstrecken (freier Turnus, Zyklen s. str.) unabhängig von der Zeit, d. h. ihre Dauer an keinerlei Regelmäßigkeit geknüpft

Zyklische Serie s. str.

b) Mindestens die eine Teilstrecke (gebundener Turnus, Phase) abhängig von der Zeit, ihre Dauer konstant
Phasische Serie.

c) Alle Teilstrecken (Perioden) von regelmäßiger Dauer, wenn auch notwendigerweise nur homologe Strecken untereinander darin übereinstimmend . . *Periodische Serie.*

IV. Herkunft der Serien

... Sucht das vertraute Gesetz in des Zufalls
grausenden Wundern,
Sucht den ruhenden Pol in der Erscheinungen
Flucht.

SCHILLER, „Der Spaziergang".

Bisher rechneten wir mit dem faktischen Ablaufen serialer Wieder-holungen, ohne uns um deren „Warum" zu bekümmern. Daß in benachbarten Raumbezirken und Zeitabschnitten Gleiches oder Ähnliches wiederkehrt, haben wir einfach als Tatsache aufgefunden und hingenommen, die jeden „Zufall" ausschließt oder, vielleicht noch deutlicher, den Zufall derart zur Regel macht, daß sein Begriff auf-gehoben erscheint.

Nur in einer negativen Weise haben wir das „Warum" der Wiederholungen bereits berücksichtigt, haben Serialität und Kausa-lität einander gegenübergestellt: laut unserer Definition (S. 36) be-zeichneten wir nur diejenigen Wiederholungen als serial, die „nicht durch dieselbe, gemeinsam fortwirkende Ursache verknüpft" sind. Wir besprechen in vorliegendem Kapitel Möglichkeiten, die sich bieten, um scheinbar ursachenlos und trotzdem auch zufallslos verbundene Wiederkehr des Gleichen zu erklären. Zuallernächst sehen wir uns vor die Aufgabe gestellt, die in der Definition enthaltene, aus empiri-schen Beispielen geschöpfte Annahme jener scheinbar nicht ursäch-lichen und sicher nicht direkt ursächlichen Verknüpfung der Serien-glieder zu begründen.

Denn darüber kann kein Zweifel sein: der modern erzogene und insbesondere der naturwissenschaftlich (im jetzt geltenden Sinne) denkende Mensch wird sich, wofern er „seriales Geschehen" überhaupt beobachtet und dessen Wiederholungskomponenten als zusammen-gehörig anerkennt, keine andere Zusammengehörigkeit vorstellen als die unmittelbar kausale. Immer nur die von uns definitionsgemäß ausgeschlossene, gemeinsame Ursache wird er vermuten oder sehen wollen, die sich räumlich ausgebreitet über die ganze Region einer Simultanserie, zeitlich ausgedehnt über die ganze Epoche einer Sukzedanserie erstreckt. Wenn der Wind bläst und uns den Hut vom Kopfe reißt — an der nächsten Straßenecke geschieht uns dasselbe: was kann größer sein als die Gewißheit, daß das ununterbrochene oder stoßweise Wehen des Windes beide Male für das Verlieren des Hutes direkt maßgebend war; was kann näher liegen als die Wahrscheinlich-keit, daß der nämliche Windstoß, der uns soeben den Hut entführte, im selben Augenblick mehreren Fußgängern derselben Straßenzüge den gleichen Schabernack spielen wird?

Indes: oft herrscht windiges Wetter, und wir behalten den Hut die ganze Zeit auf dem Kopfe. Es muß also doch etwas hinzukommen, was den Abhub der Kopfbedeckung veranlaßt, und insbesondere, was ihren wiederholten Abwurf veranlaßt. Mindestens ist der Sachverhalt, wenn ich den Wind als fortwirkende Ursache dafür verantwortlich mache, wenn schon zutreffend, so doch nicht erschöpfend beschrieben. Man wird dazu neigen, die Beschreibung dadurch zu komplettieren, daß man die Ungeschicklichkeit des Hutbesitzers, vielleicht am kritischen Tage besonders groß oder dergleichen, heranzieht und nun den windigen Tag als äußere Ursache mit der konstitutiven Verfassung des Hutträgers als inneren Ursache „zufällig" zusammenwirken läßt. Oder man wird meinen, jede Wiederholung des Ereignisses inmitten der fortbestehenden Ursache — vielleicht sogar ohne solche — durch je einen besonderen Anlaß erklären zu dürfen: der Hut wird mehrmal vom Kopfe geweht, weil der Wind in Stößen kommt, so daß wir uns beim ersten Mißgeschick nicht vorsehen konnten; oder der Hut wird zum erstenmal vom Windstoß, zum zweitenmal durch Zusammenstoß mit einem eiligen Passanten, zum drittenmal durch hastiges Grüßen zu Boden geschleudert, da wir zum Überfluß gerade viele Päckchen trugen. Aber mit den Sonderursachen für jede Wiederholung hat sich ja unversehens der liebe „Zufall" neuerdings eingeschlichen. Die Wiederkehr ist durch jedesmaligen Separatanlaß in der Tat ausreichend erklärt; nicht doch, warum allemal so viel Sonderanlässe ins Treffen kommen, das Geschehen „zufällig" zur Wiederholung zu bringen.

Weil nun aber mit der Ansehung eines Zusammentreffens als „Zufall" gar nichts erklärt, im Gegenteile das Zusammentreffen außerhalb des Bereiches der Erklärlichkeit gerückt ist; da wir ferner einsehen lernen, daß Zufälligkeit bei serialen Ereignissen wegen ihrer viel zu großen Häufigkeit, ja Regel-, Gesetz- und, wie wir noch hören werden, Vorherberechenbarkeit (Kap. XIV) ausgeschlossen ist, so läßt uns der Versuch einer rein und unmittelbar kausalen Erklärung so klug wie zuvor. Es bleibt vorerst kein anderer Ausweg als die „gemeinsame, räumlich und zeitlich fortwirkende Ursache" als Kausalität der Serialität abzulehnen.

Für die meisten, wissenschaftlich und besonders rechnerisch denkenden Köpfe wird die nächstliegende Erklärung dann in der Erwägung bestehen: die Mannigfaltigkeit der Welt sei eben nicht so groß, daß fortwährende Wiederholungen aller möglichen Dinge und Geschehnisse vermieden werden könnten. Nicht, daß sie sich wiederholen, sei wunderbar; sondern wunderbar wäre es, wenn sie sich nicht wiederholten. Und nicht die Eintönigkeit der Welt sei das Erstaunliche, sondern ihre verhältnismäßige Buntheit. „Warum sollte es sich nicht wiederholen?" lautet der banalste Einwand des Skeptikers, den ich durch Mitteilung irgend-eines auffälligen serialen Erlebnisses, das über die Zumutung, ein Zufall zu sein, von vorneweg erhaben schien, vom Erklärungsbedürftigen solcher Tatbestände zu überzeugen suchte. „Warum soll dies und das nicht auch zweimal, mehrmal vorkommen?" Das ist die Logik der Frau, die mir, wenn ich sie frage, warum sie lache, zur Antwort gibt: „Warum soll ich nicht lachen?" Wer so spricht, hat noch nicht die Stufe des „philosophischen Staunens" (PLATON [Theaetet 155 D], ARISTOTELES) erklommen, des Staunens über das Selbstverständ-liche — besser über das, was träger Alltag zum Selbstverständlichen werden ließ, bis man mit einem Male dessen inne wird, wie wenig es einem selbst und anderen verständlich ist!

„Warum aber," so muß unsere Gegenfrage lauten, „kommt das und jenes immer — oder, ich will vorsichtig sein, in der Regel — zwei-mal, mehrmal, vielmal vor? Und so bald nacheinander! Oder so eng nebeneinander!?" Hier wird sich der banale Skeptiker aufs Leugnen verlegen, der Wissenschaftler aber gern an folgendes erinnern. Wo immer analytische Untersuchung einsetzt, führt sie auf große Ein-fachheit und Einförmigkeit der Grundtatsachen: auf wenige Grundstoffe anorganischer, wenige Elementareigenschaften organischer Beschaffenheit, die alles zusammensetzen, was es an Mineralstoffen und Individualcharakteren gibt. Was als Art verschieden erschien, erweist sich als verschieden nur im Grad: so die Farbe bloß als Lichtstrahl von abgestufter Wellenlänge. Der Rest des Vielfältigen ist Entwick-lungszustand, der sich in viele andere, hiervon für grundsätzlich ver-schieden gehaltene Zustände umschaltet: wie Raupe und Falter an Verschiedenheit nichts zu wünschen übrig lassen, jene dennoch in diesen sich verwandelt; und bedürfte die Metamorphose Jahrmillionen zu ihrer Vollendung, sie geschieht und verbindet die Kleinigkeit aller Tier- und Pflanzenstämme zur Einheit.

Die monistische Weltanschauung beruht ja auf solchen Über-legungen; und MARBEs Lehre von der „Gleichförmigkeit in der Welt" fußt auf ihnen. Die Beurteilung der Einheitlichkeit geht in-dessen selten ohne Einseitigkeit ab: der Monismus bedarf zu seiner Ergänzung des Universalismus (KAMMERER, „Einheit und All-heit"); und MARBE kalkuliert so. Ein forstlich angelegter Nadelwald bietet das Bild großer Gleichförmigkeit; alle Pflanzen sogar und anderer-seits alle Tiere haben etwas Gemeinsames. Schon fürs Laienauge ist das zutreffend; unter dem geschärften Auge des zoologischen oder botanischen Systematikers vermehrt sich die Zahl gemeinsamer Merk-male zusehends. So verschiedene Gewächse wie Erdbeere und Rose, so verschiedene Geschöpfe wie Seehund und Löwe werden dann auf Grund anatomischer Übereinstimmung in dieselben Gruppen vereinigt. MARBE erwähnt aber nichts davon, daß der Anatom, Systematiker, überhaupt jeder Fachmann auch umgekehrt in Dingen, die dem Laien gleich vorkommen, viele subtile Unterschiede aufzuspüren vermag. Wie einförmig erschienen mir die Tempel und Gräber Ägyptens; der Archäologe wird ein derartiges Urteil blasphemisch oder blind finden! Eben weil ein und dasselbe Ding, obzwar dabei im Wesen dasselbe bleibend, so wandelbar ist, daß es alle erdenklichen Entwicklungs- und Gradstufen annehmen kann, fällt die Mannigfaltigkeit in der Welt so groß aus; und weil die Zahl möglicher Kombinationen schon aus wenigen Elementen Legion ist, bedarf die Welt nur so weniger Elemente, um in unerschöpflicher Buntheit zu schillern. Die Welt ist demnach gleichförmig und vielförmig zugleich: einförmig in ihren Grundzügen, mannigfach in ihren Erscheinungsformen.

Wenn also diese milliarden- und billionenfältigen besonderen Erscheinungsformen zu lokalen und temporalen Häufungen, Klebungen, Wiederholungen neigen — wenn Spreu sich vom Weizen sondert, am liebsten Gleich und Gleich sich gesellt: so bedarf die Tatsache einer Erklärung, die Zufall und allgemein einhellige Beschaffenheit des Weltgebäudes nicht zu bieten vermögen.

Hörten wir statt der Ansicht eines neuzeitlich auf dem Boden naturwissenschaftlicher Aufklärung geschulten Menschen diejenige eines Mystikers oder Theosophen, so sähe er im anscheinend ursachenlosen Beisammensein und Zusammenverlauf des Gleichartigen vielleicht das ordnende Prinzip einer höheren Weltintelligenz — eine gottgewollte Ordnung, die gleichartige Dinge gewissermaßen in gleiche Fächer legt wie der Kaufmann seine Waren, damit er sie rasch zur Hand habe. Unaufhörlich ist dies Ordnungmachen, eine wahre Sisyphusarbeit, weil die Dinge beim Betrieb der Welt immer wieder in Unordnung geraten. Ich erwähne diese Erklärungsmöglichkeit, die vielen unserer Zeitgenossen näher liegt als wir denken, der Vollständigkeit halber — natürlich aber nur, um nicht wieder darauf zurückzukommen. Nicht in dogmatischer Ablehnung schließe ich sie aus, sondern weil ich auch in ihr keine Erklärung, sondern nur eine Tautologie zu finden und zu verstehen möchte; sind Gott und Welt ein und dasselbe, so bedeutet das Ordnungmachen des Weltgeistes nichts anderes als eine definitio per idem: Gleiches wiederholt sich, weil Gleiches wiederholt wird.

In Form der „Apokatastase" hat sich in der Tat die christliche Theologie mehrfach zur Wiederherstellung der Welt in den ursprünglichen Zustand bekannt und damit zu HERAKLITs, STOBAEUS',

NIETZSCHEs, BAHNSENs, BLANQUIs, LE BONs u. a. „Ewiger Wiederkunft des Gleichen" Verwandtschaft gewonnen. Freilich verstehen die Urheber jener Lehre, Kirchenväter des Altertums (ORIGENES, MINUCIUS FELIX, GREGOR von Nyssa, DIDYMUS von Alexandria, DIODOR von Tarsus, THEODOR von Mopsuestia), pantheistische Mystiker des Mittelalters und protestantische Orthodoxe der Neuzeit, darunter die Rückkehr in paradiesischen Zustand, weil ewige Unseligkeit von Gott erschaffener Wesen sich mit Gottes Allgüte nicht vertrage; Bekehrung aller Kreaturen, einschließlich des Teufels und seines Anhangs, ist damit verbunden. In Bibelstellen wie Matth. 19, 28; Apostelgesch. 3, 21; 2. Petr. 3, 7—13 finden sich Anhaltspunkte für diese Auffassung, der auch SCHLEIERMACHER beitrat und deren sich K. J. NITZSCH besonders annahm.

Derjenige Forscher, der sich am ehesten zum Zugeständnisse herbeilassen wird, daß die Serialität einer besonderen Erklärung bedürfe, ist der Psychologe; er wird aber diese Erklärung ausschließlich in der Beschaffenheit unseres Inneren, unseres Seelen- und Geisteslebens suchen, und zwar auf assoziativem Gebiete. Zwar bietet sich auch hier eine Erklärung, die keine ist — ein Ausweg, ihr aus dem Wege zu gehen: nimmt man die mathematisch (CZUBER, MARBE) beweisbare Tatsache, daß Punkte im gegebenen Raume sich stellenweise häufen müssen (vgl. Kap. VIII), zur Grundlage, so erscheint es nur zu begreiflich, daß die Häufungen uns besonders auffallen müssen, wenn uns unser Erleben gerade durch eine derartige Stelle hindurchführt. Wir finden die zuzeiten mit mathematischer Notwendigkeit eintretende Wiederholung von „Punkten" (Erlebnissen) seltsam und merkwürdig, wo uns das einmalige Vorkommnis nicht im geringsten berührt hätte. Daraus folge aber ebensowenig die Notwendigkeit, das Wiederholungsprinzip als allgemeine Gesetzmäßigkeit oder doch vorherrschende Regelmäßigkeit aufzusuchen, als aus dem Eindringlichwerden greller Farben und schriller Töne deren universelles Vorhandensein zu erschließen sei.

Schon wesentlich tiefer führt folgende psychologische Erklärung, obwohl auch sie im Grunde noch um die Statuierung eines besonderen Serialprinzips herumkommt. In Parenthese muß ich hier bemerken, daß die Erklärungen und Einwände, die ich hier vorbringe, insofern fiktiv sind, als sie bisher niemand öffentlich aussprach: die Serienlehre ist ja noch nie wissenschaftlich formuliert worden. Meine Argumentierung ist zum Teil reine Selbstkonstruktion, die es unternimmt, die vermutlich nach dem Erscheinen dieser Schrift zuerst auftauchenden Ansichten vorwegzunehmen; zum andern Teil kam sie zu meiner Kenntnis, wenn Freunde und Kollegen, denen ich manche meiner

Gedankengänge andeutete, in der dargelegten Weise darauf erwiderten. Auch darin sind wohl symptomatische Anzeichen der späteren öffentlichen Diskussion zu erblicken. — Um nun auf die Erklärung selbst zu kommen, so ist es eine jedermann geläufige Traumgewohnheit, alle möglichen geträumten Erlebnisse zu verknüpfen, die miteinander gar nichts zu tun haben, von denen wir im Wachen auch empfinden und urteilen würden, daß sie nicht das geringste miteinander zu tun haben. Der ununterbrochene Verlauf eines Traumes, der uns, als wir ihn träumten, vernünftig zusammenhängend schien, bekommt in der wachen Erinnerung etwas Sprunghaftes. Je weniger lebhaft der Traum ist, je dämmeriger der Bewußtseinszustand, den er begleitet, desto größere Sprünge erlaubt er sich. In dieser verschiedenen Lebhaftigkeit der Träume offenbaren sich verschiedene Bewußtseinszustände, die nach dem Grade ihres „Wacheseins" abgestuft sind. Vom verschwommensten Traum noch eine Stufe tiefer: und unser Schlaf ist traumlos, unser Lebenszustand bewußtlos. Vom lebhaftesten Traum, in den ja das reelle Geschehen — den Gegenstand des Traumes beeinflussend — bestimmend eingreift, noch eine Stufe höher: und unser Schlaf hört auf, unser Lebenszustand wird wachbewußt. Beim Urmenschen, Wilden, Ungebildeten, Kind ist dieser Wachzustand ein anderer, nämlich unklarer, traumhafterer, als beim gegenwärtigen, zivilisierten, geschulten, erwachsenen Menschen; mannigfachste Abstufungen folgen noch dem Intelligenzgrad und Wohlbefinden.

Kind und Wilder assoziieren viele Dinge und empfinden daher ihre Aufeinanderfolge als Wiederholung von Ähnlichkeiten, die der reife und Kulturmensch als durchaus verschieden wahrnimmt und nicht miteinander zu verknüpfen versteht; er wird die Gedankenverbindungen des unkultivierten und unreifen Menschen als Phantastereien oder sinnlose Träumereien bezeichnen. — Gibt es nun vom aufgewecktesten Geisteszustand des gesunden, gebildeten, neuzeitlichen Normalmenschen aufwärts gar keinen höheren Wachzustand mehr, der mit abermaliger Revision des Assoziierbaren einhergeht? Talent und Genie zeigen uns eine Fähigkeit zur trennenden Analyse, die das Gleich- und Ähnlichempfinden von Dingen, welche vom geistigen Durchschnitt ohne weiteres in eine Reihe gebracht werden, nicht mehr zuläßt; Talent und Genie offenbaren allerdings auch die Fähigkeit zu einer jener Analyse auf dem Fuße folgenden Synthese, gewissermaßen einen reduzierenden Rücklauf des Differenzierungsprozesses, der Brücken schlägt zwischen Dingen, die der Alltagsmensch nie zusammenbringt.

Es ist anzunehmen, daß die Stufenentwicklung des Wachbewußtseins auch bei den genialsten Begabungen, die die Menschheit bisnun hervorgebracht hat, nicht Halt zu machen braucht; es sind höhere Grade hiervon denk- und erwartbar, deren Hellsehen alles, was uns als Gleichmaß und in seinem Rhythmus als Wiederkehr erscheint, in wohlverschiedene Elemente zerlegt. Gleichwie wir wachend erkennen, daß wir im Traume irren, wenn wir den Fortgang des Traumgeschehens als Kontinuität hinnehmen; so mag der in hellseherisch höherem Sinne Wache unser Erleben als weit zurückliegenden, tief versunkenen Traum empfinden, unser Gleichheits- und Ähnlichkeitsempfinden durch Unterschiedsempfinden ersetzen, unser Wiedererkennen als Irrtum brandmarken. Unsere Assoziationen wären nur Scheinassoziationen, seriales Geschehen eine subjektive Vorspiegelung, dem in der objektiven Welt nur das regellose Spiel von lauter ungleichen Elementen entspricht.

Die psychologische Erklärung führt so zur Negierung der Serialität. Ein anderer Forscher, der uns zugestehen wird, daß die serialen Vorkommnisse einer Deutung bedürftig sind, ist der Physiologe. Daß auch er dazu neigt, die Wiederholungen als rein organische Reproduktionen, als ein Spiel der Lebensvorgänge und ihrer Empfindung hinzustellen und einer ungeordneten, d. h. aserialen Außenwelt gegenüberzustellen, zeigt sich einmal an SEMONs und seiner Vorgänger „Mneme"-Theorie, die in umfassendster und widerspruchsloser Weise alle Rekapitulationsprozesse der Lebewesen — Entwicklung, Übung, Ermüdung, Anpassung, Vererbung — auf die gleichen Gesetzmäßigkeiten zurückführt, wie sie auch die Abläufe des geistigen Gedächtnisses beherrschen (Kap. XII); dann zeigt es sich an den bisherigen Periodentheorien, welche die Periodizität als Eigentümlichkeit des vitalen Geschehens behandeln und vom physikalischen Geschehen sogar als unabhängig erklären (FLIESS). SWOBODA sucht zwar (1904) nach kosmischen Determinanten der inneren Periodizität (Planetenumläufe, Mondphasen), bezeichnet sich aber selbst als wenig glücklich im Finden; unbeschadet dessen erkennt SWOBODA den funktionellen Zusammenhang zwischen Außen- und Innenwelt an; er gesteht die Möglichkeit der Neuschaffung von Perioden durch äußere Erlebnisse zu, während FLIESS und seine Schule (SCHLIEPER) alles angeboren und vorherbestimmt sein läßt.

Damit ist noch in keiner Weise etwas darüber ausgesagt, ob die genannten Schriftsteller, die „Mnemiker" und die „Periodiker", das Lebensgeschehen im ganzen als eigengesetzlich dem leblosen Geschehen der Welt gegenüberstellen; SEMON hat sogar oft betont (1911), daß er im Gegenteile von der Gemeingesetzlichkeit, Einheit beider Welten durchdrungen sei; auch FLIESS und SCHLIEPER stellen sich mit ihrer ausdrücklichen Ablehnung jedweder Zwecktätigkeit (z. B. SCHLIE-PER, S. 115, 147) entschieden auf den Boden des Mechanismus — wogegen SWOBODA offensichtlich Vitalist ist. Doch kommt es auf diese Stellungnahme der „Mnemiker" und „Periodiker", die ich nur, um Mißdeutungen zu vermeiden, kennzeichnen mußte, im Augenblicke nicht so sehr an als darauf, daß die Darlegungen aller zuletzt erwähnten Autoren recht eigentlich physiologische Erklärungen sind, die das Getriebe und die Antriebe der Wiederholungen suchen, soweit sie in der lebendigen Natur enthalten sind, und sich mit den ihnen hier zuteil werdenden Funden begnügen. Am ehesten und emsigsten noch sucht SEMON nach äußeren Bedingtheiten der organischen Wiederholungen; eine rein physiologische Erklärung ist es aber, wenn SEMON (1909) etwa die Nichtumkehrbarkeit der aufeinanderfolgenden Erinnerungsbilder („Engrammsukzessionen"), z. B. beim Aufsagen eines Gedichtes, auf die einsinnig gerichtete, ungleichwertige Polarität körperlicher Grundfunktionen, wie der Atemzüge und Pulsschläge zurückführt; diese bilden einen ständig dahinfließenden Grundstrom von Eindrücken („Engrammen"), der alle darauf gemusterten, andersartigen und insbesondere auch von außen stammenden Eindrücke in gleicher, unwandelbarer Richtung mit fortreißt.

Wir können mit der Synthese physiologischer Befunde zur Erklärung der Gesamtserialität kein Auslangen finden, denn unsere Aufgabe ist eine wesentlich andere: sie besteht nicht bloß darin, die biogenen Rekapitulationen mit den kosmogenen in Zusammenhang zu bringen — hier stützen wir uns auf die fundamentalen, ebenso grundlegenden als gründlichen Vorarbeiten von SEMON u. a. (Kap. XII); sondern noch mehr besteht unser Ziel darin, beiderlei Rekapitulationen als das Wirken eines gemeinsamen, in den lebenden wie den toten Naturreichen herrschenden serialen Hauptprinzips kenntlich zu machen.

Und jetzt erst müssen wir allerdings Farbe bekennen, ob wir an die Lösung dieses Problemes mit Methoden gehen wollen, die in der Biologie dem Vitalismus, in der Philosophie dem Dualismus eignen; oder ob die Arbeitsweise der mechanistisch-energetischen Anschauungen unseres Erachtens hierfür die geeignetere sein wird. Einer der wichtigsten Unterschiede jener von dieser ist es, daß letztere mit dem Walten der Werkursachen (Causae efficientes) zur Erklärung des Alls auslangen will, während erstere daneben noch Zweckursachen (Causae finales) annehmen zu müssen glaubt; die dualistische Natur- und Weltanschauung arbeitet und denkt also mit einem Doppelprinzip: dem der Kausalität, die der mechanistischen, materialistischen und monistischen Weltanschauung als alleinherrschend gilt und worin sie die Konditionalität oder Lehre von den Bedingungen oder „Ursachen-bündeln" mit einschließt, und dem der Finalität. , Ersteres ist vor-wiegend die Domäne der Körper-, letztere namentlich Tummelplatz der Geisterwelt; alles, was einer Erklärung durch Kausalität (Zwangs-tätigkeit) jeweiligem Wissensstande gemäß unzugänglich erscheint, werde durch Eingreifen der Finalität (Zwecktätigkeit) erklärt.

Wie schon an früherer Stelle (Biologie S. 7, wo es mir aber nichts genützt hat, siehe Kritik von M. BRUNNER u. a.), so möchte ich mich auch hier dagegen verwahren, als entscheide ich mich zugunsten sei es der vitalistischen, sei es der mechanistischen Lebensanschauung; sei es der dualistischen oder der monistischen Weltanschauung. Eine solche Entscheidung, und sei es auch nur rein subjektiv für meine Person und mein persönliches Erkenntnisgewissen, möchte ich im vor-liegenden Buche schon deshalb nicht treffen, um keinen von beiden Standpunkten, deren einer dann gegnerisch geworden wäre, vom Studium des Buches abzuschrecken: ich lege Wert darauf, daß Ver-treter beider Richtungen vorurteilslos je das ihrige daraus entnehmen, und bin äußerst gespannt auf die Art, wie sie es verwerten werden. In der Tat ist ja weder dieser noch jener Standpunkt direkt beweis-und ebensowenig widerlegbar; es wird Ansichtssache bleiben, ob man für die dualistische oder monistische Schule eintritt. Nicht für die eine oder andere Anschauung habe ich mich zu entscheiden, sondern für die eine oder andere Methode der Forschung.

Und da muß ich allerdings bekennen, daß dualistische Arbeits-weise häufig der Versuchung erliegt, die Lücken unserer Erkenntnis mit Worten statt mit Fakten auszufüllen: das Unbegriffene und (nach mancher Ansicht für immer) Unbegreifliche durch Einsetzung von Begriffen erklärt zu wähnen. Wer überall dort, wo er im Geschehen auf Unbekanntes und (zunächst scheinbar) Unerforschliches stößt, das Walten übermechanischer und überirdischer Kräfte sieht, der glaubt schließlich, diese geheimnisvollen Kräfte selbst entdeckt und mit ihrer Hilfe alles ergründet zu haben, während er in Wahrheit nichts erreichte, als einen Zusammenschluß aller Kenntnis- und Verstandes-lücken zu einer einzigen, großen Terra incognita! Begnügen wir uns hingegen mit den unserer Handhabung zugänglichen, greifbaren Natur-kräften, so sehen wir die weiße, leere, unbekannte Fläche immer mehr zusammenschrumpfen; manch kleinere, isolierte Lücke schließt sich, statt in unerwünschter Weise mit dem mystischen Ganzen zu ver-fließen. In immer schärferen Umrissen, in immer grellerem Lichte erstrahlt dann der Rest dessen, was unserem Forschen und Denken noch verschlossen blieb. Allmählich mehren sich die Mittel, die sicher in unserer Hand ruhen; je genügsamer wir anfangs mit den wenigen haushalten, desto reicher und rascher erblühen aus ihnen die neuen: neue Methoden, neue Apparate, die Grenzen sinnlichen Erkennens ins Ungemessene erweiternd; ja erhöhte Sensibilität der Sinne selbst und — wer weiß — neue Sinnesfähigkeiten werden unser Lohn. Ist es das Kennzeichen fruchtbarer wissenschaftlicher Tätigkeit, in den Gleichungen des Weltgeschehens für deren zahlreiche Unbekannte x, y, z usw. allmählich bekannte Werte einzusetzen, bis nur noch das eine große X übrigblieb; so ist es leider und im Sinne der Weltanschauung als solcher unnötigerweise symptomatisch für die Forschungsarbeit der Vitalisten und Dualisten, das Bekanntwerden noch unbekannter Werte dadurch zu vereiteln, daß sie immer zahlreichere der schon bekannten Werte durch weitere Unbekannte ersetzen — dem x ein y, ein z usw. hinzufügen. Die erste Methode, ganz unabhängig von der sie betreibenden Weltanschauung, führt zum Fortschritt, zur Auflösung der Naturgleichungen; die zweite zum Rückschritt, zur Verschleierung der Welträtsel.

Wollten wir uns diese dualistisch und je nach Erfordernis auch pluralistisch zu handhabende Methode zunutze machen, so brauchten wir ja eigentlich bloß dem Doppelprinzip der Kausalität und Finalität ein drittes Grundprinzip, die Serialität, hinzuzufügen und mit den Einzeltatsachen des serialen Geschehens (Kap. I, II) aufzufüllen. Wir könnten die Finalität auch leugnen und bei der Dualität von Kausalität plus Serialität stehen bleiben, womit sich eine vermittelnde Stellung zwischen extremen Lagern gewinnen ließe. Aus demselben Beweggrunde aber, weshalb wir die Serien als Ordnungsbestreben kosmischer Intelligenz nicht weiter in den Kreis der Betrachtung ziehen, schließen wir die Serialität auch als fundamentales, beigeordnetes und selbständiges Prinzip des kosmischen Geschehens aus — nicht aus dem Bereiche der Möglichkeiten und möglicherweise vertretbaren Anschauungen, denen das jetzige Kapitel eine recht vollständige gleichberechtigte Aufzählung gewähren sollte; sondern lediglich aus dem Bereiche unserer Erklärungswege und Erkenntnisversuche, die sich davon, wie von allen Tautologien und Worterklärungen, ihrem Erklärungsziel nicht genähert fänden.

Vor Abschluß des Kapitels obliegt uns also noch die Pflicht, anzudeuten, wie wir selbst uns — vorbehaltlich besserer theoretischer Vorstellungen — die Herkunft der Serien denken können mit Hilfe einer Hypothese, die alle jetzt bekannten Serialfakten deckt. Wiederholt wiesen wir darauf hin, daß seriale Ereignisse dem direkten Hervorgerufensein durch eine gemeinsame Ursache entrückt erscheinen; sind sie es nicht, so hätten wir kein Recht, sie einwandfrei als Serien zu bezeichnen. Unsere Beispielsammlung, sowohl in Kapitel I,

Nr. 1—60, als auch die späteren Nachträge (Kap. III, Nr. 61—75),
ist daher sorgsam so gewählt, daß das Fehlen der direkten gemeinsamen Ursache auf den ersten Blick einleuchtet. Fügen wir, um
nur ja gegenständlich und verständlich zu bleiben, jetzt einige weitere
Beispiele hinzu.

76[1]. (Direkte sukzedane Analogieserie erster Ordnung:) Das „Neue Wiener
Tagblatt" von Donnerstag, den 31. Dezember 1914, Nr. 361, bringt auf S. 12 folgende
Nachricht: „Der Kadett OSKAR MÜLLER, ein ehemaliger Schüler Prof. Dr. M. GUTT-
MANNs vom Elisabethgymnasium in Wien, erschien vor einiger Zeit bei seinem
alten Lehrer, um Abschied von ihm zu nehmen, da er sich nach K. an die Schlacht-
front begeben sollte; der Professor übergab ihm einen Brief an seinen ebenfalls im
Felde stehenden Sohn mit der Bitte, das Schreiben in K. aufzugeben, damit die
Beförderung beschleunigt werde. Der Kadett versprach natürlich, dem Wunsche zu
entsprechen, und ritt schon wenige Tage nachher mit seiner Truppe in K. ein. In einer
der Straßen ging es an einer Gruppe von Offizieren vorüber, die sich über irgendein
Thema unterhielten, und im Vorbeireiten schlug das Wort ‚Elisabethgymnasium' an
das Ohr des Kadetten. Dies machte ihn stutzig; er ritt zurück und fragte: Bitte,
wer von den Herren Offizieren hat da vom Elisabethgymnasium gesprochen? Nun
meldete sich ein junger Leutnant, und nach kurzer Aussprache händigte ihm Kadett
MÜLLER das Schreiben mit den Worten ein: Ich habe Ihnen einen Brief von Ihrem
Herrn Vater zu übergeben!" — Das Blatt glossiert den Fall in der Weise, wie
man ohne Kenntnis gesetzmäßigen Serialwaltens eben über solche Vorkommnisse zu
urteilen gewöhnt ist: „Der Zufall bringt in Kriegszeiten oft Situationen mit sich, die
sonst höchstens als recht gut erfunden bezeichnet werden ... Man kann sich das Er-
staunen denken, das sich in den Gesichtern aller Anwesenden über diesen Zufall spiegelte.
Kadett MÜLLER war in wenigen Tagen vom Vater aus direkt zum Sohn gereist, den
er nicht kannte und der — näherer Aufenthalt unbekannt — unter Millionen Soldaten
eben in dem Augenblick und auf der Stelle das eine Wort ‚Elisabethgymnasium'
aussprach, als der Überbringer des von seinem Vater herrührenden Briefes dort vor-
überritt!" Was dem Berichterstatter daran so besonders seltsam dünkt, gerade das
erscheint uns fast selbstverständlich und notwendig: so, daß das Erlebnis sich gerade
auf der direkten Reise vom Vater zum Sohn zutrug; ich behaupte, und es wird bald
besser verständlich werden warum, daß es sich schwerer und minder wahrscheinlich
ereignet hätte, wäre die Reise keine so direkte gewesen und hätte sie auf Umwegen
und mit größeren Zeitverlusten ans Ziel geführt. Auch daran, daß solche „Zufälle"
sich im Kriege besonders häufig und in krasser Form verwirklichen, ist etwas Wahres
und in unserem Sinne Erwartbares; der Krieg ist eine ereignisreiche Zeit; je mehr
Ereignisse aber sich abspielen, desto leichter müssen sie sich zu auffälligsten Serien
aneinanderreihen.

77. (Simultane Identitätsserie:) Am 17. April 1906 zeigten die Uhr des Raimund-
theaters in Wien, die Uhr meines Bruders OTTO und meine Uhr genau 8 Uhr 14 Minuten,
als sie gleichzeitig bzw. so rasch hintereinander, wie der Blick von einem Ziffernblatt
zum andern gleiten kann, verglichen wurden. Später stellte sich heraus, daß alle drei
Uhren nicht richtig gegangen, sondern auf die Minute genau um gleichviel (um wieviel,
versäumte ich zu notieren, es werden einige Minuten gewesen sein) der richtigen Wiener
Zeit vorausgegangen waren.

Dies waren zwei Beispiele (Nr. 76 und 77), in denen man sich
eine gemeinsam wirkende Ursache für die Wiederholung in keiner
Weise denken kann. Ich bringe nun absichtlich zwei weitere Beispiele,
die in solcher Hinsicht nicht so einwandfrei sind:

---

[1] Die Nummerierung ist eine Fortsetzung derjenigen aus Kap. I und III.

78.   Am 18. September 1905 notierte ich mir: Im Sanatorium HERA, Wien, wurden am selben Tag im ersten und zweiten Stock Zwillinge geboren. — Nun ist das genannte Sanatorium zwar keine Gebäranstalt, wird aber doch vorzugsweise in gynäkologischen Fällen aufgesucht. Ferner sind Zwillingsgeburten zwar immerhin selten genug, um selbst in Anbetracht vorwiegender Frauenfrequenz ein auffälliges Zusammentreffen darin gelegen sein zu lassen; wem aber die seriale Betrachtungsart fremd ist, wird immerhin als gemeinsame, den Wiederholungsfall in seinen beiden Komponenten deckende Ursache feststellen: Beliebtheit des Sanatorium HERA, um darin Geburt und Wochenbett zu absolvieren.

79.   Am 6. Januar 1906 empfängt meine Mutter den Besuch zweier bekannter Damen (Frau A. R. und Fräulein R. S.) rasch hintereinander, doch so, daß sie nicht mehr zusammenkamen. Vollständig unabhängig erzählt jede, daß sie genötigt sei, zu übersiedeln, weil sie mit dem Hausbesorger nicht auskommen könne. — Erblickt man das Seriale darin, daß beide Damen meiner Mutter am selben Tage die gleiche alarmierende Mitteilung machten, so wäre eine gemeinsame Ursache darin zu finden, daß der Verkehr zwischen ihnen und meiner Mutter zu jener Zeit ziemlich rege war; erblickt man jedoch das Seriale darin, daß beide Damen sich mit ihrem Hauswart nicht vertragen konnten und dadurch gezwungen waren, eine andere Wohnung zu beziehen, so könnten sogar zweierlei gemeinsame Ursachen ausfindig gemacht werden: erstens das mir bekannte, etwas bösartige Naturell auf seiten der Mieterinnen, zweitens das männiglich bekannte, etwas bösartige Naturell der Wiener „Hausmeister", so zwar, daß Umzüge aus der berichteten Veranlassung in Wien zu den allerhäufigsten gehören.

80.   Vom 10. bis 20. Juli 1917 arbeitete ich fast täglich einige Morgenstunden lang auf dem „Himmelhof" bei Ober St. Veit (Wien) am vorliegenden Werk. Dabei störte mich sehr, daß ein kleiner Hotelgast auf dem dortigen Klavier — mit einem Finger die Tasten betupfend — Melodien zusammensuchte, darunter mir bestverhaßte eines unendlich „populär" gewordenen Liedes „Seemannslos" von H. W. PETRI-MARTELL: vom Torpedo eines Unterseebootes getroffen, verschwindet ein Schiff unter Walzerklängen in den Wellen. — Ein Klavierkünstler gleichen Alters und gleicher Spielmethode tauchte aber nunmehr auch im Hause Auhofstraße 236, gegenüber meiner Wohnung, auf; sein Lieblingsmelodie war das „Gott erhalte"; und wenige Tage später ein fast erwachsenes Mädchen im Gartenhause, mit der einfingrig gespielten Lieblingsmelodie „Prinz Eugen".

Dafür, daß mir gerade in jenen spärlich geschenkten Urlaubstagen intensivster Arbeit zwei Exemplare von Buben und ein Mädel begegneten, die das Marterinstrument ausdauernd nur mit einem Finger zu handhaben wußten, ist nicht ohne weiteres eine gemeinsame Ursache denkbar; indes sind solche Virtuosen leider nicht selten genug, um die Dreifachheit ihres Erscheinens sogleich als „Serie" zu erklären. Für das auffälligste Merkmal der drei Fälle — patriotische Melodien aus einzelnen Tönen mit einsamen Fingern zusammengeklaubt — ist der Weltkrieg gemeinsame Ursache, in dessen großer Zeit den Kindlein von Schule und Haus Vaterländisches in jeder Form eingetrichtert wird, damit sie mit derselben Begeisterung wie die heutige Generation ihr Vaterland in einem künftigen Weltkrieg menschlich und wirtschaftlich zugrunde richten können.

Das „direkte", „unmittelbare" Hervorgerufensein der Serien war hier also so verstanden, daß alle Serienglieder zusammen gemeinsam kausal bedingt sind, indem dieselbe Kraft, die das erste Glied hervorrief, immer noch rege ist, wenn das zweite und dritte usw. fällig wird — durch ihr Fortbestehen erzeugt sie die ganze Kette von Wiederholungen. Diese Kraft könnte in verschiedensten Fällen jedesmal eine andere sein: es könnte z. B., was uns als Serie erscheint, durch Elektrizität bedingt sein, wie beim rasch wiederholten Anziehen und Abstoßen von Holundermarkkügelchen durch eine geriebene Glasstange, beim wiederholten Klingeln eines elektrischen Läutwerks; oder bei einer zweiten „Serie" durch Magnetismus, z. B. wenn ein Stahlstab, den wir mit einem Magneten in Berührung gebracht haben, vermöge seiner „Hysteresis" nun seinerseits Eisenfeillicht anzieht; oder durch Licht oder durch Wärme oder durch mechanische Faktoren, z. B. Luftbewegung in unserem eingangs des Kapitels gegebenen Beispiel des entführten Hutes. In zahlreichen anderen Beispielen könnte man sich, wie bereits auseinandergesetzt, versucht fühlen, psychische Energien, Gedächtnis- und Assoziationskräfte und Charaktereigenschaften als gemeinsame direkte Ursache des ganzen Wiederholungskomplexes heranzuziehen.

Das „unmittelbar kausale Hervorgerufensein" könnte ferner noch so gedacht werden, daß nicht eine einzige, gemeinsam fortwirkende Ursache den ganzen Serialfall beherrscht; sondern daß das erste Glied der Kette das zweite, dieses das dritte usw. ursächlich hervorruft. Sukzedanserien, besonders wenn ihre Komponenten Schlag auf Schlag wiederholt werden, vermögen den Eindruck hervorzurufen, als bedinge jeweils das vorausgehende Glied seinen nächsten Nachfolger.

Wo immer jedoch derartige Möglichkeiten vorhanden sind, ja nur als Deutungen naheliegen, da verliert der sich wiederholende Ablauf das Gepräge des Besonderen, Merkwürdigen; er würde sich der trivialen Verkettung von Ursachen und Wirkung einfügen und nicht den Anspruch erheben dürfen, als neuentdeckte Gesetzmäßigkeit mit eigenen Begriffen und Benennungen vorgebracht und zu einer eigenen Lehre verarbeitet zu werden. Mit kurzen Worten: wo Wiederholungen einem speziellen, durchsichtigen Ursachenmechanismus gehorchen, dürfen sie nicht als „Serien" benannt und behandelt werden.

Soll nun wirklich damit gesagt sein, daß die Serien sich außerhalb des sonstigen, naturgesetzlichen Kausalgetriebes abspielen? Bedeutet die Behauptung, daß sie nicht „unmittelbar" kausal verknüpft sein dürfen, schon die weitere Behauptung, daß sie überhaupt „ursachenlos" ablaufen, und somit einen radikalen Verzicht auf ursächliche Erklärung?

Keineswegs! Ich würde meinem vorhin entwickelten Untersuchungsgrundsatz untreu werden und mir selbst widersprechen, wenn ich versuchte, andere Erklärungsprinzipien als dasjenige von Ursache und Wirkung in Anwendung zu bringen. Und nun nur noch einen einzigen Scheinwiderspruch nehme der Leser hin, ehe sich alles — wie ich hoffe — vollkommen aufklärt.

Die gemeinsam fortwirkende Ursache ist allerdings bei sämtlichen Serien zugegen; aber sie ist nicht in jedem Serialfall und Serienkomplex eine andere: nicht das einemal Elektrizität, das anderemal Feuchtigkeit, das drittemal chemische oder mechanische Agentien usw., — sondern sie ist, gleichwie jeder einzelnen Serie, so auch der Gesamtheit aller Serien gemeinsam, die sich je im Weltgeschehen abgespielt haben und noch abspielen werden: eine den Physikern seit GALILEI wohlbekannte allgemeine Eigenschaft der Körper, aber wohl auch der sich in ihren Wirkungen äußernden Kräfte: das Beharrungsvermögen, die Trägheit.

V. Das Beharrungsvermögen der Körper und Kräfte

Und an ewig gleicher Spindel winden
Sich von selbst die Monde auf und ab.
SCHILLER, „Die Götter Griechenlands".

NEWTON leitet die Trägheit, diese allgemeine Eigenschaft der Materie, mit folgenden Worten ab:

„Geschosse verharren in ihrer Bewegung, insofern sie nicht durch den Widerstand der Luft verzögert und durch die Kraft der Schwere von ihrer Richtung abgelenkt werden. Ein Kreisel, dessen Teile vermöge der Kohäsion sich beständig aus der geradlinigen Bewegung entfernen, hört nur insofern auf, sich zu drehen, als der Widerstand der Luft (und die Reibung) ihn verzögert. Die großen Körper der Planeten und Kometen aber behalten ihre fortschreitende und kreisförmige Bewegung in weniger wiederstehenden Mitteln längere Zeit bei."

NEWTONs erstes Bewegungsgesetz lautet daher: „Jeder Körper beharrt in seinem Zustande der Ruhe oder der gleichförmigen geradlinigen Bewegung, wenn er nicht durch einwirkende Kräfte gezwungen wird, seinen Zustand zu ändern." Oder: „Die Materie besitzt das Vermögen zu widerstehen; deshalb verharrt jeder Körper, soweit es an ihm ist, in einem Zustande der Ruhe oder der gleichförmigen geradlinigen Bewegung."

Den Begriff des „Körpers", der in NEWTONs Naturlehre zur Anwendung gelangt, ersetzt die spätere Mechanik durch den Begriff des „materiellen Punktes"; deshalb findet sich z. B. in BERLINERs Lehrbuch der Experimentalphysik, dem wir wegen seiner Leichtfaßlichkeit für den Bedarf unserer Darstellung wiederholt den Vorzug geben werden, folgende Beschreibung des Trägheits- oder Beharrungsvermögens:

„Ein bewegter materieller Punkt ändert weder seine Richtung noch seine Geschwindigkeit, wenn ihn nicht eine äußere Ursache, das ist eine Kraft, dazu veranlaßt. Umgekehrt schließen wir, daß eine äußere Einwirkung auf den Punkt stattgefunden hat, wenn er sich nicht stets geradlinig und nicht stets mit derselben Geschwindigkeit bewegt..."

„Das Trägheitsvermögen lernt man durch die alltägliche Erfahrung kennen: sitzt man z. B. in einem schnell fahrenden Wagen, und der Wagen hält plötzlich an, so fühlt der Oberkörper einen Ruck in der Fahrtrichtung; er bewegt sich nämlich noch in dieser Richtung, während der den Wagen unmittelbar berührende Unterkörper bereits, gleichzeitig mit dem Wagen, seine Bewegung aufgegeben hat. Fährt dagegen der Wagen plötzlich los, so fällt der Oberkörper entgegengesetzt der Fahrtrichtung zurück, weil er noch in Ruhe ist, der Unterkörper aber bereits, gleichzeitig mit dem Wagen, in Bewegung gerät." Aus demselben Grunde ist es ja auch geboten, von fahrenden Wagen nur in der Fahrtrichtung auszusteigen; der Versuch, in entgegengesetzter Richtung abzuspringen als derjenigen, in der sich der Wagen und folglich auch der von ihm getragene Körper bewegt, mißlingt, weil die Muskelkraft unserer Gehwerkzeuge nicht genügt, den vermöge seiner Trägheit noch immer in der Fahrtrichtung bewegten Körper so rasch zur Richtungsänderung zu zwingen. „Ein fahrender Eisenbahnzug bleibt noch einige Zeit in Bewegung, auch wenn der Dampf abgestellt wird; ein schnell fahrendes Zweirad, auch wenn der Fahrer nicht mehr tritt; ein fahrender Kahn, auch wenn er nicht mehr gerudert wird; alle, weil sie die einmal angenommene Bewegung noch eine Zeitlang beibehalten."

Warum aber nur eine Zeitlang und nicht dauernd, wie es das NEWTONsche Gesetz fordert? „Bei ungenauer Beobachtung kommt man leicht zur Ansicht, daß die Geschwindigkeit eines etwa durch einen Stoß in Bewegung gesetzten Körpers von selbst allmählich abnimmt. Genauere Untersuchung lehrt jedoch, daß ein Körper auf einer horizontalen Bahn sich desto länger und gleichmäßiger fortbewegt, je glatter diese Bahn ist. So kann ein Körper auf einer Eisbahn sehr lange seine Geschwindigkeit beibehalten, ein gut gearbeiteter Kreisel auf einer Spitze eine halbe Stunde fort rotieren." Noch bessere Resultate ließen sich erzielen, wenn man etwa eine polierte Glaskugel auf einer ebenso polierten ebenen Unterlage aus Glas ins Rollen brächte; mag aber die Glättung noch so sorgsam ausgeführt sein, immer bleiben doch winzige Rauhigkeiten an dem bewegten Körper wie auf seiner Laufbahn zurück, die eine der Fortbewegung entgegenarbeitende Kraft liefern, die Reibung. „Bewegt man die Körper mit der Hand, so empfindet man den Widerstand der Bahn als einen Druck derselben Art wie derjenige, der die Körper in Bewegung setzt. Je kleiner dieser Widerstand (Druck) ist, desto länger und gleichmäßiger bewegen sich die Körper fort."

Soviel genüge, um die Art, wie das Beharrungsvermögen in der Physik behandelt und jedem Mittelschüler, ja jedem Schüler überhaupt bekannt gegeben wird, in einer für uns zweckdienlichen Weise in Erinnerung zu rufen. „Dieses dem Augenschein so sehr widersprechende Gesetz der Trägheit oder Beharrung bildet mit dem Kraftbegriff, in dem es eigentlich schon enthalten ist, die wichtigste Grundlage der Mechanik; die klare Erkenntnis desselben bedeutete einen der größten Fortschritte." Den Weg vom Gegenständlichen zum Abgeleiteten, den die Mechanik ging, indem sie (wie wir es vorhin schon erwähnten) ihre Grundsätze für materielle Punkte statt für

Körper aufstellte: diesen selben Weg gehen wir jetzt zurück und in umgekehrter Richtung, also aus dem Abstrakten ins Konkrete, weiter. Das Trägheitsgesetz, dessen Gültigkeit für Bewegung und Ruhe eines materiellen Punktes abgeleitet wurde, bleibt gültig, wenn es sich um Bewegung und Ruhe eines Systems von materiellen Punkten, d. h. um einen „Körper" handelt. Das ist eine Anwendung des Trägheitsgesetzes, die von der theoretischen auf die empirische Mechanik gemacht und deren Zulässigkeit von der experimentellen Physik durch den „Satz von der Erhaltung des Schwerpunktes" bewiesen wird. Wir gehen einen Schritt weiter und übertragen das Beharrungsgesetz von dem Einzelkörper auf einen Komplex von Körpern; sie müssen nicht notwendigerweise substanziell zusammenhängen und einen Gesamtkörper zusammensetzen, wie Kalksinter einen Haufen Kieselsteine zum Konglomerat verkittet; auch lose Körper, besonders wenn sie nicht gar zu sehr voneinander entfernt sind, können gleichen Kräften gleichzeitig gehorchen und nach Aussetzen der Kräfte in gleicher Bewegung und Richtung verharren, bis Einsetzen anderer Kräfte sie darin stört.

Diese logische Folgerung ist ebenso streng physikalisch zu rechtfertigen wie das Fortschreiten vom materiellen Punkt zum materiellen Komplex des Einzelkörpers: er besteht aus kleinsten Teilchen, Molekülen, Atomen, Elektronen, die als „materielle Punkte" gelten dürfen, ihnen mindestens so sehr nahekommen, daß etwaig restierende Minimaldifferenzen vernachlässigt werden können; die kleinsten Teilchen, wie immer sie heißen und beschaffen seien, werden nicht lückenlos aneinanderstoßend angenommen, sondern durch äthererfüllte Zwischenräume getrennt und bis zu einem gewissen Grade selbständig beweglich gedacht. Sind zwar die Zwischenräume mit unseren Beobachtungsmitteln nicht wahrnehmbar, so gibt es doch auch zwischen gröberen, körperbauenden Teilchen größere Raumintervalle, — die Poren, welche insgesamt als „Porosität" der Körper bekannt sind und mikroskopisch oder sogar bereits makroskopisch gesehen werden können. Sind die Intervalle zwischen den Teilchen noch erheblich größer, so empfinden wir schließlich den Körper nicht mehr als einheitlich, sondern erblicken mehrere, voneinander getrennte Einzelkörper. Im Grunde bestehen nur graduelle Unterschiede zwischen kleinsten, metaphänomenalen Raumintervallen und größten Trennungsweiten; es hieße die Dinge mit allzumenschlichem Maße messen, wollten wir bei unsichtbaren oder unauffälligen, nichtsdestoweniger vorhandenen Zwischenräumen hartnäckig von einem einzelnen, einheitlichen Körper, dagegen bei geräumigen Intervallen von einer Vielheit einzelner Körper sprechen, deren jeder für sich allein einheitlich sei; genauer — wir sind wohl berechtigt, an diesem Sprachgebrauche festzuhalten, dürfen uns aber nicht, wie so oft, von sprachlich-begrifflicher Unzulänglichkeit den Weg zum Fortschritte der Erkenntnis versperren.

Noch einiges möchte man einwenden: ist durch Atomintervalle, Porenkanäle oder Hohlräume größeren Kalibers der sogenannte Einzelkörper in Einzelkörperchen untergeordneteren Grades zerlegt, so sind doch wenigstens seine sichtbaren Elemente an anderen Stellen, als denen, wo sie sichtbar getrennt liegen, desto inniger verbunden; die Höhlung erscheint von festem Materiale umwölbt — und dies starre Gerüst ist es, das die Einheit des Gesamtgefüges im einzelnen Körper sowie den Gegensatz zur Mehrheit völlig getrennter, total unverbundener Körper abgibt. Aber wo in aller Welt existiert ganz unverbundenes, in keiner Weise materiell aneinander geschlossenes Stückwerk? Aus derselben, homogenen Substanz braucht ja die Verbindung gewiß nicht hergestellt zu sein; wir zögern keinen Augenblick, einen Granitblock, der aus Quarz-, Feldspat- und Glimmerkörnern gemengt ist, als einheitlichen Körper anzuerkennen. Auch auf den Aggregatzustand des heterogenen Gefüges kann es nicht ankommen: Hüllen und Einschlüsse von Gasen und Flüssigkeiten sind gleichfalls unserer Vorstellung vom einheitlichen Einzelkörper nicht weiter hinderlich. Und da alle getrennten Einzelkörper letzten Endes auf gemeinsamer Basis ruhen, die ihr Schicksal zu dem ihrigen macht, so scheuen wir nicht davor zurück, selbst den ganzen Planeten „Erde" wiederum einen gewaltigen Einzelkörper, einen einheitlichen Himmelskörper zu nennen.

Ferner möchte man einwenden, daß alle Teile des Einzelkörpers, wenn dieser etwa einen Stoß empfängt, in gleicher Richtung fortbewegt werden, eben weil sie trotz ihrer Zwischenräume ein zusammenhängendes Ganzes formen. Indessen kann auch eine Mehrheit von Körpern von derselben Kraft in gleichgerichtete Bewegung versetzt werden — wird doch auch der ganze Himmelskörper in einheitliche Gravitationsbewegung, in Rotation, Revolution und Pendulation gebracht; und alle ihm auflagernden losen Trümmer müssen diese Bewegungen mitmachen. Andererseits wäre es eine irrige Vorstellung, wonach bei Verschiebungen der Intimteilchen dessen, was wir denkgewohnt einen Einzelkörper nennen, geringere Mannigfaltigkeit herrscht als bei dem anscheinend regellosen Durcheinanderrollen und Durcheinanderfallen der Körper, die wir als getrennte Einheiten empfinden. Das Einzelobjekt verbirgt unserem Auge ein ebenso wirres Durcheinandertanzen, einen Wirbel seiner Moleküle, Atome, Elektronen.

Klar läßt sich das durch die Formregulation der Lebewesen

und Kristalle erläutern (H. PRZIBRAM): ein Kristall, der in ungestörtem statischen Gleichgewichte in einer gesättigten Nährlösung ruht, muß sich nicht notwendig zugleich im dynamischen Gleichgewichte befinden. Schlägt man ihm eine Spitze ab, so werden solange Teilchen fortgerissen und an der Bruchfläche wieder angesetzt, bis die verlorene Spitze wiederhergestellt erscheint. Die Nährlösung bedarf hierzu nicht der fortwährend erneuten, durch Verdunstung herbeigeführten Übersättigung: wird sie vor dem Verdunsten geschützt, so gewinnt sie ihre notwendige Übersättigung durch Ablösung von Kristallsplitterchen an nicht verletzten Stellen, mithin durch lokale Auflösung des Kristalles selbst, welcher derartigen Umbau erfährt, daß er sein früheres Aussehen zurückerlangt. Freilich ist er im ganzen etwas kleiner geworden und besitzt in ergänzter Gestalt genau dasselbe Gewicht wie vorher in verstümmelter Gestalt. Die Teilchen des Kristalles haben sich also in unserem Beispiel, während und trotzdem er selbst sich in voller Ruhe befand, in einer Bewegung zur Spitze hin befunden, wobei sie, da der Umbau harmonisch erfolgt und deshalb alle Bezirke gleichmäßig davon betroffen waren, die verschiedensten Richtungen einschlagen mußten, die von verschiedensten Gegenden (Kristallflächen) zum gleichen Ziel führten. Konnte hier von einem ruhenden Körper gezeigt werden, daß seine Partikel sich in mannigfacher, scheinbar verwirrter, in Wirklichkeit harmonisch geordneter Bewegung befanden; so trifft es nicht anders zu bei einem bewegten Körper, dessen Intimteilchen keineswegs alle parallel und in konstant bleibender Lage zueinander derselben Richtung gehorchen, die wir den ganzen Körper einschlagen sehen.

Die Gegner der Atom- und Äthertheorie, die der vorausgegangenen Ableitung und dem darin verwendeten, in ihrem Sinne überholten Begriffe der Porosität ihre Zustimmung versagen, werden einer anderen Anschauung beipflichten, für die das Einheitliche von Massenteilchen, Körpern und Körperkomplexen von vornherein feststeht, irgendwelcher Ableitung nicht erst bedürftig ist: der Verdichtungslehre. Für sie ist alle Materie „kontinuierlich, es gibt keinen absolut leeren Raum, und in den Dichten können keine Unstetigkeitssprünge vorkommen. Alle Materie ist ins Unendliche kompressibel, die Dichtigkeit wächst umgekehrt proportional dem Volumen; sinkt das Volumen gegen Null, so steigt die Dichte gegen Unendlich. Alle Materie ist durchdringlich und setzt der Durchdringung einen spezifischen Widerstand entgegen ... Könnte nämlich die Materie, die einen bestimmten Raum einnimmt, durchaus nicht durchdrungen werden, so könnte nicht in denselben Raum noch andere Materie, sei es von derselben, sei es von anderer Qualität, gebracht werden ... Da es keinen leeren

Raum gibt und Unstetigkeiten in der Dichte nicht möglich sind, so kann irgendeine Qualität in der Natur nie ganz aufhören; überall muß sie angetroffen werden können, wenn auch in unendlich verschiedenen Dichtigkeitsgraden ... Jede einzelne Naturerscheinung, jeder Gegenstand wird so betrachtet werden müssen als Resultat einer Durchdringung aller Weltmaterienqualitäten, wobei jede derselben in einem gewissen Grade vertreten ist. So stellt sich uns also jede Veränderung in der Natur als ein Verdichtungs- oder Verdünnungsprozeß dar. Ist dann die Verdichtungserscheinung selber verständlich geworden, so sind es auch alle jene Phänomene, welche sich auf Verdichtung zurückführen lassen, wie z. B. die Erscheinungen der Wellenbewegung; Wellen sind ja nichts anderes, als durch eine periodische Funktion vollständig beschreibbare Verdichtungserscheinungen."

In diesen Ausführungen ECKSTEINs ist eigentlich das Wesen der Serialität bereits eingeschlossen, insofern alle Naturerscheinungen als lokale und temporäre Häufungen gelten, denen an anderen Stellen und zu anderen Zeiten Verdrängungen entsprechen. Damit ist nicht nur das Weltbild einer ungleichmäßig zusammen- bzw. auseinandergetriebenen Erscheinungsweise der Dinge gegeben, wie die Erfahrung sie bietet; sondern in ihrer Zurückführung auf Wellen auch ihre allgemeinste und knappeste Beschreibung.

Kehren wir aber fürs erste zum Trägheitsbegriff zurück. In der Physik wird der Trägheitsbegriff — wenn wir jetzt noch absehen von der gänzlich neuen Gestalt, die ihm EINSTEIN und andere „Relativitätstheoretiker" gegeben haben — immer nur auf Masse (Materie) angewendet. Er gewinnt aber, wenn man ihn auch auf Kraft (Energie) ausdehnt: wohlgemerkt, nicht weil ich diese Erweiterung für mein Gesetz der Serie notwendig brauche, das sich auch ohne sie hinreichend fundieren ließe; sondern weil dadurch eine Vereinheitlichung des ganzen Trägheitsproblemes herbeigeführt wird, die man mit anderen Naturgesetzen, wie dem von der Unzerstörbarkeit (Erhaltung) der Materie und Energie, längst durchgeführt hat. Diese Anschauungen gehen ja bereits auf LEIBNIZ zurück; HAECKEL (1909) hat sie in seinem „Substanzgesetz" ausgedrückt.

Ist es denn aber nicht absurd, eine Kraft „träge" zu nennen? Schließt nicht Energie recht eigentlich den Gegenbegriff der Trägheit aus? Keineswegs, sondern nur die Sprache narrt uns! Der paradoxe Klang schwindet sofort, wenn wir die Kraft nicht träge, sondern beharrlich nennen; zähe Ausdauer verträgt sich sogleich sehr gut mit unseren denk- und sprachgewohnten Begriffen der Energie. In seiner Anwendung auf Energie wird daher das Trägheitsgesetz stets angenehmer lauten, wenn wir es mit seinem Synonym als Gesetz des

Beharrungsvermögens aussprechen; es würde dann in seiner energetischen Fassung folgendermaßen zu definieren sein: nicht bloß jeder Körper, sondern auch jede Kraft verharrt in ihrer Richtung, Intensität usw., überhaupt ihrer anfänglichen Beschaffenheit, solange sie nicht durch andere Kräfte zu einer Veränderung ihres Gesamtzustandes veranlaßt wird. Die ändernden Kräfte können demselben Energiegebiet angehören und dann nur Summation oder Subtraktion zu erhöhter oder verringerter Stärke oder geänderter Wirkungsrichtung vollbringen; die ändernden Kräfte können aber auch einem fremden Energiegebiete angehören und dann die Anfangskraft qualitativ verändern.

Die Energetiker — Anschauungen nach Art eines LEIBNIZ, OSTWALD, HELM, GILBERT — werden in der angegebenen Verallgemeinerung des Beharrungsgesetzes um so weniger eine Schwierigkeit sehen, als ihnen die Materie ohnehin nichts anderes ist als gleichsam „gestockte", „gefrorene" Energie: besitzt sie Beharrungsvermögen, so bedeutet es kein Hervortreten aus geläufigen Denkbahnen, denselben Besitz jeder Energieform zuzuweisen. Aber auch die Materialisten — Anschauungen nach Art eines BÜCHNER, KARL VOGT, MOLESCHOTT, HAECKEL — werden sich gegen die Generalisierung des Beharrungsgesetzes vom Stoffe auf die Kraft nicht zu sträuben brauchen: Stoff und Kraft sind ja auch ihnen keine getrennten Realitäten, sondern nur zweierlei Erscheinungs- und Betrachtungsweisen ein und desselben Dinges, der Substanz. Ob man die Substanz als letzte, allen Dingen zugrundeliegende Wesenheit auffaßt, deren zwei Ausdrucksformen wir als Masse und Kraft unterscheiden; oder ob man die Energie als letztes universelles Grundprinzip auffaßt, wovon die Materie nur eine spezielle Form der Erscheinung darstellt: das kommt hinsichtlich unseres Problems aufs selbe heraus und verträgt nicht nur, sondern erfordert geradezu die Anwendung des Beharrungsgesetzes auf alle Erscheinungsseiten der gemeinsamen Einheit. Um so eher, als „Kraft" ja doch nicht anders begriffen und definiert werden kann als durch „Masse", nämlich durch die sichtbaren Wirkungen, die sie an der Masse vollbringt. Ein anderes physikalisches Grundgesetz, wovon wir im folgenden Kapitel die für unsere Zwecke gebotene Anwendung machen, nämlich die Erhaltung der Energie, hat durch den Zusatz von der Erhaltung der Materie zum allgemeinen „Substanzgesetz" ausgedehnt werden müssen; in gleicher Weise, wie hier die Erweiterung eines ursprünglich für die energetische Seite formulierten Gesetzes auf seine materielle Seite geschah, bedarf das Beharrungsgesetz der Übertragung von der stofflichen Erscheinungsform auf die Kraftform. Und ebenso wie das Trägheitsgesetz vom materiellen Punkt auf den Körper und vom Körper auf den Körperkomplex zu erweitern war, so muß es von der einzelnen Kraft auch auf die zusammengesetztesten Kräftekonstellationen ausgedehnt werden. Im Kräfteparallelogramm zweier Kraftkomponenten erscheint uns die Kraftresultante sowieso als einheitliche, einzelne Kraft, ohne daß wir im geringsten übliche Bahnen physikalischen Denkens zu verlassen brauchen; nehmen wir den allgeläufigen Begriff des Kräfteparallelogramms zum Ausgangspunkt, so führt der methodische Gang der analytischen Mechanik Schritt für Schritt zu der uns heute fast selbstverständlichen Tatsache, daß solch resultierendes Kräfteäquivalent sich auch bei einem teils fördernden, teils hemmenden Zusammen- und Aufeinanderwirken vieler und verschiedensten Energiegebieten angehöriger Kräfte einstellen muß. Die ganze Kräftekombination wirkt nun auf einen ganzen Bezirk der Erdoberfläche ein und liefert hier den ganzen Komplex der Körper dem Beharrungsvermögen aus. Die daraus resultierende Lage, Bewegung und Richtung der jenem Bezirke angehörigen Körper- und Kraftmengen wird sich erst dann ändern, wenn von Nachbarbezirken her andere Körper- und Kräftekonstellationen eingreifen, eine Verschiebung der energetischen und materiellen Gesamtsituation zu Wege bringen. Das klingt wie ein Gemeinplatz und ist nur insofern keiner, als man daraus die für unser Leben und für das gesamte Weltschicksal so folgenschwere Serialität abzuleiten bisher versäumt hat.

In unseren Alltagsbeispielen für Trägheit (S. 109) sahen wir, daß ein Einzelkörper nach Aufhören der ihn treibenden Einzelkraft nur verhältnismäßig kurze Zeit in seiner dadurch bestimmten Bewegungsgeschwindigkeit und Bewegungsrichtung verharrt, weil alsbald die Gegenkraft da ist, die den ursprünglichen Impuls aufhebt oder ändert. Die Schwingungen einer Schaukel werden kleiner und kommen schnell zur Ruhe, wenn niemand die Schaukel anstößt oder durch geeignete Bewegungen im geeigneten Moment von der Schaukel selbst aus für stetig erneutes Übergewicht sorgt; die geglättete Elfenbeinkugel auf dem rauhen Billardtuch läuft zusehends langsamer und bleibt bald stilleliegen, doch jeder Anprall verleiht ihr neue, nur in der Richtung geänderte Bewegung. In dem Maße, als Einfachheit und Einzelnheit der Körper und der sie bewegenden Kräfte ihrer Vielheit und Zusammengesetztheit Platz machen, wird sich die Änderung von Richtung und Schnelligkeit, und die darin eingeschlossene Änderung der Lage, Übergang von Ruhe in Bewegung und umgekehrt, immer schwieriger und langsamer gestalten: das Beharrungsgesetz gilt für Kraft- und Körperkomplexe in quantitativ höherem Maße als für Einzelkraft und Einzelkörper. Das ist nur eine Weiterverfolgung der geläufigen

116

physikalischen Anschauung, wonach der schwerere Körper zugleich der trägere ist. Wirklich zu verstehen war der Zusammenhang zwischen größerer Trägheit und größerer Schwere freilich erst, nachdem auch erkannt worden war, daß Trägheits- und Gravitationsbegriff im Grunde zusammenfallen; diese Einsicht aber bedeutet eine Errungenschaft der allerletzten Zeit (EINSTEIN). Bei gleichartigen Substanzen oder wenigstens Stoffen vom selben spezifischen Gewicht ist ebenso der größere Körper zugleich der trägere: die größere Masse muß, weil die gewichtigere, auch die trägere sein. Wir haben in unserer Erweiterung des Trägheitsgesetzes vom Einzelkörper auf den Körperkomplex nichts anderes getan, als die größere Masse einer Mehrheit von Körpern gleichgesetzt, da mehrere körperliche Einheiten unter sonst gleichen (also namentlich identischen Volums- und Qualitäts-) Bedingungen selbstverständlich mehr Masse repräsentieren als eine einzige ebensolche körperliche Einheit. Oder mit anderen Worten: ob ein Körper die größere Masse besitzt, weil er größer ist, oder ob mehrere Körper sie besitzen, weil sie voluminöser sind als ein einziger von ihnen: das ist in bezug auf ihr Beharrungsvermögen fast gleichgültig. Ein Lastwagen, mit einem einzigen großen Marmorblock beladen, ist ungefähr ebenso „träge", d. h. mit demselben Kraftaufwand von der Stelle zu schaffen, wie wenn der Block in tausend Schotterstücke zersprengt auf der Tragfläche des Wagens liegen würde.

Wir führen nun, was der Endzweck der ganzen, vorausgegangenen Darstellung war, die serialen Wiederholungen darauf zurück, daß eine Kräftekonstellation einen Körperkomplex in einer Lage und Richtung seines Geschehens zurückläßt, die er vermöge seiner Beharrung bis zum Einsetzen einer anderen Kräftekonstellation beibehält. Dadurch erklärt sich das Gesetzmäßige in der beharrlichen Beibehaltung und Wiederkehr des Gleichen, sowie das Fehlen oder doch Unnötigsein einer unmittelbaren Spezialursache hierfür: die sich wiederholenden Ereignisse gehorchen eben dem Trägheitsvermögen der Körper und Kräfte, durch die sie zustande kommen. Das Seriengesetz ist Ausdruck des Beharrungsgesetzes der in seinen Wiederholungen mitspielenden (die Serie in Szene setzenden) Objekte. Aus der unverhältnismäßig größeren Beharrlichkeit, die im Vergleiche zum Einzelkörper und zur Einzelkraft dem Körper- und Kräftekomplex eigen ist, erklärt sich das Beibehalten einer identischen Konstellation und das ihn begleitende Zustandekommen von Wiederholungen durch sehr lange Zeiträume hindurch — allenfalls durch Jahre und Jahrhunderte. Wo das einzelne Ding seine Konstellation im Laufe von Minuten ändern müßte, verharrt eine Vielheit von Dingen in den Banden derselben Konstellation, die auch ihrerseits mit jener Vielheit das Schicksal größerer Trägheit teilt. Als eine Konsequenz der Erweiterung des Trägheitsgesetzes von den Massen auf die Kräfte ist hier noch zu berücksichtigen, daß beharrliche Kräfte, auf beharrende Körper einwirkend, den dadurch zum Ablauf gebrachten serialen Vorgang aus einem gleichförmigen zu einem beschleunigten werden lassen. Immer und überall aber besteht zwischen dem physikalisch eng gefaßten „Trägheitsgesetz" und dem mit seiner Hilfe erklärten, philosophisch weit gefaßten „Seriengesetz" nur ein Unterschied des Grades und nicht des Wesens.

Man könnte diesen graduellen Unterschied noch darin suchen, daß die Wirkung des Trägheitsgesetzes *sensu strictiore* sich, weil im kleinen Maßstabe, ungleich präziser, quantitativ zugänglicher abspielt als die Wirkung des Trägheitsgesetzes *sensu latiore* (Seriengesetzes) in seinen großen, schwer überblickbaren Maßen. Das ist ja auch der Grund, weshalb nur die Trägheit der Einzeldinge dem Studium der exakten Physik dienen kann, während die Beharrung ausgedehnter Dingmengen unvermeidlich bereits in Gebiete hineinreichen muß, die sich der Bewältigung durch unsere mathematisch-physikalischen Verfahren entziehen.

Ich möchte die wissenschaftliche Behandlung beider Teilgebiete des in seinem Wesen identischen Naturgesetzes mit den beiden Hauptmethoden biologischer Züchtung vergleichen: der Individuen- oder Familienzucht einerseits, der Massen- oder Ramschzucht andererseits. Die Individuenzucht — ein analytischer Vorgang — gelangt durch Isolierung bestimmter, mit Hilfe von Inzest gewonnener Pärchen bekannter Abstammung zur Aufstellung der Vererbungsgesetze; die Ramschzucht — ein synthetischer Vorgang — gelangt durch Beisammenlassen und beliebige Paarung aller Individuen untereinander zur Kenntnis, inwieweit und in welcher Weise sich die Vererbungsgesetze in der Natur wirklich durchsetzen. Die Einzelzucht — der künstliche Prozeß — schafft den Vererbungsgesetzen durch planmäßige Entfernung aller Störungen unbedingte Geltung, bringt sie zur Reindarstellung; die Massenzucht — der natürliche Prozeß — prüft, in welcher Form ganze Tier- und Pflanzenbestände vom Walten der Vererbungsgesetze in ihrem Gesamtaussehen tatsächlich beeinflußt werden. In analoger Weise ist auch das physikalische Trägheitsgesetz, das am Einzelkörper mit Hilfe der Einzelkraft analytisch studiert werden kann, nur sozusagen die Laboratoriumsform des Seriengesetzes, das uns zwar infolge größerer Mannigfaltigkeit und loserer Verknüpfung der ihm gehorchenden Dinge keinen durchdringenden Überblick und keine exakte Berechnung gestattet, aber doch angibt, welche Synthesen das analytisch gewonnene Kunstprodukt eingeht, wenn es seinen ungebändigten Naturtrieben überlassen bleibt. — Wissenschaftsgeschichtlich ist von Interesse, daß die organische Naturwissenschaft (Biologie) den Weg von der Massenbetrachtung zur Einzelbetrachtung gegangen ist und lange dazu gebraucht hat; die anorganische Naturwissenschaft (Physik) soll nun den umgekehrten Weg — mindestens in bezug auf das uns beschäftigende Problem — erst beginnen, denn sie verweilt noch in allzu ausschließlich analytischer Forschung, ohne die synthetischen Konsequenzen für das natürliche Gesamtgeschehen daraus zu ziehen.

Noch ein Bedenken ist zu zerstreuen, ehe wir den Ring des Beweises geschlossen sehen dürfen, wonach das Seriengesetz nichts anderes ist als ein Trägheitsgesetz in seiner äußersten Komplikation: das Fortlaufen eines seinem Beharrungsvermögen überlassenen Körpers ist ein kontinuierlicher Prozeß; dagegen erscheint die Serie diskontinuierlich. Man empfindet die Wiederholung gleichartiger Serienglieder nur dadurch als Wiederholung, daß sie von andersartigen Zwischengliedern unterbrochen sind.

Soll dies für die auffälligsten Serien in einem gewissen engeren Sinne gelten, der zuerst auch ihre Entdeckung herbeiführen mußte, so bleibt genannter Einwand vorläufig zu Recht bestehen und bedarf besonderer Entkräftung, die ihm bald zuteil werden wird. Wer sich aber ins Beobachten serialen Geschehens erst ein wenig eingelebt hat, bedarf nicht mehr der rhythmischen Diskontinuität, um einen serialen Ablauf als solchen festzustellen. Gewiß, unstete Wiederholung drängt sich eher der Wahrnehmung auf als die stetige, wo ein gleiches Glied ans andere gefügt ist und in uns nicht so sehr den Eindruck einer Mehrheit von gleichartigen Geschehnissen als des Beibehaltens eines einzigen, dauernden und gleichförmigen Geschehens wachruft. Wir empfinden im ersteren Falle das Moment der gegliederten Wiederholung als etwas in tatsächlicher Mannigfaltigkeit Begründetes, als etwas Konkretes; im letzteren Falle als etwas aus tatsächlicher Einförmigkeit erst Abzuleitendes, Abstraktes. Eine Mosaikplatte empfinde ich sofort als etwas, was in einzelne, verschiedenfarbige Plättchen zerteilt ist und danach mechanisch zerlegt werden kann; eine Marmorplatte empfinde ich als etwas Ungeteiltes, bei dem ich mir eine Zusammenfügung aus kleinen, gleichfarbigen Plättchen nur denken kann. Doch steht nichts im Wege, die homogene Platte bis an die Grenzen mechanischer Möglichkeit zu zersplittern; und andererseits die heterogene Platte als Ganzes zu belassen und aufzufassen. Erinnern wir uns, in Anwendung des materiellen Teilungsprinzipes auf die Serien, an unser Serienbeispiel Nr. 73 (S. 77): ein Parkweg wechselt zwischen Belebtheit durch Gruppen von Spaziergängern und einsamer Ruhe. Wir haben dort nicht bloß das reihenweise Auftreten von Personen, die im Mosaik von kurzen leeren Wegstrecken unterbrochen sind, als Serie empfunden, sondern auch die Pausen als Serie empfinden gelernt: und zwar nicht bloß die Aufeinanderfolge einer Pausenreihe, sondern auch die zur serialen Belebtheit seltsam kontrastierende einzelne Ruhepause selbst, die sich etwa als Serie unbelebter Zeiteinheiten (Minuten oder Stunden, in denen der Weg menschenleer blieb) darstellen ließe.

Aber selbst die ausgesprochenste Diskontinuität der Serie hört sofort auf, dem Trägheitsgesetz zu widersprechen, wenn wir an folgenden Spezialfall denken, ein von MACH (1902) beigebrachtes Exempel für indifferentes Beharren in einer Störungslage: „Man kann eine lange Kette aus einem Gefäß, in welchem sie zusammengerollt liegt, über eine Rolle, nach Art eines Hebers, in ein tieferes Gefäß überfließen lassen. Ist die Kette sehr lang, der Niveauunterschied sehr groß, so kann die Geschwindigkeit sehr bedeutend werden, und dann hat die Kette bekanntlich die Eigenschaft, jede Ausbiegung, die man ihr erteilt, frei in der Luft beizubehalten und durch diese Form hindurchzufließen."[1] Kontinuierliches Geschehen, wie es das physikalische Beharrungsvermögen fordert, ist nicht gleichbedeutend mit geradlinigem Geschehen: es kann in mannigfachen Kurven und besonders typisch oft in Wellenlinien vonstatten gehen. Auch das seriale Geschehen wäre also nicht diskontinuierlich, wie es uns vorkommt, sondern kontinuierlich in der Kurvenform von Wellenberg und Wellental; besonders deutlich wird dieser Verlauf in einem schon (S. 86) erwähnten Sondergeschehen von Serialität, der Periodizität, weil Wellenberge und Wellentäler hier jeweils oder insgesamt untereinander gleich lang sind.

Der Anschein von Unstetigkeit, Unterbrochenheit im unregelmäßig serialen und regelmäßig periodischen Geschehen wird nun besonders leicht dadurch vorgetäuscht, daß etwa nur seine Wellenberge ins aktuelle Bewußtsein hinaufragen und allenfalls durch unwillkürliche Aufmerksamkeit noch mehr in sein Zentrum gerückt werden. Die Wellentäler hingegen bleiben entweder von selbst unterbewußt oder können nur durch willkürliche Aufmerksamkeit über die Bewußtseinsschwelle emporgehoben werden. Widmet man ihnen diese verschärfte Aufmerksamkeit nicht oder widmet man sie ihnen vergeblich, so sind sie es, die den Anschein von Unterbrechungen im kontinuierlichen Vorgange, den Eindruck der Diskontinuität, das dem Geschehen oft erst das Gepräge des Serialen verleiht, erwecken.

---

[1] Sperrdruck von mir!

Ziemlich zu Eingang des vorigen Kapitels (S. 98) sprachen wir davon, daß die Leugnung einer Serialgesetzlichkeit möglich wäre, wenn wir sie als rein psychisches Phänomen deuteten — als ein Irrlicht der Aufmerksamkeit, die uns für Wiederholungen im Heer der Einzelerscheinungen hellsichtiger macht und sie uns demzufolge als Regelmäßigkeit aufdrängt, wo in Wirklichkeit nur der blinde Zufall herrscht. Nicht in dieser allgemeinen Weise spielen Bewußtseinsvorgänge mit Hilfe orientierender Aufmerksamkeit ihre große Rolle im Erfassen des Serialgeschehens; nicht indem sie es überhaupt erst zu dem machen, wie wir es empfinden: als Naturgesetzlichkeit, die dann nur ein Zerrbild einer ganz anders gearteten Realität im Spiegel unserer Seele wäre. Sondern die Bewußtseinsvorgänge gewinnen ihren speziellen Anteil an der Auffassung der Serialität, indem sie sie in jene besondere inkomplette Erscheinungsform bringen, die uns in den serialen Vorkommnissen unterbrochene Stöße statt ununterbrochenen Stromes vorgaukeln: das seelische Spiegelbild der Naturgesetzlichkeit verzerrt zwar nicht die Wirklichkeit bis zur Unkenntlichkeit oder zum Imaginären einer Fata morgana; aber es zeigt auch nicht das Ganze des Geschehens, sondern nur seine Spitzen — wie wenn eine Landschaft sich im See spiegelt und nur ihre höchsten Erhebungen, die Bergesgipfel und Baumwipfel darin erscheinen. Nicht die Serie als solche, sondern ihre ruckweise Manifestationsart ist im psychologischen Geschehen begründet. Im realen Geschehen ist die Serie ein streng kontinuierlicher Vorgang der Trägheit, ein Weitergleiten der Ereignisse im Banne allgemeiner Kräfte- und Körperbeharrung.

VI. Die Imitationshypothese

Ideen, klar durch Aug' und Hand gewonnen,
Ziehn schnell das Herz in Leiden oder Wonnen,
Worauf Nachahmungstrieb, die list'ge Macht,
Die alles Äußre nachbildet, erwacht.
Und ruhlos tätig schenkt der Welt zumal
Sie Kunst und Sprache, Wissen und Moral.
Mechanisch häuft im Geist sich erst die Kraft,
Die sich zum Zwecke neue Mittel schafft.
Lernt dann von andern Herzen Furcht und
                                    Sehnen,
Ansteckend Lachen und sympath'sche Tränen.
    ERASMUS DARWIN, „Tempel der Natur"
    (deutsch nach CARUS STERNE).

Wir arbeiteten im vorigen Kapitel viel mit dem der Physik entnommenen Begriffe der „Trägheit"; LECHER nennt sie eine „rätselvolle Eigenschaft der Masse, ihren Bewegungszustand beibehalten zu wollen". Wir dürfen uns nämlich durchaus nicht verhehlen, daß die Physik ihrerseits den Begriff der Trägheit dem menschlichen Leben entnommen hat und daß er deshalb in hohem Grade anthropozentrisch ist. Wir selbst sind träge, faul — Selbstbeobachtung unseres Empfindens, wenn wir uns in geistiger oder körperlicher Beziehung der „Erdenschwere" entgegen müde aufzuraffen haben, lehrte uns wohl verstehen, was es heißt, träge zu sein. Jedoch die Trägheit einer Masse im physikalischen Sinne ist streng genommen ein leeres Wort, das uns zwar „selbstverständlich", im Sinne von MACH denkgewohnt wurde, hinter dem sich aber dennoch nichts verbirgt als unsere Unwissenheit und Unfähigkeit, weiter ins Wesen der Dinge bis zu ihrem letzten Grunde vorzudringen.

Wie ebenfalls schon im vorigen Kapitel betont, vollzieht sich dies Vordringen, indem wir uns bemühen, möglichst wenige solch leerer, anthropomorpher Begriffe anzuwenden; wir mindern ihre Zahl, wenn wir danach streben, die einen durch die anderen auszudrücken, diese durch eine Umschreibung mit jenen zu beinhalten. So definieren wir „Trägheit" durch Kraft und Masse: was „Kraft" und „Masse" wirklich ist, wissen wir zwar ebensowenig; aber wenn es uns gelingt, die Trägheit restlos darauf zurückzuführen, so haben wir immerhin nur mehr zwei Unbekannte an Stelle von dreien.

Es soll nun Aufgabe vorliegenden Kapitels sein, zu untersuchen, ob das Prinzip der Trägheit — wie wir es benötigen, um das Prinzip der Serie damit zu erklären — seinerseits noch weiterer Aufhellung fähig ist, die es teilweise seines menschlichen Maßes entkleidet; oder ob es im Rahmen der „selbstverständlichen" physikalischen Definition bereits als letzte, nicht tiefer reduzierbare Wesenheit von Kraft und Masse unangetastet bleiben muß.

Dem Zwecke solcher Untersuchung dient ein anderes physikalisches Grundgesetz, bei welchem nur der Kraftbegriff allein zur Anwendung gelangt: das Gesetz der Aktion und Reaktion. Ich führe es wiederum durch die klare Ableitung von BERLINERs Experimentalphysik ein (S. 20):

„Wir sagen: der Körper A übt auf den Körper B eine Kraft aus.

Beispielsweise den Fall eines Steines schreiben wir einer Kraft zu, die die Erde auf den Stein ausübt, und wir erkennen das Vorhandensein der Erde A als unerläßlich für das Fallen des Steines B an. Ebenso sprechen wir von der Kraft, die der Magnet A auf das Eisen B ausübt usw. Diese Art, die Erscheinungen zu beschreiben, ist jedoch einseitig. Überall sind zwei Parteien, A und B, an dem Vorgang beteiligt. Wir haben aber jeden Vorgang nur von der Seite derjenigen Partei angesehen, die uns vorwiegend beteiligt erscheint. Die Kräfte in der Natur wirken nicht einseitig, sondern sie wirken wechselseitig zwischen den Massen. Der Stein und die Erde ziehen einander gegenseitig an, das Eisen und der Magnet ebenfalls; und nicht nur das Pferd übt einen Zug aus, indem es den Wagen zieht, sondern auch der Wagen übt einen Zug auf das Pferd aus. Kurz, es wirkt eine Kraft zwischen der Erde und dem Stein, eine Kraft zwischen dem Magnet und dem Eisen, eine Kraft zwischen dem Pferde und dem Wagen. Wir müssen also schließen, daß die Kraft nicht nur den Stein zur Erde hin, sondern auch die Erde zu dem Stein hin bewegt, wenn auch mit einer Beschleunigung, die in Anbetracht der Größe der Erdmasse

Abb. 2. Versuch zur Demonstration der wechselseitigen Anziehung zwischen Magnet- (M) und Eisenstück (E): in *A* liegen beide auf demselben schwimmenden Brettchen, welches in Ruhe bleibt; bei *B* sind beide auf getrennten Brettchen, die aufeinander losschwimmen (nicht etwa einseitig E in der Richtung auf M).
(*A* nach Arnold Berliner; *B* analog dazu entworfenes Original.)

unwahrnehmbar klein sein muß ... Zu jeder Wirkung (Aktion) gehört eine gleich große und entgegengesetzte Gegenwirkung (Reaktion); oder mit anderen Worten, die gegenseitigen Einwirkungen zweier Körper aufeinander sind gleich groß und einander entgegengesetzt gerichtet."

Das Gesetz der Gleichheit von Wirkung und Gegenwirkung — ein Teilgesetz des Satzes von der Energiekonstanz — gilt aber nicht bloß für mechanische Energie, sondern für sämtliche Energiearten; es ist nicht bloß ein Schwere- und Bewegungsgesetz, sondern ein universell energetisches Gesetz. Fürs Verständnis unseres Erklärungszieles wird es nicht überflüssig sein, die allgemeine Bedeutung von Aktion und Reaktion an Hand der verschiedensten Energiearten durchzusprechen.

Bezüglich der magnetischen Energie wird dies im Anschlusse an die gerade vorhin wörtlich abgedruckte Stelle der BERLINERschen Experimentalphysik gleich im zitierten Lehrbuche selbst (S. 21) besorgt: „Bei der Anziehung eines Magneten auf Eisen denken wir meist nur daran, daß der Magnet das Eisen anzieht. Ein einfacher Versuch lehrt, daß diese Vorstellung unrichtig ist. Man befestigt einen

Magneten und davon getrennt ein Stück Eisen auf einer gemeinsamen Unterlage, etwa einem Brett, das man auf einer Flüssigkeit schwimmen läßt (Abb. 2). Da der Magnet M das Eisen E anzieht, so wird, da E mit dem Brett fest verbunden ist, auf das Ganze ein Bewegungstrieb ausgeübt. Wir erwarten also, daß das Ganze in der Richtung dieses Triebes wegschwimmen wird. Aber das Brett bleibt in Ruhe. Offenbar wird dem System außer jenem Bewegungsantrieb noch einer erteilt, der den ersten aufhebt. Wir schließen daraus, daß das Eisen den Magneten ebenfalls anzieht, und zwar mit einer Kraft, die derjenigen gleich·groß, aber entgegengesetzt gerichtet ist, mit der es selbst vom Magneten angezogen wird. Daß das richtig ist, läßt sich beweisen, wenn das Eisen auf einem Brettchen und der Magnet auf einem anderen befestigt wird und beide in einigem Abstand in die Flüssigkeit gesetzt werden. Wird dann das Brettchen, auf dem das Eisen befestigt ist, festgehalten, so schwimmt der Magnet zum Eisen hin."

Noch tiefer werden wir in unser Problem hineingeführt, wenn wir nicht bloß beobachten, worin die Bewegungsfolge besteht, die hier durch gegenseitige magnetische Anziehung hervorgerufen wird, sondern welche magnetisch-energetischen Folgen selber mit dem Vorgange verbunden sind: prüfen wir das vorher ganz unmagnetische Eisenstück nach geschehener Anziehung durch den Magnet, so finden wir, daß es seinerseits magnetisch geworden. Im beschriebenen Versuch mit schwimmenden, gegeneinander bewegten Holzbrettchen, auf denen das Eisen bzw. das Magnetstück liegt, wäre die dem Eisen zuteil gewordene Menge magnetischer Energie sehr gering, vielleicht kaum nachweisbar; hat aber unmittelbare Berührung zwischen dem bereits magnetischen und dem bis dahin noch nichtmagnetischen Stahl stattgefunden, etwa gar „Bestreichung" dieses durch jenen, so tritt dort die Erscheinung des „remanenten" Magnetismus mit vollkommener Deutlichkeit auf.

Man könnte dasselbe, von BERLINER geschilderte Experiment ebensogut mit zwei schwimmenden Körpern ausführen, von denen der eine elektrisch geladen ist, der andere nicht; und würde auch hier eine Anziehung des nicht elektrischen durch den elektrischen, aber auch die gleichgroße Gegenanziehung des elektrischen durch den noch nicht elektrischen feststellen können. Die beiden Körper glitten auf der Wasserfläche zueinander los; dabei würde, ganz wie dem Eisenstück Magnetismus, so dem ungeladenen Körper Elektrizität mitgeteilt: er hätte nun selber seinen Teil an elektrischer Ladung mit bekommen.

Das sind Dinge, die jeder Volksschüler weiß: es gehört noch dazu, daß von zwei ungleich warmen Körpern der wärmere dem kälteren so lange Wärme abgibt, bis beide gleich warm oder je nachdem gleich kühl geworden sind; daß ein heller Körper einen benachbarten, im Finsteren befindlichen Körper beleuchtet, und dieser nun seinerseits Licht aussendet (entweder reflektiert oder selbstleuchtend wurde, je nach der Art der strahlenden Energie und bestrahlten Substanz); daß zwei Stoffe als Ergebnis ihres Ausgleichs an chemischer Energie einen neuen, einheitlich aussehenden Stoff liefern, z. B. Schwefel und Eisen in ihrer wechselseitigen Einwirkung das Schwefeleisen usw.

Inwiefern auch hier überall ein Ausdruck des Aktions-Reaktionsgesetzes vorliegt, ist unschwer einzusehen: Körper A hat von seiner (thermischen, optischen, chemischen usw.) Eigenart genau soviel an Körper B verloren, als dieser von jenem gewonnen; die Größe der wechselseitigen Einwirkung (Wirkung und Gegenwirkung) bleibt dieselbe und hat nur, je nachdem ich mich auf A oder B beziehe, ein verschiedenes, etwa bei B positives, bei A negatives Vorzeichen. Geradeso wie eine Kraft, die bei A Druck ist, bei B in gleicher Größe als Zug erscheint; wie bei irgendwelcher Attraktion das, was bei A Anziehung ist, bei B Widerstand heißt. BOLTZMANN bedient sich, um den Vorgang beim Wärmeausgleich anschaulich zu machen, des Vergleiches mit einer Mischtrommel, wie sie bei manchen Glücksspielen (Tombola) zur Anwendung gelangt: in der Trommel befanden sich schwarze und weiße Kugeln, die, bevor die Trommel in Drehung versetzt wird, in zwei Schichten säuberlich getrennt liegen. Rotiert die Trommel, so vermengen sich die Kugeln; nach einer bestimmten Zahl von Umdrehungen sind genau so viel weiße Kugeln in die schwarze Schicht eingedrungen wie schwarze (kalte!), die nunmehr darin fehlen, in die weiße (heiße!) Schicht. Das — seinerseits der Wahrscheinlichkeit gehorchende — Gesetz der Durchdringung wird nicht betroffen, ob ich von dieser oder jener Schicht ausgehe; die Relativität meines Standpunktes ändert an der Durchdringungsgröße nur das Vorzeichen (etwa Weiß = minus Schwarz; Kälte = Abwesenheit von ebensoviel Wärme).

In der Reihe der Energiearten, welche zunehmende Angleichung herbeizuführen vermögen, fehlt nun aber noch eine, die fürs Zustandekommen äußerlich und körperlich wahrnehmbarer Wesensnäherung mit am entscheidensten ist: die Formenergie. Gerade für sie ist der Ausgleich ihres Potentialgefälles im Bereiche der Naturlehre (Physik) weniger geläufig. Indessen werden wir sogleich Erscheinungen im Gebiete der Naturgeschichte anführen, die sich am allerbesten durch das Imitationsprinzip erklären lassen, d. h. durch Verallgemeinerung des Gesetzes der Aktion und Reaktion auf sämtliche, überhaupt existierende und denkbare Energiearten, mit Einschluß der morphischen oder Formenergie.

Im Gesteinsreiche sind solche Erscheinungen die „Umwandlungspseudomorphose" oder innere Umgestaltung eines kristallinischen Minerales in ein anderes kristallinisches oder amorphes, wobei die äußere Form des Ursprungsminerales erhalten bleibt; und die „Kontaktmetamorphose" oder Umgestaltung eines Gesteines, das an ein anderes grenzt, im Sinne von Stoff oder wenigstens Struktur dieses zweiten. Im Organismenreiche geben „Schützende Ähnlichkeiten" (Mimikry im weiteren und engeren Sinne) von Tieren mit Pflanzen oder umgekehrt oder Ähnlichkeiten zwischen Tieren und Pflanzen untereinander oder mit ihrer anorganischen Umgebung große Gruppen von Phänomenen ab, die unter Ausgleichungen von chemischer und Formenergie zustande kommen. Genauere Beschreibung der genannten Erscheinungen bei toten und lebendigen Naturkörpern, sowie ihre Begründung als Imitationsvorgänge muß jedoch besonderen Kapiteln (IX, X) vorbehalten bleiben, da ihre Einbeziehung ins gegenwärtige Kapitel es zu sehr belasten und unübersichtlich machen würde. Wir setzen jetzt lediglich den Schlußstein zur Imitationshypothese in ihrer allgemeinsten Gestalt, in der sie auch dem Verständnis der Serialität zu dienen hat.

Worin besteht nämlich das Endergebnis davon, daß die Körper ihre Energien tauschen — daß sie Aktion und Reaktion aufeinander ausüben in bezug auf Bewegung und Schwerkraft, wodurch ihre Distanzen verringert, in bezug auf Magnetismus, Elektrizität, Wärme, Licht und Chemismus, wodurch ihre Differenzen im Besitze der aufgezählten Energievorräte ausgeglichen werden? Das definitive Ergebnis des Ausgleichs kann offenbar nur darin bestehen, daß zwei in Wirkung und Gegenwirkung begriffene Körper einander in bezug auf Lage, Bewegung und sonstige Beschaffenheit zunehmend ähnlicher werden. Soll der Ausdruck hierfür abermals ein Anthropomorphismus sein — was ja unschädlich ist und uns dem Auszudrückenden intellektuell näher bringt, solange man sich des menschlichen Standpunktes bewußt bleibt und alsbald zum objektivenergetischen zurückkehrt — so möchte man sagen: die Körper ahmen einander nach, der reagierende Körper dem agierenden, selbstverständlich aber auch umgekehrt. Und dies ist nun der wesentliche Inhalt meiner „Imitationshypothese": daß kein Körper, kein Ding überhaupt (ob Stoff, ob Kraft) in der Nachbarschaft eines anderen weilen kann, ohne ihm in sämtlichen Beziehungen ähnlicher zu werden; dabei muß das Maß erreichter Ähnlichkeit der Dauer und Intensität aufeinander ausgeübter Aktion und Reaktion direkt proportional sein.

Die Verähnlichung (Imitation) je zweier, einander benachbarter Körper kann eine derartige sein, wie die Anziehung (Gravitation) zwischen Erde und fallendem Stein: man sieht die Bewegung des Steines zur Erde, nicht die der Erde zum Stein. Oder sie kann von der Beschaffenheit sein, wie das Aufeinanderprallen zweier Billardkugeln, die daraufhin ihre Bewegungsrichtung ändern, aber beide in symmetrischer Richtung und gleichförmiger Bewegung weiterrollen. — Beispiele der ersten Imitationsart sind Farbanpassung eines Tieres an seine Umgebung, Warm- und Hellwerden eines Körpers bei der Wärme- und Lichtquelle; Beispiele der zweiten Imitationsart sind positiv und negativ elektrische Körper, die ihre Energien bis zum Nullpunkt aufheben, oder Schwefel und Eisen (ebenso beliebige andere Elemente von genügender chemischer Affinität), die in ihrer Verbindung die ganz abweichenden Eigenschaften des Schwefeleisens annehmen, doch untereinander nunmehr übereinstimmen. Mit anderen Worten: manchmal ist nur die Veränderung des einen Nachbarn zu sehen — sie besteht darin, daß er dem anderen ähnlich wird, ihn „nachahmt" (Angleichung; Anpassung, falls mit bestimmtem Erhaltungszweck verknüpft). Oder beider Nachbarn Veränderung ist offenkundig: sie besteht in wechselseitiger Konvergenz; zum Schlusse sieht keiner mehr so aus, wie er früher ausgesehen hatte, aber einer sieht so aus wie der andere (Ausgleichung). Beiderlei Imitationsprozesse gehen natürlich ohne scharfe Grenzen ineinander über; noch richtiger, es gibt eigentlich nur den zweiten, die beidseitige Ausgleichung — einseitige Angleichung ist Täuschung, indem zwar die Verähnlichung des „nachahmenden" zum „nachgeahmten" Körper deutlich wird, die umgekehrte Verähnlichung jedoch (genau wie Anziehung der Erde durch den Stein) unter der Schwelle des beobachtenden Bewußtseins bleibt.

Übertragen wir jetzt die vom Prinzip der energetischen Aktion und Reaktion hergeholte Erkenntnis auf das Prinzip der Serialität, so leuchtet vor allem eines unwiderstehlich daraus hervor: die Imitation benachbarter Dinge muß zur Entstehung massenhafter Raumserien, das ist zu gleichzeitiger Häufung des Gleichen im Nebeneinander hinführen. Das seriale Moment daran muß um so eher in die Augen springen, wenn die Imitation nicht in sämtlichen Energiearten gleich weit gediehen ist, sondern man den Dingen ihre ursprüngliche Wesensverschiedenheit noch ansieht — z. B. wo Übereinstimmung der Farbe bei abweichender Form oder Ähnlichkeit der Form bei Verschiedenheit des Stoffes vorliegt. Je weniger die Imitation zu tatsächlicher Übereinstimmung geworden ist, je mehr sie bei einer gewissen, schon erreichten Vollkommenheit sozusagen noch auf halbem Wege stehen blieb, desto eher wird vorhandene Ähnlichkeit als eine „zufällige", nicht im Wesen der Dinge begründete und deshalb als eine „seriale" erscheinen.

Wie jedoch überträgt sich der Imitationismus in die Zeitserie, auf die Häufung des Gleichen im Nacheinander? Um hier klar zu sehen, ist schon eine etwas größere Ablenkung aus den Bahnen der Denkgewohnheit erforderlich. Wir haben dabei vor allen Dingen zu beachten, daß Raumserien besonders aus gleichen Form- und Stoffzuständen (Erscheinungen), Zeitserien dagegen namentlich aus gleichen Bewegungszuständen (Ereignungen) hervorgehen. Nachahmung von Bewegungen und Stellungen ist aber, weil ihnen die Imitation von Kräften und noch nicht von Massen zugrunde liegt, sehr viel schneller möglich als diejenige von Formen und Stoffen. Ein Affe kann in seinem sprichwörtlichen Nachahmungstrieb leicht manche Handgriffe des Menschen erlernen — ehe aber aus affenartigen Vorfahren Menschen wurden, dauerte es ungezählte Jahrtausende. Ein Kind kann rasch die Kleider eines Erwachsenen anlegen — ehe es aber hineinwächst, vergehen viele Jahre. Ein Jäger kann, um sich ans Wild heranzupirschen, auf dem Boden entlang kriechen, jeder Unebenheit sorgsam angeschmiegt; viele Generationen von Jägern aber müßten diese Bewegungsarten üben, damit sie in die Wachstumsart, etwa in die abgeplattete, kurzbeinige Gestalt eines schleichenden Raubtieres überginge. Und nun gar, wenn man in einen fahrenden Wagen einsteigt: den Augenblick oder Bruchteil davon verharrt man noch im bisherigen Zustande der Unbewegung; man würde, ohne sich anzuhalten, das Gleichgewicht verlieren und vielleicht nach rückwärts fallen. Doch alsbald ist das Gleichgewicht hergestellt, hat unser Körper sich der Bewegungsrichtung und Bewegungsgeschwindigkeit des Wagens angepaßt, hat dessen eigenartige motorische Energie mitgeteilt erhalten oder „imitiert".

Da also Bewegungszustände, im Gegensatze zu Formzuständen, mit so geringem Zeitaufwande kopierbar sind, so wäre die ungewohnte Vorstellung zulässig, daß jeder Zeitmoment, bzw. dessen gegenständlich räumlicher Inhalt, den unmittelbar vorausgehenden Zeitmoment imitiert — energetischen Austausch, Aktion und Reaktion mit ihm betreibt; aus all den ausgeglichenen Zeitbruchstücken, d. h. immer deren materiellen Inhalten, setzt sich dann ein in der Zeit gleichförmig verlaufendes Geschehen zusammen. Daß der jeweils vorausgehende Zustand auf den nachfolgenden einwirkt, ihn im Sinne des Beharrens beeinflußt, ist leicht einzusehen. Wo aber bleibt die Gegenwirkung des nachfolgenden Zustandes auf den vorhergehenden — eine Rückwirkung, die doch vorhanden sein muß, soll man den Vorgang wirklich im Gesetze von der Aktion und Reaktion einordnen dürfen? Wohl ist auch verständlich, der jeweils nachfolgende Zustand „reagiere" auf den vorausgehenden; ist das aber Reaktion im eigentlichen Sinne, antwortende Wirkung, die ihr Ziel, also einen gar nicht mehr bestehenden Zustand, aus dem sie selber hervorging, tatsächlich erreicht? Kann etwas Gegenwärtiges auf etwas Vergangenes Einfluß nehmen, wie Gegenwärtiges es mit Kommendem zu tun vermag?

Strenge genommen können überhaupt nur gleichzeitige Zustände einander direkt beeinflussen. Indirekt aber gibt es einen Weg, der im Nacheinander dieselbe Wechselwirkung herbeiführt wie sie im Nebeneinander vonstatten geht. Denken wir uns einen Fluß, dessen Wassermassen sich bekanntlich längs der Mitte des Strombettes schneller talabwärts wälzen als an den Ufern. Auch die mitgeführten festen Bestandteile haben diese ungleiche Geschwindigkeit: in der Strommitte etwa noch mit fortgerissen, stauen sie sich an den Rändern vielleicht schon zu Kies-, Sand- und Schlammbänken auf. Nun wirkt freilich die Wasser- und Geschiebemasse nicht auf sich selbst, auf jenen Moment ihres eigenen Daseins zurück, da sie sich etwa vor einer Sekunde noch um etliche Meter weiter stromaufwärts befand. Allein es besteht eine alle Sekunden umfassende, d. h. überhaupt andauernde Wechselwirkung zwischen dem schnellen Mittelbezirk und dem langsamen Saumbezirk des Stromes. Die Wirkung, die dieser auf jenen in Sekunde 1 ausgeübt hatte, gibt letzterer in Sekunde 2 adäquat an ersteren zurück. Aktion und Reaktion zwischen ungleichzeitigen Zuständen eines der Mittelzone angehörenden bewegten Teilchens A vollzieht sich durch Vermittlung der dabei stabil bleibenden Randteilchen B.

Dieses Bild vom Wasserstrome und seinen Sedimenten braucht man bloß auf den allgemeinen Strom des Geschehens zu übertragen, um unsere Generalisierung des Wirkung-Gegenwirkungsgesetzes von gleichzeitigen auf ungleichzeitige Vorgänge gerechtfertigt zu finden. Während der eine Zustand (X) wechselt, bleibt der andere (Y) bestehen; dieser, in der Vergangenheit von jenem beeinflußt, erstattet in der Gegenwart den erfahrenen Einfluß an Zustand X' zurück, der sich aus dem ersten (X) inzwischen entfaltet hatte. Umgekehrt ist natürlich auch X von Y beeinflußt worden; und X' (aus X hervorgegangen) antwortet nunmehr in entsprechender Weise auf den persistierenden Zustand Y.

Wo die Denkschwierigkeiten so groß sind, empfiehlt es sich wohl, Schritt für Schritt die gedanklichen Deduktionen mit konkreten Beispielen zu belegen. Und um Beispiele wie Deduktionen nicht erst recht undurchsichtig zu machen, sehe ich im Nachfolgenden ab von der mittelbaren Wirkung und Rückwirkung zwischen sukzedanen Zuständen eines Vorganges A einerseits, mit A unaufhörlich simultanen Vorgängen B andererseits. Ich betrachte die Aktion und Reaktion ohne diesen Umweg einfach so, als ob sie sich auch zwischen aufeinander folgenden Zuständen — von der Gegenwart in die Zukunft und zurück in die Vergangenheit — unmittelbar abspielen könnte.

Man vergegenwärtige sich ein Kegelspiel: am Beginne der Bahn, wo der Spieler steht, wird die Kugel mit kräftigem Schwunge abgeschoben, rollt die geradlinige Bahn entlang, trifft und wirft zuletzt die aufgestellten Kegel, je nachdem nur den einen, ihrem Lauf zunächst entgegenstehenden, oder mehrere oder in Fortpflanzung der Stöße „alle neun". Ich könnte das Umwerfen der Kegel auch in folgender, umständlicherer, material- und kraftverschwenderischer Weise bewerkstelligen: statt der einen Kugel kommen viele Kugeln zur Verwendung, die in langer Reihe und kurzen Abständen auf der ganzen Kegelbahn liegen. Ich gebe nun der ersten, mir als Spieler zunächst liegenden Kugel einen sehr kräftigen Stoß, den sie der zweiten Kugel abgibt, die ihn an die dritte fortpflanzt, und so weiter bis zur letzten Kugel, die den Stoß auf den vor ihr stehenden Kegel überleitet und ihn dadurch zu Falle bringt. Zwischen je zweien dieser benachbarten Kugeln spielt sich Stoß und Gegenstoß, Aktion und Reaktion, Annahme und Abgabe, also Austausch von Bewegungsenergie ab, mithin ein „Imitationsprozeß": jede folgende Kugel imitiert nämlich den Bewegungszustand jeder vorhergehenden Kugel.

Nun ersetzen wir diese konkrete Möglichkeit, die jedermann sofort einsieht, durch die abstraktere Vorstellung, daß die eine, einzige Kugel des gewöhnlichen Kegelspieles jedesmal eine andere ist, wenn sie sich über aufeinander folgende Teilstrecken der Bahn hinwegbewegt: in der Strecke a entspricht sie der ersten Kugel, die in unserem vorigen Bilde diesen Teil der Bahn beherrschte; in der Strecke b entspricht sie der zweiten Kugel, und so fort bis zum stürzenden Kegel. Die Kugel der Strecke b imitiert kraft ihrer Bewegungsäußerung (Reaktion) den Bewegungszustand der Kugel auf der Strecke a, dessen Folge und Wirkung sie ist; und es verschlägt dabei nichts, wenn diese Kugel in a und b materiell dieselbe ist, da sie es doch zeitlich nicht ist. Ob es eine Kugel ist, die den nötigen Bewegungsantrieb bis zum Kegel trägt; oder eine Vielheit von Kugeln, die ihn von einer zur andern trägt: dies ist offenbar nur ein Unterschied des Grades, insbesondere des von der größeren Masse im letzteren Falle erforderten Mehrbetrages an Kraft; aber es ist kein Unterschied des Wesens.

Damit ist nun auch gegeben, inwiefern der anthropistische Trägheitsbegriff auf das allgemeine Gesetz von Aktion und Reaktion und zugleich auf einen rein energetischen Begriff reduziert

werden kann; und weiter noch, inwiefern die Ableitung des Seriengesetzes aus dem physikalischen Trägheitsgesetz von der Imitationshypothese mit gedeckt werden kann.

Der restlose Vollzug, das „Austoben" von Wirkung und Rückwirkung bis zu ihrem Ende bringt die energetischen Prozesse zwischen
energietauschenden Dingen zur Ruhe — ermöglicht erst ihre „Trägheit", in der sie nunmehr beharren. Die Physik kennt einzig und allein
das Beharren in einem Bewegungszustand: auch dieses Beharren
beruht (oder kann wenigstens so aufgefaßt werden) auf einer Imitation,
die der bewegte (sich bewegende) Körper in jedem Zeitabschnitte vornimmt, indem er sich nach seinem eigenen Bewegungszustande im jeweils voraufgegangenen Zeitabschnitte richtet. Die momentane Bewegungsbeschaffenheit (-geschwindigkeit, -richtung) des Körpers ist
stets unmittelbare Reaktion auf seine Bewegungsbeschaffenheit im
früheren Momente, der dem jetzigen mit seiner Aktion vorauseilte.
Diese Aktion ist natürlich selbst wieder Reaktion auf den agierenden
Bewegungszustand des noch früheren Momentes usw.

Die Methode, um zu diesem Ergebnis zu gelangen, war im ganzen
eine ähnliche, in ihrem ersten Schritt eine umgekehrte als diejenige, die
wir am Schlusse des vorigen Kapitels angewendet hatten, um die
Serie zunächst durch Beharrung zu erklären. Wir empfinden die Wiederholungen einer Serie als Unterbrechungen; führten sie jedoch zurück
auf einen ununterbrochenen Wellengang von Ereignissen, worin nur
der Wellenschlag uns zu Bewußtsein kommt. Analyse des hier dis-
kontinuierlichen Bewußtseins führte zur Synthese des kontinuierlichen
Vorganges. Reziprok erscheint uns das Beharren von vornherein als
ununterbrochener Vorgang: durch Analyse zerlegten wir ihn zuerst
in seine einzelnen Wegstrecken, wandelten ihn also begrifflich zu einem
unterbrochenen Prozeß, um nachher wiederum durch Synthese aus
gedachter Diskontinuität wirkliche Kontinuität herzustellen.

Ich bilde mir nicht ein, mit dieser Ableitung der theoretischen
Physik einen Dienst zu erweisen; sie braucht nichts anderes als ihren
durch Energie und Masse ausgedrückten, mechanischen Trägheitsbegriff. Um dagegen die philosophische Wissenschaft von den Serien
auf eine gesunde, einheitlich naturhistorische Grundlage zu stellen,
mußte die Reduktion und zugleich Dehnung des mechanischen Trägheitsbegriffes weitergetrieben werden; mußte „Trägheit" durch „Energie" allein ausgefüllt, aber zugleich über die Bewegungsenergie hinaus
in sämtlichen Energiegebieten geltend gezeigt werden. Und dies alles
nicht bloß im geläufigen Sinne, der Masse als geformte Energie ansieht,
sondern durch Auffassung der Beharrung als das Resultat einer Kette
von Imitationsvorgängen. Imitation als Endergebnis zur Ruhe ge-

kommener allgemein energetischer Aktion und Reaktion; und Beharrung — beides fruchtbare und unentbehrliche Erklärungsprinzipe zur Lösung des Serienproblemes: sie konnten dadurch als zwei besondere Seiten eines im Wesen gemeinsamen Hauptprinzipes erfaßt werden, worin Aktion und Reaktion der Energien die übergeordnete, Beharrung die untergeordnete ist von jenen im Universum allverbreiteten Erscheinungen. —

Bei den meisten Ausführungen dieses und des vorigen Kapitels hielt ich mich im Rahmen derjenigen Anschauungen und Ausdrücke, die der „klassischen Mechanik" für den Trägheitsbegriff eigen waren, deren Wege durch die großen Meister GALILEI und NEWTON vorgezeichnet und noch unserer heutigen Generation durch die Schulen aller Grade gelehrt wurden. Aus zwei Gründen bin ich so konservativ gewesen: erstens vermied ich es, in Kategorien darzustellen, die der großen Mehrheit unserer Zeitgenossen noch denkungewohnt blieben; zweitens reicht die „neue Mechanik", die durch die allgemeine Relativitätstheorie angebahnt erscheint, so wenige Jahre zurück, daß man nicht darauf schwören mag, ob ihr größere Dauer beschieden sein wird als etwa der Emissions- und bald darauf der Undulationstheorie des Lichtes. Es fehlt ihr nicht an Gegnern (J. G. VOGT, GILBERT); sogar einer ihrer Mitbegründer (POINCARÉ) sagt: „Die Schlußfolgerungen, welche die ‚neue Mechanik' macht, können noch nicht als endgültig begründet gelten. Das wird noch gute Weile haben. Aber diese Folgerungen verdienen es bereits, daß ihnen eine ernste Prüfung von seiten der Gelehrten und Philosophen zuteil wird ... Man soll daher die alten Gesetze nicht schlecht machen, man soll sie vielmehr weiter lehren, wenn nicht ausschließlich, so wenigstens neben den neuen Gesetzen." Für meinen Teil will ich POINCARÉs Mahnung gern gehorchen und widme der neuen Auffassung am Kapitelende einige Zeilen. So ist noch festzustellen, daß die Seriengesetzlichkeit durch etwaige umstürzende Veränderungen im Trägheitsbegriff nicht gefährdet, sondern im Sinne der Arbeiten von EINSTEIN, POINCARÉ u. a. höchstens gefördert werden kann.

Denken wir uns (mit EINSTEIN) einen bewohnbaren Raum im Weltraum weit genug entfernt von allen Himmelskörpern, um ihrer Anziehung, nicht zu unterliegen: in jenem „Zimmer" befindliche Gegenstände würden schwerelos sein und festgebunden werden müssen, sollen sie „nicht beim leisesten Stoß gegen den Boden langsam gegen die Decke entschweben". Inmitten der Zimmerdecke „sei außen ein Haken mit Seil befestigt, und an diesem fange nun ein Wesen von uns gleichgültiger Art mit konstanter Kraft zu ziehen an". Durch Gegendruck wird die Beschleunigung des Zimmers auf einen darin befindlichen Menschen übertragen: er muß also diesen Druck mittels seiner Beine aufnehmen und steht dann in seinem Weltraumzimmer genau wie er in seiner Wohnung auf unserer Erde stünde. Läßt er einen Gegenstand los, den er in der Hand hatte, so wird der Gegenstand sich in beschleunigter Relativbewegung dem Boden nähern, d. h. er wird fallen. Der Mann wird glauben müssen, er sei in ein Schwerefeld geraten, und sich nur darüber wundern, daß in diesem Gravitationsfelde nicht auch sein Zimmer mitfalle: „Da entdeckt er aber den Haken in der Mitte der Decke und das an demselben befestigte gespannte Seil, und er kommt folgerichtig zu dem Ergebnis, daß das Zimmer in dem Schwerefelde ruhend aufgehängt sei."

Aus dieser „Utopie", wie man die eben erzählte Geschichte im vollsten Wortsinne nennen könnte, geht bereits die Identität von Gravitationsfeld und Trägheitsfeld hervor: denn die Dinge und Menschen im schwebend durch den Weltraum gezogenen Zimmer gehorchen ihrer Trägheit; selber nicht an den „Engel" gebunden, der ihr Wohnbehältnis durch die Himmel schleppt, beharren sie im Bewegungs- bzw. Ruhezustand, den sie innehatten, bevor der Engel zu ziehen begann. Dieser Gegensatz zur Beschleunigung, den ihr Wohnraum erfährt, drückt sie zu Boden und ruft genau die Erscheinungen der Erdenschwere an ihnen hervor. Trägheit und Schwere sind demnach dasselbe.

Hand in Hand mit dieser Festlegung läuft eine andere, die alle mechanischen Massen auf elektrische Massen zurückführt, da sie aus elektrisch geladenen Teilchen (Elektronen) bestehen. Nun ziehen elektrisch geladene Teilchen einander an: die Massenanziehung — sowohl die die Massen zusammenhaltende Kraft oder Kohäsion als auch die Schwerkraft oder Gravitation — beruht daher auf elektrischer Anziehung. Und weil Gravitation dasselbe ist wie Trägheit, so ist auch Trägheit dasselbe wie elektrische Anziehung — das Beharrungsvermögen eine elektrische Erscheinung. Im Lichte der Elektronentheorie wird schließlich jede Energie zur elektrischen: die prinzipielle Gleichsetzung von Trägheit und Schwere, Trägheit und Elektrizität, daher Trägheit und Energie ist durch EINSTEIN-GROSSMANN ausgesprochen; der in vorliegendem Kapitel unternommene Versuch, für den Trägheitsbegriff energetische Begriffe einzusetzen, ist also durch die modernste Physik in gewissem Sinne vorweggenommen. Akzeptieren wir die Rückführung aller Energie auf elektrische Energie, so wird man sich auch das Gesetz der Serie als elektrisches Phänomen zu erklären haben: sollte darin endgültige Erkenntnis beschlossen liegen, so wird man mit der Zeit herausfinden, daß die Erklärung der serialen Erscheinungen dadurch wesentlich einfacher und bequemer geworden ist.

Die Reduktion der Beharrung auf (elektrische) Anziehung ermöglicht uns jetzt den Anschluß an das folgende Kapitel; bevor wir es eröffnen, fassen wir in vier Absätzen den Inhalt der bisherigen Kapitel zusammen:

1. Die Wiederholung gleichartiger oder ähnlicher Dinge im Raume und in der Zeit ist regelmäßig, wenn nicht gesetzmäßig und daher keinesfalls durch wechselnde, von Fall zu Fall spezifisch wirkende Ursachen erschöpfend erklärbar.

2. Als gemeinsame Ursache für sämtliche Wiederholungsfälle (Serien) kommt das Beharrungsvermögen in Betracht: in der Mechanik für Bewegungen materieller Punkte und Einzelkörper abgeleitet, muß es für sämtliche Energieäußerungen, für Kräfte und Kräftekonstellationen nicht bloß der einzelnen Körper, sondern auch kleinerer und größerer Körperkomplexe gültig sein. Ein Körperkomplex, beharrend in gegebener Kräftekonstellation, wird gleichartige Ereignisse produzieren, die sich als Reproduktionen desselben Ereignisses kundgeben.

3. Aktion und Reaktion sämtlicher Energien bringt deren Niveauunterschiede (Potentialgefälle) in benachbarten Dingen zum Ausgleich: sie bewirkt somit, daß die Dinge selber, als Ausdruck ihres energetischen Gesamtbesitzes, nunmehr gleich aussehen (Imitation). Der Ausgleich bringt die energetischen Vorgänge zur Ruhe, zur „Trägheit"; auch das Beharren in einer Bewegung ist nichts anderes als solche Trägheit, erzielt durch Wirkung und Gegenwirkung (Imitation) der materiellen Inhalte aufeinanderfolgender Zeitabschnitte. Das „Trägheitsgesetz" der Mechanik wird so zum Spezialfall eines allgemeinen energetischen „Reaktionsgesetzes".

4. Im Nebeneinander erscheint die energetische Ausgleichung als Raumserie; im Nacheinander, wenn schnelle, meist nur aufs Kräftespiel und Bewegungszustände beschränkte Imitationen sich folgen, erscheint sie als Zeitserie. —

Zurückgewandt zur konkreten Darstellung der Einleitungskapitel — etwa in Ansehung eines der speziellen Beispiele unserer Seriensammlung aus dem Alltag — will sich mir das Geständnis aufdrängen, daß die hier entwickelten abstrakten Gedankengänge bis jetzt recht wenig zur „Erklärung" (was man so nennt) der dort aufgezählten gegenständlichen Serialfälle beizutragen vermögen. Aber das ist kaum Schuld des Erklärungsprinzipes oder seiner sachlichen Unrichtigkeit, sondern Schuld unserer Unkenntnis der Kräftekonstellationen in den Bagatellbeispielen. Es ist immer schwer gewesen, treibende Ursachen in den von der Natur fertig gewährten Exempeln zu entwirren: Blitz, Hagel, Meeresleuchten, Luftspiegelung, Brandung sind auch nicht an Ort und Stelle, im Rahmen der sie tragenden Welt, enträtselt worden; sondern im viel engeren Rahmen des Laboratoriums. Jene Naturgewalten gaben aber den Anreiz, über sie nachzudenken; und erst vom Nachdenken führte der Weg zur Empirie. Unser Verhältnis zum Serialgeschehen steht einstweilen noch auf der Stufe des bloßen Nachgrübelns, der Spekulation; mag sein, daß wir hierzu — im Besitze des modernen Rüstzeuges der Naturwissenschaften — die tauglicheren Mittel anwenden können im Vergleiche etwa zu den Naturphilosophen des klassischen Altertums oder selbst noch denen des achtzehnten und beginnenden neunzehnten Jahrhunderts. Zur verläßlichen Ausfüllung der beim Nachdenken über die Serialerscheinungen zurückbleibenden Verständnislücken und Erklärungsfehler bedarf es des analysierenden Experimentes, genau wie gegenüber allen Elementarerscheinungen. Auch unsere spekulativen Aufklärungsmittel des Serialgeschehens werden erst durch eine experimentelle Serienlehre — STERZINGER hat sie bereits eröffnet! — mit willkürlich gewählten und erzeugten Beispielen zum Stehen oder Fallen kommen.

VII. Die Attraktionshypothese

Ὡς γλυκὶ μὲν γλυκὶ μάρπτε, πικρὸν δ' ἐπὶ πικρὸν ὀροῦσεν, ὀξὺ δ' ἐπ' ὀξὺ ἔβη, δαερὸν δ' ἐποχεῖτο δαερῶι. (So griff Süßes nach Süßem, Bittres stürmte auf Bittres los, Saures stieg auf Saures und Heißes ritt auf Heißem).

EMPEDOKLES.

Eine rein experimentelle Forschung gibt es übrigens nicht, denn wir experimentieren, wie GAUSS sagt, eigentlich immer mit unsern Gedanken. Und gerade der stetige, berichtigende Wechsel, die innige Berührung von Experiment und Deduktion, wie sie GALILEI in den Dialogen, NEWTON in der Optik pflegt und übt, begründet die glückliche Fruchtbarkeit der modernen Naturforschung gegenüber der antiken, in welcher feine Beobachtung und starkes Denken zuweilen fast wie zwei Fremde nebeneinander herschreiten.

ERNST MACH 1903.

Die Imitationen und die darin eingeschlossenen Beharrungen reichen zwar an und für sich schon vollkommen aus, um uns das Zustandekommen (das genetische Moment) von Häufungen des Gleichen im Raume und in der Zeit verständlich zu machen; allein die Art, wie uns diese Häufungen dann als simultane und ganz besonders als sukzedane Serien entgegentreten (ihr phänomenologisches Moment), erfordert häufig das Inkrafttreten eines weiteren, im gegenwärtigen Kapitel zu beschreibenden energetischen Vorganges. Insofern freilich ist letzterer gleichfalls bereits mit dem imitativen Austausch von Energien gegeben, als er ihn automatisch begleitet bzw. ablöst; und nur begrifflich ist er scharf von den imitatorischen Kräften zu trennen: dieser Prozeß muß in der allgemeinen Anziehungskraft (Attraktion) der Körper und Massenteilchen erkannt werden — derselben Energieart, die in ihrer Anwendung auf Himmelskörper durch NEWTON als Schwerkraft (Gravitation) entdeckt wurde, deren universelle Bedeutung jedoch seit CAVENDISHs Kugelversuch unbestritten erkannt ist:

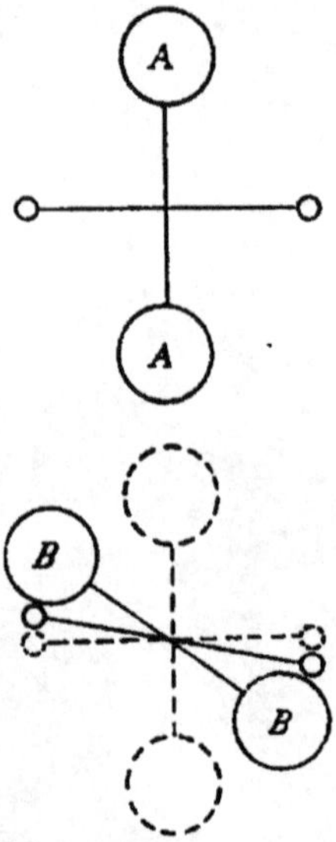

Abb. 3. Kugelversuch von Cavendish zur Prüfung der Gravitation: oben Ruhelage, weil die kleinen Kugeln von den grossen in der Stellung *A A* beiderseits gleichstark angezogen werden; unten bewegen sich die kleinen Kugeln, nachdem die grossen in Lage *B B* gebracht wurden, aus ihrer anfänglichen Horizontallage zu den grossen Kugeln hin.
(Nach A. Berliners Experimentalphysik.)

„Sein Apparat (Abb. 3) bestand im wesentlichen aus zwei kleinen Metallkugeln (je 730 g) an den Enden eines horizontalen, an einem Faden aufgehängten Holzstabes und aus zwei großen Bleikugeln (von je 158 kg) auf einem drehbaren Gerüst, die den kleinen Kugeln beliebig nahe gebracht werden konnten. Sind die großen Kugeln (von oben gesehen) in der Lage AA, so bleiben die kleinen in Ruhe, weil sie mit gleicher Stärke nach entgegengesetzten Richtungen gezogen werden. Bringt man aber die großen Kugeln z. B. in die Lage BB, so bewegen sich die kleinen zu ihnen hin. Die Ablenkung des Holzstabes wird zur Messung benutzt" (BERLINER, S. 82).

Also nicht bloß dort, wo sie gewöhnlich den Gegenstand astronomischer und physikalischer Berechnung bildet, haben wir Attraktionskräfte als wirksam anzunehmen: zwischen Himmelskörpern untereinander wie zwischen ihnen und ihren Bestandteilen, wo sie im freien Fall loser Bestandteile den sinnfälligsten Ausdruck erhalten — sondern Anziehung besteht zwischen beliebigen Körpern und Partikeln, seien es große oder kleine. Suchen wir uns sogleich einen Begriff zu verschaffen, wovon die Stärke der Anziehung abhängt, so finden wir den naheliegendsten Hinweis dafür in der Größe sich anziehender Massen: der größere Körper besitzt auch die größere Anziehungskraft; Volumen (im Sinne von Massen-, nicht von bloßem Rauminhalt) und Intensität sind einander gleichgerichtet proportional. Die stärkste Anziehung geht danach, wie es uns die Erfahrung bestätigt, von den Himmelskörpern als größten bekannten Massenkomplexen aus; die kleinste von den Elementarteilchen der Masse, den Molekülen und Atomen. Wahrnehmbar ist sie uns auch noch hier als Zusammenhaltskraft (Kohäsion) der Materie, die mit zunehmender Entfernung ihrer Moleküle und Atome rasch abnimmt: deshalb ist die Kohäsion fester Massen am größten, weil hier die Elementarteilchen am engsten benachbart sind; schon die um weniges weitere Entfernung, die sie bei flüssigen und gasförmigen Massen einnehmen, bewirkt starkes Nachlassen bis Aufhören der zusammenhaltenden Kräfte, da Teilchen von der Kleinheit des Moleküles und Atomes ihre Attraktion bereits auf ein geringes Intervall hinaus nicht mehr so sicher geltend machen können.

Setzen wir voraus, daß von der Masseneinheit auch die Krafteinheit der Anziehung ausgeht, so ist die direkte Proportionalität zwischen Masseninhalt und Anziehungsstärke selbstverständlich, da ja die größere Masse zugleich die größere Menge materieller und damit attraktions-energetischer Einheiten in sich vereinigt. Verständlich wird die genannte Proportionalität ferner unter dem Gesichtspunkt, daß die größere Masse unter sonst gleichen Bedingungen (namentlich gleichbleibendem Eigengewicht) gleichzeitig die schwerere ist, d. h. einerseits selbst der stärkeren Gravitation unterliegt, andererseits nach dem Gesetze gleicher Wirkung und Gegenwirkung die stärkere Gravitation ausübt. Diese bekannte Tatsache ist für unser Serialitätsprinzip bereits von Bedeutung: denn ist der größere Körper zugleich der schwerere, so ist er außerdem auch der trägere. Je umfänglichere Körper also in Bewegung gesetzt werden oder in Ruhe verbleiben, desto größer die Aussicht, daß dieser ihr Bewegungs- und Ruhezustand erhalten bleibe. In anderem Ausdrucke, der den Zusammenhang des Serialitäts- mit dem Attraktionsproblem noch deutlicher hervortreten läßt, lautet der Satz: je stärker ein Körper vermöge seines Umfanges angezogen wird und selber anzieht, desto länger die Zeitdauer, während welcher er, im

142

selben Bewegungs- oder Ruhezustand verharrend, gleichartige oder ähnliche Erscheinungen zeigt, Ereignisse produziert oder Mangel an solchen; mit einem Wort, seriales Verhalten zur Schau trägt.

Im Umfang eines Körpers, seinem Gewicht oder der Zahl in ihm vereinigter Elementarteilchen liegt sicher nicht das einzige Maß der von ihm ausgehenden Anziehungskraft: viele Tatsachen der unorganischen wie organischen Natur belehren darüber, daß die Anziehungskraft, als allgemeine Eigenschaft der leblosen wie der lebenden Körper, auch mit deren stofflicher Beschaffenheit zu tun haben muß. Die universelle Attraktion ist nicht bloß ein physikalisches, sondern auch ein chemisches Problem; nicht einzig und allein aus der anziehenden Energie zu begreifen, sondern auch aus der angezogenen Materie zu erklären. Und zwar hier nicht bloß aus der Masse, sondern auch aus der Art der Materie. Nur insofern natürlich, als alle Chemie zuletzt Physik und alle Materie zuletzt Energie (oder umgekehrt), kann die Attraktion als rein energetisches bzw. je nach der Weltanschauung des Forschers, sogar als rein materialistisches Problem behandelt werden.

Wie wenig die Art der Substanz für die Stärke der von ihr ausgeübten Anziehung gleichgültig ist, folgt doch schon aus den Tatsachen der Kohäsion: ist diese, wie allgemein angenommen, mit der Gravitation identisch, so kann Gravitation ihrerseits nicht unabhängig sein vom Stoff. Denn die Kohäsion ist größer zwischen gleichartigen als zwischen ungleichartigen Substanzpartikeln. Beim Zerschlagen eines Konglomerates, eines Gesteines fallen die Minerale, aus denen es sich zusammensetzt, leichter in der Art auseinander, daß sie dabei entmischt werden, als daß die Brüche durch ein und dasselbe Mineral hindurchgehen. Eher trennt sich Quarz von Feldspat und beide vom Glimmer, als daß diese verschiedenerlei Gesteinseinschlüsse selbst in Trümmer gehen. Was hier von mechanischen Vermengungen gilt, gilt nicht von chemischen Verbindungen, denn die sind ja in sich energetisch ausgeglichen, sind „gleichartige Substanz" geworden, mögen noch so viele Grundstoffe sich an ihrem molekularen Aufbau beteiligen. Deshalb ist die relative Kohäsionsstärke bei chemischen Verbindungen dieselbe wie bei chemischen Elementen; nämlich größer, wenn sie als homogene Massen, als wenn sie mit anderen Verbindungen oder Elementen mechanisch gemischt auftreten.

Daß die Stoffart für die Stärke der Anziehung nicht bedeutungslos ist — sei diese Anziehung nun Gravitation im physikalischen, engeren Sinne oder eine anders benannte Attraktion —, folgt ferner am faßlichsten aus den magnetischen und elektrischen Erscheinungen. Ein gewöhnlicher Eisenmagnet zieht bekanntlich keine beliebigen Substanzen in einer für uns wahrnehmbaren Weise an, sondern nur ihm stofflich nächstverwandte Substanzen — nur abermals Eisen, das unter dem Einflusse der magnetischen Anziehung imitativ (siehe voriges Kapitel) selber magnetisch wird und den erworbenen Zustand infolge der Beharrung (siehe vorvoriges Kapitel) als „remanenten Magnetismus" beibehält.

Hand in Hand mit dieser der Anziehung folgenden Angleichung — eigentlich der Vollendung einer schon vor der Anziehung bestandenen Gleichheit oder Ähnlichkeit — ist noch eine weitere Änderung in der vom Magnet angezogenen Eisenmasse vor sich gegangen: sie ist po-larisiert und schließlich auch darin der magnetischen Kraftquelle gleich geworden. Erfolgte die Anziehung durch den positiven (nord-suchenden oder kurzweg Nord-)Pol des Magneten, so stellen sich die ihm zunächstliegenden Eisenteilchen als negativen (Süd-)Pol, die ihm abgekehrten als positiven Pol des neustrukturierten Magneteisens ein. Zwischen ungleichnamigen (Nord- und Süd-)Polen zweier Magnete bzw. des ursprünglichen Magnetes und des von ihm magnetisierten Eisens besteht (entstand) nun ein Maximum der Anziehung; zwischen gleichnamigen (je zwei Nord- oder Süd-)Polen ein Minimum, d. h. Ab-stoßung.

Ganz entsprechend verlaufen die elektrischen Erscheinungen: ein elektrisch geladener Körper elektrisiert einen zweiten, den er an-zieht; und indem er ihn anzieht, wird eine Fläche des angezogenen Körpers, die einer positiv geladenen Fläche des anziehenden Körpers benachbart ist, negativ elektrisch geladen. Die einander zugewendeten Flächen zweier sich anziehender elektrischer bzw. elektrisierter Körper sind gegenpolig in bezug auf die ihnen innewohnende Elektrizität; die einander abgewendeten Flächen gleichpolig. Zwischen ungleichpolig geladenen Flächen herrscht Attraktion, zwischen gleichpolig geladenen herrscht Repulsion.

Scheinbar ist die elektrische Anziehung ungeeignet, unsere An-nahme, daß die Anziehungskräfte ganz allgemein von den Substanzen der angezogenen Massen abhängig sind, zu stützen; denn es erscheint fast gleichgültig, woraus zwei einander anziehende elektrische Körper bestehen: das Maß ihrer Anziehung scheint einzig bestimmt durch das Maß ihrer elektrischen Ladung, und das Ausmaß ihrer räumlichen Annäherung einzig durch ihr Gewicht. Eine geriebene Harz- oder Glas-stange zieht Papierstückchen, Seidenfädchen, Holundermarkkügel-chen usw. an, und nur darauf kommt es an, daß die Körperchen, deren Angezogenwerden man sehen kann, hinlänglich leicht seien. Aber schon die übliche Unterscheidung der positiven und negativen Elektrizität als Glas- und Harzelektrizität deutet an, daß auch bei elektrischen Körpern der Stoff, aus dem sie bestehen, für Anziehung und Abstoßung etwas zu bedeuten hat. Mögen ferner elektrisch geladene Körper, die einander reziprok anziehen und voneinander angezogen werden, substanziell noch so verschieden sein: eine gewisse Angleichung war dennoch Voraussetzung für das Insspieltreten der Attraktionskräfte, nämlich eine Angleichung in bezug auf jene besondere Eigenschaft der Körper, die wir ihre elektrische Ladung nennen: sie erscheinen nunmehr als Substrat kleinster Elektrizitätsteilchen (Elektronen); und diese, von denen die übrige Materie bei ihren Bewegungen gleichsam nur getragen, mitbewegt wird, betätigen auch jene besonders geeigenschaftete Anziehung, die wir von den elektrischen Erscheinungen her kennen.

Ist nun aber die elektrische Anziehung etwas von den übrigen Attraktionskräften, die wir in der Natur wirksam finden, grundsätzlich Verschiedenes? Und ebenso die magnetische Anziehung etwas Spezifisches, das etwa auf magnetisches Eisen beschränkt ist und dem Wesen nach in keiner anderen Attraktionserscheinung wiederkehrt?

Wir bleiben durchaus auf dem Boden altgeläufiger physikalischer Tatsachen, wenn wir beide Fragen verneinen und zunächst eine Synthese von Elektrizität und Magnetismus vollziehen. Laut SIEMENS ist „der Magnetismus überhaupt nur als elektrische Erscheinung aufzufassen". Und da elektrische Erscheinungen sich nicht auf bestimmte Chemismen beschränken, so folgt bereits daraus, daß auch die magnetischen Erscheinungen es nicht tun. Die ganze Erde ist magnetisch, was aber nicht etwa einer im Erdkern ruhenden, ungeheuren Masse von Magneteisen zugeschrieben werden muß; denn „der Magneteisenstein und andere in magnetischem Zustande in der Natur vorkommende Körper verdanken ihrerseits ihren Magnetismus offenbar dem Erdmagnetismus oder in einzelnen Fällen wohl der direkten Einwirkung von Entladungen". „Der elektrische Strom oder allgemeiner, Elektrizität in Bewegung, ist die einzige Quelle jedes Magnetismus, auch des Erdmagnetismus."

Ebenso wie die Erde als Ganzes, sind all ihre Stoffe und Körper als Teile magnetisch. Im Magneteisen ist die magnetische Kraft, und zwar in ihrer Einwirkung auf anderes Eisen als „Ferromagnetismus" nur besonders gehäuft und daher am sinnfälligsten, etwa wie die radioaktive Kraft im Radium. So gut aber alle Stoffe — nur die übrigen schwächer — radioaktiv sind; so auch alle anderen Stoffe als Eisen, dem sich zunächst Nickel und Kobalt anschließen, ebenfalls (nur schwächer) magnetisch. Radioaktivität und Magnetismus und, wie man ruhig hinzufügen darf, sämtliche Naturerscheinungen sind höchstwahrscheinlich zugleich allgemeine Eigenschaften der ganzen Natur; was sie als Eigentümlichkeiten besonderer Naturkörper oder spezifische Vorkommnisse bestimmter besonderer Konstellationen innerhalb der Gesamtnatur erscheinen läßt, sind nur die Stellen ihrer größten Dichtigkeit (vgl. S. 113). Für den forschenden Menschengeist sind es die Orte sicherster Entdeckungsmöglichkeit und andauerndster Wahrnehmungsleichtigkeit jener Naturerscheinung; erst viel später wird er gewahr, daß sie sich von ihren Verbreitungszentren aus, die der Forscher für Punkte ausschließlichen Auftretens zu halten geneigt war, in abnehmender Gedrängtheit über das All erstrecken.

Mithin: jeder Magnetismus ist bedingt durch Elektrizität und umgekehrt — so lehrt es das ungeheure Gebiet des Elektromagnetismus und der Induktionselektrizität —, und jeder Stoff ist magnetisch. Diese Stufe der Synthese ist innerhalb der physikalischen Auffassungen etwas längst Sichergestelltes und alt Abgeschlossenes. Weitergehend müssen wir aber die Frage aufwerfen, ob die magneto-elektrische Energie, die sich je nach Polarisierung der von ihr beherrschten Materie als Anziehung oder Abstoßung äußert, nicht auch mit den sonst in der Natur beobachteten Attraktions- und Repulsionskräften zur Deckung gebracht werden kann. Die Anziehung zwischen beliebigen Körpern, wie sie am Eingange dieses Kapitels im Kugelversuch von CAVENDISH zutage trat, verhält sich jedenfalls — zumindest logisch — zur Erdgravitation, wie die Anziehung des Magneteisens zum Erdmagnetismus. Und wie der Erdmagnetismus zur Erkenntnis führt, daß alle Körper magnetisch sind, so die Schwerkraft zur Einsicht, daß nicht bloß Himmelskörper, sondern alle Massen zueinander gravitieren. Sollte nun nicht in der Weise, wie Magnetismus und Elektrizität zusammengehören, auch der gesamte Elektromagnetismus in engen Beziehungen stehen zu der an sich rätselhaften allgemeinen Gravitationsenergie? Darf der Magnetismus als Sondergebiet innerhalb der Elektrizität gelten, so .vielleicht die Elektrizität — wenigstens in Ansehung des Attraktionsphänomens — als Spezialbereich der Gravitation? Oder umgekehrt die Gravitation als elektromagnetische Anziehung? Seien diese Ableitungen gegenwärtig noch so ungenügend beweiskräftig, eine Verwandtschaft aller aufgezählten Attraktionskräfte wird man dennoch voraussetzen dürfen: daß sie nämlich, obzwar ebenso verschieden wie etwa Wärme und Bewegung, doch nach dem Energiesatze adäquat ineinander umzuwandeln seien. Um so mehr als bei der, den Standpunkt der neuzeitlichen Physik kennzeichnenden Rückführung sämtlicher Naturerscheinungen — des Schalles, der Wärme, des Lichtes, ja der Materie — auf Bewegungserscheinungen die Elektrizität und wieder in ihr eingeschlossen der Magnetismus ohnehin inbegriffen und daher auch den der Mechanik angehörenden Gravitationserscheinungen einverleibt sind.

146

Der Weg unserer Deduktion führte vom Magnetismus als Sonderfall zur Gravitation als dem allgemeinen Fall. Kehren wir nun vom Allgemeinen noch einmal zurück zum Speziellen und übertragen von dort dasjenige Moment, welches für die Wahl des Ausgangspunktes entscheidend war: die beim Magnetismus offensichtliche Abhängigkeit der Anziehungsstärke von der Beschaffenheit angezogener Materie. Zwar nicht auf bestimmte Materien beschränkt, ist die magnetische Anziehung doch nicht unabhängig von solchen; sie ist am größten bei jenem polarisierten Eisen, das davon seinen Namen trägt. Am stärksten ist die magnetische Anziehung zwischen zwei Magneteisenstücken, die mit entgegengesetzten Polen zueinander streben. Zwischen Magneteisen und gewöhnlichem Eisen, das bis dahin noch unmagnetisch war, wird die für maximale Anziehung bedingende Gegenpoligkeit durch polare Umlagerung der ungeordneten Eisenelementarteilchen erst geschaffen: hier ist Anziehung das primäre, Polarisierung das sekundäre; zwischen zwei fertigen Magnetstücken umgekehrt. Auch Entpolarisierung und Umpolarisierung durch Bestreichen eines Eisenstabes in entgegengesetzter Richtung seiner ersten Magnetisierung ist ausführbar und beim Ferromagnetismus verfolgbar, während andere magnetische Stoffe als Eisen, Nickel und Kobalt diesen Vorgängen einen für ihre Beobachtung zu großen Widerstand entgegensetzen; man könnte sagen, die Ent- und Umpolarisierung seien hier zu langsam erreichbar, während sie sich bei der Elektrizität so schnell vollziehen, daß Attraktion und Polarisierung, allenfalls sogar Umkehrung der schon bestandenen Polarität fast zusammenfallen und man nicht in die Lage kommt, den Vorgang bzw. die Reihenfolge jener Vorgänge zu unterscheiden, je nachdem zwei primär elektrische Körper einander in die Nähe geraten oder ein elektrischer und ein noch unelektrischer, erst sekundär zu elektrisierender Körper.

Sind nun (wie es von der Elektrizität feststeht) andere Attraktionskräfte denen verwandt, die der Magnetismus uns bequemer, sozusagen langsamer vor Augen hält, so müßte auch für die ersteren als Gesetz gelten: das Höchstmaß der Anziehung besteht zwischen gleichartigen Stoffen (gleichen Grundstoffen oder gleichen Verbindungen), die mit heterologen Polen einander zugewandt sind; und das Mindestmaß der Anziehung (Höchstmaß der Abstoßung) besteht zwischen gleichartigen Stoffen (identischen Elementen oder gleichgekoppelten Verbindungen), die mit homologen Polen einander zugewandt sind. Die wichtigste Vorbedingung für stärkste Anziehung wäre gleiche stoffliche Beschaffenheit zueinander gravitierender Massen; denn ungleiche Pole finden einander durch Drehung des ganzen gravitierenden Körpers von außen oder durch Umlagerung seiner Elementarteilchen (Umkehr der Polarität) von innen.

Es soll nicht verschwiegen werden, daß der mehrfach erwähnte Kugelversuch von CAVENDISH (Abb. 3, S. 141) nicht ausreicht, um die stoffliche Abhängigkeit der Anziehungskraft zu erweisen; denn er wurde von BAILY (1841/42) mit verschiedenen Substanzen wiederholt. BOYS (1895) benützte Goldkügelchen an der Drehwage und Bleikugeln als anziehende Massen. BRAUN (1896) Messing an der Drehwage und Messing bzw. Quecksilber als anziehende Massen. Ein Einfluß des Chemismus hat sich dabei noch nicht ergeben. Auch die Pendelversuche von BESSEL (1830) — durch EÖTVÖS mit großer Genauigkeit wiederholt — entscheiden gegen jenen Einfluß, da die Schwingungsdauer des Pendels von seinem Materiale unabhängig, die träge und die gravitierende Masse identisch ist. Falls ein Einfluß des Chemismus dennoch existiert, so wäre er vermutlich nur an Massen feststellbar, wie sie dem Experimentator nicht zur Verfügung stehen. Es bedürfte dazu wahrscheinlich kosmischer Massen, ähnlich wie gewisse Sätze aus EINSTEINs universeller Relativitätstheorie zu ihrer Bestätigung des Merkur bedurften, dessen elliptische Bahn um die Sonne in der Bahnebene und im Sinne der Umlaufbewegung mit einer Geschwindigkeit von 43 Bogensekunden pro Jahrhundert rotiert, wogegen die Bahn der übrigen Planeten gegenüber den Fixsternen festzustehen scheint.

Nun kommt man allerdings bei Berechnung der Bahnen der sehr verschieden dichten Planeten und Kometen mit ein und derselben Gravitationskonstante aus, was wiederum ihre Unabhängigkeit vom Materiale — auch ganzer Himmelskörper — nahelegen würde. Indessen ist dieser Schluß nur ein Zirkel, weil man ja die Dichte der Himmelskörper nur umgekehrt aus ihrer Bewegung abzuleiten vermag: also auch in kosmischem Maßstabe läßt sich vorderhand kein „Apparat" oder Modell ersinnen, das geeignet wäre, die Hypothese von stofflicher Abhängigkeit der Attraktionsstärke zu erproben. Doch sprechen andere Tatsachen dafür als jene, die einer mechanischen Prüfung zugänglich sind; das gegenwärtige Kapitel hat solche schon genannt und wird noch weitere aufzählen.

Wenn nun Gleiches sich stärker anzieht als Ungleiches, so muß Gleiches sowie Aus- und Angeglichenes, sich Aus- und Angleichendes fortwährend zueinander bewegt werden. Mit kurzen Worten: die serialen Häufungen erklärten sich aus der Maximalattraktion, welche gerade die gleichartigen Dinge unablässig am stärksten zueinander treibt.

Bis jetzt behandelten wir die Achsenbestimmung (Polarität)

der gleichbeschaffenen (ausgeglichenen) Körper, die einander maximal anziehen, als eine neben der Gleichartigkeit im ganzen zu vernachlässigende Größe. Wir durften dies, weil — wie wir sahen und noch sehen werden — der Ausgleichungsvorgang (die Imitation) ohnehin meist sofort zu polar gerichteten und für Zwecke der Anziehung richtigen Ergebnissen führt. Am deutlichsten wird das im Reiche des Organischen, wo die Polarität sich im Äußeren der Lebewesen hauptsächlich als Symmetrie und Metamerie zu erkennen gibt.

Abb. 4. Symmetrisches Ausgleichsergebnis zweier Körper *A* und *A'* wegen Präzession der Ausgleichung auf der kürzeren Strecke *aa'*, Postposition der Ausgleichung auf der längeren Strecke *bb'*. (Original.)

Beim symmetrischen Ergebnis der Imitation sind die ausgeglichenen, nebeneinander liegenden Teile nicht deckungsgleich, sondern nur seitengleich; der eine Teil gleicht dem Spiegelbilde des andern. Symmetrische Imitation muß aus dem Grunde viel häufiger vorkommen als zur Kongruenz führende Imitation, weil (Abb. 4) zwischen den einander zugewandten Seiten im Ausgleiche begriffener Körper A und A' der Energieaustausch wegen kürzerer Entfernung von a und a' viel reger sein, schneller vonstatten gehen und zum Ziele (der vollendeten Imitation) führen muß als zwischen den einander abgewandten Seiten. Daß der Ausgleich dort längere Zeit beansprucht, erklärt sich aus der größeren Entfernung bb'; daß der Ausgleich auf diese Entfernung überhaupt stattfindet und die Energien zu ihrem Austausch diesen Umweg nehmen, wird verständlich, weil auf der kleineren Strecke aa' nichts mehr zu tun übrig blieb, sondern die Imitationsprozesse bereits zur Ruhe kamen, während sie sich auf größere Strecken hin noch in vollem Gange befinden.

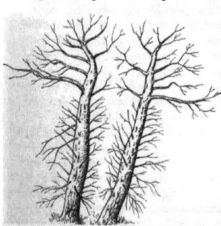

Abb. 5. Skizze zweier Rotföhren, *Pinus silvatica*, von der Gasthofterrasse in Bauernkollern bei Bozen aus gesehen, 16. August 1908. (Original.)

Endlich helfen wohl auch korrelative und kompensatorische Prozesse nach, die einer auf den Innenflächen geschehenen Wandlung auch an den Außenflächen entsprechenden Ausdruck verleihen; einen Ausdruck, der, da die Veränderung der Innenseiten zu einem übereinstimmenden Ergebnisse führte, auch außen die spiegelbildliche Gleichheit herstellen wird.

Man pflegt die zweiseitig-symmetrische (bilaterale) Gestalt der freibeweglichen Tiere ausschließlich durch Bewegungserfordernisse zu erklären, durch die Ansprüche, die bei gradliniger Fortbewegung an gleichmäßige Belastung der Körperhälften gestellt werden wie an Bespannung und Ladung eines Lastwagens; bei dieser Erklärung wird meist übersehen, daß auch viele an den Ort gefesselte Pflanzengebilde bilateralsymmetrisch sind, z. B. die einzelnen Laub-, Blumen-, Staub- und Fruchtblätter, mag auch die ganze Pflanze gleich einem festsitzenden Tiere (Seeanemonen, Seelilien, Seetulpen usw.) radiärsymmetrisch gebaut sein. Oder wie sollte durch Ansprüche an leichte Bewegbarkeit erklärt sein, daß die beiden einander benachbarten Bäume in Abb. 5 einen Wuchs angenommen haben, die jeden zum Spiegelpartner des anderen macht? Mit Ungenauigkeiten, nicht größer als Abweichungen von streng geometrischer Spiegelbildlichkeit, wie sie auch in den festverwachsenen Körperhälften ein und desselben Individuums oder Organes allemal vorgefunden werden!

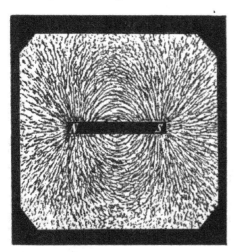

Der bilaterale Bau unbeweglicher Gebilde deutet an, daß doch wohl den zu symmetrischem Ergebnis führenden Imitationsvorgängen ein starker Anteil an ihrer schließlichen harmonischen Abstimmung zuzuschreiben ist. Um so eher wird dies anzunehmen sein, als es bilaterale Gestalten auch im Anorganischen gibt, z. B. die Kristalle, die durch Bärlappsamen veranschaulichten Klangfiguren, die Bugwellen eines fahrenden Schiffes, Kopfwellen eines fliegenden Geschosses und, um zum Ausgangspunkt der Betrachtungen dieses Kapitels rückzukehren, die durch Eisenfeilicht sichtbar zu machenden Kraftlinien der Magnete (Abb. 6), die elektrischen Kraftlinien (Abb. 7) und die ihnen ähnlichen Diffusionsformen, welche in einer Kochsalzlösung suspendierte Tusche- oder Blutstropfen annehmen (Abb. 8a, b auf Taf. I). So enge ist Anorganisches und Organisches verbunden, daß diese Diffusionsfiguren wiederum auf ein Haar den Kernteilungsfiguren bei den indirekten „mitotischen" Zellteilungen gleichen, wo fließendweiche Kristalltropfen der chromatischen Kernsubstanzen im Zellplasma und in den vom Plasma verflüssigten achromatischen Kernsubstanzen schwimmen.

So wenig wie beim symmetrischen sind beim metameren Ergebnis der Imitation die ausgeglichenen, hier hintereinander liegenden Teile kongruent.

Ein metameres Gebilde (Abb. 9 auf Taf. I) ist in mehr oder weniger zahlreiche, reihenweise geordnete Abschnitte (Segmente) gegliedert: die Vorderseite jedes Segmentes paßt sich der Rückseite des vorangehenden Segmentes an und ist von diesem, außer in der Form, auch in der Größe verschieden — in der vorderen Rumpfhälfte gewöhnlich zunehmend, in der rückwärtigen abnehmend an Breite und Umfang (Ringelwürmer, Tausendfüßler). Auch metamere Imitationsresultate sind nicht aufs Lebendige beschränkt, wie die Metamerie der durch fortgesetzte Zwillingsbildung entstandenen „polysynthetischen" Kristalle und Kristallgruppen beweist, ferner die der Wellen in Wasser und Luft, der windbewegten und mondverschobenen Wolken usf. Die

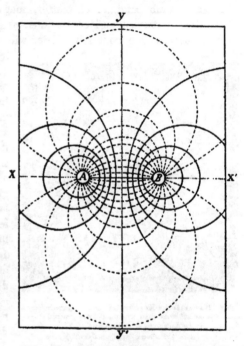

Abb. 7. **Elektrische Kraftlinien** zweier gleich stark, aber entgegengesetzt geladener Körper *A* und *B*; die Kraftlinien umgrenzen metamer angeordnete Kraftfelder, in denen zugleich beidseits der Achsen *x x'* und *y y'* Symmetrie herrscht. (Nach A. Berliners Experimentalphysik.)

Bedeutung der metameren Formen für das Attraktionsproblem ist darin gegeben, daß mit reihenweiser Anordnung von Teilen, deren jeder seinem Vorgänger angeschmiegt und angeglichen ist, sekundär ein auch symmetrisches, seitenrichtiges (in seinen Seiten mitgerichtetes) Gebilde entsteht, das den polaren Bedingungen der Flächenanziehung Genüge leistet. Ein metamer gebautes Tier, ein Wurm, ein Gliederfüßler, ein Wirbeltier, an dessen Skelett die Metamerie — zumal an der Wirbelsäule — deutlich in Erscheinung tritt, ist schon durch diesen seinen Segmentalbau zugleich symmetrisch geworden. Nicht minder wird umgekehrt ein symmetrisch gebautes Tier, das — wie etwa die Mollusken — in der Längsachse zunächst kein Anzeichen von Gliederung verrät und dem Morphologen nicht als metamer gebaut gilt, sozusagen alle Anwartschaft für künftigen Segmentenbau mitbringen; ist er morphologisch annoch unsichtbar, so tritt er wenigstens physiologisch (z. B. auf der Sohle des Schneckenfußes beim Wellenspiel der Kriechmuskeln, Abb. 10 auf Taf. I) schon hervor. Ganz ebenso geraten die symmetrischen Kraftlinien magnetischer und elektrischer Anziehung unvermeidbar zugleich bereits metamer (Abb. 7, S. 151). Man kann demnach von primärer und sekundärer Metamerie und Symmetrie sprechen: jedes primär symmetrische Gebilde wird gleichzeitig oder nachträglich auch metamer; jedes primär

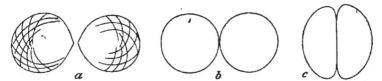

Abb. 11. „Zytotropismus": zwei Zellen (isolierte Furchungszellen des Grasfrosches *Rana fusca* in verdünntem Eiweiss suspendiert) nähern sich einander, indem sie an gegenüberliegenden Stellen je eine Vorwölbung bilden (*a*); *b* die beiden Zellen haben sich bis zur Berührung genähert; *c* platten sich aneinander ab.
(Nach Roux, 1894 und 1896.)

metamere Gebilde ist sofort oder für später zu sekundärer Symmetrie veranlagt.

So führt die Imitation zum gleichen Ziele, mag sie zuerst ein symmetrisches oder zuerst ein metameres Gebilde geschaffen haben. Und dies Ziel — Fertigstellung eines schließlich sowohl metameren als symmetrischen Gebildes — gewährleistet das Höchstmaß der Anziehung; garantiert deshalb dem Organismus das feste, dauernde Beisammenbleiben seiner Segmente und bilateralen Hälften. Außer an jenem Zusammenhalt ist das Wirken der Anziehung unter normalen Bedingungen nicht erkennbar; deutlich sichtbar wird es aber am Zueinanderstreben (Zytotropismus — ROUX 1894/96) aus ihrem Zusammenhange gerissener, gewaltsam getrennter Furchungskugeln (Abb. 11): an gegenüberliegenden Stellen ihrer Zelloberflächen entstehen Vorwölbungen, die den bisher runden Zellen eine neue, jetzt offensichtlich in bezug aufeinander bilaterale Gestalt geben; die Bilateralität bleibt erhalten, indem die Vorwölbungen gleichmäßig größer werden: sie nähern sich bis zur Berührung oder bis nahe an die Berührung; dann gleiten die Zellen mit plötzlichem Ruck zusammen, platten sich symmetrisch aneinander ab oder verfließen in eine einzige, einheitliche Zelle von doppelter Größe. Bei der Konjugation von Fadenalgen („Jochalgen" *Zygnema, Spirogyra* — Abb. 12 auf Taf. I) kommt der Zytotropismus, der hier gleichzeitig sexuelle Affinität ist, schon ohne experimentellen Eingriff besonders schön zur Geltung.

Wie es regelmäßig der Fall, spiegelt sich dieser an Einzelzellen zu beobachtende physiologische Vorgang in morphologischen Vorgängen an vielzelligen Gebilden: bei der Wundheilung wachsen homologe Gewebe aufeinander zu, Blutgefäße finden sich zu Blutgefäßen, Haut zu Haut, Nerven zu Nerven, Muskeln zu Muskeln, so daß die durch Verletzung auseinander getriebenen und in ihrer Lage gestörten Gewebsschichten in ihre vorige Ordnung zurückkehren.

Einander nahgelegene Farbenflecken der Haut, die aus zahlreichen, von Pigmentkörnchen erfüllten Zellen (Farbstoffträgern, „Chromatophoren") zusammengesetzt sind, neigen zur Verschmelzung, falls die äußeren Bedingungen für die Vermehrung der betreffenden Pigmentsorte

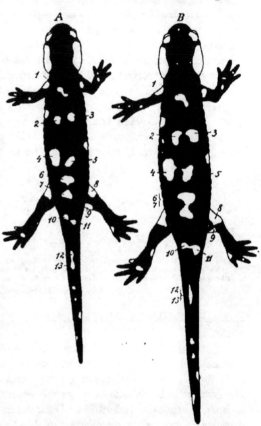

Abb. 13. F e u e r s a l a m a n d e r, *Salamandra maculosa:* dasselbe Exemplar in zwei durch Jahresfrist getrennten Altersstufen *A, B* bei Haltung auf gelbem Boden (Lehmerde); die sich vergrössernden Flecken zeigen Neigung, zu verschmelzen, was sich durch Bildung von Fortsätzen ankündigt, die bis zur Vereinigung aufeinander loswachsen. Die Flecken sind durch gleiche Bezifferung in *A* und *B* identifizierbar.
(Original aus Kammerers Experimentalzuchten.)

günstig sind: das Zusammenfließen der Flecken wird vorbereitet, indem sich an gegenüberliegenden Stellen lappen- oder fingerförmige Fortsätze bilden, die aufeinander zuwachsen, schließlich zusammenstoßen und so die erste, schmale, später breiter werdende Verbindung herstellen. Prachtvoll läßt sich dies an benachbarten gelben Flecken von Feuersalamandern zeigen, die auf gelbem Boden gehalten werden (Abb. 13); und wie innig auch hier wieder die Attraktion mit der Symmetrisierung zusammenhängt oder eigentlich fast gleichzeitig Symmetrisierungsdrang ist, zeigt sich an Nachkommen von Feuersalamandern, die auf die beschriebene Weise eine mächtige Zunahme ihres gelben Pigmentes erfuhren: hatten die Eltern noch unregelmäßige Fleckung zur Schau getragen (Abb. 13 A, B), so ist sie bei den Kindern regelmäßiger Streifung gewichen (Abb. 14 C). Zwischen den Streifen wiederholt sich der Attraktionsvorgang, das polare Vorfließen und Verfließen des gelben Chromatophorengewebes von symmetrisch vis-à-vis gelegenen Stellen aus, so daß sich zwischen den Längsstreifen zuerst Querbrücken (Abb. 14 D), also eine symmetrisch-metamere Strickleiterzeichnung, und zuletzt durch Verbreiterung der Querbinden homogene gelbe Zonen bilden (Abb. 14 E). — Organische, plasmatische Körper sind deswegen als Demonstrationsobjekte für die uns beschäftigenden Vorgänge so gut zu gebrauchen, weil diese sich an ihrer hochgradigen Bildsamkeit (Plastizität) um vieles rascher und deutlicher abspielen als an den meisten unorganischen Körpern, aber andererseits doch wieder nicht so unübersehbar schnell wie an rein energetischen, nicht an Materie gebundenen Vorgängen, für welche dieselben Gesetzmäßigkeiten gelten müssen.

Als allgemeinstes Gesetz der Anziehung haben wir früher ausgesprochen, daß ihr Maximum zwischen gleichbeschaffenen, aber einander gegenpolig zugewandten Körpern, also zwischen entgegengesetzten Polen im übrigen ausgeglichener Körper stattfinde. Beide Bedingungen werden, wie wir nun gezeigt haben, durch den Imitationsprozeß vorbereitet und erfüllt: er macht die im Bereiche seines Energietausches gelegenen Körper gleichartig und polarisiert sie derartig, daß gegensätzliche Pole an die einander zu- und abgewandten Enden zu liegen kommen. Die Kraftlinien der Anziehung, wie in Abb. 6, 7 (S. 150, 151), sind ein sprechender Beweis dafür, daß Anziehung nicht bloß von den einander zugekehrten Flächen ausgeht, wo der Attraktionsweg ein geraderer ist, sondern auf gekrümmten Umwegen auch von den einander abgekehrten Flächen: denn diese wie jene sind ja Gegenpole gleicher Körper und entsprechen daher den fürs Stattfinden der Anziehung naturgesetzlich gestellten Anforderungen.

Wir müssen nun noch, um unsere Attraktionshypothese zu vollenden, den Begriff des „Gleichartigen", „Gleichbeschaffenen", wie er dem Attraktionsmaximum zur Voraussetzung dient, einer Überprüfung unterziehen. Die bisher verwendeten Ausdrücke und Figuren konnten den mißverständlichen Eindruck erwecken, es handle sich ausschließlich oder vorwiegend um Gleichheit des Stoffes und der Körpergestalt. Doch geschah diese Bevorzugung nur der größeren

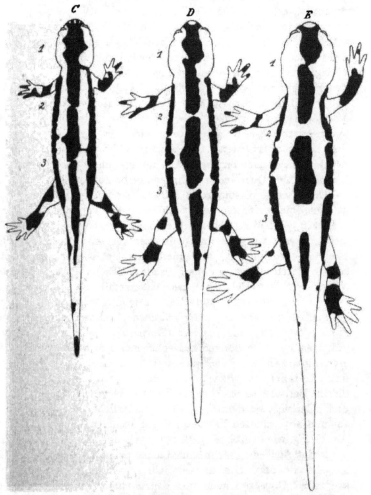

Abb. 14. Feuersalamander, *Salamandra maculosa:* dasselbe Tier in drei durch je ein Halbjahr getrennten Altersstufen *C, D, E* bei Haltung auf gelbem Boden (Lehmerde), Nachkomme unregelmässig gefleckter Individuen wie Abb. 13; mit 1, 2 und 3 sind korrespondierende Stellen bezeichnet, wo von den beiden parallelen Längsstreifen aus Querfortsätze entstehen (*C*), bis zur Verschmelzung gegeneinander wachsen (*D*) und schliesslich durch Verbreiterung ganz gelbe Zonen bilden (*E*).
(Original aus Kammerers Experimentalzuchten.)

Anschaulichkeit, leichteren graphischen Darstellbarkeit zuliebe; in Wirklichkeit sind jene beiden, an chemische und Formenergie gebundenen Zustände bloß zwei Komponenten eines weit zusammengesetzteren Gesamtzustandes, der außerdem aus mechanischen, thermischen, magnetischen, elektrischen und anderen Komponenten besteht. Gleichartigkeit als Vorbedingung des Attraktionsmaximums bedeutet Übereinstimmung der Zustände sämtlicher Energiearten bei den einander anziehenden Körpern. Der Seltenheit, mit der dieser Zustand in der Natur angetroffen wird, entspricht die mangelnde physikalische Bekanntschaft mit ihm in seiner Bedeutung als Optimum für stattfindende Massenanziehung; es konnte geschehen, daß insbesondere diejenigen Energiearten, die wir zur Ableitung der Attraktionshypothese vorwaltend mitbenützt hatten — der chemischen und plastischen Energie —, in ihrem Einflusse auf die Gravitationskräfte bisher nicht erkannt waren. Hier im besonderen ist wohl ausschlaggebend, daß jene Energiearten — zumal bei starren, anorganischen Körpern — unter natürlichen Bedingungen am langsamsten und schwersten zum Ausgleich gebracht werden. Bevor dieser Ausgleich in chemischer (substanzieller) und plastischer (struktureller) Beziehung vollzogen ist, haben schon die anderen, beweglicheren, gleichsam flüssigeren Energien sich so weit ausgeglichen, daß der energetische Gesamtzustand vom Energieaustausch betroffener Körper zwischen letzteren die Attraktion ins Werk setzt; schon ohne chemisch-plastischen Ausgleich ist der Zustand dieser Körper soweit gleich geworden, daß die Anziehung — zwar nicht maximal — doch vonstatten geht und — obzwar nicht mit dem Höchstmaße der Schnelligkeit und Stärke — so doch zum Endergebnis der größtmöglichen räumlichen Annäherung führt. Denn wenn nur einige energetische Komponenten übereinstimmen, sind damit bereits vorteilhafte Bedingungen für die Anziehung gegeben.

Solch vorteilhafte Bedingungen sind aber auch schon vorhanden, wenn der energetische Gesamtzustand zwar noch in keiner seiner Komponenten restlos übereinstimmt, aber in werdender Übereinstimmung begriffen ist; wenn die imitatorischen Ausgleichsprozesse sich eben noch in vollem Gange befinden, aber in einem Gange, der den vollendeten Ausgleich zum Ziele hat. Ein bestimmtes Maß der Anziehung muß erreicht sein, ob nun x Energien sich bereits vollständig ausgeglichen haben oder ob x + n, also im Vergleiche zum ersten Falle mehr Energien sich erst auf einer gewissen Stufe der Ausgleichung befinden: beiden Situationen entspricht nämlich ein im Mittel gleichbleibendes Stadium der Gesamtausgleichung. Schon während des Imitationsvorganges setzt die Anziehung ein und verstärkt sich proportional dem Fortschreiten des Energienaustausches, der die allseitige Gleichheit und damit das Maximum der Anziehung herbeizuführen bestrebt ist.

Der ganze Vorgang, diese sich wechselweise bedingende und verstärkende Kombination von Ausgleichung und Anziehung, ist zunehmend beschleunigt: denn mit größerer räumlicher Annäherung werden die Möglichkeiten für stärkeren Energieaustausch stetig vermehrt; und im Maße der durch letzteren fortschreitenden Verähnlichung werden rückwirkend die Möglichkeiten für schnellere Annäherung andauernd verbessert. —

Unsere Aufgabe, die serialen Häufungen gleichartiger Dinge zu erklären, wäre mit dem Ausbau der Attraktionshypothese bis zum gegenwärtigen Punkt — unter der Voraussetzung, daß sie sich bewahrheitet — eigentlich beendet. Indessen bliebe eher das Umgekehrte unerklärt, warum auf engem Raum und in kurzer Zeitspanne des Weltgeschehens dennoch Verschiedenheiten vorkommen. Warum ging nicht längst alle bewegliche Ektropie in ruhende Entropie über, wenn Ausgeglichenes sich überall in einem Maximum seiner räumlichen und wesentlichen Annäherung zusammenlegt? Oder müssen wir uns (mit CLAUSIUS, THOMSON, TAIT, MAXWELL u. a. gegen CASPARI) wenigstens den künftigen Endzustand der Welt so vorstellen? Gegenwärtig jedenfalls sehen wir statt dieses zu toter Ruhe gelangten Weltzustandes alles in fließender und wirbelnder Bewegung begriffen; sehen, daß nicht bloß Gleich und Gleich sich gesellt, sondern auch Gegensätze sich berühren und zusammengestoßen werden. Wenn die Attraktionshypothese in unserer Fassung nicht falsch ist, muß daher ein Kreislauf oder ein Pendeln statthaben, der das im Wesen Ausgeglichene, im Raume Angenäherte wieder trennt, es neuerdings wesensverschieden macht und räumlich auseinandertreibt.

Mechanismen, die solchen Kreislauf oder solche in sich selbst zurückkehrende Schwingung inszenieren, sind leicht auszudenken. Gesetzt, die Körper A_1, A_2, A_3 ... A_n hätten sich restlos ausgeglichen und ihre durch den Ausgleich geförderte Anziehung habe sie zusammentreten lassen, wo sie nunmehr infolge ihrer Höchstattraktion eng verbunden ruhen bleiben. So muß es doch immer in einer Nachbarschaft, die für energetische Austauschprozesse nahe genug ist, Körper B, C, D usw. geben; zwischen ihnen und dem homogen gewordenen Körperkomplex A_{1-n} heben nunmehr energetische Austauschprozesse an, bis auch hier Ausgleichung und Annäherung zum maximalen Grad vollzogen ist. Auf demselben Wege weiterschreitend, erklärte sich zwar, warum niemals ein entropischer Zustand der Welt zustandekommt, worin diese aus gleichbeschaffenen, einander zugeordneten, gleichsam wie in einem riesigen Warenlager zu Gleich und Gleich gelagerten Dingen (Körperkomplexen $A_1 — A_n$, $B_1 — B_n$, $C_1 — C_n$ usw.) besteht; aber die Welt müßte trotzdem einen entropischen Zustand erreichen, nämlich noch weitergehend einen Zustand völliger Gleichförmigkeit, worin nichts als homogene, unbewegte Ursubstanz zu finden wäre.

Demgegenüber bietet die Wirklichkeit das Bild bunten und, soweit wir beurteilen können, „ewigen" Wechsels, worin bald Mannigfaltigkeit entropischer Gleichförmigkeit, bald auch umgekehrt Gleichförmigkeit ektropischer Mannigfaltigkeit Platz macht. Wir entwickeln auf dem Boden unserer Attraktionshypothese folgende allgemeine Vorstellung jenes Kreislaufes: wieder gehen wir von Körpern A_1 und A_2 aus, die sich infolge ihres energetischen Tauschprozesses angezogen und infolge ihrer Annäherung restlos ausgeglichen haben. Die Annäherung der nun gleich gewordenen Körper ist bis zur Berührung gediehen, wobei der positive Pol von A_1 den negativen Pol von A_2 festhält oder umgekehrt.

In der Berührung wird nun aber die Polarität aufgehoben; und wie früher die Polarisierung Voraussetzung dafür war, daß die Anziehung den höchsten Grad erreichte, so bewirkt jetzt die Entpolarisierung, daß die Anziehung aufhört. Ein Blick auf die Anordnung der Eisenfeilspäne, die von einem Magnetstab angezogen werden (Abb. 15),

Abb. 15. **Magnetstab**, in Eisenfeilicht getaucht: seine Anziehungskraft ist am stärksten am Nord- (*N*) und Südpol (*S*), nimmt nach der Mitte (*M*) ab und erlischt dort.
(Nach A. Berliner, verändert.)

lehrt, daß in der Mitte des Magneten gar keine Anziehung stattfindet: die meisten Späne sammeln sich — ein Kennzeichen der dort stärksten Anziehungskraft — an den Enden (Polen); gegen die Mitte zu werden ihrer immer weniger, und in der Mitte haften überhaupt keine. Dasselbe wäre auch der Fall, wenn sich zwei Magnetstäbe, die mit ihren Süd- und Nordpolen gegenseitig angezogen wurden, zu einem einzigen Stabe nachträglich quer zusammenfügten: dann wäre noch ein Nordpol am frei gebliebenen Ende des einen, ein Südpol am freien Ende des anderen vorhanden, die ursprünglich freien, jetzt aneinanderstoßenden Polenden in der Mitte — ehedem die Zone stärkster Anziehung — hätten jetzt ihre magnetische Kraft gänzlich verloren.

Das könnte im Falle des Magneten und analog beschaffener Körper nicht hindern, daß in Nachbarschaft befindliche, imitable und attraktable Dinge herangezogen würden und die zwar nur an ihren Endregionen wirksame, von dort aus aber um so kräftiger anziehende (im besonderen Beispiel Magnet-)Masse ständig vergrößerten bis zu dem vorhin gekennzeichneten entropischen Schlußzustand. Herabsetzung der Anziehungskraft auf Null in der Massenmitte kann die Entropisierung und Homogenisierung der Welt nicht aufhalten, solange an freien Polen Attraktion und in die Umgebung wirkende Imitation fortbesteht. In anderen Fällen als dem unseres bisher benützten Beispieles bleibt es denn auch in der Massenmitte nicht bei der Reduktion der Anziehung auf Null, sondern die Anziehung wird in einen negativen Wert umgeschaltet und zur Abstoßung werden. Vermutlich in all denjenigen Fällen wird dies geschehen, wo die dem Energienausgleich ursprünglich gefolgte Annäherung nicht bei der Berührung stehen bleibt, sondern zur Verschmelzung führt. Beim bloßen Aneinander würde die Anziehung bloß aufgehoben; beim Ineinander würde sie in ihr Gegenteil verkehrt.

Ein Ineinanderschmelzen aber kann nur bei weichen, halb-, ganzflüssigen oder luftförmigen Körpern vollzogen werden: bei solchen, die diesen nachgiebigen Aggregatszustand während des vorausgegangenen Imitations- und Attraktionsprozesses entweder schon besaßen — oder schließlich bei solchen, die aus dem starren Aggregatszustand während ihrer Ausgleichung und Annäherung in den plastischen verwandelt wurden. Feste Körper (etwa Himmelskörper) können, wenn ihre Massenanziehung sie zusammenführt, mit solcher Wucht aufeinander prallen, daß all ihre festen Substanzen in den flüssigen Zustand geschmolzen oder gar in den gasförmigen verdampft werden. Dann sind die ehemals starren Körper nur noch wie zwei Tropfen, die sich zu einem einzigen von Doppelgröße mengen, wovon aber nun der geringen Kohäsion wegen Teilchen jederzeit leicht abfließen oder abgeschwungen werden. Die Schwäche der zusammenhaltenden Kraft, welche Flüssigkeiten und Gasen innewohnt, die den Raum ganz auszufüllen streben, wohin sie sich ergießen oder worin sie entweichen, läßt Anziehung nach erfolgter Massenverbindung so leicht in Repulsion umkehren. Die Neigung dazu, wenn man so sagen darf, wohnt auch in starren und trotz Zusammenstoßes starr bleibenden Körpern: ein Sinnbild dessen — nochmals sit venia verbo — zeigt sich uns in ihrem dem Zusammenstoß folgenden Auseinanderprallen, womit die konvergierende Bewegung plötzlich in eine divergierende umgeschaltet wird. Scheinbar hat ja der mechanische Vorgang von Stoß und Gegenstoß mit molekularen Richtkräften nichts zu tun: in Wahrheit liegen meist Unterschiede des Grades vor, wo wir Unterschiede des Wesens zu sehen vermeinen; und in unserem Falle ist die Gradverschiedenheit besonders darin zu suchen, daß am An- und Auseinanderprall nur eine einzige Energie beteiligt zu sein braucht, eben die mechanische; während an der Wechselwirkung von Anziehung und Abstoßung, die wir als allgemeine Ursache serialer

Häufungen vermuten, alle Energiearten beteiligt sind, die insgesamt das Wesen der betroffenen Körper ausmachen.

Wie der Umschwung von Anziehung zu Abstoßung sich in Körpern vollzieht, die nicht erst beim Zusammenstoß verflüssigt wurden und ineinanderflossen; sondern die schon von vornherein, also schon bei beginnender Attraktion flüssig oder doch weich waren — dafür bietet die lebende Zelle das schönste Beispiel. So schön, daß jemand auf die Vermutung kommen könnte, aus ihm sei der ganze Gedankengang über den Kreislauf: Imitation — Attraktion, Repulsion — Differenziation vom Verfasser (zumal er Biologe von Beruf ist) hergeleitet worden; da würde man aber fehlgehen, denn die Zelle ist mir nur als spezieller Beleg zur vorher ausgedachten Hypothese eingefallen.

Von sämtlichen Zellen, die entweder als Individuen einer Urwesenbevölkerung einzeln oder als Bausteine eines zusammengesetzten Zellenstaates in festgefügten Verbänden leben, sind diejenigen am ähnlichsten beschaffen, die miteinander verschmelzen (kopulieren) oder mindestens Kernsubstanzen austauschen (konjugieren, S. 71) müssen, um nach Abnahme der Lebenskraft in erneuerter Zellteilungsepoche dort einer neuen Urwesenbevölkerung, hier einem jungen vielzelligen Individuum den frischen Lebensanfang zu geben. Die bedeutende Größen- und Formverschiedenheit, die sich bei den Kopulationszellen der Tiere und Pflanzen herausgebildet hat, darf über ihre Wesensgleichheit nicht hinwegtäuschen: in der wichtigsten Hinsicht — dem Bau des Zellkerns und dem Besitze seiner Anlagensubstanzen — sind die beiderlei Keimzellen (Ei- und Samenzelle) durchaus identisch; noch darin drückt sich ihre Gleichwertigkeit aus, daß sie im Gegensatze zu allen übrigen Körperzellen „undifferenziertes" Baumaterial darstellen — Keimplasma, woraus erst der Entwicklungsprozeß die sichtbare Mannigfaltigkeit hervorholen muß.

Gerade diese ähnlichstbeschaffenen Zellen nun haben eine derartige Anziehung füreinander, daß ihr Zusammentreten nur eine Frage der Gelegenheit ist (Abb. 16). Da die lebende Zellsubstanz (das Plasma) zäh, halbflüssig ist, so bleibt es nicht bei bloßer Aneinanderlagerung, sondern es kommt zur Ineinanderlagerung, zur Verquickung beider Zellkerne und Zellenleiber: aus jenen, den beiden „Vorkernen", konstituiert sich der einheitliche „Befruchtungskern"; aus diesen, die den Befruchtungskern in sich bergen, ersteht als einheitliches Gesamtprodukt die „Stammzelle" — so geheißen, weil sie den Ahn abgibt für die nunmehr von ihr abzweigenden neuen Zellgenerationen. In der Vereinigung von Samen- und Eizelle wird zugleich ihre bisherige Polarität aufgehoben: die Polarität der Stammzelle, die sich in den

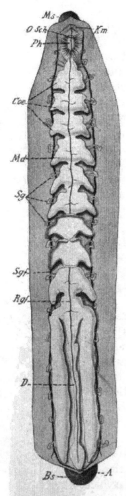

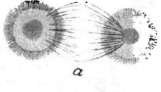

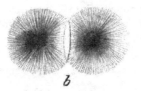

Abb. 8. *a* Diffusion von Tusche, *b* von
zwei Blutstropfen in Kochsalzlösung:
durch beide Diffusionsprozesse entstehen Figuren, die denen bei der Zell- und Zellkern-
teilung sowie andererseits magneto-elektrischen
Kraftfeldern ähnlich sind.

(Nach Leduc aus H. Przibram, „Experimental-
zoologie“ IV, Vitalität.)

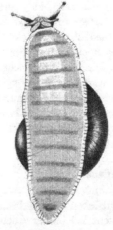

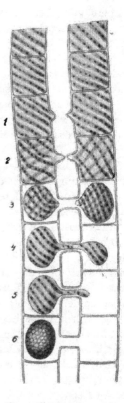

Abb. 9. Gefässstämme und
Darmkanal des Blutegels,
Hirudo, als Beispiel reihigen (metameren, segmentalen) Tierbaues:
Ms Mundsaugnapf, *Bs* Bauchsaug-
napf, *Km* Kiefermuskeln, *OSchl*
oberes Schlundganglion, *Ph* Pha-
rynx, *Coe* Blindsäcke des Magen-
darmes *Md*, *D* Enddarm, *A* After,
Sg Segmentalorgane (Ausschei-
dungsorgane), *Rgf* Rückengefäss,
Sgf Seitengefässe.

(Nach Hatschek und Cori, „Ele-
mentarkurs der Zootomie“, Jena,
G. Fischer, 1896.)

Abb. 10. Weinbergschnecke, *Helix
pomatia*, von der Unterseite, auf einer Glasplatte kriechend (die Ebene des Papiers
stellt gleichsam die Glasplatte vor, hinter
der man sich die Schnecke kriechend
denken muss): die dunklen Querstreifen
auf der Kriechsohle des „Fusses“ sind
Falten, entstehend durch Muskelkontraktionen, welche wellenartig von hinten
nach vorne laufen, vorne verschwinden,
hinten sich, solange die Bewegung dauert,
stets aufs neue bilden.

(Nach Hesse-Doflein, „Tierbau und Tierleben“, I. Band, S. 183, Abb. 110.)

Abb. 12. Konjugation zweier
benachbarter Fäden der Schrauben-
alge *Spirogyra*; die Stadien des
Vorgangs von oben nach unten
gehend zu betrachten: an gegenüberliegenden Zellen bilden sich
zytotropische Vorwölbungen (1),
die bis zur Berührung aufeinander
zuwachsen (2), die trennenden Zell-
wände zum Schwund bringen (3),
so dass ein Rohr von Zelle zu Zelle
hinüberreicht, durch welches der
lebende Zellinhalt („Protoplast“)
der einen Zelle zur anderen hinüber-
fliesst (4, 5); aus dem Verschmelzungsprodukt wird eine Dauerspore
(6), während der übrige Algenfaden
zugrunde geht.

(Aus v. Wettstein, „Leitfaden der
Botanik“, 5. Aufl., Taf. I, Fig. 1 b,
und Wretschko-Heimerl, „Vorschule
der Botanik“, 9. Aufl., S. 28, Fig. 43,
kombiniert.)

nun folgenden Entwicklungsvorgängen zu zeigen beginnt, ist eine andere als diejenige, welche die Keimzellen in das Verschmelzungsprodukt mitbrachten; ist eine nachträglich und neu geschaffene Polarität.

Nach der „Befruchtung" — wir setzen nun den üblichen Sammelnamen für die ganze Kette der beschriebenen Vorgänge — offenbaren sich in der Stammzelle repulsive Tendenzen, die an die Stelle der früheren attraktiven treten: die Stammzelle bleibt nicht die einheitliche Zelle, zu der sie eben erst verschmolzen war: ihr Kern zertrennt sich, ihr Leib zerschnürt sich; eine Scheidewand entsteht zwischen den zwei Tochterzellen, die aus der einen Mutterzelle hervorgingen. Vieltausendmal wiederholt sich nun die Teilung: bei den Einzellern ist sie allemal eine totale Durchtrennung; bei den Viel-

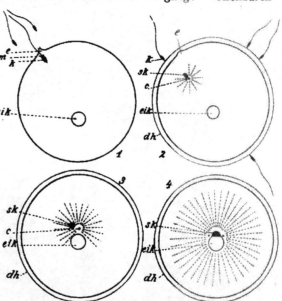

Abb. 16. Befruchtung beim Seeigel: *eik* Eikern; *e* Empfängnishügel des Eies, der sich dem Samenfaden bei dessen Annäherung entgegenwölbt; *k* „Kopf", *m* „Mittelstück" des Samenfadens: ersterer entspricht dem Samenkern (*sk*), letzteres dem Samenzentralkörper (*c*), der sich später mit Plasmastrahlen (Fig. 2) umgibt und die erste Teilung der Stammzelle nach ihrer Besamung einleitet (Fig. 4). — (1) Reifes Ei im Augenblick, da ein Samenfaden eindringt; (2) die Befruchtungsmembran oder Dotterhaut (*dh*) ist abgehoben, welche weitere Samenfäden am Eindringen verhindert. Samenkern (*sk*) und Eikern (*eik*) wandern einander entgegen (3) bis zur Verschmelzung im Befruchtungskern der Stammzelle (4).

(Nach Oskar Hertwig, „Das Werden der Organismen", S. 101, Fig. 10, etwas verändert.)

zellern bleibt sie Furchung (Taf. VIII, Abb. 43), die jedoch nicht hindert, daß die Tochter-, Enkel-, Urenkelzellen usw. sich immer weiter voneinander entfernen, immer mehr von der Stätte ihrer ersten Teilungsebene auseinandergeschoben werden.

Mit zunehmender Entfernung nun — und das ist jetzt der Schlußakt im Kreislauf von Anziehung und Abstoßung — ergibt sich Gelegenheit, daß die bei ihrem Zusammentreten gleichartigen Zellen Verschiedenheiten erwerben. Denn sie geraten ja unter verschiedene Bedingungen, die im Sinne einer Veränderung ihrer Eigenschaften (Differenziation) auf sie einwirken müssen. Daß diese Veränderungen bei Einzellern, die sich im Wasser zerstreuen, geringer sind als bei Gewebszellen, die aneinander haften bleiben, ist nicht Widerspruch, sondern Bestätigung: denn diese, deren Umwelt das organische Körpermedium ist, stehen unter viel mannigfaltigeren Umständen als jene, deren Umwelt das Wasser oder sonstige anorganische Medium ist. Schon durch die Tätigkeiten, welche z. B. Nerven-, Muskel-, Drüsenzellen im Dienste des Gesamtkörpers ausüben, ergibt sich eine Verschiedenheit ihrer Lebenslage, der gegenüber die Lebenslage freilebender Einzeller einförmig genannt werden muß. — Auch daß alle geweblichen Differenzierungen, ja die Arbeitsteilung selber, als deren Ergebnis sie erscheinen, anlagenmäßig bereits in der gleichförmig aussehenden Stammzelle vorbereitet waren, ist kein Einwand, sondern Erfüllung: denn aus der Anlage kann, was sie verspricht, nur werden, wenn die übrigen, daran geknüpften Bedingungen eingehalten werden. Im großen und ganzen werden sie meist eingehalten: das fügt die Vererbung wie alle organischen Wiederholungsvorgänge (Kap. XII) dem serialen Geschehen ein, welches sie nach denselben Gesetzen ablaufen läßt wie die bisher unbegreiflicher erschienenen Reproduktionen der unorganischen Welt. —

Wir haben zusammenzufassen und in der Zusammenfassung dem hypothetischen Gebäude seinen Schlußstein einzufügen (Abb. 17). Das Wort „Körper", das nur deswegen gebraucht wurde, weil die materialistische Denkweise unserem Vorstellungsvermögen leichter fällt als die energetische, ersetze ich jetzt durch das allgemeinere „Ding"; denn die Imitationen, Attraktionen, Repulsionen und Differenziationen beschränken sich nicht auf körperliche Zustände, sondern gelten ebenso für Vorgänge.

Zwei oder mehr Dinge besitzen Verschiedenheiten: wenn alle

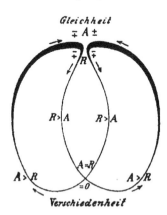

Abb. 17. Schema zur Veranschaulichung der Wechselwirkung von Attraktion (*A*) und Repulsion (*R*): im Zustande der Gleichheit (oben) besteht zwischen den Dingen mit heterologen Polen (entgegengesetzten Vorzeichen) maximale Anziehung, die durch Homologisierung auch noch der polaren Verschiedenheiten in maximale Abstossung übergleitet. Die durch Abstossung bewirkte Entfernung bringt die Dinge in den Zustand der Verschiedenheit, der seinerseits neue Ausgleichsvorgänge auslöst. Parallel damit wird die Repulsion aus einer Grösse, welche diejenige der Attraktion übertraf (*R* > *A*), über den Nullpunkt (*A* = *R*) abermals in überwiegende Attraktion (*A* > *R*) umgeschaltet. Im Masse der durch diese Anziehung bewirkten Annäherung wächst die Ausgleichsgelegenheit, die mit völliger Gleichheit und maximaler Anziehung den Kreislauf wieder schliesst und von neuem beginnt.

(Original.)

162

Dinge sich als energetische Zustände oder Vorgänge auffassen lassen, so sind ihre Verschiedenheiten Potentialgefälle oder Niveaudifferenzen ihrer Energien. Vom höheren Potential fließt die Energie zum niedrigeren wie Luft vom Druckmaximum als Wind zum Druckminimum, solange nämlich ein Gefälle besteht. Sind aber die Niveaudifferenzen schließlich ausgeglichen, ist das energetische Niveau eine Ebene geworden: so sind auch die betroffenen Dinge in bezug auf Zustände und Vorgänge dieser Energie einander gleich geworden. Sehr abgestuft ist die Geschwindigkeit, mit der die Energiearten den Ausgleich ihres Gefälles bewirken: Wärme- und elektrische Unterschiede gleichen einander schnell, chemische Unterschiede unter Umständen langsam, formenergetische Unterschiede stets am langsamsten aus. Die Dinge werden einander zunehmend ähnlicher, je mehrerlei energetische Niveaudifferenzen verschwunden sind; und wir nehmen es nur als eine Frage der Zeit an, ob die Dinge nicht schließlich hinsichtlich sämtlicher Niveaudifferenzen und damit in ihrer gesamten Beschaffenheit ausgeglichen sind.

Schon während zunehmender Verähnlichung beginnen sich die Dinge anzuziehen. Die Anziehung erlangt positiven Wert, sobald die ausgeglichenen Eigenschaften an Zahl oder Stärke über die noch nicht ausgeglichenen die Mehrheit gewonnen haben. Halten sie sich die Wage, so hat die Anziehung den Wert Null; vorher, solange an Menge und Stärke die Verschiedenheiten überwogen, hatte sie negativen Wert, war Abstoßung. Voraussetzung fürs Zustandekommen von Ausgleichsprozessen ist, daß die Abstoßung keine Gelegenheit hatte, die Dinge in eine für die Reichkraft ihrer Energien unübersteigliche Entfernung zu verstoßen. Umgekehrt nimmt die Wirkung der zum Ausgleich ihrer Potentialgefälle drängenden Energien und daher die Schnelligkeit des Ausgleichs zu, sobald die Annäherung Fortschritte macht. Die Anziehung wächst im Maße des Ausgleichs, dieser verstärkt und beschleunigt sich im Maße der Annäherung.

Die Annäherung führt zum Zusammentreten, der Ausgleich zu völligem Gleichwerden; Varianten sind denkbar, aber nebensächlich, welches von beiden Endergebnissen zuerst oder ob sie gleichzeitig erreicht sein werden. Die Wechselwirkung von Ausgleichung und Annäherung erklärt es, weshalb sich gleiche oder ähnliche Dinge so oft benachbart finden; und daß dies zur Aufstellung eines „Gesetzes der Serie" (der Häufung des Gleichen) Veranlassung gab.

Dieselbe Wechselwirkung von Ausgleichung und Annäherung macht aber auch diejenige Gesetzmäßigkeit verständlich, die sich im Sprichwort „Les extrèmes se touchent" ausdrückt. Im Grunde handelt es sich um keine andere, sondern höchstens um eine angrenzende, mit der serialen ohne scharfe Grenze verfließende Gesetzmäßigkeit. Denn von restloser Ausgleichung zu neu entstehender Verschiedenheit ist nur ein Schritt. Dieser Schritt wird durch (räumliche und zeitliche) Wiederentfernung der jetzt beisammenbefindlichen Dinge getan. Ihre vorausgegangene Ausgleichung hatte nämlich keine Kongruenz zum Ergebnis (das Wort Kongruenz gilt hier nicht bloß im geometrischen, sondern im allgemeinst „dinglichen" Sinne); sondern Symmetrie und Metamerie war ihr Resultat (auch diese Worte haben weit über den geometrischen Begriff hinaus im Sinne einer ganz allgemeinen Polarität verstanden zu werden). Und die der Ausgleichung folgende Anziehung geschah nicht von beliebigen Punkten des symmetrischen und metameren Dinges aus, sondern von heterologen Polen, die — sich zueinander wendend — das Maximum der Anziehung seiner Verwirklichung, dem Maximum der Annäherung entgegenführen. Kann das Maximum der Annäherung erreicht werden, so ist es kein bloßes Aneinander, sondern ein Ineinander der Dinge; sind es materielle Körper, so setzt dies einen plastischen, zumindest nicht starr-festen Aggregatszustand voraus.

Schon im Aneinander wird die Polarität aufgehoben; im Ineinander wird sie so umgeschaltet, daß eine Zerteilung des Verschmelzungsproduktes eintreten muß, als ob homologe Pole homogener Dinge, die sich maximal abstoßen, im Inneren des Dingproduktes aneinandergrenzten. Die Trennung geschieht nicht notwendiger- oder auch nur wahrscheinlicherweise in seine ursprünglichen Komponenten: das Dingprodukt zerfällt nicht gerade in die Einzeldinge, die vorher ausgeglichen darin zusammentraten; aber jedenfalls erfolgt Zerreißung eines bisherigen Zusammenhaltes. Fortgesetzte Repulsion vergrößert die Entfernungen zwischen den getrennten Dingen, setzt sie dem Spiel der außen umgebenden Energien aus — versetzt sie, je weiter sie auseinanderrücken, in desto verschiedenere energetische Situationen, die korrespondierende Veränderungen in den Dingen selber zur Folge haben müssen.

So sind neue energetische Potentialgefälle in ihnen entstanden, die zu neuerlichem Ausgleich und damit zu neuerlicher Anziehung drängen: das Spiel beginnt von vorne — entweder zwischen denselben Dingen, die eben auseinandergetrieben wurden, oder (wahrscheinlicher und häufiger) zwischen anderen, mit den erstbetrachteten bisher nicht in unmittelbare Berührung und Wechselwirkung getretenen Dingen. Da nämlich zwischen diesen die Entfernung infolge fortschreitender Repulsion mittlerweile zu groß geworden, geraten sie in den Kraftlinienbereich der anderen Dinge, die ihnen jetzt näher und fürs neue Wechselspiel der Ausgleichung, Annäherung,

Wiederabstoßung und Wiederunterscheidung günstiger liegen. So lange günstiger und so lange so weiter, bis Zertrennung des neuen Dingproduktes und Wiederentfernung seiner Teildinge sie wieder dritten Nachbardingen entgegentreibt.

Es ersteht das Bild eines Weltmosaiks und Weltkaleidoskops, das trotz stetig wechselnder und ständig neu zusammengestellter Lagen auch immer wieder Gleiches zu Gleichem wirft. — Die Vorstellung der Welt als bewegliches Mosaik, als Puzzlespiel mit auswechselbaren Steinchen ist alt: als Reigen „durcheinander wirbelnder Atome" ist sie Grundlage des Materialismus; sie fand ihre energetische Vertiefung und findet nun ihre seriale Ergänzung. Die materialistische Weltanschauung ward überwunden; und der energetischen, die an ihre Stelle trat, bleibt immer noch Einseitigkeit zu nehmen: gleichwie im kunstgeschaffenen Mosaikbild der Reigen des Gleichen unserem Auge als Ornament entgegentritt, damit der körperliche Blick sich nicht geländerlos verwirre; so muß die Bevorzugung des Gleichen im naturgeschaffenen Weltbild seinen Platz finden, damit der geistige Blick sich nicht uferlos verirre. Vom Sichsuchen, Fliehen und Wiederaufsuchen gleichbeschaffener Elemente empfängt die Welt das Ansehen ihrer allseitigen Ordnung, ihrer Harmonie.

VIII. Mathematische Grundlagen des Seriengesetzes

Ὁ θεὸς ἀριθμητίζει. (Gott rechnet.)
PYTHAGORAS.

Alle Wahrheit ist krumm, die Zeit selber
ist ein Kreis. FRIEDRICH NIETZSCHE.

Zur mathematischen Behandlung einer Frage bin ich nach Begabung und Erziehung sicher so ungeeignet wie nur möglich: habe ich doch das Unglück, zu den „Amathematikern", den in Mathematik spezifisch Untalentierten zu gehören — ein Mangel, über den man sich nur durch Vorzüge, die er nach anderer Richtung mit sich bringen kann, hinwegtröstet und bezüglich dessen man sich bekanntermaßen in hervorragend guter Gesellschaft befindet.

Indessen: der kühne Schritt, auch die mathematische Verankerung der Serienlehre wenigstens anzudeuten, muß unternommen werden. So viel nämlich darf von vornherein erwartet werden: wenn Serialität als Beziehung zwischen Naturgebilden und Naturvorgängen tatsächlich vorhanden ist; so kommt sie notwendigerweise in arithmetischen und geometrischen Ausdrücken zum Vorschein. Vielleicht zu besonders klarem, überzeugungskräftigen Vorschein, solange die Serienlehre in einer Epoche hält, während welcher sie von nichtmathematischen Wissenschaften noch so wenig erkannt ist: statt des gewöhnlichen Weges, in der Natur beobachtete Erscheinungen zu berechnen, wäre hier einmal der reziproke Weg fruchtbar: aus Rechenergebnissen auf naturgegebene Erscheinungen zu schließen, um diese nachher mit größerer Zuversicht zu erwarten und zu erforschen.

Auf Rechnungsergebnisse werde ich mich hier beschränken, nicht auf neue Berechnungen einlassen, die ich — der ich meine diesbezügliche Aufgabe aus dem eingangs bekannten Grunde eng stecken muß — nicht auszuführen vermöchte und aber auch dem Mathematiker, der die Serialitätsidee künftig aufgreift und weiterverfolgt, überlassen möchte. Nur ganz wenige Seiten mathematischer Probleme werden herausgegriffen, obwohl Serialität gewiß in die meisten, wenn nicht in alle Seiten mathematischer Wissenschaft hineinspielt. Auswahl und Darstellung jener einzeln herangezogenen Teilprobleme, die das Wesen des Serialen besonders greifbar werden lassen, verdanke ich — mit Ausnahme dessen, was über Wahrscheinlichkeitsrechnung zu sagen ist — Herrn FRIEDRICH ECKSTEIN-Wien. Durch seine bedeutende und (was so überaus selten zu finden) vorurteilslose Mühewaltung hat Herr Dr. ECKSTEIN mich für immer zu seinem Schuldner gemacht. Erkannt zu haben, daß das serienweise Vorkommen der Primzahlen (Abschnitt 4 dieses Kapitels, S. 187) und seine bisherige Unerklärlichkeit für das zunächst ebenfalls unerklärlich scheinende Vorkommen der Serien in der Natur vorbildlich ist, steht ECKSTEIN als sein geistiges Eigentum zu; ebenso die Anwendung der CASSINIschen Kurven auf biologische Probleme (Abschnitt 5, S. 189).

1. Wahrscheinlichkeitsrechnung

Sind n sich ausschließende Fälle eines Ereignisses gleich möglich, so beträgt die Wahrscheinlichkeit fürs Eintreffen eines bestimmten Falles $1/n$.

$n = 2$ beim Werfen einer Münze: die Wahrscheinlichkeit, daß bei ihrem Niederfallen das Wappen oder die Zahl obenauf komme, ist je $1/_2$; das heißt, etwa in der Hälfte aller Würfe erwartet man das Wappen, in der anderen Hälfte die Zahl des Geldstückes oben zu finden. Das Verhältnis Zahl/Wappen $= 1$. Beim Würfeln hat jede Fläche ($n = 6$) Aussicht, unter 6 Würfen je einmal oben zu liegen; beim Kartenspiel mit 52 Spielkarten jede davon unter 52 Zügen die Wahrscheinlichkeit, je einmal gezogen zu werden.

Kombinatorisch läßt sich die Wahrscheinlichkeit (mit MARBE 1916 a) folgendermaßen ableiten. Beim Münzspiel „Wappen (w) oder Zahl (z)" können unter der Voraussetzung, daß die Münze nicht auf ihrem Rande stehen bleibt, nur die beiden Fälle eintreten:

w
z

Bei zweimaligem Werfen sind folgende Ergebnisse möglich:

w w
w z
z w
z z

Bei dreimaligem Werfen:

w w w
w w z
w z w
w z z
z w w
z w z
z z w
z z z

Bei einmaligem Werfen sind 2 (2^1), bei zweimaligem 4 (2^2), bei dreimaligem 8 (2^3), bei n-maligem Werfen 2^n verschieden gruppierte Ergebnisse der 1, 2, 3 ... n Würfe denkbar.

Unter den 2^n Gruppen bei n-maligem Werfen befindet sich stets je eine Gruppe, die aus lauter Wappen und eine, die aus lauter Zahlen besteht. Derlei Gruppen, die durchweg aus gleichen Elementen bestehen, bezeichnet MARBE als „reine Gruppen". Sie gelten der Rechnung als mindest wahrscheinlich, wogegen diejenigen Gruppen, in denen w und z gleich oder fast gleich häufig sind — die von MARBE deshalb so genannten „Normalgruppen" — als die wahrscheinlichsten angesehen werden.

Diese Grundbegriffe der Wahrscheinlichkeitslehre genügen, um ihre vornehmlichsten Beziehungen zur Serienlehre erkennen zu lassen. Je mehr sich das Ergebnis einer Reihe von Fällen bei irgendwelchem „Zufallsspiel" der reinen Gruppe nähert, d. h. je zahlreichere gleichartige Elemente das Ergebnis in sich aufnimmt, desto eher besitzt es serialen Charakter; das Umgekehrte, je mehr sich das Ergebnis einer Fallreihe der Normalgruppe nähert, desto eher besitze es unseriales Gepräge, läßt sich dagegen nicht mit solcher Allgemeinheit aussprechen. Denn mit der Wahrscheinlichkeit, daß ein bestimmter Fall in dieser Reihe, worin n Fälle möglich sind, 1/nmal eintrete, ist noch nicht gleichbedeutend die andere Wahrscheinlichkeit, daß die Fälle 1, 2, 3...n in bunter Reihe miteinander abwechseln. Wenn bei zehnmaligem Geldstückwerfen als wahrscheinlichstes Ergebnis fünfmaliges Hochkommen der Zahl und fünfmaliges des Wappens zu gewärtigen ist, so ist es nicht zugleich am wahrscheinlichsten, daß die Reihenfolge der Fälle die folgende sein werde:

oder
z w z w z w z w z w
w z w z w z w z w z

sondern im Gegenteil, diese Gruppierungen sind gewiß die seltensten und unwahrscheinlichsten. — Um den Schein eines Widerspruches zu Kap. III, S. 81, zu vermeiden, wo wir derartige Bilder von Ereignissen durchaus nicht als aserial, sondern als alternierende oder Wechselserie bezeichnet hatten, muß hier in Parenthese bemerkt werden, daß solches Alternieren zweier oder mehrerer Glieder allerdings seriale Beschaffenheit gewinnt in einer Fülle von Möglichkeiten; also Abwechslung von n Elementen inmitten einer Lage oder eines Vorganges, wobei die Zahl möglicher Elemente weit größer ist als n. Sind aber nur n Elemente möglich, dann ist bei ihrer regelmäßigen Alternierung der Serialitätsgrad natürlich gleich Null.

Häufiger und wahrscheinlicher als die „bunte Reihe" sind jedoch Gruppierungen wie die nachstehenden:

z z w z w w w z z w
z w w z z z w w z w
w w w w z z w z z z

usw. Ja, man muß noch hinzufügen: mit jeder Abweichung von der regelmäßig bunten Reihe, mit jeder auch nur einmaligen Wiederholung eines ihrer Glieder wächst die Wahrscheinlichkeit, daß sich sogar noch innerhalb der Normalgruppe, worin jeder der n Fälle $1/n$mal vorkommt, reine Untergruppen bilden werden. Mit dem Ausdrucke „reine Untergruppen" wollen wir nämlich Teile der Reihe oder Gesamtgruppe belegen, wie sie in folgenden Kombinationen von Normalgruppen durch horizontale Klammern eingefaßt und römisch beziffert sind:

$$\underbrace{\text{w}}_{\text{I}}\ \underbrace{\text{z z z}}_{\text{II}}\ \underbrace{\text{w w}}_{\text{III}}\ \underbrace{\text{z z}}_{}\ \underbrace{\text{w w}}_{\text{IV}}$$

$$\underbrace{\text{z z z z}}_{\text{I}}\ \text{w z}\ \underbrace{\text{w w w w}}_{\text{II}}$$

Ferner sinkt mit jeder Wiederholung eines Elementes die Wahrscheinlichkeit, daß eine Gesamtgruppe ihren von vorneweg wahrscheinlichsten Charakter als Normalgruppe werde behalten können, und steigt proportional die Aussicht, daß sie sich in ihrem Gepräge minder oder mehr einer reinen Gesamtgruppe annähern werde.

Schon unter der Voraussetzung also, daß die Wahrscheinlichkeitsberechnung a priori mit der Erfahrung a posteriori übereinstimmt, ist die Neigung zu serialen Ausfällen des Geschehens eine größere als die zu nicht serialen; denn zu den weniger wahrscheinlichen reinen Gesamtgruppen kommen noch die vielen reinen Untergruppen innerhalb der mit einem Maximum an Wahrscheinlichkeit eintreffenden Normalgesamtgruppen. Man könnte reine Untergruppen innerhalb der Normalgruppen als „Kleinserien" den reinen Gesamtgruppen, welche die seltenen „Großserien" beinhalten, gegenüberstellen.

Nun stimmt die rein mathematische Betrachtung der Wahrscheinlichkeit mit der empirischen Betrachtung keineswegs vollkommen überein. Mathematisch genommen wäre es (um drei Beispiele MARBEs zu benützen) zwar höchst unwahrscheinlich, aber immerhin möglich, daß bei tausendmaligem Werfen der Münze allemal der Adler obenauf liegt; oder daß beim Würfeln eine ganze Woche lang immer dieselbe Sechs nach oben kommt; oder daß in Berlin ein ganzes Jahr lang nur Knaben geboren werden. Geschähe solches wirklich, so würde man sich nicht dabei beruhigen, daß ja nur einer der Fälle eingetreten sei, dessen Wahrscheinlichkeit nicht absolut Null sei; sondern man würde auf Änderung der vorausgesetzten verursachenden Bedingungen schließen: etwa daß die „Zahl"-Fläche des Geldstückes, die der „Sechser"-Fläche gegenüberliegende Seite des Würfels schwerer sein müsse; daß die Bevölkerung Berlins in ihrer Lebenslage von einem geschlechtsbestimmenden, knabenerzeugenden Faktor heimgesucht sei.

Während also die reinen Gruppen bei mathematischer Betrachtung nicht durchweg unmöglich erscheinen, schließt sie die empirische Betrachtung vollkommen aus, solange sich nicht die bewirkenden Ursachen entsprechend ändern. MARBE stellt sich auf Grund seiner statistischen Untersuchungen und Berechnungen auf seiten der empirischen (nach ihm: naturphilosophischen) Betrachtung und nennt diese von der Wahrscheinlichkeitsrechnung abweichende Wirklichkeit die „Prävalenz der Normalgruppen"; den Vorgang, durch den es zum Vorwalten der Normalgruppen kommt, nennt er „statistischen Ausgleich". Das Stattfinden des statistischen Ausgleichs wird für MARBE zu einer Stütze seiner Ansicht über die Gleichförmigkeit in der Welt; denn jener Ausgleich vermindert die Zahl der möglichen Fälle und verringert so die Mannigfaltigkeit im All. Die mathematische Wahrscheinlichkeit beruht auf der Voraussetzung, daß die einander ausschließenden Fälle, deren Häufigkeit sie in Rechnung zieht, zugleich voneinander vollständig unabhängig seien. Das ist aber niemals der Fall: selbst bei Zufallsspielen liegen in der Beschaffenheit des Spielobjektes und Spielersubjektes viele Möglichkeiten, welche die Gesamtheit der einzelnen Fälle zu einer gewissen Abhängigkeit miteinander verbinden. Dem Wesen der Abhängigkeit hat MARBE in seinem Werk „Die Gleichförmigkeit in der Welt" ein sehr beachtenswertes Kapitel (XV, S. 261 ff.) gewidmet, dessen Inhalt mit meinen eigenen Darlegungen in Kap. XV 2, die noch ohne Kenntnis des MARBEschen Buches geschrieben waren, viel Gemeinsames besitzt.

Wir können uns — mit einer bald zu begründenden Einschränkung — der Lehre vom statistischen Ausgleich anschließen. Die durch statistischen Ausgleich und Prävalenz der Normalgruppen bewirkte Erhöhung der Gleichförmigkeit muß auch eine Häufung gleichartiger Dinge und Ereignisse, mithin eine Vermehrung der Raum- und Zeitserien bringen. Das wird besonders klar werden, wenn wir nicht bloß Elemente der Normalgruppen als Einheiten auffassen, die ja infolge ihrer Anordnung zu reinen Untergruppen bereits an sich häufiger partiell-serial als total-unserial aussehen; sondern überdies müssen wir namentlich die Normalgruppe als ganze Einheit nehmen und anderen ganzen Normalgruppen einheitlich gegenüberstellen, deren Vergleich dann Gleichartigkeit und somit Serialität aufdrängt.

Der Vorbehalt aber, unter welchem wir der MARBEschen Lehre vom statistischen Ausgleich beipflichten, ist dieser: wenn lange Serien (Großserien, MARBEs reine Gruppen) aus lauter gleichen Gliedern seltener eintreffen als die mathematische Wahrscheinlichkeit fordert, so liegt es nicht ausschließlich daran, daß die Abhängigkeiten der Glieder ihren Wechsel bedingen; manche Abhängigkeit könnte ja ebensogut das Gleichbleiben bedingen. Nach dem Gesetze der Serie erzeugt jeder Anstoß in irgendeiner Richtung die energetische Beharrung nach ebendahin: den Antrieb, in derselben Richtung zu verbleiben und damit eine Wiederholung gleicher Einzelglieder herbeizuführen. Reine Gruppen dürften danach nicht nur nicht seltener, sondern müßten sogar häufiger sein als mathematische Wahrscheinlichkeit es verlangt.

Allein es befinden sich, wie wir sahen, unter den möglichen Kombinationen der m^n Gruppen, die für n-malige Wiederholung der m Fälle des Zufallsspieles denkbar sind, theoretisch stets m reine Gruppen: intragruppal betrachtet, sind deren Elemente zwar einander gleich; extragruppal betrachtet, sind sie einander vollkommen ungleich. Zwischen diesen, als Ganze miteinander verglichenen, verschieden beschaffenen Gruppen findet nun in unserem Sinne Ausgleichung (energetischer Austausch) statt, der eine kompensierende Verschiebung, Auswechslung der Elemente zur Folge haben muß. Gruppen wie

$$z \quad z \quad z \quad z \quad z$$
$$w \quad w \quad w \quad w \quad w$$

werden durch jene Vertauschung ihrer Elemente in

$$z \quad w \quad z \quad w \quad z$$
$$w \quad z \quad w \quad z \quad w$$

verwandelt werden. So erhält die MARBEsche Ausgleichstheorie, zunächst rein statistischen Ursprungs, ihre energetische, im besonderen imitatorische Fundierung.

Daneben werden wir uns gegenwärtig halten müssen, daß reine Gruppen und relativ reine Gruppen (solche, die sich von der Beschaffenheit der Normalgruppe mehr minder weit entfernen, aber doch auch einige abweichende Elemente unter sonst gleichen Elementen einschließen) zwar undenkbar sind ohne Änderung der Bedingungen; aber zu ihrem Eintreffen ist andererseits keine dauernde Änderung der Bedingungen, keine während ihres Ablaufes noch andauernde Änderung der Bedingungen erforderlich. Sie treffen ein, auch wenn nach einer nur stoßweisen Änderung die Gesamtlage sofort in ihren früheren Gleichgewichtszustand zurückkehrt; denn der Stoß genügt, die Ereignisse zuvörderst beharrlich in der von ihm angegebenen Weise weiterlaufen zu lassen. Reine Gruppen daher nicht als Ergebnis geringster Wahrscheinlichkeit bei gleichbleibenden Bedingungen, sondern als Folge größter Trägheit bei vorübergehend abgeänderten Bedingungen. Bei gleichbleibender Lage stets Normalgruppen (meist mit reinen Untergruppen); beim Wechsel der Lage auch reine Gruppen -

und Übergänge zwischen diesen und Normalgruppen, welche Übergänge sich durch zunehmende Zahl gleicher Elemente den reinen Gruppen nähern.

Durch Prävalenz der Normalgruppen wird, so sagten wir, die Gleichförmigkeit der Welt erhöht, falls die Normalgruppen als ganze aneinander gemessen werden. Aber auch durch das Vorkommen der reinen Gruppen wird die Gleichförmigkeit der Welt erhöht, wenn die Elemente der reinen Gruppen als einzelne zueinander gehalten werden. Beide Sätze lassen sich wie folgt umkehren: Normalgruppen erhöhen die Mannigfaltigkeit der Welt, wenn man ihre Elemente einzeln vergleicht; reine Gruppen erhöhen ebendiese Mannigfaltigkeit, wenn man sie als ganze einander gegenüberstellt: Reine und Normalgruppen ergeben erst zusammen das Bild der Welt, wie sie ist — zugleich gleichförmig und ungleichförmig; immerdar Bleibendes im Wechsel, unentwegt Wechselndes im Beharren.

2. OTHMAR STERZINGERs umfassender Lösungsversuch

Soweit ich sehe, ist STERZINGER der einzige Schriftsteller, der das Gesetz der Serie im eigentlichen Wesen und vollem Umfange bereits erfaßt und wissenschaftlich behandelt hat. Er nennt es (S. 219) „Erscheinung von der durchgängig auftretenden Knäuelung" und gelangt zu seiner Entdeckung im Anschlusse einer Kritik über die herrschenden Lehrmeinungen betreffend Wahrscheinlichkeit; aus diesem Grunde möge die Besprechung von STERZINGERs Werk an der gegenwärtigen Stelle, im mathematischen Kapitel, Platz finden. Von seinem für mich so bedeutsamen Inhalt erhielt ich — durch Herrn Hofrat Prof. Dr. HUGO SCHUCHARDT in Graz darauf aufmerksam gemacht — erst Kenntnis, nachdem mein eigenes Werk beinahe abgeschlossen vorlag.

STERZINGERs Buch „Zur Logik und Naturphilosophie der Wahrscheinlichkeitslehre, ein umfassender Lösungsversuch", scheint merkwürdige und widrige Geschicke hinter sich zu haben. 1911 wurde es im Xenien-Verlag zu Leipzig herausgebracht, soll aber — laut brieflicher Mitteilung SCHUCHARDTs — von seinem Verfasser alsbald aus dem Buchhandel zurückgezogen worden sein. In Fachkreisen hat es offenbar wenig Anerkennung gefunden: beispielsweise betont MARBE zwar an verschiedenen Stellen (S. 156, 170, 171, 172), daß STERZINGERs Lehre der seinigen ziemlich nahestehe; ja daß STERZINGER gegenüber einer langen Reihe anderer Autoren der einzige gewesen sei, der MARBEs Grundsatz vom „statistischen Ausgleich" (siehe bei uns früher, S. 173) rückhaltslos zugestimmt habe

(MARBE, S. 273). STERZINGER seinerseits (S. 209) billigt MARBE zu, daß er der erste gewesen sei, der aus dem Summarischen der Wahrscheinlichkeit Detailphänomene, nämlich die reinen Gruppen oder „Sequenzen" herausgegriffen habe. Nähert sich also STERZINGER in vieler Beziehung MARBEs Standpunkt, so ist doch MARBE selbst weit entfernt, sich zu demjenigen Lehrsatz zu bekennen, worin STERZINGERs Untersuchungen erst gipfeln — ihm auf einem Wege zu folgen, wohin MARBEs Lehrsätze Etappen waren. S. 182 hebt MARBE ausdrücklich hervor: „Es erscheint mir jedoch fraglich, ob das empirische Material STERZINGERs groß genug ist, um seine Ausführungen sicherzustellen und speziell seine Lehre von der Knäuelung einwandfrei zu begründen." Kaum minder skeptisch äußert sich MEINONG (S. 598): „So könnte, was O. STERZINGER unter dem Namen der ‚Knäuelungen' und was bereits das tägliche Leben bald mehr, bald minder ernsthaft als ‚Duplizität der Fälle' statuiert, sich doch einigermaßen als Folge des Umstandes verstehen lassen, daß das Gesetz der großen Zahlen gleich dem BERNOULLIschen Theorem zwar (innerhalb der bekannten Grenzen) das Verteilungsverhältnis, nicht aber die Stellung der Fälle einer gewissen Beschaffenheit im Ausfallspolynom festlegt." Soll heißen, daß desto eher etwa „Wappen" gleich oft obenauf zu liegen kommt wie „Zahl", je häufiger geworfen wird; mit diesem Verhältnis von $w : z = 1 : 1$ ist aber nicht gegeben, daß auf jedes w ein z folge. Nur werden beliebig viele, einander folgende w im Endergebnis durch ebensoviele z ausgeglichen. Die MEINONGsche Überlegung läßt die Häufung der w- und z-Würfe zwar als Tatsache verständlich, nicht jedoch als Regelmäßigkeit erklärlich erscheinen.

Die Zahl der Mathematiker und Philosophen, die zwischen den Ergebnissen der Wahrscheinlichkeitsrechnung und dem tatsächlichen Eintreffen der Wahrscheinlichkeiten Widersprüche vorfanden, ist nicht klein. MARBE, der ja in erster Reihe selbst zu ihnen gehört, nennt namentlich A. FICK, L. GOLDSCHMIDT und K. PEARSON; neuerdings kommt noch A. MEINONG hinzu. Keinem dieser Denker und Rechner ist aber die Serialität der Wirklichkeit aufgegangen; nur STERZINGER sind die kumulativen Knotenpunkte der Welt aufgefallen:

STERZINGER geht von ganz ähnlichen, zum Teil gleichen Vorkommnissen aus wie ich; er jedoch ursprünglich aus dem von meinen Anregungen verschiedenen Grunde (S. 213), „weil diese Vorkommnisse mit den Erscheinungen der Zufallsspiele große Verwandtschaft besitzen und sich auch nach der alten Wahrscheinlichkeitstheorie behandeln lassen." Hierher gehört Fallen von Regen-

tropfen auf eine bestimmte Fläche, Vorüberzug von Menschen und
Fuhrwerken an einer bestimmten Straßenstelle (vgl. mein Beispiel
Nr. 73, S. 77 !), Ladenbesuch (siehe meinen Serientypus Nr. 5,
S. 42 !), alles während eines bestimmten Zeitraumes beobachtet.
Greift man, etwa beim Straßenverkehr, einzelne Kategorien heraus,
z. B. nur Fuhrwerke oder nur Menschen; nimmt man ferner eine
Trennung der hinauf- und hinunterziehenden Personen und unter den
ersteren oder letzteren nach Altersstufen oder Geschlechtern vor; verfolgt man weiters nur die zu zweit, dritt usw. Vorübergehenden (gleichgültig, ob sie zusammengehen oder auch nur „zufällig" denselben
Weg haben): so ergeben sich die gleich gearteten Häufungen, wie in
der Gesamterscheinung, so auch bei den getrennt beobachteten Teilen.
Häufungen wechseln ab mit „Leeren"; Häufungen und Leeren schließen
sich je ihrerseits zu Knäueln zusammen. Innerhalb größerer Knäuel,
wo auf Pausen mehrerer Minuten Minutenkomplexe folgen, die Ereignisse enthalten, zeigen sich wieder kleinere Knäuel, in denen sich
neben Pausen von ungefähr einer Minute die Ereignisse auf wenige
Sekunden zusammendrängen (vgl. über Serien niedrigerer und höherer
Ordnung unser Kap. III, 1). „Auch hier zeigt sich die Erscheinung
der Knäuelung, und zwar so auffällig, daß der, der zum erstenmal
darauf aufmerksam gemacht wird, geradezu frappiert ist."

Von den gewöhnlich als „zufällig" geltenden Ereignissen kommt
STERZINGER zu solchen, bei denen Geschicklichkeit und Absicht nach Kräften mitwirken. Was er an Billardspielern beobachtete,
deckt sich mit den im vorliegenden Buch S. 404 wiedergegebenen Erfahrungen beim Scheibenschießen mit Pfeil und Bogen: Treffer und
Fehlstöße drängen sich zusammen, die kleinen Gruppen beider zu den
kleinen und die großen zu den großen. STERZINGER stellt einen
Teil seiner Beobachtungen und Experimente auf einer sehr anschau-
lichen Tafel graphisch dar; von denen des Stoßspieles liest er ab:
„Dabei berührt es sonderbar, daß in den Knäuel, z. B. der O-Stöße,
der bei einem Spieler beginnt, auch der andere hineingezogen
wird." Mir erscheint das als notwendig, denn dieser Spieler unterliegt
ja dem imitativen Einflusse des ersten; und hier ist ein Punkt, wo
meine Serienlehre der STERZINGERschen Knäuelungslehre gegenüber — zumal im Erklärungsversuch — noch Neues zu bieten vermag.
Wennzwar nicht in Form klarer Erkenntnis, so doch entschieden in
Form der Ahnung findet sich übrigens das Imitationsprinzip bei
STERZINGER schon ausgesprochen: am deutlichsten S. 220, „daß
die Bewegungen des Menschen, der im Herbeiführen der Resultate bei
den Zufallsspielen die Hauptrolle spielt, viele Rhythmen (des Herzens,
der Ermüdung und Kräftigung usw.) enthalten" — Rhythmen, von

denen aus dann eben jedes Geschehen rhythmisiert werden muß, das mit ihnen in imitativem Zusammenhange steht.

Wie es gleichgültig ist, ob von Glücks- oder Geschicklichkeitsspielen ausgegangen wird, ist es auch bei Naturereignissen und Unfällen gleichbedeutend, ob wir die Ursache kennen (z. B. Überschwemmungen) oder ob man das Geschehnis als ein vom Zufall beherrschten denken muß (Brände; Todesfälle im selben Hause, aber infolge verschiedener Krankheiten; Posteinlauf; Geburten). Immer und überall dasselbe Bild der Knäuelung!

STERZINGER nimmt im weiteren meine Einteilung in Zeit- und Raumserie ungefähr vorweg, nennt sie (S. 228) „lebende" und „erstarrte Rhythmen". Zu letzteren gehören die Gebirgszüge, von deren Bergen und Tälern die Bezeichnungen für bewegliche Wellenzüge entlehnt wurden; ebenso gehören hierher die Pflanzen mit ihrer gegen-, wechsel-, kreuz- und quirlständigen Beblätterung: daraus ergibt sich die Möglichkeit einer Systematik und einer Erforschung dieser hochkomplizierten Erscheinungen. Wie STERZINGER es meint, gehe wörtlich aus seiner S. 217 hervor:

„Das Phänomen der Knäuelung zeigt sich aber nicht nur bei Erscheinungen, die aus Bewegung bestehen, bei ‚Ereignissen', sondern auch bei ruhenden Dingen. Nehme ich eine Orangenschale und drücke beispielsweise ihre ätherischen Öle auf ein Blatt Papier, so zeigen mir die entstandenen Ölflecke dieselben unregelmäßigen Häufungen der einzelnen Tröpfchen, die hier vielfach zusammenfließen, neben den großen Leeren, wie beim synchronen Nebeneinanderschieben der hinauf- und hinunterziehenden Menschen und Fuhrwerke (mit diesen Ausführungen STERZINGERs vergleiche man, was bei uns S. 437 über „Klexographie" gesagt ist!) — ein Bild, das mir aber auch die Blättersilhouette einer Birke liefert ... Das unregelmäßigste, dem Zufall angemessenste Bild zeigt die genannte Birke. Ziemlich abgeschlossene, fast gerundete Knäuel zeigen ausländische Akazien, die Robinien und Ebereschen. In der Mitte zwischen Akazie und Birke liegen die Eschen..." (S. 229:) „Die Wellen, welche der Schattenriß der Rottanne zeigt, steigen steil an und fallen langsam ab; sie sind ziemlich regelmäßig. Von den Nadelhölzern hat die Silhouette der Lärche (jüngere Exemplare) am meisten den Charakter einer zufälligen Aneinanderklecksung der einzelnen Schattenflecke; und bei ihr läßt sich deutlich feststellen, daß es die höhere Komplikation des Rhythmus ist, die ihrer Silhouette im Gegensatze zu der der Rottanne den Zufallcharakter verleiht. Bei der Rottanne stehen die Blätter einzeln auf den Zweigen, bei der Lärche aber in regelmäßigen Abständen gebüschelt. Es ist also ein Rhythmus mehr; und da der übrige Bau der gleiche ist, wird dieses Moment als Ursache anzusprechen sein. Dieselbe Feststellung läßt sich bei Ästen der Birke machen: der Schattenriß eines einzigen Astes läßt noch keinen sonderlich großen Mangel an Gleichmäßigkeit erkennen; bei Übereinanderlegung von drei Ästen trägt die Aneinanderreihung der Schattenflecke bereits durchaus den Charakter der Zufälligkeit, die Form des Schattenrisses ist ohne jede Gleichmäßigkeit."

(S. 216:) „Das Phänomen der Knäuelung zeigt auch das Wetter. TRABERT erwähnt in seiner Meteorologie, daß KLEIN seine Wetterprophezeiungen in der Weise machte, daß er für den folgenden das gleiche Wetter voraussagte, wie es am vorausgegangenen Tage war und damit eine größere Zahl von Treffern erreichte als Fehler und auch als die wissenschaftliche Wettervorhersage." (Dieselbe Methode wie H. J. KLEIN seit 1880 in der „Wetterwarte" der „Kölnischen Zeitung" befolgt anscheinend der gegenwärtige Wetterreferent und -prophet der Wiener „Arbeiterzeitung"; auch bei ihm „bleibt" fast stets das Wetter „zunächst ebenso", wie es am Tage der Berichterstattung beschaffen war.)

(S. 218:) „Auch anderswo zeigt sich die Knäuelung: man findet sie schlechterdings überall. Die Verteilung der aufgeblühten Nelken oder Kartoffelstauden in einem eben zur Blüte gelangenden Nelkenbeete oder Kartoffelacker zeigt sie, ebenso die Verteilung der Gänseblümchen auf einem Rasen: überall dieselben Häufungen. Auch hier ist es gleichgültig, ob wir ihre Ursachen, wie bei den Städtebildungen, kennen oder zu kennen glauben, oder ob wir den Zufall als spiritus rector anzunehmen genötigt sind. Blicken wir in den Weltraum, so treten vor uns nicht nur die regelmäßigen und dichten Knäuel der Planeten, Monde und Sonnen, die selbst wieder zu einzelnen Systemen zusammengedrängt sind; sondern auch unter den Verteilungen der Sterngruppen begegnen wir Anhäufungen, denen ausgedehnte Lücken entgegenstehen. Nehmen wir das Fernrohr zu Hilfe, um einzelne Sterngruppen aufzulösen, so finden wir uns neuen Gruppierungen gegenübergestellt, wie wir es analog bei Betrachtung der Vorübergänge nach $^1/_5$ Minute und hernach nach einzelnen Sekunden erfahren hatten. (Wie STERZINGER, S. 243, hinzufügt, stimmt die BLELOTsche Wirbelkosmogonie gut damit zusammen, „welche annimmt, die Planeten seien aus den Knotenpunkten der Longitudinalwellen entstanden, die infolge eines Stoßes den Wirbelnebel durchzitterten".) Die Erde selbst enthält wieder neue Komplexe, nicht nur in den auf ihr auftretenden Dingen und Geschehnissen; sondern auch in rein materieller Hinsicht geht die Komplexbildung durch die Molekülkomplexe hindurch bis zu den Atomkomplexen (den Molekülen) und den Komplexen in den Atomen selbst. So scheinbar verschiedenen Ursprungs diese Zusammenballungen sind, die Erscheinung selbst ist überall anzutreffen. Ich glaube daher einigermaßen berechtigt zu sein, von einer allgemeinen Naturerscheinung sprechen zu dürfen und möchte sie als die Erscheinung von der durchgängig auftretenden Knäuelung bezeichnen. Sie zeigt sich sowohl in der Richtung der Koordination, wie in der Über- und Unterordnung."

Damit ist STERZINGER tatsächlich ungefähr dem gesamten Erscheinungsbereiche der Knäuel oder Serien gerecht geworden. Dem Ursachenbereiche dagegen geht er nur eine kurze Strecke nach. Auch für STERZINGER — wie für jeden, der sich zum ersten Male vorurteilslos mit Serienbeobachtungen befaßt — liegt das Überraschende und zugleich Anreizende sichtlich (S. 235) in der „Entrückung des Geschehnisses" für den „kausalen Einblick". Er führt es dann auf die Wellenlehre zurück, reduziert die Knäuelungen auf Wellen und insbesondere auf Schnittpunkte in einander durchkreuzenden Wellenzügen. Da aber Wellenbewegung (vgl. unsere nächsten Abschnitte) selbst nichts ist als eine Sondererscheinung im allgemeinen Gebiete der Serienphänomene, so ist damit eine eigentliche Erklärung noch nicht gegeben. STERZINGERs Zusammenfassung (S. 242) beginnt förmlich mit einer definitio per idem:

„Die Knäuelung ist eine summarische Erscheinung, bei deren jeweiligem Zustandekommen verschiedene Momente mitwirken, als deren letzte Ursache aber der Rhythmus anzusehen ist. Sie ist daher in gewissem Grade als eine Begleiterscheinung zu betrachten . . . Ihren Beginn stellen die Verdichtungen und Verdünnungen bei den einfachen Wellen dar. Stärker tritt sie bei der Interferenz, sowohl im positiven wie im negativen Sinne auf, Verdichtung wie Verdünnung nehmen stärkere Grade an, welch letztere bis zur Auslöschung der Bewegung führen kann. Sie läuft daher zum Teil mit der Komplikation der Bewegung parallel."

Nun, die „letzte" Ursache der Knäuelung — dessen, was ich Serialität nenne — ist der Rhythmus gewiß nicht, bestenfalles die „erste" Ursache; denn der Rhythmus selber ist ja auch noch eine Form der Serialität. Immerhin: beim Auffinden dieser Sätze — besonders des ganzen 5. Kapitels bei STERZINGER, „Zur Naturphilosophie der Zufallsspiele und verwandter Geschehnisse" — war mir zumute wie dem Einsiedler, der sich in langer Zurückgezogenheit heimlich nach Menschen sehnte und urplötzlich bei ihrem langentbehrten Anblicke wieder das Gefühl der Zusammengehörigkeit und inneren Sicherheit zu spüren bekommt; oder wie einem Forschungsreisenden, der jahrelang in unwegsamen Wildnissen die Schmerzen der Einsamkeit ausgekostet hat, nun aber mit einem Male die Aussicht auf heimatliche Gefilde und hilfsbereite Gefährten wiedergewinnt.

3. Die periodischen Funktionen

Wie wir seit Kap. III wissen und in Kap. XI genauer analysieren werden, können die Serien periodisch oder unperiodisch sein. Wir nehmen an und werden diese Ansicht in Kap. XI zu stützen suchen, daß unperiodische Serien die ursprünglicheren seien, ihre periodische Regelung den nachträglichen Vorgang und Zustand darstelle. Zweifellos aber kann sich aus der sekundären Periodizität auch wieder eine tertiäre Aperiodizität rückentwickeln; und überdies kompliziert sich die Frage noch dadurch, daß es dem Mathematiker vielfach gelingt, Serien, die unperiodisch erschienen, in mehrere einfach periodische Wiederholungen zu zerlegen und dergestalt bloß als verwickelte Perioden zu entwirren — eine irrational aussehende Wiederkehr als Übereinanderlagerung rationaler Perioden nachzuweisen. Danach müssen jedenfalls die periodischen Serien in einfache und zusammengesetzte Perioden unterschieden werden.

In der Sprache der Funktionentheorie läßt sich dasselbe folgendermaßen ausdrücken. Eine Funktion ist die gesetzmäßige Beziehung zwischen Größen, Gebilden oder Vorgängen; man darf die Funktionen von einem gewissen Gesichtspunkt aus einteilen in nichtperiodische und periodische. Die periodischen Funktionen sind solche, die sich für bestimmte Werte der unabhängig veränderlichen Größe unaufhörlich wiederholen; und zwar so, daß die Wiederholung zwischen genau bestimmbaren Abständen stattfindet. Die periodischen Funktionen ihrerseits zerfallen in einfach-periodische und doppelt-periodische: bei ersteren hat man sich das Abspielen der Wiederholungen innerhalb paralleler gleichbreiter Streifen, in die man sich die unendliche Ebene zerschnitten denken kann, vorzustellen; während man, um sich die doppelt-periodischen Funktionen zu vergegenwärtigen, das Feld der unendlichen Ebene in eine ebenso unendliche Anzahl kongruenter Parallelogramme (seien es nun rechtwinklige oder schiefwinklige) eingeteilt denken muß — innerhalb eines jeglichen dieser Parallelogramme findet dann je eine kongruente Wiederholung der Werte jener doppelt-periodischen Funktion statt.

Unter den einfach-periodischen Funktionen die einfachste ist — neben anderen ähnlichen trigonometrischen Schwingungen (Kosinus-, Tangens-Schwingung usw.) — die harmonische oder Sinusschwingung. Sie besteht in der Wiederkehr eines Punktes an dieselbe Raumstelle, nachdem der Punkt mit gleichförmiger Bewegung einen Kreis beschrieben hat. Projizieren wir diese Bewegung (Abb. 18) auf den Durchmesser des Kreises, so erhalten wir ein Bild der harmonischen, hin und her gehenden Schwingung, welche den Punkt jedesmal (in symmetrischer Elongation um eine Mittellage) gleichlange von einem Ende des Durchmessers zum andern brauchen läßt; doch nimmt seine Geschwindigkeit über B, C, D gegen den Mittelpunkt O gleichförmig ab, dann über E, F, G wieder gleichförmig zu usw. Teilen wir die Kreisbahn in 16 gleiche Sektoren ein, so ist klar, daß dem Bogen des ersten

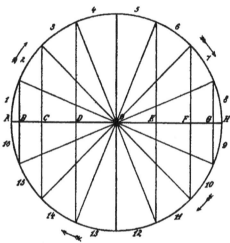

Abb. 18. Graphische Darstellung der harmonischen oder Sinusschwingung am Ort (der schwingende Punkt beschreibt immer denselben ortsbeständigen Kreis). Erklärung der Buchstaben- und Ziffernbezeichnung im Text. (Original.)

Sektors (1), auf den Durchmesser projiziert, dort eine kürzere Strecke entspricht (AB), als den Bögen der folgenden Sektoren bis einschließlich 5; die projizierten Strecken 4 (DO) und 5 (OE) sind einander gleich; dann folgt wieder ihre Abnahme bis 8; 8 (GH) und 9 (HG) sind abermals einander gleich; dann folgt ihre gleichmäßige Zunahme bis einschließlich 13; von 12 (EO) und 13 (OD), einander gleich, führt die Bewegung in gleichmäßiger Abnahme bis Sektor 16 (BA) und damit in den Ausgangspunkt zurück.

Die graphische Darstellung wird zur sinnlichen Veranschaulichung, wenn wir uns statt des gleichförmig im Kreise bewegten Punktes eine kreisförmig geschwungene Fackel denken: dem einen Zuschauer, der senkrecht zur Schwingungsebene steht, wird sich das Bild eines Feuerkreises bieten; während ein zweiter, der in der Schwingungsebene steht, den feurigen Kreis als geradlinige Projektion erblicken wird. Diesem Beobachter kann der leuchtende Punkt des brennenden Fackelendes nicht, wie dem ersten, als ein Kreisen, sondern nur als hin und her gehendes, gradliniges Schwingen erscheinen.

Durch solche Veranschaulichung gewinnen wir zu den in Kap. V (S. 120) vorgebrachten Gründen gleich noch einen, der es verständlich macht, daß kontinuierliches Geschehen uns diskontinuierlich vorkommen kann — daß ein ununterbrochener serialer oder periodischer

Vorgang sich in unterbrochenen Rucken und Stößen kundgibt, die mit andersgearteten Vorgängen abzuwechseln scheinen. Die harmonische Kreisschwingung ohne Richtungsänderung erscheint unserem Auge, wenn um 90 Grad verschoben, als geradlinige Schwingung mit Richtungsumkehr; und denken wir uns den Fackelschwinger durch ein Rad ersetzt, dessen eine Speiche als Funken oder Farbfleck endigt, so wird dieser Leuchtfleck — vom Radreifen aus gesehen — bei jeder Umdrehung nur einmal und vorübergehend auftauchen, dann wieder periodisch verschwinden: sein stetiges Licht verwandelt sich für uns in ein intermittierendes. Analoge Vorgänge, nur noch meist viel kompliziertere, gehören aber in der Natur gewiß alles eher als zu den Seltenheiten.

Erweitern wir jetzt die Vorstellung des am Ort gedrehten Kreises (gleichviel ob kreisenden geometrischen Punktes oder im Kreise geschwungenen Leuchtflecks), indem wir uns außerdem den ganzen Kreis geradlinig und gleichförmig weiterbewegt denken (Abb. 19), so befindet sich der beobachtete Punkt in aufeinanderfolgenden Zeiteinheiten zuerst in A, dann in B, dann in C usw.; verbinden wir diese Punkte, so erhalten wir als Bahn, die der Punkt bzw. Leuchtfleck in diesem Falle beschreibt, eine Wellenlinie mit gleicher Länge von Wellenberg und Wellental. Ist die Schwingung des Punktes eine schnelle oder die Ortsbewegung des Kreises eine entsprechend langsame, so bildet sich in dieser Wellenlinie eine Schleife (Abb. 20): in der Natur gelangt die Schleifenbildung z. B. bei den „Brechern" der Wasserwellen zur Verwirklichung, bei der die von der Schleife eingeschlossene Wassermenge der Schwere anheimfällt und als schaumgekrönter Wogenkamm herabstürzt. Nur muß man sich, da ja mit Wellenbewegung keine Fortbewegung, keine Strömung im Wasser verbunden ist, das Eintreten oder Ausbleiben der Schleifenbildung statt durch die Bewegungsgeschwindigkeit des Kreises vielmehr durch die, die Wasserteilchen in

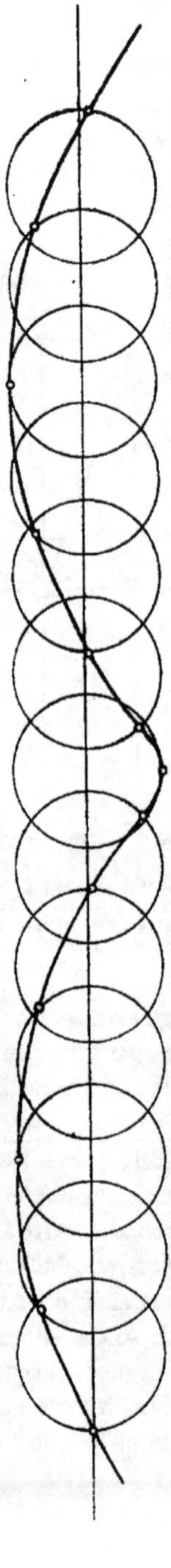

Abb. 19. Graphische Darstellung der harmonischen oder Sinusschwingung im Fortschreiten (ein Punkt kreist und der Kreis bewegt sich zugleich geradlinig vorwärts): Verbindung derjenigen Orte, wo der Punkt desfalls in aufeinanderfolgenden Augenblicken anlangt, ergibt als Bild der Schwingung die Wellenbahn mit gleicher Länge jeder einzelnen Welle. (Original.)

Schwingung versetzende äußere Kraft (etwa die Windstärke) geregelt denken. Danach bemißt man ja auch die Sicherheit der Schiffahrt im Verhältnis zur Seetüchtigkeit des Schiffes. —

Wenn aber der Punkt sich erstens nicht gleichförmig bewegt, zweitens der Kreis ungleichförmig weiterrollt; wenn drittens dieser die geradlinige Richtung und viertens jener die Kreisbahn verläßt: dann erhalten wir Komplikationen und Unregelmäßigkeiten der harmonischen Schwingung und Wellenbahn. Es sind sowohl Vorkommnisse denkbar, vermöge deren ein Punkt, der sich ursprünglich gleich- oder kreisförmig bewegte, in der Regelmäßigkeit seiner Bewegung gestört wird; als auch umgekehrt Möglichkeiten, durch die ein unregelmäßig und ungleichmäßig bewegter Punkt seine Bahn im Laufe der Zeit zu regel- und gleichmäßigem Kreisen und Schwingen ausgleicht. Beiderlei Eventualitäten sind gewiß oftmals in der Natur verwirklicht: einen (sicherlich nicht durchgreifenden) Unterschied zwischen unbelebter und belebter Natur darf man gleich darin erblicken, daß erstere, die einfachere, zur Verwicklung und Verwirrung ihrer Bewegungserscheinungen neigt; dagegen letztere, die bei weitem kompliziertere, dennoch kraft ihres Selbstregulationsvermögens zur Vereinfachung und Vereinheitlichung derselben. —

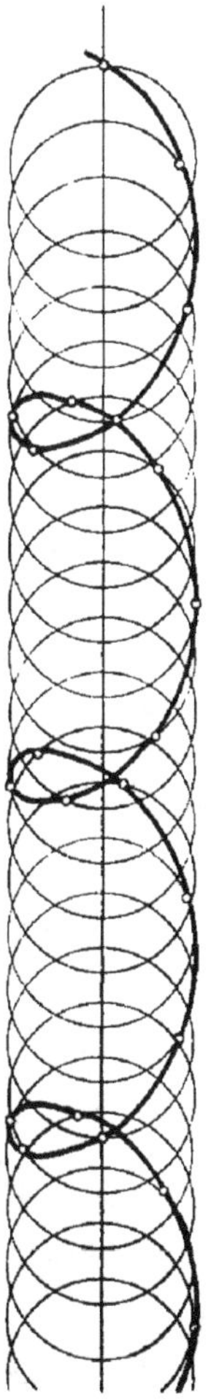

Die mathematische Behandlung solch höherer Periodenformen, die sich grundsätzlich nicht mehr auf einfache Kreisschwingungen zurückführen lassen, ist von außerordentlicher Schwierigkeit; aber schon durch Übereinanderlegung einfacher harmonischer Schwingungen lassen sich, wie erwähnt, überaus verwickelte Perioden kombinieren. Es ist der Leistung FOURIERs zu danken, wenn sich heute umgekehrt Perioden von der zuletzt genannten komplizierten Beschaffenheit stets auf einfache trigonometrische Schwingungen reduzieren lassen (Abb. 21, 22). Ganz analog dem bekannten Parallelogrammverfahren bei Kräften und Geschwindigkeiten können auch einfache Perioden zu Resultanten zusammengesetzt bzw. vice

Abb. 20. Graphische Darstellung der harmonischen oder Sinusschwingung im Fortschreiten: der Punkt beschreibt einen Kreis und der Kreis bewegt sich gleichzeitig geradlinig von der Stelle. Verbindung derjenigen Stellen, an denen sich der Punkt diesfalls in aufeinanderfolgenden Zeitmomenten befindet, ergibt als Bild der Schwingung die — stärker ausgezogene — Wellenbahn, welche hier — entweder wegen langsamer geradliniger oder schneller kreisender Fortbewegung — im Wellental jedesmal eine Schlinge bildet. (Original.)

versa derartige Resultanten, wo man sie fertig antrifft, in Kreisschwingungen von größter Einfachheit als in ihre Komponenten aufgelöst werden.

Die Gestalt von Kurven wie beispielsweise der in Abb. 23, 24 und 25 vorgelegten: wo entweder mehrere nahe beisammen liegende Wellenberge von je einem langen Wellental getrennt sind oder eine Häufung steiler Gipfel von je einer sanften niedrigen Schwingung unterbrochen ist; oder endlich eine Reihe kleiner Wellen sich zu einer sehr hohen Woge auftürmen, gibt eben-

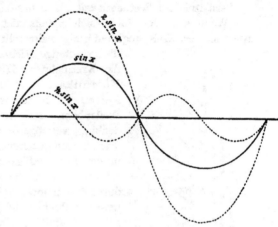

Abb. 21. Zerlegung der Periodenkurve sin x (ausgezogen) in zwei Periodenkurven 1/2 sin x und 2 sin x (punktiert).
(Nach L. Michaelis, „Einführung in die Mathematik", S. 214, Fig. 91.)

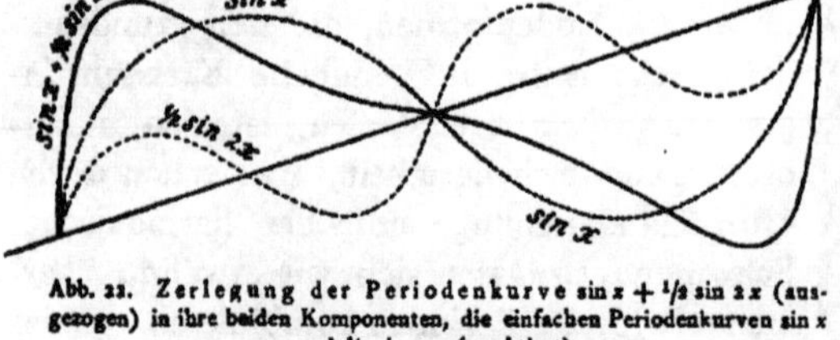

soviele graphische Darstellungen von Naturvorkommnissen, denen beim unmittelbaren Erleben (bei ihrer direkten Beobachtung) gewiß der regelmäßige periodische Charakter oft zu fehlen scheint. Sie werden daher vorerst als unregelmäßige Serien wahrgenommen und aufgefaßt werden; erst das FOURIERsche Verfahren wird zeigen, daß sie (Abb. 26, 27) in übereinandergelagerte Wellen zerlegbar sind, in denen jeder Wellenzug vom anderen verschieden streicht, wo aber innerhalb des einzelnen Wellenzuges die Amplituden seiner Wellen einander gleich sind. Die komplizierte Kurve eines Vorganges, der sich ohne berechnende Zerlegung vielleicht als irrationale Wiederholung darstellte, liefert schließlich durch die zerlegende Konstruktion den Einblick in seine Zusammensetzung aus lauter einfachen harmonischen Schwingungen.

Abb. 22. Zerlegung der Periodenkurve sin x + 1/2 sin 2 x (ausgezogen) in ihre beiden Komponenten, die einfachen Periodenkurven sin x und 1/2 sin 2 x (punktiert).
(Nach L. Michaelis, „Einführung in die Mathematik", S. 215, Fig. 92.)

So gewinnt die Mathematik größere Klarheit über die Wiederkehr gleicher oder ähnlicher Ereignisse, wo der Laie vor einem Rätsel steht, das nicht allein im ganzen unverständlich, sondern auch in seinen Einzelheiten zusammenhanglos erscheint; das ihn folgerichtig dazu

Abb. 23. Wellenkurve der „Schwebungen" (Tonstöße, wenn zwei tönende Körper, z. B. Stimmgabeln, Saiten, nicht ganz gleichgestimmt, sondern gegeneinander dissonierend verstimmt sind): die Zonen starker Schwingungsweite mit hohen Gipfeln entsprechen dem Anschwellen. die Zwischenzonen mit geringer Amplitude dem Abschwellen des Tones.
(Nach Riecke, „Lehrbuch der Experimentalphysik", I. Band, S. 257, Fig. 221.)

verleitet, denjenigen als „abergläubisch" zu brandmarken, der einen solchen, und zwar gesetzmäßigen Zusammenhang sich wiederholender Ereignisse dennoch behauptet. Schon die einfach-periodischen Funktionen der Mathematik spielen in der gesamten Naturlehre (siehe die Unterschriften zu den Abb. 23, 24, 26, 27) eine große Rolle; sie bilden die Grundlage zum Verständnisse der Pendelschwingungen, ferner die Basis zu dem aller Wellenbewegungen und damit aller Energievorgänge überhaupt.

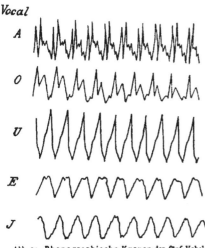

Abb. 24. Phonographische Kurven der fünf Vokale.
(Nach Riecke, „Lehrbuch der Experimentalphysik",
I. Band, S. 245, Fig. 207.)

Tiefstes Eindringen in die Theorie der Schwingungen, insbesondere auch des sphärischen Pendels, ist freilich mit Hilfe der einfach-periodischen Funktionen allein noch nicht zu erlangen; hier müssen noch die doppelt-periodischen Funktionen ergänzend herangezogen werden. Ihre Untersuchung, die auf die abstraktesten Gebiete mathematischen Denkens führt, soll hier nicht unternommen werden; der allgemeine Hinweis auf ihre hohe Bedeutung für das Schwingungs- und damit

Abb. 25. Kombinierte einfach-periodische Schwingungen
(Original; Schema zu Naturvorkommnissen wie Abb. 23, 24, 26 und 27.)

für das Perioden- und Serienproblem darf genügen: Sache des Mathematikers vom Fach muß es sein, die Nachprüfung dieser Bedeutung und damit die Durcharbeitung der doppelt-periodischen Reihen in ihrer Beziehung auf das Gesetz der Serie im einzelnen vorzunehmen.

4. Die Serie der Primzahlen

Wir lernten im letzten Abschnitt Vorgänge kennen, die — scheinbar auf unregelmäßiger Wiederholung beruhend — in vollstes rhythmisches Regelmaß zerlegt werden konnten. Jedoch gibt es Vorkomm-

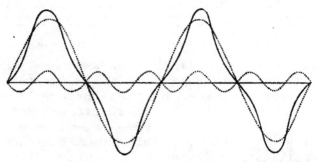

Abb. 26. Beispiel harmonischer Zerlegung einer Klangkurve (ausgezogen) in
die einzelnen, sie zusammensetzenden Tonwellen (punktiert).
(Nach Riecke, „Lehrbuch der Experimentalphysik", I. Band, S. 244, Fig. 205.)

nisse von solch irregulärem Aufbau, daß jene Zerlegung bis heute nicht
gelungen ist — wenigstens nicht in einer Weise, die das Vorkommnis
in seinem ganzen Umfange deckt und keine ungelösten Ausnahmen
darin zurückläßt.
Innerhalb der
Ziffernphänomene
ist ein solches Vor-
kommnis, das den
Charakter einer
Serie (und zwar
einer unperiodi-
schen Serie) deut-
lich hervortreten
läßt, die Reihe
der Primzahlen;
derjenigen Zahlen
nämlich, die, außer
durch 1 und durch
sich selber, durch
keine andere Zahl

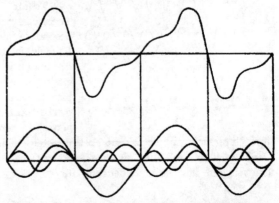

Abb. 27. Beispiel harmonischer Zerlegung einer komplizierten
Klangkurve (oben) in ihre den Klang zusammensetzenden einfachen Ton-
wellen (unten).
(Nach Riecke, „Lehrbuch der Experimentalphysik", I. Band, S. 243, Fig. 204.)

so dividiert werden können, daß kein Rest bleibt.
Schreiben wir uns die natürliche Zahlenreihe etwa von 1 bis
60 an und wenden darauf ein systematisches Rechenverfahren (einen

„Algorithmus") an, darin bestehend, daß eine Zahl nach der andern
— die Eins ausgenommen — in alle folgenden dividiert (als Divisor
verwendet) wird; alle Zahlen, die beim Divisionsverfahren keinen
Rest ergeben, werden gestrichen:

(1), 2, 3, 4, 5, 6, 7, 8, 9, 10, 11, 12, 13, 14, 15, 16, 17,
18, 19, 20, 21, 22, 23, 24, 25, 26, 27, 28, 29, 30, 31, 32,
33, 34, 35, 36, 37, 38, 39, 40, 41, 42, 43, 44, 45, 46, 47,
48, 49, 50, 51, 52, 53, 54, 55, 56, 57, 58, 59, 60 ......

Das Verfahren beginnt mit 2, da sich durch 1 alle Zahlen dividieren
ließen und demzufolge allesamt gestrichen werden müßten: bei Division
durch 2 fallen also weg: 4, 6, 8, 10, 12 usw., alle „geraden" Zahlen.
Bei Division durch 3 entfallen: 9, 12, 15 usw. Nach Durchführung des
Algorithmus bleibt folgende Zahlenreihe übrig, deren Glieder sich
dadurch auszeichnen, daß keine andere Zahl der ununterbrochenen
natürlichen Zahlenreihe — abgesehen von 1 — in ihnen ohne Rest
aufgeht:

1, 2, 3, 5, 7, 11, 13, 17, 19, 23, 29, 31, 37, 41, 43, 47, 53, 59 ...

Dieses Vorkommen von Primzahlen in der Welt der Ziffern gleicht
nun dem Vorkommen von gewissen Serien in der Welt der Erscheinungen durch folgende beiden Merkmale:

1. Die Primzahlen liegen in Haufen (Serien erster Ordnung, siehe
S. 58) nahe beisammen, die — wie oben in der Reihe durch Horizontalklammern angedeutet — durch mehr minder große, von Nichtprimzahlen erfüllte Lücken getrennt sind. Wegen des einem „Durchsieben"
aller Zahlen der natürlichen Zahlenreihe vergleichbaren Verfahrens
zu ihrer Herstellung heißt die Primzahlenreihe nach ihrem Entdecker
das „Sieb des ERATOSTHENES" (cribrum Eratosthenis).

2. Keine allgültige, also gesetzmäßige Formel läßt sich
für das seriale Vorkommen der Primzahlen finden: bekannt ist das Theorem, gemäß dem jede Primzahl mit Ausnahme von
2 und 3 die Form $6n + 1$ oder $6n - 1$ (n eine ganze Zahl!) haben müsse.
Setzen wir für n von 1 angefangen die Glieder der natürlichen Zahlenreihe, so stimmt die Regel für 1 ($6 \times 1 - 1 = 5$; $6 \times 1 + 1 = 7$);
sie stimmt für 2 ($6 \times 2 - 1 = 11$; $6 \times 2 + 1 = 13$), und noch für 3
($6 \times 3 - 1 = 17$; $6 \times 3 + 1 = 19$); aber schon für 4 stimmt es
zunächst einmal nicht ($6 \times 4 - 1 = 23$; $6 \times 4 + 1 = 25$, keine
Primzahl!). Aus der Regel folgt eben keineswegs, daß umgekehrt jede
Zahl von der Form $6n \pm 1$ eine Primzahl sein müsse.

Die Serie der Primzahlen ist also eine Serie engeren Sinnes — eine
unregelmäßige Serie, nicht etwa eine Periode. Ist derartige Form

der Wiederholung in der kontinuierlichen Zahlenreihe anzutreffen, so dürfen wir schließen, daß sie in der ununterbrochenen Folge des Naturgeschehens ebenfalls auftritt. Einer der ersten, der die Ansicht aussprach, daß die Naturgesetze sich in letzter Linie aus den Gesetzen ableiten lassen müßten, von denen das Auftreten der Primzahlen bestimmt werde, war AUGUSTE COMTE; also eine Ansicht, bei der man heute wieder wird anzuknüpfen und sich nur davor wird zu hüten haben, in einer durch nichts nahegelegten Verallgemeinerung auf sämtliche Naturgesetze demselben Zahlenmystizismus zum Opfer zu fallen, dem COMTE in später Schaffensperiode durch den Pythagoreismus entgegengetrieben worden war.

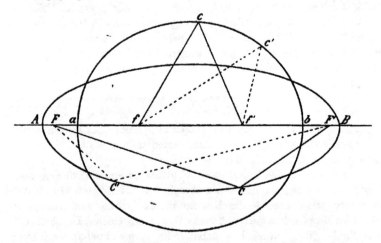

Abb. 28. Ellipsen: kreisähnliche mit dem Brennpunkt- (Fokal-) Abstand ff'; Leitstrahlen (Vektoren) $fc + f'c = fc' + f'c' = ab$ (grosse Achse); flache mit Brennpunkten FF'; Leitstrahlen $FC + F'C = FC' + F'C' =$ grosse Achse AB.

5. Die CASSINIschen Kurven

Die CASSINIschen Kurven verhelfen zu einer mathematisch-geometrischen Analogie, die das Statthafte unserer Ableitung in Kap. V dartut: nämlich jener, die auf S. 111 die Trägheit des Einzelkörpers aus derjenigen seiner Massenpunkte und die einer Menge von Körpern (der Massenkonstellation eines ganzen Stückes Erdoberfläche) aus der Trägheit ihrer Einzelkörper deduziert hatte. Das Wesentliche daran war die Auffassung einer Vielheit von trägen Massen und sie bewegenden Energien als Einheit; und diese Auffassung eben empfängt von den CASSINIschen Kurven ihre Stütze.

Wir gehen von einer CASSINIschen Kurve aus, die der Form nach einer Ellipse gleicht. Die Ellipse (Abb. 28) ist geometrischer Ort der

189

unendlichen Mannigfaltigkeit all jener Punkte, die gegenüber zwei fest-
gewählten Punkten der Ebene („Brennpunkten") so liegen, daß die
Summe der geradlinigen Entfernungen von diesen beiden Punkten
stets konstant und gleich einer vorgegebenen Länge ist; diese Länge ist
die große Achse der Ellipse.

Auch bei den CASSINIschen Kurven (Abb. 29) nun werden
zwei feste Brennpunkte der Ebene angenommen; auch hier ist eine
Beziehung zwischen den Entfernungen jedes beliebigen Kurvenpunktes
und den zwei Brennpunkten vorhanden. Nur ist es jetzt nicht die
Summe, sondern das Produkt jener Entfernungen, welches konstant
bleiben muß. Da nach dem Pythagoreischen Lehrsatze der analytische
Ausdruck für die Entfernung zweier Punkte voneinander immer

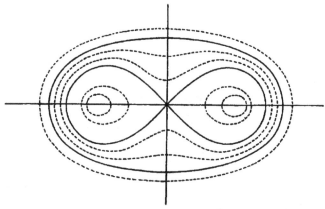

Abb. 29. Cassinische Kurven in ihren verschiedenen Gestalten; ellipsenähnlich; mit
Schleifenbildung („Lemniskate"); und in zwei Teile zerfallen.
(Nach M. Simon, „Analytische Geometrie der Ebene", Fig. 89.)

quadratisch ist und es sich hier, wie gesagt, um das Produkt zweier
solcher Abstände handelt, müssen die CASSINIschen Kurven immer
vom 4. Grade sein.

Die CASSINIschen Kurven verändern ihre Gestalt je nach dem
Längenverhältnis zwischen ihrer großen und kleinen
Achse. Auch das haben sie dem Wesen nach noch mit der Ellipse
gemeinsam: unterscheiden wir doch (Abb. 28) zwischen kreisähnlichen
und ganz flachen Ellipsenformen. Man erhält aber bereits die ganze
Mannigfaltigkeit aller Ellipsen, indem man die Längen ihrer Achsen
kontinuierlich gegeneinander verschiebt, wobei die Ellipse je nach
der Richtung, in der sich diese Variation bewegt, entweder immer
gestrecktere oder umgekehrt immer gedrungenere Gestalt annimmt.

Anders verhält sich die Variation der Achsen (oder der Konstanten) bei den CASSINIschen Kurven. Während nämlich, wie eben betont, die Ellipsen als Folge solcher Abänderung zwar flacher oder minder flach erscheinen, aber immer die Ellipsengestalt beibehalten, führt die Veränderung der Konstanten bei den CASSINIschen Kurven, wenn sie über eine gewisse Grenze hinaus getrieben wird, zum Auftreten gänzlich neuer Kurvengestalten. Dieselbe CASSINIsche Kurve, die zuerst für das Auge von einer Ellipse kaum zu unterscheiden war, erfährt nun zunächst eine eigentümliche Einschnürung (Taillenbildung, Abb. 29). Im weiteren Verlaufe der Konstantenvariation vertieft sich die Einschnürung immer mehr, bis schließlich der Grenzfall einer Schleifenbildung erreicht ist: diese Gestalt der CASSINIschen Kurve heißt Lemniskate. -

Aber die Variation der Konstanten läßt sich in gleicher Richtung auch über diesen Punkt noch hinaustreiben. Die Kurve zerfällt dann in zwei scheinbar getrennte ellipsenartige Gebilde, von denen jedes einen der Brennpunkte einschließt (Abb. 29). Wir sehen also, wie eine geschlossene, einfach begrenzte Kurve durch bloße Variation ihrer Konstanten in Teilgebilde zerfällt, so daß gleichzeitig aus dem einfach begrenzten ein mehrfach begrenztes Flächenstück hervorgeht. Es leuchtet ohne weiteres ein, daß man, wenn man CASSINIsche Kurven um ihre große Achse rotieren läßt, auch körperliche Formen erzeugen kann, die sich ganz analog verhalten: auf solche Art ließen sich ellipsoidähnliche Gestalten in hantelförmig eingeschnürte überführen, die schließlich in zwei ellipsoidähnliche Gestalten zerfielen. Hiermit ist — nach ECKSTEINs Vorgang — ein mathematisches Bild gewonnen, welches eine Fülle biologischer Grunderscheinungen zu vergegenwärtigen vermag: Zellteilung und direkte Kernteilung sowie auch Selbstteilung flüssiger und fließend weicher Kristalle sind etwa die nächstliegenden.

Es gibt noch eine andere Möglichkeit, jene aus der einfachen Kurve entstehenden Kurvenserien für den Vergleich mit biologischen Dingen nutzbar zu machen: denken wir uns die der Reihe nach erhaltenen Formen der wie oben vorgenommenen Konstantenvariation übereinander geschichtet, gleichsam als stünde man vor der Aufgabe, mit dem Mikrotom hergestellte Schnittserien histologischer Präparate behufs Rekonstruktion des ganzen, in Schnitte zerlegten Organes aufeinanderzulegen; so bekommen wir, insolange nur die ellipsenartigen Formen zur Schichtung gelangen, mehr weniger zylindrische, baumstammähnliche Gesamtgestalten. Treten dann später — wenn wir uns den horizontalen Schichtenbau von unten nach oben vorgenommen denken — im Variationsverlaufe die erwähnten Einkerbungen auf, so werden die nun folgenden Schichtserien ein Paar rinnenartiger

Furchen beiderseits des Zylinderstammes tragen. Endlich wird von demjenigen Punkte angefangen, wo die Schleifenbildung des Lemniskatenquerschnittes auftritt, eine völlige Trennung und Gabelung des stammartigen Schichtengebildes in zwei Stämme statthaben, die sich voneinander dichotomisch entfernen.

Es darf angenommen werden, daß es außerdem noch Kurven gibt, die nicht bloß in zwei, sondern sogar in mehrere Teile zerfallen; und es wäre eine besondere Aufgabe der Geometrie, Funktionen zu finden, die solchen Kurven entsprechen. Die hier besprochenen Fälle von Kurven und räumlichen Flächen liefern aber bereits reichliches Anschauungsmaterial für die Erkenntnis, daß eine Mehrheit räumlich voneinander getrennter Gebilde dennoch eine Einheit darstellen kann, denn in Wirklichkeit sind die beiden Teile der Lemniskate oder der aus den CASSINIschen Kurven durch Rotation hervorgegangenen Raumgebilde nur scheinbar eine Mehrheit geometrischer Objekte; dies geht ja schon daraus deutlich hervor, daß sie bei bloßer Umkehrung des Variationsvorganges von selbst wieder zu einer einzigen Gestalt rückverschmelzen. Da keine der beiden Variationsrichtungen vor der andern irgendwelchen Vorzug genießen kann, ist selbstverständlich die Vereinigung der Formen und deren Trennung nur relativer Ausdruck ein und derselben mathematischen Tatsache.

Der Leser hat bereits erraten, daß die Umkehr des Trennungsvorganges (das Ineinanderfließen CASSINIscher Kurven) sein biologisches Gegenstück findet in der Zellverschmelzung oder Kopulation der Einzeller wie der Keimzellen von Vielzellern, und eben dabei — nach dem Zellinneren verlegt — nochmals in der Kernverschmelzung des weiblichen und männlichen Vorkernes zum Befruchtungskern. Auch sonst deutet gar manches darauf hin, daß voneinander abgelöste organische Gebilde den einheitlichen Wesenszusammenhang lange bewahren, wie er ja beim Vielzeller trotz des Entstehens von Trennungsflächen auch äußerlich-räumlich bis zu einem gewissen Grade erhalten blieb. Eines der vielsagendsten Zeugnisse für diesen unverlorenen Zusammenhang des Wesens ist die Gleichzeitigkeit (Synchronie) der Zellteilungen: sowohl bei Einzellern, die von derselben Stammzelle herrühren, als auch der Furchungsteilungen, die bei Vielzellern das Zweizellenstadium der befruchteten Ei-(Stamm-)Zelle mit einem Male ins Vier-, Acht-, Sechzehnzellenstadium (Taf. VIII, Abb. 43) überführen.

Nicht die biologischen Analogien sind es, die uns hier direkt angehen; auch nicht die physikalischen allein, wo CASSINIsche Kurven beispielsweise — bezeichnend genug! — bei Betrachtung optisch zweiachsiger Kristalle im Polarisationsapparat erscheinen: all diese Analogien unterstreichen nur mit ihren lebendigen, deutlichen Gegenständlichkeiten die Tatsache, um die es sich uns hier, wie bereits eingangs des Abschnittes hervorgehoben, hauptsächlich handelt: Umwandlung einer Vielheit zur Einheit, nachdem reziprok aus der Einheit eine Vielheit hervorgegangen war, jedoch in gewissen entscheidenden Beziehungen ihre Einheitlichkeit dabei niemals verloren hatte. Gegenüber der Beharrung von Körperkomplexen, die sich in der Welt unserer Erlebnisse als seriale Wiederholung beharrenden, gleichen Geschehens offenbart, ist die physikalische Trägheit der Einzelkörper und Massenpunkte vergleichsweise eine Eigenschaft, die im Verhalten der variierten CASSINIschen Kurven ihr mathematisches Vorbild findet.

IX. Die Imitationen der Naturkörper

Rhythmus ist das innerste Wesen der
hegenden Wärme und ganz besonders der
schöpferischen Verwandtschaft, die Stoff von
oder zu Stoff treibt, trennt oder miteinander
innig verbindet. Darum ist auch das Leben vor
allem Rhythmus ... Im Rhythmus findet sich
das Gleiche wie das Verwandte, der Rhythmus
scheidet das Fremdartige und führt es hinaus
aus der Verknüpfung, befreit es — er ist das Gesetz der Weltordnung in ihren kleinsten wie
größten Ereignissen. Der Rhythmus ist das
Gesetz des fühllosen Stoffes wie der Seele ...

LEO GILBERT, ,,Der Rhythmus der Zeiten".

Jetzt erst dürfen wir wieder auf festeren Boden zurückkehren, und wir unternehmen es, mit einigen Kapiteln die Fruchtbarkeit unserer bisherigen Erklärungsversuche im Gebiete sicherer naturgeschichtlicher Tatsachen zu erproben; zunächst besonders, anknüpfend an Kap. VI, die Imitationen durch die drei Naturreiche zu verfolgen. In einigen recht umfassenden Erscheinungsgruppen bei unorganischen wie bei organischen Naturkörpern wird man, wie ich zuversichtlich glaube, mit um so größerem Glück Imitationsvorgänge (Austauschprozesse verschiedener Energiearten bis zur Verähnlichung der tauschenden Objekte) erblicken dürfen, als sie sich bisher einer anderen, wirklich plausiblen und analytischen Erklärung entzogen haben und zu den am meisten mit Rätseln umwobenen Phänomenen gehören, die Kosmos und Leben uns bieten. Im Lichte des Imitationismus werden die sogleich zu bezeichnenden, an und für sich wohlbekannten Erscheinungen einesteils selber mehr Licht empfangen, andernteils ihrerseits solches ausstrahlen auf jene Vorgänge, in deren tieferer Begründung ein ansehnliches Stück unserer Aufgabe beschlossen liegt.

Zuerst entnehme ich einige Beispiele der Mineralogie und Petrographie, wo Anähnlichung der Gesteins- und Mineralgestalten in den beiden Formen der „Kontaktmetamorphose" und der „Umwandlungs-Pseudomorphose" gut erforscht ist. Ausgleich an Formenergie ist hier meist innig verbunden, zuweilen aber auch scharf getrennt vom Ausgleich an Stoffenergie, ja zuweilen genügt dieser chemische Prozeß, um jenen morphischen schon als unvermeidliche Konsequenz mit sich zu führen. Als Verwandlungs-Pseudomorphose bezeichnet man die innere Umgestaltung eines kristallinischen Minerals in ein anderes, kristallinisches oder amorphes, wobei die äußere Form des Ursprungsminerales erhalten blieb. NAUMANN-ZIRKEL, der seine Erklärung der Pseudomorphosen mit dem Zugeständnisse beginnt, daß sie rätselhafte Prozesse seien, unterscheidet drei Hauptarten davon:

„1. Solche, bei denen die ursprüngliche und die an ihrer Stelle befindliche Substanz chemisch identisch sind und die Umwandlung nur das Gefüge und physikalische Eigenschaften betroffen hat, sogenannte Paramorphosen."

2. Solche, die zwar auf chemischer Umwandlung beruhen, bei welchen aber zwischen der ursprünglichen und der pseudomorphen

Substanz noch ein chemischer Zusammenhang stattfindet, indem beide Massen einen oder mehrere Bestandteile gemein haben. Diese können gebildet sein durch:

„a) Verlust von Bestandteilen . . . z. B. Kalkspat nach Gylussit (durch Austritt von kohlensaurem Natron und Wasser), Bleikarbonat nach Phosgenit (durch Verlust von Chlorblei)" usw.

„b) Aufnahme von Bestandteilen . . ." z. B. Gips nach Anhydrit, Malachit nach Rotkupfererz, Eisenoxyd nach Magneteisen, Bleivitriol nach Bleiglanz (sämtlich durch Eintritt von Sauerstoff, Wasser oder Kohlensäure in die Verbindung).

„c) Teilweisen Austausch von Bestandteilen . . . z. B. Aragonit nach Gips, Kaolin nach Feldspat, Baryt nach Witherit, Bleiglanz nach Pyromorphit" usw.

„3. Solche, bei welchen die chemischen Bestandteile beider Substanzen vermöge des stattgefundenen völligen Stoffaustausches gänzlich voneinander verschieden sind (BLUMs Verdrängungs-Pseudomorphosen)", z. B. Quarz nach Flußspat, Quarz nach Kalkspat, Brauneisenstein nach Quarz, Zinnstein nach Feldspat, Kieselzink nach Bleiglanz usw.

Entnehmen wir diesen Tatbeständen dasjenige Grundergebnis, welches der Verfolgung unseres Zieles zustatten kommt, so gewinnen sie folgenden Ausdruck: Bei den Pseudomorphosen werden je zwei Mineralarten einander ähnlicher. Die Ähnlichkeit erstreckt sich erstens auf die äußere Form, die das verdrängte Mineral dem verdrängenden, das sich hineinpaßt, sozusagen als Erbteil hinterläßt. Zweitens erstreckt sich die Ähnlichkeit auf die innere, physikalische oder außerdem chemische Struktur, die das verdrängende Mineral in der verbliebenen Form des verdrängten etabliert. Also wird die äußere Form vom Verdrängten dem Verdränger, der darin passiv ist; die innere Form (oft nebst stofflicher Beschaffenheit) dem Verdrängten vom Verdränger, der darin aktiv ist, aufgedrängt. Vergleicht man das Resultat dieses Austausches oder, wenn man will, Kampfes an der Verdrängungsstelle, mithin das Aussehen des fertigen, pseudomorphen Minerales (z. B. Quarz nach Kalkspat) mit den unangetasteten Beständen der beiden Minerale, die daran teilgenommen haben (Quarz, Kalkspat), irgendwo in der Nachbarschaft: so ist der pseudomorphe Quarz unberührtem Kalkspat in seiner äußerlichen Gestalt; die pseudomorphischen Kalkspatformen aber sind originalem Quarz in ihrer gesamten inneren Beschaffenheit gleich geworden. Solchem Austausch gleicher Merkmale aber entspringt an Ort und Stelle, wo sich der beschriebene Prozeß abspielt, eine Verähnlichung zwischen Kalkspat und Quarz überhaupt; insofern sie sich, wenn dieser in

jenes Gestalten auftritt, einander ähnlicher sind als Quarz und Kalkspat in ihren originalen Gestalten.

Ein anderer, solch „rätselhafter" Vorgang aus dem Steinreiche
ist die vorhin schon namhaft gemachte Kontaktmetamorphose.
Beispielsweise beschreibt CREDNER die „Umwandlung, welche die
paläozoischen Tonschiefer im Umkreis plutonischer Eruptivmassen,
also namentlich der Granite, Syenite und Gabbros erlitten haben.
Innerhalb der Kontakthöfe im Schiefer rings um die genannten plutoni-
schen Gesteine läßt sich deutlich eine Zunahme der Intensität der Veränderungen wahrnehmen, welche in geradem Verhältnisse zu der
Annäherung an das Eruptivgestein steht ... Zuerst stellen sich in dem
sonst unveränderten Schiefer kleine, knotenähnliche Körper ein; dieselben nehmen bei größerer Annäherung an Menge und Dimensionen
zu und bilden sich zu länglichen, fruchtartigen Konkretionen wesentlich von Glimmer, Cordierit oder Andalusit heraus, während gleichzeitig
die Schiefermasse eine Zunahme der Kristallinität wahrnehmen läßt,
wodurch allmählich ihr ganzer Habitus der eines Glimmerschiefers
wird. Schließlich wird der ursprüngliche Tonschiefer zu einem aus
Glimmer, Quarz, Cordierit und Andalusit bestehenden, schuppig-
flaserigen Andalusitglimmerfels (Cornubianit) oder aber zu einem
harten, spröden Hornfels, bei denen meist auch die schiefrige Struktur
vollkommen verloren geht ... Eine den altplutonischen Eruptiv-
gesteinen ganz analoge Kontaktmetamorphose hat der jungtertiäre
Essexit (ein körniges tephritisches Tiefengestein) vom Rongstock bei
Tetschen an den ihn umgebenden kretazeischen (oberturonen) Mergeln,
und zwar bis zu 1000 m Entfernung ausgeübt. Die erste Kontakt-
wirkung besteht in der Härtung der Mergel, dem Verluste ihrer Dünn-
schieferigkeit, dem Ersatz der organischen Reste durch körnigen Kalk,
näher am Eruptivstock tritt Epidot in Nestern ein, reiht sich dann
zu parallelen Streifen an, ihm gesellt sich Granat zu, bis endlich zunächst dem Kontakte dichte Kontaktsilikathornfelse mit Wollastonit,
Grossular und Epidot entstehen. Die Kontakthöfe mancher Stöcke
von Granit und Eruptivgneis zeichnen sich durch Injektion von graniti-
schem Material aus, das zunächst in Gestalt von Schmitzen, Lager-
gängen und zum Teil recht mächtigen Bänken zwischen die kristallinischen Kontaktschiefer eingeschaltet ist, schließlich aber letztere in
mehr oder weniger großen Einsprenglingen imprägniert, so daß gneis-
ähnliche Gesteinmodifikationen entstehen (Injektionsmetamorphose).
Charakteristisch für die neugebildeten Kontaktgesteine pflegt deren
skelettartiger Aufbau zu sein, welcher darin besteht, daß dieselben
von rundlichen, meist mikroskopischen Einschlüssen ihrer Nachbar-
mineralien erfüllt, durchspickt, siebartig durchbrochen sind. Häufig

ist auch ihre Form und Aggregierung eine eigenartige, indem sie nicht wie bei den kristallinischen Schiefern zahnartig ineinandergreifen, sondern mit gradlinigen, polygonalen Konturen aufeinander stoßen und dem Gestein ein pflaster- oder bienenwabenähnliches Gefüge verleihen. Die beschriebene Kontaktmetamorphose beruht nach vielen vergleichenden analytischen Untersuchungen meist auf der molekularen Umlagerung der ursprünglichen Schiefersubstanz, namentlich mit Hilfe des aus dem Magma entweichenden Wasserdampfes, seltener auf der Zufuhr neuer Mineralsubstanzen aus dem benachbarten Eruptivmagma."

Es handelt sich demnach bei den Kontaktmetamorphosen in erster Linie um Verähnlichung der äußeren und inneren Formen (Strukturen) bzw. um Schaffung neuartig aussehender, durch den Ausgleichprozeß bedingter Strukturen; erst in zweiter Linie und seltener auch hier um Verähnlichung bzw. Ausgleichung von Stoffen (Chemismen) der benachbarten Gesteinsschichten. Ausschließlich Verähnlichung der Formen ohne nennenswerten und nachweisbaren Einfluß auf die Chemismen findet man bei den „orientierten Verwachsungen" verschiedener Minerale, von deren Kristallflächen auf die umgebende fremde Substanz eine gerichtete Anziehung von solcher Beschaffenheit ausgeübt wird, daß die Anlagerung des ungleichartigen Stoffes günstigenfalles in derselben morphologischen Erscheinungsweise erfolgt, als ob er gleichartig wäre (v. TSCHERMAK). —

Ungleich verbreiteter und augenfälliger noch als im Gesteinsreiche sind Imitationsprozesse in den Lebensreichen der Tiere und Pflanzen am Werke. Um dies recht eindringlich zu zeigen, dürfte es vielleicht gestattet sein, an einen bestimmten Satz des zuvor abgedruckten langen Zitates aus CREDNER anzuknüpfen: „Häufig ist auch ihre (sc. der Kontaktgesteine) Form und Aggregierung eine eigenartige, indem sie nicht wie bei den kristallinischen Schiefern zahnartig ineinandergreifen, sondern mit geradlinigen, polygonalen Konturen aneinanderstoßen und dem Gestein ein pflaster- oder bienenwabenartiges Gefüge verleihen." Statt bienenwabenartig hätte der Autor diese für Kontaktgesteine so charakteristische Struktur auch „zellenartig" nennen können, denn der für die elementaren organischen Bausteine der Tier- und Pflanzenleiber zuerst von SCHLEIDEN geprägte Ausdruck „Zelle" verdankt seinen Ursprung der oft bedeutenden formalen Ähnlichkeit jener organischen Elemente mit den einzelnen Zellen einer Bienenwabe. Und ein Aggregat organischer Zellen, ein „Gewebe", zeigt oft erst recht das Aussehen einer ganzen Bienenwabe oder auch, wenn die Zellen abgeflacht sind (womit dann der zweite, von CREDNER fürs Gefüge der Kontaktgesteine genannte

Vergleichsterminus eingesetzt erscheint), das Aussehen eines Steinpflasters, in welchem Falle man dem Gewebe geradezu den Namen eines „Pflasterepithels" gegeben hat. Diese Struktur, die wir also im großen und ganzen in ihren sämtlichen Detailformen eine „zellige" nennen dürfen, tritt im Mineralreiche verhältnismäßig nur als Spezialerscheinung auf; in den Organismenreichen ist sie durchgängig zu finden. Sollte darin mehr als eine äußerliche Ähnlichkeit, mehr als eine ganz an der Oberfläche haftende, nicht im Wesen der Erscheinung begründete Analogie zu vermuten sein? Sollte es nur einer jener vielgeliebten „Zufälle" sein, daß die Zellenform sich in Gesteinen gerade dort einstellt, wo metamorphische Ausgleichsprozesse am Werke sind; hingegen in Lebewesen, die, wie sogleich näher dargelegt werden soll, geradezu Spezialwerkstätten für derartige Ausgleichungen genannt werden dürfen, als allgemeine Grundform eintritt, ohne die kein richtiges „Leben" im denkgewohnten Sinne zustande kam?

In der Tat halte ich es für wahrscheinlich, daß man bei genauer Durcharbeitung dieses Problemes zu einer Auffassung gelangen würde, wonach das Wesen des Lebens auf der „Lebhaftigkeit" und Vollständigkeit der Ausgleichungs- und Anähnlichungsvorgänge beruht, zu denen zwischen den Eiweißkörpern eine sonst nirgends in der Natur so überreich dargebotene Gelegenheit hergestellt erscheint. Sogar der elementarste, „einzellige" Organismus besteht schon aus einer Mannigfaltigkeit chemisch verschiedener Eiweißkörper, so in der simpelsten Zelle zumindest aus Zytoplasma und Karyoplasma je mit deren verschiedenen Abarten, wie Plastin, Amphipyrenin, Chromatin und Achromatin. Diese Stoffe sind zugegen, auch wenn sie — wie bei den „Moneren" (Bakterien und Chromaceen, ganz an der gemeinsamen Wurzel von Tier- und Pflanzenreich) — noch nicht in korpuskulärer Form als „Zellkern" und „Zellenleib" abgegrenzt, sondern zunächst noch diffus in der Zelle verteilt und gemischt sind. Infolge ihrer unerreicht komplizierten Molekularstruktur sowie infolge ihrer wiederum durch letztere bedingten, höchst labilen (leicht aus dem Gleichgewichte zu bringenden) stofflichen Struktur müssen all die Eiweißkörper ganz besonders zu den energetischen Austauschungen hinneigen, die wir, weil sie zu einem Ausgleich der Eigenschaften führen, insgesamt als „Imitationen" bezeichnet haben. Zu lebenstätigem „Plasma", zur wirklich lebendigen Bildungssubstanz werden Eiweißkörper überhaupt erst durch ihren heterogenen Zusammentritt und die damit notwendig einsetzenden Imitationsprozesse.

Je zahlreichere Körper in engste Nachbarschaft geraten, und je ausgedehnter die Oberfläche, mit der sie sich berühren, desto regsamer muß sich die zur wechselseitigen Anähnlichung hinzielende allgemeine

Aktion und Reaktion gestalten. Auf ebendieser Eigenschaft der reichen Grenzflächenentwicklung zwischen fremden Stoffen beruhen die vielfachen Analogien unorganischer Kolloide mit Lebewesen; unter dem kolloidalen Zustand eines Körpers versteht man seine so feine Zerstäubung, daß die Teilchen in einer Flüssigkeit (worin er sich nicht löst) schwebend bleiben. Die Teilchen sind größer als Moleküle, die bei einer gelösten Substanz ja ebenfalls im Lösungsmittel suspendiert wären; aber sie geben der in Kolloidform gebrachten, ungelösten Substanz eine mächtige Oberflächenentfaltung. Vom physikochemischen Studium kolloider Systeme stammt die Erkenntnis, daß die Lebensvorgänge im wesentlichen Vorgänge sind, die sich an Grenzflächen jeweils verschiedener Stoffe abspielen; während die physikalische Chemie bei dieser Erkenntnis stehen bleibt, versucht die Imitationslehre noch darüber hinaus anzugeben, warum gerade an Grenzflächen so lebhafte energetische Erscheinungen stattfinden müssen, die auf dem Gipfel ihrer Stärke und Menge das „Leben" herstellen: das Zusammenkommen möglichst zahlreicher und möglichst labiler Stoffqualitäten gibt, wie gesagt, erst die Vorbedingung ab für das Einsetzen der auf allgemeiner Aktion und Reaktion beruhenden Energieaustauschprozesse.

Leben wäre danach nur möglich, wo verschiedene Stoffe, zum mindesten zwei Hauptarten davon, beisammen existieren und in inniger Berührung aufeinander zu wirken vermögen. „Leben" ist also in der Tat bereits in seiner elementarsten Form gleichbedeutend mit „Zusammenleben": das wurde noch von anderen Forschern ausgesprochen — von GAULE, der jeden Organismus eine Symbiose der von ihm „Hyphoid" und „Zooid" genannten Bestandteile darstellen läßt; von FLIESS, der in den beiden, für volle Lebensreaktion nötigen Stoffen weibliches und männliches Plasma und in der Reaktion selbst eine Art permanenten Geschlechtsakt sucht. Insoweit ist wohl die letztgenannte Ansicht irrtümlich, als es sich nicht um Aktion und Reaktion von nur zwei, sondern um diejenige von viel mehrerlei Stoffen handeln muß (vgl. KAMMERER, 1918 a). An der universellen Gleichung „Leben = Zusammenleben" und dem Verdienste, ihre Richtigkeit erkannt zu haben, ändert das graduelle Detail natürlich nichts; und wenn JOSEPH in seinem vortrefflichen Referat meines Buches über „Genossenschaften von Lebewesen" einwendet: „Unter KAMMERERs Händen erweitert sich die Symbiose zu einem Synonym mit dem Gesamtleben und macht den Terminus ‚Leben' fast überflüssig" — so ist diesem terminologisch vielleicht berechtigten Einwand immerhin das noch größere Recht der empirischen Tatsächlichkeit entgegenzuhalten.

Daß so zahlreiche und dabei so verschiedenartige Stoffe, wie sie in den Elementen eines jeden Lebewesens zugegen sind, dennoch einen Organismus von straffer Einheitlichkeit ergeben, dürfte gleichfalls das Werk der Imitationsprozesse sein, die (wie unsere Attraktionshypothese, Kap. VII, verständlich macht) in alle noch so abweichenden Teile die Gemeinsamkeit hineintragen, welche für den Zusammenhalt des in sich und der Außenwelt gegenüber abgeschlossenen, einheitlichen Individuums nötig ist.

Auf der anderen Seite sind die durch Beisammensein differenter und labiler Verbindungen, wie der Eiweißkörper, entfesselten Imitationsvorgänge so stürmischer Art, daß sie in raschestem Verlaufe sogleich wieder zur Zerstörung des Lebens und Gewinnung eines definitiven, stabilen Ausgleichszustandes (im „Tode") führen müßten, wenn nicht automatische Hemmungen den Prozeß verlangsamten. Die Größe des Eiweißmoleküls, welche die Folge seines komplexen atomistischen Baues und die Ursache seiner strukturellen Labilität ist — sie ist zugleich auch ein Hindernis fürs leichte Eindringen von Eiweißlösungen in andere Flüssigkeiten; so ist zunächst die wechselweise Diffusion der Eiweiße erschwert, die den Lebensprozeß andernfalls zu raschem Ende brächte. Die wichtigste Hemmung aber besteht in der Bildung von trennenden Häutchen (Membranen), durch welche die riesigen Eiweißmolekel erst recht schwer hindurchtreten (dialysieren) können. Ein großer Teil der Ausgleichsprozesse vollzieht sich an solchen Membranen, wo die verschiedenartigen Stoffe aneinandergrenzen; aber sie vollziehen sich dort auch wiederum langsamer, als wenn die Stoffe in Abwesenheit von Membranen aufeinanderstießen. Darauf, daß verschiedenartige Stoffe, die ja den energetischen Austausch- und wechselweisen Umwandlungsprozeß an und für sich begünstigten, ihn durch prompte Membranbildung gleichzeitig hemmen, beruht die Dauerhaftigkeit und verblüffende Lebensübereinstimmung der von LEDUC, QUINCKE, STADELMANN und BENEDIKT erzeugten „osmotischen Vegetationen" mit Pflanzenrasen und tierischen Gebilden; nur sind es hier einfache anorganische Stoffe (z. B. Eisenvitriolkristalle in Ferrozyankaliumlösung oder Kristalle von chromsaurem Kali, Eisen- und Kupfersulfat in Wasserglas), die zusammenkommen und an ihren Berührungsstellen Grenzhäutchen ausbilden, wobei umhüllte Teile durch den osmotischen Druck der die Membran mühsam passierenden Flüssigkeit ausgedehnt werden und derart das Bild gegliederten, organischen Wachstums vortäuschen.

Entfallen die Hemmungen für innigste Mischung der Plasmen, so ist Auflockerung und Auflösung ihrer Struktur („Zytolyse") die Folge davon. Die tödliche Wirkung der stark zytolytischen Agentien

— wie Chloroform, Äther, Alkohol, Benzol, Toluol — beruht auf einer Beseitigung der in den Zellmembranen geschaffenen Hemmungen, durch welche gerade die aufgezählten Agentien besonders leicht zu dialysieren vermögen. Und die Giftfestigkeit gegen schwächer zytolytische Substanzen — wie artfremde Eiweiße — beruht nicht ausschließlich darauf, daß die Zellen ein besonderes Gegengift (Antitoxin) ausscheiden, durch welches die Gifte unschädlich gemacht, paralysiert werden; sondern auch darauf, inwieweit die Zellen kraft ihrer Membranen für solche Gifte undurchlässig sind. Artfremdes Eiweiß wirkt sehr giftig für arteigenes Eiweiß: solange es aber in die arteigene Zelle nicht eindringen kann, ist zunehmende Giftgewöhnung (Immunität) erreichbar; öffnet sich hingegen eine Pforte des Eindringens, so ist von einem Fall der Vergiftung zum nächsten erhöhte Giftempfänglichkeit (Anaphylaxie) unvermeidlich. Immunität gegen anorganische Gifte ist deshalb schwerer erreichbar, deren zytolytische Wirkung zwar nicht immer heftiger, aber stets rascher, weil sie vermöge ihrer viel einfacher gebauten und daher kleineren Moleküle die Zellmembranen unvergleichlich leichter passieren. Im Zellinneren ist dann die Berührung und Mischung der Stoffe eine so innige, daß die Imitationsprozesse — vorübergehend sogar eine jähe Erhöhung der Lebensprozesse (man denke an die stimulierende Wirkung so vieler Gifte!) bewirkend — in raschem Ablauf und Abfall das Lebensende bereiten. —

Welch entscheidend großen Anteil Imitationsvorgänge am Zustandekommen und Erhaltenbleiben des Lebens nehmen, ersieht man schließlich noch bei der Assimilation, der Verwandlung unspezifischer Nahrungsstoffe in spezifische lebende Stoffe des eigenen Leibes. Kein Lebensvorgang scheint dem Leben eigentümlicher, keiner so sehr Zeugnis für die Eigengesetzlichkeit des Lebens zu sein wie gerade die Assimilation; für andere Grundeigenschaften der lebenden Substanz — Wachstum, Fortpflanzung, sogar Reizung und Bewegung — lassen sich leicht unorganische Analoga, ja zum Teil Homologa ausfindig machen: für die Assimilation ist das am schwierigsten. Nun, und es liegt ja schon im Worte „Assimilation" — „Anähnlichung", daß hier ein Imitationismus strengsten Sinnes vorliegt. Wenn ich noch besonders darauf aufmerksam mache, so geschieht es nur, um auch hier das Kennzeichnendste des energetischen Tauschgeschehens hervorzuholen: die Gegenseitigkeit. Viele Erklärungen der Assimilation stellen sie nämlich dar, als fände bloß Umbau der Nahrung im Sinne des Organismus statt: als wären die Zellen fähig, fremde Substanz ihrem eigenartigen Plasma zu adaptieren, ohne selbst dabei modifiziert zu werden. Diese Auffassung ist jedoch eine einseitige und daher falsche: auch das Plasma des Nahrung aufnehmenden und

verdauenden Organismus erfährt durch den Assimilations-
prozeß eigenartige Veränderungen, die nur dadurch einen Zustand des Gleichbleibens vortäuschen, daß sie in den Ursprungszustand
zyklisch zurückzukehren geneigt sind.

Soweit meine Kenntnis reicht, hat nur die zur Erklärung der
Assimilation aufgestellte Hypothese von HATSCHEK jener notwendigen Forderung Rechnung getragen: wenn bM ein Molekül lebenden Stoffes (Biomolekül) ist, bM_1 zu Beginn der Beobachtung — und
aM ein Nahrungsmolekül, so ist

$$bM_1 + aM = bM_2$$
$$bM_2 + aM = bM_3$$
$$bM_3 + aM = bM_4$$
$$\cdots\cdots\cdots$$
$$bM_{n-1} + aM = bM_n$$
$$bM_n = 2\,bM_1$$

Das heißt: sobald das durch Nahrungsaufnahme heranwachsende,
also in Wachstumsassimilation begriffene Biomolekül einen bestimmten
Grad von chemischer Veränderung erlitten hat (der gleichzeitig mit
Erreichung der doppelten Anfangsgröße zusammenfällt), so zerfällt
es in zwei Biomoleküle der (Anfangsgröße und) Anfangsbeschaffenheit.
Das Schema, worin hier die Biomoleküle auftreten, spiegelt den Vorgang wider, den wir an den elementaren Lebensträgern, den Zellen,
tatsächlich verfolgen können: während des Assimilationswachs-
tums der Zellen bilden sich Cholinseifen, die vom Zelläquator aus
nach den Polen strömen; in der Umgebung des Zentrosomas, innerhalb der Zentrosphäre, sammelt sich eine sehr flüssige Plasmaphase,
das „Enchylemma"; das übrige Zytoplasma dagegen wird wasser-
ärmer, körnig, dunkler gefärbt; die Kernmembran löst sich auf, Kernsubstanzen treten in den Zellenleib ein, wie auch umgekehrt der Zellkern durch Quellung die Aufnahme der wasserreicheren Zelleibstoffe
verrät usw. Ist endlich die Verdoppelung der Zellgröße erreicht, so
erfolgt die Zelldurchschnürung, ihre Zweiteilung in Tochterzellen unter
Rückkehr in die vorherige Stoffverteilung.

Aber neben zyklischen Veränderungen, die das assimilierende
Plasma erleidet, und die mit jedem Teilungsschritt wieder aufgehoben
erscheinen, wird seine Beschaffenheit auch dauernd von der
Nahrungsqualität bestimmt: ein Pflanzenfresser hat andere
Eigenschaften als ein Fleischfresser, dieser wiederum andere als ein
Alles- oder Aasfresser; kennzeichnende Unterschiede finden sich inner-
halb dessen je nach der besonderen Fleisch- und Pflanzensorte, die
Carnivore, Herbivore, Omnivore bevorzugen oder gar ausschließlich
zu sich nehmen. Fütterung mit Cayennepfeffer — um nur wenige auf-

fällige Beispiele herzusetzen — färbt Kanarienvögel rot; Fütterung mit Hanf färbt Dompfaffen schwarz; Fütterung mit dem Fleisch verschiedener innersekretorischer Drüsen (Schilddrüse, Bries, Hirnanhang, Zirbeldrüse) bringt laut Versuchen von GUDERNATSCH, BABÁK, ADLER, ROMEIS u.a. bei Kaulquappen einschneidende Veränderungen des Wachstums-, Entwicklungs- und Verwandlungstempos und -endzieles hervor.

Was das Gepräge der Assimilation als energetische „Ausgleichung" einigermaßen verschleiert, ist ihr überwiegender Deckhabitus der „Angleichung": die Nahrungsmittel werden zu arteigenem Plasma, gehen auf in diesem Plasma; aber kein noch so kleiner Plasmaabfall nimmt umgekehrt die Eigenart des Nahrungsmittels an. Grob-sinnlich gesagt: wenn wir Rindfleisch essen, so wird das Rindfleisch zu Menschenfleisch, aber kein noch so geringfügiges Partikel Menschenfleisch wird zu Rindfleisch. Gewiß bleibt das menschliche Plasma von der Rindfleischnahrung nicht unberührt: es wird chemisch anders zusammengesetzt bei einem Menschen, der vorwiegend Schaf- oder Schweinefleisch oder Gemüse zu sich nimmt. Aber es wird nicht in Richtung auf die chemische und morphische Beschaffenheit des Rindes, Schafes, Schweines, Gemüses zusammengesetzt. Deswegen ist es ja auch unmöglich, daß wir mit Ammen- oder Kuhmilch Eigenschaften dieser unserer Nährmütter in uns aufnehmen; eben deswegen bleiben Pfropfreiser auf ihren Stammstücken morphologisch unverändert, ihren Art- und Rasseneigenschaften getreu. Das Edelreis fährt auf dem Wildling fort, edle Früchte, köstliche Blüten zu tragen; Negerhaut bleibt schwarz auf weißer Haut: die Säfte des Substrates sind dem Transplantat nur Nahrung, die der arteigenen Gestalt assimiliert wird. Letztere bleiben spezifisch unverändert, allein das ist nicht gleichbedeutend mit: in jeder anderen Richtung unbeeinflußt.

Die Assimilation bietet daher — und das ist es, was ihr so sehr das Scheingepräge des vital Autonomen gewährt — ein vergleichsweise seltenes Schauspiel energetischer Tauschprozesse, die nach der einen Seite hin (derjenigen des assimilierten Nahrungsstoffes) Imitation im engeren Sinne, „Angleichung" sind; nach der anderen Seite hin (derjenigen des assimilierenden Plasmas) dagegen Imitationen im weiteren Sinne, „Ausgleichungen". Bei ein und demselben Prozeß gewinnt hier die Aktion einen etwas anderen Charakter als die Reaktion: erstere, die „Verzehrung" des Assimilates gleicht, wenn wir unsere Paradigmen gelegentlich der definierenden Unterscheidung S. 130 wiederum zugrunde legen, der Farbanpassung eines Tieres an seine farbige Umgebung; letztere, die „Ernährung" des

Assimilators gleicht mehr der Veränderung des Eisens, wenn es sich als Nachbar des Schwefels in Schwefeleisen umsetzt.

Wenn dort, wo energetische Prozesse am lebhaftesten im Gange sind — im Leben nämlich —, auch deren Austauschprozesse (die Imitationen) in besonderer Häufigkeit und Auffälligkeit anzutreffen sind, so ist das eine gute Stütze für unsere Imitationshypothese; gleichwie deswegen auch reziprok die Lebensvorgänge eine gute Schule, eine Fundgrube für Studium und Darstellung des Imitationismus.

Auch für unsere Attraktionshypothese (Kap. VII) haben sich unter den Imitationen der Naturkörper, besonders der lebenden, gute Belege gefunden; aber schon unter denen des Mineralreiches sind die „orientierten Verwachsungen" (S. 58) ein Beweis für die polarisierende, symmetrisierende Wirkung des Imitations- und damit verbundenen Attraktionsvorganges. Daß die tatsächliche Teilung der Zelle (und die hypothetische des Biomoleküls) gerade in dem Augenblick eintritt, wo die als Folgen der Assimilation auftretenden Veränderungen in der lebenden Substanz einen Höhepunkt erreicht haben (S. 67, 68), ist ein Beweis für die repulsive Wirkung dieser Veränderung. Und daß die energetischen Austauschprozesse zwischen den Stoffen, die insgesamt die lebenstätige Substanz aufbauen, und denen (Stoffen und Prozessen) diese Substanz ihre Lebenstätigkeit dankt, zugleich den festen Zusammenhalt des so heterogen organisierten Stoffgemisches gewährleistet (S. 65), ist ein Beweis für die attraktive Wirkung der mit jenen imitativen Ausgleichsprozessen verbundenen Verähnlichung. Konnte daher gerade vorhin gesagt werden, das Leben sei eine Fundgrube für die Erforschung des Imitationismus, so gilt für den Attraktionismus ebensoviel: beide zusammen machen das aus, was wir als seriale Häufungen im Neben- wie im Nacheinander wahrnehmen; und kein anderes Geschehen wieder ist so reich an serialen Wiederholungen im Raume und in der Zeit, wie das Lebensgeschehen.

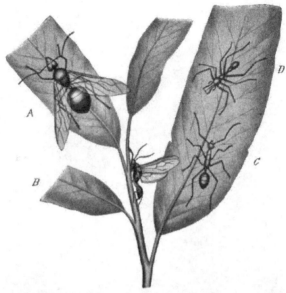

Abb. 31. Mimikry: *A—C* rote Weberameise *Oecophylla smaragdina* (Ceylon), und zwar *A* Weibchen, *B* Männchen, *C* Arbeiterin; diese „imitiert" von *D*, der Spinne *Myrmarachne plataloides*. Man achte auf die 4 Beinpaare der letzteren im Gegensatz zu den 3 Beinpaaren der Insekten.

(Nach Hesse-Doflein, „Tierbau und Tierleben", II. Band.)

Abb. 30. Nachäffung („Mimikry"): *a* Hornis, *Vespa crabro*, als geschütztes, nachgeahmtes „Modell"; *b* Schwebfliege *Volucella inanis* als nachahmende, schutzbedürftige „Kopie"; *c* Steinhummel, *Bombus lapidarius*, als Modell; *d* Schwebfliege *Volucella bombylans* als Kopie.

(Nach Hesse-Doflein, „Tierbau und Tierleben", II. Band.)

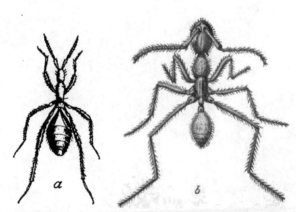

Abb. 32. Mimikry: *a* ein Käfer, *Mimeciton pulex*; rechts die Wanderameise *Eciton vagans*, in deren Nestern und Zügen ersterer vorkommt.

(Aus Hesse-Doflein, „Tierbau und Tierleben", II. Band.)

X. Die schützenden Ähnlichkeiten der organisierten Naturkörper

> Der Mensch ist ein nachahmendes Geschöpf;
> und wer der Vorderste ist, führt die Herde.
> SCHILLER, Wallensteins Tod, Akt III, Szene 4.

Das alles, wovon im vorigen Kapitel zuletzt die Rede war, bringt eigentlich schon biologische Konsequenzen der Imitationslehre und keine Darstellung von Lebensvorgängen, aus denen jene Lehre vorerst in klarer Ableitung begründet und begriffen werden kann. Ein weitverbreitetes Vorkommnis nun, das die Nachahmung als sein eigentliches Wesen in geradezu schematischer Deutlichkeit und Faßlichkeit zum Ausdruck bringt, ist in den sogenannten „Schützenden Ähnlichkeiten" (Mimikry im weitesten Sinne) zwischen Tieren und Pflanzen oder umgekehrt, oder zwischen Tier- bzw. Pflanzenarten untereinander, oder zwischen Lebewesen und ihrem anorganischen Standort gegeben. Im englischen Terminus „Mimikry" („Nachäffung") gab sich denn auch frühzeitig, seit WALLACE und DARWIN, der Imitationscharakter der ganzen Erscheinung unzweideutig zu erkennen, obschon die genannten und alle späteren Autoren ihre Erklärung auf wesentlich anderen Wegen suchten.

Unter Mimikry im engeren und eigentlichen Sinne verstand und versteht man übrigens nur eine Teilerscheinung des Gesamtphänomens schützender Ähnlichkeiten: nämlich nur die Nachahmung eines wehrhaften, bissigen, giftigen, übelschmeckenden oder sonst unangenehmen Tieres (direkt geschützten Modelles — Taf. II Abb. 30 a, c) durch ein wehrloses, genießbares Tier (indirekt durch Ähnlichkeit mit dem Modell geschützte Kopie — Taf. II Abb. 30 b, d). Nun könnte es als unserer Imitationshypothese entgegenstehend angesehen werden, daß gerade dieses Teilphänomen der schützenden Ähnlichkeiten sich neueren Forschungen gegenüber nicht bewahrheitet: es gibt anscheinend keine solche Mimikry im strengen Wortsinne. Bedenken wir aber, daß auch kaum irgendwo eine so strenge, enge und dauernde Nachbarschaft zwischen zwei Tieren bestehen kann, wie sie nötig wäre, um Imitationsprozesse unter ihren Körpern in Gang zu setzen und zu einigem Fortschritt zu bringen, so spricht es eher für die Imitationshypothese, wenn sich unmittelbar und nicht durch allerhand Nebenumstände bewirkte Ähnlichkeiten zwischen selbstgeschützten und schutzbedürftigen Tieren als hinfällig erweisen; jene Nebenumstände sind es aber wiederum, die den Imitationsprozessen die volle Gelegenheit ihres Betriebes verschaffen und so die Imitationslehre erhärten, wo sie erschüttert zu werden schien.

Doch muß ich in gegenständlichen Beispielen sprechen, um hier voll verstanden zu werden. Die stechende Wespe (Abb. 30 a auf Taf. II) besitzt in ihrem grell gelb und schwarz geringelten Hinterleib ein Kainszeichen, das insektenfressende Vögel schon von weitem davor warnen soll, so bösartige Beute zu machen. Eine Reihe anderer, harmloser Insekten — Fliegen (Abb. 30 b auf Taf. II), Schmetterlinge, Bockkäfer — trägt nun aber ebenfalls gelbschwarze Querbinden, so daß selbst der des Beobachtens unkundige Mensch erschrocken zurückprallt in der Meinung, die Berührung mit einer Wespe meiden zu müssen. Das Zurückscheuchende in der Färbung schwarzgelb gebänderter, nichtstechender Kerbtiere soll auf ihrer Wespenähnlichkeit, auf ihrer N a c h - a h m u n g d e s W e s p e n k l e i d e s beruhen; aber nicht durch unsere Imitationstheorie konnte sich diese Nachahmung erklären lassen. Wenigstens unter Zugrundelegung der bisher geltenden Ansichten darüber konnte eben jene ,,Nachahmung'', jene ,,Imitation'' par excellence nicht durch Energietausch, insbesondere Austausch von chemischer und morphischer Energie bis zu annäherndem Ausgleich zustande kommen: denn niemals wohl leben Wespen und die sie nachahmenden Insekten, obschon gemeinsames Bewohnen ein und derselben Gegend für Wirksamsein der ganzen Schutzeinrichtung notwendige Voraussetzung ist, in so langem und ruhigem Nebeneinander, daß imitationsenergetische Vorgänge von genügender Lebhaftigkeit zwischen ihnen hin und wider gehen könnten.

Niemand dachte sich denn auch die Entwicklung der Ähnlichkeit auf dem jetzt angedeuteten Weg; sondern die Mimikrytheorie fand ihre Nahrung aus der Z u c h t w a h l t h e o r i e. Im Heere ,,zufällig'' oder durch äußere Umstände auftretender Färbungsvariationen befanden sich solche mit einigem Anklang an Wespenfärbung. Diese Exemplare wurden angeblich schon manchmal mit Wespen verwechselt und gewannen dadurch größere Aussicht, verschont zu bleiben, wenn ihre gar nicht wespenähnlichen Artgenossen gefressen wurden. Die Verschonten behielten also Gelegenheit, sich fortzupflanzen und ihre zwar noch unvollständige Wespenähnlichkeit auf die Nachkommen zu übertragen, wo sich derselbe Ausleseprozeß wiederholte, verschärfte und dadurch in weiteren Generationen immerwährende Steigerung der Wespenähnlichkeit hervorbrachte — schließlich bis zu dem vollkommenen Grade, den wir heute an Exemplaren wie Wespenbock, Hornissenschwärmer und wespenartiger Schwebfliege so sehr bewundern.

Nun ist der selektionistische Erklärungsversuch heute nicht mehr stichhaltig: er läßt das erste Auftreten der Wespenähnlichkeit im Dunkeln; er macht nicht glaubhaft, inwieweit diese erste, noch schwache Wespenähnlichkeit bereits Nutzen gewähren, d. h. von den zu warnenden Feinden erkannt werden kann. Bei diesen gegen die gesamte Selektionslehre längst erhobenen Einwänden setzt nun aber noch das Experiment ein: es beweist erstens durch planmäßige Züchtung, daß die erwartete Steigerung der Eigenschaften bei den Nachkommen, wenn Eltern mit gleicher Eigenschaft sich zur Zeugung vereinigen, gar nicht eintritt, sondern die Ausbildung der fraglichen Eigenschaft (in unserem Falle Wespenfärbung) abermals und stets gleichen Grad bewahrt; das Experiment zeigt zweitens durch planmäßige Verfütterungsversuche, daß der Farbenschutz gar nicht in dem Maße verläßlich ist, wie angenommen werden mußte, um die Zweckdeutung sämtlicher Mimikryfälle aufrechtzuerhalten. Insektenfressende Tiere verzehren ohne Bedenken die durch Warnfarben angeblich geschützten Kerfe — und zwar häufig nicht bloß die „nachahmende" Kopie, sondern auch das „nachgeahmte" Modell, dessen giftige Waffe sie nicht beachten oder geschickt unschädlich zu machen verstehen. Es kommt auch vor, daß die Waffe ihre Wirkung zwar tut, aber zu spät, um ihren Besitzer zu retten: der Räuber erkannte nicht das Gefahrdrohende der vermeintlichen Beute und ließ sie — durch ihren Stich oder ätzenden Geschmack eines Besseren belehrt — wieder fahren, jedoch im zerquetschten Zustande todgeweiht. ' Die Zuchtwahl daher kann im allgemeinen, gleichwie bei der Entwicklung schützender Ähnlichkeiten im besonderen, nur negativer Eliminationsfaktor sein, der das Ungeeignete entfernt, ohne das Geeignete zu schaffen; die Zuchtwahl kann ferner ein konservativer Verbreitungsfaktor sein, der dem anderweitig entstandenen Geeigneten durch Ausmerzung des Ungeeigneten Platz schafft — ihm Gelegenheit gibt, sich so zu vermehren, daß es fürderhin zu ausschließlicher Geltung gelangt. Aber nicht bloß die erstmalige Entstehung, sondern auch die volle Entwicklung des geeigneten, wie überhaupt eines jeden Merkmals bleibt einer durchaus abweichenden Erklärung bedürftig.

Trotz alledem suchen mehrere Forscher — auch solche, die sonst nicht unbedingt an die Allmacht der Naturzüchtung und Ohnmacht der Milieuwirkung glauben — wenigstens für einige Mimikryphänomene noch immer die Zuchtwahl verantwortlich zu machen: faute de mieux — da man sonst gar keine Erklärung dafür hätte. Sehen wir zu, ob die arge Verlegenheit wirklich besteht. Schon vorher wurde betont, daß Modell und Kopie — etwa Wespe und Wespenfliege (Taf. II Abb. 30 a, b) — dieselbe Gegend bewohnen müssen, damit Warnfarben der Kopie sich schützend bewähren können. Denn nur in einer Gegend, wo Wespen vorkommen und von insektenfressenden Tieren als ungenießbar gekannt werden, kann Wespenähnlichkeit anderer Insekten denselben Feinden dieselbe Ungenießbarkeit vortäuschen. In einer anderen Gegend, wo Wespen nicht vorkommen, ihre Tracht und Tücke unbekannt sind, würde ja die leuchtende Färbung eher als Lockmittel dienen, das ein nichtstechendes Insekt als leckeren Bissen von ferne kenntlich macht.

Gleiche Gegenden bieten aber gleiche Lebensbedingungen: gleiches Klima, gleichen Boden. Unaufhaltsam bricht sich die Erkenntnis Bahn, daß es nicht die indirekten Wirkungen der Zuchtwahl sind, die Tier- und Pflanzenarten schöpferisch umgestalten — sondern direkte Wirkungen der Umwelt. Wenn nun gleiche Umgebungsbedingungen auf Lebewesen einwirken, die von vornherein ähnliche Gesamtorganisation, homologen Bauplan mitbringen (wie z. B. die Klasse der Insekten), so muß die Einwirkung notwendig auch analoge Resultate zeitigen, die in übereinstimmenden Merkmalen der betroffenen Organismen zum Ausdrucke kommen. Die Biologie kennt diese Erscheinung als „konvergente Anpassung", die durch gleiche Lebensweise, namentlich gleiche Verwendung der Lebenswerkzeuge (Organe) bis zu einem hohen, zuweilen verblüffenden Grade ähnlich werden läßt, was ursprünglich noch so verschieden war. Verwendung der Vordergliedmaßen als Flugwerkzeuge läßt Vogel, Fledermaus, Flugsaurier und Flugfisch; Verwendung des Schwanzes als Greifwerkzeug läßt Brüllaffen, Wickelbären, Beutelratte und Chamäleon; Verwendung der Rumpfmuskulatur für Kriechen und Bohren bei Nichtverwendung der Gliedmaßen läßt Schleiche und Schlange, Aal und Made, die sie insgesamt ihrerseits dem primär fußlosen Wurm ähnlich macht; Verwendung des Gesamtkörpers zum Schwimmen und Tauchen läßt Wal und Fisch, ·ließ Delphin und Fischsaurier übereinstimmende Momente ihrer Gestalten gewinnen.

Kehren wir nochmals zu unserem speziellsten Beispiel zurück: Wespe — Wespenfliege — Wespenbock — es ist im höchsten Grade kennzeichnend, wie sie sich auf ein und derselben Wiese vereinigen; wie sie aber dort auch dieselben Blumen (vorwiegend die weißen, schirmförmigen Trugdolden der Umbelliferen) besuchen, dieselbe Nahrung daraus saugen, dieselbe Tageszeit und sonnige Witterung zum Ausflug benützen. Behauptet man von Wespenfliege und Wespenbock, daß sie Wespen nachahmen, so darf man getrost auch behaupten, der ungeschlachte, aber harmlos gutmütige Walfisch ahme dem gefräßigen Haifisch nach, um geschützt zu sein; der wehrlose Wurm ahmt der giftigen Schlange nach, die Fledermaus will für einen Vogel gehalten sein und anderer Absurdheiten mehr. — Die von uns geforderten Imitations-, energetischen Ausgleichungsprozesse werden also zwar gewiß nicht direkt zwischen Tier und Tier, etwa Wespe und Fliege — wenigstens nicht in einem Grade, der irgend merkbare Resultate zeitigt — in Gang kommen. Der Ausgleich, der Wespe und Wespenfliege schließlich einander so ähnlich macht, geschieht zwischen dieser und ihrem

Lebensmilieu, sowie zwischen jener und ihrem (mit dem ersteren identischen) Lebensmilieu. Er erfolgt also nach dem mathematischen Grundsatz: sind (oder werden) zwei Dinge einem dritten gleich, dann sind (werden) sie auch untereinander gleich.

Dieses Axiom kommt — in seiner Anwendung auf die oft mit so bunten Schreckfarben arbeitende Mimikry engeren Sinnes — unserem Verständnis insofern noch immer zu wenig entgegen, als ja Wespe und Wespenfliege (Abb. 30 a, b auf Taf. II) oder, um einmal ein paar andere Beispiele einzuführen, Hummel und Hummelfliege (Abb. 30 c, d auf Taf. II), Biene und Schlammfliege, Wegwespe *Pompilus capensis* und Motte *Neurosymploea ochreipennis*, rote Weberameise *Oecophylla smaragdina* und Mimikryspinne *Myrmarachne plataloides* (Abb. 31 auf Taf. II) usw. usw. zwar untereinander sehr ähnlich, aber dabei ihrer Umgebung so unähnlich wie nur möglich sind. Auf dieser Unähnlichkeit gegenüber der Umgebung beruht ja gerade das Auffällige der Warnfärbung, das ihren Träger von seiner Umgebung grell abstechen läßt und auf diese Weise schon aus Entfernung sichtbar macht. Man muß sich gegenwärtig halten, daß derjenige Vorgang, den wir als „Imitationsprozeß" begreifen, nicht immer auf grob sinnfällige Ähnlichkeit des äußeren Bildes hinausläuft; allein wesentlich daran ist vielmehr der Aktions- und Reaktionsprozeß, der die Energieströmungen zwischen den Objekten zur Ruhe, zum Ausgleich bringt. Solche Aktion und Reaktion besteht natürlich auch zwischen Wespe und Lebensmedium, zwischen Wespenfliege und Lebensmedium; es ist klar, daß sie, da beide Objekte Insekten sind, hier offensichtlichere Ähnlichkeiten hervorzubringen vermochte als zwischen ihnen und den mannigfachen Naturkörpern — Pflanzen, Steinen, Erdreich — der Umgebung. Nicht vergessen darf auch werden, daß zwischen Lebewesen und Lebensraum das Verhältnis besteht wie zwischen Erde und fallendem Stein: wir erkennen am Falle die Anziehung, welche die Erde auf den Stein ausübt, aber wir sehen nicht die ebenso große Anziehung, die der Stein auf die Erde ausübt; wir sehen letztere nicht, weil wohl die Erde den Stein, nicht aber der Stein die Erde merklich zu bewegen vermag.

Wenn also die Lebensheimat der Wespe ein bestimmtes Aussehen verleiht, so ist dieser Einfluß gewiß kein einseitiger, sondern wirkt auch zurück von der Wespe aufs Milieu: die Gegenwirkung ist aber so unmeßbar gering, daß sie nicht zur Wahrnehmung gelangt. Trotzdem hat in der Physik, der Naturlehre, neben der Aktion der Erde auf den Stein auch die Reaktion des Steines auf die Erde Beachtung und Berechnung gefunden; in der Naturgeschichte ist bisher stets nur die Aktion des Lebensmilieus auf den Lebensträger berücksichtigt, die Reaktion des Lebensträgers auf sein Lebensmilieu aber vernachlässigt und ignoriert worden. Am nächsten der Folgerung, daß jede „Anpassung" nicht nur Wirkung der Umgebung auf das angepaßte oder anzupassende Lebewesen, sondern auch umgekehrt Rückwirkung des Lebewesens auf die Umgebung einschließt, scheint TIETZE mit seinem „Proportionalgesetz" gekommen zu sein: „Jedes, namentlich aber auch jedes organische Ding, ist von einem oder mehreren anderen Dingen oder seiner ‚Umgebung' derart abhängig, daß es infolge der Veränderung derselben selbst automatisch eine partielle Veränderung erleidet und daher automatisch zu einem partiell neuen Ding wird. Selbstverständlich ist diese Veränderung des abhängigen Dinges zu der es beherrschenden Umgebung stets proportional: die Proportionalität hat die merkwürdige Wirkung, daß einerseits die erlittene Veränderung nicht ins Endlose statthat, sondern von der Umgebung abhängig und daher durch sie in ihrem Maße beschränkt, nach Erreichung der entsprechenden Proportion aufhört, aber andererseits auch den Angriff der Umgebungsänderung aufhören macht. Genau dasselbe gilt ja von dem Verhältnisse zwischen Ursache und Wirkung überhaupt: stets beseitigt die letztere ebenso proportional die Wirksamkeit der ersteren." Und an einer anderen Stelle: „Jedes Ding ohne Unterschied ist das Produkt seiner ‚Umgebung'; denn es war ehedem ein anderes; auf dieses wirkte damals seine jetzige, aber nunmehr nicht mehr wirksame Umgebung verändernd ein, diese Veränderung hat aufgehört, das Ding ändert sich jetzt nicht mehr weiter, wird also in seiner jetzigen Qualität ‚erhalten' oder: besteht als neues Ding für sich. Denn vermöge des Proportionalgesetzes kann die Umgebungsänderung absolut keine andere Änderung des von ihr abhängigen Dinges hervorrufen als eine solche, durch welche die Wirksamkeit der ersteren aufhören gemacht wird, dieselbe muß also erhaltend sein. Dies ist sogar dann der Fall, wenn das abhängige Ding von der Umgebung sogenannt ‚vernichtet' wird: denn auch in diesem Falle hört die Wirksamkeit der letzteren auf."

Die Gegenwirkung (Reaktion) von seiten des „abhängigen Dinges" ist damit eingeführt, und es verschlägt nichts, wenn TIETZE sie als eine rein mechanische auffaßt: „Die das Wesen der Anpassung mit ausmachende Änderung jedes angepaßten Dinges und daher auch jedes Organismus wird keineswegs durch die Selbsttätigkeit des letzteren, sondern durch die mechanische Einwirkung der Umgebung als Ursache automatisch herbeigeführt ... Sind die bisherigen Erörterungen richtig, dann besteht in der Tat das Wesen der Anpassung und ihrer erhaltenden Wirksamkeit keineswegs, wie der verwirrende Ausdruck ‚Anpassung' andeutet, darin, daß das ‚angepaßte' Ding und speziell auch der ‚angepaßte' Organismus sich gewissermaßen nach seiner lokalen Umgebung richtet oder sich ihr anschmiegt oder ihr ähnlich wird (Mimikry). Sondern die lokale Umgebung als solche hat weder mit der Entstehung der Veränderung, noch auch mit der durch dieselbe erreichten Erhaltung des angepaßten Organismus das geringste zu tun: beide vielmehr sind Produkte einer kausalen Einwirkung oder ‚Umgebung'." — Durch Sätze wie diese hat TIETZE den wahren Sinn seines Proportionalgesetzes wiederum verschleiert; er ist gleichsam selbst noch nicht bis zu den äußersten und zwingendsten Konsequenzen des Gesetzes vorgedrungen, in dessen Formulierung der Gegenseitigkeit von „Anpassung" und „Angepaßtwerden" — von Aktion und Reaktion der Ausgleichung — besser Rechnung getragen wird als in dessen diskutierender Erläuterung.

Ich sagte, daß bei der „Mimikry" engeren Sinnes — der „Nachahmung" wehrhafter Lebewesen (besonders Tiere) durch wehrlose — von echter „Kopierung", einem unmittelbaren „Imitationsprozeß" keine Rede sein könne, weil „Modell" und „Kopie" sich nicht genügend langer und enger Nachbarschaft aussetzen, um untereinander zu energetischen Vorgängen von genügender Dauer und Intensität Gelegenheit zu geben. Es ist nicht unmöglich, daß eine bestimmte Form eigentlicher Mimikry hiervon eine Ausnahme macht: die Ähnlichkeit der Ameisengäste mit ihren Wirten, den Ameisen (Abb. 32 auf Taf. II).

Diese Mimikrygruppe nimmt ja auch sonst, und zwar teleologisch, eine Sonderstellung ein: ihr Zweck kann es nicht sein, dritten, fremden Geschöpfen gegenüber geschützt zu sein, von denen Ameisen verschmäht werden, Ameisengäste aber gefressen würden, falls sie sich nicht unter der Maskerade einer Ameise verbergen; sondern viel näher liegt als Ziel der Ameisenmimikry, daß die Gäste von den Ameisen selbst nicht erkannt bzw. für ihresgleichen verkannt und deshalb geduldet werden. Aber auch dieser Zweck ist sicher zuweilen nur vom Beobachter anthropozentrisch hineingeheimnist, da Farbenähnlichkeit nichts nützt gegenüber Tieren, die fast blind sind wie die Ameisen, und Formenähnlichkeit, selbst wenn sie sich bis in mikroskopische Feinheiten der Oberflächenskulptur und Behaarung erstreckt, unnütz erscheint gegenüber Wirten, die auf ihre Gäste schon wegen des gemeinschaftlichen Nestgeruches und ihrer süßen Exsudate freundschaftlich reagieren. Gewiß wird also vor allen Dingen auch hier ein großer Teil der mimetischen Charaktere, die insbesondere manche Käfer der Staphylinidenfamilie *(Myrmedonia, Mimeciton pulex Wasm.* [Abb. 32 auf Taf. II] als Gipfel!) so ameisenähnlich macht, durch Konvergenz zu erklären sein, d. h. bedingt durch die Beschaffenheit des gemeinsamen Aufenthaltes (Ameisennestes); aber andererseits ist nicht völlig von der Hand zu weisen, daß das Zusammenleben von Wirten und Gästen sich hier innig genug gestaltet hat, um direkte Imitation zwischen beiden möglich erscheinen zu lassen. Ungleich der Imitation zwischen Umgebung und Lebewesen, wo nur die Wirkung der Umgebung aufs Lebewesen, nicht aber die umgekehrte des Lebewesens auf seine Umgebung zum Ausdrucke gelangt, sind Wirt und Gast zwei hinlänglich gleichgroße und gleichorganisierte Objekte, so daß neben der Aktion die Reaktion, neben Anpassungsmerkmalen der Gäste an ihre Wirte solche der Wirte an ihre Gäste zum Vorschein kommen könnten: darauf müßte künftige Ameisenforschung ihr Augenmerk lenken, um Anhaltspunkte dafür zu gewinnen, ob die Mimikry der Ameisengäste eine einfache Konvergenzerscheinung ist gleich allen übrigen Mimikryfällen, oder ob hier echte, unmittelbare Imitation mit unterläuft wie bei den schützenden Ähnlichkeiten, die es nunmehr zu besprechen gilt und zu denen dann die Ameisenmimikry einen Übergang bilden würde.

Es gibt ja nämlich noch einen Riesenbereich schützender Ähnlichkeiten (Mimikry weiteren Sinnes), wo die anorganischen . oder vegetabilischen Bestandteile der Umgebung den sie bewohnenden Tieren nicht nur untereinander, sondern auch mit der Umgebung selbst übereinstimmendes Gepräge verliehen haben. Die Übereinstimmung kann sich wie bei der Mimikry engeren Sinnes in Farbe, Form, Stellung (Körperhaltung) und in der Bewegung äußern. Am auffälligsten waren begreiflicherweise von jeher auch hier die Farbenerscheinungen und haben zur Schaffung der Termini „Schutz- oder Deckfarbe" im Gegensatze zur vorhin behandelten „Warn- oder Schreckfarbe" geführt. Die Deckfarben sowie die ebenso überraschenden Deckformen, Deckstellungen und Deckbewegungen sind es, die das Verständnis für die Tatsächlichkeit energetischer Imitationsprozesse in geradezu paradigmatischer Weise fördern. Halten wir uns auch hier sofort an ein gegenständliches Beispiel.

Das mit Kiemen und Flossensaum um den Schwanz versehene Jungtier (die „Larve") des europäischen Feuersalamanders *(Salamandra maculosa, Laur.)* nimmt, wenn es auf gelbem Boden lebt — z. B. in einem Gewässer mit Lehmgrund oder beim Experiment in einer auf gelbes Papier gestellten Glasschale —, vorherrschend gelbe Farbe ihrer gesamten Oberseite an. Auf schwarzem Boden dagegen — in einem Bach etwa, der über Moor- oder Waldboden fließt, oder im Glase mit schwarzer Papierunterlage des Versuches — werden alle sichtbaren Körperteile entsprechend dunkel, so daß sie sich von der Umgebungsfarbe abermals kaum abheben. Außer bei Amphibienlarven ist ähnliches noch an erwachsenen Amphibien (besonders Fröschen, Molchen [Abb. 13, 14, S. 153 und 155]), an Fischen (besonders eigentlichen „Grundfischen" wie der Bartgrundel und den Flachfischen [Abb. 33 auf Taf. III]), Krebsen (besonders Garnelen, worunter eine Meisterin der Farbanpassung *Hippolyte varians)* und Weichtieren (besonders Kraken [Abb. 40—42 auf Taf. VII und VIII], aber auch Schnecken), sowie an Spinnen, Insektenlarven und -puppen (besonders Tagfalter-nymphen) beobachtet worden. Die Farbanpassungen beschränken sich nicht vielleicht auf Schwarz und Gelb, die beim Salamander die größte Rolle spielen, weil er selbst vorzugsweise nur über diese beiden Farbstoffe verfügt; sondern in vielen Fällen steht der Anpassung eine erstaunliche Auswahl kopierfähiger Pigmente zur Verfügung. Auch ist die Farbanpassung ersichtlich viel weiter verbreitet, als die auf-gezählten, durchwegs experimentell gestützten Beispiele vermuten lassen, und macht bei den höchsten Wirbeltieren — Säugern und Menschen — keineswegs Halt.

Zum Belege dafür sei mir verstattet, eine Beobachtung von SCHWEINFURTH an Negervölkern anzuführen, auf die ich durch THILO aufmerksam wurde: „Die Hautfarbe der Bongo entspricht der roten Erde, auf welcher sie sich entwickelt, ihr Grundton ist ein erdiges Rotbraun; demgegenüber erscheinen die Dinka schwarz wie der Alluvialboden, welchen sie bewohnen." Ferner eine Andeutung von FRIEDR. HERTZ (5, 64), der die gelbe Färbung der Mongolen mit der weite Teile Asiens beherrschenden Gelbfärbung des Bodens in Beziehung bringt. Weiter eine briefliche Mitteilung, die mir von GHI-DINI zukam: „Je profite de l'occasion pour vous signaler un fait qui peut avoir des analogies avec la variation de la livrée des Salamandres. Il s'agit d'un rongeur *Arvicola sherman exitus MÜLLER*, très répandu dans l'Europe centrale (au Vorarlberg à la Savoie). Sa couleur normale est gris-jaunatre-brune (light broccoli-brown to ochraceus buff — MÜLLER) or, dans la région d'Eptingen (Baselland), ou l'espèce est très abondante, dans ces derniers mois des centaines de sujets ont une tendance au mélanique. Il y en a avec le dos noir, le dos et les flancs noirs et d'autres avec le poil de tout le corp d'un noir luisant profond, plus noir que la taupe. Dans une région très voisine de la précédente, la même espèce se présente avec une tendance générale à l'érythrisme et le poil est lavé de roux fauve. Les sujets à couleur normale sont ici très rares. J'ai étudié plusieurs de ces mulats et je n'ai constaté aucune variation dans les caractères somatométriques et craniologiques. Dimensions général moyennes, qui n'atteignent pas le maximum indiqué pour cette forme. Ms. G. von BURG de OLTEN au quel j'ai demandé quelques renseignements sur la couleur du sol dans la région d'Eptingen, m'écrit ces lignes: „... kommen in einer bestimmten Gegend nur rötliche Schermäuse vor, keine normalen. An diese Gegend schließt sich eben jene mit den schwarzen Schermäusen; der Boden scheint mir tiefdunkler, fast schwarzer Letten (auch die Humusschicht ist schwarz) mit Opalinusschichten. Dort, wo die roten Schermäuse vorkommen, ist der Humus auffallend ziegelrot, den Untergrund kenne ich dort nicht, in der Nähe ist Lias anstehend ...' J'ai pensé de Vous informer de ces variations de couleur dans une espèce géophile et stationnaire pour l'intérêt qu'il y aurait à l'étude d'ensemble de la couleur de l'entière association géofaunistique du même endroit."

Auch JAMESON (zitiert nach DOFLEIN 1911) „hat auf einer kleinen sandigen Insel der Bucht von Dublin eine Mäuseform beobachtet, welche in außerordentlichem Grade an die Bodenfarbe angepaßt ist. Die Insel North Bull ist erst 120 Jahre alt. Sie muß also in diesem Zeitraum erst mit Tieren besiedelt worden sein. Die von Eulen und Falken sehr stark verfolgten Mäuse müssen in dieser Frist sich in die sandfarbene Varietät umgewandelt haben. Wir müssen zugestehen, daß es sehr wahrscheinlich ist, daß hier die Selektion ihre Hand im Spiel gehabt hat. Aber es ist nicht sicher, der Zeitraum ist zu lang, wissenschaftliche Überwachung ist nicht erfolgt, die Tatsachen könnten eventuell auf einem ganz anderen Weg erklärt werden."

Dieser andere mögliche Weg ist die direkte Imitation der Bodenfarbe durch die Fellfarbe der Mäuse. Denn sind 120 Jahre für wissenschaftliche Beobachtung zu lang, so sind sie für schöpferische Selektionswirkung in üblicher Auffassung zu kurz. Daß die Selektion (Ausmerzung der noch nicht oder noch unvollkommen sandfarbigen Mäuse) ihre Hand dabei im Spiele hatte, ist wahrscheinlich, aber die Sandfarbe der Mäusehaare hat nicht sie geschaffen, sondern die energetische (photochemische) Wirkung des umgebenden Sandes selbst. Die Vernichtung der in dieser Umwandlung nicht Schritt haltenden Exemplare konnte nur dazu -beigetragen haben, den übrigen, anpassungsfähigeren zur rascheren Alleinherrschaft zu verhelfen. Abermals — wie schon bei der Mimikry engeren Sinnes — sehen wir also, daß der Auslese und Zuchtwahl bei Umwandlungs- und Angleichungsprozessen eine aktive Teilnahme zugeschoben wird, die sie aus den früher (S. 212) dargelegten, allgemeinen und besonderen Gründen nicht leisten kann. In der jetzt behandelten Erscheinungsgruppe, den mit der Umgebung übereinstimmenden Deckfarben, kommt noch hinzu, daß wir ihre Entstehung bei geeigneten, vorhin aufgeführten Objekten bis ins kleinste kausal verfolgen können, und daß dann diese positive, kausale Erklärung durchaus im Lichte direkter Imitation ausfällt. Schon aus dem Prinzip der wissenschaftlichen Erklärungsökonomie, des Auslangens mit der einfachst-zugänglichen Erklärung — so leicht auch dieses Prinzip, wo es für sich allein die ganze Argumentation bestreitet, zu grundlegenden Irrtümern verführt (S. 428) — neigt sich daher die Wagschale zugunsten der imitativen und zuungunsten der selektiven Erklärung.

Kehren wir, dies im einzelnen nachzuweisen, wiederum zur Salamanderlarve zurück. Am besten eignet sich für unsere Beobachtung eine schon herangewachsene, die der Verwandlung in den fertig entwickelten Salamander nicht mehr allzufern ist und bereits über — wenn auch noch undichte — Bestände seiner bleibenden gelben und schwarzen Pigmente verfügt. Die Pigmentkörnchen sind in bestimmten Zellen der Haut eingelagert, den Farbstoffträgern oder Chromatophoren (Abb. 34 auf Taf. IV). Diese Zellen besitzen eine reichgegliederte, verästelte Peripherie und sind insofern beweglich, als sich der lebende, schleimige Zellinhalt (Protoplast) so ausstrecken kann, daß er alle Fortsätze vollkommen erfüllt (Abb. 34 c, d, e auf Taf. IV), andererseits derart in ein Kügelchen zusammenballen, daß die Fortsätze leer bleiben und nur ein Minimum des verfügbaren Raumes beansprucht wird (Abb. 34 a, b auf Taf. IV). Wenn benachbarte Chromatophoren, die dunklen Farbstoff führen, sich dehnen, so erscheint der ganze Hautbezirk, auf welchem dies geschieht, dunkel; wenn sie sich auf mikroskopische Pünktchen zusammenziehen, erscheint er hell. Wenn benachbarte Chromatophoren, die den gelben Farbstoff führen, sich expandieren, so erscheint die betreffende Körperregion gelb; wenn sie sich kontrahieren, ist dieser gelbe Bereich dem unbewaffneten Auge entschwunden. Nun erfolgt Expansion allemal auf ungefähr gleichfarbigem Boden: die der gelben Farbstoffzellen auf gelbem, die der dunklen, melaninerfüllten Farbstoffzellen auf schwarzem Boden. Kontraktion hingegen erfolgt auf ungleichfarbigen Böden: auf schwarzem Boden bleiben die gelben, auf gelbem Boden die schwarzen Farbstoffträger zusammengezogen.

Da die Chromatophoren ihren Bewegungszustand leicht ändern — rasch aus Zusammenziehung in Ausdehnung übergehen können und umgekehrt, so ist die jetzt beschriebene Art des Farbenwechsels eine sehr schnelle, nur Minuten oder Bruchteile davon, längstens Stunden oder Tage beanspruchende und führt nicht zu Dauerzuständen, nicht zur fixierten Anpassung. Sondern jeder Wechsel der Bodenfarbe findet die Chromatophoren augenblicklich wieder zum Stellungswechsel und damit im Gesamteffekt zum Wechsel der Hautfarbe bereit.

Bei längerem Aufenthalt auf einem Boden von gleichbleibender Färbung geht jedoch der rasche, „physiologische" oder Bewegungsfarbwechsel über in langsamen, „morphologischen" oder Gestaltungsfarbwechsel oder — noch präziser — in eigentliche, endgültige (bzw. viel schwerer rückgängig zu machende und unter günstigen Umständen sogar vererbliche) Farbanpassung. Verharrt nämlich eine Farbstoffzelle in ausgedehntem Zustande, so tritt baldiger Verlust ihrer Kohäsion ein: sie zerfällt, teilt sich in zwei Zellen. Andauernde Expansion beschleunigt die Zellvermehrung; und wenn etwa die schwarzen Farbzellen sich in einer Hautregion stark vermehren, so wird nicht bloß ihre Lagerung eine so dichte, daß es gar keiner Expansion mehr bedürfte, um die betreffende Stelle dem freien Auge schwarz erscheinen zu lassen — sondern außerdem bleibt kein Raum, keine Existenzbedingung mehr übrig für andersfarbige Chromatophoren, die ja währenddessen die Kontraktionsstellung einnahmen und dadurch in ihrer Vermehrung behindert waren. Sie werden verdrängt; und schwarze Chromatophoren nehmen deren frühere Positionen ein, den Zustand schwarzer Einfarbigkeit der Haut vorbereitend und allgemach wirklich herbeiführend. So geschieht es auf schwarzem Boden; auf gelbem geraten die gelben Chromatophoren in Expansion, infolgedessen in raschere Vermehrung und Ausbreitung, so daß nun schwarze Flecken eliminiert, ja die schwarze Grundfarbe, deren sie zusammensetzende Elemente sich hier in vermehrungsfeindlicher Kontraktion erhalten, überrannt und ausgerottet werden kann.

Diese Beobachtungen an den Farbstoffzellen liefern uns die gewebliche (histologische) Erklärung fürs Zustandekommen der Farbanpassungen — entweder zunächst nur der flüchtigen, gleichsam provisorischen, die auf wechsel- und wahlweisem Zusammenziehen und Ausdehnen der dabei konstant bleibenden Pigmentvorräte, also auf deren Bewegung und Verschiebung beruhen; oder bereits der dauernden definitiven Angleichungen, die auf Vermehrung der dem farbigen Substrat entsprechenden, Verminderung der ihm nicht entsprechenden Pigmentzellen beruht. Unerklärt bleibt durch diese Vorgänge, warum jedesmal gerade die mit der Unterlagenfarbe sympathisierenden Farbzellen zuerst in ihrem physiologischen (motorischen) und dann auch in ihrem morphologischen (reproduktiven) Verhalten den Färbungszustand des Tieres bestimmen, der dann natürlich allemal so ausfällt, daß er in seiner Gänze mit der Substratfarbe sympathisiert. Die Leistungen des Salamanders mit seinen hauptsächlich nur zweierlei Pigmenten (gelben und schwarzen) stehen dabei noch längst nicht auf der Höhe dessen, was andere Tiere darin leisten können, etwa Krebse und Grundfische: elektive Ausdehnung und ihr folgende Vermehrung der gleichfarbigen, Kontraktion und von ihr mittelbar bedingte Einschränkung der ungleichfarbigen Chromatophoren — auf gemischtfarbenem Grund beides derart lokalisiert, daß eine der des Grundes äußerst ähnliche Flecken-, Sprenkel- oder Marmelzeichnung entsteht — ermöglichen bei Vorhandensein reicherer Farbsortimente das Denkbarste an Vollkommenheit des Farbenwechsels und der Farbenanpassung. Alle echten Deckfarben, deren Zustandekommen man bisher so gut wie ausschließlich auf dem Wege der Selektion und Zuchtwahl erklären zu müssen glaubte, sind wohl auf dem eben skizzierten Wege entstanden: das Wüstenkleid des Löwen und der Gazelle; das Schneekleid des Eisbären, des winterlichen Polarfuchses, Hermelins, Schneehasen und Schneehuhnes; das Erdkleid des sommerlichen Hermelins und Schneehuhnes, des Hasen, Hamsters, Sperlings, der Lerche und Erdkröte; das Gras- oder Blätterkleid des Laubfrosches, der Smaragdeidechse, vieler Heuschrecken usw.

Wo die gegebenen Pigmentqualitäten dennoch nicht ausreichen, um den Anforderungen des Bodens — etwa violetten, roten und sonstigen in der Natur selteneren, im Experiment desto ausgiebiger und greller herangezogenen Schattierungen zu genügen: da findet entsprechende Umfärbung der Pigmente selber statt, also Entstehung neuartiger Farben aus den für die neue, milieubedingte Farbsituation nicht genügenden alten.

Zumal der letzterwähnte Farbwechsel, der chemische Abänderung vorhandener Farbstoffe in sich schließt, ist durch Chromatophorenbewegung und -vermehrung unerklärt. Andererseits ist es gerade dieser Farbwechsel katexochen, der den Begriff des „Wechsels" von der Gesamtfarbe in die sie bedingenden Farbstoffe hinein überträgt, ihm dadurch erst zur echtesten Geltung verhilft und folgendes klar macht: die Zellbewegungen und Zellteilungen sind auch nur Begleiterscheinungen, geben sozusagen nur den äußeren Rahmen ab für das, was an der raschen und langsamen Farbanpassung das allein Wesentliche ist: die Austauschvorgänge (Imitationsprozesse) chemischer und morphischer Energie, die als Aktion und Reaktion zwischen Umgebungsfarbe und Körperfarbe in Erscheinung treten. Als Aktion und Reaktion — nicht als bloße Aktion etwa der Umgebungsfarbe auf die Hautfarbe —, weil auch hier allgemeinste physikalische Erfahrung uns die besondere Vorstellung abnötigt, daß die vom Bodengrunde noch abweichende Farbe eines Tieres während des Anpassungsgeschehens auf die Farbe des Bodengrundes selbst ausgleichend rückwirkt — nur eben so unmerklich, wie die Attraktion des fallenden Steines auf die ihn anziehende Erdkugel: der vollendete Ausgleichungsprozeß gestattet nur die Wahrnehmung, die Tierfarbe sei der Milieufarbe angeglichen; nicht aber, wie doch in unterschwelligem

Grade angenommen werden muß, die Farbe des Milieus sei auch ihrerseits der seiner Bewohner ähnlicher geworden.

Was am Imitationscharakter der Farbanpassung noch irremachen könnte, wäre höchstens der Umstand, daß blinde und zu Versuchszwecken geblendete Tiere weder den physiologischen noch den morphologischen Farbwechsel „sinngemäß" — d. h. im Sinne einer Konvergenz zur Umgebungsfarbe — in Ablauf bringen: sie verhalten sich einem farbigen Medium gegenüber fast so, als ob sie in vollständiger Finsternis lebten, wo ja Farben der Umwelt ebenfalls nicht zur Geltung kommen. Die rasche wie die langsame Farbenanpassung bedarf also der Farbenspieglung im Auge und sohin weiter der Vermittlung des Zentralnervensystems; dieses ist es erst, das die nötigen Weisungen für entsprechende Chromatophorenbewegungen weitergibt. Jeglicher Farbwechsel wäre damit von unmittelbaren Wechselbeziehungen zwischen tierischen Farbstoffen und Umgebungsfarben unabhängig; sondern würde von nervöser Regulation besorgt, die durch Farbenrezeption im Sinnesorgan in Gang kommt, nicht durch Farbenimitation der gefärbten Körperdecke selbst. Nicht dieser elementar-energetische, sondern jener weitläufigere erregungs-energetische Vorgang würde den gesamten Farbwechselprozeß bestimmen.

Nun ist das aber keinesfalls der ursprüngliche und alleinherrschende Zustand. Wir dürfen nicht vergessen, daß erstens die gesamte Stammesentwicklung unter anderem dahin zielt, den Organismus von Gunst und Ungunst der Außenwelt möglichst unabhängig zu machen (anderes Beispiel: Gewinnung gleichmäßig warmen an Stelle des mit der Außentemperatur schwankenden wechselwarmen Blutes); daß zweitens sämtliche physiologischen Reaktionen allmählich — und je höher im tierischen Stammbaum aufwärts desto mehr — unter die Diktatur des Nervensystems geraten, Hand in Hand mit dessen zunehmender Zentralisierung. Nahezu alles, was anfangs durch intimen Verkehr zwischen anorganischer Außen- und organischer Innenwelt erledigt wird, unterwirft sich später dem zentralen nervösen Regulator, jedoch nach wie vor — wie es im Worte liegt und hier besonders betont sei — nur in Form einer die elementar-energetischen Wirkungen ordnenden, organisierenden Oberaufsicht; nicht in der Form, daß elementar-energetische Wirkungen nunmehr aufhören und an einem bestimmten Grenzpunkt (in unserem Falle beim Lichtsinnesorgan) restlos von erregungs-energetischen Wirkungen abgelöst würden. Die Farbwechselprozesse der Haut erleiden zwar, wenn man jenen Regulator (aktuell die Empfangsstation, potentiell gleichzeitig die vermittelnde Zentralstation) ausschaltet, empfindliche Störungen — sie werden unordentlich und bleiben nicht länger „sinnengemäß"; aber sie

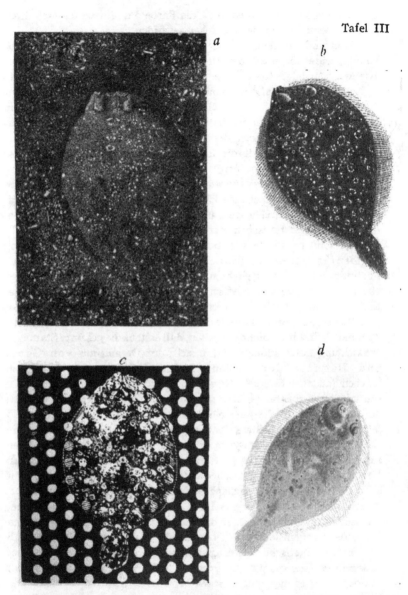

Abb. 33. Scholle, *Rhomboidichthys pedas*, *Delaroche*, auf verschiedenfarbigem Grund: *a* auf dunklem, mit
hellen Körnchen gemischtem Sand; *b* dasselbe Exemplar, herausgenommen und auf eine weisse Glasplatte
gesetzt, um die Folgen des vorausgegangenen Aufenthaltes in der dunklen Umgebung deutlich hervortreten und
mit *d* vergleichen zu lassen, einem auf weissem Marmorgrund gehaltenen Exemplar (in Wirklichkeit war es
weit heller als es auf dem Bilde erscheint); *c* dasselbe Exemplar wie *d*, nach 3tägigem Aufenthalt auf
schwarzem, weiss getupften Grund.

(Nach F. B. Sumner.)

hören nicht ganz auf und bleiben, soweit es die schwere organische Schädigung irgend zuläßt, auch weiterhin Milieuwirkungen zugänglich. Die durch Blendung verursachte nervöse Störung greift offenbar so tief in den Gesamtbetrieb des Organismus ein, daß sie die etwa weiterbestehende, autonome Fähigkeit der Haut, mit der Umwelt in adäquate Beziehung zu treten, überkompensiert und bald zunichte macht.

Das Experiment kann an zweierlei Punkten einsetzen, um die übergroße Störung aufzuheben: es kann jedweden spezifisch-nervösen, sei es positiven, sei es negativen Einfluß abschneiden, etwa durch Loslösung des farbenempfindlichen Gewebes (der mit veränderlichen Chromatophoren durchsetzten Haut) und seiner isolierten Beobachtung in überlebendem Zustande unter verschiedensten äußeren Farbbedingnissen; oder durch Heranziehung von Versuchstieren, die im Stammbaum so tief stehen, daß sie noch keine differenzierten Reizleitungsbahnen oder wenigstens noch keine zentralisierten Empfangs- und Schalteinrichtungen für auftreffende physikalische Reize besitzen.

Der erste Weg ist bereits begangen, wenngleich noch in viel zu wenig ausgiebiger Weise: seine technische Voraussetzung — Dauerkultur lebender Gewebsteile außerhalb des Gesamtkörpers — ist uns vor verhältnismäßig kurzer Zeit durch die epochemachenden Versuche von HARRISON, CARREL, BRAUS, HADDA, OPPEL usw. erst gegeben worden. Daher konnte sich die Untersuchung der Farbreaktion ausgeschnittener überlebender Hautstücke bisher nur auf Stundendauern erstrecken, die in den Bewegungsfarbwechsel und in die chemische Umfärbung mancher Pigmente immerhin schon Einblicke gewährt, doch vor dem langsamen Gestaltungsfarbwechsel Halt macht. Besonders hat SECEROV (durch von FRISCH größtenteils tatsächlich bestätigt, wenn auch abweichend gedeutet) an isolierten Hautstücken der Bartgrundel *(Nemachilus barbatulus)* Expansion der mit der gewählten farbigen Unterlage gleichfarbigen Farbzellen und Auftreten gleichfarbiger Pigmentkörnchen beobachtet. Daß lokale Sensibilität der Haut besteht, die von Nervenzentren und Nervenbahnen unabhängig ist, sah ich auch an lebenden, geblendeten Salamandern, wofern es sich hier nicht um Reaktion der Pigmentzellen auf Farbeinflüsse, sondern auf Feuchtigkeitseinflüsse der Umgebung handelte. Endlich sind im Anschlusse an POULTON unternommene Versuche von LEONORE BRECHER mit Kohlweißlingspuppen und deren Blutproben in Tyrosin für die in Rede stehende Frage von hohem Interesse.

Der zweite Weg — Untersuchung der chromatischen Reaktionen bei Organismen ohne oder mit unzentralisiertem Nervensystem — ist bisher meines Wissens leider nicht beschritten worden. Die zu Farb-wechselexperimenten (weil sie eben einen in die Augen fallenden sympathischen Farbwechsel haben) verlockenden Tiere — wie bereits aufgezählt hauptsächlich Cephalopoden, Arthropoden, Fische und Amphibien — entwickeln bereits ein Nervensystem, das (im Besitze genügender Zentralisation) sich die Regulierung jener farbenphysio-logischen Prozesse aneignen darf. Es ist ja einleuchtend, daß mit der Vollkommenheit der Regulierung auch die Vollkommenheit des regu-lierten Prozesses ansteigt; erstens auf Veranlassung der Regulierung selber, die seinen geordneten Ablauf befördert; zweitens kraft Errei-chung einer allgemein gesteigerten Organisationshöhe, die — wie jedes Merkmal und jede Fähigkeit — so auch die Farbengebung zu höherer Stufe und größerem Ausdrucksvermögen bringt. Trotzdem ließen sich (etwa unter den Würmern und Hohltieren, ja Protisten) geeignete Objekte finden, die verschiedenfarbigen Umgebungen vis-à-vis mit eigenen Farbnuancen antworten und uns dem elementaren Ur-sprung des Farbwechsel- und Farbanpassungsvermögens um einen großen Schritt näher brächten.

Das über die Farbanpassung und damit über Entstehung der Deckfarben Gesagte fassen wir so zusammen, daß sie aus Imitations-prozessen hervorgeht, die entweder unmittelbar zwischen Haut-farbe und Bodenfarbe — dies der vorauszusetzende ursprüngliche Zustand —, oder durch Vermittlung des Nervensystems — dies der abgeleitete Zustand — zum Ablaufe gelangen. Der Rahmen, sozusagen das Gefäß, worin sich der im Tiere gelegene Anteil des Imitations-prozesses abspielt, sind die Chromatophoren, die ihn zuerst nur durch Bewegungen (Zusammenziehung, Ausdehnung der Farbstoffzellen), daran anschließend auch durch Wachstum (Teilung, Vermehrung der Farbstoffzellen) begleiten. —

Wie soll man aber eine Anpassung, Umgebungsangleichung des tierischen Körpers verstehen, die sich nicht auf dessen Farbe beschränkt, sondern auch auf dessen Form erstreckt (Abb. 35 auf Taf. IV)? Bei-spielshalber die Stengelähnlichkeit der Spannerraupen und Stab-schrecken, Blattähnlichkeit anderer Gespenstschrecken (wandelndes Blatt) und des indischen Blattschmetterlings galten und gelten noch immer als eines der letzten Bollwerke der Zuchtwahllehre, weil sie einer anderen Erklärung als durch Auslese der von Generation zu Generation immer stengel- bzw. blattähnlicheren Individuen vollkommen entrückt erscheint. Diese Voraussetzung hat denn auch leider bisher auf dem Gebiete der Formanpassung das Experimentieren gehemmt, das sich im Bereiche der Farbanpassung so fruchtbar erwies und so aus-gedehnte Pflege erfuhr, dort aber aussichtslos zu sein schien. Wird also der Versuch gewagt, die Formanpassung in einer der Farbanpassung streng analogen Weise zu deuten und hierdurch der sicher unrichtigen Zuchtwahlerklärung (insoweit Zuchtwahl die schöpferische und nicht bloß die einerseits ausmerzende, andererseits ausbreitende Triebkraft sein soll) aus dem Wege zu kommen: so kann dieser Deutungsversuch gegenwärtig nur auf karger empirischer, zum größten Teil auf spekulativer Basis ruhen: die experimentelle Prüfung ist beabsichtigt und eingeleitet.

Ich stelle mir vor, daß die Formanpassung ebenfalls von Bewegungszuständen ihren Ausgang nimmt — von Körperstellungen, Körperhaltungen, zu deren Einnahme natürlich Körperbewegungen notwendig waren. Um etwa ein dünnes Zweiglein als sicheren Weg zu benützen, muß sich ein darauf spazierendes Tier selber möglichst „dünne machen", will es das Gleichgewicht nicht verlieren; die ganze Art, die Gliedmaßen nahe beisammen aufzusetzen und stets recht viel vom Körper über der Stütze zu behalten, damit diese beim Abgleiten dessen Schwerpunkt nicht verfehle, bedingt möglichste Verschmälerung des Körpers. Umgekehrt, wenn das Tier sich einer breiten Unterlage, etwa einem Blatte, anschmiegt — sei es, um in dieser geduckten Haltung (vielleicht unterstützt von schon bestehender Deckfarbe) einem Feind oder einer Beute nicht aufzufallen; sei es, um einen weit klaffenden, aber dabei schmalen Spalt zu passieren —: beides macht Abflachung und deshalb Verbreiterung des Rumpfes erforderlich.

Um nun auch hier den wechselnden Funktionszustand in dauernden Formzustand, die Bewegung in Wachstum übergehen zu lassen, wäre die Annahme gerechtfertigt, daß die das Wachsen bedingende Zellvermehrung sich nach derjenigen Richtung lebhafter gestaltet, in die sie von der am häufigsten eingenommenen Körperhaltung gedrängt und hineingezwängt wird: bei der Stengelähnlichkeit einer Stabschrecke u. dgl. fällt diese bevorzugte oder vielmehr aufgezwungene Wachstumsrichtung mit der Haupt-(Longitudinal-)Achse zusammen — Breiten- und Dickenachse sind vernachlässigt; bei der Laubähnlichkeit eines wandelnden Blattes usw. fällt die Wachstumserhöhung mehr mit der Quer-(Transversal-)Achse zusammen — ganz besonders die Dicken-(Sagittal-)Achse ist hier zu kurz gekommen. Der Gedanke wird für jedermann sofort das Fremdartige verlieren, wenn ich daran erinnere, wie z. B. auch unsere Wirbelsäule ihre zunächst nur von nachlässiger Haltung verursachte Stellung dauernd, als durch Wachstum fixierte Form der Krümmung, beizubehalten neigt. Wie ferner der Gärtner durch Befestigung der Ranken einer Schlingpflanze, der Zweige eines Obstbaumes („Spalierobst", Abb. 36, 37, 38 auf Taf. V, VI) bestimmte Wachstumsrichtungen zu erzwingen vermag; wie endlich im entwicklungsmechanischen Experiment (BORN, ROUX 1895, WILSON) Eier, die sich unter leichtem Drucke zwischen zwei Glasplatten entwickeln, im Verlaufe ihrer „Furchung" keinen kugelförmigen Zellenhaufen bilden, sondern eine in der Ebene ausgebreitete Zellenplatte: die Kernteilungsspindeln stellen sich nämlich immer in die längste Eiachse (allgemein Zellenachse), und die im Gefolge der Kernwanderung eingreifenden Teilungsfurchen stehen immer senkrecht darauf. So ist die Nötigung des Wachstums, der von Bewegungen und Stellungen gewiesenen Richtung zu folgen, nunmehr auch bis in dessen elementare Grundlage, die Zell- und Kernteilung, verfolgt und dadurch begründet.

Einige sekundäre Umstände gibt es, die gewiß noch außerhalb dieses Bedingtwerdens definitiver Formzustände durch provisorische Bewegungsvorgänge zur Erleichterung und Vervollkommnung der Gestaltanpassungen beitragen. So begünstigt Feuchtigkeit (Gelegenheit zu reichlicherer Wasseraufnahme in die Zellen) das Wuchern der von den Zellen zusammengesetzten Gewebe: Nässe lockt daher gleichzeitig aber unabhängig — z. B. an Gespenst- und Fangschrecken (Abb. 39 auf Taf. VI), die feuchte Gegenden bewohnen — blattartige Auswüchse, wie an den von ihnen bewohnten Gewächsen Blätter hervor; während in dürren Gegenden die Vegetation blattlos oder laubarm, die darauf sitzenden Fang-, Gespenstschrecken und andere Insekten ebenfalls entsprechend spindeldürr sind. Um aber diese Parallelheit zur Stufe detaillierter Ähnlichkeit, ja Gleichheit etwa der besonderen Laubformen mit besonderen Blätterauswüchsen der Insekten emporzubringen, genügt das hilfreiche Agens der Feuchtigkeit und anderer, fürs Zustandekommen der Anpassung unspezifischer Faktoren gewiß nicht; sondern dazu bedarf es eben der ganz spezifischen Imitationsprozesse im Rahmen der Körperhaltung und des von ihr beherrschten Körperwachstums.

Wir sind ja, wie gesagt, bisher arm an Beweismaterial, das diese Annahme rechtfertigen könnte; einen schlagenden Beleg besitzen wir aber doch noch, der vermuten läßt, daß die Formanpassung als strenges Analogon der Farbanpassung verläuft: die Kopffüßler, besonders die Kraken *(Octopus, Eledone,* Abb. 40—42 auf Taf. VII, VIII) verfügen nämlich — abgesehen von ihrem hervorragenden Vermögen zu willkürlicher Farbanpassung — über ein ebensolches aktives Vermögen zur Formanpassung ihrer Haut. Nicht bloß deren Chromatophoren nehmen prompt jede Tönung und Zeichnung des Untergrundes an, sondern ebenso deren Muskeln seine Skulptur: ruht das Tier auf feinstem Sand oder Schlamm, so bleibt die Haut glatt wie diese ebene Fläche; ruht es auf rauher Unterlage, so erhebt sie sich als

„Gänsehaut" zu Rauhigkeiten, die denen der Unterlage in Größe und Gestalt gleichen, — zu kleinen Wärzchen auf feinkörnigem, derberen Pusteln auf grobkörnigem Gestein, zu länglichen krummen Falten auf runzeligem Fels. — Wie also die Farbanpassung mit Hautpigmentsverschiebung anfängt und mit Hautpigmentsvermehrung aufhört, so beginnt die Formanpassung mit Hautmuskelverschiebung und endigt höchstwahrscheinlich gleichfalls mit Fixierung der Verschiebung im dementsprechend angelegten und ablaufenden Wachstum. Nur sind bei der Farbanpassung sowohl physiologischer Anfang wie morphologische Fortsetzung und Beendigung des Vorganges erforscht; bei der Formanpassung nur der Anfang und auch dieser nur an einem besonders günstigen Beispiel, das aber durch Analogieschluß von der Farbanpassung her einen weiten und bedeutsamen Ausblick gewährt.

XI. Serien und Perioden

Ich muß den Zirkel, der sich in mir umdreht, von guten und bösen Tagen, näher bemerken ... Erfindung, Ausführung, Ordnung,
alles wechselt und hält einen regelmäßigen
Kreis. Heiterkeit, Trübe, Elastizität, Schwäche,
Gelassenheit, Begier ebenso. Da ich sehr diät
lebe, wird der Gang nicht gestört, und ich muß
noch herausbringen, in welcher Zeit und Ordnung ich mich um mich selbst bewege.

GOETHE, Tagebücher.

Wenn man berechnet hat, daß die Erde
unter dem Einfluß des Mondes ihre Ebbe und
Flut hat wie das Meer, so frage ich, warum
nicht auch das menschliche Blut und Gehirn
seine Gezeiten haben sollte.

CHRISTIAN MORGENSTERN, „Stufen".

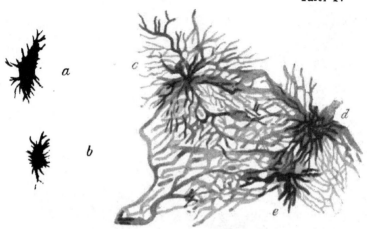

Abb. 34. Farbstoffzellen („Chromatophoren") der Garneele, *Palaemon:* bei *a* und *b* in mässig zusammen-gezogenem Zustande (Kontraktionsphase); bei *c*, *d* und *e* in ausgebreitetem Zustande (Expansionsphase). (Nach A. Fröhlich.)

Abb. 35. Farb- und Formanpassung der Krabbe *Huenia proteus* an Algenstöcke, *Halimeda:* 4 Exemplare der Krabbe sind dargestellt. (Nach Hesse-Doflein, „Tierbau und Tierleben", II. Band.)

1. Zur Geschichte der Periodenkenntnis

Das Bewußtsein, sich unter dem Einflusse eines Geschehens zu befinden, das vielleicht niemals ein vereinzeltes, fast immer schon wahrnehmbar ein wiederholtes ist, hat nicht erst heute von den Menschen Besitz ergriffen (S. 21). Und insbesondere die in regelmäßigen Zeitabständen wiederkehrenden Geschehnisse der Natur wie des eigenen Lebensschicksals haben die Aufmerksamkeit der Völker und ihrer Forscher, ihren Beobachtungs- und Überlegungstrieb seit je auf sich gezogen.

Die Wahrnehmung periodischer Wiederkehr ist uralt, jedenfalls älter als die Erkenntnis gesetzmäßiger Wiederkehr überhaupt: vor allen mußten die astronomischen Studien der Babylonier und Ägypter die Periodik der Sternbahnen sichtbar machen; ihre Priester waren es, deren Auge nach außen hin die Weiten des Firmamentes umfing, nach innen die Tiefen der ihnen anvertrauten Seelen durchdrang. Alsbald wurden sie zwangsläufig auf den Zusammenhang geführt, der zwischen Himmels- und Menschengeschick bestehen mochte. Das Volk aber verlangte Weissagung für den einzelnen, für die Gesamtheit: so war ein Zusammenhang rasch konstruiert, auch wo ihn feststehende Erfahrung nicht hätte angeben dürfen; die Sterndeutekunst, die Astrologie erblühte — eine in ihrem ganzen Wesen auf Periodik erbaute Kunst. Mit dem „großen" oder „Weltenjahr", der Umlaufszeit des Frühlingspunktes in der Ekliptik (ungefähr 26000 Jahre) schufen die Babylonier eine periodische Einheit, die von BREYSIG (S. 112) NIETZSCHEs Lehre von der Wiederkehr des Gleichen an die Seite gestellt wird.

Man braucht den Blick nicht so weit abzuwenden, um periodische Erscheinungen in der leblosen Außenwelt zu erspähen: auch tellurische Beobachtungen gaben willkommenen Anlaß zu Vergleichen und Verknüpfungen, mindestens poetischen Bedeutungen, die denen zwischen Makrokosmos des Weltalls und Mikrokosmos des Menschenleibes ähnlich waren. Hierher zählt namentlich die Periodik der Wellen: jedermann kann sich durch eigene Nachprüfung an Meeresküsten und kaum minder an Ufern größerer Binnenseen davon überzeugen, daß ungefähr mit jeder zehnten Woge, deren Vorgänger von der ersten an gleich hoch waren, hintereinander drei Wellen heranrollen, die sie an Höhe übertreffen. Die Physik hat noch heute keine Erklärung dafür; erst die Serienlehre und ihr Sondergebiet, die Periodenlehre,

liefern den Schlüssel zur Aufhellung einer Erscheinung, deren Geltungsbereich mit den Wasserwellen natürlich längst nicht erschöpft ist,
sondern sich auf alle Wellenbewegung, daher auf jede Energieäußerung
erstreckt.

Von den ältesten bis zu den neuesten Zeiten haben Schriftsteller
sich die Tatsache der in Zehnwogenintervallen wiederkehrenden Dreiheit größerer Wogen zunutze gemacht; sie haben sie auch, je weiter
von selbständiger Naturbeobachtung abgewandt, desto mehr verwechselt und verfälscht, wonach z. B. nur jede dritte Welle oder nur
jede zehnte Welle für sich allein die anderen an Wasserreichtum über-
ragen sollte. Sogar ganz verwischt wurde zeitweise die Bedeutung der
dreimaligen Hochwoge, indem sie zur dreifachen, d r e i m a l   s o   g r o ß e n,
d o c h   e i n z e l n e n   Woge — mithin ohne jede periodische und Wieder-
holungsbeziehung — entstellt erscheint: *Αἰγαῖον πόρον τρικυμίαις
βρέμοντα* (Das Ägäische Meer in Sturmwogen tosend) lautet der
83. Vers der „Troërinnen" von EURIPIDES; und *σὺν κλύδωνι καὶ
τρικυμίᾳ* (mit Brandung und Wogenschwall) heißt es im 1213. Vers
seines „Hippolytos"; ähnlich bei LUCIAN. Ebenso ist bei *τρικυμία
λόγου* (ungeheurer Wortschwall) im „Euthydemos" von PLATO die
periodische Bedeutung nicht mehr klar, vielleicht aber die des endlosen Wiederholens desto absichtlicher erhalten. Stellen aus ÄSCHYLOS
und DEMOKRIT, welche die Dreierwoge in Übertragung auf das
Schicksal, aber in unverkennbarer Wahrung ihres periodischen Wirkens,
ihrer wiederholt über den menschlichen Lebenslauf hereinbrechenden
Unglücksschläge verwenden, haben wir schon in der Einleitung S. 21
angeführt. Eine moderne Reisebeschreibung (HEVESI, „Mac Ecks
sonderbare Reisen zwischen Konstantinopel und San Francisco")
spielt darauf an, indem sie von einer Fahrt „Nach Klondyke" (S. 275)
erzählt: „Das Landen allein war ein schauerliches Stück Arbeit. So
weit das Auge reichte, senkrechte schwarze Felswände, die oben mit
dachförmigen, schiefen Platten enden. Nun galt es, eine der berühmten
‚dritten Wellen' der Brandung zu benützen; die dritte ist immer die
höchste, wie schon zur Zeit der altgriechischen Tragiker bekannt war,
bei denen das Bild vom ‚drei Wogen hohen Übel' (trikymia kakôn)
oft genug wiederkehrt. ‚Warte die dritte Bö ab', heißt es auch in jeder
Segelordnung von heute, und der letzte Eskimo ist in diesem Punkte
so klug wie der erste griechische Tragöde."

Bei den R ö m e r n und lateinischen Kirchenvätern ist es die zehnte
Woge, die in ihren Schriften dieselbe Rolle des vorbestimmten Ver-
hängnisses spielt wie bei den G r i e c h e n die dritte:

> „Qui venit hic fluctus, fluctus supereminet omnes:
> Posterior nono est, undecimoque prior."

(Die Woge, die hier kommt, überragt alle: später kommt sie als die neunte, früher als die elfte) singt OVID, 1. Tristia, 2, 49. In der modernen Literatur knüpft GREGOR DANILEWSKIs Roman „Dewjati Wal" („Die neunte Welle", in deutscher Übersetzung von PH. LOEBENSTEIN erhielt das Werk unnötigerweise den Titel „Die Nonnenklöster in Rußland") an eine zweite OVID-Stelle an (Metamorphosen, XI, 529—532: „Decimae ruit impetus undae"), in Übersetzung von VOSS:

> „So, da erbitterte Flut an die ragenden Seiten hinaufschlug,
> Stürzt in erhöhetem Schwung die zehnte Welle mit Macht her
> Und steht eher nicht ab den ermatteten Kiel zu bestürmen,
> Bis sie am Ende den Wall des eroberten Schiffes erstiegen."

FORCELLINIs „Totius Latinitatis Lexicon" zitiert beim Worte Decimanus oder Decumanus II, 8 den römischen Grammatiker SEXTUS POMPEJUS FESTUS (2. Jahrh. n. Chr.) nach PAULUS DIACONUS, einem langobardischen Geschichtschreiber (ungefähr 730 bis 797): „Decumana ova dicuntur et decumani fluctus, quia sunt magna: nam et ovum decimum nascitur et fluctus decimus fieri maximus dicitur. Alii putant ductum hoc a Pythagoreis, apud quos denarius numerus veluti magnificus et sacer fuisse dicitur." Wie ich dem Corpus glossariorum latinorum VI (GEORG GOETZ) entnehme, wird im Codex Cassinensis des 10. Jahrhunderts n. Chr. 90, V, S. 566, Zeile 49, auf obige Stelle folgendermaßen Bezug genommen: „Decimanum ouum et fluctum dicimus, quia semper decimum ouum et decima unda maior est."

Jene Originalstelle und diese ihre Glossierung ist für uns sehr interessant; sie enthält die klare Beschreibung der Bedeutungswandlung, die wir im Griechischen für die trikymia verfolgen konnten, nunmehr auch im Lateinischen für die unda decima: ursprünglich bedeutet trikymia die dreimalige und dann dritte; decima unda oder decimus fluctus die zehnte Woge — beides also etwas Wiederkehrendes, Periodisches. Später bleibt nur die Größe jener dritten Griechen- und zehnten Römerwoge herausgehoben; trikymia bedeutet bei EURIPIDES ebenso „hohe Woge" wie decumanus bei den spätrömischen Schriftstellern die übertragene Bedeutung „groß" gewinnt. In folgendem Satze aus dem Buche „De anima", Kap. 52, von TERTULLIAN (um 160—230 n. Chr., zitiert nach DU CANGE) ist „Decumanus" bereits einfach für „Sturmwoge" gebraucht, die ursprüngliche Bedeutung endgültig verwischt: „Vis est illa navigiis, cum longe a Caphareis sanis, nullis depugnata turbinibus, nullis quassata decumanis, adulante flatu, labente cursu, laetante comitatu, intestino repente perculsu, cum tota securitate desiduunt." Obige Glosse ist daher folgendermaßen zu verdeutschen: „So (nämlich Decumana bzw. decumani) nennen wir Eier und Wellen, weil sie groß sind: denn sowohl jedes zehntgelegte Ei als jede zehnte Welle fällt am größten aus." Damit ist die Entstehung der neuen Wortbedeutung aus der früheren, periodischen ausdrücklich gekennzeichnet; zugleich ist die Parallele gezogen im Belange der, wie es bei PAULUS DIACONUS heißt, von den Pythagoreern heilig gehaltenen Zehnzahl auf Wasserwogen einerseits, auf Tiereier andererseits; eine Parallele, die sich in einem der neuesten Werke über Periodenlehre (SWOBODA, 1917) wiederfindet, nur für die — gleichfalls den Pythagoreern — nicht minder heilige Siebenzahl: SWOBODA unterscheidet nämlich (S. 160) zwischen „zeitlicher" und „räumlicher Periodizität" im Sinne der Erfahrung, daß sowohl jedes in einem 7. Jahre geborene Kind, als auch jedes 7. Kind besonders kräftig und lebensfähig ausfällt.

Die Erwähnung der Siebenzahl — meist angewendet für das Jahrsiebent, Sieben-, Stufen- oder Hochjahr — führt gleich nochmals auf die Pythagoreer zurück. SWOBODA (1917, S. V) zitiert folgenden Ausspruch des ALEXANDER von Aphrodisias, „Zur Metaphysik des ARISTOTELES", I, 5: *„καιρὸν ἔλεγον τὸν ἑπτὰ (οἱ πυθαγόρεοι): δοκεῖ γὰρ τὰ φυσικὰ τοὺς τελείους καιροὺς ἴσχειν καὶ γενέσεως καὶ τελειώσεως κατὰ ἑβδομάδας, ὡς ἐπ' ἀνθρώπου"* (Die „richtige Zeit" nannten die Pythagoreer den Siebener: denn es scheint, daß die Natur für Entstehung wie für Vollendung nach dem Siebenjahr ihren günstigsten Punkt hat, ebenso wie beim Menschen.) SWOBODA fügt hinzu: „Von den Pythagoreern datiert die Wertschätzung der Siebenzahl; sie spielt eine große Rolle in ihrer Lehre von der Zeugung, dem wichtigsten Teil der Pythagoreischen Physiologie (ZELLER, SPRENGEL)." „Ein fälschlich HIPPOKRATES zugeschriebenes Werk führt den Titel ‚Von der Siebenzahl' (*περὶ ἑβδομάδων*). Einer der berühmtesten Nachfolger des HIPPOKRATES, DIOKLES von Karystus, hat ebenfalls den Einfluß der Siebenzahl auf die Physis des Menschen zu begründen versucht." „Nur im Volke," sagt SWOBODA (S. VI) weiter, „ist auch heute noch die Bedeutung der Siebenjahre durch mancherlei Sprüche festgehalten: daß der Körper sich alle 7 Jahre erneuert, daß sich der Mensch alle 7 Jahre umdreht u. dgl. Im Altertum hingegen gehörte diese Erkenntnis zum geistigen Besitzstand der Gebildeten." Zum Zeugnis dessen ruft SWOBODA keinen Geringeren als CICERO auf, der dem SCIPIO AFRICANUS die Worte in den Mund legt, die Siebenzahl sei der Knoten aller Dinge; endlich SENECA, der von der zeitlichen Gesetzmäßigkeit des Lebenslaufes („Certis eunt cuncta temporibus", Epist. 71) und der Bedeutung der Siebenjahre im besonderen („Licet nescias, quare septimus quisque annus aetati signum imprimat", De beneficiis VII, 1) durchdrungen war.

Die zeitliche Determiniertheit, die von der Geburt an erkennbar wird, gewinnt noch Raum in der Erfahrung, daß dementsprechend das Leben von Menschen gleicher Geburt parallel läuft und in seinen wichtigsten Etappen — einschließlich des Todes — ein wunderbares Gleichmaß zeigt. Laut GURLITT berichtet AUGUSTIN in seiner Schrift „De civitate dei" (V, 2): „CICERO erzählt, der hochberühmte Arzt HIPPOKRATES habe überliefert, zwei Brüder wären gleichzeitig erkrankt, ihre Krankheit habe zur gleichen Zeit ihren Höhepunkt erreicht, und beide wären wieder zugleich genesen. Er habe daraus geschlossen, daß sie Zwillinge seien. Der Stoiker POSIDONIUS aber, ein Astrolog, habe gesagt, sie seien unter gleicher Konstellation gezeugt und geboren worden." VALERIUS MAXIMUS schreibt in seinen „Factorum dictorumque memorabilium libri IX" (I C. 8, 16): „Die Alten erzählten sich von einem Dichter ANTIPATER aus Sidon, der alle Jahre nur gerade an seinem Geburtstage das Fieber bekommen habe und dann auch an seinem Geburtstage an diesem Fieber gestorben sei." CICERO hatte sich mit solchen Erscheinungen (desgleichen PLINIUS, „Historia naturalis" VII, 51) in seiner Schrift „De fato" III, 5, beschäftigt, die in diesem Kapitel von POSIDONIUS unabhängig war, uns aber leider nur sehr lückenhaft erhalten blieb. In CICEROs „De divinatione" beruft er sich wiederum (II, 14) auf die Stoiker: „Sie sagen z. B., um die Zeit des kürzesten Tages wachse dem Mäuschen die Leber, der trockene Polei blühe gerade an diesem Tage, es zerplatzen die angeschwollenen Blasen (Früchte) und die darin eingeschlossenen Samen wenden sich nach entgegengesetzten Seiten. Austern und alle Schaltiere nehmen mit dem Monde ab und zu." So finden sich in den genannten Schriften des Altertumes Erfahrungen vorweggenommen, die in einem der modernsten zoologischen Werke (HESSE-DOFLEIN II, 764 unten, 765 oben) nicht abgeleugnet, aber auch nicht erklärt werden können: „In Siam wird z. B. bei der Orchidee *Dendrobium crumenatum* jeweils in einem weiten Gebiet bemerkt, daß alle Exemplare an einem Tag gleichzeitig aufblühen. Das dürfte auf gemeinsame Abstammung zurückzuführen sein." Ferner „finden sich Angaben, daß in der Gegend von Nizza die Seeigel regelmäßig zur Zeit des Vollmondes voll entwickelte Ovarien besitzen, die zum Ablaichen bereit sind. Es sollen sogar die von den Einwohnern der Mittelmeerländer gern gegessenen Seeigelovarien auf den Märkten zur Vollmondszeit einen höheren Preis erzielen als sonst."

Folgendes zitiere ich nach FLIESS' „Ablauf des Lebens", S. 246, der die hier wiedergegebenen Tatsachen seinerseits bei AHLFELD findet: „SINIBALDUS schreibt: ‚Novi et ipse gemellos e Monte Falco in Umbria ex familia Agathonicorum, medicinae unum, juris peritum alterum, qui eadem die obierunt, loci intervallo plus quadraginta' milliaribus distantes et retulerunt etiam, eodem prorsus tempore concidisse in eundem morbum, qui iisdem symptomatibus vexavit ambos.' Hier scheint sogar die Todesstunde dieselbe gewesen zu sein, wie das in dem folgenden Beispiel ausdrücklich angegeben ist: MECKEL von HEMSBACH sezierte im Jahre 1845 einen 6ojährigen Vergolder, der als Branntweintrinker an Lebercirrhose starb, dessen Zwillingsbruder, ebenfalls Vergolder und Säufer, in derselben Stunde im Stadtkrankenhause angeblich an derselben Krankheit gestorben ist."

Damit aber halten wir in der Neuzeit, deren Jahrhunderten die wissenschaftliche Erkenntnis von der Wichtigkeit und Allwirksamkeit periodischer Wellen verloren ging. Wohl das letzte Zeugnis, welch bereits hochentwickelte Wissenschaft damit vorübergehend in Vergessenheit geriet, liefert die „Periodologie" von Dr. A. M. BAUMGARTEN CRUSIUS, Halle 1836 (ein Werk, dessen Kenntnis ich H. SWOBODAs mündlichem Hinweis danke; hier findet sich auch eine ausführliche Geschichte der Periodenlehre). Dann blieb sie, wie wir es vorhin SWOBODA bezeugen ließen, nur noch dem Volksaberglauben erhalten und dem Historiker, doch diesem eben als geschichtliche, nicht als lebendige Tatsache. Etwa die einzige Menstruationswelle macht hiervon eine Ausnahme: wie losgelöst von allen anderen periodischen Erscheinungen wird sie verfolgt und nicht just um ihres periodischen Charakters, willen. Jede andere einschlägige Wahrnehmung der Jetztzeit — wie AHLFELDs über das periodisch vorbestimmte Lebensschicksal eineiiger Zwillinge — begegnet vorderhand nur der Verwunderung über das seltsame Zusammentreffen, aber keiner Erklärung und keinem ernsthaften Erklärungsversuch — bis dann mit Beginn des zwanzigsten Jahrhunderts die modernen Periodiker FLIESS, SWOBODA und SCHLIEPER auftauchen und in jenen Auffassungen einen gründlichen Wandel zu vollziehen im Begriffe stehen. —

Ich habe es nicht als meine Aufgabe betrachtet, eine vollständige Geschichte der Periodenlehre zu entwerfen, um so minder, als ich dies einem besonderen, von der zeitlichen Bestimmung des Lebens handelnden Werke vorbehalte; es kam mir nur darauf an, den Leser vom ehrwürdigen Alter des Problems zu überzeugen. Das dürfte gelungen sein auch ohne eingehende Beschäftigung mit der Zahlenmystik des Altertums und Mittelalters. Viele Einzelheiten hierüber, besonders über die Zahlen 7 und 13, hat I. H. GRAF gesammelt. Ist nun aber schon das Wort „Zahlenmystik" gefallen, so möge in die

folgenden Abschnitte und Kapitel die Mahnung hinübergenommen
werden: Mystik nicht zu unterschätzen. Verwerflich, verächtlich ist
sie nur, wenn statt endgültiger Erkenntnis genommen; fruchtbar ist
sie als Symptom des Keimens neuer Einsichten, die sich aus verschwommenem Gefühlsnebel unwiderstehlich zu klarem Gedanken-
himmel entwickeln werden!

2. Beispiele von Perioden und Pseudoperioden

Die gegen Schluß vorigen Abschnittes mitgeteilte Tatsache, daß
Wendepunkte im Leben naher Verwandter oft auf gleiche Daten, ja
in die gleiche Stunde fallen — wenngleich nicht notwendig desselben
Jahres —, kann ich selbst mehrfach belegen; und zwar durch Erfahrungen, die sich ohne eigentliche Sammeltätigkeit ganz gelegentlich im nächsten Verwandten- und Bekanntenkreise fanden. Aussendung von Fragebogen müßte sie außerordentlich zu vermehren imstande sein; denn die meisten Familiengeschichten haben Daten auf-
zuweisen, die den wenigen hier niedergelegten analog sind. Freilich
ist es eine ärmliche Kasuistik im Vergleiche zu dem großen Materiale,
das FLIESS 1906, 1918 und SWOBODA 1917 beigebracht haben;
aber erstens sind der Wissenschaft immer auch einzelne Bausteine
willkommen gewesen; zweitens erfüllen wenige Beispiele meinen
Zweck, die durch sie repräsentierten Tatsachen zunächst einmal
zu veranschaulichen; drittens werden sie uns dazu verhelfen, eine
falsche Periodizität zu erkennen, die — wie ich glaube — in den
Werken FLIESS', SCHLIEPERs und SWOBODAs von der echten
nicht immer unterschieden wurde; viertens fördert uns das Auffinden
jener nur scheinbaren Periodizität in der Einsicht des Zusammenhanges zwischen Perioden und Serien.

a) Echte Periodizität

81.[1]   VIKTORINE von WIEDERSPERG hatte (außer ebensovielen Töchtern) drei
Söhne: EGBERT, geboren 12. X. 1887, starb am 22. VIII. 1888; EGON, geboren
3. XI. 1869, starb am 22. VIII. 1909; der überlebende Sohn EDGAR, geboren 22. X.
1868, wurde am 8. VIII. 1915 in seinem Amt von einer Ohnmacht befallen und mußte
im Rettungswagen heimgebracht werden. Der Abstand dieses Unwohlseins vom
Todestag der Brüder beträgt (natürlich ohne Rücksicht auf das Jahr) 14 Tage, das ist
die Hälfte der ursprünglich weiblichen (aber in beiden Geschlechtern gegenwärtigen)
Periode von 28 Tagen. Diese Halbierung der 28tägigen Periode ist aber etwas sehr
Gewöhnliches.

82.   Von den vier Töchtern des Herrn Dr. ROBERT FISCHER wurden zwei, ERIKA
und GERTA, an einem 18. Dezember geboren; dem Alter nach geordnet, stellen sich
die Geburtstage der fünf Kinder folgendermaßen dar: JOHANNA 2. II. 1894, MARIE
18. X. 1895, WALTER 24. III. 1897, GERTA 18. XII. 1899, ERIKA 18. XII. 1903.

[1] Die Numerierung setzt sich aus den Beispielen der Kap. I, III und IV fort.

Großgrundbesitzer JOHANN MAYER (Tazowitz, Post Wollenitz, Böhmen) wurde am 18. XI. 1852 geboren; sein Sohn HANS MAYER am 18. XI. 1884.

84. HANS GERHARD H. (Berlin), geboren am 7. I. 1881 um 7 Uhr abends, hatte zum Urgroßvater väterlicherseits JOHANN RUDOLF H. (Wien), gestorben 1859, am 7. I. um 7 Uhr abends.

85. Die vier Töchter des Statthaltereirates WILHELM LAUFBERGER boten ihrem ganzen Verwandten- und Freundeskreis ständigen Gesprächsstoff, weil sie in aufeinanderfolgenden Jahren alle an einem 7. VIII. geboren worden waren.

86. Meine Freundin CAROLA NAHOWSKA — eine ausgezeichnete Beobachterin — erhielt im August als Nestling einen Rotrückigen Würger, Neuntöter (*Lanius collurio*), den sie aufpäppelte, so daß er sich zu einem kräftigen, voll ausgefärbten Vogel entwickelte. Seither — es wurde 1917 zum achten Male festgestellt — nimmt „Pieps'' im August alljährlich wieder Gewohnheiten eines eben flügge gewordenen Vögleins an; längst gewöhnt, selbständig zu fressen, will er jeden August einige Zeit geatzt werden; reißt — seiner Pflegerin zugewandt und sie verfolgend — den Schnabel auf, schlägt und vibriert mit den Flügeln, stößt ein heiseres, ungeduldig forderndes Piepen aus. Während der übrigen Zeit des Jahres nimmt er das Futter gelegentlich zwar ebenfalls aus der Hand, aber ruhig und aktiv verständig, in der Regel nur leckere Extrabissen und ohne Nebenforderung, daß man zu ihm komme und ihm die Nahrung in den Schnabel stecke; auch die Laute, die er von sich gibt, sind sonst durchweg die eines erwachsenen Neuntöters.

87. Am 27. April 1915 sagt mir meine Frau (frühere Schauspielerin), sie träume seit etwa drei Wochen auffallend viel von Theaterschule, Theaterspielen und was drum und dran hängt. 10 Jahre und 15 Tage vorher — am 12. IV. 1905 — war sie zum ersten Male öffentlich aufgetreten.

88. Am 15. April 1915 sang ERIK SCHMEDES in der Wiener Hofoper den „Tristan''. Die Vorstellung, der wie immer seine Frau beiwohnte, war um Mitternacht zu Ende. — 48 Stunden später („ungefähr 12 Uhr nachts'') begann Frau SCHMEDES ISOLDENs Liebestod laut aus dem Schlafe zu singen, so daß ihr Gatte, ganz erschrocken, sie wecken mußte.

89. Am 9. VIII. ist OTTILIE SCHREKER geboren, 9 Monate nach dem Geburtstage ihrer Mutter; am 23. XII. ist IMMANUEL SCHREKER geboren, 9 Monate nach dem Geburtsfeste seines Vaters.

b) Unechte Periodizität

90 a. FRANZ SCHREKER, geboren am 23. III., führte am 23. III. 1917 in Dresden seine „Kammersymphonie'' auf.

90 b. Am 10. XI. 1916, dem Geburtsfest seiner Gattin, führte er in Dresden sein „Vorspiel zu einem Drama'' auf. (Frau MARIA SCHREKER besitzt — vgl. auch Beispiel 89 — zwei Taufscheine: der eine lautet auf den 9., der andere auf den 10. XI.; es ist nicht bekannt, welche Angabe zutrifft.)

91. Dr. HANS MAYER beobachtete an sich selbst, daß tief in sein Leben eingreifende, äußere Ereignisse Zwischenräume von 7 Monaten und 20 Tagen einhielten. So mußte er am 15. IV. 1915 einrücken, kam am 5. XII. 1915 ins Spital nach Zenica (Bosnien), wurde am 25. VII. 1916 nach Wien transferiert. Auch Wendepunkte, die nicht ihn allein, sondern alle Welt betrafen, ordneten sich zu den ihn persönlich angehenden Entscheidungen im selben oder annähernd selben Intervall: am 26. VII. 1914 brach der Weltkrieg aus, am 15. III. 1915 wurde Dr. H. M. tauglich befunden; am 15. III. 1917 brach die russische Revolution aus, Dr. H. M.s bereits erwähnte Versetzung nach Wien (25. VII. 1916) hatte 7 Monate und 20 Tage vorher stattgefunden.

92. Am 10. oder 11. V. 1915 unternahm ich mit Familie W. einen Ausflug auf den Kahlenberg bei Wien. Am 8. V. 1916 wiederholte sich nicht nur der Ausflug mit gleichem

Abb. 36. Formobst: **wagrechter Schnurbaum** im Garten Monrepos der Kgl. Lehranstalt zu
Geisenheim a. Rh.
(Aufnahme von G. S. Urff in Hanau.)

Abb. 37. Formobst:
Alte „Flügelpyra-
mide" mit oben zu-
sammengebogenen, ab-
laktierten Zweigen.
Garten Monrepos der
Kgl. Lehranstalt Gei-
senheim a. Rh.

(Aufnahme von
G. S. Urff in Hanau.)

Abb. 38. Formobst: Alte „Palmette" mit leierförmig gezogenen Zweigen, im Garten Monrepos der Kgl. Lehranstalt Geisenheim a. Rh.

(Aufnahme von G. S. Urff in Hanau.)

Abb. 39. Schützende Ähnlichkeit von Insekten mit Pflanzenteilen: *a* Stabheuschrecke *Haaniella [Heteropteryx] dehaani* mit dornähnlichen Fortsätzen; *b* Fangheuschrecke *Gougylus gougylodes* mit blattähnlichen Auswüchsen. Natürliche Grösse.

(Nach Hesse-Doflein, „Tierbau und Tierleben", II. Band)

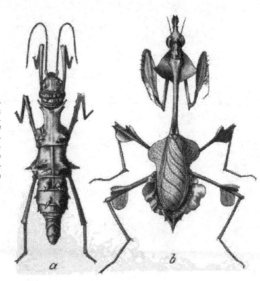

Ziele, sondern auch die übrigen Begleitumstände waren annähernd dieselben; unter anderm waren dem Ausflug sowohl 1915 als 1916 je zwei gemeinsame Besuche auf dem Konstantinhügel im Prater vorausgegangen. Die Ähnlichkeit der Situation fiel allen Begleitern auf, trotzdem sie ganz unbefangen waren, und sie suchten nach Unterschieden. R. W. sagte: „Die Hausnäherin war voriges Jahr bei uns; die fehlt heuer!" Kaum war dies ausgesprochen, so trat sie unerwartet zur Tür herein. (Ein analoges Beispiel ist noch Nr. 96 im Kap. XIII, S. 335.)

93. Am 12. April 1916 reist meine Frau frühmorgens auf den Semmering, Frau Dr. MARGARETE FALK abends nach Lemberg; am 30. Juli 1917 reist meine Frau mit einem Frühzuge nach Böhmen, Dr. MARGARETE FALK mit demselben Abendzuge wie im Vorjahre abermals nach Lemberg.

94. Am 22. Januar 1906 ordnet Prof. Dr. H. PRZ. sein Material an ägyptischen Fangschrecken (*Sphodromantis bioculata*); während dieser seiner Beschäftigung bringt die Post eine Warenprobe aus Ägypten — Absender Mr. GUYOT in Helouân —, enthaltend einen Eikokon von *Sphodromantis*. Herr GUYOT war vor ungefähr einem Jahre darum gebeten worden, und wir hatten die Hoffnung, daß er der Bitte Gehör schenken werde, bereits aufgegeben. Ebensolange hatte auch Prof. Dr. H. PRZ. sich mit dem Gegenstande nicht mehr abgegeben.

In den Beispielen 81—89 ist vermutlich echte, innere Periodizität vorhanden; es genügt, sich zu vergegenwärtigen, daß in Beispiel 81 bis 87 Jahresperiodizität zum Vorschein kommt, in 87 eines der seltenen Zehnjahresintervalle (S. 240). In den Beispielen, wo die Geburtsdaten der Kinder auf denselben Jahrestag fallen (82, 85), ist es zunächst nur die Jahresperiodizität der Eltern (des Vaters oder der Mutter), die darin zum Ausdruck gelangt; in Beispiel 83, wo Geburtsdaten von Vater und Sohn auf den gleichen Jahrestag fallen, darf man schließen, es sei dies der Stichtag der väterlichen Periode gewesen, der sich nun auf den Sohn übertragen habe.

Desgleichen zeigt sich das Fortlaufen derselben periodischen Termine von Generation zu Generation, wo Todestage der Kinder untereinander zusammenfallen, denn diese Abhängigkeit kann nur von ihrer gemeinschaftlichen Abstammung herrühren; oder der Todestag eines Vorfahren mit dem Geburtstag eines Nachkommen (84). Auch im letzteren Falle läßt sich entscheiden, ob die periodische Welle von der väterlichen oder der mütterlichen Linie ausging: da es der Urgroßvater väterlicherseits war, der in derselben Stunde desselben Kalendertages starb, zu der 22 Jahre später ein Enkel geboren wurde, so muß wohl die väterliche Welle dem Enkel seine Geburtsstunde und damit voraussichtlich alle weiteren ans Jahr gebundenen Wendepunkte seines Lebens beschieden haben. In 89 sieht man aufs deutlichste, wie einer Tochter mit ihrem Eintritt ins Leben bestimmt wird, die Perioden der Mutter — einem Sohn, die des Vaters zu übernehmen; und zwar wohl die Monatsperiode, deren (soweit es die „monatliche Reinigung" betrifft) neunmal unterdrückter Termin in der Geburtsstunde des Weibes zum Durchbruch kommt. Die Wahrheit, daß der

genealogische Zusammenhang sich oft in gleichen Geburts- und Todes-
daten ausspricht, hat sich mehrfach den Eingang ins schöne Schrifttum erzwungen. Als zufällige Lesefrucht fällt mir gerade eine Stelle
aus „Frau Hempels Tochter" von ALICE BEREND in den Schoß
(S. 176): „Ein recht schwerer Tag war es, als die alte Gräfin starb,
gerade in einer Stunde, wo wieder ein kleiner Graf Prillberg geboren
wurde."

Ein Tierbeispiel (88) ist dadurch von Interesse, daß die einjährige
Periode mit einem Symptom darin nach Ausdruck ringt, welches unter
normalen Bedingungen nach nur einmaliger Bekundung (als vorübergehende Entwicklungsstufe) unterdrückt worden bzw. erst in nächster
Generation wieder in Erscheinung getreten wäre. Die betreffende
einmalige Phase ist hier zur vielmaligen Periode umgewandelt worden.

Außer den Jahresperioden und der zu vermutenden Monatsperiode
in 89 findet sich (in 88) eine Tages-, und zwar zweitägige Periode.
Darf hier vorausgesetzt werden, daß die Beobachtung keine ganz
genaue war, und angenommen, daß die Terminbestimmung zwei
Stunden zu viel berechnet hat, so könnte sehr wohl eines der in SWO-
BODAs Lehre (1904) eine große Rolle spielenden 46stündigen Intervalle vorgelegen haben. Periodizität spricht sich möglicherweise noch
darin aus, wenn das Unwohlbefinden des ältesten Bruders (81) vom
Todestag seiner Geschwister um 28/2 Tage entfernt war; daß just die
(halbierte) weibliche Monatsperiode in Frage kam, würde sich aus
dem entschieden ins geschlechtliche Zwischenreich einschlagenden
Habitus des Betroffenen erklären lassen. —

Nun kommen schon in den als „echte Perioden" hingestellten
Beispielen einige Daten vor, die innerhalb wirklicher Periodizität keine
Zuordnung finden, jedoch mit den echt periodischen Daten gewisse
Beträge gemeinsam haben. Was besagt es z. B., wenn (81) der Geburtstag des überlebenden Bruders, gleich dem Sterbetag der anderen
Brüder, zwar auf einen 22. fällt, aber nicht desselben Monates? Und
was soll es heißen, wenn (82) MARIE FISCHER an einem 18. geboren ist wie ihre Schwestern GERTA und ERIKA, diese jedoch am
18. Dezember, jene am 18. Oktober? Haben diese Daten gar
nichts zu bedeuten, sind sie „zufällig"? Oder bedeuten sie vielmehr dasselbe wie im späteren Beispiel 91, wo bei Ereignissen,
die nicht in inneren Perioden dessen, der sie erlebte, gelegen sein
konnten, dreimal der 15. vorkommt: einmal als reines Monatsintervall
(15. III. — 15. IV. 1915), einmal als reines Zweijahrsintervall (15. III.
1915 — 15. III. 1917)!? Wobei noch mitberücksichtigt werden muß,
daß die anderen in Beispiel 91 erwähnten Erlebnisse eine Zwischen-

242

dauer von 230 Tagen einhielten, wie sie von einer organischen Periode nicht schöner hätte befolgt werden können!

In Exempel 94 könnte man allenfalls das SWOBODAsche Prinzip des „Briefekreuzens" (S. 75, 336) zu Hilfe nehmen: in beiden Beteiligten sei gleichzeitig eine einjährige Periode abgelaufen, in GUYOT als Erinnerung, daß er um Material gebeten wurde, in H. PRZ., daß er vor einem Jahr darum gebeten hatte. Die Periode GUYOT löste Erfüllung der Bitte, die Periode H. PRZ. Wiedervornahme des ad acta gelegten Materiales aus. — In 93 müßte analog eine periodische Welle von 474 Tagen, die beide zur Reise trieb, in zwei Personen abgelaufen sein, in der einen um $^1/_2$ Tag früher als in der anderen; der Reiseanlaß war aber von rein äußerlicher Beschaffenheit: meine Frau hatte sich nach meinem Urlaub richten müssen, Frau Dr. FALK hatte sich in der Zwischenzeit (nach ihrer ersten Lemberger Reise) verlobt und begleitete nun ihren Bräutigam, der nach Lemberg versetzt worden. Daher gewinnt Beispiel 93 eher Anschluß an 91, nur daß die Ereignisse, die ersteres bringt, gleichartig sind; und die Personen, die es betrifft, zu zweit. Die Wiederkehr der äußeren Gesamtsituation in ihren auffälligsten Zügen (92) nach einem Jahr, zu dessen Vollendung noch 2—3 Tage fehlten, kann auf keine innere Einjahrsperiode zurückgehen. Könnte solches aber nicht in 90 a zutreffen, da die Periodiker einstimmig angeben, daß die Geburt lebensvoller Werke demselben rhythmischen Gesetze gehorchen wie die der lebensfähigen Kinder? Die Schöpfung der Werke wohl, nicht aber ihre öffentliche Darbietung, deren Terminsetzung naturgemäß von den verschiedensten äußeren, der Macht ihres Schöpfers großenteils entzogenen Faktoren abhängt. Schwerlich gar, wenn der Komponist (90 b) das Werk — wohlverstanden unabsichtlich! — am Geburtstage seiner Gattin aufführt, kann das Licht der Welt, das das Werk nun erblickt, von jenem periodischen Festtag ausstrahlen.

Wir gelangen zur Schlußfolgerung, daß zeitliche Zusammentreffen nach Art der in den Beispielen 90—94 und schon der gewissen gleichlautenden Daten in 81 und 82 keiner wirklichen, geregelten Periodizität entstammen. Es sind Serien, deren sich wiederholende Merkmale zumindest ein zeitliches Element enthalten. Wir definierten (Kap. I, III u. a.) die Serie als zwei- oder mehrmalige Wiederholung gleich oder ähnlich beschaffener Ereignisse, zunächst ohne Rücksicht auf die zwischen den Wiederholungen verstreichende Zeit. Hiervon die periodische Serie oder kurzweg Periode als Spezialfall einer zyklischen Wiederholung in zeitlichem Regelmaß (Kap. III). Schon der „Zyklus" erfordert aber eine mehr als zweimalige Wiederholung; das zeitliche Regelmaß, da es sich (wie im folgenden 3. Abschnitte des gegenwärtigen Kapitels zu beweisen sein wird) aus Regellosigkeit entwickelt, erfordert nicht bloß mehrmalige, sondern geradezu oftmalige Wiederholung. Beobachten wir nur zwei einander ähnliche (Wiederholungs-)Fälle, so ist freilich nichts darüber ausgemacht, ob nicht schon vorher deren mehrere stattgefunden haben und sich (potentia, wenn nicht actu) über den in die Beobachtungszeit fallenden Abbruch fortsetzen konnten. Die Beispiele 90—94 widerlegen für ihre besonderen Verhältnisse eine derartige Annahme durch die Eigenart ihrer Tatbestände.

In den gleichnamigen Nebendaten der Beispiele 81 (22. VIII., 22. X.) und 82 (18. X., 18. XII.) ist ihr seriales Merkmal wahrscheinlich noch nicht einmal ein zeitliches, sondern nur ein zahlenmäßiges: nur die Ziffer 22 bzw. 18, wie in den Beispielen 1—3 des I. Kapitels. Im übrigen ist dann kaum einzusehen, weshalb zu den — allen Kategorien angehörigen — Merkmalen, durch welche sich die Wiederholung einer gewöhnlichen, azyklischen Serie als Wiederholung zu erkennen gibt, nicht bisweilen auch zeitliche Merkmale gehören sollten. Warum vermöchten unter den Kennzeichen, die das Übereinstimmende einer Abfolge von Ereignissen bilden, nicht auch gleiche oder gleichlang abstehende Daten zu figurieren? Wir werden das Richtigste treffen, wenn wir diese Serien im Sinne unserer Darlegung S. 65, Kap. III., als Korrelationsserien bestimmen. Von den Korrelationsserien, die dort im allgemeinen gekennzeichnet wurden, unterscheiden sich die gegenwärtig besprochenen und durch Beispiel 90—94 illustrierten nur dadurch, daß eine ihrer serialen Reihen sich aus Zeitfolgen zusammensetzt, während sonst aus beliebigen (in ein und derselben Reihe natürlich gleichen oder ähnlichen) Ereignissen zusammengesetzte Serien sich miteinander verknüpfen. Jetzt also haben wir Serien vor uns, in denen sich ein zeitliches Moment in seiner Wiederkehr bald mit Musikaufführungen (90), bald mit lebenswichtigen Entscheidungen (91), mit Ausflügen und gleichen häuslichen Nebenumständen (92), Reisen (93), bestimmten Beschäftigungen und Postsendungen (94) usw. usw. korreliert.

Wenn so das mitlaufende Ereignis, das sich der Wiederkehr im Zeitmaß parallel verbindet, allen nur denkbaren Gebieten angehören kann, warum nicht auch einmal dem organischen Gebiete, und warum könnte es nicht auch einmal aus Geburt, Krankheit, Tod bestehen? Diese Möglichkeit ist sofort zuzugeben; damit aber auch die Möglichkeit des Irrtums, Lebensdaten, die zeitlich gleich weit voneinander abstehen, als periodisch zu verkennen, wenn sie nur erst aperiodische Korrelationen in rhythmisch-serialer Erneuerung vorstellen: wenn sie — volkstümlich gesprochen — „nur zufällig" sind. Schon früher deutete ich an, daß manche Beispiele der Periodiker, FLIESS, SCHLIEPER und SWOBODA der eben aufgedeckten Fehlerquelle nicht vollkommen gewachsen sind; auch unsere Beispiele 81—89 sind es noch nicht. Sie haben zwar periodisches Aussehen, aber das kann trügen. Um die Verwechslung von Perioden mit zeitlich korrelierten Serien zu vermeiden, bietet sich ein einziges Mittel: Dauerbeobachtung der Wiederholungen, bis man sich von deren zyklischer Regelmäßigkeit überzeugt hat. Gunst des Materiales ist selbstverständliche Voraussetzung dafür: nicht immer erfüllt von demjenigen Material, das einem der Tag zuträgt.

Unter entsprechender Konstellation wäre es nicht undenkbar, daß alle zunächst nur einfach serialen Verknüpfungen mit zeitlichen Komponenten sich zu Zyklen erweitern und schließlich zu regelrechten Perioden werden könnten. Insoferne dürften selbst die Beispiele 90 bis 94 und ähnliche als Periodenansätze, als Keime von Perioden gelten, die sich unter geeigneten Umständen entwickeln würden, jedoch das Schicksal aller Keime teilen, deren größter Teil allemal vorzeitig zugrunde geht. So ist uns schließlich noch der Übergang freigelegt von der Serie zur Periode — ein Übergang, dessen Etappen wir im nächstfolgenden Abschnitt genauer kennen lernen sollen.

3. Perioden als Serien in zeitlichem Regelmaß

Wir knüpfen nun an die theoretische Ableitung des III. Kapitels (S. 86) an, wo wir die Periode als Unterart der „Kreislauf"- oder zyklischen Serie erkannt haben: als eine Serie, die aus mehreren Teilstrecken (Komponenten) besteht, welche abwechselnd wiederkehren, und deren jede (Phase und Zwischenphase) — wenigstens in sich betrachtet — zu ihrem Ablauf gleichbleibende Dauer beansprucht. Mit dieser Einreihung ist bereits viel gewonnen: sie zeigt die Periode als relativ seltenere, aber unserer Wahrnehmung wegen ihrer Ordnung viel aufdringlichere Spezialerscheinung der Serie, der absolut häufigeren, aber wegen ihrer Unordnung schwer mit wissenschaftlicher Schärfe erfaßbaren Allgemeinerscheinung.

Stimmt aber die Unterordnung der Periode unter die Serie mit unserer zu Anfang (S. 36) gegebenen Definition überein? Wo die Serie, und folglich auch die Periode, als gesetzmäßige Wiederholung gleicher oder ähnlicher Dinge und Ereignisse in Zeit oder Raum formuliert war — eine Wiederholung, deren Einzelfälle (Serialglieder, Periodenphasen) nicht durch dieselbe, gemeinsam fortwirkende Ursache verknüpft sein können?

Es liegt in der Natur von Spezialerscheinungen, daß ein Teil der

Eigenschaften, die zum Umfang, doch nicht notwendig zum Wesen der Allgemeinerscheinung gehören, bei ihnen wegfällt. Dies würde bei der Periode zum Unterschied von der Serie mit den „Wiederholungen gleicher oder ähnlicher Dinge und Ereignisse im Raume" zutreffen: die Periode ist bisher meist nur in ihrem zeitlichen Wesen erfaßt und auch von uns bis jetzt nur als Spezialform der Zeit- oder Sukzedanserie, nicht der Raum- oder Simultanserie erklärt worden. Nichts aber — wenn nicht etwa bloß das Herkommen — und keinesfalls ein Wesenswiderspruch behindert uns, auch bei Raumserien von „Perioden" zu sprechen, vorausgesetzt, daß die im Nebeneinander wiederholten Dinge oder Ereignisse gleichweit voneinander abstehen. In etwas anderem Sinne hat schon FLIESS (1906, 1914 a) nicht umhin gekonnt, die Periode ins Räumliche zu übertragen: seine 23 und 28 Tage bedeuten zwar immer Lebensdauern von Substanzeinheiten (1906 S. 415 f.; 1914 S. 32 f.); aber indem Vielfache von 23 und 28 dazu dienen, die Menge der Substanzeinheiten zu zählen, bedeuten sie doch zugleich schon selber Substanz-, also räumliche Einheiten und in ihrer Häufung deren Träger, die Individuen. Wieder in anderem Sinne hat neuerdings SWOBODA (1917, S. 158—166) von „räumlicher Periodizität" gesprochen: insofern nämlich nicht bloß die Siebenzahl der Jahre, sondern auch die Siebenzahl der Kinder für deren Beschaffenheit Bedeutung hat. Die Angabe aus dem Tierreich „7 Junge z. B. das Maximum bei *Salamandra maculosa*" ist freilich falsch; es müßte 70 heißen. — Dieser kurze Hinweis auf die Möglichkeit räumlicher Erweiterung des Periodenbegriffs genüge: im folgenden nehmen wir ihn wieder in herkömmlicher Weise als zeitlichen Begriff und daher die Periode nicht als Spezialfall der Serie im allgemeinen, sondern der Zeitserie, die (vgl. S. 67) selbst schon Serienspezies ist.

Weicht aber das Wesen der Periode nicht in anderer, gründlicherer Weise vom Serienprinzip ab? Sind nicht alle Perioden durch besondere, gemeinsam fortwirkende oder doch selbst periodisch einsetzende Ursachen hervorgerufen?

Wohl die meisten periodischen Erscheinungen der belebten Natur sind an Tag und Jahr geknüpft. Blühen, Fruchten und Laubwechsel der Vegetation unserer und auch (wo Dürre- und Regenzeit abwechseln, wie bei uns Winter und Sommer) vieler tropischer Klimate; desgleichen Paarung und Vermehrung vieler Tiere und gewisse Erscheinungen menschlicher Hysterie (BREUER-FREUD, SWOBODA 1904) verraten die Jahreszeiten als treibende Ursache; Schlaf und Wachen bei Mensch und Tier, einschließlich der Schlafstellungen bei Pflanzenblättern (z. B. Akazien, Mimosen, Sauerklee, Wiesenklee und vieler Blüten), desgleichen das Auf- und Niedertauchen der Algen-

246

watten, das Steigen und Sinken der Planktonwesen sind organischer Abklatsch der Tageszeiten.

Schwieriger schon steht es mit der 28tägigen Periode, die uns von den Monatsregeln („Menses") der menschlichen Frau am geläufigsten ist: dafür „läßt sich", sagt SWOBODA (1904, S. 40), „obwohl in den zeitlichen Verhältnissen vieles nicht stimmt, der Mond bemühen. Der Einfluß des Mondes auf die Erde ist auch in der anorganischen Natur unzweifelhaft; die Erscheinung von Ebbe und Flut, Schwankungen in den atmosphärischen Verhältnissen, Bewegungen der flüssigen Massen im Erdinnern usw. Nun könnte man meinen, die Abhängigkeit der 28tägigen Periode vom Mond sei eine indirekte, direkt gehe sie auf die periodischen Bewegungen im Meer zurück. Der Mensch stammt von Seetieren, also alles in Ordnung. Wenn ein Schluß keine weiteren Konsequenzen ergibt, kann man dabei schneidig sein." Unmittelbar kann die weibliche Periode schwerlich vom Monde abhängen; sonst müßte man erwarten, daß die meisten Frauen am gleichen Ort ihre Menses gleichzeitig hätten, und daß diese mit den Mondphasen zusammenfielen. Noch schwieriger ist ein kosmischer Ursprung der 23tägigen männlichen Periode herauszufinden: SWOBODA hat „den ganzen Weltraum abgestöbert — ohne Erfolg". Immerhin wäre in der von einigen Astronomen gefundenen (von SCHIAPARELLI angefochtenen) 23stündigen Umlaufszeit der Venus ein Auskunftsmittel gegeben: denn wenn das periodische Ereignis jeden folgenden Tag um eine Stunde früher kommt, so muß es „nach 24 × 23 Stunden, das ist nach 23 Tagen zur selben Stunde eintreffen". In Kombination mit der Tagesperiode könnte dann im 23tägigen Intervall eine stärkere Betonung des Ereignisses Platz greifen als in den 23stündigen Intervallen. Noch durch einige andere Erfahrungen, wie durch Beobachtung der 10jährigen Jupiter-, der 28jährigen Saturnperiode in seiner Praxis, wird SWOBODA zum Ausruf veranlaßt: „Wir werden noch einmal eine wissenschaftliche Astrologie bekommen, kein Zweifel, welche die Astrologie älteren Stiles ebenso ablösen wird, wie die Chemie die Alchymie. Warum sollte gerade in diesem Aberglauben nicht ein Körnchen Wahrheit stecken, welches man sonst noch überall gefunden hat?"

Auch die Hypothese der „Weltinfektion" oder „Planetenimpfung", von KELVIN, COHN, RICHTER, HELMHOLTZ, GÜMBEL und HAHN begründet, neuerdings von ARRHENIUS und E. SCHWALBE auf modernst-wissenschaftlicher Grundlage weitergeführt, kann daraus neue Nahrung gewinnen, indem sie von planetarischen Perioden auf außertellurische Herkunft des irdischen Lebens schließt; dessen Keime durch Strahlungsdruck in den Atmosphären-

und Schwerebereich der Himmelskörper gepreßt werden und sich fortentwickeln, wo der Himmelskörper selber das dazu erforderliche Entwicklungsstadium (Erstarrungskruste, Wasser- und Lufthülle) erreicht und noch nicht überschritten hat. „Ich bin kein Anhänger der Migrationstheorie, nach welcher das Leben aus dem Weltall auf die Erde gekommen ist," bekennt SWOBODA (1904, S. 42), „die KANT-LAPLACEsche Hypothese scheint mir da eher zur Nutzbarmachung geeignet." Damit meint er wohl, das Mitschwingen weltferner Perioden in irdischen Geschöpfen sei aus der entwicklungshistorischen Einheit des Universums sowieso zu verstehen, da alles Stoff vom selben Urstoff und insbesondere alle Planeten unseres Systemes Kinder derselben Sonne seien; mithin letzten Endes auch der lebende Stoff jeglichen Erdenbürgers, sei er auch bodenständig auf der Erde selber aus unbelebtem Stoff erweckt worden. Dies würde aber das Mitklingen bestimmter Planetenperioden noch unerklärt lassen, weil letztere etwas Sekundäres, vom fertig konstituierten Planeten durch seine besonderen Größen-, Massen- und Sonnennähenverhältnisse nachträglich Bedingtes darstellen, mithin lange nach der Trennung vom Erden- und gemeinsamen Sonnenmutterstoff erworben. Andererseits bedürften planetarische Perioden in Erdenwesen keiner solchen Erklärung, weder der Wanderung von Planet zu Planet noch der stofflichen Herkunft aus gleichem Nebelfleck: denn die größten astronomischen Entfernungen brauchten nicht notwendig ein Hindernis dafür zu sein, daß so gewaltige Energieentfaltungen, wie sie die Umdrehungen von Himmelskugeln mit sich bringen, auf anderen Himmelskörpern ihr imitatives Echo fänden.

FLIESS (1914c, S. 113) will davon nichts wissen: „Jahr und Tag kreisen in uns, beide laufen in uns ab, nach beiden ist unsere Lebensuhr gestellt. Der Tag aber ist die Zeit, in der die Erde einmal sich um ihre Achse dreht, und im Jahre läuft unser Planet einmal um die Sonne. Es sind also irdische Zeiten, die unser Leben regieren, nach deren Takt unser Herz den ersten und den letzten Schlag tut, die den Lenz rufen und den Winter. In jenen geheimnisvollen Tagen, da das Leben einst entstand, hat die zeugende Mutter Erde ihm die Spuren ihrer beiden großen Bewegungsformen so eingedrückt, daß es auf ewig seinen Lauf dem ihrigen gleich vollende. Von keinem Mars her und auch sonst nirgend woher aus dem Weltenraum können Keime gekommen sein, die unser Leben brachten. Denn dann müßten sie die Geschwindigkeiten ihrer Himmelskörper uns verliehen haben." Das müßte nicht so unbedingt der Fall sein: wie einerseits Erdenheimat das Hineinspielen kosmischer Rhythmen nicht zu hemmen braucht, so andererseits Weltenheimat nicht das Annehmen tellurischer Rhythmen; warum könnten sich Keime fremder Welten dem Takt einer neuen Heimat nicht anbequemt haben? Bei einigem guten Willen sind ja, wie wir hörten, tatsächlich Geschwindigkeiten anderer Planeten in unseren Perioden herauszufinden; gerade die 23- und 28tägige (als Mondphase und mit dem Erdentag kombinierte Venusrotation) müßten dazugehören. Wie FLIESS sie als Widerspiel der Erdenrotation beanspruchen will, die ja 24 Stunden und bei 24maliger Wiederkehr, also in zweiter Potenz 24 Tage betragen müßte, ist mir nicht klar geworden.

Um so minder, als FLIESS vom Unterschied des perihelischen und aphelischen Teiles der exzentrischen Erdbahn (1906, S. 529) selbst zugesteht: ,,Und da wir nicht wissen, welchen Betrag er hatte, als das Leben auf unserem Planeten zum erstenmal sproßte, so ist auch jeder Versuch, eine Größenbeziehung zwischen Aphel und Perihel einerseits und 28 und 23 Tagen andererseits herzustellen, vorläufig wenigstens ohne Boden. Wir sind auf die vermutende Analogie angewiesen, der wir an der Hand unserer merkwürdigen Gleichung zum Ausdruck verholfen haben." Was ist das für eine Gleichung? Sie zeigt, daß das Suchen nach außertellurischen Rhythmen jedenfalls nicht unberechtigter zu sein braucht als dasjenige nach Zusammenhängen, wie sie in folgenden Sätzen von FLIESS (1906, S. 528) dargestellt werden: ,,Denn wenn wirklich das Leben im Jahre kreist — und wer kann noch daran zweifeln? —, so soll man auch eine Bildspur von den beiden natürlichen Teilen des Jahres im Leben erwarten, also von seinem aphelischen und seinem perihelischen Lauf, die lediglich durch die Geschwindigkeit sich unterscheiden, mit der die gleichen Bahnstrecken von der Erde durchmessen werden. Besagt doch dieser Gedanke nur, daß nicht das Jahr allein, sondern auch seine beiden großen Zeiten — Sommer und Winter — in den Vorgängen des Lebens enthalten seien. Die beiden doppelgeschlechtigen Träger des Lebens, der Mann und das Weib, müßten beider Zeiten Wirkung in sich umschließen. Denn beider Leben ist auf die Jahreszeiten abgestimmt. Hätte jedes den Niederschlag von einem Aphel und einem Perihel, also von einem ganzen Jahre, so müßten die Geschlechter sich gleichen wie ein Jahr dem anderen. Erst wenn eines zwei Aphele und ein Perihel, das andere zwei Perihele und ein Aphel darstellt, kommt die mähliche Verschiedenheit heraus, wie sie das Leben bietet... So wäre die Tatsache, daß die Sonne nicht im Mittelpunkt, sondern in einem Brennpunkt der elliptischen Erdbahn steht, die letzte Ursache für die Zweigeschlechtigkeit des Lebens." Meine Ausführungen in der Zeitschrift für Sexualwissenschaft (1918a) entheben mich hier von näherer Entgegnung, womit selbstverständlich nicht gesagt sein soll, daß die Zeiten der

249

Sonnennähe und Sonnenferne etwa keinen periodisierenden Einfluß auf das Erdenleben nehmen. Bekannt genug ist das Zutreffen bejahenden Gegenteils.

Ohne jede Kühnheit im Schlüsseziehen kann aber die Sonnenfleckenperiode, die zwischen 6 und 17 Jahren schwankt, also noch nicht strenge einreguliert ist, in ihrem Einfluß auf das Erdenleben als nachgewiesen gelten: ,,Die Astronomen haben erst aus einer langen Beobachtungsreihe das Mittel gezogen und sind dadurch auf etwas über 11 Jahre (11,1) gekommen. Auf der Sonne vollziehen sich also irgendwelche Veränderungen, welche die Wärmestrahlung nach unserer Erde beeinflussen (sowie mit Schwankungen des Erdmagnetismus Hand in Hand gehen! — Verf.), in einem 11jährigen Zyklus, wobei jedesmal ein Maximum der Sonnenflecken eintritt, das indes als sekundäre Erscheinung keineswegs genau mit dem Maximum der solaren Änderung zusammenzufallen braucht" (SIMROTH, 1908). Weil die Sonnenänderung den 11jährigen Turnus wahrscheinlich genauer einhält als die uns in Gestalt der Sonnenflecken sichtbar werdenden Begleiterscheinungen, so verlaufen auch die damit zusammenhängenden Lebensänderungen auf der Erde mit geringeren Abweichungen in 11jährigen Intervallen: SIMROTH hat hierfür namentlich die europäischen Invasionen des sibirischen Tannenhähers *(Nucifraga caryocatactes macrorhynohus)*, zurückzuführen auf entsprechende, ihrerseits wärmebedingte Schwankungen der Zirbelnußernte; ferner im Prinzip ähnliche Wanderungen von Steppenhuhn, Krammetsvogel, Ulmenborkenkäfer, Termiten, sowie Massenfischfänge (Hering, Wels) und beste Weinjahre geltend gemacht.

In 16 Fällen, die SWOBODA (1917, S. X, Fußnote) SVANTE ARRHENIUS entnimmt, beträgt das Intervall zwischen Maximal- und Minimaljahren siebenmal 7 Jahre, viermal 6 Jahre, einmal 8 Jahre. SWOBODA scheint nicht abgeneigt, trotzdem er sonst gerade in seinem neuesten Werke am eifrigsten für die Autonomie des Lebens eintritt, die Siebenjahre des Menschen mit den Sonnenfleckenjahren in einen gewissen Zusammenhang zu bringen. Ferner könnte gerade auch das bisweilen an Stelle des Siebenjahres zu beobachtende Zehnjahr (vgl. Beispiel 87, S. 240) auf denselben Ursprung hindeuten. Man wird den Sonnenflecken um so größeren Einfluß auf das Erdenleben zutrauen dürfen, als sie noch dazu die anorganische Erdenregung zu beherrschen scheinen: Vulkanausbrüche fallen zeitlich mit ihnen zusammen; die Eruptionen des Vesuv weichen (laut Zusammenstellung von SWOBODA a. a. O.) höchstens um 1 von 7 . n Jahren ab, ,,und das Intervall zwischen dem Ausbruch im Jahre 1906 und dem berühmten im Jahre 79 n. Chr. beträgt 1827, das ist geradeaus 261 × 7

Jahre. Auch auf die sichergestellte 35jährige Klimaschwankung sei hier hingewiesen." Der meteorologische Mitarbeiter der „Arbeiterzeitung" schreibt am 12. Juni 1917, in Nr. 159, S. 6, unter dem Titel „Die großen Beben der jüngsten Zeit": „Man möchte fast annehmen, als ob jene Naturkundigen nicht unrecht hätten, die behaupten, daß in den Zeiten, da Sonnenflecken häufiger sind, sich auch Erdbeben öfter ereignen. Seit heuer hat die Fleckentätigkeit auf der Sonne beträchtlich zugenommen. Man schreibt dem auch zu, daß unser Wetter so absonderlich wurde: zuerst ein kalter langer Winter, nun ein trockener, früher Sommer. Dazu die auffallende Gewitterarmut. All das mag vielleicht mit den Sonnenflecken zusammenhängen."

In diesem Zusammenhange darf nicht unerwähnt bleiben, daß die Bewegungseinflüsse unseres eigenen Planeten auf die Periodik seiner Bewohner noch nicht erschöpfend berücksichtigt sind: man denkt immer nur an seine Rotation um sich selbst und Revolution um die Sonne; vergißt aber leicht, weil sie sich in so großen Abständen vollziehen, die Präzession der Nachtgleichen und die Pendulation. Diese besteht nach REIBISCH und SIMROTH in einer 30—40grädigen, ständig abnehmenden Schwankung der Erde um eine Schwingachse, deren Endpunkte durch Ostpol (in Sumatra) und Westpol (in Ekuador) gegeben sind: jede Pendelschwingung entspricht einem geologischen Zeitalter (Paläo-, Mesozoicum, Tertiär, Quartär). Die Präzession der Nachtgleichen besteht nach Berechnungen der Astronomen in einer Drehung des Nord- und Südpoles im Verlaufe von je 25 000—28 000 Jahren. Pendulation und Präzession kombinieren einander, so daß jeder Punkt der Erdoberfläche eine Schraubenlinie beschreibt, deren Achse derjenige Meridian ist, welcher von Ost- und Westpol gleichen Abstand besitzt (10. Grad östlicher Länge von Greenwich, „Schwingungskreis"). Wenn zwar die Pendulations- und Präzessionsperioden im Leben der Substanzeinheiten nicht zum Vorschein kommen, so haben sie doch gewaltig dreinzureden in den Rhythmus des Gesamtlebens, das ja eine einzige große Kontinuität bildet. In SIMROTHs „Pendulationstheorie" (1907) finden sich zahlreiche Belege dafür aus allen Gebieten der Geologie und Biologie zusammengetragen.

Wir wiederholen nunmehr unsere Frage von vorhin: darf und muß das in der anorganischen wie organischen Welt seit langem geläufige, aber noch wenig erforschte Phänomen der Periodizität restlos unserer Serialität einverleibt werden? Sind vor allen Dingen die astronomischen (natürlich mit Einschluß der geologischen) Perioden als Sonderserien denkbar? Ist nicht etwa eine jede von ihnen durch so spezielle und, solange sie andauert, selbst mitdauernde Ursachen bedingt, daß sie unmöglich unter einheitlichem Gesichtspunkt und schon gar nicht unter dem des Serialprinzips zusammengefaßt werden können? Die Frage ist wohl unbedingt zugunsten der Einreihung astronomischer Perioden ins seriale Grundgesetz zu beantworten, wenn anders unsere Erklärung aller Serien durch das Trägheitsgesetz (Kap. V) irgendwelchen Anspruch auf Richtigkeit erheben darf. Denn bei der entscheidenden Rolle, die dem Beharrungsvermögen am Beibehalten der astronomischen Bewegungen zukommt, müssen alle astronomischen Wiederholungen als Serien, und zwar — wofern sie in regelmäßigen Abständen wiederkehren — als zyklische Serien von phasischem oder periodischem Charakter angesehen werden.

Es verbleibt uns nur die schärfere Einstellung unserer früheren Frage nach dem Seriencharakter aller Perioden auf die organischen Perioden: nehmen die aufgezählten kosmischen und irdischen Perioden — nebst ihren klimatischen und meteorologischen Begleiterscheinungen — einen so unmittelbaren Einfluß auf die periodischen Erscheinungen des Lebens, daß diese ohne jene nicht periodisch, d. h. entweder ganz gleichmäßig (konstant) oder ganz unregelmäßig, nicht aber in regelmäßigen Schüben ablaufen würden? Nur wenn zwischen Kosmos und Mikrokosmos, äußerer Ursache und innerer Wirkung eine gewisse Unabhängigkeit besteht oder (so sei in vorgreifender Problemlösung beigefügt) errungen werden kann — nur dann, und diesfalls im Stadium bereits vollzogener Verinnerlichung der äußerlich erworbenen Rhythmik, könnten die organischen Perioden als wesensgleich mit den Serien und als ihr Spezialfall betrachtet werden.

Ich bringe zuerst einige Beispiele, in denen die Verknüpfung von äußerer und innerer Periodik eine zu unmittelbar bedingte ist, als daß man letztere als echte Periodizität und damit zugleich als Serialität anerkennen dürfte. Wenn Wespen und Ameisen, strenge Tagtiere, sich in ihre Nester zurückziehen, sobald eine finstere Wolke die Sonne verdeckt (HESSE-DOFLEIN II, 893), so deutet das darauf hin, daß es nur das Licht ist, welches sie zur Tätigkeit treibt, und nur die Dunkelheit, welche sie zur Ruhe bringt. Nur weil Licht und Dunkelheit normalerweise im ca. 12stündigen Turnus von Tag und Nacht alternieren, erweckt dies bei Wespen und Ameisen ebenfalls den Anschein der Tagesperiode; wirkliche Periodik ist es nicht, sonst könnte anderer als tagesrhythmischer Wechsel von Hell und Dunkel die Regelmäßigkeit nicht sofort in Unregelmäßigkeit verwandeln. Man möchte zwar einwerfen, das Erscheinen der Wolke habe andere Bedeutung als Verdunklung: Wespen und Ameisen seien kluge Tiere; sie wissen, Wolke bedeutet Regen, Nässe schadet ihnen — deshalb zögen sie sich zurück.

Da jedoch Hummeln und Ameisen zuweilen auch in sehr mondhellen Nächten arbeiten; da ferner die Hummeln (nach WAHLBERG in HESSE-DOFLEIN II, 896) in den hellen Sommernächten der Polargegenden, während die übrigen Taginsekten ruhen, ihrer Beschäftigung nachgehen; so dürften bei diesen staatenbildenden Kerfen Tag und Nacht jedesmal von frischem nur durch Licht und Finsternis ihren Einfluß geltend machen und daher die Tagesperiodik nur vortäuschen, noch nicht immanent besitzen. Als nächtliches Gegenstück dienen Sandgarnelen *(Crangon vulgaris* — HESSE-DOFLEIN II, 895), die bei jeder, auch künstlichen Verdunklung aus ihren im Sand gelegenen Verstecken hervorkommen und schwimmend auf Nahrungssuche ausgehen.

Auch beim Menschen ist nicht alles innerlich festgelegte Periode, was so aussieht, als sei's der eigene Leib, der so pulsiert: nur zu gut kenne ich aus persönlicher Erfahrung das „Heufieber", eine Entzündung der Augen-, Nasen- und Rachenschleimhäute, die mit dem Anscheine vollkommenster Regelmäßigkeit alljährlich in Wien etwa Mitte Mai auftritt und Mitte Juli aufhört. Die Erkrankung selbst ist aber trotzdem nicht periodisch; sie geht auf eine periodische Außenursache zurück, nämlich auf alljährlich erneuerte Vergiftung durch Blütenstaub, besonders Gräserpollen. Die Vergiftungserscheinungen kommen — zu Beginn vielleicht nach einer Inkubationsfrist von mehreren Stunden — mit Aufblühen der auf empfindliche Naturen so verhängnisvoll wirkenden Pflanzen; sie vergehen mit deren Abblühen. Wenn einmal das Heu auf den Wiesen liegt, ist das „Heufieber" vorüber. Die Richtigkeit des Gesagten ergibt sich einmal daraus, daß Ausbruch und Dauer des Heufiebers sich aufs genaueste der jahreszeitlich beeinflußten Blüteperiode anschmiegt; in kalten Lenzen später einsetzt, in heißen Sommern, wenn das Gras vorzeitig versengt wird, früher erlischt. Weiter bleibt das Heufieber überhaupt aus, wenn man sich der Infektion durch Reisen zu entziehen versteht: Reiseziel ist vor dem Aufblühen der Norden oder das Gebirge; später der Süden, wo die Blüte schon vorbei ist. Noch besser befreit vegetationsloses oder doch pollengiftfreies Gebiet: Dauerfahrten auf hoher See, längs felsiger Küsten — Dalmatien tat mir sehr gut! —, Aufenthalt in der Kolonie des „Heufieberbundes" auf Helgoland.

Umgekehrt bekommt man Heufieberanfälle zu jeder außertourlichen Zeit, wenn man Gegenden besucht, in denen während anderer Monate als bei uns giftiger Pollen stäubt: in Südeuropa während der Herbstgräserblüte, in den Tropen sogar zur Winterszeit, wie ich beim Durchschreiten eines blühenden Durrafeldes (Mohrenhirse *Sorghum vulgare)* zu meinem Schaden erfuhr. Und in der mitteleuropäischen Heimat kann man den Heufieberchok jederzeit künstlich hervorrufen, wenn man, wie ich es zu Versuchszwecken tat, Pollen aufschnupft. Hätte sich die Heufieberperiode nur spurenweise verinnerlicht, so müßte der Organismus auch ferne vom periodischen Antrieb wenigstens ein leises Anklingen des Zustandes wahrnehmen; aber nichts dergleichen trifft zu. Das Heufieber ist ein anaphylaktisches Phänomen, eine abnorm gesteigerte Giftempfänglichkeit: so gut die Idiosynkrasie gegen Erdbeeren nur in der Beerenreife wirkt, wofern man nämlich Erdbeeren ißt; so gut der Nesselausschlag nach dem Genusse von Krebsen nur in Monaten ohne r (Mai bis August) auftreten kann, vorausgesetzt, daß man in den übrigen Monaten, welche die Schonzeit des Flußkrebses umfassen, verbotenerweise nicht doch welche vorgesetzt erhält: ebensogut ist beim Heufieber die Bindung an die Jahreszeit nur eine solche an die Jahresperiodizität der das Heufiebergift beistellenden Blütengewächse.

Wie große Vorsicht jedoch geboten ist, die Periodizität in solchen Fällen nicht bloß vermutungs-, sondern behauptungsweise abzulehnen, geht zunächst subjektiv wieder aus einigen Vorkommnissen des menschlichen Lebens hervor: würde man sie objektiv beobachten, so ließen sie am Fehlen jedweder inneren Reglung keinen Zweifel; Selbstbeobachtung aber lehrt von der eigenen und sprachliche Mitteilung von anderen Personen, daß solche Reglung dennoch vorhanden ist, aber äußerlich bis zur Unkenntlichkeit unterdrückt werden konnte.

Bekanntlich gibt es Leute, die die Nacht zum Tage machen, aber sie tun dies zum Schaden ihrer Gesundheit. Die Umkehr des durch Jahrtausende festgelegten natürlichen Wechsels zwischen Tätigkeit und Ruhe vollzieht sich zwar im großstädtischen Leben der Gegenwart, aber nicht straflos. Man komme nicht mit Beispielen, in denen jenes Verfahren angeblich nicht geschadet hat: das wäre wieder die Geschichte vom Hundertjährigen, der bis zuletzt sein Pfeifchen schmauchte, sein Gläschen leerte. Es gibt immer wieder Naturen, die viel aushalten — eben mehr aushalten als andere, und deshalb die Regel nicht umstoßen; aber weiter — wie alt erst wären sie geworden, wenn sie's unterlassen hätten? Das Wort vom „besten Schlaf vor Mitternacht" kennzeichnet treffend die organische Periodizität des Schlafens und Wachens: nicht bloß in inneren Schädigungen bei dauernden äußeren Störungen kommt sie zum Ausdruck, sondern empfindungsweise bei jeder, selbst nur einmaligen Schwankung. In Abendgesellschaften würde ein Beobachter den lebhaften Gebärden und Gesprächen der Gäste oft nicht anmerken, wie müde sich manche unter ihnen fühlen; wie schwer die zur Schau getragene Angeregtheit erzwungen ist. Deutlich ist dabei die Knüpfung an Stunden: zur gewöhnlichen Schlafensgehzeit fallen einem die Augen zu; hat man die Schläfrigkeit in der Dauer einiger Minuten niedergekämpft, so ist man wieder frisch — ja, man vermag, später als gewohnt zu Bette gekommen, oft keinen Schlummer zu finden. Erst der Morgen rächt den Verlust, der sich fälschlich als Mangel an Bedarf darstellte.

Übrigens gibt es individuelle Verschiedenheiten hinsichtlich Festsitzens óder Lockerseins der Schlafperiode: es gibt Menschen, die jede Verzögerung des Zurruhegehens tags darauf ohne weiteres „nachschlafen"; und es gibt andere, die unweigerlich zur gewohnten Stunde erwachen, es mag 10 Uhr abends oder 3 Uhr morgens gewesen sein, da sie sich zu Bette legten. Durchwachen sie die ganze Nacht, so gibt es aller Müdigkeit zutrotz Schlaf erst am nächstfolgenden Abend. Ähnlich individuell verschieden ist die Reaktion auf Licht: manche — nicht just dieselben, die auch in jener anderen Beziehung festere Periodiker sind — schlafen zur selben Stunde ein, sei es hell oder dunkel; andere werden von einer brennenden Lampe, die ihrer inneren Uhr wohl als Permanenz des Tagsgestirnes gilt, wach erhalten.

Statt dieser täglichen ist es eine wöchentliche Periode, die sich oft nur subjektiv offenbart: es ist das, was man bisweilen die „Schneidernatur" des Menschen nennt: Gevatter Handwerker geht gerne Sonntags sich amüsieren. Auch andere täten's gern; das frohe Gewühl geputzter Menschen hat schon etwas in sich, was zur Nachahmung reizt: das laute Vergnügen dichtbesetzter Wiesen und Wirtschaften hat gleichermaßen etwas Lockendes wie die feiertägliche Stille einsamer Straßen etwas Niederschlagendes. Seit Jahren haben sich uns diese Eindrücke im Wochenrhythmus mitgeteilt: nun fühlen wir sie wach werden, selbst wenn unser verständiger Sinn keineswegs nach der staubig dunstigen Fülle des Sonntagstreibens dürstet; auch wenn wir bewußt Ruhe suchen, vielleicht uns sechs Werktage der Fronarbeit auf die geistige Selbstbesinnung des Sonntags freuen: unterbewußt ist Vergnügungssucht lebendig, belehrt uns vom Vorhandensein periodischen Lebensdranges, mag er auch ungestillt verbleiben. — Noch viele Beispiele teils angewöhnter, teils bereits angeborener Rhythmen ließen sich nennen, die, äußerlich übergangen und außen unsichtbar, innen dennoch wirksam sind; einigen werden noch bei Besprechung der „chronogenen Ekphorie" in Kapitel XII ihren Platz finden.

Objektiv zeigen Versuche von PFEFFER, FR. DARWIN-PERTZ, SEMON 1908, STOPPEL-KNIEP u. a. über die Schlafbewegungen („nyktinastischen Variationsbewegungen") der Pflanzen, daß innere Periodizität nicht überall, wo sie abwesend scheint, wirklich abwesend ist. Bohnen und andere Schmetterlingsblütler lassen ihre Blätter bei Nacht herabhängen, bei Tage richten sie sie horizontal auf; Robinien, Akazien und Mimosen legen die Blattfiederchen bei Nacht zusammen, bei Tag breiten sie sie aus; viele Blüten schließen sich bei Nacht durch Zusammenlegen der Kelch- und Blumenblätter, öffnen sich bei Tag durch deren Auseinanderspreizen. PFEFFER hatte diese Bewegungen auf das Vorhandensein oder Nichtvorhandensein von Licht zurückgeführt; aber in seinen ersten Untersuchungen jede inhärente Tagesperiode schlechthin geleugnet, weil die Bewegungen der Pflanzen, wenn man sie in dauernde Dunkelheit oder dauernde Helligkeit bringt, oder wenn man Dunkelheit und Licht in anderen als 12stündigen Zyklen wechseln läßt, sich den veränderten Beleuchtungsverhältnissen nach ca. viertägigem Abklingen der ursprünglichen Oszillationen in weitgehender Weise anpassen. So verharren die Blättchen in dauerndem Licht dauernd ausgebreitet, in dauernder Dunkelheit dauernd zusammengefaltet; in 6 : 6-, 24 : 24-, 18 : 18-, 8 : 4-, 3 : 3-, 2 : 2- und 1 : 1stündigem Beleuchtungswechsel gehorchen sie nach Unterdrückung des früheren annähernd dem ihnen neu aufgezwungenen Turnus.

SEMON (1908) befolgte eine genauere Versuchsanordnung insofern, als er zu den meisten seiner Versuche Keimpflanzen (von *Albizzia lophanta*) benützte, die in ihrem individuellen Leben noch niemals dem Wechsel von Tag und Nacht ausgesetzt gewesen waren. Exponierte er sie einem abnormalen, 6 : 6- oder 24 : 24stündigem Wechsel von Hell und Dunkel, so bewegten sich ihre Fiederblättchen in Rhythmen, die sich aus dem neuen und dem ihren Vorfahren gewohnten Rhythmus zusammensetzten; übertrug hierauf SEMON die Keimpflanzen aus jeder der beiden Versuchsreihen partienweise in dauernde Dunkelheit oder Helligkeit, so setzten sie ihre Bewegungen 5 Tage lang fort, aber jetzt nicht im experimentell induzierten 6 : 6- oder 24 : 24stündigen, sondern im ererbten 12 : 12stündigen Turnus. Von einem bloßen „Nachklingen" des im ersten Teile des Versuches ausgeübten Reizes kann keine Rede sein, denn es wäre nicht einzusehen, warum dies Nachklingen nicht im selben Kunstrhythmus, sondern vielmehr gerade im natürlichen Freilandrhythmus der Tagesperiode erfolgen mußte. Grundsätzlich übereinstimmende Resultate, nämlich Fixiertsein der Tagesperiode trotz leichter Möglichkeit, eine andere Periode aufzudrängen, erhielten denn auch GODLEWSKI hinsichtlich des Längenwachstums von Phaseolussämlingen sowie FR. DARWIN und D. PERTZ an *Valeriana, Taraxacum* und *Phalaris*; bei der letztgenannten Gattung „gelang es, die künstliche, in diesem Falle $^1/_2$stündige Periode der Wachstumsbewegung (mit $^1/_4$stündigem Turnus) schon durch viermalige intermittierende, photische Reizung zu induzieren".

Ohne experimentelle Analyse wird das Festsitzen der Periode klar in Beispielen, wie es die folgenden sind. Vor allem verraten Tierwanderungen meist unverkennbar den verinnerlichten Anteil ihrer periodischen Triebkräfte; wennzwar äußere Zwangsumstände auch hier überall das erste Wort, das Schöpfungswort gesprochen haben, so treten sie späterhin zunehmend in den Hintergrund.

Als ursprüngliche Antriebe kommen Klimaschwankungen und solche des Nahrungsreichtums in Betracht, oft eines mit dem andern selbst wieder in enger Beziehung stehend. Indische Elefanten, mit der Hitze in die Berge, mit dem Südostmonsun wieder in die Ebene wandernd, lassen sich vielleicht vorwiegend von der Temperatur bestimmen; bei Wanderungen anderer, auch afrikanischer Huftierherden spielen bereits klimatisch bedingte Unterschiede in der nahrungspendenden Bodenbewachsung mit, und die Wanderungen mancher Schlankaffen und Makaken Tausende von Metern in die Täler des Himalaja empor und zurück in die Tiefebene hängen mit den Reifeperioden von ihnen bevorzugter Früchte zusammen. Wanderungen pflanzenfressender Insekten (Heuschreckenschwärme, Züge der Wanderameise, der Prozessions- und Nonnenraupe, des Heerwurmes u. a.) haben zuallermeist im Nahrungsmangel des Gebietes, von dem die Wanderung ausgeht, ihren Grund; bei fleischfressenden Insekten (Libelle *Aeschna bonariensis* in Mittelargentinien um eine Viertelstunde dem Südwestpampero voranfliegend) kann die Ursache schon eher eine rein meteorologische sein.

Versteht sich überall: die äußere Ursache; denn wir erkennen das Mitspielen innerer Ursachen an zwei Merkzeichen. Erstens an den Unstimmigkeiten, die sich zwischen Wanderungstermin und Eintritt der äußeren Wanderungsursache ergeben: die Größe der Differenz zwischen diesem und jenem ist uns Maß der erreichten Unabhängigkeit. Zweitens die wunderbare Geschlossenheit, der unwiderstehliche Zwang, dem so gewaltige Individuenaufgebote gehorchen, daß sie sich — psychisch hochstehend oder nicht — zu Zügen von geheimnisvoller spezischer Ordnung formen, worin Tausende wie ein einziges Lebewesen unaufhaltsam in gleicher Richtung und Geschwindigkeit vorwärts drängen.

So sehr der Reisebeginn mit äußeren Notwendigkeiten zusammenzuhängen scheint, so wenig oft der weitere Reiseverlauf: blindlings werden alle Hindernisse angegangen, gleichgültig, ob sie zu nehmen sind oder nicht. Ob es ein Bach ist, den wandernde Lemminge durchschwimmen, oder ein Strom, ja das Meer, worin sie alle ersaufen, gilt ihnen gleich. Es muß doch schließlich ein innerer Trieb geworden sein, was sich auch bei Tieren von nicht ganz untergeordneten Verstandesgaben gegen alle äußere Zweckmäßigkeit so durchzusetzen strebt. Nicht derselbe innere T r i e b freilich muß es sein, der die periodische Wanderung überhaupt in B e t r i e b setzt: erst in ihrem Verlaufe könnte sich die Massenwanderung — eben zufolge ihrer Masse, ihrer Schwere sozusagen — ein Beharrungsvermögen aneignen, das auf vorgeschrittenen Wegstrecken keine Umkehr und Besinnung mehr gestattet.

Massenbewegung, einmal träge geworden, artet in Massenwahnsinn aus: wir erlebten erschütternde Beispiele hiervon zu allen Zeiten, sogar im Herdentrieb des Menschen — in Völkerwanderungen, in Kriegen. Eben sind wir im Begriffe, eine der grausamsten dieser Massentragödien im zwecklos nur mehr der Trägheit gehorchenden Weiterschleppen des Weltkrieges mitzumachen (bereits ausgesprochen im Aufsatz „Die Kriegsraserei", „Arbeiterzeitung", Nr. 204, S. 2 vom 27. Juli 1917); und selbst hier haben die Ereignisse schon einen annähernd jahresperiodischen Gang angenommen, wie auf deutscher Seite durch die allsommerlich auflebende, siegreich werdende Angriffstätigkeit angedeutet erscheint (August 1914 — Belgien, Nordostfrankreich; August 1915 — Russisch-Polen; August 1916 — Rumänien; Ende Juli und Anfang August 1917, nicht planmäßig begonnen, nur als verhältnismäßig lokaler Gegenstoß gedacht! — Ostgalizien und Bukowina; August 1918 dann allerdings schon wieder Rückstoß im Westen).

Nun zurück zu den Tierwanderungen. Je weniger Stillung des Hungers und Flucht vor Witterungsunbilden, je mehr B e f r i e d i g u n g d e s G e s c h l e c h t s t r i e b e s z u r W a n d e r u n g s u r s a c h e wird, desto deutlicher tritt der periodische Charakter und seine verhältnismäßige, wenn auch sekundär erworbene Unabhängigkeit von äußeren Anlässen hervor. Die Wanderungen der Zugvögel und schon gar die der Strichvögel haben noch recht viel mit Schwankungen der Temperatur und des Luftdruckes sowie solchen der Nahrungsmenge zu schaffen (man denke an unsere insektenfressenden Vögel im Winter); daß sie aber keinesfalls ausschließlich von derartigen Momenten bestimmt werden, soll in einer künftigen, besonderen Periodenlehre eingehend zur Sprache kommen. Die Laichwanderungen der Fische aus dem Meere in die Flüsse (Lachse, Störe, Neunaugen), aus den Flüssen in das Meer (Aal), von der Hochsee an die Küsten (Heringe, Makrelen), von der Seichtsee in größere Tiefen (Dorsche) zeigen noch teilweise Abhängigkeit von der Ernährung, wenn größere Raubfische den Zügen der kleineren folgen (Dorsche den Heringen, Thunfische den Sardellen und Sardinen); oder vom Salzgehalt des Wassers, wenn die Laichgewässer sich durch größere Konzentration (Schollen der Nordsee, Aal — seltenerer Fall) bzw. geringere Konzentration (die meisten übrigen Fälle) von den gewöhnlichen Wöhngewässern unterscheiden; wesentlich, zum großen Teil ausschließlich aber stehen die Fischwanderungen im Dienste der Fortpflanzung.

Dabei interessiert uns nebenher, daß die Laichperioden der meisten Fische (Jahresperiodizität) bei den Neunaugen und wahrscheinlich auch beim Flußaal in Laichphasen (Entwicklungs-, Lebensperiodizität) umgewandelt und dadurch nachträglich den Zeugungsverhältnissen niedriger Tiere rückangenähert sind, die (wie Schmetterlinge, Mücken, Eintagsfliegen und viele andere) gleichfalls nur einmal in ihrem Lebenslaufe der Zeugung und Vermehrung obliegen, worauf sie ihr damit ans vorbestimmte Ziel gelangtes Leben beschließen. Die Hochzeitsflüge der Zweiflügler, Netzflügler und mancher Falter, der Bienen und Ameisen; nicht minder (wie erwähnt) die Legewanderungen mancher Fische, dann der Lurche und Schildkröten sind denn auch von Nebeneinflüssen fast völlig frei und halten daher am reinsten ihre periodischen Zeiten ein. Bei den Amphibien gilt dies natürlich mit jenen Einschränkungen, die ihnen von meteorologischen Elementarereignissen geboten werden.

95. So beobachtete ich in dem ungewöhnlich langen Winter und kalten Frühling 1917 eine starke Verspätung in der Laichzeit und entsprechenden Wanderung zu den Laichtümpeln bei der Erdkröte (*Bufo vulgaris*), dem Springfrosch (*Rana agilis*) und dem Bergmolch (*Molge alpestris*); alle drei Arten laichen in der Umgebung von Wien Mitte März und sind längstens Anfang April mit ihrem Laichgeschäft fertig. 1917 fand ich aber am 30. April (Tümpel oberhalb der Knödelhütte bei Hütteldorf) von *Rana agilis* erst die Laichklumpen; die laichenden Tiere hatten sich allerdings großenteils schon entfernt, und in den bereits mit Algen durchsetzten Gallerthüllen sah man zum Teil bald ausschlüpfbereite Keimlinge liegen. Viel auffallender war die Verspätung bei den beiden anderen Arten: vom Bergmolch (Tümpel unterhalb der Knödelhütte) fand ich ein laichüberreifes, mattes Weibchen mit schwammig aufgetriebenem Leib ebenfalls erst am 30. April, und am selben Tage sah ich ebendort ein Laichtreiben der Erdkröte, wie ich es nie zuvor gesehen.

Die im Wasser versammelten Tiere waren noch vorwaltend solche männlichen Geschlechtes (die Weibchen erscheinen erst später am Laichplatz), gebärdeten sich wie toll, klammerten sich aneinander und an die spärlich anwesenden Weibchen in solchen Haufen — fünf bis sechs Männchen bildeten an je einem einzigen Weibchen unförmige Riesenklumpen! —, daß die Weibchen getötet wurden. Zum Teil waren sie schon stark verwest, aber während des Zusehens schwammen noch immer neue Männchen heran und hakten sich nach etwelchen vergeblichen Versuchen fest. Ganz ungewöhnlich war folgendes Vorkommnis: ein bedrängtes Weibchen verließ das Wasser, seinen Peinigern zu entgehen, und kletterte die steile Böschung hinan; ihm nach ein ganzer Schwarm brünftiger Männchen, so daß das Lehmgerölle geräuschvoll ins Wasser hinabkollerte. Da an bestimmten Plätzen — vielleicht wegen der im Wasser liegenden abgefallenen Baumäste, die das Umwickeln der Schnüre erleichtern — gesellig gelaicht wird, lag dort ein ungeheures Knäuel von Eierschnüren, über $\frac{1}{2}$ m im Durchmesser haltend und sicher Tausende von Metern Schnurlänge bergend; von einiger Entfernung konnte man gar nicht erkennen, was das für ein Körper sei, der dort im Wasser lag: zu groß für einen Laichklumpen, sah es fast unheimlich aus, wie der vollgesogene Rock eines Ertrunkenen. Im Juli war dann der Tümpel schwarz von Kaulquappen, wie ich, der ich ihn doch alljährlich besuche, es noch nie erlebte.

Übereinstimmend war das späte Frühlingserwachen 1917 von einer Überproduktion an Blüten — besonders des Flieders, der Roßkastanien, Robinien und noch der Linden — gefolgt. In seiner „Mneme" (3. Auflage, S. 55 ff.) erzählt SEMON ein analoges Beispiel verspäteten Aufblühens nach langdauernder Winterkälte (München, 1900) und stellt ihm ein reziprokes Beispiel verfrühten Aufblühens nach mildem Winter (1902) entgegen. Das stürmische Blühen und Brunsten nach dem von mir beschriebenen Lenz-Winter 1917 gibt trotz der hierdurch erwiesenen, notwendigen Wetterbedingtheit zugleich schon wieder die organische Mitbedingtheit der Fortpflanzungs- und (bei den laichenden Amphibien) Wanderungsperiode zu erkennen. Wahrlich bestätigt hier die Ausnahme ihre Regel: jene Regel, wonach Überfälligwerden organisch determinierter Periodengipfel sich in demgemäß gesteigerter Heftigkeit entlädt. Die menschliche Geburt als neunmal überfällige Monatsregel ist hierfür das bekannteste Beispiel; dieses und ein anderes (unterdrückte und dann bezüglich Volums- und Gewichtszunahme eingeholte Insektenhäutungen betreffend) ist in seiner genaueren Darlegung einem besonderen Werke über Periodizität vorbehalten.

Wegen genauen Einhaltens der Termine eins der berühmtesten Beispiele von Tierwanderungen liefert der Palolowurm *(Eunice viridis)*. Der Palolo gehört zu jenen Meeresringelwürmern, deren mit Geschlechtsprodukten beladene, rückwärtige („epitoke") Leibesabschnitte sich zu gewissen Zeiten (einmal im Jahre) vom Vorderleib ablösen, worauf sie zum Nutzen der Artverbreitung freischwimmend und treibend in entfernte Meeresgegenden gelangen. Die verstümmelten („atoken") Vorderteile verbleiben kriechend und wühlend im schlammig-sandigen Meeresboden ihrer ursprünglichen Wohnstätte (beim Palolo der Korallenriffe) und lassen dort ein neues schwimmfähiges, mit Zeugungsstoffen beladenes, binnen Jahresfrist ablösungsreifes Hinterende nachwachsen. Millionen solcher Hinterenden vom Palolo tauchen nun nahe etlichen Inselgruppen des Stillen Ozeans, besonders bei den Fidschi-, Tonga-, Gilbert- und Samoainseln, fast plötzlich im Meere auf; laut FRIEDLAENDER im Oktober oder November (laut COLLIN 1881 ausnahmsweise im März), aber stets am Tage des letzten (abnehmenden) Mondviertels oder einen Tag vorher, und zwar früh ehe die Sonne aufgeht, bei der Insel Opolu um 4 Uhr 30 Minuten morgens. Die an der Oberfläche schlängelnden Wurmenden verlieren ihre Eier durch die seitlichen Öffnungen (Segmentalschlitze) ihrer Körperringe oder durch Auseinanderklaffen dieser Segmente; in jedem Falle sinken die freigewordenen Eier auf den Meeresboden, während die entleerten Bruchstücke zugrunde gehen.

Das Schwärmen dauert drei Tage, jedoch mit Unterbrechungen, da die Wurmfragmente im Laufe der Vormittagsstunden verschwinden. Die Eingeborenen berechnen das Erscheinen des Palolo nach den Mondphasen bis auf zwei Tage genau; zur bestimmten Zeit versammeln sie sich mit ihren Booten an der Küste und schöpfen die emportauchenden Wurmenden eimerweise heraus, die sie als Leckerspeise schätzen: deshalb herrscht festliches Treiben und Prassen an den Gestaden der Südseeinseln zur Palolozeit.

Dieselbe Rolle wie *Eunice viridis* an den Südseeinseln spielt nach J. GOLDBOROUGH MAYER *Eunice fucata* an den Küsten von Florida; der „Itome" *(Ceratocephale osawai)*, bei welcher Gattung nicht das Hinter-, sondern das Vorderende schwärmt und von den Einheimischen „Batsu" genannt wird, laut HESSE-DOFLEIN an den Küsten von Japan; und der „Wawo" laut RUMPHIUS (1705) an denen von Amboina. Der floridanische „Palolo" erscheint ebenfalls 8 Tage vor dem Vollmond; das Erscheinen des „Wawo" fällt mit dem Vollmonde (im März) zusammen, und der japanische Palolo taucht vom Juni ab auf, „am ersten oder zweiten Tag nach Neu- oder Vollmond, abends zwischen 6 und 7 Uhr, wenn die Flut zurückebbt". — Ringelwürmer sind nicht die einzigen Tiere, deren Fortpflanzungsperioden sich mit Hilfe der Mondphasen auf 2—3 Tage und innerhalb dieser Tage auf die Stunde genau vorhersagen lassen: auf Samoa, also einem Verbreitungszentrum des Palolo, wandern drei Arten von Landkrebsen: nach KRAEMER *Sesarma rotundata*, nach HERBST *Cardisoma guanhumi* sowie der Kokosdieb *Birgus latro* im zeitlichen Zusammenhang mit Mondphasen zum Meer; auf der Unterseite des Hinterleibes tragen sie — wie unser Flußkrebs auch — ihre Eier mit sich, aus denen beim Seebad die Larven ausschlüpfen. *Sesarma* und *Cardisoma* nehmen ihr Seebad einige Tage vor Auftauchen des Palolo, *Sesarma* genau 8 Tage vor ihm. Auch europäische Meerestiere, wie bei Nizza die Seeigel, besitzen zur Vollmondszeit höchststrotzende Eierstöcke und werden deshalb, zu Markte gebracht, besser bezahlt als zu anderen Zeiten.

Der Mondmonat ist aber als Lebensmaß keineswegs auf marine Geschöpfe beschränkt. Fügt sich ihm doch das Menstruationsintervall des Menschen und der Affen. So lag es für ARRHENIUS nahe, gesetzmäßige Zusammenhänge zu suchen: EKHOLM und ARRHENIUS zusammen entdeckten die durch den Mond hervorgebrachten (freilich von P. ZÖLSS u. a. nicht wiedergefundenen und darum nicht sicher bewiesenen) Veränderungen der Luftelektrizität; die Gezeiten danken ihr Ebben und Fluten gleichfalls seiner Anziehungskraft. Die meisten Schriftsteller — ARRHENIUS selbst und HESSE-DOFLEIN, denen ich in der Darstellung dieser Verhältnisse vielfach gefolgt bin —

sind der Meinung, daß nicht unmittelbar die Mondphasen selber, sondern wohl immer mittelbar die durch sie bewirkten Schwankungen in Wasser- und Lufthülle der Erde Ursache der ihnen untertanen Lebensrhythmen seien. Beim Palolo indessen ist durch FRIED-LAENDER beobachtet, daß zumindest Ebbe und Flut, deren Wechsel — wie wir bald hören werden — für die Gewohnheiten anderer Meerestiere sehr bestimmend wirkt, sowie das Mondlicht keinen Einfluß üben; gerade dies Unauffindbare irdischer Abhängigkeiten hat ja dem Fall des Palolo seine mysteriöse Anziehung verliehen, so daß die Reisenden der Südseearchipele in ihren Beschreibungen immer wieder darauf zurückkommen. FLIESS ist der Ansicht, daß das Auftauchen des Palolo und des Wawo zu bestimmten Tagesstunden, hingegen nur ungefähr um die Zeit des letzten Mondviertels mit irgendwelcher — sei es direkten, sei es indirekten — lunaren Bedingtheit unverträglich sei; und er berechnet (1906, S. 308 ff.), daß sowohl die Palolo- wie die Wawospatien nur durch wirkliche Sonnenzeit erklärbar werden. Somit wäre die ganze Erscheinung — wie mir vorkommt, mit vielem Rechte — auf die Umlaufszeit der Erde um die Sonne, auf gewöhnliche Jahresperiodizität zurückgeführt; auf dieselbe Gesetzlichkeit, der Laich- und Blütezeiten auch sonst gehorchen.

Im Bereiche derjenigen Lebenserscheinungen, die das innere Festhaften der Periode durch einfache Beobachtung (ohne Versuch) anzunehmen gestatten, verdienen noch die Wanderungen des ,,Planktons" besondere Beachtung. Die schwebenden Lebewesen des Meeres (CHUN) und größerer Süßwasserseen (HOFER) steigen nachts an die Oberfläche; frühmorgens, wenn hier das Licht sich verstärkt, sinken sie in die Tiefe zurück. ,,WALTER hat gezeigt, daß in den polaren Gebieten z. B. mit dem Golfstrom eingewanderte südliche Tierformen, auch während des langen Polartages diese periodischen Wanderungen beibehalten." Freilich fügen HESSE-DOFLEIN (II, 897) hinzu: ,,Es wird dies wohl nicht auf eine mnemische Wirkung des früheren Rhythmus zurückzuführen sein, sondern auf die Verminderung der Intensität des Lichts in den oberflächlichen Wasserschichten, wenn abends die Sonnenstrahlen unter sehr spitzem Winkel auffallen und zum großen Teil reflektiert werden." Eine gewisse Unklarheit pflegt in allen, nicht experimentell analysierten Feststellungen zurückzubleiben, deshalb berechtigt sie uns aber nicht zu einem abschließenden Urteil in entgegengesetztem Sinne: es mag sehr wohl sein, daß die auch in Polargegenden bestehenden, geringeren Helligkeitsunterschiede im 12stündigen Turnus notwendig sind, um die bei größeren Helligkeitskontrasten gemäßigter Zonen erworbene Tagesperiode der Planktonwesen im Gange zu erhalten; aber es ist ebenso zweifelhaft, ob jene für sich allein jemals genügt hätten, die Periode hervorzurufen.

Sehr zugunsten gedächtnismäßiger Beschaffenheit der polaren Planktonwanderungen spricht ein Versuch von DAVENPORT und CANNON, der uns noch bei Erörterung der mnemischen Erscheinungen überhaupt (Kap. XII) gute Dienste leisten wird: Daphnien (gleichfalls Planktonwesen) bewegen sich auf eine Lichtquelle von bestimmter Lichtstärke, die bereits öfters eingewirkt hat, in einer mit jeder Wiederholung steigenden Geschwindigkeit zu; wird die Lichtstärke bei ihrer wiederholten Anwendung bis auf ein Viertel vermindert, so bleibt die Bewegungsgeschwindigkeit dieselbe oder ist sogar trotzdem eine etwas größere als zu Anfang. Daß diese Daphnien dem Lichte zueilen („positiv phototaktisch" sind), während die vorhin erwähnten Planktontiere des Meeres das Licht fliehen („negativ phototaktisch" reagieren), macht im Wesen keinen Unterschied: die organische Festlegung der äußeren Einwirkung folgt daraus, daß die Bewegungen, mit welchen der Organismus sie beantwortet, in gleicher Weise ausgeführt werden, sogar wenn die Einwirkung nur einen Bruchteil ihrer ursprünglichen Intensität behielt. Ein Bruchteil des Lichtunterschiedes, wie er in gemäßigten Zonen Tag und Nacht und durch deren Vermittlung die natürlichen Planktonwanderungen beherrscht, genügt jenseits des Polarkreises, damit jene Wanderungen im Tagesrhythmus dort erhalten bleiben.

Aus eigener Erfahrung liegen mir entsprechende Fälle bei Amphibien vor. Zwar wurde deren Wanderungs-, Brunst- und Laichperiode vorhin als Spielball der Elemente geschildert, aber an gewissen Begleiterscheinungen (stürmisches Überfälligwerden) zeichnete sich bereits deutlich ab, daß die extremsten klimatischen Hinderungsgründe den erreichten Zustand periodischer Innenbedingtheit nicht mehr ganz zu verhüllen imstande sind. Dasselbe zeigt sich — jetzt im engen Anschlusse des soeben von den Planktonten Gesagte — bei der Zucht von Amphibien im geschlossenen Raume, wo die Begattungs- und Fortpflanzungsperiode trotz des unvergleichlich geringeren jahreszeitlichen Temperaturunterschiedes lange Jahre aufrecht bleibt; abgesehen von einer alljährlich etliche Tage oder sogar Wochen betragenden Rückverschiebung, so daß z. B. Salamander *(Salamandra maculosa)*, die zuerst im Mai gebaren, nach ungefähr 10jähriger Gefangenschaft mit ihren Würfen schon im Dezember einsetzen, nachdem sie sukzessive im April, im März, im Februar und Januar damit begonnen hatten. Dann erst macht sich zunehmende Verwischung der Fortpflanzungsperiode bemerkbar (KAMMERER 1908).

Beim Grottenolm *(Proteus anguinus)* ist letzteres trotz der fast gleichförmigen Bedingungen in den Karsthöhlen und des Wegfalles von kalter und warmer Jahreszeit gar nicht der Fall gewesen: bei *Proteus* blieben ungefähr dieselben Fortpflanzungsperioden, wie sie den oberirdischen Amphibien eigen sind, auch in den unterirdischen Regionen erhalten. Man könnte daran denken, daß das Sickerwasser oder diejenigen Flußläufe, welche vor ihrem Eintritt in die Grotten schon eine Strecke oberirdisch zurückgelegt haben, den Wohntümpeln der Olme in abgeschwächter Weise etwas von den Temperaturdifferenzen der Erdoberfläche mitteilen; „aber nach allem, was wir über die Temperatur der Grottenbäche und Höhlenbassins wissen ... ergibt sich ein jahreszeitlicher Unterschied von nur 2,5 Grad. Für stete Neuhervorrufung der Periode kann dies nicht genügen, wohl aber vielleicht für mnemische Ekphorie einer bereits hochgradig engraphisch fixierten Periode im Sinne SEMONs, wo zur Hervorrufung einer mnemischen Erregung ein Bruchteil desjenigen Reizes genügen würde, der zur Erzeugung der Originalerregung notwendig war" (KAMMERER, 1912b). .

Ähnlich wie bei der Jahresperiode des Höhlenbewohners mag es sich mit der Tagesperiode von Leibeshöhlenbewohnern, von Entoparasiten verhalten, die — wie z. B. die Malariaerreger und Blutfilarien — in ihrer Vermehrung und Tätigkeit „eine deutliche Abhängigkeit vom 24-Stunden-Rhythmus zeigen" (HESSE-DOFLEIN II, 897), trotzdem sie doch dem Wechsel von Tag und Nacht so gut wie entzogen sind. Geringe Lichtmengen, die durch die Wände nahe der Oberfläche verlaufender Venen einfallen, mögen diese Periode in Gang erhalten; aber es ist hier fraglich, ob nicht die im Wirtsorganismus bestehenden, tagesperiodischen Stoffwechselunterschiede den Lebensrhythmus der Parasiten direkt regulieren, so daß letztere sich trotzdem in indirekter Abhängigkeit von den Tageszeiten der Außenwelt und nicht in Abhängigkeit vom dämmerigen Widerschein befinden, den jene Zeiten bis ins Innere des Wirtskörpers entsenden.

Sehr hübsche Beispiele verdanken wir BOHN, in denen der 6stündige, bekanntlich durch die Anziehungskraft des Mondes bedingte Wechsel von Ebbe und Flut den anorganisch bewirkenden, dann organisch festgelegten Wechsel tierischer Bewegungen abgibt, die in vieler Beziehung an die Schlafbewegungen der Pflanzen erinnern. Der kleine Strudelwurm *Convoluta roscoffensis* des Ärmelkanals verkriecht sich nicht gerne, wie andere Würmer, in finsteren Verstecken; sondern seine Symbiose mit einzelligen Algen — die in den Geweben seines Körpers leben und wie alle chlorophyllhaltigen Pflanzen zu ihrer Assimilation des Sonnenlichtes bedürfen — treibt ihn dazu, aufwärts an die Wassergrenze zu gehen. An der englischen Südküste tritt er so massenhaft auf, daß das Ufer knapp über dem Meeresniveau wie von einem grünen Saum eingefaßt erscheint: dieser Anblick bietet sich jedoch nur während der Ebbe; zum Schutze vor der Flut müssen sich die grünen Würmer dennoch in den Sand einwühlen. Pflegt man eine Anzahl Convoluten im Seewasseraquarium mit sandigem Bodenbelag, wo jedoch der Wechsel der Gezeiten vollkommen entfällt, so dauert trotzdem das periodische Eingraben und Emporkriechen zum Wasserspiegel und darüber noch eine Zeitlang im gewohnten 6stündigen Turnus an.

Seeanemonen, die an den Küsten der Normandie und Bretagne innerhalb der Flutgrenze sitzen, wo sie zur Ebbezeit vom Wasser entblößt werden, ziehen sich in diesen Stunden fest zusammen, auf welche Weise innerhalb ihrer Leibeshöhle („Gastrovaskularraum") hinlänglich viel Wasser zurückgehalten wird, um sie vor dem Vertrocknen zu bewahren. Abermals bleibt im Aquarium derselbe, 6stündige Gezeitenzyklus wochenlang erhalten: obschon die Seeanemonen hier ununterbrochen von reichlichem Meerwasser umgeben sind, kontrahieren sie sich, wenn draußen im Meere Ebbe herrscht — entfalten sie sich, wenn dort die Flutwellen heranrollen. Aber auch nachdem die Gewöhnung ans Gleichmaß des Wasserstandes im Aquarium durchgeführt ist, so zwar, daß die Anemonen jetzt konstant entfaltet bleiben und sich nur infolge von Erschütterungen zusammenziehen, bleibt eine Rückerinnerung an die Ebbe- und Flutperiode bestehen: die Kontraktion als Antwort auf einen mechanischen Reiz erfolgt nur während jener 6 Stunden, die der Ebbezeit entsprechen, in der die Anemonen ganz kontrahiert zu bleiben gewohnt waren; während der jeweils damit abwechselnden 6 Stunden lassen die prächtig erblühten Tentakelkronen auch stärkere Reizungen gänzlich unbeantwortet.

Periodischen Stellungswechsel, verbunden mit rhythmischer Zusammenziehung, beobachtete G. WAGNER an dem im Süßwasser lebenden Stammesgenossen der Seeanemonen, am Armpolypen Hydra: „Er kontrahiert sich ohne ersichtlichen Grund, krümmt sich dann in eine neue Lage und streckt sich wieder aus. In der neuen Stellung bleibt er eine oder zwei Minuten, kontrahiert sich dann wieder, wechselt die Stellung und streckt sich aufs neue." Ähnlich benehmen sich die Glockentierchen (Vorticella u. a.) unter den Wimperinfusorien: auch wenn wir noch so sorgfältig jede Erschütterung vermeiden, zieht sich ihr Stiel und ihr trichterförmiger, bewimperter Zellenmund in regelmäßigen Minutenabständen ruckweise zusammen, worauf wiederum langsame Dehnung und Entfaltung der Wimperkränze erfolgt. K. C. SCHNEIDER läßt in seinen tierpsychologischen Dialogen (1912) den „Vitalisten" und den „Psychologen", offenbar im Einklange mit seiner eigenen Meinung, jene periodischen Bewegungsvorgänge als autonom-vital erklären, als unabhängig von der Außenwelt: „Gibt es etwa Ebbe und Flut auch im Süßwasser und in den entsprechenden Intervallen?" — „Soviel mir scheint, ist dieser Richtungswechsel (bei Hydra) das wesentliche Moment beim Vorgang, wenigstens ist nicht ersichtlich, was ein bloßes Kontrahieren und Strecken für einen Zweck haben sollte." Ich halte den rhythmischen Wechsel von Zusammenziehung und Ausdehnung — gleichviel ob mit Richtungswechsel verbunden oder nicht, doch im ersteren Falle noch verdeutlicht — für einen Stellungswechsel von derselben Beschaffenheit, wie wenn wir beim Sitzen das einemal das linke Bein übers rechte schlagen, das andere-mal umgekehrt; beim Stehen das Körpergewicht bald auf diesem, bald auf jenem Bein hauptsächlich ruhen lassen oder, wie's manche Leute zur Gewohnheit haben, rhythmisch in den Knien knicken oder mit dem Rumpfe pendeln oder endlich uns beim Lesen bald mit dem rechten, dann wieder mit dem linken Ellbogen aufstützen, beim Schlafen — und je unruhiger unser Schlaf ist desto häufiger — gleichfalls einen Wechsel der Körperlage vornehmen. Es sind Organempfindungen, besonders Muskelempfindungen der Lage, die uns und wahrscheinlich ganz ebenso die niedersten Tiere im Interesse dessen, was wir „Bequemlichkeit" nennen, jenen Wechsel in der Beanspruchung der in jeder Lage jeweils kontrahierten Muskelgruppen wünschenswert machen. Und daß der Wechsel ein rhythmisch periodischer ist, hängt damit zusammen, daß in bestimmten Zeiten sich bestimmte Stoffwechselprozesse im beanspruchten Muskel ab-gespielt haben, die nunmehr seine Ermüdung bedingten und seine Ent-lastung, Ablösung durch andere Muskeln fordern oder — bei rascheren Rhythmen — der Ermüdung noch vorbeugen wollen.

Die Rhythmik des Stoffwechsels geht ihrerseits zurück auf die Rhythmik der Atmung und des Blutumlaufs, die ja — wie wir noch genauer erörtern werden (S. 295) — den mächtigsten Anteil daran nehmen, daß unser ganzes Leben in so hervorstechender Weise rhythmisch und periodisch verläuft. Was also beim Stellungswechsel der in Ebbe und Flut lebenden Seeanemonen auf elementar-energetischem Wege periodisch hervorgerufen war; das wird — darin hat SCHNEIDER ganz recht — bei Hydra und Vorticella auf erregungs-energetischem Wege im Organismus selber hervorgerufen, ohne daß es hierzu eines Anstoßes von außen bedürfte. Aber wir sehen doch auch hier, daß ein rhythmisches Geschehen sich einem anderen, ur-sprünglich arhythmisch gewesenen mitteilt und ihm nun gleichfalls Periodik aufzwingt, wennselbst diese ein anderes Tempo nehmen kann, als es die Originalreize ihm zutrugen. So im Beispiele des vom Herzschlag beherrschten Stoffumsatzes im Muskel, der dadurch periodisch (doch durchaus nicht herz-rhythmisch) zu kontraktiver Tätigkeit, gefolgt und abgelöst von expansiver Untätigkeit, veranlaßt wird. Niemand wird den Einwand machen, Polyp und Vortizelle hätten kein Herz, dessen Schlag den Stellungswechsel periodisch regulieren könne; und — da der Gaswechsel an der ganzen Außenfläche stattfinde — auch kein Respirationswerkzeug, dessen Atemzüge es tun könnten (die Vortizelle hat übrigens ihre regelmäßig „pulsierende Vakuole" zur Unterstützung ihrer Atmungs- und Ausscheidungstätigkeit): trotzdem dürfte der Stoffwechsel periodisch, seine Periodizität beim Fehlen endogener Regulatoren letzten Endes ektogen bedingt sein; wenn wir auch in diesem Falle noch nicht wissen, welche äußeren Faktoren ihn so bedingen. Sie brauchten nicht selber periodisch zu wirken, da die organisierte Materie mehr noch wie bereits die anorganische dazu neigt, unregelmäßige (seriale) Wiederholungen zu rhythmisieren: darin besteht die Autonomie ihrer Tätigkeit; aber wohl schwerlich in der Neuschöpfung von Rhythmen, die ihr von nirgendwoher — weder elementar- noch erregungs-energetisch, sei es in noch so abweichender, assimilations- und regulationsbedürftiger Folge — dargeboten werden.

Viel klarer wiederum treten äußerlich bedingte (ektogene), und zwar primär von den Jahreszeiten bedingte Perioden in Erscheinung bei dem mit Sexualitäts- und Gestaltsveränderungen einhergehenden Generationswechsel („Heterogonie", „Zyklomorphose") gewisser Geißelalgen, Rädertiere, Strudelwürmer, Ringelkrebse, Pflanzenläuse, Blatt- und Gallwespen. Der Zyklus erfolgt mit vielen zeitlichen und biologischen Abänderungen und Abstufungen — im großen und ganzen läßt sich folgendes Grundschema festhalten: im Frühjahr schlüpfen aus überwinterten Eiern lauter Weibchen aus, die zahlreiche, kleine, dünnschalige Sommer- oder Subitaneier produzieren, welche sich auf jungfräulichem („parthenogenetischen") Wege entwickeln und fortlaufend bis zum Spätsommer oder Herbst abermals Jungfrauenmütter liefern. Gegen den Herbst hin aber schlüpfen aus einem Teil der Subitaneier auch Männchen aus, die sich mit den vorhandenen Weibchen paaren; letztere haben inzwischen minder zahlreiche, aber größere, dickwandige Winter- oder Dauereier gebildet, die, um entwicklungsfähig zu sein, einer Besamung teilhaftig werden müssen. Im Frühling liefern die Wintereier neuerdings die jungfräulichen, durch Sommereier vermehrten Weibchengenerationen.

Unter den Variationen dieses Typus erwähne ich als wichtigste die rhabdocoelen Strudelwürmer: Zwitter, bei denen die Parthenogenese entfällt und auch die Sommereier, welche im übrigen dieselbe

Bauart besitzen wie bei den anderen Gruppen, sei es durch Fremd-, sei es durch Selbstbefruchtung besamt werden. Ferner die Gallwespen, bei denen nur immer je eine Geschlechts- (bisexuelle) und jungfräuliche (agame) Generation miteinander alternieren; andererseits sind von manchen Gattungen (Cynips) bisher überhaupt keine Männchen bekannt geworden, so daß hier die jungfräuliche Zeugung in Permanenz tritt. Sind nur wenige oder ist nur eine parthenogenetisch entwicklungsfähige (Subitaneier erzeugende) Generation zwischen die besamungsbedürftigen (Dauereier erzeugenden) Generationen eingeschaltet, so wiederholt sich der Zyklus leicht zwei- oder mehrmals im Jahre statt nur einmal: die monozyklische Form ist zur polyzyklischen geworden, wie dies namentlich bei manchen Arten der Wasserflöhe (Daphniden), z. B. bei *Polyphemus*, zutrifft. Dann ist es natürlich nicht mehr die Jahresperiode, welche im Generationswechsel zum Vorschein kommt; und es entsteht die Frage, wie sonst die Polyzyklie vom Wechsel der Lebensbedingungen beherrscht werden kann: wir kommen auch auf dieses Problem sogleich näher zurück.

Für jetzt sei noch hervorgehoben, daß der Generationswechsel sich bei den Geißelalgen (Flagellaten, worunter diesbezüglich am berühmtesten *Ceratium hirundinella)*, die vorhin in der Reihe zyklomorpher Lebewesen mit aufgezählt wurden, selbstverständlich nicht in wechselweiser Ablage von zweierlei Eisorten äußern kann, denn es handelt sich ja um Einzeller, die sich durch Teilung vermehren; aber insofern mag schon auch in geschlechtlicher Beziehung ein Zusammenhang zwischen diesen Zyklen und den übrigen bestehen, als sehr wahrscheinlich die Frühlings- und Frühsommergenerationen vorwiegend vegetativ (eben durch fortgesetzte Zelldivisionen), hingegen die Spätsommer- und Herbstgenerationen vorwaltend sexuell (Eintritt der Zellgenerationen in den Depressionszustand und dessen Überwinden durch Zellkopulationen) beschaffen sind. — In einer anderen Beziehung aber schließen sich die Flagellatenzyklen enge den übrigen, besonders denen der Rädertiere und niederen Krebse an: nämlich im Hinblick auf die gestaltlichen Begleitphänomene. Im Frühjahr und Frühsommer gibt es schmächtige, gerade und lang gestachelte Formen — die Daphnien tragen nebstbei hohe Kopfhelme; die späten Generationen sehen untersetzter, kurz- und schrägstachelig aus — die Daphnien bekommen niedrigere, rundere Helme. Im Generationswechsel fallen die ein- oder (bei *Ceratium*) ungeschlechtlichen Formen mit denen reicherer, die. zweigeschlechtlichen mit denen ärmerer Flächenentfaltung zusammen. Auch bei den Pflanzenläusen und Hautflüglern ist Generationswechsel mit Formwechsel (Saisondimorphismus oder -polymorphismus) korreliert, der sich natürlich bei diesen Landtieren in ganz anderer Richtung bewegt als bei jenen Wassertieren: bei den Pflanzenläusen äußert er sich darin, daß die parthenogenesierenden Sommerweibchen meist geflügelt sind und keine Samentaschen besitzen; die begattungsfähigen Herbstweibchen dagegen, die sich in Gesellschaft geflügelter Männchen befinden, meist ungeflügelt und mit Receptaculum seminis versehen. Auch sonst sind sie anders gefärbt und gestaltet, was bei den zyklomorphen Gall- und Blattwespen hinsichtlich der alternierenden Generationen ebenfalls zutrifft.

Eine schwer übersehbare Literatur ist entstanden, die sich mit den Ursachen des beschriebenen Form- und Fortpflanzungswechsels der periodischen Generationszyklen beschäftigt. Eine Reihe von Untersuchern wollte alle morphologischen und physiologischen Begleiterscheinungen des Generationswechsels mit Leichtigkeit durch äußere Faktoren hervorgerufen bzw. den Generationswechsel umgeschaltet oder mit Permanenz einer willkürlich bestimmten Generationsart zum Stillstande gebracht haben; etwa ebensoviele Untersucher stellen solche Möglichkeiten ebenso entschieden in Abrede. Die bejahenden Befunde behaupten zumeist den Einfluß der Temperatur als maßgebendsten, wie es beim annähernden Zusammengehen der Generationen mit Jahreszeiten von Hause aus naheliegend erschien; die Wärme sollte hochhelmige, reichgestachelte, parthenogenetische, Subitaneier legende — Kälte die kurzhelmigen, knappgestachelten, bisexuellen, Dauereier legenden Tiere erzeugen. Aber auch Mast und reines, an Abfall und Mineralien armes, wenig dichtes Wasser soll ersteres; Hunger und verunreinigtes, ammoniakalische Abfallstoffe oder verschiedene Salze enthaltendes, dichtes Wasser letzteres herbeizuführen vermögen. Die Temperatur sollte danach nicht direkt, sondern durch Vermittlung zuletzt genannter Faktoren wirken können, da die Tiere bei Wärme mehr fressen und gleichzeitig die Wasserdichte abnimmt; bei Kälte die Stoffwechselintensität herabgesetzt wird, die Dichte des Wohnmediums dagegen ansteigt. Die Gewässer pflegen ferner gegen Sommerende niedrigeren Wasserstand zu besitzen, ihre lebendigen Insassen ungeheuer zugenommen zu haben, so daß auch aus diesem Grunde in mittelbarer Abhängigkeit von der abgelaufenen Wärmeperiode die im Wasser gelösten Stoffe, unter ihnen noch besonders die Dejekte der Wasserfauna konzentrierter sind. Endlich lag es nahe, daran zu denken, daß die längeren Anhängsel der Sommerformen auf größeren Formwiderstand in dem zur Sommerszeit wärmeren und deshalb undichteren Wasser abzielen — auf Ausbildung besserer Tragflächen, da ja die hier in Betracht kommenden Formen (Ceratien, Rotatorien, Daphnien) den größeren Teil ihres Lebens schwimmend, schwebend und treibend als „Plankton" im freien Wasser verbringen:

diese Ansicht hat WO. OSTWALD geäußert, der in Experimenten an *Hyalodaphnia* bei Wärme hoch gehelmte, lang- und geradestachlige, bei Kälte niedrig gehelmte, kurz- und schiefstachlige Individuen erhielt, aber ebenfalls den Temperatureinfluß als einen nur mittelbaren, direkt auf die mit der Temperatur wechselnde Wasserdichtigkeit zurückgehenden auffaßt.

Angesichts einer Kontroverse, an der auf beiden Seiten so viele verlässige Beobachter beteiligt waren, schien es von vornherein ausgeschlossen, daß nur eine der Parteien uneingeschränkt Recht, die andere ebenso uneingeschränkt Unrecht behalte. Heute ist die Streitfrage in einleuchtender Weise geklärt, vorerst am schönsten bei den Wasserflöhen, wo wir es Mc. CLENDON, v. SCHARFENBERG, PAPANICOLAU und WOLTERECK danken; in befriedigender Übereinstimmung bei den Pflanzenläusen, wo es aus Angaben GRASSIs hervorgeht; verhältnismäßig noch am wenigsten bei Rädertieren, wo es Erfahrungen WHITNEYs anbahnen. Danach sind sowohl innere als äußere Bedingungen am Werk und greifen wechselseitig unentbehrlich ineinander.

Der innere Ursachenmechanismus besteht in dem mit jeder Zellteilung allmählich zugunsten der Kerngröße verschobenen Verhältnis zwischen Zellkern und Zelleib (Zytoplasma): nimmt die Kernoberfläche in zweiter, so nimmt das Plasmavolumen in dritter Potenz zu — die gewöhnliche Kern-Plasma-Relation (R. HERTWIG) der ruhenden Zelle wird zur Kern-Plasma-Spannung; diese ihrerseits löst die Zellteilung aus, wobei das normale Verhältnis wiederhergestellt wird — das Teilungswachstum des Kernes führt zur Kern-Plasma-Regulation. Wenn nun aber die Teilungen sich sehr häufig wiederholen — was bei überstarkem Funktionieren der Zellen stets eintrifft —, so überbietet das Kernwachstum relativ dasjenige des Zellenleibes; um so eher, weil letzterer dann keine Zeit behielt, vor dem Neueintritte der Teilung die volle frühere Größe wiederzuerlangen. Derartige Vorbedingungen sind bei der Erzeugung der so zahlreichen Sommereier gegeben: darin sind ja die meisten Forscher einig, daß diejenige Epoche, in welcher die Fortpflanzung durch nicht befruchtungsbedürftige Eier geschieht, zur Ausnützung der besseren Jahreszeit für raschere Vermehrung dient und als Anpassung an diese Möglichkeit zu deuten ist. Mit dem Kleinerwerden des Zellenleibes, also mit einer Verschiebung des Quotienten „Kern : Plasma" zuungunsten des Divisors ist eine Zunahme männlicher Entwicklungstendenz verbunden. Deshalb steigt von einer Jungfrauengeneration zur nächsten, aber auch in demselben Jungfraueninduviduum von einem Gelege zum nächsten die Neigung zum Erscheinen der Männchen und damit zur

Bisexualität: mit dem Alter — einerseits der Einzeltiere, andererseits der Familien — verlagern sich im Inneren die Bedingungen von der Ein- zur Zweigeschlechtlichkeit, welch letztere mit dem Auftreten von Männchen eingeleitet wird. „Das Auftreten von Männchen und Dauereiern, aus denen Weibchen kriechen werden, scheint überall Hand in Hand zu gehen, das heißt, trotzdem die Männchen zuweilen schon etwas früher erscheinen, von den gleichen Faktoren bestimmt zu werden: zuerst werden die Eier zusehends kleiner, sie ergeben Männchen; dann werden sie noch kleiner, so daß ihrer mehrere verschmelzen oder viele zur Ernährung eines übriggebliebenen größeren Eies verwendet, ferner durch den Eintritt des Samens bereichert werden müssen — sie werden auf diese Weise groß und ergeben nach Überwinterung wiederum Weibchen" (KAMMERER 1913d).

Jetzt verstehen wir, warum die Experimentatoren, wenn sie etwa aus Wintereiern geschlüpfte Weibchen oder deren nächste, jungfräuliche Nachkommengenerationen in Richtung auf Bisexualität zu beeinflussen suchten, mit noch so intensiver Einwirkung der Versuchsbedingungen (Kälte, Hunger, Dichte- und Konzentrationserhöhung) nichts erreichen konnten; und warum sie denselben Mißerfolg ernteten, wenn sie bereits bisexuell gewordene Generationen (durch Wärme, reiche Fütterung, Dichte- und Konzentrationserniedrigung) zur Parthenogenese rückbringen wollten: an beiden Enden des Zyklus ist die innere Tendenz — erst zur Jungfernzeugung, dann zur Männchenzeugung und Begattung — so stark, daß sie durch kein Mittel noch bzw. mehr unterdrückt, in entgegengesetzte Tendenz umgeschaltet werden kann. Zwischen beiden Extrempunkten aber liegt eine Mittelphase, in der je nach Wahl die eingeschlechtliche Vorphase konstant erhalten oder die doppeltgeschlechtliche Nachphase beschleunigt werden kann. Je nachdem, ob die Kulturen der Versuchsansteller einerseits der Mittelphase, oder andererseits der Vor- bzw. Nachphase angehörten, konnten sie den zyklischen Prozeß beherrschen oder nicht; und je nachdem behaupteten dann die Beschreiber die Macht oder Ohnmacht der Umweltfaktoren. Die Zyklomorphosen gleichen darin den anderen Perioden des Organischen: letzten oder, wenn man will, allerersten Endes sind sie äußerlich bedingt worden, und zwar in unseren bisher und jetzt zum Schlusse behandelten Fällen doch durch die Periode der Jahreszeiten. Ihre Klimaschwankungen — mag sein durch eine aus wechselnder Gliederzahl bestehende Mittlerkette von physikalischen und Ernährungsschwankungen hindurch — haben den Zyklus induziert, der in zunehmender Fixierung von der Außenwelt unabhängig wurde; zuerst unabhängig natürlich an jenen Stellen des Zyklus, wo stärkste Wirkung der Außenfaktoren deren tiefste Einprägung in den lebenden Stoff erzielen mußte; zuletzt an den übrigen Stellen, wo schwankende und schwächere Außenwirkung den lebenden Stoff in potentieller Abhängigkeit davon erhielt.

Das leuchtet vorerst für monozyklische Formen ein, die zur Vollendung ihres Generationswechsels und Saisondimorphismus das ganze Jahr benötigen. Erklärungsbedürftig bleiben noch die polyzyklischen Formen, bei denen im selben Sommer Uni- und Bisexualität zwei- oder gar mehrmal ineinander übergehen: also Uni- in Bisexualität auch schon zur Zeit der Wärmesteigerung und sonach in scheinbarem Widerspruche mit dem vorhin klargelegten äußeren Ursachenmechanismus. Der Widerspruch schwindet jedoch, wenn wir erfahren, daß polyzyklische Formen in kleinen Gewässern vorkommen, die entweder in rauhen Klimaten (Polarländern, Gebirgen) auch während der wärmeren Jahreszeit vor gelegentlichem Einfrieren nicht sicher, oder die einem zeitweiligen Vertrocknen ausgesetzt sind. Freilich dürfte das von „launischer" Witterung abhängige Gefrieren und Wiederauftauen, Versiegen und Wiedergefülltwerden nichts weniger als periodisch sein; periodisch aber sind, soweit meine Kenntnis reicht, die mehrerlei Zyklen, in denen der Generationswechsel jener Tümpelbewohner (*Daphnia pulex, Moïna paradoxa* und *rectirostris*) verläuft. Hier tritt nun das in seine Rechte, was wir S. 184 und S. 267 schon ausgesprochen haben: die unrhythmischen Wiederholungen der anorganischen Außenwelt müssen in der organisierten Innenwelt Rhythmus bekommen; müssen einem Imitationsvorgang unterworfen werden, der zu dem hier bestehenden Rhythmus des Stoffwechsels eine Angleichung oder zumindest Ausgleichung sucht. Bei Daphniden sind wir hinsichtlich dieses metabolischen Rhythmus nicht (wie vorhin bei Hydra) auf Vermutungen angewiesen, sondern haben im Pulsieren ihres Herzens, wie in den ruckweisen Bewegungen des Gesamtkörpers und seiner Anhänge den deutlichsten Beweis dafür.

Etwas anders zu beurteilen sind polyzyklische Formen, die bei uns zwar in größeren, vom Frühjahr zum Herbst für Jungfernzeugung geeigneten Gewässern leben, aber Einwanderer sind aus Gegenden, wo sie monozyklisch waren und nur einen einzigen, aber notgedrungen kurzen Zyklus absolvieren konnten. So ist die Wasserflohgattung *Polyphemus* nach EKMAN und STROHL höchstwahrscheinlich „in Mitteleuropa ein postglazialer, nordöstlicher Einwanderer": im hohen Norden nützt *Polyphemus* die kurze Zeit, da die Gewässer eisfrei sind, zu einem Zyklus aus, den er stark zusammendrängen muß; im gemäßigten Klima behält er diesen Zyklus erblich bei, fügt aber, da Offen- und Warmbleiben der Gewässer die befruchteten Eier ohne längere Ruhepause zur Entwicklung bringt, sofort einen zweiten

Zyklus hinzu, der nunmehr bis zum Spätherbst dauert, also bis zu demjenigen Termin, da die übrigen Gattungen ihren ersten und einzigen Jahreszyklus beenden.

Wie sehr aperiodische Vorgänge periodischer Einstellung unterliegen, kann zuweilen nicht bloß dadurch erkannt werden, daß unregelmäßige Wiederholungen im Organismus zu regelmäßigen werden; sondern auch auf dem umgekehrten Wege, wenn regelmäßige Rhythmen eines Lebewesens nach Fortnehmen ihres Regulators in einem anderen, allenfalls irregulären Tempo weitergeführt werden. Hierfür geben auf Beobachtungen von EIMER gestützte Versuche von K. C. SCHNEIDER (1912) an Quallen ein lehrreiches (von ihm abweichend für völlige Eigengesetzlichkeit vitaler Rhythmen verwendetes) Beispiel. Man erblickt die Quallen oder Medusen gewöhnlich in rhythmischer Zusammenziehung ihres Schirmes begriffen: bei jedesmaliger Kontraktion wird das Wasser aus der Schirmhöhle ausgestoßen, und mit dem Rückstoß bewegt sich das Tier von der Stelle. Die Wiederholungen des Vorganges sind durch Reize geschaffen, die automatisch von den Schlägen des Schirmrandes dargeboten werden, da diese, abgesehen von den veränderten Muskelempfindungen in dem Tier, auch veränderte Wasserdichte um das Tier bedingen. Im großen und ganzen sind es die Bedingungen, durch welche — unter entsprechender Einsetzung der jeweils herrschenden Spezialbedingungen und unter stammesgeschichtlich zunehmender Vorherrschaft der Organ- (Muskel- und Lageempfindungen) — jede rhythmische Bewegung zustande kommt; und natürlich kann sie durch Änderung der Bedingungen, namentlich Organempfindungen und der von ihnen ausgelösten Erregungen, selbst geändert sowie zum vorübergehenden Stillstand gebracht werden. Wenn also die schwimmende Meduse manchmal stehen bleibt, so spricht dies noch nicht für vitale Autonomie des Bewegungsvorganges und nicht gegen die Richtigkeit seiner Bedingtheit durch selbstgeschaffene, teils innere, teils äußere Reize.

Regulatoren des Wiederholungsvorganges sind aber zweifellos die „Randkörper" des Medusenschirmes — Sinnesorgane, die Gesichts- und Gleichgewichtsfunktion vereinigen und zur Ausübung der letzteren, für den uns interessierenden Rhythmus wohl allein maßgebenden Funktion in Entodermzellen auskristallisierte Statolithen enthalten. Schneidet man der Qualle, z. B. einer *Rhizostoma* oder *Pelagia*, „alle Randkörper bis auf einen weg, so schlägt sie trotzdem ruhig weiter. Hält man aber diesen Randkörper mit einem feinen Stäbchen an und verhindert ihn, die Schwingungen des Schirmrandes mitzumachen, so bleibt die Meduse augenblicklich stehen.

Erst wenn der Randkörper künstlich in Schwingungen versetzt wird, beginnen die Schwimmbewegungen aufs neue." Das Stehenbleiben, welches einerseits (wie erwähnt) auch ohne Störung und Verletzung eintritt, sobald die Meduse zum Ausruhen kommt, kann begreiflicherweise statt durch Festhalten des verbliebenen Randkörpers ebensogut durch Wegschneiden sämtlicher Randkörper erzielt werden — muß es aber nicht, denn „der Schirm kontrahiert sich auch, wenn alle Randkörper fehlen. Nur seltener und weniger regelmäßig".

Hier ist also ein Spezialapparat für Rhythmisierung vorhanden; und zwar einer, der sich seinerseits nicht aktiv rhythmisch bewegt: die Bewegungen gehen ja von der ektodermalen Muskulatur des Schirmrandes und nicht vom Randkörper aus, der sich nur passiv mitbewegt. Nervöse oder — wie im soeben beschriebenen Fall — mit Nervenbahnen verbundene Empfangs- und Anschlußorgane besorgen wohl auch sonst (und zwar, je höher im Tierreich hinauf, desto eher) das Ordnen oder zum mindesten das Überleiten der Lebensrhythmen; und sie vermögen solches, weil ihre eigene Energetik in diesen Rhythmen verläuft, obschon sie sich nicht grob sinnfällig in rhythmischer Kinetik zu äußern braucht. Handelt es sich um ein mit Muskeln versorgtes, etwa gar um ein ausgesprochenes Bewegungsorgan, so kann die ihm innewohnende oder aus der Nachbarschaft in es hineingeleitete Rhythmik sofort demonstriert werden, wenn wir diejenigen Zentren entfernen, welche die Muskelkontraktionen des Organes für gewöhnlich unter der Herrschaft des „vernunftgemäßen" Willens halten und daher seine immanente Rhythmik nicht oder nur zu „vernünftigem" Gebrauche zum Vorschein kommen lassen. Schalten wir also diese, die Rhythmik normalerweise hemmenden Zentralorgane und damit die Willkür des Organismus aus; so bleibt nur seine Reflexerregbarkeit bestehen, welche sich in arithmetisch strenger Rhythmisierung offenbart: ein äußerst instruktives Beispiel hierfür bilden MATULAs „Untersuchungen über die Funktionen des Zentralnervensystems" bei Libellenlarven, denen die Thorakalganglien exstirpiert werden. Hängen infolgedessen die Beinpaare nur mehr mit ihrem eigenen Ganglien nervös zusammen, so „treten mitunter in beiden Beinen spontane, regelmäßig alternierende Bewegungen auf, mitunter zeigt nur ein Bein diese Bewegung; wird im ersten Falle ein Bein an seiner Bewegung verhindert, so wird die Frequenz des anderen Beines um das Doppelte erhöht; wird im zweiten Falle das sich bewegende Bein gefesselt, so beginnt sich das ruhende zu bewegen, und zwar mit einer Frequenz, die vorher das andere Bein aufwies". Daß in der Tat nur die entfernten Ganglien die Hemmungszentren waren, welche die Beinrhythmik nicht manifest werden ließen, kann man per analogiam erschließen, wenn man wechselweise Exstirpation verschiedener Ganglien vornimmt, um die Wirkung der Eingriffe auf Organe zu prüfen, die nicht, wie die Beine, gewöhnlich scheinbar arhythmisch, sondern schon normalerweise rhythmisch sind: etwa auf die Atmungsorgane; wofür sich in derselben, eben zitierten Arbeit von MATULA, aber auch in sehr vielen anderen reizphysiologischen Arbeiten Unterlagen finden. Zum Ausdrucke dessen, was wir zeigen wollen, genügen die Untersuchungen von MATULA: schneidet man einer Libellenlarve den Kopf ab, womit das Zerebralganglion entfernt wird, so erhöht sich die Zahl der Atemzüge im Laufe einer halben Stunde von 15—18 auf 36—40; sticht man das durch den Panzer schimmernde erste Thorakalganglion von außen mit einer Nadel an, so verringert sich die Zahl der Atemzüge in der gleichen Zeit auf etwa 8. Beides geschieht nicht plötzlich, sondern erst nach und nach, so daß man annehmen muß, daß ein gewisses Quantum von Erregungen noch abfließen muß, ehe sich deren Mangel infolge Wegfalles der Erregungsquelle (des Ganglions) bemerkbar macht.

Durchaus nicht immer wird aber der Regulator, wie bei der Libelle, ein nervöses Zentral- oder, wie bei der Meduse, nervöses Empfangsorgan sein müssen; namentlich dann nicht, wenn der Regulator durch eigene rhythmische Bewegungen (wie Herz und Atmungswerkzeuge, z. B. Lungen, Kiemen) oder selbst unrhythmische Bewegungen, denen eine latente, weil gehemmte Rhythmik innewohnt (wie im eben besprochenen Beispiel der Libellenbeine) den Anstoß zu rhythmischen Abläufen in benachbarte Regionen weitergibt. Eins der schönsten Beispiele von Regulation (wechselseitiger Regulation) durch eigene rhythmische Bewegungen lieferte CARRELs Methode der Gewebskulturen (Explantate) in einem Tropfen arteigenen Blutplasmas; auch winzige Stückchen ausgeschnittener Herzmuskeln, die geradeso pulsieren wie das ganze Herz, kamen mehrfach zur Verwendung, lebten, klopften monatelang und wuchsen dabei außerordentlich. Einmal kultivierte CARREL zwei Herzstückchen von verschiedener Schlagfolge nebeneinander im selben Serumtropfen: beim Wachsen kamen sie einander näher, rückten zusammen, vereinigten sich und schlugen von nun an im selben Takt; das Wort „Zwei Herzen und ein Schlag," galt von ihnen im buchstäblichsten Sinne (DEKKER).

Zuweilen braucht sicherlich gar kein Spezialorgan für Regulierung vorhanden zu sein, weil die Neigung zur Rhythmisierung im Anschlusse an Irritabilität und Motilität eine allgemeine Eigenschaft jeder lebenden Materie sein dürfte. Es bleibt deswegen auch meist unentschieden, wo der primäre, wo der sekundäre Rhythmus steckt, und ob nicht vielmehr beide oder alle zusammen von der gemeinsamen lebenden Grundmaterie rhythmisiert sind. Auch dafür bietet MATULA Belege, obgleich er sie anders, nämlich nur im Sinne der äußeren Reizbedingtheit des Atemrhythmus verwertet. Verlangsamung der Atempulsationen bringt man nämlich nicht bloß (wie vorhin angegeben) durch Zerstörung des ersten Thorakalganglions zustande, sondern auch durch Abschneiden der Fußglieder des ersten Beinpaares, dessen Bewegungen von diesem Ganglion abhängen und in ihrer Rhythmik von ihm zugunsten vernunftgemäßen Gebrauches gehemmt werden. Zerstört man das im letzten Hinterleibssegment gelegene Abdominalganglion, so hören die Atemzüge ganz auf; dasselbe geschieht aber auch, wenn man die demselben Segment angehörigen Afterklappen und Afterstacheln abtrennt: Veränderung und Aufhebung des Atempulses war somit sowohl von innen nach außen (durch Ausschaltung der Zentralorgane und Wegfall der zentrifugalen Leitung), als auch von außen nach innen (durch Ausschaltung der. in den entfernten Anhängen enthaltenen Empfangsorgane und Wegfall der zentripetalen Leitung) zu erzielen; in beiden Fällen wird die Mitteilung eines rhythmischen Lebensvorganges und seine Übertragung auf entfernte Bezirke unterbrochen und verhindert. — —

Jetzt haben wir genügendes Material beisammen, um zur Problembeantwortung schreiten zu können. Die Frage, ob die Perioden (namentlich der Lebewesen, aber auch der Anorganismen) autonom oder äußerlich bedingt seien, verlangt stets nach historischer Betrachtungsweise: Vergangenheit und Gegenwart, ehemaliges Ingangsetzen und späteres Imgangebleiben sind begrifflich scharf zu scheiden:

1. Ursprünglich sind alle Perioden von anderswoher, aus Ursachen, die nicht schon im betreffenden periodischen System selbst lagen, hervorgerufen worden.

2. Diese ektogenen Einflüsse konnten bereits ihrerseits periodisch sein; das uns interessierende periodische System übernahm sie durch Imitation, und zwar entweder

    a) Unverändert, so daß der ektogene Rhythmus endogen bestehen blieb, oder

    b) Verändert, so daß der ektogene Rhythmus endogen eine Verschiebung, Verkürzung oder Verlängerung erfuhr. Dies ereignet sich namentlich dann sehr leicht, wenn in dem einer ektogenen Periode unterworfenen System bereits andere Perioden endemisch waren: die Imitation hatte und vermochte dann nicht nur zwischen äußerer Periode und periodisch undifferenzierten Teilen des Systemes im Sinne einfacher Angleichung zu erfolgen; sondern mußte außerdem noch zwischen äußerer, erst im Entstehen begriffener und innerer, bereits vorhandener Periode im Sinne komplizierterer Ausgleichung stattfinden.

3. Die ektogenen Einflüsse durften aber auch unperiodisch-irregulär sein, vorzugsweise wenn ihnen das wiederholende (seriale) Moment nicht fehlte: erst in demjenigen System, auf das sie einwirkten, wurden sie dann periodisch einreguliert. Solche Regulation vollzog sich namentlich unter imitativem Einfluß dort bereits vorhandener, wenn auch andersgearteter Periodizität (z. B. Herzschlag, Atempuls); oder unter dem energetischen Einfluß vorhandener, aber verdeckter, gehemmter Periodizität (z. B. Sinnes-, Nerven- und Muskelorgane).

4. Endemische Perioden, die früher einer ektogenen, gleich- oder verschiedenrhythmischen Periode oder Serie ihre Entstehung danken, können ihrerseits im selben System weitere Perioden hervorrufen — entweder

a) in benachbarten Teilen des Systems (Beispiel: Einfluß des Herzschlages auf Arterienpuls und Atemrhythmus) oder

b) in seinem Gesamtverhalten (Beispiel: Einfluß der Menstruation auf das Allgemeinbefinden, des periodischen Wechsels von Hunger und Sättigung auf die Bewegungslust). Solch sekundäre Perioden sind dann zwar unmittelbar endogen, mittelbar aber letzten Endes doch ektogen bedingt. Eine Reihe innerer Perioden, von denen jede den Anstoß zu einer zweiten gibt, vermag so den ektogenen Ursprung der allerersten vollkommen zu verwischen und primäre Autonomie vorzutäuschen.

5. Die aus der Umgebung aufgenommene Periodizität — ganz gleichviel, ob ihre Kopie in Originalgestalt oder verschobener Perspektive ausgefallen, oder ob sie überhaupt erst hier aus regelloser Serialität zu regelrechter Periodizität geworden war; gleichviel auch, ob sie aus weiterer, noch der „Umwelt" des Systems oder aus engerer, bereits seiner „Innenwelt" angehöriger Gegend übernommen war — wird nun im beobachteten System vermöge seiner Trägheit festgehalten. Die Periodizität fährt deshalb fort, in ihm abzulaufen, auch wenn die Verhältnisse der (weiteren oder näheren) Umgebung längst unwirksam geworden sind oder sich bis zur Unkenntlichkeit verändert haben. Handelt es sich um ein organisches System, worin wir inhärent gewordene, aber nicht von jeher immanent gewesene Perioden beobachten, so kennt man für jenes Trägheitsvermögen geläufigere Ausdrücke: man nennt es Anpassung, wenn es sich im Dasein des Einzelwesens ereignet; Vererbung, wenn die Zeit der Erwerbung um Generationen, mindestens um eine Generation, zurückliegt. Beides zusammen nennt man vorteilhaft Gedächtnisvermögen im weitesten

Sinne oder mnemische Fähigkeit (Kap. XII); damit wird nämlich der Kontinuität des Lebensvorganges Rechnung getragen, worin der Übergang von einer Generation zur anderen nur eine spezielle, aber keineswegs trennende Phase, höchstens einen Einschnitt, aber durchaus keinen Ab- und Durchschnitt bedeutet. —

Die Frage, ob die Perioden der anorganischen und organischen Welt als Sonderfälle zu den Serien gehören, muß also in vollem Umfange bejaht werden: die Perioden sind Serien, in denen die räumlichen oder zeitlichen Abstände zwischen den einzelnen, simultan oder sukzedan wiederholten Serialgliedern gleichmäßig geworden sind. Zweierlei allgemeinste, ihrem eigentlichen Wesen nach (Kap. VI) zusammenfallende Umstände sind es, die uns in serialer Auffassung jeglicher Periodizität bestärken: 1. der imitative Charakter des Übernahmsprozesses; 2. die durch Beharrung (Trägheit) vorgetäuschte Autonomie (Unabhängigkeit) des periodischen Ablaufs in Rücksicht auf besondere, mit dem Einzelfall variable Ursachen. Und nur die eine Einschränkung müssen wir uns darin auferlegen: erst dann bezeichnen wir eine Periode als periodische Serie, wenn sie dem betreffenden periodischen System inhärent, ein Bestandteil seiner Beharrung geworden ist. Solange der zu diesem Ende geleitete Imitationsprozeß noch nicht abgeschlossen ist: so zwar, daß jeder Schwankung außen noch eine ihr gehorchende und streng adäquate Schwankung innen entspricht — nur solange ist die Periode nicht in unserer Seriendefinition inbegriffen, die ja das offenkundige Beherrschtwerden von jeweiliger Kausalität der speziellen Lage ausschließt.

Den Saisondimorphismus gewisser Schmetterlinge *(Arachnia levana* Winter-, *prorsa* Sommerform; *Prioneris Watsoni* Trockenzeit-, *thestylis* Regenzeitform usw.) wird man demnach nicht ohne weiteres als periodische Serialität anführen dürfen, solange einfache Temperaturwirkung auf die Puppen den Vorgang sofort aufheben oder willkürlich umkehren kann: Kältewirkung auf Puppen der Sommerform prompt die Winterform, Wärmewirkung auf Puppen der Winterform ebenso prompt die Sommerform ausschlüpfen läßt. Auch Ebbe und Flut wird man nicht als periodische Serie aufzählen dürfen, weil jedenfalls das Steigen und Fallen der Wassermassen in demselben Augenblicke aufhören würde, als die Anziehungskraft des Mondes hinwegfiele.

Übrigens sei man dessen nicht gar zu sicher; bzw. dehne Erfahrungen an einem so labilen, kohäsionsarmen Medium, wie es das Wasser ist, nicht auf alle anorganischen Körper aus. Die weite, von der Bewegung auf alle anderen Energiearten übertragene Fassung des Trägheitsbegriffes gab uns ja schon Gelegenheit zur Wahrnehmung, daß das Gedächtnis oder — statt psycho-physiologisch lieber physikalisch ausgedrückt — die Beharrung nicht bloß eine allgemeine Eigenschaft der organisierten Materie sei, wie HERING es 1870 aussprach, dem HAECKEL 1876, MACH 1902, WI. OSTWALD 1902, SEMON 1904, BERGSON 1908 u. a. folgten (Kap. XII); sondern eine allgemeine Eigenschaft der Materie überhaupt. Ein Beispiel lernten wir bereits im remanenten Magnetismus (S. 127) kennen; zwei weitere seien noch hierhergesetzt: Leimgallerte läßt sich durch schwaches Erwärmen verflüssigen, durch neuerliches Abkühlen wieder fest machen. „Wiederholt man diesen Vorgang hintereinander, so nimmt allmählich die Schmelztemperatur ab, die Gelatine wird immer leichter flüssig, und bei genügend häufiger Wiederholung würde sie schließlich auch bei Zimmertemperatur nicht erstarren. Verhält sich die Leimgallerte nicht so, als ob sie ein Gedächtnis für die Wärmeeinwirkung gewonnen hätte, die jedesmal eine spurenweise Veränderung, eine Erinnerung zurückgelassen hat? Als ob sie es geübt hätte, immer leichter auf den ‚Wärmereiz‘ anzusprechen?" (PAULI.) „Zwei Bleiplatten in Schwefelsäure ‚formieren‘ sich mehr und mehr, je häufiger sie elektrisch geladen und entladen werden: hier geht der Vorgang der elektrischen Ladung in der Tat um so leichter und reichlicher vor sich, je häufiger diese Reaktion stattgefunden hatte" (WI. OSTWALD 1902).

Ist also die anorganische Materie befähigt, empfangene Reizeindrücke — und zwar nach je häufigerer Wiederholung desto sicherer — mnemisch aufzubewahren, so muß sie das bis zu einem gewissen Grade auch mit serial und periodisch wiederholten Reizen zu tun imstande sein: auch wo unbelebte Stoffe periodische Erscheinungen kundgeben, können letztere erst immanent geworden und ursprünglich durch Imitation anderer Perioden von außen übernommen worden sein. Mit einigem Recht dürfen wir nun aber — um auf unser früheres Beispiel der Gezeiten zurückzukommen — annehmen, daß die mechanische Hebung und Senkung tropfbar flüssiger Massen keinerlei merkbare Immanenz gewonnen habe. Halten wir demgemäß am speziell-kausalen, nicht universell-serialen Charakter der Ebbe- und Flutbewegung fest, so lernen wir am Schlusse vorliegenden Kapitels noch etwas Neues:

Nämlich daß imitative Übermittlung solch einer „nichtserialen" Periode ihrerseits echt-seriale, durch Beharrung (Gedächtnis) ausgezeichnete Perioden schaffen kann, wie Ebbe und Flut in den bei uns zitierten, durch BOHN experimentell erwiesenen Fällen von Meeresbewohnern (Wurm *Convoluta*, Seeanemonen) es getan hat. Die Verkettung ist hier folgende: Die Ebbe und Flut bedingenden Mondphasen stellen, gleich allen zyklischen Bewegungen der Himmelskörper — mag auch die Gravitation unabänderlich in ihr Geschehen eingreifen —, wegen des bestimmenden Anteiles der Beharrung eine Serialperiode dar; Ebbe und Flut aber von ihr direkt-kausal bedingt und ohne manifestable Beharrung, also keine Serialperiode, sondern nur kausale Begleiterscheinung einer solchen; ihrerseits erzeugen Ebbe und Flut wiederum echte, durch Beharrung charakterisierte Serialperioden.

Gewiß ist hier die Verknüpfung und Vermittlung von Kausalität und Serialität bzw. Periodizität noch eine sehr einfache: es wird sich bei einigem Nachdenken eine überwältigende Vielheit von Fällen ergeben, in denen die Zahl der Mittelglieder, die zwei oder mehrere Serialphänomene in ursächlicher Verbindung erhalten, unvergleichlich größer ist. Oder wo umgekehrt eine Kette von Serialphänomenen — einander bedingend — an ihren Endpunkten oder in ihrem ganzen Verlaufe rein-kausale, im Rhythmus nur mittanzende, aber nicht selber seriale Begleitphänomene auslöst.

XII. Die Lehre von der Mneme

Das bewußte Gedächtnis des Menschen verlischt mit dem Tode, aber das unbewußte Gedächtnis der Natur ist treu und unaustilgbar, und wem es gelang, ihr die Spuren seines Wirkens aufzudrücken, dessen gedenkt sie für immer.

EWALD HERING.

1. Vorläufer

Wer eine allgemeine Naturgeschichte und Naturlehre der Wiederholungen schaffen will, darf selbstverständlich an den Wiederholungen der lebenden Welt nicht vorübergehen. Die lebendigen Naturkörper haben denn auch in unseren Untersuchungen über Multiplizität der Fälle sozusagen ununterbrochen eine große Rolle gespielt: die imitatorischen, symmetrischen, metameren und periodischen Erscheinungen der Lebewesen wurden beschrieben. Was uns an dieser Beschreibung jetzt noch fehlt, ist eine Darstellung der bereits von anderer Seite unternommenen Versuche, sämtliche organischen Reproduktionen (Gedächtnis, Übung, Ermüdung, Fortpflanzung, Entwicklung, Vererbung) unter einen gemeinschaftlichen Gesichtspunkt zusammenzufassen: unter einen Gesichtspunkt, der nur die organischen Wiederholungen, sie aber einheitlich, berücksichtigt; der sie von hier nicht ausdehnt auf das Anorganische, sie im Gegenteil eher als besondere Eigentümlichkeit der organisierten Substanz hinstellt.

Das ist mit einem Wort derjenige Gesichtspunkt, der vor Erkenntnis des allgemeinen Wiederholungsgeschehens erfaßt und durchgearbeitet werden konnte; der trotz seiner weitreichenden Rundsicht auf einen sehr ansehnlichen, nämlich auf den gesamten lebenstätigen Teil des Weltgeschehens noch nicht überallhin reicht und daher verhältnismäßig noch ein spezieller Standpunkt genannt werden muß. Der Vergleich dessen, was von der engeren, nur-biologischen Einstellung des Wiederholungsproblems gewonnen wurde, mit dem Ganzen des Serialgeschehens und die Einfügung der biologisch-reproduktiven Fragenbeantwortungen in dies Ganze beansprucht unsere regste Teilnahme und verspricht vertiefte Einsichten auch für die universell-reproduktiven Problemlösungen.

Die Ähnlichkeiten zwischen geistiger und körperlicher Wiedergeburt — das Nebeneinanderlaufen derjenigen Reproduktionen, die uns als Erinnerung bewußt werden, und derjenigen, die als Erneuerung sonstiger Funktionen mehr dem unbewußten, dunklen, animalen Teil unseres Daseins angehören — sind zu auffallend, als daß sie nicht schon oft die Überlegungskraft der Forscher und Denker hätten reizen sollen. Um so merkwürdiger ist es, daß wir nur eine einzige, gründliche Durcharbeitung des biologischen Reproduktionsproblems besitzen in Gestalt von RICHARD SEMONs „Mneme"-Theorie; eine erschöpfende

Durcharbeitung wird auch sie erst nach Erscheinen ihrer weiteren, geplanten Fortsetzungen genannt werden dürfen; dann aber kann ein nachhaltiger Einfluß auf das gesamte Geistes- und Forschungsleben unserer und der kommenden Zeit, wie ihn der Autor (siehe Vorwort zur 3. Auflage, 1911) bisher vermißt, nicht ausbleiben. — Alle ausgezeichneten Gelehrten, die vor SEMON den gleichen Gedanken aussprachen, ließen es dabei bewenden, ohne seine Fruchtbarkeit als Erklärungsprinzip an einer systematischen Durchforschung der Lebenserscheinungen eingehend zu prüfen; die Männer, welche außer SEMON das Gemeinsame jeder Art von organischer Wiederkehr erkannt hatten, dürfen daher nur als Vorläufer gelten, von denen mächtige Anregungen, aber in der bezeichneten Richtung keine abschließenden Erfüllungen ausgegangen waren.

SEMON selbst (1904, Vorwort zur 1. Auflage) nennt als solche: ERASMUS DARWIN (1794/98), HERING (1870), HAECKEL (1876, 1904), RIBOT (1876), BUTLER (1878), FOREL (1885) und MACH (1902). Später hat er noch ORR und LAYCOCK aufgefunden. Unter ihnen nimmt EWALD HERING eine hervorragende Stellung ein in bezug auf vergleichsweise Ausführlichkeit wie hinsichtlich des frühen Zeitpunktes, in welchem er dem Gedanken „Über das Gedächtnis als eine allgemeine Funktion der organisierten Materie" selbständigen, gereiften, bleibend gültigen Ausdruck verlieh. Muß SEMON als Baumeister jenes Gedankens gerühmt, so hat HERING für dessen eigentliche Grundsteinlegung bedankt zu werden. Statt die genannte grundlegende Schrift HERINGs in referierender Art zu besprechen, ziehe ich es vor, einige der lichtvollsten Sätze daraus wörtlich herzusetzen. Es entstammen ihr bereits die Motti zum gegenwärtigen Kapitel und zur Vorrede; es verbleiben namentlich zwei Absätze hinzuzufügen, die den Aufriß des Ideengebäudes am deutlichsten hervortreten lassen:

(S. 18, 19:) „Das Hühnchen, welches eben der Schale entschlüpft ist, läuft davon, wie seine Mutter davonlief, als sie die Schale durchbrochen hatte. Man bedenke, welch außerordentlich verwickeltes Zusammenwirken von Bewegungen und Empfindungen nötig ist, um nur das Gleichgewicht beim Laufen zu erhalten, und man wird einsehen, daß hier nur die Annahme eines angeborenen Vermögens zur Reproduktion dieser verwickelten Verrichtungen die erwähnte Tatsache erklären kann. Wie dem Individuum eine im Laufe seines Lebens eingeübte Bewegung zur andern Natur wird, so auch dem ganzen Geschlechte die von jedem Gliede desselben unendlich oft wiederholte Verrichtung.

Das Hühnchen bringt jedoch nicht bloß große Geschicklichkeit in seinen Bewegungen angeboren mit, sondern auch ein ziemlich hoch entwickeltes Wahrnehmungsvermögen. Denn es nimmt sofort die Körner auf, die man ihm vorstreut. Hierzu ist nicht nur nötig, daß es diese überhaupt sieht, sondern auch, daß es den Ort jedes einzelnen Kornes, seine Richtung und Entfernung sofort mit Sicherheit auffaßt, und endlich mit eben solcher Sicherheit danach die Bewegungen seines Kopfes und ganzen Körpers abmißt. Auch dies kann es nicht in der Eischale erlernt haben. Dies haben vielmehr die tausende und abertausende Wesen erlernt, die vor ihm lebten und von denen es in direkter Linie abstammt."

(S. 16, 17:) „Was aber ist nun dieses Wiedererscheinen von Eigenschaften des Mutterorganismus an dem sich entfaltenden Tochterorganismus anderes, als eine Reproduktion solcher Prozesse seitens der organisierten Materie, an welchen dieselbe schon einmal, wenn auch nur als Keim im Keimstocke, teilnahm, und deren sie jetzt, wo Zeit und Gelegenheit kommen, gleichsam gedenkt, indem sie auf gleiche und ähnliche Reize in ähnlicher Weise reagiert wie früher jener Organismus, dessen Teil sie einst war und dessen Geschicke damals auch sie bewegten. Wenn dem Mutterorganismus durch lange Gewöhnung oder tausendfache Übung etwas so zur andern Natur geworden ist, daß auch die in ihm ruhende Keimzelle davon in einer, wenn auch noch so abgeschwächten Weise durchdrungen wird, und letztere beginnt ein neues Dasein, dehnt sich aus und erweitert sich zu einem neuen Wesen, dessen einzelne Teile doch immer nur sie selbst sind und Fleisch von ihrem Fleische; und sie reproduziert dann das, was sie schon einmal als Teil eines großen Ganzen miterlebte: so ist das zwar ebenso wunderbar, als wenn den Greis plötzlich die Erinnerung an die früheste Kindheit überkommt, aber es ist nicht wunderbarer als dieses. Und ob es noch dieselbe organisierte Substanz ist, die ein einst Erlebtes reproduziert, oder ob es nur ein Abkömmling, ein Teil ihrer selbst ist, der unterdes wuchs und groß ward: dies ist offenbar nur ein Unterschied des Grades und nicht des Wesens." —

ERNST MACH hat sich insbesondere in zweien seiner Schriften mit dem mnemischen Problem auseinandergesetzt: in der „Analyse der Empfindungen" und in „Erkenntnis und Irrtum"; hier hat er (3. Aufl. S. 49) den charakteristischen Satz geprägt: „Schreibt man den Organismen überhaupt die Eigenschaft zu, sich wiederholenden Vorgängen sukzessive anzupassen, so erkennt man das, was wir gewöhnlich Gedächtnis nennen, als eine Teilerscheinung einer allgemeinen organischen Erscheinung ... Vererbung, Instinkt usw. können dann als über das Individuum hinausreichendes Gedächtnis bezeichnet werden."

·Der Gedanke des Universalgedächtnisses hat offenbar gerade für Energetiker große Anziehungskraft besessen: MACH ist dahin gelangt, der von der Physik ausgehend den Energetismus begründete; und WI. OSTWALD, der von der Chemie kommend sich zur energetischen Weltanschauung durchrang. Das ist bezeichnend im Hinblicke darauf, daß die Serienlehre, die alle Gedächtnis- und sonstigen Reproduktionserscheinungen in sich schließt, vermöge der sie erklärenden physikalischen Gesetze (Beharrung, Kap. V; Aktion und Reaktion, Kap. VI) wesentlich auf energetischer Grundlage ruht. — Indem OSTWALD (Naturphilosophie, S. 367) die Ergebnisse des Gebrauches und der Gewöhnung, der Übung und Ermüdung als vererbbar bezeichnet, ruft er aus: ,,Die Bedeutung dieser Eigenschaft kann gar nicht überschätzt werden. In ihren allgemeineren Formen ergibt sie die Anpassung und Vererbung, in ihrer höchsten Entwicklung das bewußte Gedächtnis." Das Aufbewahrungsvermögen der lebenden Substanz umfaßt also auch bei OSTWALD engeres Gedächtnis, Instinkt und sonstige organische Wiederholungen in größter Ausdehnung als wesensgleich. Die erbliche Fortsetzung dieser Wiederholungen bereitet OSTWALD sogar eine Schwierigkeit, sie mit ähnlichen Erscheinungen der unbelebten Welt als homolog anzuerkennen: ,,Zwei Bleiplatten in Schwefelsäure ,formieren' sich mehr und mehr, je häufiger sie elektrisch geladen und entladen werden: hier geht der Vorgang der elektrischen Ladung in der Tat um so leichter und reichlicher vor sich, je häufiger diese Reaktion stattgefunden hatte ... die Anwendung dieser Beispiele auf das organische Problem scheitert indessen daran, daß bei Lebewesen die durch Gewöhnung entstehenden Eigenschaften erblich sind. Sie müssen die Beschaffenheit haben, daß sie durch den Vorgang der Vermehrung auf neue organische Individuen übertragen werden können" (Naturphilosophie, S. 369). Meines Erachtens indessen (KAMMERER 1913c) besteht eine solche Schwierigkeit nicht, da ,,Vererbung" nur ein unzutreffendes Bild unserer unzulänglichen, von OSTWALD selbst so oft gegeißelten Sprache ist; ein dem Übergehen des äußeren Erbes in Menschenbesitz entlehntes Gleichnis für einen in Wirklichkeit streng ununterbrochenen Vorgang: der Keim besteht aus gleichem Stoffe wie sein Erzeuger und bedarf daher wie der Kristall nur des Wachstums, um neuerlich auch gleiche Form zu sein.

Eigene Lesefrüchte haben mich mit drei weiteren Vorläufern SEMONs bekannt gemacht, die SEMON selbst nicht erwähnt: MAUSDLEY, mir nur in der französischen Übersetzung von A. HERZEN (1879) zugänglich; R. BARON und COUTAGNE. Wieder bediene ich mich statt referierender der räumlich zwar anspruchsvolleren, hier

286

aber unendlich kennzeichnenderen zitierenden Darstellung; also zuerst ein Hauptsatz aus MAUSDLEY:

„C'est un simple fait d'observation que d'autres éléments organiques, outre les éléments nerveux, gardent les modifications subies à la suite des impressions reçues, de sorte que, dans un certain sens, on peut dire qu'ils se rappellent... L'exemple le plus remarquable de l'excessive impressionnabilité des éléments organiques est celui des deux éléments de la reproduction qui contiennent dans leur constitution... les dispositions particulières des différents tissus de chaque parent... Qu'on me permette donc d'y découvrir le même procédé physiologique, qui, lorsqu'il s'opère dans les couches corticales du cerveau, devient la condition de la mémoire et de l'habitude mentale."

Bei COUTAGNE ist die Übereinstimmung mit SEMON um so verblüffender, als sie sich nicht bloß auf den gedanklichen Hauptinhalt, sondern, wie wir sehen werden, sogar auf wichtige Bestandteile der Terminologie und sonstigen Ausdrucksweise erstreckt: nennt doch COUTAGNE (S. 188) die erblichen Anlagen (tendances héréditaires) bzw. ihren morphologischen Niederschlag (leur substratum anatomique) geradezu „les mnémons"! Da nicht daran zu denken ist, daß einer der beiden Autoren in Abhängigkeit vom andern schrieb, verbleibt nur eine jener bei Entdeckungen und Erfindungen so häufigen serialen Duplizitäten — weitere Beispiele in unserer Einleitung S. 23 — anzunehmen. COUTAGNE zieht also (S. 188—192) eine Parallele zwischen Vererbung und Gedächtnis, sowie (S. 191) auch zwischen vegetativer Fortpflanzung und Regeneration einerseits, Gedächtnis andererseits:

(S. 188:) „La mémoire est la faculté de rappeler et de reproduire les idées et les notions produites par les objets extérieurs." „L'hérédité est la faculté de rappeler et de reproduire les états et les particularités de structure produites par les circonstances extérieures." „Le cerveau humain jeune reçoit facilement, du milieu dans lequel il évolue, toutes sortes d'idées et de notions, qu'adulte il ne pourra plus guère échanger contre d'autres idées et notions différentes des premières, la mémoire plusieurs fois confirmée, c'est-à-dire l'habitude, s'opposant à ces changements. De même, on conçoit fort bien que l'évolution ait été rapide à ses débuts, alors que l'hérédité n'avait pas, comme de nos jours, pour l'enchaîner dans des limites étroites, le souvenir d'un nombre immense de générations à peu près identiques'..." (Der letzte Satz ist bei COUTAGNE wieder ein Zitat, und zwar aus einer eigenen älteren Arbeit, die schon 1895 erschien!)

(S. 189:) „Ce n'est pas, assurément, expliquer l'hérédité que de la comparer à la mémoire; on ne donne pas ainsi la cause de la ‚catégorie de faits' qu'on appelle hérédité. Mais pourtant, si on montrait que la catégorie hérédité et la catégorie mémoire obéissent ʻaux mêmes lois, et dérivent probablement de la même cause, cette cause restant d'ailleurs encore inconnue, on n'en aurait pas moins réalisé un progrès scientifique incontestable; un problème serait supprimé, non que la solution en soit trouvée, mais parce que ce problème serait rattaché à un autre problème consideré jusqu'alors comme distinct. Au fond, les ‚explications' scientifiques des phénomènes naturels sont-elles donc jamais autre chose?" (Mit dieser Rechtfertigung vergleiche man SEMONs Widerlegung des ihm gemachten Einwands, die mnemische Betrachtungsweise bedeute nur eine Umschreibung alter Rätsel, und seinen Hinweis, sie bedeute in Wahrheit Ausschaltung verschiedener Unbekannter und Ersatz durch eine einzige — S. 379 bzw. 382, 3. Auflage der „Mneme".)

Nach einer Auseinandersetzung mit DELAGE und seiner Kritik an den Vererbungstheorien von NAEGELI, WEISMANN und DE VRIES schließt COUTAGNE: „Mais il me semble qu'il y a une troisième manière, à laquelle peu de naturalistes ont encore pensé (hier zitiert COUTAGNE: R. BARON, Méthodes de reproduction en zootechnie, p. 56, 1888, der somit als weiterer Vorgänger SEMONs zu gelten hätte), de comprendre ces facteurs élémentaires de l'hérédité. C'est de supposer que la localisation des tendances héréditaires dans certaines régions des organites cellulaires, est analogue à la localisation, dans certaines régions du cerveau, des fonctions sensitivo-motrices afférentes aux différents appareils sensoriels, sensitifs et moteurs ... On doit considérer l'hérédité, l'instinct, et la mémoire, comme trois manifestations différentes d'une même propriété essentielle que posséderait toute substance vivante: le souvenir des états antérieurs, souvenir tantôt latent, tantôt présent, conscient quelquefois chez l'homme, sorte d'enregistrement, très mystérieux assurément, mais dont on peut étudier bien des lois, malgré le mystère de son mécanisme intime."

2. Die mnemischen Erregungen und mnemischen Empfindungen

Erregung und Empfindung ist nicht zweierlei, sondern es ist nach SEMON (1909), dem wir uns darin voll anschließen, derselbe Vorgang von zwei verschiedenen Seiten aus betrachtet: Erregung ist ein energetischer Prozeß in der reizbaren Substanz des Lebewesens; Empfindung ist die Reaktion, durch die sich die stattgefundene Erregung (wenn kräftig genug) dem Lebewesen unmittelbar (subjektiv) oder mittelbar (objektiv) kundgibt. Empfindung ist sozusagen das bewußte Endglied des ganzen Reizungsablaufes, durch welches man von der stattgefundenen, unbewußten Erregung Kenntnis erhält. Was wir wahrnehmen — sei es an uns selbst, sei es durch das Verhalten anderer Geschöpfe — sind allemal nur unsere eigenen Empfindungen; aus ihnen schließen wir auf die in unserer und der fremden lebenden Substanz stattgehabten Erregung.

In seinen bisherigen beiden Hauptwerken, der „Mneme" (die man auch „Mnemische Erregungen" betiteln könnte), und ihrer ersten Fortsetzung, den „Mnemischen Empfindungen" hat SEMON sich einer Namengebung (Nomenklatur) bedient, die es vermeiden will, Worte, die für einen engeren Begriffsumfang eingebürgert waren, in erweitertem Sinne zu gebrauchen. Würde SEMON z. B. für die reiz-, richtiger erregungsbewahrenden Fähigkeiten jedweden lebenden Stoffes den Ausdruck (allgemeines) „Gedächtnis" benützen, wie es seine Vorläufer unbedenklich taten, so müßte das zu Mißverständnissen führen und wäre auch sachlich ein Fehler, weil man gewohnt ist, nur das bewußt werdende Erinnerungsvermögen der grauen Gehirnrinde darunter zu verstehen; deshalb nennt SEMON dieselbe Fähigkeit, deren Spezialist das Gehirn bzw. die einzelne Nervenzelle ist, „Mneme": als mnemische Fähigkeit ist sie dann, nur in schwächerem Grade als bei der Nervensubstanz, Gemeingut auch aller übrigen lebenstätigen Substanzen — Zellen, Gewebe und Organe. Entsprechend wird das, was zum Gegenstande dieses allgemeinen Gedächtnisses wird, nicht als „Erinnerungsbild", sondern als „Engramm" bezeichnet; ein Reiz, der einen dauernden Eindruck in der lebenden Substanz (gleichviel in welcher) hinterläßt, hat engraphisch gewirkt. Die Gesamtheit aller engraphischen Wirkungen schafft den Engrammschatz des Lebewesens, wobei man einen individuell erworbenen und einen generell ererbten Engrammschatz zu unterscheiden hat. Ein Reiz, der ein Engramm oder eine Mehrheit solcher (einen Engrammkomplex) zum Wiedererscheinen bringt, hat ekphorisch gewirkt, und der Vorgang dieses Emportragens, Auslösens, Erinnerns heißt Ekphorie.

Es ist nicht zu leugnen, daß die konsequente Anwendung all dieser Ausdrücke fürs Lesen der SEMONschen Schriften erschwerend und ihrer Verbreitung hinderlich ist; zudem sind die befürchteten Mißverständnisse durch die neuen Termini ja doch nicht verhütet worden. Womöglich dieselben Gelehrten, die sich über unerlaubte Begriffserweiterung eines Wortes ereifern, lassen sich nachher nicht davon abhalten, mit neuen Wortbezeichnungen doch wieder die alte Enge der Begriffe zu verbinden, falls sie sich nicht überhaupt der

Mühe für enthoben halten, in neue Bezeichnungen und damit in neue Werke, von denen erstere geprägt wurden, Einblick zu nehmen. Deshalb werde ich mich bemühen, tunlichst ohne die SEMONsche Terminologie auszukommen; wo ich sie dennoch sparsam gebrauche und definiere, geschieht es mehr der Vollständigkeit des Referates wegen. —

Woran erkennen wir, daß der Reiz eine Erregung hinterließ, deren Spur nicht gänzlich verschollen ist, sondern gelegentlich aufleben kann? In uns selbst erkennen wir es daran, daß wir den Reiz, der denselben Eindruck zum zweiten Male vermittelt, bekannt empfinden: unser Erinnerungsgefühl gesellt sich zur Wiederkehr des Originalreizes und unterscheidet die Original- von der mnemischen Erregung. Stimmt der wiederholte Reiz mit seinem erstmaligen Eintritt quantitativ und qualitativ überein, so ist es in der Regel nur durch Selbstbeobachtung (Introspektion) möglich, eine Erregung als Erinnerung zu erkennen: man vermag subjektiv an sich festzustellen, daß irgendwelche Einwirkung der Außenwelt, beispielsweise diejenige einer eigentümlich verschlungenen Linie, eines Teppich- oder Tapetenmusters bei ihrem nochmaligen Auftreten nicht einfach den Erregungs- und Empfindungszustand ihres erstmaligen Erscheinens wiederholt; sondern daß zur Wiederholung ein neues Bewußtseinselement hinzukommt — die Empfindung, dieser besonderen Reizwirkung schon einmal unterworfen gewesen zu sein, den nämlichen Erregungszustand schon einmal durchgemacht zu haben. Ebenso deutlich wird die subjektive, introspektive Erinnerung, wenn es gilt, etwas schon mal Memoriertes, lang nicht Repetiertes aufzufrischen, sei es ein Gedicht, sei's ein Klavierstück: liegt die Zeit seiner Erlernung weit genug zurück, so kann es uns zunächst vorkommen, als hätten wir die Fertigkeit, dieses fehlerlos zu spielen, jenes aufzusagen, gänzlich verloren; und dennoch lehrt die Wiederholung, daß wir nun rascher und vollkommener die Herrschaft darüber gewinnen als ehemals.

Objektiv fällt die sichere Unterscheidung von ursprünglichem und gedächtnismäßig reproduziertem Erlebnis schwerer, ist aber möglich, wenn die Wiederkehr desselben Reizes erheblich stärkere Wirkungen hervorruft als sein originaler Eintritt: wenn z. B. Wasserflöhe (Daphniden), die sich gerne an erleuchteten Stellen ihres Aquariums sammeln, laut DAVENPORT und CANNON bei unterbrochener Einwirkung einer gleichbleibenden Lichtstärke zum dritten Male nur 28 statt 48 Sekunden benötigen, um eine Strecke von 16 cm zu durchschwimmen, so kann man die Beschleunigung getrost auf Rechnung des Erinnerungsvermögens setzen; ebenso wenn laut OLTMANNS Pilze, nach 15stündiger Unterbrechung erneut 10stündigem Bogenlicht ausgesetzt, mit stärkeren phototropischen Krümmungen darauf reagieren als tags zuvor.

Diese Beispiele zeigen bereits, daß das Gedächtnis kein ausschließliches Eigentum des Menschen und der höheren Tiere, sondern daß es überall in den Lebensreichen, die Pflanzen nicht ausgenommen, verbreitet ist. Seine Allgegenwart läßt sich namentlich einwandfrei beweisen, wenn der Reiz, der eine gedächtnismäßige Erregung hervorruft, nach Stärke oder Art verschieden ist von dem Reiz, der die erstmalige Erregung hervorrief. In dem oben beschriebenen Versuche DAVENPORTs und CANNONs an Daphnien kann man, statt es den Versuchstieren zu überlassen, die Dauer ihrer positiv phototaktischen Schwimmbewegung zu variieren, und zwar zu verkürzen, selber die Intensität der verwendeten Lichtquelle verändern, und zwar abschwächen: dann genügt nach mehrmaliger Einwirkung ein Viertel der anfänglichen Lichtmenge, um das Aufsuchen der hellsten Stelle auf dieselbe Entfernung hin und innerhalb derselben Zeit wie beim ersten Male vollenden zu lassen. Was hier ein niedrig organisiertes Krebstier zu leisten imstande ist, leistet ein hochorganisiertes Säugetier natürlich erst recht: um einem noch nicht zugerittenen Pferde die verschiedenen Gangarten beizubringen, bedarf der Dresseur anfangs der ganzen Kraft seiner Schenkel, wenn deren Druck zur Auslösung bestimmter Bewegungen ausreichen soll; allmählich aber darf der Reiter so weit damit nachlassen, daß die nämlichen Stellungen — noch dazu viel prompter als zu Beginn — durch Druckreize von solcher Schwäche ausgelöst werden, wie sie ursprünglich überhaupt keine Beachtung fanden.

Daß nicht bloß die Stärke, sondern auch die Beschaffenheit des Originalreizes sich ändern darf, ohne ihn ungeeignet zu machen, den Eindruck von ehedem neu zu beleben, beweist jedes Bild, das uns den abgebildeten Gegenstand erkennen läßt — jede Oberstimme eines musikalischen Kunstwerkes, die, selbst roh gepfiffen, uns die Fülle der harmonischen Unterstimmen, der orchestralen und vokalen Klangfarben rückzuzaubern vermag.

Nun vermag aber nicht bloß Wiederkehr des in seiner Quantität oder Qualität abgeänderten Originalreizes den von ihm hervorgerufenen Eindruck zu erneuern, sondern unter bestimmten Bedingungen auch ein ganz anderer Reiz. Die Bedingungen bestehen darin, daß der andere Reiz gleichzeitig mit dem Originalreiz oder unmittelbar vorher eingewirkt hat. In jeder Sekunde unseres Lebens werden wir nämlich nicht etwa durch einfache und von denen der Nachbarsekunden deutlich abgegrenzte Reize getroffen, sondern stets sind unsere Erlebnisse sehr zusammengesetzt und stürmen in ununterbrochener Folge auf uns ein. Bricht ein Sonnenstrahl aus den Wolken, so sind es allein schon drei Energiearten, die sich fühlbar machen: Licht-, Wärme- und chemische Energie, die in der reizbaren Substanz einen „simultanen Engrammkomplex" zurücklassen. Braust ein Eisenbahnzug vorüber, so empfangen Auge und Ohr gleichzeitig und aufeinanderfolgend („sukzedaner Engrammkomplex") ganze Reihen von verschiedenartigen Eindrücken. Jeder davon ist fortan imstande, alle übrigen Bestandteile des gleichzeitig empfangenen Erregungskomplexes auferstehen und alle ihm nachfolgenden Bestandteile hintereinander empfangener Erregungskomplexe, und zwar letztere in der Reihenfolge ihres Eintrittes, mnemisch ablaufen zu lassen.

Ein junger Hund, der bis dahin noch keine üblen Erfahrungen mit dem Herrn der Schöpfung gemacht hat, wird von Knaben mit Steinen beworfen. Zwei Gruppen von Reizen wirken auf ihn: (a) optische Reize der sich bückenden und Steine schleudernden Menschen sowie (b) mit Schmerz verbundene Hautreize, welche die treffenden Steine verursachen. Während bis dahin der Anblick eines sich rasch bückenden Menschen keine besondere Beachtung gefunden hatte, wirkt er von da ab meist bis ans Lebensende des Hundes wie ein schmerzerregender Reiz: er klemmt den Schwanz zwischen die Beine und flieht, oft unter lautem Geheul. Während mithin ursprünglich nur die Reize (a + b) gemeinschaftlich diese Reaktion zu erzeugen imstande waren, tut es im Wiederholungsfalle Reiz a allein, der anderenfalls — in Verknüpfung mit minder schreck- und schmerzhaften Reizen — nie geeignet gewesen wäre, die Schmerzreaktion hervorzurufen. Eine Scherzreaktion liefert Reiz a beispielsweise beim Bruder jenes Hundes, der keine so schlimme Erfahrung gemacht hat, dafür aber in der Richtung des Spielens mit Steinen (Apportierens) beeinflußt wurde: auf das Bücken hin spannt er die Muskeln, nimmt sprungbereite Stellung an, fixiert die vermeintlich werfende Hand, um den fortfliegenden Stein möglichst schnell zu erhaschen.

Selbstverständlich nicht bloß die Zweiheit, sondern auch eine Vielheit gleichzeitig empfangener Eindrücke verknüpft (assoziiert) sich so, daß Wiederkehr des einen die irgendeines oder mehrerer oder aller anderen nach sich zieht. Allerdings ist die Hauptsumme gleichzeitiger Eindrücke bei ihrer Wiederbelebung verblaßt; und nur die lebhaftesten von ihnen, ferner solche, denen seinerzeit oder jetzt besondere Aufmerksamkeit zuteil wurde, ragen bei jeder Gelegenheit in größerer Deutlichkeit hervor, — als sei im Meere eine bergige Landschaft versunken. Ihre höchsten Gipfel verblieben noch oberhalb des Wasserspiegels; sie wurden zu scheinbar unzusammenhängenden Inseln, obzwar sie Teile des einstmals in ganzem Zusammenhange überschaubaren Geländes sind. SEMON sah vor Jahren, am Golfe von Neapel stehend, Capri vor sich liegen; aus einer benachbarten Trattorie drang brenzlicher Ölgeruch; heiß brannte ihm die Sonne auf den Rücken; die Schuhe drückten ihn; und neben ihm spielte ein Werkelmann auf seinem großen, echt italienischen Pianoforteleierkasten. Seitdem kann SEMON jenen oder einen ähnlichen Geruch nie mehr wahrnehmen, ohne das Bild Capris, von Neapel aus gesehen, vor seinem geistigen Auge erstehen zu lassen; die anderen Bestandteile des damaligen Erlebnisses erfahren aber weder durch den Ölduft noch durch erneuten Anblick Capris ihre Wiederbelebung, sondern bedürfen anderweitiger Nachhilfe, z. B. der Nacherzählung oder des Vorsummens der Leierkastenmelodie, um zu erproben, daß sie sich damals gleichfalls dem Gedächtnisse eingeschrieben hatten.

Zuverlässig geht aus diesen Beispielen hervor, daß wir — wenn auch nicht vollkommen, nicht ohne andere Bruchstücke daraus flüchtig mitzuschleppen — imstande sind, die Empfindungskomplexe voneinander zu trennen und gesondert zu reproduzieren: ein Beweis, daß sie sich im Bewußtsein nicht zu regellosem Gemisch, sondern zu geordnetem Nebeneinander (wenn es Simultankomplexe waren) und Nacheinander (wenn es Sukzedankomplexe waren) vereinigten. Aus dem letzten Beispiel geht auch hervor, daß diese Vereinigung zwischen den Stücken eines Simultankomplexes polar gleichwertig geschieht; das heißt, jedes Stück kann in beliebiger Folge jedes zweite zu Bewußtsein bringen. Nicht von allemal zutreffenden Gesetzmäßigkeiten, sondern von vorhin aufgezählten Nebenumständen hängt es ab, welche Stücke dabei einander bevorzugen: hätte ich mich z. B. in der Lage SEMONs am Neapler Golfe befunden, so wären voraussichtlich die akustischen und rhinotischen Elemente des Komplexes als mnemische Inseln wechselseitig ekphorierbar bestehen geblieben statt, wie bei SEMON, die rhinotischen und die optischen.

Zum Unterschiede von Simultankomplexen vereinigen sich Sukzedankomplexe polar ungleichwertig: sie bilden stetige, einsinnig geordnete Reihen, das heißt solche, die nur in der einzigen Richtung, in welcher sie als originale Erlebnisse nacheinander aufgenommen wurden, reproduziert werden können; sie lassen sich also nicht umkehren und verlieren, wenn man die Umkehr erzwingt, jeden Sinn und Verstand. Wenn ich jemand etwas sage, und er antwortet in fragendem Tone „Muraw", so habe ich keine Ahnung, daß er „Warum?" gefragt hat. Wenn eine Bewegung kinematographisch aufgenommen wird, und man läßt nachher den Film verkehrt ablaufen, so ist es nicht möglich, die Bewegung zu erkennen.

P. HUBER beschrieb eine Schmetterlingsraupe, die in mehreren Stadien ein sehr kompliziertes Puppengespinst herstellt. Setzt man eine solche Raupe, die ihr Gewebe schon bis zur sechsten Stufe fertig hat, ins Gewebe einer Genossin, das nur bis zur dritten Stufe gedieh, so gerät jene nicht in Verlegenheit, sondern wiederholt die vierte, fünfte, sechste Stufe des Baues. Bringt man sié aber aus einem Gewebe dritter Entstehungsstufe in ein bis zur neunten vollendetes, so vermag das Tier nicht unter Überspringung der vierten bis achten Stufe mit der neunten fortzufahren; vielmehr muß es von der eben verlassenen dritten Stufe wieder ausgehen, so daß an dem nun fortgesponnenen Gewebe die vierte bis achte Stufe verdoppelt werden. Diese Raupe gleicht einem Schüler, der ein auswendig gelerntes Lesestück von Anfang bis zu Ende herunterschnurren, nicht aber auf ein herausgegriffenes Stichwort hin an beliebiger Stelle beginnen und fortfahren kann. — J. H. FABRE beschrieb eine Grabwespe *(Sphex)*, die ein Erdloch anlegt, nach Beute ausfliegt, die durch einen Stich wehrlos gemachte Beute zunächst vor dem Eingang der Erdhöhle niederlegt und vor allen Dingen in die Höhle schlüpft, um zu sehen, ob dort alles in Ordnung ist. Diesen Augenblick benützte FABRE, um die Beute ein wenig abseits zu bringen; die aus der Höhle zurückkehrende Wespe sucht und findet ihre Beute, bringt sie neuerlich vor den Höhleneingang, untersucht neuerlich die Höhle: vierzigmal ging es so weiter; beim Hinlegen der Beute trat jedesmal zwangsläufig der Trieb ein, die Höhle zu inspizieren — ein Unterlassen dieser Instinkthandlung, wenn jene vorausging, ist, da beide dem Erbgedächtnis der Wespe nur sukzedan eingeprägt sind, unmöglich.

Welche sind die Ursachen des Unterschiedes in den Möglichkeiten der Wiederkehr eines simultanen und eines sukzedanen Engrammkomplexes? Die Frage ist um so berechtigter, als dieser sich in seiner Entstehungsweise auf jenen zurückführen läßt. Um einen minimalen Zeitbetrag überdauert jede Erregung den Reiz, der sie hervorrief und nach dessen Aussetzen sie rasch abfällt: vom Einsetzen bis zum Aufhören des Reizes heißt die Erregung synchron; ihr kurzer Nachklang heißt akoluth. Während nun synchrone Erregungen B, C, D, E der Reihe nach eintreten, ist allemal die akoluthe Erregung a, b, c, d des oder der vorausgegangenen synchronen Erregung noch nicht völlig abgeklungen — wie es das folgende Schema veranschaulicht:

Phase	1	2	3	4	5	6 usw.
Erregung (grosse Buchstaben: synchron; kleine: akoluth)	A—	—a— B—	—a— —b— C—	—a— —b— —c— D—	— —b— —c— —d— E—	— — —c— —d— —e— F usw.

In einem Komplex, dessen Glieder in einer Folge von Früher und Später geordnet sind, besteht also auch Gleichzeitigkeit zwischen jedem Glied und den schwachen Nachwirkungen seiner Vorgänger.

Wie gestalten sich die Verhältnisse, wenn die Erregungs- und Empfindungsreihe A — E infolge Wiedereintrittes eines ihrer Komponenten gedächtnismäßig abläuft? Sei C die durch Wiederholung ihres Originalreizes oder auch bereits durch eine Erinnerungsempfindung neuerdings einsetzende Komponente: als simultan zugeordnete Glieder wird sie b und a, als sukzedan angefügte Glieder wird sie durch Vermittlung ihres Nachklanges c ebenfalls noch a, b, außerdem aber D auslösen. Nun sind akoluthe Erregungen gleich a und b zu schwach, um — zumindest bei ihrer mnemischen Wiederholung — oberbewußt zu werden; umgekehrt ist die Schwäche, das Unterbewußtbleiben einer Erregung gar kein Hindernis, um stärkere Erregungen, die dereinst gleichzeitig vorhanden waren, mnemisch über die Schwelle des Bewußtseins zu heben. So ruft Erregung C zwar nicht vermittelst der gleichzeitig abklingenden Erregungen b und a rückläufig die Erregungen B und A wach, wohl aber vermittelst ihres eigenen Nachklanges c die damit gleichzeitig verbundene Erregung D. Ebenso weckt diese nicht C, denn die Nachwirkung c ist zu schwach, um den Wettbewerb mit Erregung E auszuhalten, die von Nachwirkung d emporgetrieben wird.

Warum aber tragen die akoluthen Erregungen b und a — wenngleich selber zu schwach, um bei ihrer Erweckung durch die synchrone Erregung C wachbewußt zu werden — nicht ihrerseits die vorausgehenden synchronen Erregungen B und A ins Bewußtsein, woran sie doch ihre eigene Unterbewußtheit nicht hindern dürfte? SEMON meint mit EBBINGHAUS, daß eine gewisse Neigung, unmittelbar vorausgegangene Reihenglieder wachzurufen, freilich ebenfalls bestehe; nur sei sie außerordentlich geringer im Vergleiche zur Neigung, die nachfolgenden Glieder aufzujagen. Als Erklärung nimmt SEMON unsere einsinnig verlaufenden Organempfindungen zu Hilfe, wie unser Fühlen des Herz-, Pulsschlages und der Atemzüge. Die

Organempfindungen bilden ein immer gegenwärtiges Grundmuster, dem die übrigen in der Zeit verlaufenden Empfindungen gleichsam aufgestickt sind. Da nun trotz zyklischer Wiederkehr der ganzen Tempi die Ausatmung keine einfache Umkehrung der Einatmung ist, ebensowenig die Ausdehnung (Diastole) des Herzmuskels Umkehr seiner Zusammenziehung (Systole) — so können auch die gleichzeitig damit verbundenen übrigen Erlebnisse als Erinnerungen nicht umkehrbar sein; sie werden von den einsinnig geordneten Organempfindungen unweigerlich mit fortgerissen.

Die Gesamtheit der Organempfindungen, die Summe aller zyklisch wiederkehrenden Lebensverrichtungen spielt noch bei einer anderen Art von Erlebnisweckung ihre große Rolle — nämlich bei der „chronogenen Ekphorie", die scheinbar vom Ablauf eines bestimmten Zeitabschnittes abhängig ist. Angenommen, ich sei gewöhnt, um 8 Uhr früh meine erste Mahlzeit zu mir zu nehmen, um 1 Uhr meine zweite, um 8 Uhr abends meine dritte, so erzeugen Anblick, Geruch und Geschmack der Speisen eine eigentümliche Empfindungssphäre, die wir als Hunger oder Appetit bezeichnen, und die bei ausreichend ernährten Menschen zwischen den Mahlzeiten fehlt. Beginne ich zwischen die erwähnten drei Mahlzeiten noch um 11 und 5 Uhr je einen kleinen Imbiß einzuschieben, so fällt mir das anfangs gar nicht leicht; aber ich zwinge mich, etwa weil der Arzt es verordnet hat, und führe es ein halbes Jahr lang durch. Versuche ich dann, die Mahlzeiten um 11 und 5 Uhr wieder ausfallen zu lassen, so stellt sich jetzt der Hunger um die betreffende Zeit mit großer Stärke und Deutlichkeit ein. Alle im vorausgegangenen Kapitel behandelten periodischen Erscheinungen — etwa Schlaf und Wachen, die Menstruation des Fruchthalters der Säugetiere, die Brunftperioden vieler Tiere, Blüteperioden der Pflanzen, Blattabwurf unserer Laubbäume im Herbst und ihre Knospenbildung im Frühjahr — sind Beispiele, die ein Gedächtnis der Lebewesen für Zeitabschnitte dartun. Aber nur einer naiven Auffassung, meint SEMON, scheint die Zeit als solche Auftreten und Verschwinden der betreffenden Erscheinungen zu bedingen und zu regeln: in Wahrheit bedeutet der Zeitablauf für Pflanze und Tier den Ablauf einer bestimmten Anzahl von Lebensvorgängen. Auch ohne Uhr kann ein Gefangener im unterirdischen, künstlich beleuchteten und erwärmten Gefängnisse mit Hilfe seines Puls- und Atemrhythmus, der Wachstumsgeschwindigkeit seiner Nägel und Haare den eigenen Körper als Chronometer benützen, das Schwinden der Stunden, Tage und Jahre mit annähernder Genauigkeit registrieren. Ebenso sind es bestimmte, vom Wechsel der Jahreszeiten mit seinen klimatischen Begleiterscheinungen geleitete Stoffwechselleistungen, die nach ihrer Durchführung den Blattwechsel der Bäume, Haarwechsel der Säuger, Federnwechsel der Vögel hervorbringen; das gerade etwa in vier Wochen zustande kommende Blutmaximum im Uterus führt dort zum Bersten der Gefäße und der Schleimhaut und hat den Blutabgang beim Weibe zur sichtbaren Folge.

Jeder Augenblick unseres Lebens bringt neue Eindrucksmengen, jede Sekunde neue oder erneuerte simultane Engrammkomplexe mit sich: so erwächst ein gleichzeitiger Engrammkomplex nach dem andern oder (vorstellungsmäßig) gewissermaßen einer auf dem andern: Schicht um Schicht entsteht, aus lauter solchen Simultankomplexen zusammengefügt, der Engrammschatz unseres Lebenslaufes. SEMON nennt diese Schichtung, für deren Zustandekommen in jedem Lebensmoment gleichsam ein noch unbeschriebenes Blatt der lebenden Substanz benützt werden muß, „chronogene Lokalisation" der Engramme im Gegensatz zu ihrer „topogenen Lokalisation", die durch Trennung der Sinnesgebiete (Sinnesorgane und zugehörige Sinnessphären im Zentralorgan) mit gewissen, noch zu besprechenden, relativen Beschränkungen vollzogen ist. Kehrt nun eine Lebenslage wenigstens teilweise wieder — periodisch oder aperiodisch —, dann bedeutet es jedesmal Auferstehung auch des mit ihr aufgenommenen Simultankomplexes.

Für seine Auferweckung ist es nebensächlich, ob die Wiederkehr der Situation sich im Leben jedes Individuums mehrmals oder oftmals ereignet; oder ob sie in jedem Einzeldasein nur einmal eintritt. Wenn sich in jeder Generation an einer bestimmten Stelle ihres Werdeganges dieselbe Situation ergibt, so ist sie bis zu einem gewissen Grade ebenfalls an die Zeit gebunden, weil eben der Entwicklungsgang bis zum entscheidenden Punkte eine ungefähr beständige Dauer beansprucht. Die Raupe benötigt soundso viele Wochen, ehe sie sich zur Verpuppung anschickt; die Kaulquappe soundso viele Monate, ehe sie sich ins Fröschchen verwandelt; das Menschenkind soundso viele Jahre, ehe das Milchgebiß den bleibenden Zähnen weicht. Zum Unterschied von der im Einzelleben periodisch wiederkehrenden nennt SEMON die im Individualdasein nur je einmal verwirklichte Neubelebung der Engramme ihre „phasogene Ekphorie".

Stellen wir vorerst übersichtlich zusammen, was über die verschiedenen Möglichkeiten gesagt wurde, Erinnerungen an schlummernde Erlebnisse heraufzubeschwören:

I. Unmittelbare Erinnerung

A. Erinnernd wirkt eine energetische Beeinflussung, ein „Reiz":

1. Durch Wiederkehr des Reizes in seiner originalen Form.

2. Durch Wiederkehr des Originalreizes
a) in qantitativ,
b) in qualitativ abgeänderter
Form.

II. Mittelbare Erinnerung

3. Durch einen anderen als den
Originalreiz, weil er mit diesem
im selben gleichzeitigen oder ungleichzeitig im vorausgehenden
Eindruckskomplex enthalten, also fest mit ihm verknüpft war
(Assoziative Ekphorie).

B. Erinnernd wirkt scheinbar ein
Zeitablauf, in Wahrheit freilich eine nur in bestimmter
Dauer zu bewältigende Summe
von Lebensprozessen, also ebenfalls eine Reizbeeinflussung:

4. Durch Ablauf einer bestimmten
Menge organischer Prozesse, die
zyklisch in den früheren Zustand zurückführen, und zwar
a) im Leben eines jeden Geschöpfes einmal (Phasogene
Ekphorie);
b) im Leben jedes Geschöpfes
mehrmal und meist perio-
disch (Chronogene Ek-
phorie).

Wir hörten bereits, daß Einzelerlebnisse in der Erinnerung nicht
verschmelzen, sondern sich dem Gedächtnisschatz als geordnetes,
trennbares Neben- und Nacheinander einfügen. Hiervon macht die
Wiederholung ein und desselben Originalerlebnisses keine Ausnahme:
der erste Eindruck wird durch die nachfolgenden, ihm gleichen oder
ähnlichen nicht, wie man gewöhnlich sagt, „verstärkt", gleichsam
verdickt; er „verwächst" nicht mit ihm, wie sogar manche Psychologen
sagen; sondern es entsteht jedesmal ein neuer, den früheren
gegenüber selbständiger Eindruck. Würde der erste Eindruck
mit seinen identischen oder analogen Nachfolgern ein einheitlich un-
trennbares Verschmelzungsprodukt bilden statt einer Summe von
Einzeleindrücken, so müßte es beispielsweise beim Erlernen eines Gedichtes auf dasselbe herauskommen, ob man das Gedicht etwa dreimal
flüchtig durchliest oder nur einmal mit verdreifachter Aufmerksamkeit; demgegenüber bewährt sich aber die Zauberkraft der Wiederholung, weil gespanntestes Aufmerken doch nur den einzigen Eindruck
verschafft, jede Wiederholung dagegen einen weiteren Eindruck hinzu-

gewinnt. Nicht etwa nur um allgemein gesteigerte Empfänglichkeit handelt es sich bei der Wiederholung: ein Experte im Weinschmecken ist noch keiner im Teeschmecken und bedarf, obwohl besser vorbereitet als ein anderer, erst hundertfacher neuer Eindrücke durch letztgenannten Reiz, um auch hier auf minimale Reizstärken in jener Meisterschaft zu reagieren, die dem Laien märchenhaft erscheint.

Die neuen, erneuerten Erfahrungen wirken also — jede für sich — mit den älteren des gleichen Erfahrungsgegenstandes zusammen, und dieses Zusammenklingen an sich getrennter Eindrücke nennt SEMON „Homophonie". Sowohl originale, als originale und mnemische Empfindungen zusammen, als mnemische untereinander können in ein homophones Verhältnis treten. Originalempfindungen gelangen dazu bei Deckung von Empfindungen im selben Empfindungsfelde, also beim binokulären Sehen, diotischen Hören, diolfaktorischen Riechen. Wenn Originalempfindungen mit mnemischen oder mnemische untereinander zusammenklingen, wird es uns durch Wiedererkennen bewußt, was bei Verwachsung von Wiederholungen ebenfalls unmöglich wäre und nur durch stete Neuschöpfung besonderer Eindrücke ermöglicht wird. Stimmt der erneute Eindruck mit dem alten nicht restlos überein (häufigerer Fall), so gesellt sich zum Wieder- noch das Unterschiedserkennen.

Das Wiedererkennen ist fast nur subjektiv nachweisbar, objektiv höchstens beim Mitmenschen durch Vermittlung der Sprache; bei anderen Geschöpfen ist nur das Unterschiedserkennen wissenschaftlich feststellbar, denn etwa die Beobachtung, der Hund erkenne sein Halsband, seine Freßschüssel, ist strenge genommen unbeweisend für inneres Vorhandensein eines dem unseren gleichen Bewußtseinsvorganges. Wohl aber entsprechen die Reaktionen, mit denen das Tier sich bemüht, Inkongruenzen zwischen ursprünglichem und späterem Eindruck zu beseitigen — die sogenannten Ausgleichsreaktionen —, jeder Forderung an einwandsfreie Diagnose des mit Unterschiedsempfindung verbundenen Erkennens. Betrachten wir nochmals den Hund, dessen Benehmen beim Spiel mit Steinen wir schon verwertet haben: werfen wir beim Flug nicht allzu leicht erkennbare Steinchen in ziemliche Entfernung, so stellt sich der Hund, dem das Apportieren Freude macht, mit gespannten Muskeln und erhobenem Kopfe vor uns auf und beobachtet genau jede Bewegung unserer Hand. Sobald das Schleudern ausgeführt ist, dreht sich der Hund um, so schnell er kann, und stürzt dem fliegenden Steine nach. Wiederholen wir die Schleuderbewegung, ohne den Stein fliegen zu lassen, so tut der Hund zunächst dasselbe, er stürzt in derjenigen Richtung davon, in der er das Fliegen des Steines vermuten muß; da aber kein Stein zu Boden fällt, verdoppelt er seine Aufmerksamkeit. Fortan läuft er nur fort, wenn er den Stein wirklich fliegen sah, also nur noch bei Übereinstimmung von neuem Erlebnis und Erinnerung.

Gibt man gefangenen Vögeln, die zur Brut schreiten wollen, ein künstliches Nest, so benützen sie es nur, falls es einigermaßen demjenigen gleicht, das sie selbst zu bauen gewohnt sind; etwaige geringere Abweichungen beseitigen sie durch Umbau, ergänzen das Fehlende, entfernen das Unpassende. Ganz so verhalten sich Bienen angefangenen Kunstwaben gegenüber, die ihnen der Mensch, um ihre Arbeitskraft mehr auf das Honigsammeln zu konzentrieren, zur Verfügung stellt: sie korrigieren die Kunstwaben, wo sie von der strengen Senkrechten, ihre Zellen von der geometrischen Sechseckform abweichen. Da der Nestbau instinktiv, das heißt nicht bloß individuell geübte, sondern erblich gewohnte Fertigkeit ist, so erhellt aus dem Beispiel, daß es **kein in jedem Detail scharf gezeichnetes Erinnerungsbild** zu sein braucht, an dem das Ausgleichsbestreben mit einem inkongruenten Nachfolger sich sein Muster nimmt; sondern es genügt hierzu ein ganz unterbewußtes Vorbild. Daß dem wirklich so ist, läßt sich durch Selbstbeobachtung überprüfen: wir kennen etwa einen Weg so genau, daß wir ihn „im Schlafe wandeln"; erst eine ungewohnte. Veränderung, etwa ein Neubau mit Ziegelhaufen, die den sonst benützten Gehsteig unpassierbar machen, zwingt uns zur bewußten Ausgleichsreaktion, hier zur Umgehung des Hindernisses. Wir kennen ein Zimmer so genau, daß seine Einrichtung sich uns längst nicht mehr deutlich Stück für Stück aufdrängt; die geringste Verschiebung, Umstellung, Entfernung oder Neuerung macht sich trotzdem und dann oft wie eine Störung bemerkbar. Spielt jemand im Nebenzimmer vertraute Melodien, während wir geistig beschäftigt sind, so unterbricht uns das so lange nicht, als der Spieler alles derart wiedergibt, wie es in unserer Erinnerung lebt; macht er Fehler, so zerreißt unsere Gedankenkette, die sich erst wieder zusammenfügt, bis auch der Musikbeflissene zum rechten Weg zurückgefunden.

Nicht alle Arten von Eindrücken und Eindrucksreihen besitzen die **Fähigkeit homophonen Zusammenklingens** in gleichem Maße: es gibt solche, die ohne weiteres gleichzeitig aufgenommen und wiedergegeben werden können; und es gibt welche, bei denen man vor der Wahl steht, entweder nur der einen oder der anderen Bahn zu folgen. Zwei musikalische Motive, etwa aus BEETHOVENs G-Dur-Klaviersonate

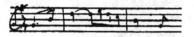

gehören der ersten Gruppe an:

und je geschulter das musikalische Gehör, desto ungleichartigere
Motive kann es kontrapunktisch und harmonisch zusammenbringen,
wie denn der wissenschaftliche Ausdruck „Homophonie" metaphorisch
aus der Welt des Klanges entnommen ist.

Hingegen zwei Fassungen eines Gedichtes, etwa des GOETHEschen

„Über allen Wipfeln ist Ruh, in allen $<$ Wäldern hörest du keinen Hauch —"
Wipfeln spürest du kaum einen Hauch —"

können nur alternativ gehört, gesprochen, gelesen und gedacht werden.
Gar oft kommt die fortlaufende Reihe unseres Erlebens und Erinnerns
an Gabelungen, wo sie sich mehrreihig fortsetzt, wo die einfache sich
in mehrfache Reihen spaltet; und dann ist es wohl seltener ein doppeltes
Geländer, auf das wir uns mit beiden Händen zugleich stützen dürfen,
wie unser Ohr sich am Wohlklang mehrstimmiger Harmonie erfreut,
die aus einstimmig beginnender Melodie erwächst; häufiger ist es ein
Scheide-, ein Kreuzweg, wo wir uns für das Rechts oder Links zu ent-
schließen haben. Die Gabelungen der Gedächtnisbahn, wo es heißen
darf: Sowohl — als auch, nennt SEMON „simultan ekphorierbare
Engrammdichotomien"; die anderen, wo es heißt: Entweder —
Oder, nennt er „alternativ ekphorierbare Engrammdichotomien". Physisch unmöglich ist die Gleichzeitigkeit auch bei letzteren
nicht immer: in Chören finden wir es häufig genug angewendet, daß
etwa die Tenöre einen ganz anderen Vers der vertonten Dichtung
singen als die Bassisten — aber hier ist freilich wieder der Klang das
Versöhnende. In anderen Fällen kostet es ungeheure Anstrengung,
etwa ein Gedicht mechanisch herzusagen und an ein zweites dabei zu
denken, und auch wenn wir zwei Gedichte zugleich mühelos gesprochen
hörten, so gäbe dies Miteinander keinen vernünftigen Sinn. Nähern
sich so die alternativen Dichotomien immerhin gradweise den simultan
ekphorierbaren, so besteht ebenso umgekehrt graduelle Annäherung
von diesen zu jenen, indem auch im gleichzeitigen Zusammenklang
eine der Bahnen bevorzugt wird: je minder der Zuhörer Musiker von
Beruf ist, desto mehr neigt er dazu, in einem polyphonen Orchester-
werk nur solche Stimmen herauszuhören und zu reproduzieren, denen
jeweils gerade eine gesangliche, „ins Ohr gehende" Melodie zugeteilt ist.

Welche Bahn bevorzugt wird — und zwar gilt dies jetzt vorwaltend von den Alternativen —, dafür läßt sich keine allfällige Regel angeben. Eine gewöhnlichste Ursache der Bevorzugung liegt darin, daß der eine Ast häufiger wiederholt wurde als der andere; daß etwa im GOETHEschen Gedichte „Wäldern hörest du keinen" öfter deklamiert und memoriert wurde als „Wipfeln spürest du kaum einen". Oder die Zahl der Wiederholungen war zwar dieselbe, aber der Zeit nach liegen die des ersten Astes weiter zurück und sind daher blasser als die des zweiten. Ferner können sich für den einen Ast besondere Hilfen darbieten, etwa wenn ich dem Rezitator an entscheidender Stelle „Wäldern" souffliere; umgekehrt kann ein Ast besonderen Hemmungen begegnen usw. Endlich gibt es bei manchen Alternativen noch eine Möglichkeit: unentschiedenes Hin- und Herpendeln zwischen den Ästen, z. B. „In allen Wipfeln hörest du kaum einen Hauch", „In allen Wäldern spürest du keinen Hauch" u. dgl. — Sind die Äste in völligem Gleichgewicht (gewiß der seltenste Fall), so spricht SEMON von „äquilibren" — behauptet ein Ast das Übergewicht, von „nicht äquilibren" alternativ ekphorierbaren Dichotomien; findet Hin- und Herschwanken statt, ohne daß doch gleichmäßiges, simultanes Umfassen beider Äste möglich wäre, so spricht er von „Mischreaktionen".

SEMON faßt die Ergebnisse seiner Untersuchungen, die allen Wiederholungsvorgängen des Lebens eine gemeinsame reizphysiologische Grundlage geben, in folgenden beiden Hauptsätzen — von der Homophonie ist darin abgesehen — zusammen:

„Erster mnemischer Hauptsatz (Satz der Engraphie): Alle gleichzeitigen Erregungen innerhalb eines Organismus bilden einen zusammenhängenden simultanen Erregungskomplex, der als solcher engraphisch wirkt, das heißt einen zusammenhängenden und insofern ein Ganzes bildenden Engrammkomplex hinterläßt."

„Zweiter mnemischer Hauptsatz (Satz der Ekphorie): Ekphorisch auf einen simultanen Engrammkomplex wirkt die partielle Wiederkehr derjenigen energetischen Situation, die vormals engraphisch gewirkt hat. In engerer Fassung: Ekphorisch auf einen simultanen Engrammkomplex wirkt die partielle Wiederkehr des Erregungskomplexes, der seinerzeit den Engrammkomplex hinterlassen hat, und zwar eine Wiederkehr, sei es in Gestalt von Originalerregungen, sei es von mnemischen Erregungen."

Bisher bedienten wir uns zur Veranschaulichung dieser mnemischen Gesetzmäßigkeiten mit geringen Ausnahmen solcher Beispiele, in denen ihr Sitz nervöse Zentralorgane und sie selbst daher Werk eines Gedächtnisses im engeren geistigen Sinne sein konnten; die Leistungen, in denen sich uns dies Gedächtnis bei untermenschlichen Geschöpfen objektiv kundgab, waren fast ausschließlich Muskelbewegungen. Wir begaben uns also kaum über den Rahmen dessen hinaus, was sich bei der üblichen, rein psychologischen und sinnesphysiologischen Behandlung des Gedächtnisproblemes ergeben hätte. Nun liegt ja aber die wissenschaftliche Stärke und fortschrittliche Eigenart der SEMONschen Arbeit gerade darin, daß sie dieselben Gesetzmäßigkeiten erstens, von der hierfür nur spezialisierten Nervensubstanz ausgehend, bei jeder anderen lebenden Substanz wiederfindet; zweitens, von den Bewegungen ausgehend, auf die Stoffwechsel- und Wachstumsprozesse anwendet; drittens, vom Individuum ausgehend, den Nachweis führt, daß jenes allgemeine Gedächtnis mit dem individuellen Tode nicht erlischt, sondern im Maße seiner engraphischen Befestigung durch die Generationen fortwirkt.

Die Berechtigung dieses verallgemeinernden Verfahrens ergibt sich daraus, daß wir Schritt für Schritt die gleichen Gesetzmäßigkeiten wiederholender Abläufe, die wir beim bewußten Personengedächtnis vorfinden und die sich bei unseren Mitgeschöpfen an motorischen Reaktionen offenbaren, auch an plastischen und Stoffwechselreaktionen der unterbewußten Mneme nachweisen können, und zwar am Gesamtkörper wie an all seinen Teilen — nicht bloß in individuellem, sondern auch in generellem Belange.

Daß Erregbarkeit nicht auf Nerven beschränkt ist, ergibt sich ja schon aus den Reizerfolgen all jener Lebewesen (Pflanzen und niedersten Tiere), denen ein Nervensystem fehlt. Aber auch bei höheren Tieren, wo ein solches als reizleitendes und reizbewahrendes Gewebe besonders ausgebildet ist, haben die übrigen Gewebe dieselbe Funktion nicht zur Gänze eingebüßt: das lehrt jeder Muskel, der, vollkommen aus seinen nervösen Verbindungen gelöst, in Zuckungen gebracht wird. Sehr lehrreich sind diesbezüglich — einerseits bei nicht-nervösen Geweben der Tiere mit Nervensystem, andererseits bei beliebigen Lebewesen ohne Nervensystem — die Tatsachen der (grundlegend durch STEINACH erforschten) Reizsummation: war nämlich ein Reiz bei seinem anfänglichen Einwirken zu schwach, um eine mit unseren Untersuchungsmethoden wahrnehmbare Reaktion zu liefern, so vermag er solches dennoch bei mehrmaligem Einwirken zu tun. Glatte Muskelfasern des Darmes oder Harnleiters ziehen sich selbst bei starken elektrischen Schlägen, falls sie einzeln erfolgen, nicht zusammen; wiederholen sich hingegen die Schläge oft und rasch genug, so geraten dieselben Muskeln sogar bei schwachem Strome bald in Zuckungen. Wie die hohe Brandungswoge zustande kommt, indem die rückflutenden Wellen den Wasserreichtum der nachfolgenden vergrößern, so addieren sich die akoluthen Nachphasen der synchronen

Erregungen, deren jede für sich zu schwach ist, um sichtbar zu werden: bis schließlich trotzdem eine manifestable Stärke erreicht ist.

Folge des allgemeinen Erregungs- und Leitungsvermögens der lebenden Substanz muß es sein, daß keine Reizwirkung strenge lokalisiert bleibt. Fraglos bestehen zwar eine Menge von Hemmungs- und Isolierungsvorrichtungen im Körper, und besonders reich daran ist der nervös hochdifferenzierte Körper; aber Ausstrahlungen, Mitbewegungen und Reflexkrämpfe lehren, daß es nur auf die Angriffsweise, namentlich Stärke des Reizes ankommt, damit er über·seinen zuständigen Eigenbezirk hinaus erregend wirke. Was in so offenkundiger Art nur bei übermäßigen äußeren Reizen oder inneren Störungen (z. B. Betäubung der Hemmzellen durch Narkotika) stattfindet, also unter extern und intern ungewöhnlichen Verhältnissen; das findet in unterschwelliger und unmerkbarer Art unter gewöhnlichen Verhältnissen wohl ebenfalls statt. Gleichwie die Lehre, daß verschiedene Geistesfunktionen auf bestimmte Gegenden des Gehirnes verteilt seien, heute aufgegeben ist; so muß die Annahme fallen, daß Erregungen im Körper auf bestimmte Regionen beschränkt bleiben. Wenn noch so abgeschwächt, in irgendeinem subliminalen Grade muß die lebende Substanz in ihren kleinsten und entferntesten Teilen von jedem den Körper treffenden Reiz etwas verspüren.

Wenn es zutrifft, daß jede Erregung überall im Körper Widerhall findet — und die Tatsachen zwingen ja zu solcher Annahme; wenn ferner richtig ist, daß jede lebende Substanz die Hauptteilfunktionen der Irritabilität (Reizaufnahme, Reizleitung, Reizaufbewahrung) bis zu einem gewissen Grade auszuüben versteht — und die Experimente, namentlich über Reizsummation, beweisen es: dann kann der gesamte Erfahrungsschatz des Organismus, seine Mneme, nicht an einem begrenzten Vorratsplatz (etwa im Gehirn) allein aufgestapelt sein; sondern er muß in den kleinsten Partikeln (allgegenwärtig im Organismus) zugegen sein. Winzige Bruchstücke von Zellen sind, wie man aus Beobachtungen an fragmentierten Zellen und Zellkernen schließen muß, noch im Besitze jenes ganzen, erworbenen und ererbten Erfahrungsschatzes; das Mindestteilchen, welches ihn noch zu umfassen vermag, nennt SEMON „mnemisches Protomer".

Ein letzter zwingender und durch unser Wissen gestützter Schluß begreift — ausgehend von der Allgegenwart aller Erregungen — selbstverständlich noch die Keimzellen ein, zumal sie durch keine wie immer geartete Isoliervorkehrung von den übrigen Leibeszellen geschieden sind. HERING (S. 15) vermutete in den Geschlechtszellen geradezu Spezialisten der Reizbewahrung, wie sie ähnlich sonst nur noch das Gehirn zu leisten vermag; man braucht nicht so weit zu gehen, ihnen in irgendwelcher Beziehung eine Sonderstellung oder einen Höchstrang im Organismus anzuweisen, und dennoch verraten sie vom Entwicklungsbeginn bis zum Lebensende, daß das Gedächtnis des Lebens in ihnen schlummert und erweckbar ist.

Die Furchung (Abb. 43 auf Taf. VIII), die den Anfang der Tier- und Pflanzenentwicklung kennzeichnet — die besamte Ei- oder Stamm- zelle teilt (furcht) sich in zwei, jede dieser Furchungszellen wieder in zwei, und so weiter durch das Vier-, Acht-, Sechzehn-, Zweiunddreißig- zellenstadium zur maulbeerförmigen Anhäufung von Furchungskugeln oder Blastomeren: diese erste Entwicklungsstrecke ist bereits unver- kennbar ein mnemischer Prozeß, von Originalerregungen sogar in hohem Grade unabhängig. Es bedarf nur des Anstoßes durch die (natürliche oder künstliche) Befruchtung, dann genügt die Entwicklungserregung, das „ontogenetische Initialengramm", um den ganzen übrigen Entwicklungsablauf als Engrammsukzession auszulösen. Jede Zell- teilungsphase bedeutet eine Gabelung des Entwicklungsweges; und da all die Wegscheidungen vom vielzelligen Ganzen einheitlich um- faßt und beherrscht werden, so ist jede eine „simultan ekphorierbare Dichotomie" wie im Musikstück, das einstimmig anfängt, zweistimmig fortsetzt und sich zu gewaltiger Polyphonie entfaltet, wobei all die vielen Stimmen, gleichzeitig ertönend, Sinn und Wohlklang geben.

Wir nannten die Folge der Entwicklungsschritte eine Engramm- sukzession, wobei jedes Engramm durch seinen Vorgänger erweckt wird. Soll das richtig sein, so muß jede Stufe in sich schon mit be- stimmten Erregungen verbunden sein, denn nur Erregungen können ja ein schlummerndes Bild (Engramm) wach werden lassen. Woher kommen die zur Befreiung jedes fälligen Stadiums notwendigen Er- regungen, wenn doch die ganze Stadienreihe sogar, wie betont, von jedesmal neu eingreifenden äußeren Reizen fast unabhängig sein soll? Nun, diese Erregungen sind in der gestaltlichen Beschaffenheit jeder Stufe gegeben: zwei Zellnachbarn wirken anders aufeinander als vier; eine solide Kugel, wie sie das Maulbeerstadium (Morula) darstellt, bietet ihren Teilen andere Druck-, Spannungs- und Stofftauschbedin- gungen als eine Hohlkugel, in die sie das nachfolgende Blasenstadium (Blastula) auseinandertreibt. Die durch bloße Anwesenheit der Teile bedingten „morphogenen" oder Positionsreize sind es, welche die Erregungen liefern, die ihrerseits den Antrieb, die „Entwicklungs- erregung" zur Fortführung der Stufenreihe abgeben.

Genügen aber nicht die morphogenen Reize in ihrem Auftreten als Originalreize, um die Abwicklung des ganzen Verlaufes zu bewerk- stelligen? Wer sagt uns, daß sie — abgesehen von den durch sie her- vorgerufenen originalen Erregungen — auch mnemische Erregungen im Keimling antreffen und aufrufen? Hinterläßt denn die morphogene Erregung ein morphogenes Engramm?

Prüfstein für Anwesenheit eines Engrammes ist, daß es nicht nur durch Wiederkehr der vollinhaltlichen Originalreizung wachgerufen werden kann, sondern auch durch einen schwächeren, qualitativ abweichenden Reiz und durch bloße Teile der ehemals verantwortlichen energetischen Situation. Diesem Kriterium zeigt sich die Entwicklung in ihrem ganzen Verlaufe gewachsen: schon die Veränderung, die der Samenfaden im Ei hervorruft, ist durch einen andersbeschaffenen Reiz, und zwar durch einen Teil des normalen Befruchtungsreizes ersetzbar. Beispielsweise braucht bloß das Angebohrtwerden des Eies durch den Spermakopf mit Hilfe einer feinsten Glasnadel (BATAILLON, F. LEVY) nachgeahmt oder seine die Eirindenschicht auflockernde (zytolysierende) Wirkung, die zur Abhebung der Dotterhaut oder Befruchtungsmembran führt, mit Hilfe lipoidlösender Mittel (Fettsäuren, Amylen, Benzol, Toluol, Alkohol, Äther, Chloroform usf. — LOEB) vertreten zu werden. All diese und viele andere Mittel führen zu jungfräulicher Entwicklung (Parthenogenese) auf künstlichem Wege. Später dann darf ein beträchtlicher Teil der Positionsreize ausgeschaltet werden, durch Entnahme von Stoffen aus dem Ei oder Abtrennung von Furchungskugeln — ohne daß die Störung den Entwicklungslauf dauernd beeinträchtigt. Der abgetrennte und der verbliebene Teil können sich weiter entwickeln: jeder kann entweder durch „Selbstdifferenzierung" dasjenige liefern, was zu liefern ihm im natürlichen Verlaufe bestimmt gewesen wäre („Teilbildungen" der Mosaikeier); es können aber auch die jeweils fehlenden Teile — frühzeitig oder nachträglich — ergänzt werden, und es wird eine dem Stoffverlust proportional verkleinerte „Ganzbildung" (aus Eiern mit „Rotationsstruktur") hergestellt, ein vollkommener, nur eben kleinerer Keimling.

Wir dürfen daher folgern, daß in der Tat neben denjenigen morphogenen Erregungen, die in die jedesmalige Individualentwicklung als Originalerregungen eintreten, entsprechende mnemische Erregungen — jedesmal von der Vorfahrenentwicklung her — zugegen sind: zwischen je einer gleichnamigen (dem gleichen Stadium zukommenden) Original- und mnemischen Erregung findet „Zusammenklingen (Homophonie)" statt, was bei Deckung zwischen beiden Erregungen reibungslos vorübergeht. Bei abnorm geschaffener Inkongruenz aber entsteht das Bestreben, die fehlende Deckung herzustellen, zwischen normal überlieferter mnemischer und falsch eingetretener Originalerregung einen Ausgleich zustande zu bringen. Glückt der Ausgleich, so offenbart er sich als Ersatzreaktion, als Regulation des störenden Eingriffs.

Allein nicht bloß während der Embryonalentwicklung bis zur Erreichung des fertig ausgebildeten Zustandes, sondern — so sagten wir bereits — bis zum Entwicklungs- und, strenge genommen damit gleichbedeutend, bis zum Lebensende laufen im Lebewesen mnemische Prozesse ab. Mithin sollten sie auch im sogenannt „erwachsenen" Organismus auf allen Gebieten, die einem Nachweise mnemischer Abläufe überhaupt zugänglich sind, angetroffen werden: nicht etwa nur auf dem Gebiete des Bewußtseins und der von ihm diktierten Bewegungen; sondern ebenso auf dem des Stoffwechsels und Wachstums. Im engen Anschlusse an das, was im vorigen Absatze über die Regulation des in seiner Entwicklung gestörten Keimes (Eies oder bereits Embryos) gesagt werden konnte, zeigt sich die plastische Mneme des fertig entwickelten Organismus vor allem an seinen mannigfachen Restitutionen, die am Stumpf verloren gegangener Teile deren Wachstum zu beschleunigen, ja neu aufzunehmen imstande und ganz allgemein bestrebt sind, jede Einbuße an lebender Substanz zu ersetzen, soweit es die noch vorhandenen Stoffvorräte gestatten, und soweit die Möglichkeit zur Verwertung und richtigen Gestaltung jener Vorräte dem alternden Organismus noch verblieb. Jede Verwundung zeitigt in ihm den Widerspruch zwischen diesem Erlebnis und dem mnemischen Empfinden dafür, wie sein Zustand ordentlicherweise beschaffen sein sollte; aus dem Unterschiedsempfinden ergibt sich das Einklangsbestreben, das seinerseits, wenn die Voraussetzungen hierzu, die notwendigen organischen Reserven gegeben sind, zur Heilung führt.

Hauptsächlich nach drei Richtungen ist das Restitutionsvermögen abgestuft: erstens nach dem Alter des Individuums, zweitens nach dem Alter des Stammes, drittens nach der Spezialisierung des betroffenen Organes. Die mit zunehmender Entwicklungshöhe in allen drei Richtungen abnehmende Restitutionsfähigkeit ist nicht etwa Folge einer räumlich nach Körperteilen, zeitlich nach ontogenetischen und phylogenetischen Altersstufen geschehenen Einschränkung des Engrammschatzes; sondern allemal ist es nachweislich nur eine Frage verfügbaren Baumateriales oder zu Gebote stehender Wachstumskraft, wovon die Ersatzleistung abhängt; nicht Unvollständigkeit des Anlagensortimentes ist Schuld daran, wenn die Leistung unvollkommen bleibt oder sogar ganz versagt. Unser Satz, jedes mnemische Protomer sei Eigentümer der ganzen Mneme, wird durch die Beschränkung der Neubildungen auf vorgerückten Wachstumsstufen nicht erschüttert.

Zudem gibt es organische Bausteine, die Keimzellen, die sogar dort, wo Restitutionen im erwachsenen Organismus sich auf Wundheilung, auf Ausbesserung von Gewebsverlusten beschränken, die restitutive Höchstleistung vollbringen: nämlich aus einer einzigen Stammzelle den ganzen, milliardenzelligen Körper neu aufzubauen. Nur gewisse Bedingungen müssen erfüllt sein, damit jener winzige, einzelne Baustein ein neues, dem alten gleichkonstruiertes Gebäude liefere; gerade diese Bedingtheit wies uns schon den mnemischen Charakter dieses Geschehens: im Haupterfordernis des „ontogenetischen Initialengrammes" als Befruchtung. In solchem Lichte erscheint nicht sowohl die Restitution einzelner, verloren gegangener Körperteile als deren nochmalige Entwicklung aus dem zurückgebliebenen Stummel; sondern auch umgekehrt erscheint die erstmalige Entwicklung als Restitution des bei der Abstoßung gewissermaßen in Verlust geratenen Körpers aus dem Keim.

Bleiben wir, um die erbliche Mneme oder engraphische Wirkung von Reizen auf die Nachkommenschaft kennen zu lernen, zunächst bei den Erscheinungen, die sich aus dem Zusammenklange erblicher Eigenschaften mit homophonen Neuerlebnissen ergeben; und hier wieder bei den Gabelungen, wo der einreihige und einsinnig geordnete, in seinen Phasen sukzedan verbundene Entwicklungsweg in zwei oder mehreren Reihen weitergeht. Wir unterschieden unter solchen Dicho-, Trichotomien usw. gleichzeitig betretbare und jene, die eine Entscheidung für den einen oder anderen Ast erheischen. Für erstere, die simultan ekphorierbaren Dicho-, Trichotomien usw., haben wir aus dem Gebiete des Erbgedächtnisses die Eifurchung früher vorweggenommen. Gleichzeitiges Umfassen beider Kreuzwege der Entwicklung (wie in zweistimmigem Gesang) liegt auch vor, wenn Blendlinge die Verschiedenheiten ihrer Stammeltern in sich vereinigen, wenn sie zwischenstehende („intermediäre") Bastarde sind und ebenso in ihrer gesamten Nachkommenschaft echte Mischlinge bleiben — ein Kreuzungsverhalten, das bei pflanzlichen Artbastarden, z. B. Nelken-, Ehrenpreis-, Erika-, Pelargonien-, Begonien- und Orchideenarten vorkommt.

Hingegen wahlweises Erfassen nur eines Astes der Wegkreuzung (wie in zwei Fassungen eines Gedichtes) liegt vor, wenn Blendlinge in bezug auf ein oder mehrere Merkmale, durch die sich ihre Stammeltern unterschieden, nur dem Vater oder der Mutter folgen: das bei den Bastarden erster Generation allein zum Vorschein kommende Merkmal ist ein „dominantes" und die Vererbung eine ausschließende, „alternative". Desgleichen, wenn die Bastarde zweiter Generation sich nach bestimmten Prozentsätzen (der MENDELschen „Spaltungsregel" gehorchend) wieder entmischen, so daß die einen wieder die reine großmütterliche, die anderen ebenso rein die großväterliche Rasse herstellen. — Eine weitere Dichotomie bedeutet die Geschlechtertrennung: simultan werden ihre beiden Äste beschritten, wenn das Geschlechtsindividuum zum Zwitter wird, d. h. immerhin sexuell differente Keimzellen, aber beide in demselben Keimstock oder im selben Körper beieinander liegenden Keimstöcken erzeugt; alternativ, wenn das Geschlechtsindividuum getrenntgeschlechtlich zum Männchen oder zum Weibchen wird.

Marksteine der Stammesentwicklung werden vielfach durch Wegkreuzungen bezeichnet: so z. B., wo sich von der Familie der Lungenmolche infolge Stehenbleibens ihrer Entwicklung auf dem Larvenstadium die Familie der Kiemenmolche (Perennibranchiaten) abzweigt. Erreichung des ausgewachsenen, geschlechtsreifen Stadiums ist dann an der Kreuzungsstation vielfach in zwei Gestalten möglich: in der lungenatmenden Land- oder Molchform und in der kiemenatmenden Wasser- oder Larvenform. Diese stellt den modernen (richtiger: wieder modern gewordenen), rezenten Ast — jene den jetzt veralteten, atavistischen Ast des dichotomischen Scheideweges dar. Je nachdem, ob eine Molchart dem Kreuzungspunkt näher steht oder ihn schon länger überwunden hat, wird noch häufig die alte Straße oder bereits leichter die neue Straße eingeschlagen. Aber sogar bei Arten, deren Lungenform in der Regel unwiderruflich von der bestehenbleibenden („neotenischen") Kiemenform übergangen wird und in der Keimesentwicklung gar nicht mehr, nicht einmal als vorübergehende stammesgeschichtliche Reminiszenz auftaucht, kann zuweilen „Rückschlag" (Atavismus) und also Verwandlung in die Vollform eintreten; hierzu bedarf es dann meist eines sehr wirksamen äußeren Zwanges, der die Aufgabe hat, Reize von einer Beschaffenheit beizubringen, durch die das Verbleiben in der Larvenform verhindert, die Kiemenatmung unmöglich gemacht und die Lungenatmung erzwungen wird. Beim „Axolotl" *(Amblystoma mexicanum)*, einem Molch Mexikos, geschieht dies durch allmähliche Erniedrigung des Wasserstandes und Darreichung ausgekochten (abgekühlten) Wassers, worin keine Atemluft gelöst ist; ohne derartige Zwangsmaßregeln, die von M. v. CHAUVIN in klassischer Art experimentell durchgearbeitet wurden, wächst die Axolotllarve zwar weiter, aber ohne daß dies Wachstum mit irgend beträchtlichen Entwicklungsfortschritten verbunden wäre: sie bleibt in tiefem Wasser und ergibt einen Kiemenmolch, das *Siredon pisciforme*.

Äußere Reize als Erfordernis, um den einen oder den anderen Gabelast in Geltung zu bringen, wobei aber beide Zweige erblich angelegt sind, müssen auch bei denjenigen Alternativen eingreifen, wo es sich darum handelt, aus dem befruchteten Ei einer Ameise, Biene,

Termite entweder eine Arbeiterin (Kümmerweibchen mit Sammel-
apparaten) oder eine Königin (Geschlechtsweibchen ohne Sammel-
vorrichtungen) zu erziehen: entscheidend hierfür ist einzig die Menge
und besonders die Zusammensetzung des Futters, das den Larven von
ihren älteren, brutpflegenden Geschwistern dargereicht wird. Bei
allen aufgezählten alternativen Dichotomien ist zuweilen das uns
schon von der Deklamation des in zwei Fassungen bestehenden
GOETHEschen Gedichtes bekannte Hin- und Herschwanken
zwischen den beiden Ästen zu beobachten, ehe endgültige Entscheidung für einen Ast erfolgt: ein Molch kann aus ziemlich weit vor-
geschrittener Verwandlung ins Larvenstadium rückgebracht, auch eine
für Verwandlung bereits überreife Larve verspätet zur Metamorphose
gebracht werden. Übergang vom Königin- zum Arbeiterfutter auf
bestimmten Madenstadien läßt Königinnen mit Arbeitermerkmalen
und umgekehrt aus der Puppe schlüpfen. Und beim Geschlecht sind
sogar noch ganz späte Mischreaktionen, Hinüberpendeln zu dem
längst verlassenen Ast möglich, wie Auftreten von Barthaaren und
tiefer Männerstimme beim alternden Weibe.

Kehren wir von diesen Phänomenen des Formengedächtnisses
lebender Substanzen zu denjenigen Arten des Wiederauflebens zurück,
die sich uns mit ihren Bewußtseins- und Bewegungsreaktionen am
ehesten als Gedächtnis, als Erinnerungsvermögen im engeren Sinne
darstellen. Erweisen sich die früher besprochenen Reproduktions-
gesetze des individuellen Gedächtnisses als gültig, wenn wir jetzt
ausschließlich ererbte Bewegungs- und Bewußtseinsfähig-
keiten berücksichtigen? Das eine Gesetz vor allen, wonach die nur
teilweise Wiederkehr der Lebenslage, die sich seinerzeit ins Gedächtnis eingegraben, schon genügt, um nahezu oder sogar restlos den Ge-
samtbestand daran geknüpfter Erinnerungen aufleben zu lassen?
Wir ließen uns durch HERING vom Küchlein erzählen, das sofort
nach Verlassen der Eischale ihm vorgestreute Körner aufpickt — sei
das Küchlein sogar im Brutofen zur Welt gekommen und entbehre
deshalb der kundigen Führung durch die Glucke; jedoch es pickt nicht
bloß nach Körnern, sondern auch nach Krumen, Maden, ja ungenieß-
baren Dingen, wie kleinen Steinen, zerhackten Zündhölzern, Perlen,
Fäden, hellen Flecken auf dem Fußboden. Im Brutofen ausgeheckte
Strauße haben insofern ein schwächeres Erbgedächtnis als das Hühnchen, weil sie die vorgeworfene Nahrung meist nicht gleich von selbst
aufnehmen, sondern dabei einer gelinden Nachhilfe bedürfen: da ihnen
aber, um das Picken zu erlernen, das Vorpicken der alten Straußin
mangelt, muß der Züchter mit den Fingernägeln, einem Stift oder dergleichen auf den Boden tupfen, wo das Futter liegt, um völlige, richtige

Belebung ihres bis dahin schlummernden Erinnerungsvermögens zu erzielen. — Einer fünf Wochen alten Elster, die von ihrem Pfleger als Nestvögelchen gefunden und aufgezogen worden war, wurde der Schnabel mit etlichen Tropfen Wasser benetzt: daraufhin machte sie alle Gesten, die ein Vogel beim Baden auszuführen pflegt: duckte den Kopf, flatterte mit Flügeln und Schwanz, hockte sich und spreizte sich. Der Kontaktreiz des Wassers, obwohl er nur einen kleinen Teil der Körperfläche traf, wirkte befreiend auf das ererbte Erinnerungsbild.

Nicht minder erweisen an Zeitabläufe gebundene (chronogene) Eindrücke, daß sie erblich fixierbar und demzufolge bei der Deszendenz ekphorierbar sind: hierher gehören wohl die meisten Fälle tief eingewurzelter Periodizität, die in Kapitel XI zusammengestellt wurden, darunter die durch SEMON selbst (1908) experimentell aufgeklärte Tagesperiode von *Albizzia (Acacia) lophanta*. Um es auch an der jetzigen Stelle nicht mit einem bloßen Verweis auf ein früheres Kapitel abzutun und aus vielen wenigstens noch ein gegenständliches Beispiel herzusetzen, sei eines anderen Versuches von SEMON (1911 S. 58) gedacht, worin nicht die Erblichkeit einer Tages-, sondern einer Jahresperiode bewiesen wird. „Um die Wirksamkeit des zeitlichen Faktors in seiner vollen Reinheit zu beobachten, kann man die Wirksamkeit des Temperaturreizes ganz ausschalten. Ich habe dies getan, indem ich eine einjährige Buche eintopfte und nebst zwei aus Samen gezogenen, ebenfalls eingetopften Buchenkeimlingen vom Frühjahr 1903 an in einer möglichst gleichmäßigen Temperatur kultivierte. Vom 1. September an wurden die Pflanzen ganz im Zimmer gehalten, um sie der Nachtkühle und der Berührung durch kalte Niederschläge zu entziehen. Dennoch begann der Blattfall bei diesen Pflanzen am 22. September und war am 15. November vollendet. Den ganzen Winter über standen diese drei Buchen im temperierten, bei Tag und Nacht gleichmäßig geheizten Zimmer und wurden nur mit überschlagenem Wasser begossen. Bis zum 1. Mai erfolgte keinerlei Blattentfaltung bei einem der drei Exemplare, dann begann sie bei der nunmehr zweijährigen Buche am 1. Mai, bei einer der beiden nunmehr einjährigen am 25. Mai, bei der dritten erst Mitte Juni. Diese Verspätung erklärt sich aus der Schädigung, die die Pflanzen dadurch erlitten haben, daß sie der winterlichen Abkühlung gänzlich entzogen worden sind." Aus dem Einhalten der Periodizität seitens der beiden Keimpflanzen, die doch in ihrem individuellen Leben noch keiner periodischen Beeinflussung unterworfen gewesen waren, geht der erbliche Charakter der in Frage kommenden Dispositionen hervor.

Endlich lösen an Entwicklungsstufen gebundene (phasogene) Eindrücke im Werden jedes Lebewesens einander ab, dergestalt, daß jede Phase der Entwicklung von der unmittelbar vorhergehenden bedingt (ekphoriert) wird. Reifung der Geschlechtsdrüsen z. B. gibt das Signal zur Behaarung der Scham, beim Manne auch des Gesichtes, beim Weibe Vergrößerung der Brustdrüsen usw. In gut untersuchten Fällen gelingt es, ganz genau den ekphorischen Einfluß zu bestimmen, von dessen Eintritt die jeweils nächste Phase abhängt: sobald die Furchung des Eies von *Synapta digitata*, einer Seewalze, in 9 Teilungsphasen 512 Zellen geliefert hat, erfolgt Einstülpung des Urdarmes, die Gastrulation (SELENKA); nun konnte man meinen, diese in der normalen Entwicklung des *Synapta*-Eies beständige Zellenzahl sei das auslösende Moment der Gastrulation; allein Versuche an Bruchstücken der Eier (DRIESCH 1902, BOVERI, MORGAN) beweisen, daß es einzig auf die Zellengröße ankommt, die durch Teilungen auf ein bestimmtes Maß herabgesetzt sein muß, was bei Eifragmenten natürlich schon früher, d. h. nach Bildung einer geringeren Zellenmenge, eintritt als beim ganzen Ei. — Berührung des Augenbechers, und zwar seiner Netzhautschicht, mit der äußeren Haut gibt den Anstoß zur Linsenbildung, und zwar nicht bloß an der richtigen Stelle, wo sich die Augen sonst vorwölben, sondern immerhin noch an anderer Gegend des Kopfes, hinter den Augen, wohin der Augenbecher vorher verpflanzt worden war (MENCL, SPEMANN); und während bei den meisten untersuchten Tiergattungen (Amphibien) der Kontakt zwischen Augenblase und Epidermis unerläßlich ist, kann sich bei einigen anderen (europäischer Teichfrosch, amerikanischer Waldfrosch, Lachs) zur gegebenen Zeit eine Augenlinse am zuständigen Orte auch bilden, wenn die Augenblase nicht zur Entwicklung gelangte, wenn sie z. B. in den Versuchen von KING an *Rana silvatica* exstirpiert war.

Den großartigsten Hinweis auf das Erbgedächtnis mit seinen phasogenen Etappen an den Stammbaumgabelungen verdanken wir HAECKEL und seinen Vorgängern (MECKEL, FRITZ MÜLLER) in der Begründung des biogenetischen Grundgesetzes oder, wie es gegenwärtig besser genannt wird, der ontogenetischen Rekapitulationsregel: jeder Organismus hat während seiner Entwicklung aus dem Keim die meisten jener Etappen rasch nochmals zu durchlaufen, die während seiner vielmillionenjährigen Entwicklung aus dem Urwesen ebenfalls seine Hauptstationen bildeten; als einfache Keimzelle ähnelt er dem Urwesen, dem Einzeller; später durchläuft er das Maulbeer-; jeder tierische Vielzellerkeim dann das Blasen- und Becherstadium; noch später gewinnt ein beliebiger höherstehender Organismus, das höchste Wirbeltier mit eingeschlossen, die Organisation eines Wurmes, abermal später bekommt sogar der Säugetierfötus Kiemen-

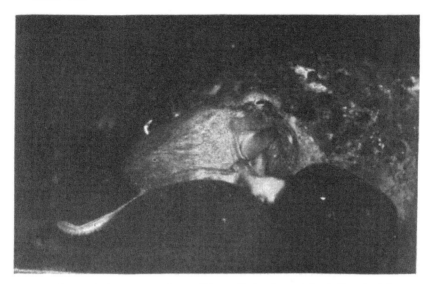

Abb. 40. Moschuskrake, *Eledone moschata*, im Steinnest: Die Runzeln entsprechen in Verlauf und Form
ebenso der Skulptur des Gesteines wie die Zeichnung der Haut seiner Färbung. Einen gewissen Beleuchtungs-
kontrast hat der Photograph geschaffen, um überhaupt etwas von dem Tiere erkennbar zu machen, dessen
Aussehen immerhin nur durch Vergleich mit Abb. 42, Taf. VIII zu ermitteln wäre.

(Originalaufnahme nach dem lebenden Tier im Aquarium von Prof. Adolf Cerny-Wien.)

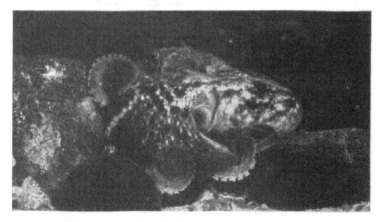

Abb. 41. Moschuskrake, *Eledone moschata*, im Steinnest; das Tier war hier vor der Aufnahme mit
einem Stäbchen gereizt worden, wodurch Erregungsfarben auftraten, die es sich von der Umgebung
einigermassen abheben lassen. Vergleiche zur Orientierung die Zeichnung Abb. 42 auf Taf. VIII.

(Originalphotographie im Aquarium von Prof. Adolf Cerny-Wien.)

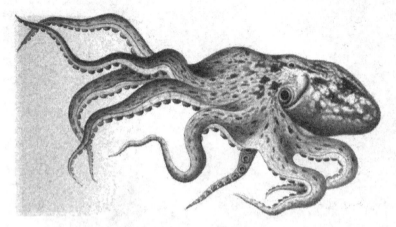

Abb. 42. Moschuskrake, *Eledone moschata:* Orientierungszeichnung zu den beiden photographischen Lebensaufnahmen Taf. VII, Abb. 40 und 41, insbesondere nach Abb. 41 gehalten.

(Mit Benutzung eines Bildes vom Seepulp [Octopus] aus Hesse-Doflein, „Tierbau und Tierleben", II.)

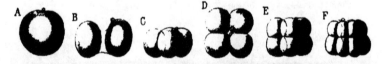

Abb. 43. Die ersten Entwicklungsschritte (Ei-„**Furchung**") des Lanzettfischchens *Branchiostoma* = *Amphioxus: A* ungefurchtes Ei (das ihm und den nächsten Stadien noch anhaftende Körnchen ist ein „Richtungskörperchen"), *B* Zweizellenstadium, *C* Vierzellenstadium seitlich, *D* dasselbe von unten, *E* Acht-, Sechzehnzellenstadium, beide seitlich.

(Aus Kammerer, „Allgemeine Biologie", S. 145, Abb. 28.)

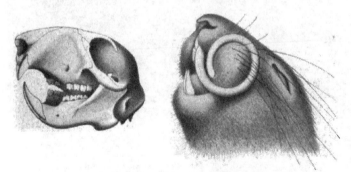

Abb. 44. Eichhörnchenkopf: links Kopfskelett mit normalem Gebiss; rechts Kopf mit abnorm spiralförmig verlängertem linken oberen Schneidezahn.

(Nach Pfurtscheller aus Kammerer, „Allgemeine Biologie", S. 124, Abb. 18.)

spalten und Kiemenbogen sowie flossenähnliche Anhänge gleich einem Fisch; die embryonalen Kiemenorgane verschwinden wieder bzw. sie werden für abweichende Verwertung (die Kiemenbogen zu Gehörknöchelchen und Zungenbein, die Kiementaschen zu Blutdrüsen der Halsregion, z. B. Schilddrüse, Epithelkörperchen) gewonnen; und noch auf vorgeschrittenen Stufen der Embryogenese ist beispielsweise die Frucht einer Katzen- kaum von der einer Menschenmutter zu unterscheiden. Ganz ebenso, wie das Gedächtnis des Individuums eine Leistung um so leichter, rascher, oberflächlicher bewältigt, je öfter sie ihm zum Erlebnis geworden, je häufigere Übung sie in Fleisch und Blut hat übergehen lassen, genau ebenso ist die Keimentwicklung nur eine sehr gekürzte, gedrängte Wiederholung der Stammesentwicklung: manches seiner Ahnen „gedenkt" der sich gestaltende Keim nur noch flüchtig, manchen überspringt, „vergißt" er ganz.

3. Die Stellung der Mneme zur Lehre von den Serien

Eine Vorstellung vom Weltgeschehen, die den Wiederholungen so großen Anteil daran zubilligt, wie es dieses Buch zu vertreten unternahm, muß in einer Vorstellung vom Lebensgeschehen seine Stütze finden, die gleichfalls mit dem Grundsatze der Wiederholung auslangt, um weite, ja die weitesten Bereiche der Lebensvorgänge damit zu erklären. Wenn etwas so Ausgedehntes, wie es innerhalb des Gesamtgeschehens das Leben ist, großenteils aus dem Reproduktionsprinzip begriffen werden kann, so nährt das den Schluß, der hiervon schon per analogiam auf die unorganische Welt Anwendung macht.

Freilich, völlig erschöpft die Mneme das Leben nicht, so wenig wie die Serie das Universalgeschehen: die Mneme ist nur das „erhaltende Prinzip im Wechsel des organischen Geschehens"; und dieselbe Rolle spielt die Beharrung im mechanischen Geschehen. Die Dinge liegen wie im Kunstwerk, dessen Schönheit (Kap. XVI) zu ansehnlichem Teile auf Wiederholung von Motiven beruht: ein Künstler aber, der ein Motiv jedesmal unverändert verwenden wollte, müßte bei den Genießern seines Kunstschaffens den Eindruck der Erfindungsarmut ernten, die sich bei ihnen in Langeweile überträgt. Künstlerische Wiederkehr läßt vielmehr das Motiv erkennbar und doch abgewandelt auferstehen; zwar ist es dasselbe Motiv, aber immer neu eingekleidet: etwa in der Musik anders harmonisiert, anders instrumentiert, dazu in rhythmischen und dynamischen Varianten. Das vollkommenste Kunstwerk ist eben immer jenes, das den Weltenbau und im besonderen den Lebenslauf am treuesten widerspiegelt.

Ist die Mneme im Leben, was die Serie in der übrigen und übrigens der gesamten Welt; ist sonach die organische Wiederholung Sonderfall der physischen: dann darf es nicht wundernehmen, wenn bei Durcharbeitung der Wiederholungserscheinungen hier wie dort gleiche Ergebnisse und verwandte Begründungen auftauchen. Eine solche, und zwar fundamentale Gemeinsamkeit ist bereits die Unabhängigkeit der Wiederholung von der jedesmal frisch eingreifenden Sonderursache: wir betrachteten es ja schon definitionsgemäß als Grundlage der Serialität, daß nicht jedes Serienglied durch dieselbe Ursache, die das erste Glied hervorgerufen hatte, stets von neuem erzeugt werden muß; und ebensowenig durch eine während des ganzen Serienablaufes unabänderlich fortwirkende Spezialursache. Sondern es genügt ein Anstoß zu Anfang, damit die ganze Serie der einander wiederholenden Glieder vonstatten geht. — Die Rolle des ersten Anstoßes, der das von ihm erzeugte Getriebe der Stoffe und Kräfte beharrlich weiterlaufen läßt, spielt bei den Wiederholungen des Lebens die Hebung des „Initialengramms", die ausreicht, damit nunmehr ganze Ketten mnemischer Prozesse einander automatisch, ohne Notwendigkeit des Eingreifens weiterer Außenfaktoren, reproduzieren: so die Befruchtung als „ontogenetisches Initialengramm" für weiterhin autonomen Verlauf des ganzen Entwicklungsprozesses.

Eine Fundgrube weiterer Gemeinsamkeiten zwischen Mneme- und Serienlehre ist das Erscheinungsgebiet der „Homophonie", des Zusammenklingens von Eindrücken, die dem gleichen Erfahrungsfeld angehören. Begrifflich sind zwei Möglichkeiten zu unterscheiden, die natürlich ohne scharfe Grenzen ineinander übergehen: entweder stimmen zusammenklingende Eindrücke und Empfindungen restlos miteinander überein — dann besteht „Deckungshomophonie"; oder sie weichen mehr weniger voneinander ab — dann besteht „Störungshomophonie". Jene wäre beispielshalber zugegen, wenn wir eine Landschaft wiedersehen, die sich mittlerweile so gut wie gar nicht verändert hat, also auch unter sonst gleichen Umständen, vor allem in der gleichen Jahreszeit; Störungshomophonie wird zugegen sein, wenn uns in der bekannten Landschaft ein abgeholztes Wäldchen, ein neu errichtetes Gebäude aufblicken läßt und zwingt, den alten und den neuen Eindruck der Landschaft miteinander zu vereinbaren. Im letzteren Falle tritt eben das Bestreben zutage, Übereinstimmung zwischen den homophonen Empfindungen noch herbeizuführen, die Störungs- in eine Deckungshomophonie überzuführen. Das geschieht, wie wir hören, durch psychische, motorische, sekretorische und plastische Ausgleichsreaktionen: hier offenbart sich also dasselbe Prinzip, das wir als Ausgleichung und Angleichung (allgemeinen Imitationismus) zur Erklärung der universal-serialen Vorkommnisse herangezogen hatten.

War aber die Deckung schon vorhanden oder gelang es, sie durch den Ausgleich zu vollziehen, dann besteht oder entsteht zwischen homophonen Eindrücken Anziehung; auch hier kommt also wieder ein Prinzip zum Vorschein, das wir als allgemeinen Attraktionismus bereits angewendet haben, um zu einem tieferen Verständnis der Serien vorzudringen. Ohne Anziehung und deren Ergebnis, Aneinanderlagerung, wären die Verstärkungserscheinungen unverständlich, die die Häufigkeit der Wiederholung der Leichtigkeit des Erinnerns direkt proportional sein lassen. Die Ekphorierbarkeit einer Erregung hängt doch hauptsächlich davon ab, wie viele Engramme von ihr vorhanden sind; eben davon hängt es ab, welcher Ast einer alternativen Dichotomie der bevorzugte wird. Es sieht so aus, als ob gleichgestimmte Erfahrungen an derselben Stelle der reizbaren Substanz abgelagert, in jedem mnemischen Protomer am selben Orte deponiert, im Engrammschatz mit identischem Lokalzeichen versehen würden.

Ferner besteht eine Gemeinsamkeit der mnemischen und serialen Erklärungsversuche in Ableitung des zeitlichen Momentes aus dem räumlichen — im Nachweise des Überganges, des Hervorwachsens von Sukzedaneität aus Simultaneität. Wie bei der Mneme das Nacheinander der organischen Reproduktionen, der sukzedane Engrammkomplex, sich aus deren Miteinander, dem simultanen Engrammkomplex entwickelt: so (S. 131) bei der Serie die Zeitserie aus der Raumserie, insofern der beide Serialerscheinungen gemeinsam erzeugende Vorgang die Imitation ist: Aus- oder Angleichung sowohl räumlich als zeitlich benachbarter Zustände und Vorgänge. Allgemein wird also der Zeitbegriff auf den Raumbegriff zurückzuführen, die Entstehung der Zeitempfindung aus Wahrnehmungen zu erklären sein, die sich im Stofflichen, mithin im Räumlichen abspielen: diese Zurückführung ist auch darin gelegen, wenn SEMON das Auftauchen einer Erinnerung nach bestimmtem Zeitablauf, besonders in periodisch oder phasisch erneuerter Wiederkehr, dem Ablaufen einer bestimmten Anzahl materieller Lebensprozesse zuschreibt, die erledigt sein müssen, ehe der frühere Zustand und mit ihm die daran gebundenen Erinnerungsbilder zyklisch abermals zurückkommen.

Darin berührt sich SEMON mit den Periodikern, die — wie FLIESS — Zeitintervalle als Lebensdauer von Plasmaeinheiten ansprechen: dort die chronogene und phasogene Ekphorie, hier die Periode bedeuten nichts anderes als absolviertes substanzielles Geschehen. SEMON geht ja so weit, Erinnerungen für den Zeitablauf als solchen zu leugnen: darin können wir uns ihm nicht vorbehaltlos anschließen, sondern müssen zumindest für den Menschen, bei dem

315

sich der Zeitbegriff — zwar aus Begriffen des Raumes und Stoffes, aber schließlich in Abstraktion von diesen — ausbildete, ein individuell abgestuftes, im höchstentwickelten Falle absolutes Zeitgedächtnis voraussetzen; ein Empfinden für die Zeit, fast unabhängig von dem, was an Lebensvorgängen und sonstigen Ereignissen in der Zeit geschieht.

Die vorhin erwähnte Berührung zwischen SEMON und den Periodikern, die aus der Auffassung des Verhältnisses zwischen zeitlichen und stofflichen Vorgängen entspringt, befestigt sich durch den diesen Autoren gemeinsamen Begriff der „Schichtung", also eine Raumvorstellung, die dennoch unsere gesamte Zeitvorstellung vermittelte: laut SEMON erwächst ja der individuelle Engrammschatz, indem jeder Augenblick unseres Lebens einen simultanen Engrammkomplex auf den anderen schlichtet; aus der sukzedanen Reproduktion dieser Engrammschichten ergibt sich das Bild der einsinnig vorwärts laufenden Zeit. In ganz ähnlichem Sinne spricht auch SCHLIEPER von „seelischer Schichtung", in Verbindung mit der Möglichkeit, daß die Schichten in Periodenintervallen aus dem Unterbewußtsein emportauchen.

Der enge Zusammenhang von Zeitlichem und Räumlich-Stofflichem erhält endlich noch eine Bekräftigung durch dasjenige (im Referat der SEMONschen Werke vorhin nicht berührte) Erscheinungsgebiet, welches SEMON die „proportionale Veränderbarkeit der mnemischen Erregungen" benennt. Der gedächtnismäßige Erregungsablauf ist nämlich eine Wiederholung des ursprünglich durch Reizwirkung hervorgerufenen Erregungsablaufes in allen seinen Wertverhältnissen, nicht aber notwendigerweise in seinen absoluten Werten. Zeitlich äußert sich das in Beschleunigung oder Verzögerung des Ablaufstempos bei treuem Festhalten am Rhythmus: wir können eine Melodie schneller oder langsamer singen, als wir sie ehemals gehört haben, aber die Längenverhältnisse der Noten müssen annähernd gleich bleiben, sonst wird die Melodie nicht als dieselbe wiedererkannt werden. Wird die halbe Note zur Viertel-, so muß die ehemalige Viertelnote zum Achtel werden usf.; oder wird die Melodie zu den um das Doppelte beschleunigten Taktschlägen eines Metronomes gespielt, dessen Pendel man entsprechend verkürzt hat, so müssen die Notenwerte dieselben, müssen halbe und Viertelnoten bleiben, so wie sie zuerst vorgeschrieben waren. — Räumlich äußert sich proportionale Veränderlichkeit darin, daß unsere Erinnerung in beliebigen Rahmen gespannt werden kann: ob ein Porträt überlebensgroß oder eine Miniatur ist, stets erkennen wir darin das Original, falls es in seinen Dimensionsverhältnissen richtig getroffen ist.

Auch am selben Objekt läßt sich das Zutreffen proportionierter Variabilität in räumlicher und zeitlicher Hinsicht zeigen: so an der Entwicklung des Eies. Zeitlich: man beschleunigt die Entwicklung, beispielsweise durch Temperaturerhöhung, man verzögert sie durch Temperaturerniedrigung; immer aber bleibt es dieselbe Entwicklung mit denselben Stadien, deren jedes sich zum anderen in ziemlich festem Dauerverhältnis befindet, mag die absolute Dauer noch so großen Schwankungen unterliegen. — Räumlich und stofflich: ein halbiertes Ei liefert einen proportioniert gebauten Keimling von halber Größe; ein aus zwei Eiern verschmolzenes Riesenei ergibt einen ebenmäßigen Embryo von doppelter Normalgröße. Auch hier bleibt die Entwicklung — zumindest im Endergebnis nach Ausgleich etwaiger Störungen — im Wesen dieselbe. Sie blieb es beidemale, nur waren bald ihre temporären, bald ihre materiellen Dimensionen hier verkürzt, dort gedehnt — die zeitlich-räumlichen Ausdehnungsverhältnisse waren allemal die gleichen.

Die grundsätzliche Gleichsetzung von Räumlichem und Zeitlichem — genauer: die Darstellung des Zeitlichen als einer Entwicklung aus Räumlichem — ist übrigens schon darin gegeben, wenn SEMON seelische und leibliche Bewegungen (der Bewußtseinsinhalte, Muskeln und Körpersäfte beim Stoffwechsel), die in der Zeit geschehen, als Schauplatz gesetzmäßiger Wiederholungsvorgänge ebenso einschätzt wie Wachstum, das im Raume ausgebreitet ist. Im Sinne der hier von SEMON verfochtenen Gleichartigkeit möchte ich auf eine merkwürdige Parallele aufmerksam machen, die psychische, motorische und plastische Reaktionen zeigen, wenn sie — sich selbst überlassen — vom Drucke richtender Außenkräfte befreit werden. SEMON spricht in den „Mnemischen Empfindungen" (S. 256) von deren „Schweifen": wenn wir uns von Originalerregungen, die uns die Außenwelt zuträgt, tunlichst abschließen und nur unseren Erinnerungsempfindungen nachhängen, so pflegen wir „nur beim Verfolgen sehr lustvoller oder sehr unlustvoller mnemischer Abläufe, ferner sobald wir eine engraphisch vorgezeichnete Melodie oder ein Gedicht in uns ablaufen lassen, und endlich beim intensiven Nachsinnen einigermaßen bei der Sache zu bleiben. In der Regel aber irrt unsere Aufmerksamkeit, wenn sie ausschließlich auf mnemische Empfindungen gerichtet ist, unstet in den verschiedensten Schichten unseres Engrammschatzes umher, sehr begreiflicherweise, weil keine äußere Konstellation ihr Gewicht in die Wagschale wirft, wie sie es bei Fesselung der Aufmerksamkeit für die Originalempfindungen tut". Häufig kehrt dabei die Ideenflucht, besonders auch bei Fiebernden, Geisteskranken und Träumenden, also allemal bei Seelenzuständen, die ein normierendes Eingreifen der Umwelt verhindern, hartnäckig zum Ursprung zurück: das Schweifen der Gedanken ist — zuweilen schon bei Ermüdung, dann bei Vergiftung (z. B. mit Alkohol) und bei Menschen, die an „fixen Ideen“ leiden — mehr oder minder genau und ausgesprochen ein K r e i s e n d e r G e - d a n k e n.

Suchen wir es zunächst im Gebiete der Muskelbewegung, so fällt uns sofort das bekannte Kreisgehen verirrter, ermüdeter Menschen und überstürzt-besinnungslos fliehender Tiere sowie solcher Menschen und Tiere ein, deren in den Bogengängen des Ohrlabyrinthes gelegenes Orientierungsorgan erkrankt ist (Drehsucht, Tanzmäuse). Aber kein pathologischer Zustand, keinerlei Störung oder Überreizung ist erforderlich, um derartige Bewegungsbilder zu erzeugen: auch bei Abwesenheit jeder ausgesprochenen, bestimmt gerichteten Reizung (in einem Medium von gleichförmig-energetischer Beschaffenheit) kommen sie zustande, wenn viele Tiere gleicher Art sich gemeinsam darin tummeln. „Die diffus verteilten Tiere nähern sich einander in allen möglichen Richtungen und entfernen sich voneinander nach den Gesetzen der Wahrscheinlichkeit, so wie es auch leblose Partikelchen (abgetötete Bakterien, BROWNsche Molekularbewegung) tun“ (KARL PRZIBRAM). Infusorien im Wassertropfen und tanzende Mücken in gleichmäßig warmer, windstiller Luft geben geläufige Vorstellungen jener „ungeordneten Bewegung“, die in Kreisen und Schraubenkurven immerfort in den Ausgangspunkt zurückkehrt oder doch ihm stets wieder nahekommt.

Und fahnden wir nun nach einem zugehörigen plastischen Homologon, so finden wir s c h r a u b i g e n W u c h s von Nagezähnen (Abb. 44 auf Taf. VIII) und Vogelschnäbeln, die an gehöriger Abnützung verhindert sind. Auch manche „Luxusbildungen“ — Körperteile, die bei reicher Ernährung und Ausschaltung des Daseinskampfes exzessive Ausbildung gewinnen — neigen im Tier- wie im Pflanzenreiche zu bogen- bis schraubenförmigen Gestalten: so Geweihschaufeln und -enden der daran zugrunde gegangenen Riesenhirsche, Gehörne besonders bei vielen Schafwiddern und Antilopenböcken, Sichelfedern bei Hähnen, Leierfedern bei Fasanen. Die letzten Beispiele zeigen, daß äußere Geschlechtsattribute, bei denen es der Natur mehr auf Pracht als auf Zweckmäßigkeit ankam, sich gern in solcher Hemmungslosigkeit ergehen; die ersten Beispiele zeigen, daß gerade Waffen, die eine Tierart im Kampfe ums Dasein zunehmend beschützten, bis fast kein Feind ihr mehr gewachsen blieb, schließlich zum ungemessen weiterwachsenden Luxusgebilde ausarten. Dem nahe steht vielleicht das spiralige Wachstum des Schneckenhauses, das seinem weichhäutigen Bewohner bis zu einem gewissen Grade vor Raubtieren Schutz gewährt. Besonders häufig ist Spiralwuchs im Zustande der Domestikation, wo Schutz und Mast zusammentreffen: erinnert sei an die krausen Laub- und Blütenblätter gewisser Gemüse- und Zierpflanzenrassen, das krause oder lockige Haar mancher Haustier- und diesen in mancher Beziehung vergleichbaren Menschenrassen, an die ausgebogenen „Stallhufe" und „Afterklauen" u. a. m. Kann schraubiges Wachstum funktionell dienlich sein, so wird es natürlich erst recht nicht verschmäht, wie bei den Rankenorganen kletternder Pflanzen, den Wickelschwänzen kletternder Tiere. Daß aber die Spirale vor allem zum Ausdruck hemmungslosen, von keinem Zwang zum Zweck eingeengten Lebens wird, zeigt der menschliche Tanz — womit wir die Drehung aus dem Morphologischen wieder ins Motorische rückübersetzen.

Hierzu kommt nun noch, daß einige Autoren, worunter SWOBODA (1904, S. 21 und 134), BREYSIG (1905, S. 119), v. d. GABELENTZ (1901, S. 256 ff.), GOLDSCHEID (1915, S. 19, „Kulturspirale"), wohl auch GOETHE („Spiraltendenz der Vegetation") den ganzen Lebens- und Entwicklungsverlauf sich graphisch als Schraubenlinie vorstellen; nicht als Kreislinie, weil die Wiederkehr niemals ohne Fortschritt kommt, stets mit Veränderung gepaart einhergeht. Neigen, wie vorhin kurz aufgezählt, die Einzelvorgänge und Zustände des Lebens — Wachstum der Teile, Ortsbewegung, ja Gedanken- und Gefühlsbewegung — zur Korkzieherform (die Kreisform ist hier wohl überall nur als Anfang, als erste Windung des Schraubenganges zu betrachten, der gehemmt sein kann), so leitet sich daraus allerdings die Berechtigung ab, das Gesamtleben und -streben in solchen Gestalten zu erblicken. Zumindest innerhalb der Grenzen, wo das Wort: „Es irrt der Mensch, solang' er strebt," wahr ist, wird jene Annahme berechtigt sein, die über den engeren Bereich der periodischen Erscheinungen und weit über bloß bildliche Bedeutung hinaus neuerdings nahegelegt erscheint. —

Kehren wir zu den engeren Berührungsflächen zwischen Mneme- und Periodenlehre zurück. Die periodischen Erscheinungen stellen sich in Gänze als Sonderfall mnemischer Erscheinungen dar: diese wie jene kommen durch vollständige oder teilweise Wiederkehr der für die Originalerregung verantwortlich gewesenen (äußeren oder inneren) energetischen Situation zustande; nur erfolgt bei jenen die Wiederkehr in zeitlichem Regelmaß. Die Unterordnung der periodischen unter die mnemischen Erscheinungen, und zwar unter den zweiten mnemischen Hauptsatz (Ekphoriesatz, S. 302) bedeutet uns doppelten Erkenntnisgewinn: erstens in Hinblick auf das Kontinuitätsproblem; zweitens in Hinsicht auf das Assoziationsproblem.

Die Frage, ob die Natur Sprünge macht oder sich in ihren Werken gleitend vorwärts bewegt, findet ihre Beantwortung im letzten Sinne: die Natur macht zuweilen auf ihrer gleitenden Bahn Rucke, aber niemals Sätze. Die Glieder einer Periode und allgemein die einer Serie erscheinen zwar unterbrochen, oft wie Hammerschläge des Schicksals über ruhige Epochen verteilt und durch sie auseinandergerissen; aber das ist die Unterbrochenheit des auf dem Wasserspiegel hüpfenden Flachkiesels, der doch immer derselbe Kiesel bleibt, wenngleich die durch ihn hervorgebrachten Erschütterungen der Flut sich den Sinnen eines Wasserbewohners, der den Stein nicht fliegen sieht, als selbständige, unabhängige Ereignisse darstellen mögen. Schon im Kapitel V (S. 119) wiesen wir auf das Trugvolle solcher Phasentrennung hin: der seriale und ebenso der periodische Wellenzug ist in Wahrheit ein ununterbrochener Vorgang, der nur vermöge vorübergehender Latenzen, die sein Bewußtwerden in uns erleidet, aus isolierten Stücken (den Wellengipfeln) zu bestehen scheint. Darin werden wir durch die von der Mneme gebotenen Einsichten bestärkt.

Der erinnerungsfähige Eindruck, das Engramm, geht zwischen Aufnahme und Wiederbelebung durch den „sekundären Indifferenzzustand" hindurch, der äußerlich einem primären Indifferenzzustand vor Eintritt des eindruckschaffenden Erlebnisses gleicht: man sieht es in der Zwischenzeit dem Geschöpf nicht an, daß es gerade dieses Erlebnis hatte. Erst daran, daß ein neu erlebter Bruchteil desselben genügt, um volle Erinnerung zu wecken und den seinerzeitigen Erregungszustand ungeschmälert aufleben zu lassen, erkennen wir, daß das Geschöpf in der Beziehung kein unbeschriebenes Blatt mehr war. — Indifferenzzustände trennen also die aufeinander zu beziehenden mnemischen Erregungen; dennoch stehen diese in unmittelbarem Zusammenhang: ein Etwas, woraus sie entwachsen wie einzeln stehende Blumen dem gleichen Blütenschaft, ist immer da: jene zwischen Schlaf und Wachen, Latenz- und Manifestationsphasen pendelnde Veränderung des lebenden Stoffes, von SEMON Engramm genannt. Sie ist abermals vergleichbar dem tanzenden Kiesel, ihre einzelnen Ausschläge dem jedesmaligen Aufklatschen des nämlichen Steinchens auf der Wasserfläche.

Nicht einmal die räumliche Trennung des Keimes und Kindes vom Elterngeschöpf ist, wie wir wissen, als Diskontinuität des Wesens zu werten; lassen wir SEMON selbst dies erklären (Mneme, 3. Auflage, S. 258): „Die Entwicklung der Organismenreihe stellt sich ... als eine Kontinuität dar, die zeitlich und räumlich in Phasen verläuft. Jeder Zeitphase entspricht als räumliche Phase ein Individuum. Während die zeitliche Kontinuität eine absolut ununterbrochene ist, kann die räumliche Kontinuität insofern unterbrochen sein, als sich bei Beginn einer jeden solchen Individualitätsphase eine räumliche Trennung auszubilden pflegt. Dieselbe ist bei geschlechtlicher Fortpflanzung die Regel; bei ungeschlechtlicher kann sie ganz ausbleiben oder sich doch erst sehr spät einstellen. Trotz dieser Kontinuitätstrennung dürfen wir nie vergessen, daß die eigentliche Entwicklung sich ausnahmslos als fortlaufende Linie darstellt, deren Unterbrechungen durchweg sekundärer Natur sind, das heißt an einem Punkte stattfinden, der von der Führungslinie bereits durchlaufen ist." Von der Führungslinie durchlaufen bedeutet: ehe der kindliche Organismus sich vom mütterlichen loslöst, hat dieser alles in jenem aufgespeichert, was er selbst an dauernd erinnerbaren Eindrücken besaß: der ganze ererbte Engrammschatz, vermehrt zumindest durch einen Teil auch des elterlich-individuellen, erworbenen Engrammschatzes, dient dem Nachkommen zur Mitgabe.

Was folgt daraus fürs Assoziationsproblem? Nochmals in bekräftigtem Belange das, was S. 292 gefolgert werden durfte. Wirklich assoziiert ist nur zweierlei: erstens alle gleichzeitig aufgenommenen Eindrücke sind es, die Bestandteile eines simultanen Engrammkomplexes; zweitens, daraus entwickelt, die in unmittelbarer Folge empfangenen Eindrücke, die sukzedanen Schichten nacheinander aufgenommener, mit einigen ihrer Bestandteile ineinander greifender Engrammkomplexe. Erstere sind polar gleichwertig in beliebiger Richtung, letztere polar ungleichwertig nur in fortschreitender Richtung assoziiert; durchweg sind es Komponenten, die einander berühren, entweder im Quer- oder im Längsschnitt des Geschehens aneinander grenzen: es gibt also nur Berührungsassoziation. So schließt sich das Assoziations- dem Kontinuitätsproblem enge an: Eindrücke, die sich nicht berühren, nicht in kontinuierlichem Verbande stehen, sind auch nicht assoziiert; sie können es erst werden, nachdem sie miteinander zur Berührung gebracht, zu Bestandteilen eines simultanen Engrammkomplexes oder hart angrenzender sukzedaner Engrammkomplexe gemacht worden waren.

Die Psychologie unterscheidet noch andere Arten der Assoziation, die sich aber allesamt auf Berührungsassoziation zurückführen lassen. Wir sprachen S. 292 davon, daß nicht alle gleichzeitig aufgenommenen Eindrücke gleichmäßig lebhaft im Gedächtnisse haften; sondern ein ansehnlicher Teil des simultanen Engrammkomplexes verblaßt, versinkt gleichsam in ein Meer des Vergessens, aus dem einige, bei ihrer Aufnahme besonders eindrucksvoll gewesene Vorstellungen wie Inseln emporragen. Diese nachträglich isolierten Bruchstücke nennt man, weil sie stets gemeinschaftlich bewußt werden, „assoziiert"; aber strenge genommen nicht nur sie, nicht unmittelbar sie sind es, sondern der ganze Komplex, auf dessen verschwommenem Untergrunde sie sich zu steilster Höhe in den Himmel des Bewußtseins erheben. Zwischen diesen Gipfeln fand ja niemals wirkliche Kontinuitätstrennung statt, so wenig wie zwischen ihnen und dem gemeinsamen Simultankomplex, von dessen Boden sie aufragen; als ungetrennte, zusammenhängende Elemente bedürfen sie aber nicht erst besonderer Verknüpfung. Keineswegs sie allein sind zurückgekehrt, wenn wir uns ihrer bewußt werden; sondern der ganze Komplex von Eindrücken, der seinerzeit zugleich im Bewußtsein vorhanden war, kehrt zurück, worin sie nur Höhepunkte der Deutlichkeit darstellen.

Die Erkenntnis, daß die Gesamtsituation mnemischer und periodischer Wiederholung unterliegt, ist SEMON (z. B. Mnemische Empfindungen, S. 145 ff.) und SWOBODA (z. B. 1904, S. 18 ff.) gemeinsam; hier wie dort stoßen wir auf den Befund insulären Hervorragens der einstmals von der Innenwelt mit größter Empfänglichkeit aufgenommenen oder von der Außenwelt mit größter Wucht aufgedrungenen Eindrücke. Um so schwerer ist zu verstehen, wenn SWOBODA nicht zur weiteren Einsicht vordrang, daß es „freisteigende" Vorstellungen in HERBARTs und seinem Sinne nicht gibt. Vorstellungen können nur dann die Schwellen des Bewußtseins überschreiten, wenn sie von angrenzenden Hilfsvorstellungen sozusagen an der Hand gefaßt und ins Bewußtsein geführt werden. Da wir uns den Gedächtnisschatz mit SEMON und SCHLIEPER als Schichtenbau aneinander stoßender Engrammkomplexe denken müssen, woraus sich unser Zeitbegriff entwickelte: so weckt immer ein Grenznachbar den andern, bis die Reihe im Kreislauf des Lebensprozesses wieder an den ersten kommt. Wie nahe die Versuchung liegt, ein Freisteigen von Vorstellungen anzunehmen, zeigt JERUSALEM 1894 an einem Beispiel, das ich seiner großen Anschaulichkeit wegen nach SEMON (Mnemische Empfindungen, S. 193) hier wiedergeben will: Scheinbar völlig frei steigt das Bild einer Situation auf, derer man sich seit 30 Jahren nicht wieder erinnert hat. Man wundert sich selbst über dieses, wie man glaubt, ganz unvermittelte Auftauchen nach jahrzehntelanger Ruhe. Erst später entdeckt man, daß einem in der Nähe stehenden Strauß von *Pyrula uniflora* der bisher nicht oberbewußt beachtete Duft dieser Blüten entsteigt; und entsinnt sich im selben Augenblick, daß es der gleiche Duft war, der damals vor dreißig Jahren jenes Erlebnis umwob. Wäre er als Wecker der Erinnerung unbemerkt geblieben, so hätte man der Erinnerung die Fähigkeit zugeschrieben, ohne Hilfe ins Bewußtsein zu treten.

Die in der Psychologie außerdem unterschiedene „Ähnlichkeits"-,

„Kombinations"- und „Kontrastassoziation" erweisen sich ebenfalls letztlich als Unterarten der Berührungsassoziation — insofern, als echte Assoziation zwischen ähnlichen, kombinierten und kontrastierenden Begriffen erst eintritt, bis sie auf irgendeine Weise zur Berührung gebracht wurden. Diese Begriffskategorien sind nämlich untereinander zunächst nicht assoziiert, sondern haben einander ursprünglich nur wechselseitig ekphoriert; dadurch gelangen sie in denselben Engrammkomplex, und nun erst hat auch wirkliche Assoziation, und zwar natürlich Berührungsassoziation, zwischen ihnen Platz gegriffen. Ähnliche Begriffe sind zur gegenseitigen Ekphorie befähigt, weil ja nicht nur Wiederkehr der Originalerregung, sondern auch Eintritt einer der originalen bloß ähnlichen, an sie „erinnernden", wennselbst quantitativ oder qualitativ von ihr abweichenden Erregung hinreicht, um die mnemische Erregung und Erinnerungsempfindung wachzurufen.

Kombinatorische Assoziation kommt gleichfalls dadurch zustande, daß Engramme aus verschiedenen Schichten des Engrammschatzes, also aus simultanen Engrammkomplexen, die zu verschiedenen Zeiten aufgenommen worden waren, hervorgeholt und nunmehr im selben Simultankomplex untergebracht werden: ist aber letzteres einmal der Fall, so sind jene aus diversen ungleichzeitigen Engrammschichten gleichzeitig zusammengestellten Engramme fortan durch Berührung assoziiert, mögen sie im übrigen ähnlich oder noch so verschieden sein. Um das Zustandekommen kombinatorischer Assoziation — oder, wie SEMON (Mnemische Empfindungen, S. 165) sie zur Vermeidung von Verwechslungen jetzt nennt, der „Assoziation von Komponenten verschiedener Engrammschichten" — gründlich zu verstehen, muß man sich gegenwärtig halten, daß die simultanen Erregungskomplexe nicht etwa bei ihrer Entstehung aus lauter Originalerregungen und bei ihrer Auferstehung aus lauter mnemischen Erregungen zusammengesetzt sind; immer vielmehr vereinigen sich in ihnen originale und mnemische Erregungen: jede Neuaufnahme von Eindrücken weckt gleichzeitig Erinnerungen, und keine Wiedergabe von Eindrücken — nicht einmal im Traum und Trance — ist möglich, ohne daß sich die Außenwelt mit frischerregenden Reizen dreinmengt. Durch Mischung von Erinnertem in Erlebtes und durch jedesmalige Neumischung von anderem Erinnerten bei jedesmaliger gedächtnismäßiger Neubelebung des Alterlebten ändert sich allmählich jeder Engrammkomplex: er nimmt mnemische Komponenten aus früherer Zeit in sich auf; andere, vielleicht frischere Komponenten verblassen dafür. Sofern bei Aufstapelung des Engrammschatzes seine Schichten die Wiederkehr tieferliegender Schichten einschließen, ist es doch nicht unberührte Wiederkehr, sondern solche, bereichert durch unabgelagerten Neuzufluß und kombiniert mit ausgegrabenen Beständen.

In dieser Erklärung ist nun die „Kontrastassoziation" inbegriffen: unser Erinnerungsschatz ist durchsetzt von Begriffspaaren wie „Riese — Zwerg", „Hitze — Kälte", „Weinen — Lachen" usw.; von der Schule auf sind wir gewohnt, zu jedem Begriff seinen Gegensatz aufzusuchen; daher fällt der Gegensatz für unser Bewußtsein in den Bereich der Ähnlichkeit, gehört alles Negative nur durch eine Skala von Graden von ihm getrennt und dennoch mit ihr verbunden zum Positiven, und ist Auftauchen des Kontrastes zuletzt doch nichts anderes als partielle Wiederkehr derselben energetischen Situation, welche einst die Originalerregung neu schuf und nun die zugehörige mnemische Erregung nachschafft. Kontrast ist eben noch eine Form der Ähnlichkeit; Unähnlichkeit in Gestalt der Gegensätzlichkeit ist nur negative Ähnlichkeit, wie Kälte nichts anderes ist als Wärme mit dem Minuszeichen. Jeder Kontrast macht daher seinen Gegenkontrast bewußt; Kontrastassoziation ist Ähnlichkeitsassoziation und wird zur echten, zur Berührungsassoziation, wenn so, wie wir es von Kindesbeinen an üben mußten, die kontrastierenden Vorstellungen gepaart in denselben Engrammkomplex hineingelangen.

Von verwandten Erwägungen, nämlich daß Gegensätze keine Wesensverschiedenheiten, sondern nur bipolare Gradverschiedenheiten und über die verbindende Gradskala hinweg sogar Wesensgemeinsamkeiten darstellen, haben wir uns ja schon leiten lassen, als wir Folgen gegensätzlicher Ereignisse als Serien betrachteten und eine besondere Serienart als „Kontrastserie" aufstellten (S. 79). Dieselbe Schlußfolgerung hat sich der Psychoanalytiker STEKEL mit seinem „Gesetz der Bipolarität" zu eigen gemacht: jedes psychische Extrem habe den Keim seines Gegenteiles in sich, Liebe den Haß, Heiterkeit die Trauer, Tugend das Laster usw., so daß Gegensätze eigentlich nur Pole derselben seelischen Eigenschaft sind. Daß in vielen Menschen solche Gegensätze zyklisch miteinander abwechseln, einander periodisch ablösen, gibt STEKEL ebenso Recht, wie daß die Zweipoligkeit der Kontraste nicht auf die psychische Welt beschränkt, sondern der ganzen Welt der Erscheinungen gemeinsam ist.

Sinnesphysiologisch und daher dem Psychischen noch nah verwandt, erleben wir es übrigens in Gestalt des „Simultankontrastes" und der „negativen Nachbilder": jener zeigt im räumlichen Nebeneinander benachbarter Empfindungsfelder dasselbe wie dieser im zeitlichen Nacheinander ein und desselben Empfindungsfeldes. Am geläufigsten ist es uns vom Sehfeld, daß Gelbempfindung in dem einen Felde von Blautönung im angrenzenden Felde begleitet ist, Rotempfindung von Grüntönung, Hellempfindung von Dunkeltönung usw.; und haben wir einen grellroten Fleck angesehen und schließen darauf die Augen, so offenbart sich uns die akoluthe Erregung, das Abklingen des Rot, als Grünempfindung — entsprechend die einer Gelb- als Blauempfindung usw. Die simultanen und sukzedanen Kontrastempfindungen sind aber keineswegs auf den Gesichtssinn beschränkt, sondern kommen auch auf anderen Sinnesgebieten vor, besonders deutlich auf dem des Temperatursinnes. SEMON verwahrt sich (Mnemische Empfindungen, S. 115) ausdrücklich dagegen, die Nachbilder, Nachtöne usw., die insgesamt zu den akoluthen Reizwirkungen (S. 294) gehören, grundsätzlich von den synchronen Reizwirkungen zu trennen; selbst dann sei solche Scheidung undurchführbar, wenn das Reaktionspendel nach der entgegengesetzten Seite überschlägt.

Simultankontrast und negatives Nachbild aller Sinnesgebiete, zusammenfassend und vergleichend betrachtet, gewähren daher einen Beitrag zur Einsicht in die kontinuierliche Grundnatur diskontinuierlicher Erscheinungen; einen weiteren Beitrag zur Wesensgleichheit und bloßen Entwicklungsverschiedenheit von räumlichem Neben- und zeitlichem Nacheinander; endlich verstatten sie einen besonders wertvollen Einblick in die Natur der Imitationsprozesse (Kap. VI), die sich an benachbarten Objekten gleichzeitig und am selben Objekt in aufeinanderfolgenden Zeitmomenten abspielen, während welcher dieses Objekt verschiedene, imitationsbedürftige Zustände annimmt. Das Unschätzbare des Einblickes, den die Empfindungsfelder eigentlich im buchstäblichen Sinne des Wortes gewähren, liegt darin, daß sich der energetische Ausgleichungsprozeß uns hier subjektiv durch grelle sinnesphysiologische Phänomene zu erkennen gibt: ein Bezirk der lichtempfindlichen Sehsubstanz ist „rot" gereizt worden; sein Chemismus ist dadurch verändert und zu dem seiner Nachbarbezirke ausgleichsbedürftig geworden. Der Nachbarbezirk zeigt daher die komplementäre Veränderung „grün", der zuerst gereizte Bezirk sodann ebenfalls „grün" als negatives Nachbild, der Nachbarbezirk seinerseits — schon schwächer — das negative Nachbild „rot". Die akoluthen Erregungen werden nun im selben Sinne — oberbewußt kaum mehr feststellbar — weiteroszillieren, bis der stabile Ruhezustand wieder hergestellt ist.

Der Vorgang gleicht dem schwächer werdenden Auf- und Niederwogen einer Schaukel oder des Wagebalkens, bis eine der Gewichtsverteilung entsprechende ausgleichende Ruhelage wieder erreicht ist: es ist ein Vorgang der Beharrung (Kap. V), und jede Beharrung galt uns als ein Vorgang der Ausgleichung (Kap. VI), worin jede Phase den Zustand der vorhergehenden Phase imitatorisch übernimmt. Daß

Rotempfindung des einen Bezirkes Grünempfindung im Nachbarbezirk auslöst — also eine Verschiedenheit, nicht sofort eine Gleichheit —, darf uns über die imitatorische Beschaffenheit des Gesamt-
vorganges nicht täuschen: gerade die polare Reaktion (vgl. Kap. VII)
ist nötig, um endgültig das Gleichgewicht herbeizuführen. Beim
anorganischen Modell, der Schaukel oder Wage, sehen wir nur den Ausgleich; wissen wir, daß es dem Ausgleich zusteuert, wenn der eine
Hebelarm in die Höhe geht, indem der andere in die Tiefe sank. Die
introspektive Wahrnehmung, das Hineinsehen ins Innerste des
Vorganges, der ja in einem Teile unseres Ichs vonstatten geht, erblickt dort, weil das letzte Ausklingen sich der Oberbewußtheit entzieht, nur den schrillen Gegensatz, der aber trotzdem Vorstufe und Vor-
bereitung ist fürs Erlangen der Gleichheit.

Sogar die Vererbungslehre wird nicht daran vorbei können, von
dem erweiterten Gesetze der Bipolarität Anwendung zu machen, indem
— um ein GOLDSCHEIDsches Paradoxon zu verwerten — „gerade die
Nichtvererbung oft Ausdruck der Vererbung" ist: so, wenn
nicht die Verstümmelung, der Verlust eines Organes als Fehlen desselben auf die Nachkommen übergeht, sondern umgekehrt ein als
Ersatzreaktion auf die Verletzung entstandenes übergroßes Regenerat
dieses Organes (vgl. KAMMERER, Allgemeine Biologie S. 274, und
Polemik gegen SCHALLMAYER, S. 224, 225).

Einen verwandten und tiefschürfenden Gedanken hat v. HOEFFT
ausgesprochen: Hin- und Herpendeln der Kulturepochen
zwischen entgegengesetzten Weltanschauungen. Rationa-
listischen Zeitaltern müssen idealistische folgen; der eine Pendel-
ausschlag führt die Geistesverfassung des Jahrhunderts zur ausschließenden Bewertung der realistisch-materiellen, der gegenteilige Pendel-
ausschlag zur Überschätzung der theistisch-spirituellen Denk- und
Handlungsweise. „Nachdem man die Gemeinplätze von unserem
,technischen' oder ,Jahrhundert der Naturwissenschaften' genügend
wiedergekaut," sagt v. HOEFFT von der Gegenwart, „wird man jetzt
endlich gewahr, daß wir uns im periodischen Schwanken — zwischen
Verstand- und Vernunftkultur mit entschiedener Hinneigung zu den
exakten Wissenschaften einerseits, Gemütskultur mit Neigung zu
Aberglauben und Mystik (Gesundbeten, Okkultismus, Astrologie)
andererseits — eigentlich seit längerer Zeit bereits ausgesprochen in
der zweiten Periode befinden. Ein Gleichgewicht zwischen beiden
Perioden — Vernunft und Gefühl ausgesöhnt — scheint ja leider unmöglich zu sein; das Pendel schwingt immer über den Ruhepunkt in
das entgegengesetzte Extrem." Ganze Generationsreihen vertreten
hier die Generationseinheit und die einzelne, im elterlich-kindlichen

Verhältnis stehende zusammengehörige Generationszweiheit; künftige Vererbungsforschung wird zweifellos auch bei der Einzelgeneration und ihrer Nachkommenschaft zwischen Merkmalen zu unterscheiden haben, die in stabilem Gleichgewicht unverändert und ohne äußeren Anstoß unveränderlich die Generationsgrenzen überschreiten; und anderen Merkmalen, die sich in Schwingung befinden, so daß sie bei der jeweils nächsten Generation oder Generationsreihe in einem Sinne und Gepräge zum Vorschein kommen können, welches das reine Negativ der jeweils vorigen Generation oder Generationsreihe darstellt. Solch umschaltbaren Pendelcharakteren gegenüber (die „umschlagenden" Sippen der sogenannten Genetiker sind etwas ganz anderes!) würden die heutigen Vererbungstheorien nur Nichtvererbung festzustellen bereit sein.

Zum Schlusse möchte ich mich mit SEMON darüber auseinandersetzen, daß er gedächtnisartige Leistungen als Eigenbesitz der Lebewesen beansprucht: Wiederholungen der unbelebten Natur — etwa Gezeiten, Jahreszeiten, Kochbrunneneruptionen (Mneme, 3. Auflage, S. 236) — gehorchten nicht dem zweiten mnemischen Hauptsatze, wonach schon teilweise Wiederkehr des für erstmalige Produktion eines Ereignisses verantwortlichen Kräftekomplexes zur Provokation seiner Wiederholung genügt; zur anorganischen Wiederholung sei im Unterschiede von der organischen stets totale Wiederkehr der ursächlichen energetischen Situation vonnöten. SEMON, der sich öfters und sehr nachdrücklich gegen die — unter allen vorgekommenen Mißverständnissen verzeihlichste — Mißdeutung verwahren muß, er habe eine vitalistische Hypothese geschaffen, wird um so lieber zugeben, daß seine Voraussetzung nicht überall zutrifft. Beispiele, in denen sich die Reaktionsfähigkeit anorganischer Körper gelegentlich von Wiederholungen dauernd verändert zeigt, haben wir mehrfach schon kennen gelernt, den remanenten Magnetismus (S. 127), die Leimgallerte mit dem Gedächtnis für ihre experimentell veränderte Schmelztemperatur (S. 279) und zuletzt (S. 286) die von OSTWALD erwähnten Bleiplatten, die sich in elektrischer Ladung und Entladung „üben", so zwar, daß diese Vorgänge immer leichter vonstatten gehen. Übrigens aber bedarf es für den Leser, der den Kapiteln V und VI verständnisinnig gefolgt ist, gar keiner besonderen Begründung mehr nach jener Richtung: jeder Trägheitsvorgang ist Analogon eines mnemischen, da er ohne Fortwirkung des originalen Anstoßes seine ganze Eigenart beibehält, solange die entgegenwirkenden Kräfte ihn nicht überwältigen. Und noch treffender ist umgekehrt jeder mnemische Vorgang nicht bloß Analogon, sondern Homologon, einfach Spezialfall der allgemeinen Beharrung.

XIII. Serien und Aberglauben

Und kann sich zeitweilig die Philosophie
so weit der Spezialforschung entfremden, daß
sie meint, aus bloßen Kinderstubenerfahrungen
die Welt aufbauen zu dürfen; so hält dagegen
der Spezialforscher den Knoten des Welträtsels
für lösbar von der einzigen Schlinge aus, vor
der er steht, und die er in riesiger perspektivi-
scher Vergrößerung vor sich sieht.

ERNST MACH, 1903.

An Roulettetischen beobachten die Spieler
die Spielerfolge, bis sie selbst mitspielen. Sie
glauben dann zu finden, daß an einem Tage
eine bestimmte Zahl begünstigt sei und setzen
auf diese. Eine solche Begünstigung kann,
wenn sie vorhanden ist, offenbar nicht auf denselben Grundsätzen beruhen, auf denen wir die
Naturwissenschaft aufbauen. Es handelt sich
nicht um einen physikalischen Einfluß (influxus
physicus), sondern um eine metaphysische Wirkung (influxus metaphysicus).

H. E. TIMERDING, „Die Analyse des
Zufalls", S. 6.

Keinen Gelehrten, gewiß aber keinen echten Forscher dürfte es geben, der dem Volksglauben nicht ein Körnchen Wahrheit zubilligte. Was wissenschaftlichen vom Aberglauben unterscheidet, ist nicht das Tatsachenmaterial und seine richtige Beobachtung, auch nicht das Ziel seiner Verwertung; sondern lediglich die Art der Verwertung, die Verbindung beobachteter Tatsachen zu allgemeinen Schlüssen. Die wissenschaftliche Methode, Schlußfolgerungen zu ziehen, ist der volkstümlichen durch geschulte Erfahrung, kritische Sorgfalt und erweiterten Horizont oft überlegen; dafür ist sie langsamer, und es entfallen im Volke wenigstens teilweise die vorgefaßten Lehrmeinungen, die den wissenschaftlichen Horizont nachträglich stellenweise einengen. Deshalb finden wir dort so oft klare Behauptungen und unklare Ahnungen, die hier hartnäckig bekämpft, aber zuweilen später in ihrem Wahrheitsgehalt erkannt werden.

Am wenigsten verschieden ist, wie schon gesagt, das Endziel alles wissenschaftlichen und volklichen Erfahrungsammelns: beide wollen die Zukunft vorhersagen und womöglich vorausbeherrschen. Was das Volksbestreben anlangt, braucht dies nicht bewiesen zu werden: Gebete, Zaubereien, Bedeutungen, Ahnungen, Weissagungen und Träume haben ja nur den einen Zweck und Sinn. In der Wissenschaft ist der Zukunftsblick, der all ihren Untersuchungen zugrunde liegt, durch seine abergläubische Beliebtheit, seinen Beigeschmack an Kartenaufschlägerei, Horoskopstellerei und berufsmäßig von alten Weibern beiderlei Geschlechtes ausgeübter Wahrsagerei in Mißkredit gekommen, so daß manche Wissenschaftler dagegen protestieren werden, ihre Arbeit habe etwas mit der Zukunft zu tun. Das täten sie aber mit entschiedenem Unrecht, denn die vergleichende Methode bezweckt nichts anderes, als durch Aufdeckung der Beziehungen, die das Vergangene werden ließen, eine Anschauung dafür zu gewinnen, wie sich dieselben Beziehungen ins Kommende hinüberspinnen mögen; und die gegenwärtig höchste Stufe naturwissenschaftlicher Untersuchung, die experimentelle Methode, ermöglicht nicht bloß kombinatorisch vorherige Vermutung, sondern sogar determinatorisch vorherige Bestimmung der nächstkünftigen Abläufe. Wenn ich dunkle Wolken am Himmel sehe, so vermute ich aus dem Vergleich mit dem, was bei früheren Situationen gleicher Beschaffenheit gefolgt war, daß es regnen wird; wenn ich aber einen Regenschirm aufspanne, einen Gummimantel anziehe, so weiß ich und bestimme ich, daß ich trocken bleiben werde. Wenn ich einen Gegenstand seiner Stütze beraube, so weiß ich, er wird in der Richtung zum Erdmittelpunkt fallen, bis eine neue Stütze ihn aufhält. WI. OSTWALD (1909) hat sich denn auch nicht gescheut, Vorherbestimmung des Künftigen ganz ausdrücklich als die Aufgabe wahrer Wissenschaft zu bezeichnen. In meiner allgemeinen Biologie unterschied ich vier Hauptstufen wissenschaftlicher Methodik, die beschreibende (deskriptive), vergleichende (komparative), versuchende (experimentative) und erklärende (spekulative), als deren gemeinsame Vorstufe ich die glaubende (mythisch-phantastische) ansetzte, die ebenso unentbehrlich, ebenso wie jede spätere die notwendige Voraussetzung jeder früheren sei.

Wir treffen im Schrifttum unzählige Aussprüche, die dem Volksglauben Ehrerbietung erweisen; halten wir uns nur an Autoren, die als Vorläufer der Erkenntnis serialen Geschehens dem Problem vorliegenden Buches am nächsten stehen — es sind dies wegen größter Auffälligkeit, leichtester Wahrnehmbarkeit zeitlich eingeregelter Serien wiederum die „Periodiker" —, so eröffnet vor allem FLIESS einen Vortrag mit den Worten: „Ein kluger Mann hat von der Wissenschaft gesagt, in ihren Wurzeln hänge sie mit dem Mythus zusammen, sie führe nur seinen Ernst fort. Bis in die mythische Zeit reicht auch die Empfindung vom Dasein der periodischen Tage. Dichter haben sie geahnt und HESIOD hat ihnen durch sein Wort, daß mancher Tag eine Mutter, mancher eine Stiefmutter sei, das sprachliche Denkmal gesetzt" (1914c, S. 75).

Und gar SWOBODA: „Wenn die Wissenschaft über den Menschen zu einem Ergebnis gelangt, so kann man sicher sein, daß dasselbe — wenn auch nicht expressis verbis — in einem Sprichwort, einer Volksmeinung u. dgl. niedergelegt ist, daß also hierüber eine vorwissenschaftliche Erkenntnis besteht. Denn so schwierig es ist und so selten es vorkommt, daß man die Verhältnisse, deren Erforschung die Naturwissenschaft ausmacht, in leuchtender Klarheit sieht, so unmöglich ist es andererseits, dieselben gar nicht zu bemerken. Zu einer wenn auch nur beiläufigen und indirekt ausgedrückten Konstatierung des Sachverhaltes kommt es immer. Das konnte ich gerade bei meinen Nachforschungen über die Perioden oft beobachten, und ich habe nie ein Bedenken getragen, in einer verbreiteten Laienmeinung einen Beweis für die von mir deduzierten Sätze zu erblicken" (1904, S. 38, 39). „Die Methoden wissenschaftlicher und laienhafter Erkenntnis sind ja nicht wesentlich verschieden (AVENARIUS, MACH), sowie es auch keine eigentlich wissenschaftlichen, sondern nur menschliche Bedürfnisse gibt, die der eine besser, der andere schlechter, der eine nach überkommenem Muster, der andere originell befriedigt. Allerdings ist der wissenschaftliche Beobachter und Forscher auch feineren intellektuellen Nöten ausgesetzt, welche den Antrieb zu ihrer eigenen Behebung geben. Die wissenschaftlichen Methoden sind nur Ausbildungen von vorwissenschaftlichen (AVENARIUS); es kann gar nicht anders sein, da sie ja beide aus dem Leben emporwachsen. Die Wissenschaft ist ja nicht, wie so häufig geglaubt wird, ein Bau, der abseits vom Leben und nur abseits gedeiht, dessen Früchte aber dem Leben zugute kommen, sondern echte Wissenschaft ist eine schöne Blüte des Lebens selbst, gleich der Kunst, die man sich auch sehr unangemessen als ein mit Geschenken anrückendes ‚Mädchen aus der Fremde' vorstellen würde" (1905, S. 10, 11). SWOBODAs Voraussicht einer wissenschaftlichen Astrologie, die jene älteren Stiles ebenso ablösen werde wie die moderne Chemie eine mittelalterliche Alchymie abgelöst hat, erwähnten wir schon bei Besprechung imitativer Übernahme kosmischer Perioden durch tellurische Lebewesen.

Darf man also füglich behaupten, daß volkstümlichen Ansichten mindestens ein Fingerzeig auf verborgene Wahrheiten innewohne, so ist es unsere wissenschaftliche Pflicht, ohne verachtende Selbstüberhebung diesen Meinungen unser Augenmerk zuzuwenden, deren Erkenntnisschätze vom fremden Beiwerk zu befreien, sie aus unreinem Erz in leuchtendes Edelmetall umzuschmelzen. Das soll mit allem schuldigen bescheidenen Vorbehalt in einigen Fällen für Serien und Perioden versucht werden. Lassen wir nochmals den Perioden, als den zuerst beobachteten, ob ihres Regelmaßes eindringlichsten Serien, den Vortritt, so läßt sich behaupten, daß der Glaube an eine Vorsehung und an eine Bestimmung vielfach mit den Perioden zu schaffen hat, die von Leib und Geist des Menschen Besitz ergriffen. Perioden bringen gewisse Ereignisse und Erinnerungen mit elementarer Macht, obendrein mit peinlichster Pünktlichkeit zur Erscheinung und Verwirklichung, ohne daß aber der Mensch sich dessen bewußt wird, daß es die in ihm selber ablaufenden Zeitmaße sind, die solches leisten. Alle Zusammentreffen gleich Gedankenerraten, prophetischen Träumen, Briefkreuzen u. dgl., wofür S. 336 gleich noch einige Exempel zu den vielen früheren (S. 29, 241) beigebracht werden sollen, haben etwas an sich, was wie waltende, weise Vorsehung anmutet oder an unerbittliche, zwingende Bestimmung gemahnt. Der Vorbestimmungsglaube kann zwar auch eine kausale Wurzel haben: die Erkenntnis, daß alles, was geschieht, von Ewigkeit oder Weltbeginn her der Abwicklung von Ursache und Wirkung zuzuschreiben sei; keinen geringen Anteil daran, daß solche Erkenntnis in der Volksseele und der des einzelnen dämmert oder aufleuchtet, nehmen sicher die Perioden, weil sie dieses Bewußtsein, diesen Dämmerschein mit ihrem treffsicheren Takt auf beharrlichste, schlagendste Art in die Seele hämmern.

Wir stoßen sodann auf den Glauben an „Unglückstage", die mit einem bestimmten Wochen- oder Monatstag zusammenfallen und unvermeidbares Mißgeschick erzeugen sollen. Bald ist es der Freitag, bald der Dienstag und von Monatstagen besonders der Dreizehnte, dem solches Unheil zugeschrieben wird. Man trifft aber immer Leute, die von sich behaupten, es stimme nicht mit diesen Tagen — bei ihnen sei es viel eher der Donnerstag u. dgl. Auch an Glückstagen fehlt es nicht, wenngleich sie seltener bemerkt werden: das sprichwörtliche Glück der „Sonntagskinder" zeigt auch sofort, welchen Tag man dabei in so guter Erinnerung trägt.

Glücks- und Unglückstage der Woche beruhen natürlich auf der siebentägigen Periode. Das ist in einer Erfahrung SWOBODAs enthalten: „Zahlreiche Personen haben mir die Existenz einer Wochenperiode bestätigt, die häufig mit der Kalenderwoche nicht zusammenfiel, so daß der Tag der Mündigkeit z. B. immer der Mittwoch war" (1904, S. 28; über die Entstehung 7tägiger Perioden vgl. bei uns S. 255). Das erstemal mag der Unglückstag durch ein unperiodisches „Zufallspech" verschuldet worden und weiterhin periodisch fixiert geblieben sein: etwa in der Weise, daß die von jenem erstmaligen Mißgeschick erzeugte Niedergeschlagenheit im organischen Wochenrhythmus wiederkehrt und durch die mitgebrachte herabgesetzte Leistungsfähigkeit neues Mißgeschick auf sich lädt. In derselben Art ist auch der Glückstag erklärlich, nur mit dem Unterschiede, daß jeder beliebige Wochentag sehr leicht ein Unglückstag werden kann, wogegen für den Glückstag größte Chancen nur der Sonntag bietet. Durch Ruhe und Vergnügen ist er zu angenehmen Eindrücken ausersehen, als deren weitere Folge seelische und körperliche Gehobenheit hervorgerufen wird, die mit der Wochenperiode pünktlich obenauf kommt und für alles Schöne, das der neue Sonntag abermals zugänglich sein läßt, doppelt empfänglich macht. Allenfalls könnte ein Feiertag durch Lustbarkeit zur siebentägigen Wiederkehr eines Glückstages geeignet erscheinen: aber erstens hat diese Lust schon von vornherein einen schwereren Kampf zu bestehen gegen die vorwöchige Werktagsunlust; zweitens trifft schon der nachwöchige Tag wieder auf einen Werktag, so daß die Häufung und Festigung der angenehmen Periode durch neue Annehmlichkeiten entfällt, wofür Berufsärger zu erwarten steht, der die guten Impressionen nach Ablauf weniger Wochen verdrängt. Der erste Werktag, sieben Tage nach einem Festtag, mag noch auf die gerade hochkommende festliche Stimmung stoßen und in seinen trivialen Schwierigkeiten leichter bewältigt, in seinem Alltagsgewande durch verführerische Revenants aufgeputzt werden — nach abermals 7 oder 14 oder höchstens 21 Tagen ist er schon wieder „Grau in Grau" gleich seinen Nachbarn und unterscheidet sich von einem regelrechten Unglückstag nur dadurch, daß er nicht „Schwarz in Schwarz" erscheint.

Jedes der zahlreichen möglichen Periodenintervalle wird das Talent haben, sein besonderes, erlebtes oder ererbtes Geschick zur Wiederholung zu bringen, also je nachdem monatliche, jährliche, siebenjährige Glücks- und Unglückstage zu erzeugen.

96. Von Wiederkehr eines einjährig determinierten Glückstages, der ein solcher besonders für mein Töchterchen LACERTA war, möchte ich ein selbstgewonnenes Beispiel erzählen: Am 20. April 1914 machte ich mit Frau und Kind, letzteres damals 6½ Jahre alt, einen Ausflug nach Rekawinkl bei Wien. LACERTA hatte zuvor noch nie mit ihrem Vater eine Landpartie gemacht; Tümpel waren das eigentliche Ziel, wo Amphibien beim Eierlegen belauscht, einige Molche und Wasserschnecken fürs Aquarium gefangen werden sollten. Es gelang wider Erwarten gut, und die Seligkeit war groß. Im Frühjahr 1915 drängten Frau und Tochter sehr zur Wiederholung des Ausflugs; es brauchte nicht gerade Rekawinkl zu sein. Auch ich empfand Lust, kam aber schwer ab; endlich gab ich nach, und es fügte sich, daß wir abermals nach Rekawinkl fuhren, trotzdem ich meinem Mädchen lieber etwas Neues gezeigt hätte. So geschehen am 18. April 1915. Die Natur war gegenüber dem Vorjahr stark zurück; damals war der Sauerklee in Blüte gewesen, diesmal noch nicht; und von den metabiotischen Schlüsselblumen *Primula elatior* (März, April), *Pr. officinalis* (April, Mai) bedeckten damals schon die dunkelgelben Dolden der letzteren alle Wiesen, diesmal fast nur die blaßgelben der ersteren. Die Laichzeit des Grasfrosches *(Rana temporaria)*, zum guten Teil auch schon der Erdkröte *(Bufo vulgaris)* waren 1914 schon vorbei, die des Springfrosches *(Rana agilis)* im Gange; 1915 noch keine Springfrösche zu sehen, die Grasfrösche in vollem, die Erdkröte in beginnendem Laichen. Ich berichte das, um zu zeigen, daß keinerlei meteorologische Einflüsse das bis auf zweitägige Verfrühung gleichgebliebene Wiederkehren des Ausflugtriebes und -termines herbeigeführt haben dürften, sondern aller Wahrscheinlichkeit nach die durch unterbewußte Erinnerung innerlich determinierte Jahresperiode. Indem diese trotz anderer Absichten sogar dasselbe Ausflugsziel wieder einzuschmuggeln wußte, sowie in dessen Verfolg die Wiederholung gewisser äußerlicher Begleitereignisse — fast an gleicher Stelle beim Verlassen des Waldes und Ausblick auf die LASTsche Villenkolonie zeigten sich beide Male Rehe, nur 1915 wenige Meter höher als 1914 und vier Stück an Stelle von zweien des Vorjahres —, gibt sich gerade im jetzt beschriebenen Beispiel der seriale Charakter der Periode, die Jahresperiode als Spezialfall einer weitgespannten Serie, sehr gut zu erkennen.

Sieben Jahre spielen eine bedeutsame Rolle im Märchen: „Großes Leid währt sieben Jahre, Verwünschungen behalten so lange ihre Kraft, Buße für getanes Unrecht dauert so lange. Der fliegende Holländer sucht immer nach diesem Intervall von seiner leidensvollen Irrfahrt Erlösung. ‚Ich hab' es getragen sieben Jahr', beginnt die bekannte schottische Ballade. ‚Florian, Florian hat gelebet sieben Jahr', singen die Kinder auf der Straße" (SWOBODA, 1907, S. 22 — ich hatt' es bis dahin noch nie singen gehört; aber am Tage, bevor ich diese Zeilen niederschrieb, hörte ich es: Serie!). Wer einen Spiegel zerbricht, wird sieben Jahre kein Glück haben: natürlich, ein Spiegel ist teurer als Fensterglas oder ein Kochgeschirr; man ärgert sich darüber mehr, und je tiefgehender das Erlebnis, desto länger dauert es, „ehe die verwundete Seele davon genest".

Dafür, wie SWOBODA und SCHLIEPER prophetische Träume und prophetische Tagträumereien von Periodizität ableiten, sei hier ein Beispiel solch prophetischen Wachträumens nach SWO-BODA (1905, S. 73) mitgeteilt: „Herr Dr. R. erwartet eines Tages eine Patientin. Sie hat sich nicht angekündigt, er hat sie nicht bestellt, er hat nur das Gefühl, sie werde kommen. Und sie kommt richtig. 23 Tage vorher war sie das erstemal in seiner Ordination." In beiden Personen war die 23tägige Periode abgelaufen, und in beiden hatte sie die Erinnerung hervorgerufen, im Arzt als Erwartung, in der Patientin als Heilbedürfnis. Die vorgeblich mit telepathischer Kraft begabte Sehnsucht Liebender beruht auf derselben Gesetzmäßigkeit, da sie sie nach Ablauf eines kurzen, z. B. 23stündigen Periodenintervalles zwingt, sich in Gedanken besonders intensiv miteinander zu beschäftigen. Aber nicht alle prophetischen und telepathischen Erscheinungen können durch gleichzeitigen und gleichartigen Periodenablauf in zwei oder mehreren Personen zureichend erklärt werden.

97. Frau MARIE GUTHEIL-SCHODER hatte am 11. November 1913 in einem Konzert ungedruckte Lieder von ALMA MAHLER gesungen; Sängerin und Komponistin sprachen nachher miteinander; dem Dank für die wirklich hervorragende Wiedergabe wurde eine herzliche Einladung seitens der Komponistin angeschlossen, doch recht bald einmal zu ihr zu kommen und sich telephonisch anzukündigen. Vorerst kam es lange nicht dazu; da erhielt Frau MAHLER am 17. Mai 1915 das erste gedruckte Exemplar der beim Konzert aus dem Manuskript gesungenen Lieder vom Verlag zugeschickt und verpackte es sogleich wiederum, es der damaligen Interpretin dankbar zuzusenden. Tags darauf — das Paket lag fertig, doch noch nicht aufgegeben in Frau MAHLERs Wohnung — ruft Frau GUTHEIL an, sie möchte endlich ihre Vereinbarung von damals wahr machen und Frau MAHLER aufsuchen. Ein bekanntes Intervall zwischen den Daten der Versprechung und Erfüllung läßt sich nicht auffinden und müßte künstlich konstruiert werden; abgesehen davon spricht schon die lange Dauer der Zwischenzeit dagegen, daß in beiden Damen eine die Erinnerung hochbringende Periode gleichzeitig fällig geworden sei; Erinnerungen an relativ so geringfügige Begebenheiten, wie Verabredung geselliger Zusammenkünfte im Leben tätiger Menschen, tauchen entweder rasch oder gar nicht mehr auf; mindestens müßten sie im vorliegenden Falle während der Zwischenzeit häufig gemahnt haben, und da bliebe es nach Periodengesetzen unerklärlich, warum das endliche Nachgeben auf der einen Seite mit der Verschnürung des Drucksachenpaketes auf der anderen Seite zusammentraf. Man wird daher eher die Fertigstellung des gedruckten Liederheftes und seine Aussendung durch den Verleger, wovon jedoch Frau GUTHEIL nichts wissen konnte, für die Determinierung der letzten Begebenheitsfolge (beabsichtigte Weitergabe des Heftes an Frau GUTHEIL und deren das Eintreffen nicht abwartendes Telephongespräch) verantwortlich machen. Dann stellt sich reine, periodenfreie Serialität als einzige Erklärungsmöglichkeit dar, um den Zusammenhang des ganzen Komplexes auf natürlichem Wege, das heißt ohne „Zufall" und ohne „höhere Fügung" zu begreifen.

Als Serien offenbaren sich dann überhaupt alle mehr oder weniger

336

bestimmten „Ahnungen"; und zwar als Analogieserien, da (S. 73) ihre Komponenten — ahnende Empfindung und tatsächliche Erfüllung — bei aller qualitativen Ähnlichkeit verschiedenen Betrachtungsweisen angehören, jene der subjektiven Vorstellungs-, diese der objektiven Wirklichkeitswelt.

Auch die „Vorbedeutungen" sind, wofern sie später zutreffen, Analogieserien: direkt gehören sie hierher, wenn das vorbedeutende Ereignis mit dem Ereignis, das es nach sich ziehen soll, bereits selbst Ähnlichkeit hat; wenn z. B. das Erscheinen des Heerwurmes (schlangenförmige Zusammendrängung mehrerer tausend Trauermückenmaden, *Sciaria militaris)* Krieg, das Schenken einer Nadel, eines Messers Zertrennen der Freundschaft bedeutet. Indirekt gehören die Vorbedeutungen zu den Analogieserien, wenn das vorbedeutende Ereignis mit dem, das es herbeiführen soll, keine Ähnlichkeit besitzt, aber die Gedanken des daran Glaubenden in jene Richtung lenkt: dann geht die Vorbedeutung, mag sie auch einen zu ihrer Erfüllung diskrepanten Begriff bilden, in eine Ahnung mit dem zur Erfüllung analogen Begriffsinhalt über. So hat in der Vorbedeutung „Spinne am Morgen bringt Kummer und Sorgen" der Begriff „Spinne" kaum etwas Gemeinsames mit der Sorge, die darauf folgen soll; aber indem die Gedanken desjenigen, der mit diesem Aberglauben bekannt ist, beim morgendlichen Anblick einer Spinne von Befürchtungen erfüllt werden, wird der Analogieinhalt geschaffen, der dann unter Umständen tatsächlich einmal serial weiterwirken könnte. Ausrottung vorbedeutenden Aberglaubens rechtfertigt sich nicht so sehr durch dogmatischoberflächliche Behauptung, daß „gar nichts daran ist"; sondern durch Zerreißung von Ideenassoziationen, die ihrerseits erst auf dem Wege serialer Beharrung unheilvoll fortzuzeugen imstande sind. Ich vermute sogar, daß Ahnungen und Vorbedeutungen, auch wenn sie schließlich nicht eintreffen, bisweilen ein in naher Zukunft gelegenes Glied der serialen Kette angezeigt haben, dessen Realisierung von geänderter Kräftekonstellation noch verhindert worden war. Also nicht einmal aus häufigem Versagen von Ahnungen und Vorbedeutungen möchte ich leichtfertig ihre gänzliche Bedeutungslosigkeit erschließen; sondern eher annehmen, daß ihre Erfüllung vorbereitet war und sich bei unveränderter Konstellation pünktlich eingestellt hätte.

Wenn diese Vermutung, mit der sich freilich meine wissenschaftlich „aufgeklärten" Zeitgenossen nicht werden befreunden können, richtig ist, so hätte man zweierlei Arten von Vorbedeutungen und Ahnungen zu unterscheiden: erstens solche, die selbst Ursache sind und erst dadurch, daß wir sie erfassen, in unsere Gedankenkreise eintreten lassen, die sie erfüllenden Geschehnisse als (seriale) Wirkungen

nach sich ziehen; zweitens solche, die ihrerseits Wirkungen sind, der
Schatten, den das Ereignis (die seriale Hauptsache) vor-
auswirft. Mit einem Wort: es mag Ahnungen und Bedeutungen geben,
die eine Serie eröffnen und dadurch determinieren; andere, die selber
determiniert sind und das erste Glied einer im Ablaufe begriffenen
Serie vorstellen. Die determinierten Ahnungen und Bedeutungen
unterliegen wahrscheinlich einem Entwicklungsprozeß gleich dem
Bewußtseinsinhalt, der sie in steigender Schärfe widerspiegelt: so, wie
SWOBODA sich die Entfaltung eines Gedankens vorstellt: „Die Entwicklung organischer Gebilde besteht in fortgesetzter Differenzierung
aus einem ungegliederten Anfangsstadium; man kann sich nichts
weniger Gegliedertes vorstellen als die kugelige Ei-, Zellgestalt. Etwas
Analoges kann man nun bei psychischen Gebilden beobachten. Lange
bevor wir einen Gedanken vollkommen gegliedert, zur sprachlichen
Formulierung und Mitteilung reif haben, ist er uns oftmals in größeren
und kleineren Zeitintervallen aufgetaucht, zwar in anderer Gestalt,
zuerst verschwommen, dann deutlicher und deutlicher, aber immer,
trotz allem Wechsel seiner äußeren Erscheinung, als derselbe erkennbar" (1905, S. 76).

Ich möchte glauben, daß der Vorgang, wovon uns eine schemen-
hafte Ahnung aufdämmert, in der zweitbezeichneten Gruppe der determinierten, nicht selber determinierenden Ahnungen schon unterwegs, sozusagen im Keimen begriffen ist; hat er seine Entwicklung abgeschlossen, d. h. die unseren groben Sinnen anschau-
liche Form gewonnen, so tritt er uns erst in vollendeter Klarheit vor
Augen, ist für unser Alltagsbewußtsein „Wirklichkeit" geworden.
Gewiß beruht ein großer Teil wissenschaftlicher Forschung und For-
schungsmöglichkeit auf derartigen parallelen Entwicklungsvorgängen
außen und innen, und zwar gerade der fruchtbarste Teil: sonst wäre
es nicht möglich, daß wir so oft von vagen, sozusagen haltlosen Vermutungen, die jeder tatsächlichen Grundlage entbehren, richtig geleitet und zu fundamentalen Erkenntnissen bis dahin vollkommen unbekannter Tatsachengebiete hingeführt werden; ja ohne solch wissenschaftlichen „Instinkt" des phantasiebegabten Forschers werden grundlegende Wahrheiten überhaupt nicht gefunden, da die nur auf bereits
Bekanntem aufbauenden und Bekanntes kombinierenden Wahrheiten
niemals vollkommen neu sind und deshalb auch nie dazu taugen, her-
gebrachte „Selbstverständlichkeiten", von deren Kritik man ent-
wöhnt ist, umzustürzen.

Vorhin empfahl ich Ausrottung des Ahnungs- und Bedeutungs-
glaubens, nicht weil er so ganz und gar unsinnig sei, sondern damit die
Verführung zu unheilkündenden Gedanken nicht unter Umständen

wirklich unheilbringend werde. Auch diese Maßregel (z. B. in der beredten Mahnung, „den Teufel nicht an die Wand zu malen") und dadurch ein Mittel, die Vorbedeutung unwirksam zu machen, ist in einer Volksmeinung niedergelegt: in dem mit Fingeraufklopfen verbundenen Ausspruch: „Unberufen!" Allerdings ist es hier die günstige Schilderung einer Sachlage und ihr voraussichtlich ebenso günstiger Verlauf, wodurch das Schutzwort „Unberufen" und seine Begleitgebärde erfordert wird: beispielsweise gedeihen Kinder „unberufen" recht gut, einem Kranken geht es seit heute „unberufen" viel besser. Untrennbar verknüpft sich mit Freude an gutem Gelingen die Sorge, es könne am Ende auch anders kommen: „Ein wenig," sagt SEMON (Mnemische Empfindungen, S. 188, 189), „systematisieren da schon die meisten Mütter und Wärterinnen, wenn sie das Kind in der Bereicherung seines Wortschatzes bewußt unterstützen und ihm, wenn es ein Eigenschaftswort aufgeschnappt hat, das ,Paar' dazu lehren; zu klein — groß, zu heiß — kalt, zu schnell — langsam usw. usw. Noch mehr kommt dem die Schule, und sei es auch bloß eine Volksschule, zu Hilfe, die bei orthographischen und grammatikalischen Übungen sich gern im Geleise der Kontrastpaarung bewegt: Zwerg — Riese, weiß — schwarz, weinen — lachen." So ist unser Gedächtnis vollgepfropft von gepaarten Kontrastbegriffen, Eindrücken, mit deren Erinnerung jedesmal auch die des anderen Paarlings verbunden ist. Es könnte also, so sagt dann unser Ahnungsvermögen, allzu unbedachte Zuversicht leicht eine Kontrastserie (vgl. S. 79) heraufbeschwören, denn „Hochmut kommt vor dem Fall"; das soll aber „unberufen" verhindert werden.

Auch sonst ist das Volk allenthalben und seit alters her in seiner Weise zur Selbsthilfe übergegangen, wo exakte Wissenschaft ihm Hilfe versagen mußte oder zu versagen schien: der befürchtete ungünstige Ausgang eines Geschickes wird abzuwenden gesucht durch Ansetzung einer billigen Analogie, die in ihrem serialen Verlaufe das drohende Unglück aus dem Felde schlagen soll. Zu diesen in die Tat umgesetzten Vorbedeutungen gehören vor allen die „Sympathiemittel": weil die Blattform des Lungenkrautes *(Pulmonaria officinalis)* lungenähnlich, die des Leberblümchens *(Hepatica triloba)* leberähnlich ist, soll ihr Absud Lungen- bzw. Leberleiden zu heilen imstande sein; weil viele Haftzehereidechsen (Geckoniden) ein getupftes Zeichnungsmuster aufweisen, sollen sie nach PLINIUS — in Wein ertränkt oder in Salbe erstickt — boshafterweise dazu benützt werden können, Sommersprossen zu erzeugen bei demjenigen, der Wein oder Salbe zur gefälligen Bedienung vorgesetzt erhalte. Auch Kontrastserien werden in Anspruch genommen, die dann eigentlich durch „Antipathiemittel" eine gewünschte Wirkung hervorbringen: so hilft abermals die Haut der Haftzeher, welche bei ihren nächtlichen Jagden leicht von der Zimmerdecke auf den Boden herunterfallen, laut GESNER innerlich gegen die fallende Sucht; derselbe Autor empfiehlt nebst vielen anderen derartigen Arzneien die Exkremente einer Wühleidechse, des Apothekerskinkes *(Scincus officinalis)*, um „das Angesicht damit schön zu machen, und die Makeln, Flecken und Runzeln zu vertreiben". Hier kann es freilich zweifelhaft sein, ob es sich um ein „Antipathie-" und nicht vielmehr um ein richtiges „Sympathie"mittel handelt; denn „der Mist oder Kot dieser Tiere hat einen gar lieblichen Geruch und ist ganz weiß von Farben".

Denselben Zweck wie Sympathiemittel verfolgen, eingestandeneroder uneingestandenermaßen, die Weihgeschenke (Devotionalien), die in Wallfahrtskirchen niedergelegt werden: je nach Reichtum und Frömmigkeit des Bittstellers hölzerne, tönerne, wächserne, silberne, goldene Herzen, Hände, Füße, Augen, Ohren — allemal Abbilder des Organes, das krank ist und dessen Heilung vom Himmel bei Gelegenheit der Wallfahrt erfleht wird. Auch Nachbildungen von Feldfrüchten, Münzen und Wickelkindern werden dargebracht; je nachdem, an welcher Art von Segen es am meisten gebricht. Heidnische Beter, minder prüde als christliche, spenden im letzten Falle — bei Mangel an Kindersegen — auch wohl das Bewirkende statt des Bewirkten, nämlich mehr minder groteske Plastiken von Begattungswerkzeugen.

„Analogiezauber" mannigfachster Art — in der ethnologischen Literatur geradezu mit diesem Terminus benannt — findet sich bei wilden Völkern und von ihnen heraufreichend bis zu den primitiveren Bewohnern der Kulturmittelpunkte: im Grundzuge ist der ans Zauberzeremoniell geknüpfte Glaube immer derselbe; man könne den Erfolg herbeizwingen durch Bild oder Symbol des Erfolges, mithin durch Inauguration einer Analogieserie, deren erstes Glied durch den entsprechend gewählten Hokuspokus in Szene gesetzt wird. Regen wird dem Schicksale bzw. der Gottheit durch rituelles Entleeren wassergefüllter Gefäße auf die Erde (SCHURTZ), Fallenlassen des Urins, Wolkenerzeugen durch Tabaksrauchen, Nachahmung des Regenrauschens, Donnerrollens, ja des Hüpfens und Quakens der Frösche (SOMMER) suggeriert und aufoktroyiert; in romanischen und slawischen Dörfern des zivilisierten Europa hat sich ein Regenzauber erhalten, wobei man nackte oder nur in ein Blätter- und Grasgewand gehüllte Mädchen mit Wasser begießt.

Fruchtbarkeit wird durch öffentlichen Beischlaf auf dem frisch besäten Acker heraufbeschworen; Sieg herbeigezwungen durch die Übung, den Feind bildlich darzustellen und dieses sein Abbild nachher zu durchbohren (FRAZER). „Die Indianer fertigen von Mann, Frau oder Jagdtier, das sie töten wollen, eine rohe Zeichnung oder kleine Figur und durchstechen, quälen, ,töten' sie; desgleichen machen indische Zauberer für ihre Kundschaft Lehmpuppen, die sie mit Dornen durchstechen oder sonst verstümmeln in der Meinung, sie würden dem gehaßten Menschen dasselbe Leid zufügen. Im elften Jahrhundert gab ähnliche Zauberei in Deutschland Gelegenheit zu einer der üblichen Judenhetzen: etliche Juden machten ein wächsern Bild und ließen es von einem bestochenen Geistlichen auf den Namen des ihnen feindlichen Bischofs EBERHARD taufen; dann zündeten sie es an. Während die Figur brannte, erkrankte der Bischof schwer und starb. Das steht in den Prozeßakten und deshalb muß es wohl wahr sein. König JAKOB I. von England fühlte sich ganz besonders von solchem Zauber bedroht; und er wird heute noch in Europa insgeheim ausgeübt wie einst im alten Rom, wo es HORAZ bezeugt. Das Rezept selber findet sich bereits in magischen Keilschrifttexten" (SOMMER). Gerade im europäischen Krieg 1914/18 und namentlich in seinem Beginn konnte man die zuletzt beschriebene Art des Analogiezaubers oft ausgeübt sehen: da wimmelte es in Schundbasaren von geköpften Russen und Franzosen bzw. solchen, deren Kopf nur lose auf dem Rumpfe saß und mittels eines Mechanismus beliebig davon losgetrennt werden konnte; da gab es aufgehängte Serben und Engländer zeichnerisch veranlagter Soldaten, die solch neckische Bilder an die Wände der Viehwaggons kreideten, in denen sie aufs Schlachtfeld transportiert wurden. Die Soldaten der Entente dürften denen der Mittelmächte darin ebenbürtig gewesen, dürften gehenkte und geköpfte Deutsche und Österreicher, Bulgaren und Türken aufgemalen haben.

Die kräftigen Sprüchlein, Schutzengel und Schutzheiligen auf Amuletten bergen denselben Sinn, nur daß sich die zeitlich-seriale Analogie hier mehr in eine räumlich-seriale verwandelt: in so enger Nachbarschaft eines bildlichen oder letternmäßigen Ausdruckes von Unversehrtbleiben kann nicht leicht etwas passieren, denn das wäre gegen das Gesetz der Serie! Daher denn auch die strenge Vorschrift und Bedingung, die sich ans erfolgreiche Benützen der Amulette knüpft: sie immer bei sich zu tragen, womöglich auf bloßem Körper. — Krallen und Zähne von Raubtieren wurden vom Urmenschen und werden heute noch von wilden Völkern, teilweise ohne Bewußtsein des Aberglaubens nicht minder von vielen zivilisierten Jägern als Schmuckstücke getragen; nicht so sehr des Schmuckes wegen, als weil sie unverletzlich machen gegenüber den Klauen und Hauern wilder Tiere oder serial neue Beute versprechen: noch als kraftlos baumelnde Anhängsel sollen sie auf Menschenleib dieselbe Wehr- und Angriffsmacht bewahren, die sie besaßen, da sie auf ihrem rechtmäßigen tierischen Träger wuchsen. Vollends ein Speer oder Pfeil, womit „man besonderes Jagdglück gehabt, galt (und gilt) auch fernerhin fast für unfehlbar, wurde (wird) daher sehr hochgeschätzt, auf Kind und Kindeskind vererbt" (WEINLAND, S. 50 und 60).

Ohne solch modellmäßige Hilfsmittel gehört schon die Sicherheit, mit der die Erhörung andächtiger Gebete erwartet wird, in den weiten Bereich des Analogiezaubers. — Kinder, die ja laut biogenetischer Wiederholungsregel dem menschlichen Urzustande einstweilen noch näher stehen als die Erwachsenen, haben viele zauberische Gebräuche, die sie sich oft selbst erfinden und die auf instinktiven Anwendungsversuchen des Serialgesetzes beruhen. So legen sie Schulbücher, woraus sie lernen sollen, vor dem Schlafengehen unters Kopfkissen, damit deren Inhalt nächtlicherweile auf imitativem Wege mühelos ins Gehirn einträufle (viele weitere Beispiele bei TREBITSCH und bei HOVORKA).

Natürlich muß man sich sorgfältig in acht nehmen, damit man nicht etwa unwissentlich eine Analogiedarstellung in verkehrter Richtung zauberkräftig mache: diese seriale Möglichkeit bildet den wahren Sinn der sprichwörtlichen, schon vorhin erwähnten Warnung: „Man soll den Teufel nicht an die Wand malen!" Denn ein aufgemalener Teufel ist — Fluch der ins Rollen gebrachten Analogieserie — imstande, daraufhin in eigener Person zu erscheinen. Hier haben wir die populärste Brandmarkung von Schwarzseherei und Feigheit: sie sind dazu verwünscht, ausgemaltes Unheil in ausreifende unheilvolle Wirklichkeit hinüberzuführen. —

Dem Analogiezauber nahe verwandt ist eine abergläubische Handlung, die ich als „Korrelationszauber" bezeichnen will. Er steckt beispielshalber im Kartenaufschlagen und Patiencelegen. Aus Karten, die im vorher gutgemischten Spiel (also „zufällig" oder besser mit freiwaltender Serialität) nebeneinander zu liegen kommen, wird auf Zusammenhänge in Personengeschicken geschlossen: vorausgesetzt oder heraufbeschworen wird also eine Verknüpfung zwischen den Serien der Kartenfiguren, die man jederzeit ablaufen lassen, in die man jederzeit Einblick nehmen kann, einerseits; und ehemals, gegenwärtig oder künftig zusammentreffenden Ereignissen andererseits. Das Spiel gilt als lesbares oder lösbares Abbild der Wirklichkeit, die ebenfalls serial verläuft und in vermuteter oder suggerierter Form zu jenem Beziehung hat.

Von abergläubischen Vorstellungen, die im Serialen wurzeln, sei zum Schlusse noch des „Versehens" oder „Verschauens" schwangerer Frauen Erwähnung getan: ähnlich dem Teufelanmalen bestimmt es das Schicksal zu ärgerem Verlauf; und die Schwangeren müssen daher ängstlich vor Gelegenheiten dazu behütet werden. Der Anblick eines beliebigen, auffälligen, meist schreckhaften oder häßlichen Gegenstandes wirkt derart imitativ auf den Keimling, daß dieser nun — wenn ausgetragen — dem Gegenstande ähnlich sieht. Haarige Felle, Kleidungsstücke, Tiere, Früchte, Feuersbrunst, Statuen sind bevorzugte Objekte, um von der reifenden Menschenfrucht durch Vermittlung der mütterlichen Sinne nachgeahmt zu werden; aber auch Personen beiderlei Geschlechts und garstige Kinder, „Wechselbälger" kommen dabei in Betracht (vgl. neuestens KUHN-KELLY).

. Die Bibel will uns glauben machen, daß es sich bei den Haustieren ebenso verhalte: im 1. Buch Mose, Vers 31—43, wird die Geschichte erzählt, wie LABAN und JAKOB ihre Herden teilten. LABAN sonderte „alle gefleckte und bunte Schafe und alle schwarze Schafe und die bunten und gefleckten Ziegen" aus und trieb sie drei Tagereisen weit weg; was trotz dieser Auslese an Jungtieren der zurückgebliebenen Herde künftig bunt und gefleckt ausfallen werde, solle JAKOB gehören. „JAKOB aber nahm Stäbe von grünen Pappelbäumen, Haseln und Kastanien und schälte weiße Streifen daran, daß an den Stäben das Weiße bloß ward; und legte die Stäbe, die er geschälet hatte, in die Tränkrinnen vor die Herden, die kommen mußten zu trinken, daß sie da empfangen sollten, wenn sie zu trinken kämen. Also empfingen die Herden über den Stäben und brachten Sprenkliche, Gefleckte und Bunte. Da schied JAKOB die Lämmer und richtete die Herde mit dem Angesicht gegen die Gefleckten und Schwarzen in der Herde LABANs und machte sich eine eigene Herde, die tat er nicht zu der Herde LABANs. Wenn aber der Lauf der Frühlingsherde war, legte er die Stäbe in die Rinnen vor die Augen der Herde, daß sie über den Stäben empfingen; aber in der Spätlinge Lauf legte er sie nicht hinein. Also wurden die Spätlinge des LABAN, aber die Frühlinge des JAKOB. Daher ward der Mann über die Maßen reich, daß er viel Schafe, Mägde und Knechte, Kamele und Esel hatte."

Diese alttestamentarische Angelegenheit berührt sich mit den modernen Beobachtungen über Farbanpassung (Kap. X); und KOELSCH hat das Versehen als mythische Vorkenntnis der Vererbung erworbener Eigenschaften aufgefaßt, also der erblichen Übertragung von Anpassungen auf die Nachkommenschaft. Da organische Vererbung — wie bereits S. 162 angedeutet — in jeder Form selber ein Imitations- und Beharrungsvorgang, die Ähnlichkeit zwischen Eltern und Kindern also eine seriale ist, so erscheint die Einreihung von KOELSCH als eine engere in unserer allgemeinen Ordnung bereits inbegriffen.

Jedem Rassen-, Sitten- und Altertumsforscher, jedem Kultur- und Kunsthistoriker wird es ein leichtes sein, die aufgezählten Beispiele ansehnlich zu vervielfachen, wo Volksglauben die Wirksamkeit und Lenkbarkeit serialer Wiederholungen vorausgefühlt und auszunützen versucht hat. Für unseren Zweck genügen die wenigen, im jetzt abgeschlossenen Kapitel angegebenen Fälle: sie sollen ja keine erschöpfende Darstellung aller Anwendungsarten gewähren, die mit Einschluß der mystischen von der serialen Gesetzmäßigkeit bisher gemacht wurden und noch gemacht werden könnten; sondern sie sollen nach ausführlicher, naturphilosophischer Begründung des Gesetzes selber nur eine zureichende Vorstellung davon bieten, wie tief sein Walten der Menschheit seit je im Sinne lag. Zum Gewinne dieser Einsicht mag aber wohl das Altbekannte, das ich hier in neuem Lichte zusammentrug, hinreichender Beweis sein.

XIV. Serien und Lebensgestaltung

Wer fest auf dem Sinne beharrt, der
bildet die Welt sich.

GOETHE, Hermann und Dorothea.

Beharre, wo du stehst!

GOETHE, Über Naturwissenschaft.

Was übel begonnen, nicht scheu es zu
ändern. (Quod male coëptum est, ne pudeat
mutasse.)

Wahlspruch Kaiser PHILIPPs von Schwaben,
übersetzt von GRAUE.

Wer die Serie als Gesamterscheinung ins Reich des Aberglaubens verweist, wird kaum verstehen, warum ich das gegenwärtige Kapitel nicht lieber gleich mit dem vorigen vereinigt habe. Solche Urteile sind mit Gewißheit zu erwarten; nur beispiels- und symptomenhalber erhellt es aus einem Satze, den VON DER PORTEN geschrieben hat anläßlich einer Kritik des Lebenswerkes von FLIESS: „Mit einer unglaublichen Selbstverständlichkeit sind darin die zweifelhaftesten Beobachtungen und Hypothesen als Tatsachen aufgeführt, man muß sich an den Kopf fassen und sich fragen, ob man denn plötzlich ein Nichtwisser geworden sei oder alle die Entdeckungen verschlafen habe, die das sicherstellen, was bisher höchst fragwürdig gewesen und eher der Phantasie und dem mystischen Verlangen vergangener Zeiten entstammt zu sein schien."

Die Voraussicht, unter diesen Umständen auch meinerseits unter die Mystiker gerechnet zu werden, soll mich nicht bekümmern, wenn die Beurteiler nur eines gefälligst würdigen wollten: die Ausführungen meines Buches im allgemeinen und des vorliegenden Kapitels im besonderen sind nirgends als Behauptungen zu nehmen, sondern überall nur als Anregungen zu besserer Prüfung — als ein Zubedenkengeben, ob es sich nicht so verhalten könne. Entschieden zu bejahen oder zu verneinen, ob es sich wirklich so verhält, ist eine Aufgabe künftiger Arbeit. Meine Aufgabe, die eines Einzelnen und Einsamen, war nur der Hinweis auf vielleicht entfernte Möglichkeiten, der Fingerzeig nach einem Weg, der möglicherweise in ungeahnt reiches Neuland der Entdeckungen führt; das umfangreiche Wissen, das diesen Weg erst ebnet, kann nur durch gemeinsame Arbeit vieler zusammengetragen werden. Von diesem und nur von diesem Standpunkt bescheidenen Vorbehaltes aus sind die vorangehenden wie jetzt zumal die nachfolgenden Ausführungen gedacht, die unter solch zurückhaltendem Gesichtspunkt ihre sonst verantwortungslose Kühnheit wohl verlieren.

1. Serien und Lebenserfahrung

Da wäre zuallererst dessen zu gedenken, wie tief die Erkenntnis des regel- bis gesetzmäßig wiederholten Geschehens sich im Alltagsbewußtsein verankert hat. Schon zu Beginn des Buches (S. 19) konnten wir Sprichwörter zu Zeugen dafür anrufen, wie sehr die Wiederkehr gleichartiger oder ähnlicher Dinge und Ereignisse volkstümlich ist; doch wurde die Zahl solcher Wahrworte dort längst nicht erschöpft. „Wo Tauben sind, fliegen Tauben zu," lautet ein weiteres, das, gewöhnlich nur auf die sozusagen selbsttätige Vermehrung angesammelter Kapitalien gemünzt (vgl. auch die Sage vom „Heckpfennig"), darüber hinaus den tieferen Sinn der allgemeinen Serialität in sich birgt. Es bringt die Seriengesetzlichkeit noch ohne deutliche Anspielung auf deren ursächliche Wurzeln zum Ausdruck, so weit das eben möglich ist; denn eigentlich steckt auch bereits ein Ausdruck der allgemeinen Körperanziehung (Attraktion) darin. Im französischen „Les extrêmes se touchent" ist dagegen ganz unverkennbar eine vorwissenschaftliche Formulierung der die Serien erklärenden Imitationsvorgänge gegeben, nämlich ein Hinweis darauf, wie Gegensätzlich-Unterschiedliches zur Verähnlichung und damit zur Berührung gelangt; in „Gleich und gleich gesellt sich gern" und im Wahrwort, daß die Spreu sich vom Weizen sondere, ist wiederum ein unzweideutiger Hinweis auf die ergänzende Attraktionshypothese zu ersehen. „Aller guten Dinge sind drei" kann vielleicht darauf bezogen werden, daß es am mühelosesten, am behaglichsten sei, die in Gang geratene Serie („Triplizität der Dinge") ruhig auslaufen zu lassen. — Sonstige vorwissenschaftliche Anspielungen auf ziffernmäßige Beziehungen des Seriengesetzes, insbesondere Spezialausdrücke serialen Geschehens in den „heiligen" Zahlen Sieben und Dreizehn, finden sich reichhaltig im folkloristischen Materiale, das J. H. GRAF über den Zahlenaberglauben aus ältester wie neuester Zeit gesammelt hat.

Nicht alle populären Vorstellungen des multiplen Gleichgeschehens sind schon in Sprichworte eingeprägt, welche ihnen die kürzeste Formel verleihen; ohne durch Verzicht auf diese präziseste Fassung an Landläufigkeit merklich zu verlieren, gibt es andere Vorstellungen, die keine andere Grundlage haben, als die faktische Multiplizität und Serialität der Fälle. Hierher gehören die Ansichten, wovon Glück und Pech beim Hasardspiel abhängen. Im besonderen die Roulette ist immer Gegenstand von Spekulationen unbewußt seriologischen Charakters gewesen: ihr „Eigensinn", die scheinbar regellos rollende und hüpfende Kugel durch eine Reihe von Zügen hindurch demselben oder einem ähnlichen Ziele (z. B. viele Male Rouge, dann wieder viele Male Noir — aber außerdem sogar mit Bevorzugung bestimmter Zahlenfelder) zuzuführen, bringt dem einen Spielpartner hartnäckiges Unglück, dem anderen ebenso „treues" Glück, je nachdem, wie und was sie gesetzt haben. Die dämmernde Ahnung davon, daß in dem kreisenden Apparat — dasselbe gilt auch für die Karten — etwas vorgeht, was mit banalen

Kausalbegriffen eben nicht „begriffen" werden kann, ist bei den Spielern weit verbreitet; obwohl sie sich in ihren Köpfen meist nur als abergläubische Personifikation von „Tücke" respektive „Treue" der Glücksgöttin spiegelt. Wie wenig die gewohnten und beschränkten Vorstellungen von Ursache und Wirkung ausreichen, um den Gang eines „Zufallspieles" zu beherrschen, zeigen die verschiedenen, zum Teil geheimgehaltenen, zum Teil im Schrifttum behandelten „Systeme", die den Erfolg meist aus genauer Kenntnis und Beobachtung des jeweils benützten Roulettemechanismus abzuleiten suchen. Dies scheitert schon daran, daß über dem mechanischen Roulette-„Individuum" das biologische Spielindividuum nicht vernachlässigt werden dürfte, das seinerseits ebenfalls zum Träger serialen Geschehens wird und — an verschiedenste Rouletteexemplare und Kartensortimente herantretend — hartnäckig Glück oder Unglück behält, bis die Sache sich doch einmal wendet und dann leicht ebenso hartnäckig beim Gegenteil beharrt.

Der „Eigensinn" von Karten und anderen Behelfen zum Hasardspiel ist nichts weiter als ein Sonderfall der allgemeinen, seit VISCHERs genialem Roman so benannten und bekannten „Tücke des Objekts". Die Trägheit, die Beharrung der Masse, die uns den wichtigsten Schlüssel zur Erklärung der Serialphänomene geliefert hat, ist ja natürlich zugleich einzige Ursache allen Schabernacks, den uns die Gebrauchsgegenstände ringsum fortwährend antun, bzw. wenn wir sie — wie VISCHER es tat — scherzweise mit arglistigen Dämonen beleben. Den Schabernack wollen sie uns bösartigerweise antun, sobald wir nicht sehr acht geben: in dieser böswilligen Trägheit verbünden sich — wie VISCHERs System der „inneren und äußeren Teufel" zum Ausdruck bringt — die Dinge in uns mit den Dingen außer uns; auch das Subjekt, unser eigenes Selbst, nicht ausgenommen. Kraft seiner Erdenschwere wird es zum lästigen, tückischen Objekt; wird es in dem Maße mehr, als seine Substanzen vom lebenden, subjektiven in den leblosen, objektiven Zustand übergehen. Man denke an all den Tort, den uns Nägel, Haare, Zähne, Hautschuppen und -schwielen anzutun vermögen; das Kratzen, Kitzeln, Brennen, Reißen, Stechen der Schleimmassen in unseren katarrhalischen Luftwegen hat VISCHER ergötzlich und traurig zugleich, weil in all seiner langsam, kleinkrämerisch marternden und aufreibenden, vom Höheren abziehenden Macht nur allzu lebenswahr geschildert.

So recht gegenwärtig ist naturgemäß dem Verfasser beim Niederschreiben seiner Zeilen ein solcher „Dämon", der sein seriales Verfahren deutlich erkennbar macht: aufdringliche Wiederholung gleicher Worte im selben Satz, jedenfalls in naher Nachbarschaft;

oder ähnlich lautender Silben, Reime, Alliterationen, Assonanzen, wo es nicht erwünscht ist, unbeschadet des Umstandes, daß die Worte, in denen sie vorkommen, verschieden sind. Es gehört zu den schwierigsten Aufgaben des Stilisten wie des freien Redners, solch störende Wiederholungen auszumerzen bzw. von vornherein zu meiden. Wollte man gegen den Serialcharakter dieser Erscheinung einwenden, die Wiederholung erkläre sich kausal daraus, daß das Wort oder der Silbenklang im Ohre bleibt, so wäre zu entgegnen: gerade wenn es im Gehör bleibt, wird Wiederholung vermieden; und nur, weil's eben nicht mehr erklingt, wird es als noch ungebraucht verwendet. Beim Sprechen begegnen die das akustische Stilgefühl beleidigenden Wiederholungen folgerichtig seltener als beim Schreiben oder sie lassen sich dort leichter rechtzeitig vermeiden als hier; und hier gestattet oft erst lautes Überlegen des Geschriebenen, die eingeschlichenen Wiederholungen allesamt auszutilgen.

Serial sind ja ferner, wo der bezeichnete Einwand nicht so nahe liegt, meist die Bosheiten des „Druckfehlerteufels"; er trägt einen Sinn, der kausal nichts weniger als beabsichtigt war, in den Satz hinein, wohin er paßt, wie das Plappern des Papageis sich zuweilen komisch oder peinlich in die Situation fügt, worin es vernehmlich wurde.

Von den Fehlern, die man begeht, wenn man sich verspricht, verliest, verschreibt, verhört, ja verdenkt (MERINGER-MAYER), beruhen bei weitem die meisten ebenfalls darauf, daß Laute, Silben oder ganze Wörter öfter vorkommen als sie sollten: so beim Stottern; bei den Vorklängen (Antizipationen) wie „Ungehallt verhallen" statt „Ungehört", „Mulkkuh" statt „Melkkuh"; und bei den Nachklängen (Postpositionen), wie „Ich fordere Sie auf, auf das Wohl unseres Chefs aufzustoßen", „eine schlechte Melkkuhe" oder „erforglos".

Bei solchen Erörterungen pessimistischer Richtung, wie sie die „Tücke des Objektes" anweist, muß immer und immer das optimistische Gegengewicht eingelegt werden; sonst würde das seriale Weltbild ebenso verfälscht wie das es ergänzende kausale. Nicht bloß Unannehmlichkeiten bringt die Serie: schon unter den Serientypen (S. 44) wurde aufgezählt, wie es z. B. geschieht, daß man eine Kenntnis verwerten kann, die man sich eben zuvor erst erworben; weil nämlich so häufig gleich wiederkehrt, was man kurz vorher gelesen, gesehen oder gehört. Indem man es zu verwerten prompt Gelegenheit findet, erscheint man ungeheuer gebildet oder gelehrt. Sah man etwa — ich berichte Selbsterlebtes — in den Heften der Zeitschrift „Die Kunst" Bilder des Malers LEIBL, reproduziert, von denen man — es ist vielleicht eine Schande — nie zuvor gehört, so kommt tags darauf die Sprache auf ihn, und nun kann ich mitreden! (Nebenher bemerkt: durch diesen Satz spielte mir ein „Zufall" gleich ein Beispiel in die Hand, das die obige Darstellung der obsedierenden Wortwiederholung veranschaulicht. „Tags darauf die Sprache auf ihn": schon wollte ich es verbessern; weil aber die Verbesserung so ausfiel: „so kommt am kommenden Tage die Sprache auf ihn", bemühte ich mich nicht weiter, sondern ließ den Satz, häßlich wie er ist, illustrationshalber stehen.) Ein andermal wurde meine Belesenheit sehr bewundert, weil ich „zufällig" wenige Stunden vor dem betreffenden Gespräch in einem Kaffeehause die okkultistische Zeitschrift „Gnosis" in Händen gehabt und darin einen Aufsatz desjenigen gesehen hatte, mit dem dann das Gespräch gepflogen wurde. Wie tief mußte ich — seiner Ansicht nach — im Schrifttum schürfen, wenn ich sogar eine im wahrsten Sinne so okkulte, inzwischen denn auch eingegangene Zeitschrift las!

Solch Wiederbegegnen von Dingen, die man knapp zuvor erst kennen gelernt, gilt selbstverständlich nicht bloß von geistigen Besitztümern. Die Begegnung täuscht dann kausale Beziehungen zwischen Gegenständen und Personen vor, die nur reine Serialität verbindet; sie veranlassen oft den Ausspruch: „Wie doch die Welt klein ist!" oder — in einer Millionenstadt — den Ausruf: „Wir leben doch in einem rechten Krähwinkel!" Aber das ist Täuschung: die Welt, ja schon die Stadt ist groß und bunt; nur drängen in ihrer Mitte die attraktiven Kräfte Verwandtes, Ähnliches zur Serie aneinander, wovon man bei alleiniger Sicht kausaler Kräfte erwarten würde, daß es im Wirbel untergehen und ewig voneinander entfernt bleiben müßte.

Wie Imitationsvorgänge am Werke sind, um in Raumserien vorzubereiten, was das Trägheitsvermögen nachher in Zeitserien weiterführt und -erhält, offenbart sich uns an zahllosen, dem Alltag entnommenen Beispielen. Je reiner ihre Serialnatur, je losgelöster von dem, was wir als Kausalnatur bisher einzig und allein verstehen lernten: desto dichter sind solche Tatsachen von einem abergläubischen Nimbus umgeben, welcher es der auf ihre Reputation haltenden Wissenschaft verbietet, sie als Tatsachen anzuerkennen; und es aber auch der „exakten" Forschung verwehrt, sich damit zu befassen und endlich zu entlarven, was Tatsächliches daran ist und das Licht des Wissens nicht zu scheuen braucht. So müssen wir einstweilen im Halbdunkel tasten und sicherlich — hoffentlich nur vorläufig — manches mitnehmen, was als Spreu vom reinen Weizen des Wissens später durch eine vorurteilslosere und voraussetzungslosere Wissenschaft als es die heutige ist, zu sondern sein wird.

Eine vielbeachtete Meinung behauptet, daß Eheleute einander

in langjährigem Beisammenleben ähnlich werden — nicht sowohl in ihrem Wesen, ihren Gewohnheiten, Aussprüchen und Bewegungen, als sogar ihrem Äußeren nach. Ein bekannter Frauenarzt versicherte mir, daß er dies oft wahrgenommen habe und als Faktum anerkenne: er erklärte es durch Übertreten männlicher Substanz ins Weib, erstens in Gestalt der vielen überschüssigen, bei Befruchtung nicht verwendeten Spermatozoen und der Sekrete, in denen schwimmend sie die weiblichen Geschlechtswege durchwandern und dort resorbiert werden; zweitens durch den Embryo, dessen Körper und Hüllen, zur genauen Hälfte aus väterlicher Erbmasse aufgebaut, im Mutterorganismus lebhafte innere Sekretion entfalten, die dem ganzen Stoffkreislauf der Gattin notwendigerweise etwas von der Beschaffenheit des Gatten einflößen müsse. Sehr glaublich, daß dadurch eine Gelegenheit zu imitatorischen Ausgleichsprozessen zwischen den beiderlei Plasmen geboten wird: aber zur vollen Erklärung reicht es nicht. Denn auf die bezeichnete Art käme stets nur Anähnlichung des Eheweibes an den Ehemann zustande, nicht auch — was aber oft beobachtet wird — zugleich das Umgekehrte.

Hier bleibt nur die Zuflucht zur Annahme eines reziproken Imitationsvorganges offen, der gar keiner anderen Gelegenheit bedarf, als eben des langen Zusammenlebens und der davon herbeigeführten häufigen und dauernden Benachbarung, die den energetischen Austauschprozessen die zu sichtbarem Ziele führende Intensität verleiht. Am Grundsatze dieser Erklärung ändert sich nichts, wenn man über Details, über Primäres und Sekundäres diskutieren könnte: ob es etwa wie bei der Nachäffung wehrhafter Tiere durch wehrlose (Mimikry s. str., vgl. S. 211) die gemeinsame Umwelt ist, die Übereinstimmung der Lebenslage, die eine Konvergenz der anfänglich verschiedenen Physiognomien bewirkt; das wäre dann Imitation nicht unmittelbar zwischen Gatte und Gattin, sondern mittelbar zwischen Gatte und Milieu einerseits, Milieu und Gattin andererseits. Oder ob das Annehmen gleicher Lebensgewohnheiten, die sich bis zu einem gewissen Grad durch das Zusammenhausen naturnotwendig einstellen, gleiche Bewegungsformen und schließlich infolgedessen gleiche Körperformen (z. B. bekanntermaßen zuallernächst quantitativ gleiche Körperfülle) nach sich ziehen: Imitation in unserem Sinne ist dieses und jenes, nur dort mehr indirekt, hier mehr direkt, mit weniger Zwischenstationen.

Eine dritte Möglichkeit könnte zuweilen (sicher nicht regelmäßig) mithelfen, um das Verähnlichungsergebnis zu einem besonders vollkommenen zu machen: eine gewisse Ähnlichkeit der Eheleute von Anbeginn. Die Attraktionshypothese nach dem sprichwörtlichen

Grundsatze des „Gleich und gleich gesellt sich gern", sowie auch etliche tatsächliche Beobachtungen, die ich anzustellen Gelegenheit hatte, gestatten es, die in Rede stehende, entferntere Möglichkeit ruhig auszusprechen. So hielt man meine Frau und mich, als wir erst verlobt waren, fast überall für Geschwister und fand weitgehende Familienähnlichkeit heraus, von der jedoch als solcher, d. h. in gemeinsamer Abstammung begründeter keine Rede sein konnte. Primäre Ähnlichkeit hätte es vermutlich besonders leicht, sekundär im Verlaufe langjährigen Beisammenlebens in augenfälliger Weise gesteigert zu werden; wogegen umgekehrt gar zu große primäre Verschiedenheit niemals so weit kommen wird, weil sie fürs Ähnlichwerden ein unüberbrückbar bleibendes Hindernis bildet.

Zur Imitationserklärung (mit Einschluß der ersterwähnten, einseitig-substanziellen) stimmt noch zweierlei: erstens scheint das Ähnlichwerden sich bei Neigungsheiraten leichter einzustellen als bei Vernunftheiraten, wo begreiflicherweise die energetischen Austauschprozesse minder intensiv sein dürften; zweitens wird das Ähnlichwerden offenkundig vermißt, wenn die Ehe in relativ vorgerückterem Lebensalter eines oder beider Gatten geschlossen wurde. Es fehlt dann an der notwendigen Bildsamkeit, die — ihrerseits Voraussetzung und Symptom in vollem Ablauf befindlicher formenergetischer Prozesse — in diesem ektropischen Stadium auch deren lebhafte Ausstrahlung in die Umgebung bedingt und ermöglicht; wogegen im anderen Falle ein entropisches Stadium erreicht ist, das jene plastische Beweglichkeit nicht mehr besitzt. Man könnte einwenden, daß die Heirat älterer Leute ihnen bloß nicht genug Zeit läßt, um den Imitationsvorgang, in dessen Komplex die formenergetische Komponente die wichtigste, weil eindrucksvollste ist, bis zu sinnfälliger Stufe vorwärts zu bringen; indes ist die Länge des Beisammenlebens keinesfalls allein maßgebend, wie zahlreiche junge Ehepaare bezeugen, deren Bekanntenkreis schon im Laufe der ersten Jahre über den zunehmenden Ähnlichkeitsgrad staunt.

Wir sagten schon, daß sich die Verähnlichung gleichermaßen auf Aussehen und Gewohnheiten erstreckt: eben in jeder Einzelheit kommt sie zum Ausdruck, nicht zum wenigsten folgerichtig auch in der Schrift. Ich kenne Eheleute, die vor ihrer Verheiratung nachweislich eine ganz verschiedene Hand schrieben; nachher (in einem Falle, H.-W., nach etwa siebenjähriger Ehe) waren die Schriften einander so ähnlich geworden, daß man sie öfter gesehen und aufmerksam verglichen haben mußte, um sich die Unterschiede zu merken. Das will um so mehr bedeuten, als man erwarten möchte, je näher der Schulzeit, desto größer sei die Übereinstimmung der Schrift: diese ursprüngliche

Gleichheit weiche späterer Differenzierung. Und so ist es ja in der Tat: man erkennt zuweilen die in einer bestimmten Schule (besonders in Mädchenpensionen oder Klosterschulen), ja von einem bestimmten Lehrer eingebürgerte Schrift an den Schülern und Zöglingen wieder. Die Jahre verwischen den gemeinsamen, direkt-kausalen Ursprung; aber enge Gemeinschaft ist imstande, seriale (imitative) Konvergenz zu bewirken. Schriftenverähnlichung bleibt keineswegs aufs Zusammenleben in der Ehe beschränkt; auch Zusammenleben in Stadt und Staat erzeugt, wie Ähnlichkeit des Menschenschlages, bestehe er selbst aus Einwohnern gemischter Rasse, so eine gewisse **Ähnlichkeit der Handschrift**. Geschlecht, Schicht, Bildung bewahren selbstverständlich darin ihre Unterschiede; trotzdem läßt sich, wie gute Beobachter und gar Graphologen mir bestätigen werden, beispielsweise von einer Berliner, einer Münchener, Dresdener, sogar einer sächsischen, englischen Schrift u. dgl. sprechen. Hier, in Ort und Land, ist freilich die Grenze zwischen primärer Nivellierung beim Erlernen und sekundärer Rekonvergenz infolge sozialer und Milieugemeinschaft schwerer zu ziehen.

Jedenfalls sind wir, um solche Phänomene erklären zu können, auf mehr oder minder direkte Imitationsprozesse angewiesen und finden bei anderen Erklärungsversuchen nichts, was den gesamten Tatbestand so vollständig zu decken vermöchte. Unter anderem geht dies noch daraus hervor, daß die Anähnlichung keineswegs bloß zwischen Eheleuten stattfindet, wo man allenfalls die eheliche Substanzmischung, Einmengung männlicher Substanzen in die weiblichen, zur Hand hätte; sondern in vielleicht beschränkterem, aber immerhin deutlichen Grad zwischen **Hausgenossen jeglicher Art**. Selbst von Geschwistern sowie von Eltern und Kindern und anderen Nahverwandten läßt sich aussagen, daß sie, die ja Familienähnlichkeit von Haus aus abstammungs- und vererbungsgemäß mitbringen, zwar nicht erst ähnlicher zu werden brauchen, aber ähnlicher bleiben, wenn sie im Hause bleiben, als wenn sie das Schicksal früh auseinandertreibt.

Ganz auffällig und dadurch geradezu komisch aber wirkt die Verähnlichung zwischen dem **Menschen und seinen Haustieren**: sie ist denn auch zahlreiche Male zum Gegenstand humoristischer Darstellungen gemacht worden. Den Städtern ist sie am geläufigsten zwischen Herr und Hund: der „Simplizissimus" brachte dereinst eine sichtlich dem Leben abgelauschte Bilderstudie, wie ein Windspiel, in den Besitz einer dicken Dame geraten, mählich nicht nur dem Umfang, sondern auch dem Ausdruck nach die Eigenart seiner Herrin annimmt. Hunde von griesgrämigen Leuten sind selber griesgrämig; von gutmütigen, fröhlichen, freundlichen Leuten selber gutmütig,

354

fröhlich und freundlich; der Dackel, der in den Dachsbau schlüpft, ganz Temperament und Jagdfieber, ist in dem dicken Bierdackel des Hofbräustammgastes nicht wiederzuerkennen usw. usw. Man beob- achte nur und wird meistens finden, daß in diesen Vorkommnissen weit über den Witz hinaus etwas Wahres steckt; dieser wahre Kern bleibt vollkommen unerklärt, wenn wir uns nicht auf den zum Ausgleich der Unterschiede führenden Austausch sämtlicher Energiearten, insbe- sondere der Formenergie, berufen dürften.

Wie lebhaft die Energien danach drängen, ihre Spannungen, ihre Potentialgefälle auszugleichen, und wie selbst entferntere, geringer oder kurzer Nachbarschaft ausgesetzte Objekte bzw. Subjekte davon erfaßt werden können, beweist der im Reiche des Lebendigen so sehr verbreitete spontane Nachahmungstrieb. Die schon besprochenen schützenden Ähnlichkeiten (Mimikry s. 1., S. 218) der Form, Farbe, Bewegung und Stellung gehören hierher; was man gewöhnlich darunter versteht, mehr minder bewußte Nachahmung von Gebärden, Hand- lungen und Trachten, tritt erst im höheren Tierreich auf. Sprichwört- lich ist sie beim Affen (daher der Ausdruck „Nachäffung"), auch bei vielen Vögeln ist sie unverkennbar: Nachplappern der Papageien, Dohlen, Elstern, Stare; Nachsingen von Melodien durch Stare, Gimpel, Drosseln; Nachlernen großer Repertoires fremder Vogelgesänge durch Spötter, Würger, Harzer Kanaris; Nachmachen von Bewegungen durch Würger, Eulen, Wendehals. Seinen Gipfelpunkt erreicht der Nachahmungstrieb beim menschlichen Kinde und ändert beim Er- wachsenen zwar seinen Charakter, ohne aber eigentlich schwächer zu werden.

Man darf sich aber unter diesen Nachahmungen keinen Prozeß vorstellen, der stets oberbewußten oder gar zwecktätigen Charakter trägt; der dafür gebrauchte Ausdruck „Nachahmungstrieb" kenn- zeichnet sein Instinktives, Unwillkürliches, das nun allerdings vom völlig Unbewußten angefangen alle Gradstufen bewußten Gewahrwerdens erklimmen kann. Um so sicherer erkennt man, daß die psychische, motorische und physiognomische Nachahmung höherer Tiere mit Einschluß des Menschen den Mimikryphänomenen der niede- ren Tiere untergeordnet werden darf, mit ihnen wesenseins ist.

Das „Ansteckende" gewisser Bewegungen und Organempfin- dungen, wie Lachens und Weinens, Hustens und Niesens, des Gäh- nens und des sexuellen Orgasmus, lehrt ohne weiteres, daß Nach- ahmung von Wille und Wachbewußtheit unabhängig sein kann. Den Orgasmus anlangend, wird man vielleicht einwenden, das Bespülen der Vagina mit Sperma sei schuld daran, wenn beim Weib der Höhe- punkt im selben Augenblick einzutreten pflegt, da er beim Manne erreicht ist; aber auch bei abnormaler Befriedigung, ohne Vereinigung der Begattungswerkzeuge, neigt die Synchronie der Wollust dazu, gewahrt zu bleiben. Auf solchen unbewußt rein imitativen Vorgängen beruht offenbar gar vieles, worüber wir uns im gewöhnlichen Leben kaum Rechenschaft gewähren.

So die Genauigkeit, mit der exerzierende Truppen gleichzeitig dieselben Bewegungen ausführen; hier kommt noch die Uniform als unterstützendes Moment hinzu. Jede militärische Stelle weiß, daß der „Zauber der Montur" fürs Zusammenhalten und gemeinschaftliche Vorgehen der Soldaten mehr bedeutet als strengste Disziplin; nur war die Macht des „zweifarbenen Tuches" bisher wissenschaftlich nicht ergründet: es ist die attraktive, kontraktive Macht ausgeglichener Dinge (Kap. VII) — eine Macht, die nur um so größer wird, wenn sie sich in Subjekten statt an Objekten betätigt. Man egalisiert einen Haufen Männer zunächst äußerlich; dann nivellieren sie sich selbst schon auch innerlich. Mit der Uniform zieht der Mann vielfach den inneren Soldaten an; und man weiß, daß er ihn von Stund' ab unwiderstehlich in seinen Handlungen nach außen tragen wird, zumal angestachelt durch das Beispiel ebenso uniformierter Kameraden. Man nehme einem Heer seine Uniform: und alle auf Fremd- und Selbstzerstörung gerichteten Massenhandlungen des Militarismus, des militärischen Riesenorganismus werden versagen.

Es gibt Vorgänge im Tierreich, die das Verständnis für eine Kraft erleichtern, die ein so gewaltiges Mengenaufgebot von Individuen in ihren Bann zwingt; und sei es zu Unternehmungen, die der vernünftigen Zweck-, der eigenen (individuellen und generellen) Erhaltungsgemäßheit so weit zuwiderlaufen, wie es bei den Menschenkriegen der Fall ist. Wir sprachen (S. 257) von den Tierwanderungen; und wie der Wanderstrom durch unübersteigliche, todbringende Hindernisse oft nicht zur Umkehr bewogen werden kann. Unbedenklich folgt jedes Glied der wandernden Herde dem Leittier; sprichwörtlich ist der blinde Gehorsam des Schafrudels für den Leithammel: ob auf fette Weide, ob in den reißenden Strom, ob zurück in einen brennenden Stall, es gilt dem Rudel gleich! Die Wagenpferde schließen bei den Droschkenständen, komme was da wolle, an den „Vordermann"; desgleichen Karrenpferde, wenn sie an die Kolonnenordnung der von ihnen gezogenen Schnee- oder Schotterkarren einmal gewöhnt sind. Und hier ebensowohl wie bei freilebenden Herden sieht man die Bedeutung uniformierender Abzeichen: „Als optische Signale", sagt DOFLEIN (in HESSE-DOFLEIN, II, S. 700), „welche auf die Augen der Herdentiere wirken und sie in Gruppen zusammenhalten, sind die am Hinterende der Tiere befindlichen Flecken zu bezeichnen... Wenn eine Herde von

Antilopen oder Zebras vor einem Verfolger davonstürmt, so hält sich immer ein Tier mit seinem Kopf dicht an das Hinterteil des nächsten. Aus dem aufwirbelnden Staub sieht man immer wieder die Hinterteile mit ihren hellen Flecken emporsteigen, welche den Mitgliedern der Herde wie Flaggen den Weg zeigen. Auch bei geselligen Vögeln kommen solche Signalflecken vor" (der sogenannte „Spiegel" auf den Flügeln vieler Enten-, Papageien-, Häherarten usw.).

Ebenso imitativen Charakters ist der Trieb, der Jungtiere veranlaßt, ihren Eltern nachzulaufen: „Sehr viele Tiere mit Laufsäuglingen haben am hinteren Teil des Körpers irgendwelche auffallende Flecken oder Zeichnungen. Allgemein bekannt ist die weiße Blume des Hasen, der Spiegel des Rehes. Bei vielen Antilopen und Wildpferden (besonders schön bei Damhirschen — der Verfasser) ist die Region der Schwanzwurzel von einem weißen oder hellen Fleck umgeben, der oft schwarz oder dunkelbraun umgrenzt ist. Dieser Flecken wirkt als Signal auf das junge Tier und hält es bei der Mutter. Ich habe selbst eine Beobachtung machen können, welche sehr für diese Annahme spricht. Ich fuhr einmal auf einem Fahrrad, dessen Schutzblech hellgelb lackiert war, eine Waldstraße bergab. Dabei passierte es mir, daß ich in rascher Fahrt zwischen einer Ricke und ihrem Kitz hindurch sauste. Durch seinen Instinkt veranlaßt, folgte das junge Tierchen meinem Rad oder vielmehr dessen hell lackiertem Schutzblech, welches als Signal auf seine Augen gewirkt und den Nachlaufreflex ausgelöst hatte" (DOFLEIN in HESSE-DOFLEIN, Tierbau und Tierleben, II, S. 663, 664). Grundsätzlich der gleiche Imitationstrieb, der die Aftermakeln eines Herdentieres den „Aufschlägen" eines Regimentes naturgeschichtlich vergleichbar macht, ist auch lebendig, wenn Geflügel und Stubenvögel sich durch Porzellaneier, die man in ihr Nest legt, zu eigener Legetätigkeit aneifern lassen.

Am besten zeigt Selbstbeobachtung, wie der Nachahmungsvorgang nach seiner psychischen Seite hin beschaffen ist: bei mir genügt es, daß ich mich wenige Wochen in einer fremdsprachigen oder fremddialektischen Gegend aufhalte, um mit gewissen, wenn auch vorübergehend angenommenen Zügen, zumal Sprechgewohnheiten der dortigen Bevölkerung in meine Vaterstadt heimzukehren — z. B. aus Berlin berlinerisch redend; aus Triest italienisch denkend und stets im Begriffe, was deutsch zu sagen ist, zuerst italienisch auf die Zunge zu nehmen. Nach ebenso kurzer Zeit eines regen, wohl gar täglichen Verkehres mit irgendeiner Persönlichkeit — es braucht nicht einmal persönlicher Verkehr, sondern darf Bewundern und Sehen, z. B. eines Kapellmeisters oder Schauspielers, von ferne sein — ertappe ich mich darauf, ihre Gesten und Redensarten, Tonfall und Gangart anzunehmen. Dies fast unabhängig davon, ob mir die Person sympathisch ist oder nicht: ist sie mir zuwider, so berührt es mich unangenehm, wenn ich sie an mir wiedererkenne, und ich trachte mich dagegen zu wehren, was mit einiger Anstrengung gelingt; ist sie mir lieb, etwa gar eine von mir verehrte, geistig hervorragende Individualität, so fühle ich mich durch ihr Wiedererkennen bei mir selber angeregt und in meinem Ehrgeiz befriedigt. In einem Falle war der Einfluß letztbeschriebener Art so stark, daß er nachhaltig blieb und mir, der ich das Bild der betreffenden Persönlichkeit immer in mir trug, im Laufe der Jahre tatsächlich eine gewisse physiognomische und mimische Ähnlichkeit mit ihr einbrachte, die wiederholt von unbefangenen und unbeteiligten Leuten spontan herausgefunden und hervorgehoben wurde, obwohl ursprünglich nicht die leiseste Spur hiervon gegeben sein konnte. Daraus, daß es mir so auch mit Personen ergeht, die ich nichts weniger als in mein Herz geschlossen habe, erhellt objektiv meine völlige Absichtslosigkeit; gleichwie ich ·letztere subjektiv in meiner Überraschung empfinde, wenn ich daraufkomme, daß ich wieder einmal der oder jener geworden.

Nicht alle Menschen sind darin so empfänglich: manche halten sich jahrelang in einer fremden Stadt auf und bleiben trotzdem unverfälschte Wiener, Münchener oder was sie eben vorher gewesen waren. Mit diesen von mir beobachteten Dingen stimmen die Ausführungen anthropologischer Autoren überein; eine ganze Anzahl hat HERTZ zusammengetragen: ,,Hervorragende Männer bewirken an zahlreichen Nachahmern eine auffällige Änderung des Gesichtstypus. Wir haben die NIETZSCHE-, BISMARCK-, LASSALLEköpfe sich vermehren sehen'' (S. 55). Hierzu muß man besonders noch die Kaiserköpfe rechnen, die nicht bloß in der Barttracht (siehe ,,Es ist erreicht!'') und hier oft nicht ohne selbstbewußte Absicht, sondern auch in Ausdruck und Haltung von loyalen Untertanen, zumal Offizieren und Beamten, Amtsdienern, Bahnhofportieren und Veteranen nachgeahmt werden, natürlich in jedem Reiche und jeder Regierungszeit der eigene Souverän: in Österreich laufen viele FRANZ JOSEPHs und jetzt bereits KARLs; in Deutschland viele WILHELMs herum bzw. früher FRIEDRICHs, die aber mit Regierungsantritt WILHELMs II. oder in Nachahmung des Thronfolgers, zumal durch jüngere Offiziere, schon vorher allgemach außer Mode kamen.

HERTZ hat recht, wenn er vorwiegend die Weichteile des Gesichtes am Effekt beteiligt sein läßt; ebenso gewiß aber gibt es gar keinen Teil, und sei es der starrste Knochen, der daran ganz unbeteiligt wäre und von der Zeit — steter Tropfen höhlt ja bekanntlich sogar den Stein — nicht schließlich im Sinne eines bestimmten Umformungszieles besiegt werden könnte. Das in Anmerkung gebracht, wird folgendem Zitat aus HERTZ unsere volle Zustimmung sicher sein: „Bei den Weichteilen des Gesichtes kommt übrigens noch eine umformende Kraft in Betracht, die an anderen Organen sich nicht betätigen kann, nämlich die der Nachahmung. VIRCHOW hat auf dieses Problem aufmerksam gemacht, indem er ausführt, daß außer dem Einfluß der Kaumuskulatur und des Kauens auf das Gesicht ‚sicherlich noch ein anderer Einfluß in Wirksamkeit tritt, dessen Bedeutung am besten durch die jüdische Rasse erläutert wird. Ich meine den physiognomischen Einfluß, der hauptsächlich durch die Muskeln, in erster Linie durch die mimischen Muskeln bewirkt wird. Die Verschiedenheit der deutschen, der englischen, der spanischen, der polnischen Juden beruht sicherlich nicht allein auf einer fortschreitenden körperlichen Vermischung, obwohl eine solche gewiß auch mitwirkt, sondern vielmehr auf der Nachahmung und Anpassung der Muskelstellung und Muskelbewegung an volkstümliche Vorbilder. Wie weit die mimische Muskulatur aber die Gestaltung der Gesichtsknochen zu bestimmen imstande ist, das festzustellen wäre eine ganz neue Aufgabe, die bis jetzt noch nicht einmal in Angriff genommen wurde, die ich aber hier in den ‚Crania ethnica americana‘ um so mehr betonen möchte, als das moderne Amerika das gegebene Feld für alle Untersuchungen über die mögliche Transformation der örtlichen Stammescharaktere darstellt‘.“ (S. 52, 53.)

Die Aufgabe ist wohl auch heute noch nicht in Angriff genommen: welcher „solide“, „exakte“ Forscher erdreistete sich, sich an solch „phantastisches Zeug“ zu machen? — Handelt es sich um Nachahmung von Volkstypen, zumal seitens ganzer zugewanderter Stämme, so wird natürlich stets auch der Milieueinfluß (Klima, Boden, Nahrung) in Rechnung zu stellen sein; und es wird ohne sehr genaue, womöglich experimentelle Untersuchung unentschieden bleiben, welchem Faktor (nämlich Gesamtmilieu oder Mimikry) der Vorrang gebührt, oder ob etwa nur einer allein verantwortlich ist. Ich halte von der Macht des Milieus sehr viel: und auch darin wäre ja — wie bei Besprechung des Mimikryproblemes (S. 214) eingehend erörtert — ein Imitationsvorgang zu sehen, nur eben in seiner Wirkung an den einander ähnlich gewordenen Lebewesen ein mittelbarer statt des unmittelbaren, wenn sie selber einander dank ihrer Nachbarschaft nachahmen und dadurch ähnlich werden. Daß dieser direkte Weg insbesondere bei durcheinander gewürfelten Völkern gar keine Rolle spielen sollte, kann ich mir trotz hoch eingeschätzter Umweltsmacht nicht denken. Unter diesem Gesichtspunkt mögen nunmehr die folgenden Belege aus HERTZ aufgenommen werden:

„Es ist sicher, daß die englischen Familien, die schon lang im Lande (nämlich in Amerika — Verfasser) sind, die Gesichtszüge der ausgerotteten (heimischen) Rasse tragen; andererseits ist an den Negern gegenwärtig kein Zeichen einer Änderung zu bemerken, abgesehen davon, daß sie statt schwarz dunkelbraun werden" (DILKE, p. 223 ff.). „Die Indianisierung der Weißen in Amerika und das Abblassen der Neger in Europa ist eine reich belegte Tatsache" (S. 36). „Ebenfalls über Amerika sagt BAGEHOT: ‚Ein schwerfälliger Engländer eignet sich oft in wenigen Jahren den lebhaften amerikanischen Blick an; ein Irländer oder Deutscher erlernt ihn gleichfalls, selbst mit allen englischen Eigentümlichkeiten.' In einer bekannten Stelle seines angeführten Werkes schildert DILKE, wie die Kinder von Iren in Amerika physisch und moralisch gänzlich amerikanisiert sind. Interessante Beobachtungen kann man an den Juden Österreichs machen. In manchen Städten existiert noch ein Judenviertel, dessen Insassen den bekannten Typus in ausgeprägtester Weise zeigen. Die jüdischen Familien, die schon mehrere Generationen in der eigentlichen Stadt wohnen und den wohlhabenden Kreisen angehören, haben in vielen Beziehungen das Äußere der christlichen Bevölkerung ihres Standes angenommen, während die eingesessenen jüdischen Gutsbesitzer z. B. Galiziens in vielen Fällen von den ihnen benachbarten polnischen Edelleuten gar nicht zu unterscheiden sind ... Wie BUNTARO ADACHI bemerkt, nehmen die Europäer in Japan japanische Gesichtszüge an, und ich kenne Japaner, die längere Zeit in Europa lebten und die sich unbedenklich für Europäer hätten ausgeben können. GUETZLAFF war nach seiner Rückkehr aus China ‚chinesisiert', und Annäherungen von Europäern an den indianischen und australischen Typus werden ebenfalls berichtet. Daß Naturvölker mit der Annäherung an europäische Kultur europäische Züge annehmen, so daß sie in manchen Fällen von Europäern gar nicht zu unterscheiden sind, wird reich belegt" (S. 53, 54).

Neben Imitation, die einen fremden Volkstyp dem jeweils heimischen ähnlich macht, beobachtete ich Attraktion, wobei Individuen fremder Abstammung zu einer Rasse, der sie — abweichend von der eigenen Rasse — „zufällig" ähnlich sehen, hingezogen werden. Man begegnet nämlich beispielsweise unter hellen, nordischen Leuten vereinzelten Personen, die südlich-dunkles Aussehen, aber nachweislich keine südlichen Ahnen haben; vielleicht oder scheinbar nur in unbedeutenden Äußerlichkeiten erinnern sie an einen Südländer: zur dunklen Haut-, Haar- und Augenfarbe, die ja auch im Norden nicht selten sind, braucht sich bloß eine kühne Adlernase, ein glühender Blick in Verbindung mit lebhaften Gesten zu gesellen, und der Pseudoitaliener, ja bei geeigneter Barttracht der Pseudobeduine ist fertig. Ebenso begegnet man zuweilen schlitzäugigen, backenknochigen, gelblichen, dadurch mongoloiden Typen inmitten abendländischer Bevölkerungskreise, die stammesgeschichtlich nichts mit der mongolischen, ja nicht einmal notwendig mit der semitischen Rasse zu tun haben. — Solche Menschen tragen nun oft Sehnsucht nach dem Lande, wohin sie ihrem Scheintypus zufolge sozusagen gehören; oder, vom Schicksal dahin verschlagen, fühlen sie sich augenblicklich zu Hause, während sie bisher immer und überall unzufrieden gewesen waren, vielleicht ohne sich darüber und über die besonderen Gründe Rechenschaft gegeben zu haben. Ein extremes Beispiel solcher Art kannte ich in Fräulein P. SCHN., einer jungen Schauspielerin, von väterlicherseits polnischer, mütterlicherseits deutschösterreichischer Herkunft, aber ausgesprochen madjarischem Typus: bernsteinfarbenem, örtlich bläulichbraun pigmentiertem Teint, schwarzen Augen, schwarzen, eigentümlich grau schimmernden, sehr schlichten, trockenen Haaren. Einstmals zu einem Gastspiel nach Budapest gekommen, war ihr sofort heimatlich zumute: sie verlobte sich in Budapest und verlangte, obwohl vorübergehend in anderen Städten wohnend, immer wieder nach der ungarischen Hauptstadt als ihrem zuständigen Wohnsitz zurück.

2. Serien und Lebensbeherrschung

Gibt es heute schon Möglichkeiten, die Erkenntnis der Serien, die unentrinnbar in unseren Alltag hineinspielen, praktisch anzuwenden, die Beobachtung zur Beherrschung und die Praxis zur Technik heranreifen zu lassen? Versuchsweise könnte man schon heute daran gehen: das denke und sage ich, so überzeugt ich bin, daß die Menschen noch lange — Jahrhunderte vielleicht — diesen Schritt nicht wagen werden, falls überhaupt jemals eine Zeit kommt, da sie ihn wagen. Denn nicht alles, was gut ist, ringt sich durch: zahllose schöne Keime versinken unerprobt im Zeitenschoße.

Wenigstens an Beispielen möchte ich gezeigt haben, wie ich mir die praktisch-technische Anwendung der Serialität vorstelle. Nehmen wir folgenden belanglosen Fall an, der mir zu einem vielleicht brauchbaren Gedanken darüber verholfen hat.

98. Ich fahre täglich mit der Wiener Stadtbahn von meiner im Vororte Hacking gelegenen Wohnung zu meinem im Prater gelegenen Institut. Die ersten Stationen nach Hacking heißen: Ober-St.-Veit, Unter-St.-Veit, Braunschweiggasse, Hietzing, Schönbrunn usw. Das tägliche Fahren zu annähernd gleicher Stunde im annähernd selben Zug bringt es mit sich, daß man annähernd mit denselben Leuten — mit einigen häufiger, anderen seltener — zusammentrifft; ohne daß es gerade Bekannte sind, kennt man sie seit langem vom Sehen im Stadtbahnwagen. Wenn ich nicht gerade lese, mache ich

Beobachtungen an den Mitfahrenden, die sich (vgl. S. 33) zu serialen Gruppen zusammenschließen. Bestimmte Passagiere, die sehr selten fahren — einen davon, Herrn K., kenne ich persönlich und weiß, daß er ein Automobil besitzt, welches er begreiflicherweise der Stadtbahn vorzieht, wenn seine Frau es nicht eben benötigt —, werden durch „Prévenants" angekündigt, durch doppelgängerische Vorläufer, die ihnen ähnlich sehen oder, ohne daß sich bestimmte Merkmale der Ähnlichkeit angeben ließen, doch sehr stark an den betreffenden anderen erinnern. Gesetzt den Fall, ich erblicke in Unter-St.-Veit einen Herrn am Bahnsteig, der dem mir bekannten Herrn K. ähnlich ist, so kann ich mit einer gewissen Wahrscheinlichkeit erwarten, daß in Hietzing Herr K. selbst einsteigen wird (vgl. S. 40). Der „Vorläufer" des Herrn K. muß nicht immer derselbe sein und kann auch in irgendeiner anderen Station vor Hietzing sichtbar werden; auch kann sich der Sachverhalt, der dann für eine erste Feststellung serialen Geschehens minder beweiskräftig wäre, umkehren: beim Hinausfahren in der Richtung Prater-Hacking steigt in Station Hietzing zuerst Herr K. aus, und wir erblicken in einer späteren Station einen Doppelgänger.

Wüßte ich nichts von Serien, so sähe ich darin, wenn es mir überhaupt auffiele, nur einen einzeln dastehenden „Zufall" und wäre nicht in der Lage, irgendwelche Weiterungen daraus zu ziehen; so aber gewinne ich eine Möglichkeit und Fähigkeit, vorauszusehen, was die nächste Zukunft bringen wird. Und die große Zahl der mir dabei beschiedenen Treffer bejaht und beweist hinterher induktiv, was vorher deduktiv wahrscheinlich geworden war. — Natürlich klingt das meinen „intellektuellen" Mitmenschen wie tollster Aberglaube; und es wird mir gehen, wie es allen ging: die Zeitgenossen werden darüber zur Tagesordnung oder vielmehr -unordnung übergehen, ehe sie sich guten Willens aus eigener Wahrnehmung ein Urteil gebildet haben. Richtiger: das Urteil wird aus Mangel an eigener Wahrnehmung von vornherein im verneinenden Geiste feststehen. Schade um die Mühe, heißt es, die das Nachfolgen auf so wahnsinnigen Wegen verursacht: schon bloßes Eingehen darauf macht zum Mitschuldigen und Mitverrückten — ist es nicht so? Die wenigen Auserwählten aber, die vielleicht doch den Blick schärfen, müssen das Schema, das sich vom Herrn K. in Stadtbahnstation Hietzing und seinem Vorläufer in Station Unter- oder meinetwegen Ober-St.-Veit ableiten läßt, in zahllosen Fällen, nämlich eigentlich überall bestätigt finden. Wenn Ding A₁ in unser Erleben tritt, so wird das ihm ähnliche oder gleiche A₂ nicht ausbleiben — es sei denn, daß es durch überlegene Änderungen der zur Zeit des Eintrittes von A₁ herrschenden Kräftekonstellation aus dem Wege geräumt wird.

Und diese letzte Einschränkung führt uns auch bereits zum letzten Punkt, der dem Kapitel „Serien und Lebensgestaltung" erreichbar ist und der daher gegenwärtig seinen End- und Schlußpunkt darstellt: die überlegene Kräftekonstellation, die nötig ist, um Ereignis A₂ noch abzuwenden, wenn seine Ankündigung in Gestalt von Ereignis A₁ schon da ist, können wir häufig selber liefern; obschon die Widerstände der Serialität gegen die Kausalität engeren Sinnes keine geringen sind. Gesetzt, Herr K., der in Hietzing einsteigt, ist mir zuwider, und ich mag seine banalen Redensarten nicht anhören: wird es mir da nicht angenehm sein, wenn er in Unter-St.-Veit den Schatten seines Kommens vorauswarf? Ich brauche bloß das Nicht-rauchercoupé II. Klasse, das er zu benützen pflegt, zu verlassen und ins Raucherabteil oder in einen Wagen III. Klasse hinüberzugehen, um vor ihm sicher zu sein. Freilich verursacht das Umsteigen Unbequemlichkeiten, die ich scheue, solange ich an der Notwendigkeit oder Wahrscheinlichkeit zweifle, daß der Doppelgänger des Herrn K. diesen selber nach sich zieht; aber meine Unterlassungssünde wird bestraft, denn sobald der Schaffner „Hietzing" ausruft, ist Herr K. in eigener Person schon da und fragt mit aufdringlichem Grinsen: „Wie geht's?" oder sagt einen anderen, ebenso unerträglichen gedankenlosen Gemeinplatz.

Ich bin also in der Lage, meine Serienkenntnis dazu auszunützen, um Serienglieder A_2, A_3 . . ., die dem Anfangsgliede A_1 folgen, durch mein Verhalten auszuschalten oder sogar die ganze Serie abzubrechen — wenigstens soweit sie fürs eigene Leben in Betracht kommt. Daraus ergeben sich etliche weitere Lehren, ziemlich verschieden von denen, die von einer ausschließlich auf Berührungskausalität eingestellten Lebensanschauung gepredigt werden. Diese preist allgemein die Ausdauer als eine der notwendigsten Tugenden: schon recht, aber nicht um jeden Preis soll man einem in entgegengesetzter Bewegung begriffenen Serialablauf Widerstand leisten wollen! Das bedingt unverhältnismäßigen Energieaufwand und führt dennoch oft zum Mißerfolg. Es heißt: „Eile mit Weile"; entsprechend sollte man etwa auch sagen dürfen: „Ausdauer nicht durch die Mauer!" Verwandt ist ja die Mahnung: „Mit dem Kopfe nicht durch die Wand rennen!" Man spürt nämlich gar bald, daß ein widriger Serialverlauf die Bemühungen hemmt — daß man also gegen den Strom serialer Ereignisse schwimmt; dann ist's am besten, nicht ausdauernd zu sein, sondern die Sache vorläufig stehen zu lassen, bis die Bedingungen sich ändern. Auch ein Segelschiff muß bei Gegenwind oft warten, bis er in günstigere Richtung umschlägt.

Freilich vermag sich der Segler seinem Bestimmungsort durch „Lavieren" sogar bei widrigem Winde zu nähern: so der Mensch seinem Arbeitsziele, wenn er die Arbeit am andern Ende anpackt. Auch dann handelt er der trivialen Lebensregel „Ausdauer, Geduld!" zuwider: er setzt nicht hartnäckig fort, wo er begann, sondern läßt locker, umgeht sein Ziel und verfolgt seinen Zweck nach anderer Richtung. Dabei gerät er oft unversehens in förderndes Fahrwasser und findet Gelegenheit zur Ausnützung von Konjunkturen, die ihn den Serienstrom abwärts fast reibungslos dem selben Ziele zuschieben, das er auf dem alten, scheinbar geradesten und erprobtesten Wege nicht zu erreichen vermochte. In dem Grade empfehlenswert ist dies Wegändern oder Kreuzen, daß man behaupten darf: in ungünstiger Lage ist jeder Wechsel ohne vieles Klügeln dem eigensinnigen, ,,ausdauernden" Beharren vorzuziehen. Ist die Situation schlecht, so ändere man sie rasch und unbesehen, zunächst also sogar ohne Rücksicht darauf, ob Änderung Besserung bedeutet; Flucht aus widriger Serie ist stets Verbesserung, auch wo's die denkgewohnte kausale Spekulation dem Verstande nicht gleich anzeigt.

Moderne Pädagogen unterscheiden einen ,,Talentfleiß", der eigenen, inneren und unwillkürlichen Tätigkeitstrieb bedeutet, vom ,,Zwangs-fleiß", der wesensfremden, äußeren, willkürlich anzuspannenden Antrieb zur Arbeit darstellt. Entsprechend sind auch zwei Arten von Beharrlichkeit zu sondern: eine selbsttätige, die sich dem inneren Serien- oder Periodenlauf hingibt, zuweilen auch vom äußeren Ablauf treiben läßt; und eine minder spontane, durch Erziehung oder Selbstbeherrschung erzwungene Beharrlichkeit, die dem inneren und äußeren Serialablauf entgegenarbeitet. Die erste Art deckt sich teilweise, obschon keineswegs in vollem Umfange, mit der ,,Trägheit" nicht physikalischen, sondern physiologischen — der Faulheit pädagogischen Sinnes. Gehorsam gegenüber dem inneren Serienverlauf kann sich aber auch — wenn dieser gerade so beschaffene Wellen wirft — in außerordentlichem Fleiß, in unwiderstehlichem Tatendrang äußern und dann unüberwindbar erschienene Hindernisse der Umgebung wirklich beseitigen. Nicht auf dieses der Persönlichkeit entsprossene Beharren bezieht sich, was wir Warnendes über ,,Ausdauer" sagten; sondern nur auf das andere, im Grunde persönlichkeitsfremde Beharren, welches — bezeichnend genug für die Unnatur, Verlogenheit und den Formalismus unserer Moral- und Erziehungsvorschriften — mit den Namen ,,Beharrlichkeit" und ,,Ausdauer" einzig und allein gemeint zu sein pflegt. Also nochmals: die Beharrlichkeit als lebensfremder Willkürakt ist zu verwerfen oder doch nur Notbehelf geradesogut wie der Zwangsfleiß; die Beharrlichkeit als inneres Muß, von dem die Person fortgerissen wird, so daß sie keinen Zwang verspürt, ist wertvollstes Gut und lebenstechnisch nicht nachdrücklich genug zu empfehlen; diese Beharrlichkeit brach liegen zu lassen, wäre kein geringeres Verbrechen, als den Talentfleiß nicht auszunützen oder gar, wie es die Schule im Gebrauch hat, zu unterdrücken.

Die Lebensführung, berufen, das banal-kausale Ausdauern oder gar ,,Durchhalten" zu ersetzen, kann sonach erstens darin bestehen,

antiseriale Tätigkeit zu unterbrechen und proseriale Gelegenheiten ab-
zuwarten; zweitens darin, zwar ununterbrochen fortzufahren, aber auf
anderem Geleise; drittens kommt jetzt hinzu: Fortsetzung auf gleichem
Geleise, aber durch eine andere Person — Wechsel der Arbeitskraft statt der Arbeitsrichtung. Das hilft, wenn die erschwerende
Gegenserie sich nicht oder nicht ausschließlich in äußeren Verhältnissen bewegte, sondern in inneren, subjektiven Verhältnissen bedingt
oder mitbedingt war. Angenommen, ich bringe heute etwas durchaus
nicht zustande; nicht eine ständige, sondern nur eine vorübergehende
Ungeschicklichkeit hindert mich, denn denselben Handgriff habe ich
tausendmal vollbracht, sagen wir nur: Öffnung einer sperrigen Schub-
lade meines Schreibtisches. Soll ich mich nun abärgern, das träge
Spreizen der Lade mit dem wütendem Beharren meiner Person zur
Korrelationsserie verknüpfen? Lieber rufe ich mir jemand: und glatt
fügt sich oft das widerspenstige Objekt der fremden Hand. Beim
wissenschaftlichen Experimentieren fand ich es öfters so probat:

99.   Einstmals wollt' es mir nicht gelingen, bei Oberitaliens braunem Höhlenmolch
(*Spelerpes fuscus*) Ersatzwachstum der Gliedmaßen nachzuweisen; an meiner Unfähigkeit konnt' es nicht liegen, denn in der Pflege dieser empfindlichen Tiere bin ich
sehr erfahren, weiters in ungleich heikleren Operationen sehr geübt. Aber es ging
nicht; schon mehrere Importe aus Florenz waren zugrunde gegangen, ehe die ampu-
tierten Beine nachwuchsen. Da überließ ich den Versuch einem Kollegen, Dr. F. M.,
trotzdem er, mit mir verglichen, Neuling war; und nun mit einem Male glückte es,
anscheinend ohne daß er anderes vollzogen hätte als vorher auch ich.

In alledem verrät sich eben eine unter der Berührungskausalität, die allein wir zu sehen, mit der allein wir zu rechnen gewohnt sind,
verborgen einherschreitende Beharrungskausalität oder Serialität.
    Zu den ungünstigen Serialsituationen, in die man seine Arbeits-
kraft rettungslos verwickeln kann, gehört noch der sogenannte „tote
Punkt": man plagt sich, wie man kann, faßt an, wo man will, es geht
nicht vorwärts. Es geschieht nicht just Unangenehmes; es geschieht
überhaupt nichts. Auch hier ist Forcieren um jeden Preis vom Übel.
Der tote Punkt, auf den man kam, ist eine „Ruheserie" (S. 77), die
zu ihrer kausal-energetischen Rücküberführung in die „Bewegungsserie" so unrentable Anstrengung kostet, daß man oft am besten darauf
verzichtet und sich ihr selber ruhend einfügt, bis die Dinge spontan
wieder in Bewegung geraten. Will oder kann man nicht zur Komponente
der Ruheserie werden, so hilft nur gänzliches Herausreißen aus dem
Plan, den man sich just zurecht gemacht, und Tätigkeit vorläufig auf
anderem Felde. Man hätte sich etwa vorgenommen, eine Reihe von
Gängen zu erledigen, beim Arzt, beim Advokaten, bei einer Behörde,
in einem Kontor vorzusprechen: aber nirgends trifft man den Ge-
suchten, er ist überall soeben selbst ausgegangen; oder man muß, un-

bekannt warum, überall endlos warten, nichts rührt sich — toter Punkt, totes Geleise! Ausspringen, das ganze Programm umstoßen; zurück nach Hause oder doch ins eigene Bureau, ins eigene Amt, Laboratorium oder Seminar — die Besuchsserie an einem anderen Tage vornehmen, an welchem man vielleicht binnen je wenigen Minuten abwickelt, was heute unter notgedrungener Weglassung wichtiger Teilgeschäfte viele Stunden dauerte. Die aufs Seriale eingestellte Erfahrung ergibt natürlich erst nach einiger Zeit, wie diese Lebensregeln richtig zu verstehen und zu handhaben sind, die vielleicht wie leichtfertige Plattheiten klingen für jemand, dem das Wesen des Serialen noch nichts Eingelebtes und daher noch nichts Denkgewohntes darstellt.

Einen Schritt weiter, den letzten, aber bei richtiger Würdigung weittragendsten, den wir hier zu tun vermögen, führt uns die reziproke Möglichkeit: einen Serienablauf erst willkürlich zu schaffen; eine Serie unserer Wahl ins Leben zu rufen, indem wir das hierzu notwendige, uns genehme Anfangsglied A_1 hervorbringen und dann zusehen, wie ihm automatisch die weiteren Glieder A_2, A_3 usw. nachfolgen. Danach wird ja längst allgemein gehandelt: aber nicht bewußt gehandelt — und darin besteht das Neue der serialen Technik, darauf allein kommt es bei allen Techniken an! Heilquellen wurden ebenfalls schon vor ihrer Fassung und Besiedelung getrunken und stifteten gelegentlichen Segen, wo ihr Genuß zufällig in richtigem Sinne angebracht war; aber erst, als die Ausnützung planvoll geschah, konnte der Segen einer großen Menge von Kranken zugute kommen, und zwar solchen Kranken, die es am nötigsten haben. Der Wildbach treibt Mühlen, aber bei Hochwasser reißt er sie weg, solange seine Kraft nicht derart technisch beherrscht ist, daß ihr ziel- und regelloses Übermaß unschädlich und anderen Betrieben dafür dienstbar gemacht wird. Wem es heute gelingt, eine ihm angenehme Serienkomponente in die Welt zu setzen und dann den Ablauf der weiteren Komponenten zu ernten, bildet sich ein, das Ganze sei eine Kette sich unmittelbar berührender Ursachen und Wirkungen und als solche im ganzen ein Meisterwerk seines Planens; während das geringste daran seiner Überlegung, das meiste dem unerkannten Serialprozeß zu danken war.

Die Lenkbarkeit der Serien und Serienfolgen ist nun freilich insofern Zukunftsmusik, als wir vorerst in der deskriptiven Erforschung der Serien, ihrer einfachen Beobachtung, Beschreibung und Vergleichung weiter sein müssen, ehe wir sie experimentell mit zielsicherem Erfolg und ohne unerwartete, unerwünschte Nebenwirkungen anwenden können. Sonst erginge es uns wie dem Arzt, der einem in Größe und Intelligenz zurückgebliebenen Menschen Thyreoidintabletten verschreibt, weil er die das Gesamtkörper- und Gehirnwachstum fördernde Wirkung der Schilddrüsensubstanz kennt; er erzielt aber gleichzeitig durch die Tabletten derartige Steigerung der Fettverbrennung, daß der Patient rapid abmagert und tuberkulös wird. — Inwiefern es analog dazu an der Serienkenntnis mangelt, soll an einem simplen Beispiele klar werden: 1900 war ich bei der ersten militärischen Stellung als untauglich, im folgenden Jahre bei der zweiten Stellung als tauglich befunden worden. Bei der Musterung zur Kriegsdienstleistung im Februar 1915 lautete das Urteil abermals auf „nicht geeignet", und für Juni stand nochmalige Musterung bevor. Wie wird deren Ergebnis lauten?

Die Entscheidung wird davon abhängen, ob die Ereignisse 1900/01 mit denen 1915 in irgendwelcher serialer Verbindung stehen, oder ob sie derart für sich abgeschlossen dastehen, daß jedes von ihnen von einer besonderen Konstellation durchgeführt wird. — Im ersteren Falle (durchgehende seriale Abhängigkeit) wäre zu erwarten, daß ich bei der Nachmusterung behalten werde: Wechselserie je zweier kontrastierender Komponenten, — $A_1 + A_2$, — $A_3 + A_4$. Das negative Ergebnis ist hier durch ein Minuszeichen, das positive durch ein Pluszeichen angedeutet. Im anderen Fall (seriale Unabhängigkeit) könnten sich die Musterungen 1915 serial gruppieren, dann müßte ich wiederum freikommen: (1900, 1901) — $A_1 + A_2$; (1915) — $A_3 - A_4$. Welcher Teil der Alternative eintreten wird, läßt sich wegen ungenügenden Einblickes in die seriale Gesetzmäßigkeit nicht entscheiden: die Prognose ist unmöglich, solange keine sichere Diagnose gestellt werden kann. Die Ereignisse haben inzwischen dargetan, daß die erste Eventualität eintrat und ich bei der Nachmusterung (der vierten Assentierung meines Lebens) trotz eines kleinen Herzklappenfehlers — Serialität kontra Kausalität! — als geeignet befunden wurde. Hier steckt daher ein noch ungelöstes Problem der Seriologie, eine Lücke der theoretischen Serienkunde, ehe sie zur praktischen Wissenschaft werden kann: wir sind nicht im Besitze der Kriterien, wovon Dauer¹ und Stärke serialer Zusammenhänge bestimmt wird und woran wir ihr Bestehen oder Aufhören zu erkennen vermögen.

Das Zugeständnis dieser Schranke, die Kennen und Können auf serialem Gebiete einstweilen noch trennt, brauchte mich nicht abzuhalten, den Weg zu weisen, den wir hier dereinst werden gehen müssen oder sollen. Und Gründe, die mich vorderhand davon abmahnen heißen, bei eingreifenden Entscheidungen im privaten wie öffentlichen Leben der Serialität bestimmenden Einfluß zuzugestehen — das wertvolle Werkzeug der Zukunft würde jetzt wirklich nur zum Spielzeug heil- und haltlosen Aberglaubens —, diese selben Gründe hindern mich nicht, das seriale Experiment in belanglosen Kleinigkeiten zwecks Gewinnung der zu schaffenden Serienkenntnis als wichtigstes Instrument zu empfehlen. Soviel wäre heute schon leicht: ein im Bereiche von Laboratoriumsmöglichkeiten gelegenes Experimentierprogramm zu entwerfen, dessen prinzipielle Fragestellung immer so lautet: unter welchen Merkmalen von Gleich, Ähnlich, Unähnlich und Gegensätzlich vollzieht sich ein Ablauf von Ereignissen, wovon das erste Ereignis absichtlich angesetzt und worin die fortwirkende Kausalität im landläufigen Sinne — die „Berührungskausalität", wie wir sie zweckmäßig benennen können — ausgeschaltet ist und nur Kausalität in unserem allgemeinsten Sinne — „Beharrungskausalität" — übrig bleibt? Schon bei ersten Vorstößen in dieser Richtung dürfte sich herausstellen, daß viele auf kausalem Gebiete engeren Sinnes durchgeführte Versuchsreihen bereits hier inbegriffen werden können; daß wir daher mehr Material darüber besitzen, als sich ohne dessen Sichtung vom Standpunkte der Serialität aus ermessen läßt.

Ich erinnere nur an eines: man geht bei Zuchtversuchen über Vererbung erworbener Eigenschaften folgendermaßen vor: In einer oder mehreren Generationen B wird eine Veränderung künstlich hervorgerufen, die in den Vorfahrengenerationen A und bis zum Versuchsbeginn auch in B selbst noch nicht vorhanden war. Es werden sodann von der veränderten Generation B Nachkommengenerationen C, D usw. gezogen, und zwar ohne Weiterwirkung des künstlich verändernden Faktors F, also unter Rückversetzung in die dem betreffenden Lebewesen normalen Lebensbedingungen (z. B. aus Hitze in mittlere Temperatur), oft aber sogar Übertragung in die der Versuchskultur entgegengesetzten Lebensbedingungen (z. B. aus Hitze in Frost). Zeigt sich trotzdem eine Beharrung der Veränderung v an den Nachkommen, gelangt also in C, D usw. die Veränderung von B abermals zum Vorschein, so hat der Zuchtversuch die stattgefundene Vererbung von v bewiesen:

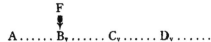

$$F$$
$$\text{A} \ldots \ldots \text{B}_v \ldots \ldots \text{C}_v \ldots \ldots \text{D}_v \ldots \ldots$$

Jene „Rückversetzung in normale" oder „Übertragung in entgegengesetzte Lebensbedingungen" erfüllt dann die Forderung nach „Ausschaltung der Berührungskausalität", der gemeinsam fortwirkenden, spezifischen Ursache. Als einzig gemeinsame und fortwirkende, aber nicht spezifische, weil allen kosmischen Vorgängen zugrunde liegende Ursache verbleibt dann die seriale Beharrung oder das Trägheitsvermögen von Körpern und Energien, Körper- und

Energiekomplexen. — Ich zweifle nicht daran, daß sich, wie hier aus der Biologie, so auch aus anderen Wissenschaften eine Menge von Einzelfällen zusammentragen ließe, die eine unmittelbare Verwertung zum Aufbau der Serialtheorie und später der Serialtechnik gestatteten.

Sind uns erst darüber, über die diagnostischen Merkzeichen der serialen Gesetzmäßigkeiten, die Augen geöffnet, so werden wir mit weit größerer Sicherheit unser ganzes Verhalten danach einstellen: werden nicht bloß die zum erwünschten Serienablauf nötige Kräftekonstellation zielbewußt schaffen, organisieren; sondern auch die den vorzeitigen Abbruch der Serie verschuldende Änderung jener günstigen Konstellation verhüten. Beim Gelingen dessen, was wir gegenwärtig planvolle Tätigkeit nennen, feiern wir entweder Pyrrhussiege: „Noch ein solcher Sieg, und ich bin verloren!" oder Hannibalsiege: „Vincere scis, Hannibal, victoria uti nescis!" (Zu siegen verstehst du, Hannibal; den Sieg zu nützen vermagst du nicht!) Die richtige Beimengung serialer Technik zur bisher allein angewandten kausalen Technik muß uns Wege des Gelingens ebnen, die über widrigste Schwierigkeiten unseres jetzigen Lebens spielend hinweggeleiten und uns leichten, freien Schrittes zu ungeahnten Höhen emporführen. Unser heutiges Kausalleben wird dem Serialleben der Zukunft erscheinen, wie das Leben nackter Wilder oder Urmenschen, die Mangel litten an allem, wessen sie am nötigsten bedurften, dem raffiniertesten Luxus eines Kulturzentrums der Jetztzeit erscheint.

XV. Serien und Wahrheitsforschung

Nicht Mißachtung des Zufalls, sondern
zweckmäßige und zielbewußte Benützung
desselben wird der Forschung förderlich sein.

ERNST MACH, 1903.

1. Serien und Wissenschaft

Wenn die Kenntnis der Serien, wie zu Ende vorigen Kapitels ausgeführt, noch nicht reicht, um eine Lebenspraxis und Lebenstechnik darauf zu stützen: so folgt daraus die Dringlichkeit, vorerst das Lehrgebäude der Serienkunde so weit auszuführen, damit, was heute unmöglich ist, bald möglich werde. Aber beileibe keine neue Spezialwissenschaft soll entstehen, abgeschlossen und fremd für die übrigen Wissenschaften, wie diese für sie: wurde von serialer Lebenspraxis befürchtet, daß sie ohne vorangegangene wissenschaftliche Durchbildung gerade dahin übergehen müßte, wogegen ich sie am eifrigsten verteidige — zu bodenlosem Aberglauben; so müßte seriologische Theorie ohne unablässige Durchdringung der bisherigen Natur- und Geisteswissenschaften dahin kommen, woher sie kurzsichtige, überängstliche und hochmütige Beurteiler werden ableiten wollen: zur uferlosen Mystik.

Nun aber nach dem Grundsatze von Aktion und Reaktion, nach dem Prinzipe „Keine Wirkung ohne Rückwirkung" — worauf doch der Grundstock dieses Buches ruht: danach kann keine Wissenschaft der anderen etwas geben, ohne zugleich etwas von ihr zu empfangen. Die vorausgehenden Hauptstücke (zumal Kapitel V bis einschließlich XII) sind erfüllt von den Gaben anderer Wissenschaften für ihre jüngste Schwester, die Wiederholungslehre oder Seriologie; es könnte lohnend sein, noch ein Kapitel (das vorliegende) dem Betrachten des von ihr zurückfließenden Wissensstromes zu widmen — die Gegengeschenke der Serienerkenntnis an die übrigen Wissenschaften vorüberziehen zu lassen, natürlich nur in gedrängtester Kürze und soweit sie sich jetzt schon überblicken lassen: traurig wäre es, wenn sie sich endgültig im Rahmen eines einzigen Buchkapitels erschöpfen ließen, statt ganze Literaturen neuer fruchtbarer Betrachtungsweisen hervorzubringen. Mußte diese reziproke Seite geistiger Wechselbefruchtung zwar schon aus den zuvor aufgezählten früheren Kapiteln hervorgehen; mußte dort, wo wir fremde Früchte auf unserem Neuland säten, auch dessen Anteil an der Ernte klar werden; und kann daher das gegenwärtige Kapitel in vieler Beziehung nur das Gepräge einer Zusammenfassung an sich tragen: so wird es in dieser Eigenschaft vielleicht gerade willkommen sein und in seiner erkenntniskritischen Bilanz trotzdem Neues bringen.

Da die Serialität oder Beharrungskausalität ein ebenso allgemeines Prinzip darstellt wie die bisher ausschließlich in Betracht gezogene Kausalität engeren Sinnes oder Berührungskausalität, auf deren Boden letzten Endes alle, die Natur- und sogar die Geisteswissenschaften aufgebaut sind: so gibt es keine einzige Wissenschaft unter ihnen, die sich dem Einflusse der Serialität wird entziehen können und sich vom Serialprinzip keine mehr oder minder durchgreifende Umgestaltung wird gefallen lassen müssen. Solcher Einfluß ist bis jetzt wiederum auf demjenigen Teilgebiet der Serienlehre bereits am deutlichsten geworden, das heute das bestbekannte ist: der Periodenlehre. Die Periodenwerke von FLIESS, SWOBODA und SCHLIEPER wimmeln nicht sowohl von Nutzanwendungen anderer Wissenschaften auf die Periodik, als von Anwendungen der Periodik auf andere Wissenschaften.

Besonders reich hatte sich bei FLIESS und SCHLIEPER die Anwendung der Periodenlehre auf Medizin und Biologie, bei SWOBODA auf Psychologie und Psychiatrie gestaltet, ohne daß die einen wie der andere hierin ihre Grenzen gesteckt hatten, und zumal ohne daß sie es vermieden, auf des jeweils anderen Lieblingsgebiet glücklich überzugreifen. Allen gemeinsam war der tiefe Gehalt an Weltanschauung, der große Anteil abstrakter

Philosophie

ihrer durch Beobachtung errungenen und durch Berechnung weitergebildeten Entdeckungen. Die philosophische Bedeutung nicht bloß der Perioden, sondern ihrer übergeordneten Kategorie, der Serien, soll noch im zweiten (Schluß-)Abschnitte des jetzigen Kapitels (XV, 2) hervorgehoben werden, und zwar dann natürlich losgelöst von den Anschauungen der drei Periodiker und im Verfolge meiner eigenen Gedankengänge.

Was noch die

Psychologie

anbelangt, so ist vielleicht die ohne das Periodische daran so schwierige Aufklärung „freisteigender" Vorstellungen mit am interessantesten: SWOBODA (1904, 1905) übernimmt die Ansicht, daß es solche Vorstellungen im Sinne ihrer Bezeichnung wirklich gibt, ziemlich unverändert von HERBART, nur bereichert durch Feststellung ihres periodischen Auftretens; ihre tatsächliche Begründung erfahren sie erst durch den Nachweis, daß nicht bestimmte Vorstellungen allein es sind, die periodisch wiederkehren und in scheinbar selbständiger Beweglichkeit an die Oberfläche treten, sondern der psychische und physische Gesamtzustand, der durch die verflossene Zeitdauer gerade

374

fällig wurde; damit ist allerdings die Vermutung des „Freisteigens" unnötig geworden und die — von SWOBODA nicht empfohlene — Versöhnung mit der Assoziationspsychologie vollzogen (S. 322).

Ein anderer psychologischer Gewinn, der indessen auf physiologischem und pathologischem (besonders psychopathologischem) Gebiete seine Erweiterungen findet, ist die Erkenntnis von der organischen Entwicklung der einzelnen seelischen Gebilde: vom Gedankenkeim zum ausgereiften Gedanken — und Entwicklung der gesamten Bewußtseinskomplexe: vom dämmerigen, halb unbewußten, der Sprache unerreichbaren Gefühlsinhalten bis zum klar bewußten Verstandesinhalt. Ermöglicht war diese Erkenntnis durch Vergleich der Bewußtseinsinhalte zu bekannten Periodenterminen und durch das Wiedererkennen eines früheren im späteren, trotz veränderter, nämlich entwickelterer Gestalt. Damit war das Geheimnis schöpferischer Geistestätigkeit einer neuen Art der Enträtselung zugänglich geworden: aus Tagebüchern und Lebensbeschreibungen größter Geistesheroen, wie BEETHOVENs, SCHUBERTs, RICHARD WAGNERs, GOETHEs, GRILLPARZERs, LEIBNIZ', COMTEs, HELMHOLTZ', GAUSS' und FECHNERs wurde der periodische Charakter ihres Schaffens klar: „Mit derselben Gesetzmäßigkeit, der körperliche Geburten unterliegen, aber auch mit der gleichen Unmittelbarkeit des Augenblicks vollziehen sich Geburten und Wiedergeburten lebensvoller Gedanken," behauptet SCHLIEPER (S. 6). „Was C. G. JACOBI von der mathematischen Wissenschaft sagt, daß sie langsam wächst und nur spät auf vielen Irrwegen und Umwegen zur Wahrheit gelangt; daß alles wohl vorbereitet sein muß, damit endlich zur bestimmten Zeit die neue Wahrheit, wie durch göttliche Notwendigkeit getrieben, hervortritt — all das gilt von jeder Wissenschaft," erklärt MACH (1903, S. 308).

Aber auch die geistig Kleineren, Unproduktiven tragen ihr Scherflein zur selben Erkundung bei und gestatteten durch ihren Vergleich mit den Großen, Produktiven, die Umrisse einer

Charakterologie

zu ziehen; SWOBODA, der dies unternahm, bezeichnet darin ARISTOTELES, WUNDT und AVENARIUS als seine Vorgänger. Treffende Unterscheidungen wie Periodiker und Aperiodiker (SWOBODA, 1904, S. 72 u. a.), Periodiker und Assoziatiker (1905, S. 84 ff.), Handwerker und Künstler, Mechaniker und Gestalter, Arbeiter und Schöpfer (1907, S. 7 ff.), sowie die Formulierung des Wesens der Genialität (1907, S. 24 usw.) nehmen von dort aus ihren Ursprung. Nicht minder grundsätzliche Unterscheidungen in System und Methode der Psychologie selber, die — mögen sie auch keine so gebieterische Bedeutung für den Fortgang psychologischer Forschung besitzen oder nehmen, wie SWOBODA es beansprucht — auf alle Fälle sehr fruchtbar sind: analytisch-atomistische und synthetisch-individualistische Psychologie, Mosaik- und Variationspsychologie. Was mit diesen Bezeichnungen gemeint ist, ergibt sich leicht, wenn man darlegt, daß die Beschreibung des Individuums (der Einzelvariante einer menschlichen Seele) in der Variationspsychologie an die Stelle eines willkürlich abgeleiteten „Durchschnittstypus", des nicht existierenden Normalmenschen, wie er in der Mosaikpsychologie zerfasert wird, treten soll. Auch hier haben die Perioden Gevatter gestanden.

Vom Einblick in die innerhalb von Periodenintervallen vollzogenen psychischen Metamorphosen normaler bis genial gesteigerter Beschaffenheit führt der direkte Weg zu den psychopathischen Wandlungsphänomenen und damit ins Gebiet der

Psychiatrie.

Hier scheint mir die Entdeckung dessen, was man „psychische Komplemente" oder Äquivalente (SWOBODA, 1904—1907) nennen möchte, am bedeutungsvollsten zu sein: die im nächsten oder in den nächsten Periodenterminen zum Vorschein kommenden psychischen Störungen nach generativen oder vegetativen Ausschweifungen. So die Sexualangst als Folge abnorm verlaufenen Geschlechtsaktes (Frustrane Erregung, Masturbation, Coitus interruptus usw.) und KRAEPELINs „manisch-depressives Irresein", das zwei Krankheitsbilder, Manie und Melancholie, die man bisher einer getrennten Betrachtung unterzogen hatte, als zusammengehörig nachweist. Nur darf man, worauf SWOBODA (1905, S. 23) aufmerksam macht, nicht in den Fehler verfallen, je nach dem Spezialgebiet, worin man selber zu Hause ist, den einen oder anderen Teil dieser polar verschiedenen Einheit herauszureißen, als Ursache und alle übrigen Teile als Wirkungen zu bezeichnen. SWOBODA selbst ist von diesem, durch ihn gerügten Fehler nicht frei, indem er (noch 1911, S. 53, 60 u. a.) alles auf Sexualität zurückführt und demgemäß jede seelisch-geistige Störung auf ein gestörtes Komplement des Geschlechtslebens reduziert.

Unter Psychiatern und Kriminalisten war und ist es oft gebräuchlich, Genie und Irrsinn als derartige, zweiteilig-komplementäre Einheit zu betrachten, gewissermaßen als zwei Parteien, die im selben Stockwerk wohnen — zweifellos mit vielem Rechte, welches aber nur aufrecht bleibt, wenn man GOETHEs Hysterie, ROUSSEAUs Neurasthenie, FLAUBERTs Epilepsie usw. usw. nicht als Ursachen ihrer Kunstschöpfungen erklären will, sondern jedes Minus nur als notwendiges Seitenstück zum vorhandenen Plus. Beide zusammen — Stärken und Schwächen — ergeben den ganzen Menschen, mit seinen menschlichen und allzumenschlichen Eigenschaften; wo sie von vornherein ausgeglichen sind, da haben wir die Null, den Durchschnittsmenschen.

Komplemente und Äquivalente zeigen sich ebenso durch gesicherte Periodenintervalle feststellbar im physiologischen Bereiche. Entweder gehört nur das eine Komplement solch polar ungleichwertiger Einheiten der

Physiologie,

das andere aber der Psychologie an, wie im Falle der Sexualangst und anderer Zeichen von Neurasthenia sexualis; oder beide Komplemente der Einheit gehören der Physiologie an, wie Ermüdung als Folge starker Kräfteanspannung und — um ein spezielles von SWOBODA beobachtetes Beispiel (1904, S. 90, Note) zu nennen — Nierenschmerzen als Folge einer Kneiperei. Jeder Leser wird derartige Komplementbeispiele selbst anzugeben imstande sein.

Neben der pathologischen hat die normale Physiologie von der Serien- und zunächst von der leichter zugänglichen Periodenlehre Gewinn zu erwarten: Herz- und Pulsschlag, Atemrhythmus, Harnausscheidung und Stuhlentleerung, Hunger und Durst, Schlaf und Wachen, Wachstum und Fortpflanzung, Stellungswechsel und Fortbewegung sind ja exquisit seriale und meist periodisch eingeregelte Vorgänge, die ein Studium vom Standpunkte der Periodizität, vom Gesichtspunkte ihrer Rhythmik aus weit eingehender verdienen als es ihnen bisher zuteil geworden. Zumal Beantwortung der Frage, ob und inwieweit die verschiedenen Perioden des Körpers — von den kürzesten bis zu den längsten — voneinander abhängig sind, ihr Tempo gegenseitig beschleunigen oder verzögern, verspricht eine Fülle neuer Einsichten und wird durch unsere Vermutung von der imitativen Übertragung rhythmischer Charaktere (S. 276) zwecks Prüfung ihrer Stichhaltigkeit gefordert.

Die rhythmisch-periodisch, also in der Zeit wiederholten Organfunktionen finden ihren räumlichen Niederschlag in der baulichen Beschaffenheit der Organe; Organgestalt geht ja großenteils auf Organfunktion zurück. Dies drückt sich in der Formenlehre,

Morphologie

aus, und zwar gleichermaßen in derjenigen, die von den fertigen Formen handelt (Anatomie), wie in der von den werdenden Formen (Embryologie), und erstreckt sich allenthalben aufs deutlichste bis in ihre gemeinsamen Elementarwissenschaften hinein, die Gewebelehre (Histo-

logie) und Zellenlehre (Zytologie). Wir begegnen der Periodizität
des Wachstums als Wachstumsstreifen an Muschel- und Schnecken-
schalen, Fischschuppen, Knochen und Zähnen, als Wachstumsringe
an Baumstämmen. Wir finden die Periodizität und Serialität der
Stellung und Bewegung einmal in der reihigen Gliederung („Metamerie") des Körpers, in dessen Längsachse aufeinanderfolgende Abschnitte bestimmte gleichartige Organe wiederholen: „Ringelung"
(Segmentierung) der Würmer (Taf. I, Abb. 9), Gliedertiere, Wirbel-
tiere; dann in der seitlichen Gleichheit (Symmetrie) des Körpers, dessen
Sagittalebene spiegelbildlich gleiche Hälften mit ebenso spiegelbildlichen
paarigen Organen voneinander scheidet. Wir erkennen die Periodizität
und Serialität der Fortpflanzung morphologisch in der Erzeugung von
seinesgleichen (Vererbung) und in der keimesgeschichtlichen Wiederholung der in früheren Epochen stammesgeschichtlich durchlaufenen
Stufen (biogenetische Rekapitulationsregel).

Hiermit hat unsere Straße über Physiologie und Morphologie
hinweg nach der einen Seite zur

Biologie

hingeführt. Von ihr bzw. auf sie wurden im vorliegenden Werke besonders zahlreiche Anwendungen gemacht: manchmal beschlich mich
sogar die Empfindung, die Bevorzugung der Biologie in Wort und
Bild käme daher, daß der Schreiber des Buches Biologe ist — eine
bei möglichster Allgemeinheit der Auffassung immerhin speziellere
fachliche Ausbildung, die ich hier zugunsten einer alle Gebiete möglichst gleichmäßig berücksichtigenden Betrachtung zu unterdrücken
wünschte. Indessen glaube ich (und STERZINGERs Beispiele bestätigen meine Erwartung): wenn ein Mathematiker, Physiker,
Astronom, Mediziner, Jurist usw. das Gesetz der Serie entdeckt und
sich vor der Aufgabe gesehen hätte, es wissenschaftlich zu begründen,
so hätte er ebensowenig umhin gekonnt, die Spuren des Gesetzes besonders ausgiebig im Lebendigen zu verfolgen, weil sie eben dort wirklich besonders häufig und deutlich ausgesprochen zu finden sind.

Anschließend an das zuvor hinsichtlich der bio-morphologischen
Anwendungen Gesagte müssen wir zunächst daran erinnern, daß wir
alle Arten der organischen Reproduktion — Übung, Ermüdung, Entwicklung, Regeneration und Vererbung — als biologische Seiten dem
allgemeinen Beharrungsvermögen zuordneten, das streng analog, ja
homolog dem mechanischen Trägheitsvermögen definiert werden kann
als Beibehalten der von einer Kraft erzeugten Bewegung (allgemein
Begebung), solange letztere nicht von einer anderen Kraft geändert
oder aufgehoben wird (Kap. XII). Dieses Einordnen bietet den Vor-

378

teil, daß wieder einmal eine Schranke zwischen lebender und lebloser Welt fallen darf; Vorgänge werden als übereinstimmend erkannt, mit denen man unter verschiedenen Namen auch verschiedene Begriffe verband. Führen wir es durch bei Beharrung und Vererbung: träges Weiterrollen des einer mechanischen Stoßkraft ausgesetzten Totkörpers — von Phase zu Phase in gleicher Richtung, bis eine Hemmkraft Halt gebietet — setzen wir gleich dem beharrlichen Weiterwachsen des seiner organischen Keimkraft unterliegenden Lebenskörpers — von Generation zu Generation in gleicher Bildung, bis eine Zerstörungskraft eingreift und das Ende bereitet.

Mit einem Schlage entfällt der Streit um Neuvererbung, Vererbung erworbener Eigenschaften oder Anpassung und Vererbung in ihrer Wechselwirkung: diese ist um nichts wunderbarer, als wenn der Anorganismus, der ins Gleiten kam, unterwegs durch einen Stoß abweichender Richtung getroffen, von nun ab in der ihm zuletzt erteilten Richtung beharrt, nimmermehr selbsttätig in die erste rückbiegt. Ebenso verhält sich der Organismus, während seiner Lebensbahn durch eine Variationskraft betroffen: fortan entwickelt er sich in der ihm zuletzt angewiesenen Art weiter, solange sein Stoff die Fähigkeit bewahrt, den Geschlechterlauf fortzusetzen.

Noch von anderer Seite fällt Licht durch die Serien- auf die Vererbungslehre: SWOBODA hat (1914, 1917) aus der Verschmelzung von Vererbungs- und Periodenlehre Nutzen gezogen. Ich sehe davon ab, daß dies bei SWOBODA nur mit dem Siebenjahr geschieht, und spreche so, daß sich dieselbe Regelmäßigkeit, wie es zweifellos zutrifft, auf jede Periode beziehen kann. Die Spaltung der Nachkommenschaft in solche Individuen, die mehr vom Vater, und solche, die mehr von der Mutter erben, erklärt sich aus dem Zusammentreffen des Zeugungsmomentes mit dem optimalen Periodengipfel, hier eben der Mutter, dort des Vaters. Durch Periodenbeachtung ist daher der elterliche Ähnlichkeitsanteil am Kinde sogar im voraus berechenbar; dasselbe gilt nicht bloß vom Erbverhältnis zwischen Erzeugern und unmittelbaren Nachkommen, sondern ebenso von demjenigen zwischen beliebigen Ahnen und mittelbaren Nachkommen. Großelterliche, urgroßelterliche Eigenschaften, die an den Enkeln, Urenkeln usw. zum Vorschein kommen, lassen sich auf die Hochwoge bester Zeugungsbedingungen bei dem betreffenden vererbenden Vorfahren zurückführen, wo es möglich ist, den periodischen Wellenzug durch Generationen festzuhalten. Gewiß ist Periodizität nicht der einzige Faktor, der die Erblichkeit beherrscht; sicher aber nimmt sie gewaltigen mitbestimmenden Einfluß (ZEDERBAUER 1917b), der bis jetzt von der Vererbungswissenschaft vollkommen vernachlässigt war.

379

Ein drittes Teilproblem der Vererbung darf, soweit sich bis jetzt übersehen läßt, Aufhellung durch die Serien- und wiederum besonders durch die Periodenlehre erhoffen: Beharrung embryonaler und larvaler Charaktere durchs geschlechtsreife Vollstadium hindurch bis zur Embryogenese und Larvenentwicklung der jeweils nächstfolgenden Generation. Auch der Vererbungsgang im Generationswechsel ist hier inbegriffen, wo der Vererbungsbegriff bei Einstellung auf nur je zwei einander ablösende Generationen aufgehoben erscheint: da hier nicht Gleich von Gleich gezeugt wird, sondern die Erzeuger ihres Ungleichen hervorbringen; erst die Enkel und bei manchen Fällen des Generationswechsels noch spätere Nachfahren schlagen in den Ursprungstypus zurück (siehe in Kap. XI: Zyklomorphosen der niederen Krebse, Rädertiere, Pflanzenläuse; Saisondimorphismus u. a.). Erinnern wir uns daran, daß irgendwelche Entwicklungsstufe — oder, beim Generationswechsel, irgendwelche zwischengeschaltete Generation — als „Phase" erscheint, wenn sie intragenerell betrachtet wird: sie ereignet sich nämlich in jedem Einzeldasein (mit Einbeziehung des Generationswechsels gesprochen: in jeder generativen Einheit) nur einmal, tritt aber zu mehr minder bestimmter Zeit ein und beansprucht eine ebenso bestimmte Dauer. Dagegen in der ganzen Generationsreihe, also intergenerell gesehen, erscheint dasselbe Stadium als „Periode", weil es sich in regelmäßigen Zwischenräumen, die durch Lebensdauer und Zeugungsfolge jeder Generation bestimmt werden, immerdar wiederholt.

Eben das periodische Gepräge der Entwicklung verhilft zur Erklärung des Rätsels, wieso eine Neuerung — eine Anpassung sagen wir der Raupe, der Quappe, die doch selber gar nicht zeugungsfähig ist — durch den fortpflanzungstüchtigen Falter, den Frosch verborgen hindurchgeführt werden kann, um dann in nächster Generation an Raupe, Quappe wiederzuerscheinen. Oder, nochmals auf den Generationswechsel angewendet: wie kann es geschehen, daß ein Neuerwerb etwa am Flügel einer Blattlaus, der in darauffolgenden flügellosen Generationen gar nicht zur Geltung kommt, latent und dem maßgebenden funktionellen Einflusse entzogen vor dem Schwund bewahrt bleibt, — bei der nächsten geflügelten Generation aufersteht? Daß derartiges unmöglich sei, wurde im Ernste gegen meine künstlichen Erbvariationen bei Salamander- und Krötenlarven eingewendet; wie sollte jedoch die in jeder Keimesgeschichte anzutreffende Verschleierung der ontogenetischen Wiederholungsregel zustande kommen, wenn nicht durch erblich werdende caenogenetische Abänderungen der palingenetischen Urstadien?

Abermals löst sich der Widerspruch durch Einfügung der Tatsachen in die von SWOBODA (1905, S. 28 u. f.) hervorgehobene periodische Gesetzmäßigkeit, daß sichtbare Ursachen und Wirkungen einander nicht berühren, nicht unmittelbar ablösen müssen; vielmehr sind sie oft durch das Periodenintervall voneinander getrennt. Die periodische Ursache täuscht so eine Fernwirkung vor, wo freilich nur **ununterbrochenes Auf- und Niedertauchen im periodischen Wellengange** die Schuld trägt. Sowenig in dem von SWOBODA bearbeiteten individuellen Gebiete eine Ausschweifung verziehen ist, weil wir am nächsten Tage noch keine Folgen spüren; sie rächt sich erst nach dem Periodenspatium: so gut vergißt das Volltier nicht, was eine gänzlich verschiedengestaltete Larve, ein durchaus anders aussehender Keimling mit sich vorgenommen hatte. Daß die angrenzenden Stufen keine Gelegenheit boten, gerade diese Variation sichtbar bleiben zu lassen, verschlägt gar nichts: mit der Periodenwelle taucht sie eben unter. Wenn dann die Welle der Larvenperiode in nächster Generationsphase wieder gipfelt, trägt sie auch wieder empor, was sie in ihrem Wellental verschwinden und scheinbar für immer versinken machte.

All das hier bisher Vorgebrachte empfängt seine Berechtigung von der Anwendung des Serien- und Periodenprinzips auf die Biologie in seiner allgemeinst naturgesetzlichen Fassung: als Beharrungsprinzip. Seine tiefste Begründung fand das Beharrungsgesetz — gleichviel, ob man es im Organischen oder im Anorganischen suchte — darin, daß jeder Moment und jede Phase des Bewegens und sich Begebens ihre Eigenart vom vorausgehenden Moment, von der vorausgehenden Phase übernimmt: mit jener Einschränkung oder richtiger nur Abwandlung, die das ,,Vorausgehen" im Wechsel von Wellenberg und Wellental erfährt. Die Übernahme des Vorausgehenden geschieht vermöge eines zweiten allgemeinen Gesetzes, aus dem das Beharrungsgesetz als Folge emporwächst: des Gesetzes der Aktion und Reaktion, die sich im Energieaustausch, -ausgleich, Aufhebung der energetischen Potentialgefälle und dadurch bedingten Verähnlichung von Bewegungen, Zuständen und Begebenheiten offenbart. Im Lebensbereich kommt das Aktions- und Reaktionsgesetz als **Imitation der Umgebung durch die sie bewohnenden Organismen** (Form- und Farbanpassungen), zuweilen auch gegenseitige **Imitation von Organismen untereinander** (Mimikry) zum Vorschein; weit gebietender noch bekundet es sich als **Aktion und Reaktion der organischen Stoffe aufeinander**, wodurch ihre Lebensfähigkeit in Lebenstätigkeit erst umgesetzt wird. Leben ist daher gleich Zusammenleben (Pansymbiose); Vollendung des energetischen Ausgleichs im Organismus beendigt zugleich sein Leben, bedingt dessen Tod; Stillstand der energetischen Austauschprozesse bedingt wenigstens vorübergehendes Aufhören der Lebenserscheinungen, tiefen Schlaf und Scheintod (Winter-, Sommer-, Kälte-, Trockenschlaf und andere Latenzperioden). Die schlummernde Keimkraft in Zysten, Sporen, Pflanzensamen, Dauereiern beruht auf jener Arretierung der Ausgleichsvorgänge, die hier nicht endgültig zum Aufhören gebracht sind, sondern beim Eintritt auslösender Bedingungen zwischen den organischen Stoffen jederzeit von neuem beginnen und ihren Ablauf fortsetzen können.

Anpassung und Vererbung, die ihre Zuordnung in der Serien- und Periodentheorie fanden, sind Gegenstand einer Lehre, die innerhalb der Biologie beinahe den Rang einer selbständigen Wissenschaft einnimmt: der

Deszendenztheorie.

Doch sind imitative Anpassung und ihr beharrendes Weitergeben im Zeugungsprozeß nicht die einzigen Stücke der Lehre vom Artenwandel: zwar keinesfalls schaffend, aber siebend und den Rest verbreitend wirkt neben der Anpassung, um Rassen, Arten und Gruppen abzugrenzen, noch die Auslese. Auf diesem Gebiete erweist sich unsere Attraktionshypothese (Kap. VII) als fruchtbar. Der Hauptgedanke darin war der, daß Anziehung in jeder Gestalt — als physikalische Gravitation wie als chemische Affinität — an eine gewisse energetische Ähnlichkeit der sich anziehenden Körper gebunden ist. Gilt dies Gesetz für jede Materie, dann auch für jede organisierte Materie: geschlechtliche Wahlverwandtschaft bestimmter Organismen und ihrer organischen Elemente — letztere schon seit langem als „Affinität" zwischen Samen und Ei angenommen — verliert das Mysteriöse, das ihr anzuhaften schien, solange man verhalten war, für tiefstehende Lebewesen ein psychisch hochentwickeltes Wahlvermögen, ja (bei der sexuellen Zuchtwahl) feinst ausgebildeten Schönheitssinn vorauszusetzen. Das Maximum physikochemischer Anziehung zwischen Gleich und Gleich erklärt eben ungezwungen erstens die mit abnehmender Verwandtschaft zunehmende Seltenheit und Unfruchtbarkeit der Kreuzungen; zweitens erklärt es die zunehmend schärfere Umgrenzung der Arten, die bei den Befruchtungen ihresgleichen bevorzugen, je strenger die Bezeichnung „Ihresgleichen" zutrifft. Bevorzugte Anziehung des Homogenen gilt natürlich — wie im Anorganischen (Nord-Südpol des Magneten, positive-negative Elektrizität) — nur für heteropol Homogenes während homopol Homogenes sich stärker abstößt als Heterogenes: daher die Abneigung gleichgeschlechtlicher Individuen (bei der Homosexualität sind sie nur scheinbar homopol, in Wirklichkeit wegen reichlicher Einlagerung gegengeschlechtlicher Elemente heteropol); daher auch die geringe sexuelle Affinität zwischen nahen Blutsverwandten und die nachteiligen Folgen der Inzucht.

Durch die ihren Individuenbestand gleichsam konzentrisch zusammendrängende Attraktionskraft schließt sich die Art immer mehr von anderen Arten ab: Auslese wird konstruktive Selbstauslese, bedarf nicht destruktiven Eingreifens feindlicher Mächte, sei's lebender Konkurrenten, sei's nichtlebender elementarer Kräfte. Sicher spielen diese beiden mit, und insbesondere ist das Überleben des Passendsten ihr Werk; aber auch ohne Aussterben der Zwischenformen, die ja tatsächlich oft überleben — also ohne Auslese (Selektion) im engeren Sinne und nur durch Zuchtwahl im buchstäblichen Sinne — werden sich die extremen Formen voneinander isolieren. Es geht nach dem Grundsatze von Spreu und Weizen: Gleich drängt sich zu Gleich, begattet sich mit Gleich, zeugt Gleich; so verschwindet Ungleich aus diesem Kreise, hält sich zu Ungleich, nämlich zu jenem, das ihm wieder gleich ist. Sowenig wie Anpassung und Vererbung ist solchermaßen die Auslese Eigengut des Lebens: abermals ist sie nichts anderes als lebendiger Ausdruck dessen, was schon im Unlebendigen gleichgesetzliche Erscheinungsformen aufweist; in seiner Grundlage begegnen wir dieser universellen Auffassung des Selektionsprinzipes schon bei DEMOKRIT.

Weiter führt unser über Physiologie und Morphologie, dann Biologie mit Deszendenztheorie zurückgelegter Weg ins Gebiet der

Medizin und Hygiene.

Was uns diesbetreffend die Serien und Perioden lehren können, liegt zunächst auf prophylaktischem Grunde: wir wissen, daß wir uns an periodisch-„kritischen" Tagen vor Gesundheitsgefahren, Erkältungen, Ermüdungen, Erregungen und Ansteckungen besonders in acht zu nehmen haben; daß diese Tage für den Arzt — sei es, daß er selbst oder sein Patient sich in ihrem Banne befindet — die ungünstigsten sind in Rücksicht auf Vornahme entscheidender Eingriffe. Gilt das bestimmt von Operationen, so werden periodische Tage vielleicht umgekehrt die günstigsten sein für die Heilkraft der Arzneien, zumal der innerlich gegebenen, die zu solcher Zeit in geringster Dosierung stärkste Reaktionen hervorzurufen vermöchten — ob auch ganz die richtigen Reaktionen, bleibt im gewöhnlichen Versuchsverfahren auszuproben.

Die Nutzbarmachung der Perioden für Heilzwecke braucht also nicht bei bloßer Verhütung stehenzubleiben. Das ist schon aus der heilsamen Wendung zu entnehmen, die SWOBODA (1904, S. 59) den mannigfachen Beschwerden kritischer Tage durch Suggestion zu geben vermochte; das ist vorgezeichnet in den glücklichen Erfolgen,

die man unter geschickter Ausnützung der Perioden für An- und Ab-
gewöhnung (Entwöhnung von Alkoholikern, Sexualneurotikern, Mor-
phinisten usw.) zu erzielen vermag; während nur Mißerfolge zu verzeichnen sind, wenn man die Intervalle außer acht läßt, in denen
Rückfälle eintreten, und glaubt, die Wirkung jedes Eingriffs unmittelbar anschließend und umgekehrt die Ursache jeder Erscheinung unmittelbar vorausgehend sehen zu müssen. Weitere Erfolge, zumindest
in Diagnose und Prognose, verspricht die planbewußte Auswertung
unserer Kenntnis von Euphorie und Anfall, Krisis und Rückfall, die
sämtlich durch die Periodenlehre ganz neues Licht empfangen.

Personen- wie rassenhygienisch ist noch von Bedeutung, daß
Schwankungen der Krankheits- und Sterbehäufigkeit, die
wir so gern — wenn sie sich in abnehmender Richtung bewegen —
den Fortschritten sanitärer Maßnahmen zuschreiben, zum großen Teile
auf serialen und periodischen Änderungen der Gesamtlage beruhen.
Wir brauchen FLIESS (1914a, S. 59) nicht uneingeschränkt recht zu
geben, der der ärztlichen Kunst gar keinen Einfluß auf Abnahme der
Sterblichkeit, insbesondere der Sterblichkeit durch Tuberkulose zugesteht; aber jedenfalls ist dieser Einfluß geringer, als es bei Ignorie-
rung der Serialität (Beharrungskausalität) und ausschließlicher Einschätzung einander unmittelbar ablösender Ursachen und Wirkungen
(Berührungskausalität) erscheinen mag. Wie an unserem ganzen Werdegang die Serien — bisher unerkannt — mitarbeiten, so auch an
unserem Gesundheitsschicksal: die Ärzte werden sich, wie FLIESS es
mit den Perioden anfing, der Serien (mit Einschluß der Perioden)
bemächtigen müssen, um vollends Herren der Situation zu werden.

Eben war von Suggestion (Willensübertragung) die Rede als
von einem Mittel, periodisch auftretende Beschwerden und Laster zu
beseitigen; überdies sind Suggestion und hypnotischer Schlaf, worin
sie meist, doch nicht notwendig („Wachsuggestion") ausgeübt wird,
um ihrer selbst willen wert, ins Licht der Serienkenntnis gerückt zu
werden. Wie schon dadurch angezeigt wird, daß die einschlägigen
Tatsachen unter der Flagge des „Biomagnetismus" (Mesmerismus)
segelten, also unter dem Namen einer geheimnisvollen, nicht weiter
zu ergründenden tierischen Anziehungskraft begriffen wurden, tritt
die Suggestion und Hypnose in engste Fühlung zu den imitativen und
attraktiven Erscheinungen der Serialität. Ist doch die hypnotisierte
Person reinste Nachahmungsmaschine; sie übertrifft darin Tiere und
Kinder, denn alle Handlungen und Laute des Hypnotiseurs werden von
ihr nachgebildet, seien es Bewegungen wie Tanzen und Knien, seien
es nachgeplapperte Worte oder Verzehren ungenießbarer Gegenstände
— letzteres, wenn Vorkauen und Schmatzen dazu den Anreiz geben.

Bei den wirklichen Nachahmungen im hypnotischen Zustande besitzt der suggestive Vorgang den Bau einer „Homologieserie" (S. 73); aber auch den einer „Analogieserie" kann er annehmen, wenn der Hypnotisierte Handlungen sozusagen nachmacht, die ihm nicht wirklich vorgemacht, sondern nur vorgedacht oder vorgesprochen werden. Der Empfindungs- und Vorstellungskomplex, den der Hypnotiseur auf sein Medium konzentriert, löst bei diesem — das einer zum Mitklingen gebrachten Saite vergleichbar ist — den entsprechenden Erregungskomplex aus, der sich dort neuerdings nicht bloß wieder zum Empfindungs-, sondern im geeigneten Augenblick zum Handlungskomplex verdichtet. Dieser Augenblick kann entweder mit demjenigen der Suggestion zusammenfallen; die Suggestion kann aber auch mitübertragen, daß der suggerierte Erregungskomplex (in Ausdrücken der „Mneme"-Lehre, Kap. XII, gesprochen) eine bestimmte Zeitlang als Engrammkomplex lagere und dann erst durch bestimmte auslösende (ekphorische) Einflüsse neuerlich in seinen Erregungs-, Empfindungs-, Vorstellungs- und schließlich Handlungskomplex übergeführt werde. Der eminent imitative Charakter des ganzen Hypnotismus ist schon früher erkannt, im Anschlusse daran der Nachahmungstrieb durch CARUS STERNE (ERNST KRAUSE) in seiner psychologischen und philosophischen Bedeutung als Grunderscheinung der Seelenmechanik gewürdigt worden. In unserem Sinne wird er als allgemeiner Imitationismus zum Fundamentalphänomen der Mechanik überhaupt.

Das kommt sogleich wieder zum Vorschein bei Erwähnung eines weiteren Zusammenhanges zwischen Serienlehre und Medizin: dem Nachahmungstrieb, der im jetzigen Sinne Nachahmungssucht wird, unterliegen außer den normalen und suggestiv beherrschten auch pathologische Handlungen: Nervenanfälle, Muskelzuckungen und -krämpfe, Lach- und Weinkrämpfe, Niesen und Husten. Besonders in Schulen, wo die Kinder ja empfänglichste Objekte der Nachahmung darstellen (vgl. K. W. DIX), ferner in Theatern, Sitzungssälen und anderen Stätten menschlicher Versammlungen kann die Nachahmung epidemieartig um sich greifen: Massenpsychosen aller Gattung beweisen diese Möglichkeit, so der Blutrausch im Kriege, das Amoklaufen in Indien (besonders auf Java), die Selbstmordsucht zu WERTHERs Zeiten, der Flagellantismus (Geißelseuche) und der Tarantismus (Tanzseuche). Jede Mode ist Ausdruck sich weit ausbreitenden Nachahmungsdranges, und jede Modeverirrung trägt schließlich im Rahmen der Nachahmungssucht krankhaften Charakter. Eine vielen Menschen anhaftende Schwäche sei noch hervorgehoben, weil sie für das, was wir sagen wollen, höchst bezeichnend ist: sobald sie Rötung,

Schwellung und Tränen in den Augen eines anderen erblicken, bekommen sie selbst entzündete Augen und Augenschmerzen.

Hält man all dies gegenwärtig, so taucht bedeutsam die Frage auf, inwieweit nicht alle Krankheiten — auch ohne durch lebende Kleinerreger übertragen zu werden — ansteckend wirken: die Natur der Imitation entlarvt sie samt und sonders als Infektionskrankheiten. Daraus würde folgen, daß der Umgang mit Kranken — namentlich für die Pflegepersonen — sehr ungesund, ja gefährlich sei. Der Volksglaube legt gewissen Tieren, wie dem Kreuzschnabel, die Fähigkeit bei, in der Krankenstube das Leiden an sich zu ziehen. In einem von abergläubischen Beimengungen befreiten Sinne dürfte etwas Wahres daran sein; entsprechend der Unangreifbarkeit (Immunität) gegen krankheitserregende Mikroben dürfte ferner auch gegen krankheitsübertragende nachahmende Prozesse eine gewisse Unberührbarkeit erworben werden können, von geschultem Pflegepersonal und Ärzten schon deshalb, weil die imitativen Einflüsse — bei jeder Krankheit, mit der sie in Kontakt geraten, verschieden — zu oft wechseln und sich gegenseitig aufheben. Erfährt man doch auch bei eigentlichen Infektionskrankheiten (im bisherigen ausschließlichen Sinne), daß Leute, die sich berufsmäßig in der Umgebung von Kranken aufhalten müssen, minder gefährdet zu sein pflegen als andere. Erst wenn sie sich sehr lange in einem Spital aufhalten müssen, das nur mit Kranken ein und derselben infektiösen Krankheit belegt ist, erkranken auch sie. Der Imitationsgedanke, auf die Infektionen angewendet, ist jedenfalls strenger experimenteller Prüfung zugänglich: bestätigt er sich, so wird ihm bei Beherrschung all dessen, was Wohl und Wehe des gesunden wie des kranken Menschen angeht, eine überragende Rolle zufallen.

Das behält seine Gültigkeit in den übrigen Wissenschaften, die den Menschen selber zum Gegenstande haben, wenn auch nicht mit so praktischen Zielen wie Heilkunde und Gesundheitslehre. Welchen Nutzen

Anthropologie, Archäologie und Ethnologie

aus der Serialerkenntnis ziehen können, wurde an etwelchen Beispielen schon vorgeführt: rassengeschichtlich ist es von hoher Bedeutung (S. 360), herauszufinden, wie bewußte Nachahmung und unbewußter Nachahmungstrieb täuschend einen fremden Nationalcharakter herzustellen vermag. Imitationsprozesse bei Nachbar- und Mischvölkern sowie solche zwischen Volk und Volk und Wohngebiet verwischen ererbte Unterschiede, verschmelzen sie zu neuen Einheiten und erzeugen andererseits neue, erworbene Unterschiede in Volksbeständen, die sich, obwohl gleicher Abstammung, räumlich getrennt und fremden Stämmen in fremden Wohnsitzen angeschlossen haben. — Ferner bliebe so mancher Volksglaube und Volksgebrauch, wie das ganze große Brevier des „Analogiezaubers" (S. 340), in seinem eigentlichen Wesen unverständlich, wenn wir nicht von nun ab den Schlüssel der Serialität dazu hätten. Man begnügte sich bisher, solche Sitten und Meinungen einfach zu beschreiben und als Kuriosität hinzustellen — tiefere Erklärung war zu vermissen; es sei denn, man wollte ihre simple Bezeichnung und Reduktion auf „Aberglauben" als Erklärung hinnehmen.

Oder man benützte die ethnologischen Eigentümlichkeiten eines Volkes als Merkmale, um Gemeinsamkeiten bzw. Stufenunterschiede der Entwicklung zu anderen Völkerschaften aufzudecken, deren rassengeschichtliche Verwandtschaft zu vermuten dann nahelag. Hier verrät sich aber sofort eine Fehlerquelle, die aus bisheriger Nichtbeachtung des Serialen entstanden ist: denn gleiche Sagen, gleiche Sitten entwickeln sich unabhängig von jedweder verwandtschaftlichen Grundlage in stammesgeschichtlich und heimatlich weit auseinanderliegenden Völkern. Wir haben eben darin den speziellen ethnologischen Ausdruck universeller Wiederholung des Gleichen ohne gemeinsame kausale Basis zu würdigen. BEDIER ist der Erscheinung — von ihm „Polygenesie des (Märchen-, Sagen-) Stoffes" genannt — nachgegangen und hat nachgewiesen, daß beim Antreffen übereinstimmender Mythen Folgerungen auf deren traditionelle Übertragung von Volk zu Volk, von Geschlecht zu Geschlecht und gelegentlich der Wanderungen von Wohnsitz zu Wohnsitz nichts weniger als immer berechtigt sind. Der Schluß auf einheitlichen, vom Entstehungszentrum aus sich verbreitenden Ursprung ähnlicher Volksbräuche und Volksdichtungen ist ebenso oft ein Trugschluß, wie höchstwahrscheinlich derjenige auf monophyletische Abstammung der Pflanzen-, Tier- und Menschenstämme selber, wenn ähnliche Merkmale an Teilen oder ganzen typischen Vertretern einen derartigen Schluß nahelegen. Der polyphyletischen Entstehung des gleichen Ethnos entspricht eine ebensolche des gleichen Logos: gleichklingende, gleichbedeutende Worte in verschiedenen Sprachen ohne jede gemeinschaftliche Wurzel; bei Erörterung dessen, was die Serien für die Sprachwissenschaft bedeuten, findet der Leser für jene „Polygenesie des Wortes" etliche Beispiele.

Für die Völker- und Altertumskunde bietet sich bei erklärender Verwertung des Serialprinzips noch der besondere Vorzug, nicht erst warten zu müssen, ob die geeichte Wissenschaft das Walten der Serien als eine besondere und tatsächliche Art der Naturgesetzlichkeit anerkennen oder sich dessen weigern wird; genug an dem Nachweise,

daß im Volksbewußtsein ein anscheinend zwar myste-
riöses Wiederholen seiner Erlebnisse erwartet und festgehalten wird. Mögen seriale Wiederholungen, multiple Vorfälle als
Regelmäßigkeiten oder nur als gelegentliche Zufälle Ereignis werden:
die Wichtigkeit, die ihnen das Volk beilegt, gestattet die Vereinigung
soundso vieler Erzählungen, Sitten und Gebräuche unter gemein-
samem einheitlichen Gesichtspunkte, was an sich schon Fortschritt
bedeutet. Die Grabstätten und Opferaltäre dahingegangener Nationen
wie die Götzen, Baudenkmäler und Trophäen jetzt lebender werden
neuen Sinn daraus empfangen.

Was von Volksgebräuchen im allgemeinen soeben zu sagen war,
erstreckt sich natürlich auch auf Rechts- und religiöse Gebräuche:
insoferne wird eine theoretische

Jurisprudenz

davon ebenso gefördert werden wie eine vergleichende

Theologie

sich damit auseinanderzusetzen haben. Vor allem ist die Ahnung
von der Macht des Serialen aufs innigste mit dem Wesen des Ge-
betes und jeder anderen, improvisierten oder „nachgebeteten" Be-
schwörungsformel verbunden; gleichwie jene Macht auch vom
Wesen der Suggestion einen Hauptbestandteil ausmachen dürfte.
Das Gebet ist eine Willensübertragung an das Schicksal, eine Suggestion,
mit der man das Walten der Vorsehung, also die herrschenden Kräfte-
verhältnisse, nach seinem Willen zu lenken sucht; ein Analogiezauber
ist das Gebet, der durch „andächtiges", d. h. konzentriertes Versenken
in den Gegenstand des Sehnens dem Wunsche danach die Kraft verleiht, in Erfüllung zu gehen; die lebhafte Beschäftigung mit dem Ge-
wünschten soll ein erstes Serialglied sein, dem nun, wenn alles „mit
rechten Dingen zugeht", die weiteren, realeren Glieder zu folgen
haben.

Wie von einer anderen Seite her die Periodizität mit dem religiösen
Erleben verbunden ist, zeigt SWOBODA (1904, S. 133); um seine
Darlegung zu verstehen, muß erwähnt werden, daß SWOBODA die
Perioden jedesmal mit einer Verminderung des dem Organismus auf
seinen Lebensweg mitgegebenen Vorrates an Lebenskraft abschließen
läßt, so daß die kritischen Tage ratenweise zurückerstatten, was man
bei der Geburt empfangen hat; der letzte kritische Tag bringt den
Tod. Das Darlehen an Lebenskapital fällt aber nicht bei jedermann
gleich aus: es gibt Lebensarme und Lebensreiche. Die Ausführung dieses Gedankens ergibt unter anderem eine annehmbare,
wenn auch nicht allein ausreichende Erklärung der oft erfahrenen,

plötzlichen Frömmigkeit von Freidenkern auf absteigender Lebensbahn und dem Totenbett:

„Der Lebensarme, das ist der religiöse Mensch, der sich gebunden fühlt. Was schon früher erwähnt wurde, daß nämlich religiöse Menschen und religiöse Zeitalter entschieden etwas Neurasthenisches an sich haben, erfährt hier eine neue Begründung. Der Neurasthenische kann kein beschränkter Erdenbürger sein, kein Erdenpatriot, weil es ihn immer über die Grenze hinauszieht. Andererseits sehnt er sich freilich auch nach dem Grabe ... während der Lebenskräftige ... sich weder um Himmel noch Hölle kümmert. In mortis discrimine, bei beginnender Materialisierung wird dies freilich auch beim Atheisten anders ... Wenn ich auf diese Weise das Religionsphänomen erkläre, d. h. zeige, welches einfache Verhältnis mit ihm gleichzeitig ist, so sage ich hiermit gar nichts über die Bedeutung dieses Phänomens. So wenig man über die Liebe ausmacht, wenn man findet, sie sei ein Chemotropismus, ebensowenig über die Religion, wenn man sie häufig mit Neurasthenie und umgekehrt verbunden antrifft. Befreien wir uns übrigens nur erst einmal von dem Begriff der Neurasthenie als einer ‚in unserem hastigen Zeitalter‘ emporgekommenen ... Krankheit, erkennen wir vielmehr, daß es sich hier um das Problem des Lebens, des Höchsten, was wir auf Erden kennen, handelt, und wir werden die Zusammenstellung von Neurasthenie und Religion nicht mehr anstößig finden. Aber der negative Begriff der Lebensarmut erscheint doch noch ungenügend, beinahe verletzend, wenn man bedenkt, daß den Lebensarmen nicht nur seine Beziehungen zum All auszeichnen, sondern daß er die eigentliche Stätte des geistigen Lebens, der Psyche ist, und somit eine positive Eigenschaft besitzt, die ihn zu dem Ausspruche ‚Das Leben ist der Güter höchstes nicht‘ berechtigt. Die Menschen sind nicht alle gleichmäßig in den Organismus des Alls eingeflochten. Der Gott, welcher diese Verschiedenheit geschaffen hat, hat auch gestattet, sie zu erkennen. Es gibt keine blasphemischen Entdeckungen.“

Ein Satz, der bei SWOBODA (1904, S. 131, 132) den Übergang vom Religiösen zum allgemein Sittlichen vollzieht und damit die Eignung zunächst der Periodenlehre erweist, in Fragen der

Ethik

mitzusprechen, ist folgender: „In den Augenblicken, wo das Leben seinen Höhepunkt erreicht, erreicht ihn auch das Glück des Menschen. Nur das Leben ist Glück, sonst gar nichts. Bei allen denjenigen, welche den Leib als eine dem Geist angehängte Bürde bezeichnen, welche unter der Schwere ihres Leibes seufzen, hat eben die Materie noch nicht einen entsprechenden Grad von Lebendigkeit erreicht. Die Materie befindet sich im Zustande des größten Elends; man braucht die Erfahrungen am eigenen Leibe nur nach einer Seite zu verlängern. Der ärmlichste Rest von Leben ist daher noch dem Tode vorzuziehen und — wird vorgezogen. Daher die Furcht vor dem Tode und das Bestreben der meisten, bei ihrem Tod in den Nachkommen belebte Materie zu hinterlassen. Das Bestreben, den Lebensfunken im Dahinscheidenden solange wie nur irgend möglich zu erhalten — ein Bestreben, welches vor der Vernunft oft gar nicht mehr bestehen kann —, die Schätzung des Lebens, wie sie in der Pflege unheilbar Kranker, mißgeborener Kinder usw. zum Ausdrucke kommt, all das findet seine Rechtfertigung darin, daß die Materie durch das Leben erlöst wird."

Nun weiter im engeren Bereich der Moralphilosophie: „Die Forderung des Sichauslebens ist vollauf berechtigt, sie muß nur von den Richtigen gestellt werden. Ausleben darf nicht eine Analogiebildung sein zu austrinken, ausschütten u. dgl., sondern muß heißen: auswachsen, sein Leben zur Vollendung bringen, die es fordert, alles Entwicklungsfähige und Entwicklungsbedürftige zur Entwicklung bringen, mit anderen Worten, aller Spontaneität freien Lauf lassen" (SWOBODA, 1904, S. 78). Insofern, als Emsigkeit ein ethisches Gebot ist, schließt sich hier noch der nachstehende Satz aus SWOBODA, 1904 (S. 77) an: „Der Schaffende ist einer, der sich beständig entwickelt ... daher liebt er das ungebundene Leben. Er ist der geborene Bohêmien, und er erträgt alle den anderen so bitter erscheinenden Unannehmlichkeiten der Bohême wie einer, der nicht weiß, was er will, wohl aber fühlt, was er muß. Dem Schaffenden ist auch der Fleiß wesensfremd. Er genießt entweder in himmlischer Muße seine Werkschwangerschaft oder produziert, wenn es ihm von der Stunde abgefordert wird. Der Schaffende und der Handelnde werden von ihrer Arbeit nie müde. Erschöpft ja, aber nie müde. Sie ächzen und stöhnen unterm Schaffenszwange, es hilft ihnen nichts. Es ist wie bei den Wehen, die ebenfalls zur Erschöpfung führen können, aber nie vor Müdigkeit aufhören."

Über das Periodische hinaus bestehen die ethischen Forderungen des universell Serialen: jede Handlung — ob gut, ob böse — bekommt ganz andere Tragweite, wenn man erwarten muß, daß sie gewollte oder ungewollte Wiederholungen erlebt. „Das ist der Fluch der bösen Tat, daß sie fortzeugend Böses muß gebären!" Aber nicht nur die böse, sondern auch die gute Tat muß ihresgleichen fortzeugen. Wie der Stein, den man flach aufs Wasser wirft, in einer Reihe von Sprüngen aufklatscht, ehe er untersinkt; so verschwindet die Spur unserer Taten nicht eher, als bis sie auf der Oberfläche des Seins mehrfach ihre Kreise gezogen. Und diese Wellenkreise selbst geben nochmals das Bild und realiter den Tatbestand einer umgeschaltet weitergeführten Serie bzw. sogar Periode. Eben weil jede gute oder schlechte Tat in serialen Wiederholungen um sich greift, gibt es nichts Falscheres als die oberflächliche, zur leichtfertigen Selbstbeschwichtigung des Gewissens verwendete Aussage: „Auf den einzelnen kommt es nicht an!" oder „Von mir allein wird schon nichts abhängen!" Die Macht des Individuums ist weit größer als es meint; es gibt keinen Einzelnen und nichts Einzelnes, weil jede Handlung, jedes Wort, ja jede Seelenregung Nachahmung und Ausbreitung findet.

Vorhin war bereits mit einem Wort die Bedeutung der Serien für die Rechtspflege angedeutet; das kann jetzt ergänzt werden mit dem Hinweise, wie Belohnung und Bestrafung ganz anders dimensioniert und qualifiziert werden müssen, wenn die über Nurursächliches, über Berührungskausales riesenhaft hinausragende Verantwortlichkeit unseres Tuns und Lassens richtig eingeschätzt wird.

Lohn und Strafe sind hier von zeitlich irdischen Gewalten kommend vermeint; aber auch die „ausgleichende Gerechtigkeit" — in der Alltagsmoral von einer ewig-göttlichen Vorsehung stammend gedacht — erfährt Befestigung ihrer ethischen Grundlage, wenn nunmehr hinter ihr das Gesetz vom universellen Ausgleich steht: Gut und Böse als Hochspannung und Vakuum eines Reservoires an sittlicher Kraft streben einem Ausgleich ihrer Potentialgefälle zu, der schon im Diesseits den Schuldigen erreicht, den Unschuldigen schützt; und zumindest im Sammelbecken, wie es ein Volk oder einschließlich ihres n.ten Gliedes eine Familie darstellt, wird die Summe an positiver und negativer Moralenergie stets annähernd dieselbe bleiben.

Der moralenergetische Austausch bei Gut und Böse, Vorteil und Nachteil ist nicht ohne Folgen für Aufstieg oder Niedergang des strebenden Menschen: je nachdem erschwert er es ihm, über eine gewisse Staffel hinauszugelangen, weil jede Gunst auf adäquate Ungunst trifft — der Ausgleich zieht ihn immer wieder auf ein früheres Niveau zurück; oder er wird vom Serialgang außen geschoben, dann wird er verdienstlos zur Höhe getragen, wo er selbständig zu steigen vermeint. Übermenschlicher Anstrengungen bedürfte es, die serial vorgeschriebene Bahn zu verlassen: und zwar gleichermaßen für den „Pechvogel", der in eine Unglücksserie geriet, sich daraus zu befreien; wie trotz all seines Irrwahnes für den „Glückspilz", den eine günstige Strömung des serialen Fahrwassers an paradiesische Gestade trägt, die schöne Richtung zu verlieren. Gleich der Verantwortlichkeit für unser Handeln, verlangt auch unser Verdienst am Gelingen, unser Verschulden am Mißlingen nach serialer Einstellung und Bewertung: bald größer, bald geringer ist es, als man heute glaubt, je nachdem ob es galt, gegen den Serienstrom zu schwimmen, oder höchstens, ihn geschickt auszunützen und sich von ihm tragen zu lassen. Ebensowenig wie für Verteilung der moralischen, sind die Ausgleichsprozesse für die der materiellen Güter folgenlos: die

Nationalökonomie

darf von den Lehren der Serialität manchen Aufschluß erwarten. Auch hier das Wechselspiel der Ausgleichung und Anziehung: in Zeiten der ersteren eine Tendenz zu gleichmäßigerer Besitzverteilung, ein Absinken von den kapitalistischen Ansammlungsstätten in die großen offenen Ausbreitungsbecken der Armut; zu anderen Zeiten wieder ungeheure attraktive Anhäufung der ökonomischen Werte an wenigen Punkten. Einebnung schroffer kapitalsenergetischer Niveaudifferenzen wird mehr in ruhigen Friedensepochen vor sich gehen; die Häufung mehr im Kriege, der einen Sturm energetischer Entladungen aufwühlt und deshalb auch die Attraktionsprozesse beschleunigt, zwischen ihren Zentren ungeheure Leerräume der Bedürftigkeit schafft. Wie zu Zeiten vulkanischer Eruptionen die Gebirgsbildung besonders rege ist, erhöhte Auffaltung der Erdoberfläche von vertiefter Taleinsenkung begleitet ist, so zu Zeiten kriegerischer Evolutionen die Bildung ungeheurer Vermögen gefolgt vom verelendenden Einsturze all dessen, was dazwischen liegt. Das Übel unserer Gesellschaftsordnung, das blind-träge Walten von Bevorrechtung und Entrechtung kann nicht aufhören, solange die sozialen Reformen nur mit Berührungskausalität arbeiten, die Beharrungskausalität aber nicht berechnen und beherrschen.

Daher ergeben sich aus dieser Gegenüberstellung und veränderten Einschätzung der Kausalitäten neue Gesetze des Zusammenlebens: die

Soziologie

ist die nächste Wissenschaft, deren Grundlagen am Serialen erstarken müssen. Inwiefern sie dafür empfänglich sind, ist aus dem Vorhergehenden herauszulesen; aber abseits von diesem mehr praktischen Gebiete der ethisch-juridischen und der ökonomisch-finanziellen gibt es ein mehr theoretisches Gebiet physisch-biologischer Gesellschaftslehre (COMTEs und QUETELETs „soziale Physik"), wo die Erklärungsversuche der Serialität, sollten sie sich bestätigen, noch nähere und ausgiebigere Anwendung finden. Der Gesellungshang des Menschen, ja ebenso der Aggregationstrieb aller übrigen Lebewesen und lebenstätigen Bestandteile (Organe, Gewebe, Zellen, Organellen, Biophoren, Biomoleküle) wird heller durchleuchtet werden, wenn man dabei die allgemeine Attraktion des Gleichen und Imitation des Ungleichen miteinander verbunden in Rechnung stellt. Dafür kennen wir schon den populärsten Ausdruck: „Gleich und gleich gesellt sich gern," aber auch „Die Gegensätze berühren sich".. Die mutuelle Attraktion, die Gravitation zueinander, ist laut unserer Vermutung (Kap. VII) am stärksten bei bereits ausgeglichenen Naturkörpern, Objekten und Subjekten; sie kann aber auch sehr groß sein bei Körpern, die in lebhaftem Ausgleich (Imitation, Kap. IX) eben erst begriffen sind, weil die währenddessen stattfindenden, stürmischen Energieentladungen im Maße ihres Fortschrittes die zunehmende formelle, qualitative wie schließlich räumliche Annäherung der betreffenden Dinge herbeiführen. Anders gesagt, verhalten sich Attraktion und Imitation folgendermaßen: primäre räumliche Nähe begünstigt Imitation, und vorgeschrittene Imitation (energetisch-qualitative Annäherung) drängt sekundär zu räumlicher Annäherung. Daß sich aus diesen Sätzen, wofern sie faktischen Bestand haben, neue Perspektiven gewinnen lassen müssen für eine Lehre, deren Aufgabe es ist, die Gesetzmäßigkeiten des Zusammenschließens und die Bedingungen des Zusammenbleibens im Gesellschaftskörper zu erforschen, liegt klar auf der Hand.

Als eine der wichtigsten Triebkräfte der Gesellung und Gesittung gilt die Sprache. Zugleich ist aber die Sprache ein ganz bevorzugter Tummelplatz imitatorischer Begebenheiten: man denke nur ans Sprechenlernen der Kinder und an die Erlernung fremder Sprachen, die bekanntlich nur durch Aufenthalt im Sprachlande oder mindestens Heranziehung dort eingeborener Sprachlehrer zur Vollkommenheit gebracht werden kann. Demnach muß die Imitationslehre, deren Emanationen uns in der Seriengesetzlichkeit entgegentreten, für beschreibende und vergleichende Sprachforschung,

Philologie und Linguistik,

von hervorragender Wichtigkeit sein. Nach BEHAGHEL ist Wiederholung ein Urphänomen der Sprache: an ihrer Entstehung haben häufig wiederholte Ereignisse der Außenwelt, wie rhythmische Handgriffe bei der täglichen Arbeit (vgl. BUECHER, „Arbeit und Rhythmus") offenbar weitreichenden Anteil gehabt.

„Gerade diese Vorbedingung der oftmaligen, wir können ruhig sagen endlosen Wiederholung der entstehenden Worte ist aber von selbst gegeben, wenn wir die Sprache von den Begleitlauten der Arbeit ableiten. Ist es doch eine bekannte Tatsache, daß die Rufe und Liedchen, die noch heute jede gemeinsame Arbeit zu begleiten pflegen, ohne oder doch nur mit sehr geringfügigen Variationen ad infinitum wiederholt werden. Von allen menschlichen Sprachäußerungen hängen gerade diese Arbeitslieder mit der ursprünglichen Lustbetontheit jeder Arbeit am direktesten zusammen. Wie gesagt, sind diese Begleitgeräusche in erster Linie an gemeinsame Arbeit gebunden ... auch dadurch wird uns die Erklärung der Festwerdung und des Fortlebens dieser Wurzeln erleichtert, sie wurden eben von einer ganzen Schar von Menschen gleichzeitig gelernt" (SPERBER, S. 417). Diesem Sprachursprung gegenüber „scheitern," meint SPERBER (S. 416), „alle Hypothesen, die die ersten Sprachäußerungen auf Ausdrücke des Schreckens und des Erstaunens zurückführen, an der einfachen Erwägung, daß nur oftmaliges Hören eines Rufes zu seiner gedächtnismäßigen Festhaltung und Reproduktion führen konnte, denn die Individuen, welche die ersten Sprachwurzeln schufen, müssen ja geistig fast völlig ungeschult gewesen sein." In so ausschließender Form möchte ich dem nicht beistimmen (vgl. auch die Rezension SPITZERs; auf die umfangreiche Literatur kann im übrigen nicht eingegangen werden): so sehr ich vom teilweisen Ursprung der Sprache aus rhythmischer Tätigkeit überzeugt bin — und zwar auch hier wieder ohne die Alleinherrschaft geschlechtlicher Lustbetontheit, für die SPERBER unter dem Einflusse der psychoanalytischen Lehre eintritt —, so mögen doch jene anderen Emotionen daran ihren gewichtigen Anteil haben; denn die vorzüglichsten Verständigungsmittel der Tiere scheinen zunächst aus Warn- und Lockrufen, Lust-, Schreck- und Schmerzlauten zu bestehen.

Von Umweltsrhythmen imitatorisch übernommen ist aber jedenfalls, was die Sprache selber an Wiederholung ihr eigen nennt: und so finden sich noch heute im Wort- und Satzbilde überall Spuren, fixierte Niederschläge des Serialen — denen vergleichbar (S. 150), die das Seriale der Bewegung und Stellung als Symmetrie und Metamerie im Körperbau hinterlassen hat. Seit POTT werden diese gestockten Sedimente der Sprechwiederholung als Doppelung (Reduplikation) bezeichnet, wovon sich zwei Hauptarten unterscheiden: Wiederholung im ganzen und verkürzte Wiederholung. Soweit sprachliche Wiederholung absichtsvolle künstlerische Verwertung findet (Vers, Reim, Refrain), soll davon im nächsten und letzten Kapitel (S. 437) noch ein weniges die Rede sein. Aber auch in kunstloser Prosa machen sich Endreime, Alliterationen und Assonanzen „oft wie von selbst" (POTT, S. 80), ja treten als hartnäckige, ungewollte Wiederholung lästig auf, was von uns in anderem Zusammenhange S. 349 schon erwähnt wurde.

„Ist es unleugbar," sagt POTT (S. 1), „wie ... die Weiterbildung der Sprache mittels Zuwachses hauptsächlich durch Ansichreißen nicht sowohl gleichen, als vielmehr ungleichen, ja in manchem Betracht polarisch entgegengesetzten Sprachstoffes vor sich geht: so bleibt doch nicht minder gewiß, wenn man es gleich zur Zeit noch nicht umfassend genug erkannt hat, daß Wiederholung von gleichem oder mit Absicht leicht umgemodeltem Stoffe, d. h., so zu sprechen, Wiedergebärung aus dem Schoße des schon einmal gesetzten, im Sprachgebiete einen gleichfalls nichts weniger als unbedeutenden Raum inne habe und darin Ämter verwalte von ganz vorzüglichem Gewicht. Wie aber solche Doppelung — diese in der weitesten Fassung genommen — gar mancherlei Funktionen ausübt und demzufolge begrifflich in sehr verschiedener Geltung auftritt; gleichermaßen gewahren wir sie auch körperlich oft in abweichender Form und nicht nur bald abgetrennt, bald in Verbundenheit zu Anfange, in der Mitte oder am Ende, sondern auch in einem das einemal weiteren, andere Male engeren Kreise. Dies z. B. als Satz-, Wort-, Silben- und Lautdoppelung." — S. 81 sagt POTT: „Das große Naturgesetz der Anziehungskraft, Assimilation, Wahlverwandtschaft (unsere Attraktion des Gleichen, Ausgeglichenen! — d. Verf.) oder wie man es sonst immer nennen möge, übt auch in der Sprache einen unermeßlichen Einfluß auf ihre Gebilde und deren Verknüpfung aus."

Dabei glaube ich dem niederzwingenden Beispielmaterial, das POTT für diese seine seherhafte Meinung zusammenträgt, folgende Regel zu entnehmen: am leichtesten scheint es zur Doppelung zu kommen, wenn die Sprache entweder relativ ungeordnete, in ihrer vollen, ungebändigten Ursprünglichkeit verlaufende Vorgänge bewußt beschreibt, nachahmt; oder wenn die Sprache ihr unbewußter, leidenschaftlich hervorbrechender Ausdruck wird. In beiden Fällen wird namentlich Kontinuität sprachlich durch Duplizität ausgedrückt. Darin äußert sich das Naturgesetzliche der Wiederholung, daß sie in die Sprache übergeht, sobald der Sprecher Naturereignisse entweder schildert oder — selbst von ihnen übermannt und beherrscht — in betroffenes Stammeln und Lallen gerät. Sprachgeschichtlich ersieht man dies nicht minder als sprachpathologisch: beim Stottern, Versprechen, Verlesen, Verhören und Verschreiben (MERINGER und MAYER) kommt der Wiederholung gewiß und bekanntermaßen eine Hauptrolle zu (S. 350).

Wenige Beispiele mögen zeigen, wie ich zum eben gekennzeichneten Eindruck kam. *Kalakala* heißt im Tagala (einer Sprache auf den Philippinen — POTT, S. 217) verworrenes Geschrei oder Geräusch; *Kä këche móo* bedeutet im Cree (einer Indianersprache — POTT, S. 130) müßiges Geschwätz, Prahlerei; *chiaccherare* im Italienischen Schwatzen, Tratschen; *barbarus* („Barbar") im Lateinischen ursprünglich der Stammelnde, das ist ein Mensch, der noch nicht sprechen kann. Lautnachahmende (onomatopoëtische) Tiernamen ergehen sich besonders oft (meist, doch nicht immer, weil schon der nachgeahmte Ruf ein reduplizierter ist) in Doppelungen: es sei nur ans Lateinische *cuculus* (Kuckuck), *turtur* (Turteltaube — *Turtuli* heißt die Taube auch im Peruanischen!), *ulula* (Eule — *ululú* heißt sie auch bei den Tarahumara-Indianern Nordamerikas, *lúlu* im Tonga!), *upupa* (Wiedehopf) erinnert; ans persische *bülbül* (Nachtigall), Sanskrit *Káka* (Krähe). Aber nicht etwa bloß Vögel, auch andere, selbst stumme Tiere werden oft mit Wiederholungssilben benannt: *Sikisi* heißt bei den (jeweiligen) Eingeborenen das Opossum, *Kunkun* der Pavian, *tartaruga* (aus lateinisch *tortuca*) bei den Italienern die Schildkröte. Sogar Pflanzen — in ihrer Eigenschaft als Naturprodukte — unterliegen bei ihrer Benennung der Doppelungstendenz: *papaver* (lateinisch) der Mohn; *kukuvik* (illyrisch) die Nieswurz; *alfalfa* (peruanisch) der Luzernerklee. Daß bei Kunstprodukten, die rhythmische Geräusche hervorbringen, dasselbe zutrifft, ist nicht mehr als selbstverständlich: *Tamtam*, *tintinnabulum*.

Natürlich wird Doppelung nicht auf Hauptwörter beschränkt: zum Ausdrucke von Handlungen, die bereits wiederholt geschehen sind oder häufig zu geschehen pflegen, bemächtigen sich Reduplikationen der Zeitwörter: an den Vergangenheitsformen (Perfekten) gewisser lateinischer und griechischer Verba (*rettuli = retetuli; πέποιθα*) lernt jeder Gymnasiast sie kennen. Unter Berufung auf DEECKE, „De reduplicato Latinae linguae praeterito", S. 19, und C. JACOBY, „Die Reduplikation im Lateinischen", Danziger Programm 1878, kennzeichnet WEISE das klassische Latein als eine Sprache, die ihre Doppelungen schon zum großen Teil wieder verloren hat, während die alten Latiner mit allen Naturvölkern den Sinn für Klangmalerei gemeinsam hatten, der ihnen das Wiederholen der Sprechelemente vorschrieb. In den nahverwandten Mundarten der Osker und Umbrer blieben dieselben Elemente länger in ihrer reduplizierten Gestalt erhalten. Gestützt auf LUBBOCK, Origin of Civilisation, S. 403, und zur Illustration seiner Behauptung, daß Naturvölker reichlicher reduplizieren als Kulturvölker, zählt WEISE (S. 181) auf, daß sich unter je 1000 Wörtern des Brasilischen Tupi 66, des Hottentottischen 75, des Tonga 166 und des Neuseeländischen 169 reduplizierte vorfinden. In biogenetischer Übereinstimmung damit steht der Doppelungstrieb des Kindes, nicht sowohl beim Lallen, als wenn es sich spielerisch seine eigene Sprache erfindet (vgl. nur *Papa*, *Mama*); wie denn auch die Erwachsenen dem Kinde mit Koseworten entgegenkommen, in deren Reduplikationen wieder die Intensität des Zärtlichkeitsgefühles nach Ausdruck ringt.

Auch TROMBETTI (1905, S. 64) nennt die Doppelung als Mittel zum Ausdruck von Intensität oder Frequenz eines Zustandes oder einer Handlung, womit der Sprachforscher dem Naturgefühl des Sprechers zu seinem Rechte verhilft. Die Schriften TROMBETTIs geben nunmehr Anlaß, neben der Doppelung ein zweites sprechgeschichtliches Problem, das nur auf serialer Grundlage wird gelöst werden können, zu betrachten: die Sprachverwandtschaft. In enger Anlehnung an die biologische Abstammungslehre — die er nur nicht in allen Stücken genügend kennt — verficht TROMBETTI den einheitlichen (monophyletischen) Ursprung aller Menschensprachen aus einer einzigen Ursprache. Seit DARWINs Auftreten ist diese Frage in der Linguistik viel erörtert worden; doch scheint es, daß eine Mehrheit von Sprachforschern — TROMBETTI nennt SCHLEICHER, POTT und FRIEDRICH MUELLER, man könnte besonders noch ROMANES namhaft machen — im Gegensatze zu der unter den Naturforschern vorherrschenden Meinung die Ansicht eines mehrfältigen (polyphyletischen) Sprachursprunges gewann.

TROMBETTI leugnet ihn namentlich unter Bezug darauf, daß man in Sprachgruppen, bei denen man bisher in der Regel nicht an Stammesverwandtschaft dachte, doch immer wieder auf irgendwelche gemeinsame Wurzelelemente stößt: solche überraschten TROMBETTI (S. 53) insbesondere im Bantu, Chamitosemitischen, Kaukasischen, Indoeuropäischen, Uralaltaischen, Dravidischen u. a. Lautet z. B. in der Sususprache die Vokabel für „Weib" *gine* und im griechischen γυνή: ist solches dann zufälliger Anklang, ist es durch gemeinsame Beschaffenheit der menschlichen Seele zu erklären oder drittens durch den gemeinschaftlichen Völkerursprung? TROMBETTI entscheidet sich für das letzte: die sonstige Grundverschiedenheit, etwa von Susu und Griechisch, lasse sich überbrücken in Abwandlung einer allbekannten arithmetischen Regel: sind zwei Sprachen einer dritten verwandt, so sind sie es auch untereinand'. Sprache A habe gemeinsame Elemente mit B, B habe ebensolche mit C usw.: dann sei der gemeinsame Ursprung auch von A und C usw. wahrscheinlich gemacht, mögen sie in ihren übrigen Bestandteilen noch so verschieden lauten. Desgleichen vermeint MISTELI (S. 30) gemeinsame Elemente im Neupersischen und Englischen, z. B. „*bad*" in beiden Sprachen als Vokabel für „schlecht", nur im Sinne ursprünglicher indogermanischer Züge deuten zu können, „die trotz aller Veränderung den beiden Sprachen verblieben sind". Ähnlich beurteilt HANS MUELLER das Verhältnis des Neugriechischen zu den romanischen Sprachen: wo nicht als ein verwandtschaftliches, so doch als ein solches auf Grund von Entlehnungen; der Gedanke an unabhängig entstandene Analogiebildungen lag dem Autor offenbar ferne.

Jedoch läßt sich nachweisen, daß Worte von gleicher Bedeutung, die in verschiedenen Sprachen so ähnlich lauten wie die vorhin genannten Beispiele *gine = γυνή* oder *bad = bad*, oft eine grundverschiedene Entwicklung hinter sich haben. So würde der Unkundige von der lateinischen und griechischen Bezeichnung für Gott: *deus* und *θεός* sicher vermuten, sie seien aus gleichem Stamme entsprossen. Allein Lateinisch „*deus*" ist urverwandt mit dem Eigenschaftswort *divus* = leuchtend; *dies* = Tag und *DIANA*, die nachterleuchtende Göttin, kommen davon, die hypothetisch erschlossene Grundform lautet *deieuos*. Griechisch *θεός* ist urverwandt mit dem litauischen *dvāsé* = Geist; *Dusel* u. a. stammt davon, die hypothetisch erschlossene Grundform lautet *dhuesos*. *θεός* kann schon deshalb nicht mit *deus* verwandt sein, weil der griechische Buchstabe *θ* (dh), wo immer er ins Lateinische übernommen wird, f ergibt: *θήρ* = wildes Tier, entspricht lateinisch *fera*. Man wird also in Fällen wie *deus* und *θεός* entsprechend gewissen biologischen Art- und Merkmalswandlungen eher von Konvergenzen (Entwicklungen aus Verschiedenem zu Gleichem) reden müssen, und nicht — wohin die Meinung so vieler Sprach- wie Naturforscher gerne ausschließend hinzielt — von Divergenzen (Entwicklungen aus Gleichem zu Verschiedenem). Eine andere Gruppe derartiger Beispiele liefern die parallelen Lautwandlungen, so lateinisch *noctem* zu deutsch *Nacht*; dieselbe Wandlung von kt zu *χt* hat sich unabhängig auch im Keltischen und anderen Sprachen vollzogen, ohne daß darin eine aus gemeinsamer kausaler Grundlage determinierte Entwicklungsrichtung gesehen werden könnte (weitere Beispiele, auch solche des Satzbaues, siehe bei MARBE, „Gleichförmigkeit in der Welt").

Man wird sonach anerkennen, daß ein und dasselbe Wortgebilde, sogar in ein und derselben Wortbedeutung, sich unabhängig von gemeinsamer Völker- und Sprachwurzel entwickeln kann — etwa wie im Tier- und Pflanzenreich analoge Organe aus grundverschiedenen Anlagen hervorgehen: Vogel- und Insektenflügel, Grabklauen bei Maulwurf und Werre, krumme Schnäbel bei Papagei, Tintenfisch und „Avicularien" der Moostierchen, weshalb man dort (in Fällen, die natürlich minder grob sind, wie die beispielshalber aufgezählten, und sich in engerem Kreise bewegen) beim Homologisieren und Stammbaumkonstruieren vorsichtig zu sein gelernt hat. BÉDIER benennt derartige Analogiebildungen sehr anschaulich mit dem Ausdruck „Polygenese"; und nicht bloß auf einzelne Worte erstrecken sie sich, sondern sogar auf ganze Erzählungen. VORETZSCH spricht sich darüber folgendermaßen aus: „JACOB GRIMM u. a. betrachteten die Märchen als Reste indogermanischer Mythen und erklärten die Übereinstimmungen im wesentlichen aus der arischen Urgemeinschaft. Diese Theorie, an und für sich nicht zu verwerfen, rechnet zu wenig mit der viel häufiger zutreffenden und nachweisbaren Möglichkeit der Entlehnung von Volk zu Volk und übersieht, daß diese Erzählungen nicht ausschließlich arisches Besitztum sind. Eine andere Theorie, durch ANDREW LANG u. a. vertreten, führt die Entstehung der Märchen gleichfalls auf uralte Zeiten, auf Anschauungen und Bräuche der Barbarenzeit zurück, betont aber neben Urgemeinschaft und Entlehnung vor allem noch die Möglichkeit, daß unter ähnlichen Verhältnissen ähnliche Produkte entstehen, daß also die Übereinstimmung in vielen Fällen nicht auf historischem Zusammenhang, sondern auf Zufall (!) beruht."

Dementsprechend unterscheidet SCHUCHARDT (1912) drei Arten von Sprach-„Verwandtschaft": Vererbung (Völkerverwandtschaft), Entlehnung (Kulturverwandtschaft) und elementare, ungeschichtliche (man könnte auch sagen ursprünglichste und daher urgeschichtliche) Verwandtschaft, deren Erwägung — freilich im Sinne baldiger Abweisung — wir schon bei TROMBETTI als überall gleichförmige Beschaffenheit der menschlichen Natur begegneten; einer Natur, die daher möglicherweise auch gleiche sprachliche Erscheinungen hervorbringe. Die Entwicklungslinien der Elementarverwandtschaft laufen nach SCHUCHARDT „parallel; zum mindesten liegt ihr Schnittpunkt, also die Einheit, nicht innerhalb der fertigen Sprache, sondern hinter ihr in der allgemeinen seelischen Veranlagung". Die Grenze zwischen Vererbungs-, Entlehnungs- und elementarer Verwandtschaft ist schwer zu ziehen, oft wirklich verwischt, da Elemente dieser sich zu jener gesellen und die wesentlichen Bestandteile zweier Sprachen in komplexer Weise mischen können: solche Mischung von Verwandtschaftsformen hat wohl stattgefunden, wenn ungarisch *tántor* = wanken, wackeln mit ähnlichen Bedeutungen des türkischen *tantra*, italienischen *tentennare*, serbischen *tentati*, deutschen *tändeln*, althochdeutschen *tantarôn*, äthiopischen *tantana*, friaulischen *dandanà*, englischen *da(u)nder* zusammentrifft.

Wegen der Unmöglichkeit, derartige Serialfälle „in ihre unzähligen individuellen Teilvorgänge zu zerfasern", spricht SCHUCHARDT (1912, S. 6) bezeichnend von „transzendenten" Problemen, mit denen er sich da abgebe und schon in früheren Schriften abgab; ja er spricht von Reihen, Serien (1917, S. 520; vgl. hier auch das unserem Schema S. 56, 57 im Bau nicht unähnliche Diagramm) oder von Massen, „indem die Formen ja vielfach nicht nur geradlinig sich aneinanderreihen, sondern auch flächen- oder körperhaft". So sind die Sprachforscher früher als die Vertreter der meisten anderen Wissenschaften darauf geführt worden, daß es mit Ähnlichem und Gleichem zuweilen eine andere, feinere, mannigfaltigere, sozusagen mehr „transzendente" Bewandtnis habe als die des grobmechanischen Gleichmachens.

Einer Art von „elementarer Verwandtschaft" des Forschergeistes habe ich es ferner wohl zuzuschreiben, wenn auch die Kunstausdrücke der Sprachforscher, die ich erst nachträglich kennen lernte, unabhängig von den durch mich geprägten Bezeichnungen mehrfach ähnlich ausfielen. Zur SCHUCHARDTschen „Serie" gesellt sich TORCZYNERs „Angleichung" und „Ausgleichung" der Sprachformen. TORCZYNER stellt seinem Werk das in unserem Sinne vielsagende Motto voran: „Der Irrtum ist das fruchtbare Prinzip der Sprache." TORCZYNER entnimmt sein Belegmaterial vorwiegend dem Semitischen; ich versuche es durch näherliegende Wörter anschaulich zu machen. Angleichung wäre es, wenn etwa „Ich speise" von einer Sprachform wie „Ich reiße, riß, gerissen" imitativ mitgerissen „falsch" als „spies, gespiesen" abgewandelt, dann in dieser Gestalt durchwegs gebräuchlich und dadurch „richtig" wird. Ausgleichung tritt ein, wenn jener Angleichung noch widerstrebende Formen schließlich einbezogen werden; Ausgleichung ist also bei TORCZYNER eine allgemein gewordene Angleichung. Der Irrtum wird ferner sprachschaffend, wenn Umstandswörter — etwa „oben", „unten" — vorerst nur zu ungefährer, unbeholfen beschreibender Hindeutung auf Körperteile, dann substantivisch als Bezeichnungen der Körperteile selbst Verwendung finden; handelt es sich um paarige Körperteile, so werden jene ursprünglich adverbialen Ausdrücke wohl gar zu Dualen, deren Endungen weit über bilaterale Körperteile hinaus allgemein die Zweiheit ausdrücken. Umgekehrt wird in gleichlautende Endformen eine dualische Bedeutung hineingelegt, es entstehen unechte Duale wie *usása* Tag (und Nacht), *dyjávä* Himmel (und Erde), wo das ergänzende Doppelelement sogar nur auf bipolarem Wege (durch Hinzudenken des Gegensatzes) gewonnen werden konnte. „Eine Ursache hat (TORCZYNER, S. 297) im Leben der Sprache, die in stetiger Angleichung und Ausgleichung ihrer Gebilde begriffen ist, mannigfache Wirkungen; und im besonderen ist der Mensch und sein Körper der Sprache nicht nur Subjekt und Werkzeug, sondern auch das nächste und wichtigste Objekt. Und ist es richtig, daß die Formen der Sprache an den Beispielen erst ihre Bedeutung erlangt haben, so werden wir die Spuren der Bezeichnungen, die der Mensch für sich und seine Glieder geschaffen, auch sonst noch in weitverzweigten sprachlichen Gesetzen wiederfinden." (S. 286:) „Die Analogie, der die Sprachwissenschaft

400

bisher meist nur dort ihre Aufmerksamkeit geschenkt hat, wo sie, die Gesetze der Sprache störend, Ausnahmen aus den überkommenen Regeln bewirkt, sie ist auch die ordnende Kraft gewesen, die der Menschheit eigentlich erst eine Sprache gegeben, da sie die Gesetze und Regeln derselben schuf, die sie freilich oft auf wunderliche Weise wieder zerstört, um Neues an ihre Stelle zu setzen."

Dies wechselweise Aufbauen und Abbauen führt uns nun schließlich zur Erkenntnis dessen, was die Periodenlehre beisteuert, um die Sprach- und Sprechprobleme aufzuklären. Einen solchen Beitrag liefert VON DER GABELENTZ' „Agglutinationstheorie": „Die Sprache ist nicht fix und fertig, nicht mit Schild und Speer wie eine ATHENE, nicht ausgerüstet mit einem Vorrate von Wortformen und Formenwörtern dem Haupte des Menschen entsprungen, sondern allmählich geworden und weiter werdend. Was heute Affixe sind, das waren einst selbständige Wörter, die nachmals durch mechanische und seelische Vorgänge in dienende Stellung hinabgedrückt wurden. Dies anzunehmen nötigt uns die Analogie alles Geschehens ... Der Urmensch wird wohl der Wachtel ihr dreisilbiges Pikderik, dem Hahne sein viersilbiges Kikeriki nachgemacht haben, und redupliziert hat er ganz gewiß: Das hat ihm gleichfalls die Außenwelt beigebracht ... Nun bewegt sich die Geschichte der Sprachen in der Diagonale zweier Kräfte: des Bequemlichkeitstriebes, der zur Abnützung der Laute führt, und des Deutlichkeitstriebes, der jene Abnützung nicht zur Zerstörung der Sprache ausarten läßt. Die Affixe verschleifen sich, verschwinden am Ende spurlos; ihre Funktionen aber oder ähnliche bleiben und drängen wieder nach Ausdruck. Diesen Ausdruck erhalten sie, nach der Methode der isolierenden Sprachen, durch Wortstellung oder verdeutlichende Wörter. Letztere unterliegen wiederum mit der Zeit dem Agglutinationsprozesse, dem Verschliffe und Schwunde, und derweilen bereitet sich für das Verderbende neuer Ersatz vor: periphrastische Ausdrücke werden bevorzugt; mögen sie syntaktische Gefüge oder wahre Composita sein (englisch *I shall see* — lateinisch *videbo* = *vide-fuo*): immer gilt das gleiche: die Entwicklungslinie krümmt sich zurück nach der Seite der Isolation, nicht in die alte Bahn, sondern in eine annähernd parallele. Darum vergleiche ich sie der Spirale."

Verwandte Gedanken, die zugleich wieder an die vorhin erwähnten Beispiele paralleler und konvergierender Sprachentwicklung anknüpfen, äußert 1918 SPITZER (dem ich die meisten der hier gegebenen Hinweise überhaupt verdanke), nur mit dem Unterschiede, daß VON DER GABELENTZ' räumlich-graphische Vorstellung einer schraubigen Entwicklungsbahn bei SPITZER durch diejenige eines Hin- und Herpendelns vertreten erscheint; ferner, daß VON DER GABE-

LENTZ mit Deutlichkeit und Bequemlichkeit als Triebkräften der Sprachentwicklung sein Auslangen zu finden vermeint, während SPITZER darüber hinaus die affektische und logische Bedeutung des Wortes in ihrem Wechsel würdigt und benötigt. Beide Vorstellungen — die des Spiral- und die des Pendel-(Wellen-)Ganges beim Geschehen — kommen auch bei den Periodikern im engeren Sinne vor; durch beide ist ferner eine Annäherung an den Grundgedanken des Historikers BREYSIG (S. 23, 319) und GOETHEs „Spiraltendenz" (S. 319) vollzogen. SPITZER schreibt über das Futurum (S. 176):

„... Es muß wohl bei verwandten Sprachen ein gewisser Entwicklungskeim vorhanden sein, der, auch bei Entwicklung der einzelnen Sprachindividuen unter verschiedenen Bedingungen, ein gleichgerichtetes Wachstum zeitigt. Das in die romanischen Sprachen gelegte Wachstumsprinzip wird durch analytische Ausdrucksweisen wie *amara mente* statt *amare, cantare* + Verb statt *cantabo* dargestellt (ob nun *velle, debere, venire* usw. ist von sekundärer Bedeutung). Die Westromania hat vollends *cantare* + *habeo* als Grundtypus entwickelt, der nun in verschiedenen Spielarten von den einzelnen Sprachen fortgepflanzt wird. Ganz ähnlich haben die indogermanischen Sprachen als Erbteil höchstens die Neigung zur Ausbildung eines Futurs mitbekommen, das dann aus punktuellen Präsentien, Ingressiven, Desiderativen und Jussiven erbaut wird; ja es scheint, daß die menschliche Sprache überhaupt periodisch abwechselnde Zerstörung und Aufbau des Futurs sich zum Prinzip gemacht hätte: *Amābo = amā + bhu-*, ‚ich werde lieben' weicht *amare habeo ➤ j'aimerai* und dieses im Neufranzösischen einem *je vais aimer!* Das rein zeitliche Futurum ist immer unvolkstümlich, affektische Surrogate verdrängen es stets, und immer wieder setzt es sich von neuem aus logischen Bedürfnissen durch: es pendelt stets zwischen den beiden Extremen der Unbeliebtheit und logischen Notwendigkeit." Bis zu dreimalen in derselben sprachlichen Entwicklungslinie läßt sich dies Pendeln z w i s c h e n d e r a f f e k t i s c h e n u n d l o g i s c h e n Bedeutung des Futurums verfolgen und nachweisen.

Gewaltige Pendelschwingungen, in denen sich die Schwankungen der futuralen Formen ausnehmen müßten wie das Ticken des Sekundenzeigers im mächtig ausgreifenden Kreisen des Stundenzeigers, hat (auf VON DER GABELENTZ fußend) TROMBETTI im Auge, wenn er die Sprachentwicklung in a u f s t e i g e n d e r R i c h t u n g (vom „isolierenden" über den „agglutinierenden" zum „flektierenden" Typus) abgelöst werden läßt von einer n i e d e r s t e i g e n d e n R i c h t u n g , welche abermals diese drei (unscharf abgegrenzten und elementenweise oft kombinierten, vermischten) Hauptstufen, nur in

402

umgekehrter Folge, durchwandern muß. Das Chinesische wie (in minder vollendetem Grade) das Englische haben — gegenwärtig sekundär zur Isolation rückgekehrt — eine solch gigantische Ganzschwingung (einmal hin, einmal her) eben zu Ende durchmessen. Ein weiteres (hier letztes) entwicklungsgeschichtliches Problem der Sprache und seinen Zusammenhang mit der Periodenlehre betreffend, ist anzuknüpfen an die meines Wissens zuerst durch SWOBODA (1905) wissenschaftlich formulierte Tatsache, daß die **Klarheit des Gedankens**, wodurch er sprachlichem Ausdrucke erst zugänglich wird, von einem Periodenintervall zum nächsten anwächst. ,,Während nun früher die Frage lautete: Was läßt sich bezeichnen und was nicht? lautet sie jetzt: Auf welchem Punkte der Entwicklung wird eine psychische Entwicklungseinheit mitteilbar? Wann ist das Stadium zu Ende, wo man jammert: ,Ich weiß es, aber ich kann's noch nicht sagen?' Dieser kritische Zeitpunkt — der kritischen Temperatur vergleichbar, bei der die Gase fest werden — ist von größter Wichtigkeit, weil die Anwendung der Sprache nur dort ohne Unzukömmlichkeit möglich ist, wo im Laufe der Generationen oder während eines individuellen Daseins ein gewisser Grad der Gedankenentwicklung erreicht ist. Das mangelnde Gefühl für den kritischen Zeitpunkt hat unreife Werke zur Folge. Der Autor hat entweder nicht die Geduld, die Sachen in sich ausreifen zu lassen oder er neigt von Natur zu dieser Art von Abortus'' (SWOBODA, 1905, S. 82).

Indem hier auch von Generationen die Rede ist und der Geltungsbereich des Gesagten vom Individuum auf die Rasse erstreckt wird, ergibt sich eine **Anwendung der biogenetischen Rekapitulationsregel auf die Sprachentstehung**: das Reifwerden des sprachlichen Ausdrucks (die Keimesgeschichte des Wortes) ist eine abgekürzte Wiederholung der Entwicklung artikulierten Sprechens aus dem Urzustande der Naturlaute (Stammesgeschichte des Wortes). Im engeren Kreise ist aber außerdem das Klarwerden des sprachlichen Ausdrucks für einen einzelnen Gedanken, der sich noch beim Erwachsenen entwickelt, eine Wiederholung der Klärungsprozesse, die beim Kinde mit dem gesamten Bewußtseinsinhalte vor sich gehen und hier ebenfalls vom ungegliederten Lallen zum differenzierten Reden heraufführt. Alle drei sprachlichen Entwicklungsprozesse, von denen immer der kürzere eine gedrängtere Rekapitulation des längeren beinhaltet — Stammes-, Individualentwicklung und Keimesentfaltung des intraindividualen Einzelausdrucks —, sind Spiegelungen der korrespondierenden geistigen Entwicklungsprozesse, die der sprachliche Ausdruck nach außen entsendet, als Symptome dafür, wie weit das Bewußtsein sich aus vagem Gefühls- und Triebleben zum hellen, scharfen

Verstandes- und Vernunftleben durchgerungen hat: das alles wiederum in Nations-, Personsentwicklung wie in der Entwicklung des Einzelgedankens oder besser (mit SWOBODA zu reden) der „psychischen Entwicklungseinheit" innerhalb der Person.

Wo Entwicklung der Gedanken bis zur Aussprechfähigkeit untersucht wird, da mündet das Sprachproblem ins größere Erziehungsproblem, worin es ja übrigens an unseren Schulen, besonders den humanistischen Gymnasien, noch immer eine allzu vorwaltende Rolle spielt. Die Bedeutung der Perioden für die

Pädagogik

ist in der Einsicht gelegen, daß maximale Lust und Unlust der Schüler zum Lernen, Rezeptions- und Reproduktionsfähigkeit und korrespondierende Unfähigkeit sich mit Periodenterminen decken; und zwar nicht bloß der eigenen, sondern sogar derjenigen von nächsten Verwandten, so den periodischen Zusammenhang der Generationen verratend. Dementsprechend verdienen die Schwankungen der Lernfähigkeit und -neigung Berücksichtigung, wenn der Erzieher mit Belobungen und Strafen vorgeht und dabei irrtümlich schrankenlose Willensfreiheit seiner Zöglinge im Auge hat. Nicht bloß die wohlbekannten Tages- und Stundenperioden sind es, in deren Rahmen die Tüchtigkeit zur Aufnahme und Wiedergabe weiser Lehren wechselt; sondern ebenso Serien von unregelmäßiger Dauer, was namentlich bei kurz bemessener Schwankungsfolge deutlich wird. Ich will an einem Beispiel erläutern, wie das gemeint ist; da man heute den Jugendspielen einen so hohen Anteil bei der Erziehung einräumt, so wähle ich, kürzlich Selbsterlebtem folgend, ein körperliches Beispiel, das Bogenschießen.

Eine Partie Schützen wechselt ab, einer um den anderen stellt sich vor die Scheibe und gibt eine bestimmte gleichbleibende Zahl von Schüssen — im konkreten Falle sechs — ab; die Treffer werden aufgeschrieben, wer am Schlusse die meisten zu verzeichnen hat, hat gewonnen. Der Gewinn ist natürlich dem geschicktesten, geübtesten Schützen sicher; insoweit gelangt die Berührungskausalität zu ihrem unbestreitbaren Recht. Aber auch die Serialität (Beharrungskausalität) mischt sich darein: man beobachtet zuweilen ganz unbegreifliches Versagen eines guten Schützen, der einmal über das andere in die Luft schießt statt in die Scheibe oder nur in ihren Rand statt ins Zentrum; als er zuvor an der Reihe war, hatte er mit bewundernswerter Sicherheit getroffen, und nun plötzlich lauter Nieten! Umgekehrt geschieht es, daß ein Neuling, der heute zum ersten Male einen Bogen in der Hand hält; dem man eben erst zeigen mußte, wie er ihn zu halten und wie er sich zu stellen hat, eine Reihe von Treffern erzielt. Angeborene Geschicklichkeit?ʼ Mit nichten, denn er war schon etliche Male im Anschlag gestanden und hatte lauter gröbste Fehlschüsse abgegeben. Also rasch erworbene Übung? Ebensowenig, denn von nun ab ist seine frühere Unfähigkeit wieder da.

Die Erziehung der Zukunft, gleichviel ob sie sich auf geistigem oder körperlichem Gebiete bewege, wird also die Perioden und Serien einrechnen müssen; und dies nicht bloß zwecks gerechter Beurteilung ihres Schülermateriales, sondern die Schüler selbst werden mit der Kenntnis davon ausgerüstet werden müssen, daß Serien und Perioden in der Kette von Ursache und Wirkung ihren Platz behaupten, und daß sie oftmals jene Kette zu sprengen oder zu dehnen scheinen. Bliebe diese Kenntnis der künftigen Schuljugend vorenthalten, so hieße das, sie einer der wirksamsten Waffen, einer der schärfsten Brillen berauben, die das Leben nötig hat.

Die Entwicklung des Kindes zum Erwachsenen wurde vorhin unter Nachweis serialer und periodischer Erscheinungen mit der Entwicklung eines Urvolkes zum Kulturvolk in Parallele gebracht: damit war die Periodizität und Serialität auch bereits mit dem Gange der

„Weltgeschichte"

in Beziehung gebracht. Das Periodenschicksal jener Männer, denen als Geschichtsbildnern eine führende Rolle zugewiesen war, hat sie zu beschäftigen; und zwar sowohl dasjenige der Geistesheroen, die der Kulturgeschichte neue Bahnen vorzeichneten (S. 375), als auch das der Kampfheroen, genialer Feldherren wie NAPOLEONs und FRIEDRICHs des Großen, die der Kriegsgeschichte eine andere Richtung gaben. So kommen beiderlei Historiker, wenn sie aus dem periodischen Geschehen schöpfen, auf ihre Rechnung: die in den langsam auftragenden, sedimentierenden Kräften des Friedens die eigentliche historische Entwicklung ersehen; und die den rasch abtragenden, erodierenden, eruptiven Kräften des Krieges, der Skandalchronik des Menschengeschlechtes, den reicheren Anteil dabei zuerkennen. Verlorene Schlachten gehen, wie FLIESS uns wahrscheinlich macht (1914c, S. 106, 107), oft auf kritische Tage der Schlachtenlenker zurück; verlorene Erfindungen und Entdeckungen wohl ebenso oft auf äußere Verhinderungen der schöpferischen Genies, die gesegnete Stunde auszuschöpfen — Zukunftswerk ist brotlos, Zukunftswert eben kein Gegenwartswert —, man wird den Genius immer wieder auf Kanzlei- und andere Frondienste anweisen, aus Gnade, um ihn nicht verhungern zu lassen.

Die Bedeutung der Perioden für die Geschichte der

Menschheit — für das, was wir in unserem Dünkel „Weltgeschichte"
zu nennen belieben — hat auch SCHLIEPER klar erkannt; der Ausdruck, den er dieser seiner Einsicht gibt, verschmilzt sie zugleich mit
der psychologischen und verquickt so den Haltepunkt, der soeben in
Rede steht, mit demjenigen auf Seite 375, so ziemlich zu Anfang des
Kapitels: „Und das wird der bedeutendste Gewinn für die menschliche
Völkerpsychologie sein, der aus der Entdeckung der Perioden erwächst:
daß man auch das Psychische im ganzen der Generation verfolgen
wird. Damit rückt das Psychische in eine bisher unbekannte Nähe
zu rein körperlichen Dingen, denn wo das eine Glied einer Verwandtschaft erkrankt oder stirbt, erfährt das andere geistige Veränderungen.
Das Bild der menschlichen Geschichte wird ein anderes für eine Anschauung, die erstens Massenbewegungen für innerlich begründet ansieht und zweitens das Geschlechtige für das wesentliche hält" (SCHLIE-
PER, S. 150). „Für den Historiker hat die Sexualangst das Interesse,
daß er von ihr aus die Entstehung der Moralsysteme begreift. Die
Angst, die an den Akt geknüpft ist, gab dem Priester eine Handhabe
und dem Gewissen einen steten Ansporn" (S. 154, 155). SCHLIEPERs
Auffassung vom Vogelzug, dessen rein innerlich-periodische Deutung
wir zwar um äußerlich-energetische Momente vermehren, aber davon
abgesehen in weitem Umfange bestätigen, und Massenbewegungen
des Tierreiches stehen in enger Übereinstimmung mit denen des höchsten Tieres, des Menschen; man wird dann die Bedeutung der Perioden
für historische Mengenerscheinungen wie Völkerwanderung,
Weltkrieg usw. abschätzen, wenn auch längst noch nicht ermessen
können.

Außer den genannten Vertretern der Periodenlehre hat auch ein
eigentlicher Historiker, BREYSIG, das Walten periodischer
Wiederkehr in der Menschheitsgeschichte aufgezeigt. Die biogenetische Regel, wonach das neuzeitliche Kind die Stufe des Urmenschen
wiederholt, scheint ihm (S. 121) hier Gültigkeit zu besitzen. Er
schließt sich VICO an (S. 112), „der seinen Regeln Wirksamkeit für
alle die Fälle zusprach, in denen sich etwa die Geschichte unseres
Sterns im Weltenraum im ganzen wiederholen könnte ... Indessen
wäre damit nicht mehr behauptet, als daß sich im Fall völlig gleicher
Wiederholung der allgemeinen Vorbedingungen unseres Menschen-
daseins auch jene Regeln der Völkerentwicklung als ungebrochen
mächtig erweisen würden. Man dürfte noch als Seitenstück die andere
Forderung beifügen, daß bei dem möglichen Umkreis des Lebens, der
vom Weltenjahr der Babylonier[1]) bis zur Wiederkehr des Gleichen

---

[1]) Siehe im vorliegenden Buch S. 233.

bei FRIEDRICH NIETZSCHE[1]) zuweilen mit so heißer Sehnsucht angenommen worden ist, die gleiche Folgerung unbedingter Geltung jener Gesetze statthaben müßte." In den folgenden, späteren Sätzen (S. 118) findet sich dann BREYSIGs Ansicht am deutlichsten und allgemeinsten ausgesprochen: „Dennoch darf nach einem so langen Zeitraum der Beobachtung die Regel aufgestellt werden, daß die Entwicklung der Menschheitsseele sich immer in der eine Zeitlang andauernden, dann wieder wechselnden Richtungswahl fortbewegen wird, die als Stufenfolge bezeichnet werden kann ... Die gesellschaftsseelische Deutung, die zunächst den Bereich der staatlich-wirtschaftlichen Entwicklung ins Auge faßt, vermag herauszustellen, daß die Urzeit ein Zeitalter überwiegenden Gemeinschaftstriebes, das Altertum eines vorherrschenden Persönlichkeitsdranges ist, daß das Mittelalter das Gepräge der Urzeit, die Neuzeit das des Altertums erneuert, und daß die neueste Zeit zunächst einen zweiten Rückschlag des Genossenschaftsgedankens, ihm auf dem Fuße folgend aber auch einen starken Aufschwung des Persönlichkeitsgefühles heraufgeführt hat. Aus diesen Tatsachen, die leicht in eine Reihe von Gesetzen niederer Ordnung gegossen werden können, ist das höhere Gesetz abzuleiten, daß in der Stufenfolge der Zeiten sich Alter ablösen, in denen der Persönlichkeitsdrang vorherrscht, und solche, in denen der Gemeinschaftstrieb überwiegt." (S. 119:) „Zum mindesten die lang gedehnten Reihen der alt- und neueuropäischen Geschichte — alle anderen sind zu kurz — erlauben nicht nur, die pendelschlagförmigen Bewegungen zu beobachten, zu deren Annahme der Wechsel zwischen Persönlichkeits- und Gemeinschaftsdrang leitet, sondern auch weiterreichende kreislaufartige Regelmäßigkeiten. Die Abfolge von schwachem, aufsteigendem, übermächtigem Königtum wiederholt sich in der neueuropäischen Verfassungsgeschichte, nachdem sie das erstemal Urzeit und Altertum erfüllt hat, in auffälliger Ähnlichkeit im späten Mittelalter und in der neueren und neuesten Zeit: der Großstaat NAPOLEONs erinnert nicht nur in äußeren Zufälligkeiten an den KARLs des Großen."

Wobei immer und immer wieder hinzuzudenken ist, daß außer den regelmäßigen Perioden, die unserer Beobachtung nur am zugänglichsten sind, auch die zeitlich ungeregelten Serien erkundet werden müssen, sollen wir je zu richtiger Geschichtsauffassung gelangen; sollen insbesondere die oft unüberbrückbaren Divergenzen zwischen materialistischer und idealistischer Geschichtsauffassung gelöst werden. Erstere fußt auf ausschließlicher Berührungskausalität;

---

[1]) Siehe bei uns S. 84 und 97.

letztere befriedigt nicht dieses unser Kausalbedürfnis, kann aber doch nicht ohne weiteres zurückgewiesen werden, gerade angesichts von Massenwahnsinn und Völkerselbstmord, wobei wir erleben, daß die Staaten und ihre Bürger blind gegen ihre vitalsten Interessen handeln. Nach langsamem, dornenvollem Forschungsweg wird in jene Erklärungslücken mit endgültigem Erfolge die Beharrungskausalität (Serialität) eintreten dürfen.

Massenbewegungen, seien sie von lebendigen oder leblosen Massen erzeugt, sind immer etwas Physikalisches; sie führen uns hiermit zur Naturwissenschaft, und zwar zur „Naturlehre"

— Physik —

engeren Sinnes zurück. Erinnern wir uns nur eines so altbekannten Phänomens wie des Mitklingens tönender Körper, wenn ein anderer gleichgestimmter Tonkörper in Schwingungen versetzt wird: auf Grund dessen, was wir über Imitationsprozesse ausführten, wird jenes einfache physikalische Phänomen sofort in eine viel größere Allgemeinheit gestellt und in ganz neuen Zusammenhängen gezeigt. Zumal, wenn wir das Mitschwingen in gleichem Takt im strengen Anschlusse an GALILEI noch auf die Gesetze der Pendelschwingungen zurückführen: eine Zunahme der Schwingungsweite zu erreichen, „gelingt nur, wenn wir in demselben Takte stoßen, in welchem das Pendel selbst schwingen will ... Stoßen wir in einem anderen Takt, als das Pendel schwingt, so befördern wir zwar auch in einigen Momenten dessen Schwingung, in anderen aber hemmen wir sie wieder. Der Effekt wird im ganzen geringer, je mehr unsere Handbewegung von der Bewegung des Pendels verschieden ist ... Wenn die schwingende Bewegung gar keinem Widerstand unterliegt und die Erregung genau in dem Takte der Schwingung erfolgt, so kann die Schwingungsweite ins Unbegrenzte wachsen. Weicht der Takt der erregenden Bewegung im geringsten von der Schwingungsdauer ab, so tritt nach einer Periode der Verstärkung, die von desto längerer Dauer ist, je kleiner jene Differenz ist, eine Periode der Abschwächung von. gleicher Dauer ein. Dieser Wechsel wiederholt sich fort und fort ..." Der mittönende Körper stellt ein Pendel dar, das wegen bestimmter Pendellänge nur in bestimmtem Takt schwingen kann, den ihm ein in gleicher Tonhöhe erklingender, benachbarter Körper kraft von ihm ausgehender Luftwellen erteilen muß und einzig zu erteilen vermag. Welche Fülle von Beziehungen ergibt sich mit unserem Gegenstande, wenn man etwa MACHs reizvolle Darstellung darüber (1903, S. 20 ff.) liest! Periodik, regelmäßige und unregelmäßige Wiederkehr des Gleichen, die zwar nach entgegengesetzter Richtung gekehrten, aber in sich rückkehrenden Pendelausschläge selber, die Unwirksamkeit oder störende Wirkung eines ihrer Schwingungsträgheit zuwiderlaufenden, unrechtzeitigen Antriebes — all das zeigt, wie tief unsere Anschauungen über Serialität, sogar wo sie sich in hochzusammengesetzten Lebenserscheinungen äußert, in einfachsten physikalischen Vorgängen verankert liegen.

Was die Seriologie für die Physik zu bedeuten hat, wurde in den Kapiteln V—VII ausführlich dargelegt. In lapidaren Sätzen wiederholt, gewinnen wir auf der Suche nach plausibler Erklärung des Gesetzes der Serie eine Erweiterung zweier Gesetze der Mechanik, deren Gültigkeit bisher nur für Bewegungsenergie feststand, auf alle übrigen Energiearten, wie Licht, Wärme, Schwere, chemische Agentien, Elektrizität und Magnetismus. Es ist dies das Gesetz von Aktion und Reaktion, das wir zum Ausbau unserer Ausgleichs-(Imitations-)Hypothese benötigen; und das Gesetz von der Trägheit, dessen wir zur Ableitung allgemeiner Beharrungskausalität der Stoffe und Kräfte bedurften.

Es sei gestattet, hier noch einmal darauf hinzuweisen, wie durch diese theoretischen Erwägungen zwei Ziele in den Bereich des Vorstellbaren gerückt werden, denen die Physik seit langem nachstrebt: erstens die Reduktion aller Energiearten auf Bewegung, so des Lichtes auf schwingende Ätherteilchen, der Wärme auf Molekularbewegung (ich nenne da Theorien, welche die Neigung zur Rückführung auf mechanische Energie beweisen, mögen sie auch in ihrer besonderen Gestalt inzwischen bestritten, erschüttert oder aufgegeben sein); und zweitens die Einbeziehung der Gravitation als den übrigen Energien koordinierte Naturkraft. Wie sehr die Grundlage des Gesetzes der Serie gerade hier mit modernsten Bestrebungen der theoretischen Physik zusammentrifft, wird aus den neuen Untersuchungen von EINSTEIN und GROSSMANN ersichtlich.

Einen weiteren Schritt vorwärts, mindestens in Form einer diskutablen Arbeitshypothese, führt unsere Ansicht über allgemeine Attraktion, die im erreichten Grad der Imitation ihr Maß findet. Gerade wenn der imitative Prozeß des Energietausches sein Ziel erreicht hat und die übrigen energetischen Vorgänge (nach vollendetem Ausgleich ihrer Niveaudifferenzen) ruhen, ist die gegenseitige Anziehung der Körper am stärksten, und zwar von gegensätzlichen, einander zugewandten Polen aus. Begonnen hatte aber die Anziehung schon früher, nämlich von dem Augenblicke an, als der im Gange befindliche Ausgleichsprozeß die in den betreffenden Körpern bestehenden Gleichheiten größer, zahlreicher, stärker werden ließ als ihre Verschiedenheiten; derselbe Ausgleichsprozeß war auch mit Polarisierung der von ihm ergriffenen Körper verbunden. Bis zum gekennzeichneten Momente, da Gleichheit und Verschiedenheit einander noch die Wage hielten, überwog Repulsion: gestattete die Lage nicht, daß die sich abstoßenden Körper tatsächlich auseinandergetrieben wurden, also bei genügender Nachbarschaft setzte nun zwischen ungleichnamigen Polen Attraktion ein und überbot mit fortschreitender Ausgleichung allgemach die Repulsion. Die so zueinander gravitierenden Körper nähern sich nun effektiv, falls es ihre Lage gestattet. Hat die Annäherung ihr Höchstmaß erreicht, so wird bei Aneinanderlagerung die Polverschiedenheit angrenzender Flächen aufgehoben; bei Ineinanderdrängung wird sie umgeschaltet, als ob jetzt gleichnamige Pole innen zusammenstießen. Zum Ineinander statt bloßen Aneinanders kommt es bei Körpern, die einen plastischen (flüssigen, weichen) Zustand entweder besaßen oder bei heftigem Zusammenstoß annahmen. Mit Aufhebung und Umschaltung der Polarität wird auch die Attraktion aufgehoben und in ihren Gegenwert — Repulsion — umgeschaltet. Die Körper — nicht just dieselben, die sich vorhin vereinigten, sondern umgelagerte Anteile des Verschmelzungsprodukts — reißen sich voneinander los und entfernen sich, falls es die Lage erlaubt. Im Maße ihrer Entfernung und dadurch bewirkten Versetzung in veränderte energetische Situationen wird aber das Ergebnis der ehemaligen Ausgleichung aufgehoben, werden neuerliche Verschiedenheiten und neue Repulsivkräfte in den ausgeglichen gewesenen Körpern hervorgerufen; zugleich, falls die Entfernung für ihr Ingangkommen nicht zu groß geworden, neuerliches Einebnen der frisch erworbenen energetischen Potentialgefälle, also Wiederaufnahme des Imitationsverfahrens. In seinem Verlaufe setzt abermalige die Repulsion überbietende Attraktion ein, und so wird das Pendeln zwischen Imitation und Attraktion einerseits, Repulsion und Differenziation andererseits fortgeführt in infinitum.

Im Anschwellen der Massenanziehung, wenn andere energetische Vorgänge abklingen; und schon im Mitspielen der Gravitation, das gerade dort deutlich zu werden beginnt, wo auch sonstige Energien ihr Spiel treiben, ist ein Hinweis gegeben auf äquivalente Umwandlung dieser Energien in Schwerkraft oder umgekehrt: laut J. R. MAYERs Energiesatz, wonach Bewegung sich in Wärme, chemische Energie in Elektrizität usw. verwandeln kann oder umgekehrt. Mit dem empirischen Nachweis dessen, was uns gegenwärtig nur ein hypothetischer Hinweis andeutet, findet aber die Schwerkraft ihren beigeordneten Platz inmitten ihrer Schwesterenergien, nicht außerhalb und abseits von ihnen. Empirischem Nachweis mag dann praktische Ausbeutung folgen: der Traum eines KURD LASSWITZ von den „Zwei Planeten" (S. 106 ff.) mag dann der Wahrheit näher-kommen oder doch die nächste Voraussetzung dazu, die Beherrschung des Luftozeans durch Fahrzeuge, deren Schwere durch Umschaltung der Schwerkraft in Elektrizität oder andere Energie in regulierbarem Maßstabe verringert oder aufgehoben wird. Zeitungsnachrichten brachten — ich glaube im Frühsommer 1914 — schon die Nachricht, der große Wurf sei einem italienischen Ingenieur gelungen. Wird früher oder später zur Wahrheit, was wir vorderhand nur als Sen-sationsmache beargwöhnen müssen — jedoch selbst in dieser verwerf-lichen Eigenschaft als serialen Vorläufer der vollzogenen Tatsache! —, so wird die Umwandlung der Schwere in andere Energie und vice versa den Triumph und die Zukunft des Gesetzes der Serie in der

Technik

herbeiführen.

Die scheinbare Fernwirkung, die bei attraktiven und imitativen Vorgängen so oft zutage tritt, wird von einem neuzeitlichen, freilich selbst noch vielumstrittenen Zweige der Physik ihrer Rätsel entkleidet und dann auch in ihrer technischen Auswertung gefördert werden können: von der Emanationslehre. Nicht ernst genommen in ihrer Ursprungsgestalt als Odlehre des Freiherrn KARL von REICHEN-BACH, hat sie neuerdings durch die Erfahrungen der Radiologie und Wünschelrutenlehre festeren Boden gewonnen und namentlich auf den durch M. BENEDIKT (1915) gewiesenen Wegen Zukunftsbedeutung angenommen. „Viele neue, in ihrer vorläufigen Unverständlichkeit ganz wunderbar erscheinende Strahlenarten sind unterdes entdeckt worden. Wir fangen an, es natürlich zu finden, daß die Stoffe allerlei Stoffteilchen von sich schleudern, Atome und tausendstel Bruch-stücke von Atomen, die Trümmer eines Atomaberglaubens. Sie bilden so eine Dunsthülle um sich, Gasmoleküle werden von ihnen mit märchenhaften Geschwindigkeiten sozusagen abgeschossen: es sind die sogenannten Emanationen" (GILBERT, 1915). Die Aus-strahlungen, Ausschleuderungen sind vollkommen geeignet und dazu ausersehen, die schier unbegreiflichen imitativen und attraktiven Be-einflussungen genügend benachbarter, einander aber nicht notwendig schon berührender Körper auf eine materielle oder, besser aus-gedrückt, energetische Basis zu stellen. Die einander fernen Körper erreichen sich durch ihre Aussendungen winziger Stoffteilchen, mit den spezifischen Energien der ausschickenden Körper beladene Boten, Mittler durch den dazwischenliegenden Raum. Bei Personen mit feinst reagierendem Nervensystem, wie es z. B. die „Rutengänger" sind, gelangen die Emanationen zu oberbewußter Empfindung; und es ist im höchsten Grade bemerkenswert für die von uns geforderten polaren Bedingungen der Attraktion, daß jene Empfindungen dann ebenfalls polar differenziert sind: die „Sensitiven" merken es, ob ihnen das positive oder negative Ende eines Magnetes, Kathode oder Anode einer vom elektrischen Strom durchflossenen Spule zugewendet ist; „sie können im Dunkeln feststellen, ob ein Gegenstand nach dem Süd- oder Nordpol der Erde gerichtet ist, ob ihnen jemand die rechte Hand reicht oder die linke" (GILBERT, 1915).

Als Feld speziellerer Betätigung wird der Serienkunde die

Chemie

offenstehen. Ist doch jede chemische Verbindung das Werk eines energetischen Ausgleichsprozesses und hat die Massenanziehung ihrer Atome und Moleküle zum Endergebnis; umgekehrt ist jede chemische Zerlegung das Ergebnis eines Repulsionsvorganges infolge wieder- gewonnener Eigenart der beteiligten Grundsubstanzen. Die chemische „Verwandtschaft" (Affinität) wird begriffen werden als eine in die allgemeine Massenanziehung (Attraktion) gehörige Kraft; die Chemie als Physik kleinster Teilchen, also der Zusammenhang zwischen Physik und Chemie, Bewegung und Struktur, Verrichtung und Form wird durch jene Einreihung gefördert werden. Die einfache, doppelte, prädisponierende Wahlverwandtschaft, ihre Beeinflussung durch Be- rührung, Verflüssigung, Verflüchtigung, Temperaturerhöhung und Mengenwirkung gewähren das Schauspiel einer ganzen Reihe energeti- scher Austausch- und serialer Häufungsprozesse nebst ihren Um- kehrungen. Ihr umfangreichstes Wirkungsfeld hat aber die chemische Imitation und Attraktion einerseits, Diversion und Repulsion anderer- seits in den Schichten der Erdrinde (und jedenfalls ebenso den uns unbekannten Massen des Erdkernes).

Darin, sowie nicht minder in den mechanischen Umlagerungen der Formationen, beruht die Bedeutung unserer Lehre für die

Geologie und Mineralogie.

Die Ablagerung der geologischen Schichten ist ein ununterbrochenes Serialgefüge: einmal in ihrer Struktur, die mit ihrem Lamellenbau an Jahresringe der Bäume, Wachstumsstreifen der Muschelschalen und Fischschuppen (S. 378) erinnert; hier wie dort bewahrt sie die Kunde von Epochen der Sedimentierung, die mit solchen der Untätig- keit wechseln. Noch darin tragen die geologischen Prozesse seriales Gepräge, daß sich fast gleichbeschaffene Ablagerungen, die nur an ab- weichend gearteten Versteinerungen („Leitfossilien") als ungleichzeitig erkannt werden können, in verschiedensten Zeitaltern wiederholten. Nicht minder endlich gehört hierher die periodische (mit kosmischen

Perioden — Sonnenflecken u. a. — zusammenhängende?) Eruptions-
und Gebirgsbildungstätigkeit, welche Epochen des Erdfriedens
und vorwaltender wässeriger Sedimentierung mit Zeiten ungeheurer
vulkanischer Aufwühlungen und des Auswurfes von Massengesteinen
abwechseln läßt. Noch das Endergebnis der Gebirgsbildung verrät
die Serialität des Vorganges durch erstarrte Wellenzüge einer Anordnung und Häufung, worin einander entsprechende Formen sich
raum-rhythmisch wiederholen.

Die Pseudomorphosen und Kontaktmetamorphosen sind besondere
Erscheinungen daraus, denen wir im Kapitel IX, S. 197 bzw. 199 unser
Augenmerk bereits gewidmet haben. Inwieweit die reihig und sym-
metrisch wiederholten Kristallflächen, -kanten und -spitzen sowie die
Vereinigung der Kristallindividuen in Drusen als morphologischer
Niederschlag vorausgegangener serial-kinetischer Prozesse zu deuten
sind — in Analogie mit Segmentierung, Bilateralität und Radialität
der organischen Formenwelt —, wird eine künftige

Kristallographie

zu erforschen haben; es steht zu erwarten, daß der Bereich solcher
Deutungen ein ungeahnt großer ist.

Hinsichtlich versteinerter organischer Reste, die in den Erd-
schichten abgelagert sind — also in der

Paläontologie

gelten einmal die meisten bio-morphologischen Anwendungsmöglich-
keiten des Serialen: besonders die Entstehung der metameren und
lateralen Gliederung denke ich mir paläontologisch in etwas modifi-
zierter und beschränkterer Weise verfolgbar. Ferner aber — und
darauf ist das Hauptgewicht zu legen — äußert sich in den Entwick-
lungsbahnen der Tier- und Pflanzenstämme, wie sie uns durch die
fossilen Dokumente bezeugt werden, eine gewisse Wiederkehr des
Gleichen: so das Beginnen mit kleinen Gestalten, dann eine
Epoche der Riesenentwicklung und schließlich Rückkehr
zum Zwergenwuchs (Foraminiferen, Reptilien, Dickhäuter, Ein-
hufer, Primaten wahrscheinlich einschließlich des Menschen; Algen,
Bärlappe, Schachtelhalme, Farne). Die Abgrenzung großer geo-
logisch-paläontologischer Entwicklungsperioden nach RAM-
SAY, STEINMANN und K. C. SCHNEIDER (1911) darf wohl als
potenzierte Weiterführung, als höher dimensionierter Überbau der
kürzeren Perioden im individuellen Leben und demjenigen einiger
weniger Generationen aufgefaßt werden. Ein beredtes Anzeichen für
die grundsätzliche Richtigkeit dieser Umgrenzungen äußert sich im

Gleichlaufen der Forschergedanken, die hier zur Annahme erdgeschichtlicher, wie — in der Form der früher wiedergegebenen BREYSIGschen Lehre (S. 402) — zur Annahme „weltgeschichtlicher" Stufenperioden und Pendelschwingungen geführt haben.

Eines eigenen Nachweises, daß die Serienkunde durch Vermittlung ihrer Grundlagen, der Beharrungs-, Imitations- und Attraktionshypothese auch in der

Geographie

Früchte tragen wird, bedarf es nach allem vorausgegangenen kaum mehr: sind doch Geologie (als Geognosie), Biologie (als Bio-Geographie oder Lehre von der geographischen Verbreitung der Lebewesen), Ethnologie (als Ethnographie), Anthropologie, Archäologie, ja selbst Historik und Linguistik Hilfs- und Teilwissenschaften einer allgemeinen Erdkunde, die zum guten Ende das für gewöhnlich „Geographie" genannte Sammelgebiet bereits selber zusammensetzen und bei denen wir den geforderten Nachweis bereits geführt haben. Bliebe nur noch anzugeben, daß innerhalb der eigentlichen Länderkunde, politischen Geographie und Topographie in zeitlicher und räumlicher Folge menschlicher Niederlassungen, in Orts- und Landesnamen, im Verlaufe politischer Grenzen, Handelszonen u. dgl. sicher eine reiche Fundgrube serialer Momente vorhanden ist. Einzelheiten in dieser Beziehung anzuführen, bin ich augenblicklich nicht in der Lage; dazu reichen meine Kenntnisse nicht, und es ist auch nicht meine Aufgabe.

In den chemischen und mechanischen Umlagerungen der festen Gesteinsmassen hatten wir seriale Erscheinungen der Geologie vorgefunden; in ebensolchen Umlagerungen der gasförmigen und flüssigen Massen innerhalb der Luft- und Wasserhülle erblicken wir seriale Momente der

Meteorologie.

Was sich als Blitzschlag der atmosphärischen Elektrizität entladet, als Sturmwind ein Gefälle zwischen Maximum und Minimum atmosphärischen Druckes zum Ausgleich bringt: das sind lauter Imitationsprozesse in unserem Sinne, die von Attraktion und Beharrung gefolgt werden. Ist diese ihre Bedeutung, die ihnen einen Platz innerhalb der Seriengesetzlichkeit anweist, erst einmal erkannt, dann wird die Sicherheit im Vorhersagen der Witterung eine ganz andere, größere werden können, selbst ehe noch die Meteorologie den unmeidbaren, entscheidenden Schritt von bloßer Beobachtung zu experimenteller Untersuchung vollzieht.

Die Entstehung der Wolkenformen unterliegt serialen

Bildungsgesetzen: wer hätte nicht schon Vergleiche angestellt zwischen Wolken und Dingen der Erdoberfläche — Bergen, Burgen, Schiffen, Menschen und ihren Gesichtern, Tieren, vorweltlichen Ungeheuern? Sind diese Ähnlichkeiten „zufällige"? Oder sind sie Imitationsprozessen zwischen jenen wässerigen Gebilden der Lufthülle und den festen Gestalten der Erdrinde zu danken? Wohl keins von beiden, und letzteres wenigstens nicht in merklichem, formgebendem Maße. Aber dieselben formenden Kräfte sind es, die überall reihige und symmetrische Gebilde schaffen; derselbe Bildner, dieselbe schaffende Energie aber muß wirken, daß auch die Endformen ähnlich ausfallen: so hier in der irdischen, so dort in der atmosphärischen Landschaft.

Zum Schluß des Reigens der Spezialwissenschaften kommen wir nun aber in ein Gebiet, das im Gegensatze zu allen bisherigen interessanterweise von der Serienkunde kaum mehr etwas lernen kann: aus dem einfachen und einzigen Grunde, weil ihr gesamtes Rüstzeug — Anziehung und Beharrung — dort von jeher zu Hause war, beobachtend und rechnerisch verwertet wurde. Dies Gebiet ist die

Astronomie:

und es ist bezeichnend genug, daß wir von „astronomischer" Kenntnis eines Vorganges sprechen, wenn wir ihn physikalisch und mathematisch restlos begriffen haben; und daß solch vollkommene Kenntnis just eben in derjenigen Naturwissenschaft erreicht wurde, die als einzige sich die Methoden der Serienforschung zu eigen gemacht hat. Geschah das zwar ohne klares Bewußtsein davon, daß dieselben Gesetzmäßigkeiten, nach denen die Gestirne ihre Bahnen im Weltraum durchlaufen, auch bei dem unscheinbarsten Kleingeschehen des einzelnen Himmelskörpers wirksam sind — und zwar wirksam als Einheit von Imitation Attraktion und Beharrung, mit welchen Namen nicht drei isolierte, unabhängige Gesetzlichkeiten begriffen werden dürfen, sondern ein einziges Gesetz der Beharrungskausalität oder Serialität —: so ist trotzdem die Astronomie mit ihren Phasen, Perioden und Periodenzirkeln, die sie fortwährend beschäftigen, der Entdeckung des kosmischen Seriengesetzes weitaus am nächsten gekommen. „Nicht nur die Freude an praktischen Erfolgen," sagt SWOBODA (1904, S. VIII), „macht die Periodenlehre der Astronomie vergleichbar, sondern auch jene Exaktheit, derentwegen die Astronomie ein solches Ansehen genießt. Wunder genug, daß die Menschen längst die genaueste Kenntnis vom Kreisen der fernen Gestirne hatten, ehe ihnen eine Ahnung von den Bewegungen im eigenen so nahen Innern aufdämmerte." So sagt auch HAVELOCK ELLIS: „Männer haben unendlichen Scharfsinn bei Erforschung der viel ferner liegenden Perioden des Sonnensystems und der Periodizität der Kometen entwickelt, haben es aber verschmäht, sich mit der viel einfacheren (?) Aufgabe des Nachweises oder Nichtnachweises der regelmäßigen Wechsel in ihrem eigenen Organismus zu beschäftigen."

Abgesehen von physikalisch-mechanischen Tatsachen, wie Gravitation und Beharrung, bedient sich die Astronomie zur wissenschaftlichen Systemisierung dessen, was sie mit ihren Beobachtungsinstrumenten wahrnimmt, der

Mathematik.

Dem Verhältnisse zwischen Seriologie und Mathematik ist das ganze Kapitel VIII gewidmet: dort möge entnommen werden, inwiefern auch diese Wissenschaft von serialen Problemen beeinflußt, ja geradezu durchsetzt ist, und inwiefern andrerseits das seriale Geschehen in manche Gebiete der Mathematik, wie insbesondere in die Wahrscheinlichkeitsrechnung (CZUBER, MARBE) noch zu wenig eingesetzt ist. Im allgemeinen aber gilt von der Mathematik in wenig geringerem Umfange, was von der Astronomie behauptet wurde: die Serialität ist dort neben der gewöhnlichen Kausalität längst als herrschendes Prinzip hervorgetreten. Aber zur Entdeckung des universell-serialen Naturgesetzes fehlte es in der Mathematik nicht, wie in der Astronomie, an notwendiger Verallgemeinerung der dort spezieller gewonnenen Erkenntnis; sondern es fehlte eher an befestigter Einsicht, daß dem, was Zahlen (man denke nur an die Serie der Primzahlen, S. 187) abstrakt kundgeben, konkrete Vorkommnisse in der Natur entsprechen müssen. Man ist seit jeher bemüht, für Naturwirklichkeiten die mathematische Formel zu suchen; viel weniger ist man gewohnt, umgekehrt für mathematische Ausdrücke nach dem zugehörigen Realgeschehen zu fahnden. Wäre solches mit den serialen mathematischen Bildern öfter unternommen worden, so hätte uns das Gesetz der Serie längst schon physikalisch vor Augen treten müssen.

Wir sind damit an der Basis der COMTE-OSTWALDschen Wissenschaftspyramide angekommen, bei der Ordnungs- oder allgemeinen Wissenschaftslehre,

Logik.

Es ist gewiß, daß unser logisches Denken, das sich allzu ausschließlich in Richtung der Berührungskausalität zu bewegen gewöhnt hat, von dieser Fessel befreit, demgemäß umgestaltet und bereichert werden muß. Eine derartige Forderung begegnet natürlich einer Schwierigkeit und einer Gefahr: der Schwierigkeit, daß vorerst alles, was den denkgewohnten Bahnen im Rahmen der Berührungskausalität nicht gerecht wird, als „unlogisch" empfunden und wissenschaftlich abgelehnt, aus der Ordnungswissenschaft ausgestoßen werden wird. Demgegenüber haben wir eben geltend zu machen, daß nicht alles, was heute als „Unlogisch Denken" bezeichnet wird, diese Benennung verdient; es sollte oft statt dessen bescheidener heißen: „Ungewohnt Denken"! Die Gefahr jedoch besteht darin, daß unsere Forderung und namentlich unser letzter Ausspruch von den Mystikern reklamiert bzw. von den Vertretern kausaler Wissenschaft der Mystik und Metaphysik, dem Reich des Übersinnlichen und Übernatürlichen zugeschoben werden wird. Demgegenüber haben wir — wie schon wiederholt (vgl. S. 11, 101) — ausdrücklich zu betonen, daß wir die „Wissenschaft" der Metaphysik nicht in die Zahl jener Wissenschaften aufnehmen wollen, mit denen, wie wir hoffen, die Serienlehre jetzt und dereinst zu tun haben wird; ja daß wir im strikten Gegenteile das vorliegende Werk in der Absicht geschrieben haben, die Serialerscheinungen, welche im Aberglauben schon jetzt eine Rolle spielen und früher oder später von einer noch weit stärkeren mystischen Gloriole umgeben worden wären, dem Bereiche der Mystik abzugraben, um sie fürs helle Licht der exakten Wissenschaften zu retten.

Dasjenige nun, was dem gewöhnlichen kausalen Denken hinzuzufügen und als ebenfalls „logisch" einzugliedern ist, damit die logische Ordnung unseres gesamten Tatsachenschatzes ein der Wahrheit näherkommendes Weltbild ergeben kann, besteht eben im Beharrungskausalen oder Serialen. Die Notwendigkeit derartiger denkerischer Umgewöhnung ist den Forschern bereits zur Gewißheit geworden, die noch nicht bis zur Feststellung des Serialitätsprinzips in unserem weitesten Sinne vorgegangen waren, sondern sich zunächst mit dem Nachweise des Periodizitätsprinzipes begnügt hatten. Zahlreiche Sätze aus den Werken von FLIESS, SCHLIEPER und SWOBODA bezeugen dies; ich will es mir nicht versagen, einige davon wörtlich zu zitieren; meist sind sie schon in den Vorworten enthalten — ein Beweis dafür, wie sehr ihre Verfasser genötigt waren, ihre Überzeugung von der Reformbedürftigkeit der Wissenschaftslehre gleich als Grundstein an den Anfang zu stellen. Denn so wie jetzt, ist „die Wissenschaft überhaupt keine erbauliche Sache" (SWOBODA, 1904, S. IX). Und „die absolute Unfruchtbarkeit dieser Methode, welche mit dem Elementarsten beginnt, um zum Komplexen überhaupt nie zu kommen, ist nicht mehr wegzuleugnen" (ebenda, S. V). „Ein Gesetz, das uns ständig umgibt, das sich in leicht faßlicher Form auf die beiden irdischen Mächte, den Tag und das Jahr bezieht, sollte übersehen worden sein! Und zugleich mit der Frage, warum so unbegreiflich lange Zeit Unkenntnis bestanden hat, taucht die andere Frage auf, wie sich in Zukunft die Methode der irrtümlichsten und entlegensten Lösungen vermeiden lasse" (SCHLIE-

PER, S. 5). „Eine neue Bewertung des Denkens ist erforderlich geworden. Durch die Mittel dieses Denkens: Abgrenzen, Zusammenfassen, Vergleichen, Zählen, ist die Arbeit der Natur enthüllt worden, die ganz ebenso vor sich geht. Wie in den menschlichen Kunstwerken, sofern sie Symmetrie und Rhythmus enthalten, ein Stück wesentlicher Natur liegt, ein Stück Projektion unseres organisierten Körpers: ebenso enthält die tierische Psyche (kann ruhig heißen: die Gesamtnatur! — Ref.) das im innersten Grunde natürliche Prinzip des Scheidens und Vereinigens" (SCHLIEPER, S. 156).

Wüßte man nicht, SCHLIEPER habe hier nur die Perioden gemeint; nach seinen aus dem übrigen Zusammenhang gelösten Worten müßte man annehmen, er habe den höheren Begriff der Serien samt ihren Fundamenten umspannen wollen: denn „Abgrenzen", „Scheiden", das ist unsere Repulsion; „Zusammenfassen", „Vereinigen" ist gleich unserer Attraktion mit der Bildung von Zeit- und Raumserien in ihrem Gefolge; „Vergleichen", Ausgleichen, darin besteht, was wir uns unter den Imitationsprozessen vorgestellt haben; zu „Zählen" sind schließlich die Einzelglieder der von den Imitations- und Attraktionsprozessen fertig geschaffenen Serien und Perioden selber. In dem sicheren Gefühle, mit meinen Ansichten nicht mehr ganz allein zu stehen, darf ich deshalb um so eher die gegenwärtige Revue der Wissenschaften mit dem Satze von SWOBODA (1904, S. III) beschließen, „daß sich meine Schrift nicht an diejenigen wendet, deren wissenschaftliche Tätigkeit darin besteht, die von anderen gefundenen Ergebnisse zu registrieren und zu kritisieren; sondern an alle diejenigen, welche begierig zusammenströmen, wenn der Schleier der Natur irgendwo einen Riß bekommt, und sich mit freudigem Eifer an der Erweiterung dieses Risses beteiligen — die also nicht glauben, dem Autor einen Gefallen zu erweisen, wenn sie seine Meinung anerkennen, sondern die sich selber zu Gefallen an die Probleme herantreten. Diese werden es mir keineswegs verübeln, wenn ich gelegentlich nicht alle Konsequenzen gezogen habe, die in meinen Aufstellungen eingeschlossen lagen, wenn ich überhaupt nicht den Ehrgeiz gezeigt habe, alles selber machen zu wollen."

Namentlich das Letzterwähnte muß auch unserer Wanderung durch die Sonderwissenschaften vom Standpunkte des Serialen sehr zugute gehalten werden: wie flüchtig sie ausfiel, dessen bin ich mir vollauf bewußt; jedoch insofern nicht in Demut, sondern in Stolz bewußt, weil jede dieser Wissenschaften, im Lichte der Serialität umgepflügt und durchgebaut, für sich allein stattliche Bände füllen müßte und hoffentlich auch füllen wird. Das aber ist ein Unternehmen, welches selbstverständlich nicht von einem einzelnen geleistet werden kann, sondern jeweils nur von einem Fachmann des betreffenden Gebietes, der das Wesen des Serialen zu seinem geistigen Besitz gemacht hat und es fruchtbringend in seine ureigenste Wissenschaft überträgt.

Was noch einmal unsere Übersicht anbelangt, so fehlen in ihr zwei vollwertige Wissenschaften ganz: die Erkenntnistheorie und die Ästhetik. Mit gutem Grunde widme ich dem Verhältnis der Serialität zur ersteren den nächsten besonderen Abschnitt in seiner Gänze; das seriale Moment in der Schönheitslehre dagegen wird seinen Platz im folgenden Kapitel finden, worin die gestrenge Wissenschaft der schönen Kunst weichen soll; besser mit dieser als mit jener verträgt sich die Ästhetik, beider Blendlingsprodukt.

2. Serien und Erkenntniskritik

Bei Betrachtung einer Wirklichkeit, worin neben der Berührungskausalität (Kausalität im engeren, denkgewohnten Sinne) nicht zugleich die Beharrungskausalität (Serialität) in Rechnung gestellt wurde, sind Irrtümer der Erkenntnis unvermeidlich. Wohl der elementarste dieser Irrtümer besteht in falscher Beurteilung von Häufigkeitsverhältnissen: fällt die Beobachtung gerade mit der Phase einer serialen Häufung der beobachteten Erscheinung zusammen, so wird leicht auf Konstanz ihrer so großen Häufigkeit geschlossen werden; dem umgekehrten Trugschluß wird der Forscher zum Opfer fallen, wenn er seine Beobachtungen während eines Intervalles zwischen zwei Serien anstellt, worin die zu erforschende Erscheinung sehr selten oder gar nicht auftritt.

Ein Beispiel aus dem Leben wird das Gesagte sogleich anschaulich machen: ich habe nicht besonders viele persönlich Bekannte; aber natürlich treffe ich sie serienweise. Oft wochenlang niemand, dann wieder muß ich bei ein und demselben Gang auf der Straße fast ununterbrochen grüßen und — just wenn ich große Eile habe — sogar stehen bleiben. Als geeigneten Fall, um die erwähnte Irrtumsmöglichkeit daran zu demonstrieren, lernte ich das Vorkommnis kennen, als einst ein mich begleitender Freund (Dr. L. SP.) ausrief: „Hast du aber viele Bekannte!" Er war in eine Bekanntenserie hineingeraten und mußte unablässig den Hut ziehen, wenn auch ich grüßte; und er zögerte nicht, diejenige Folgerung daraus abzuleiten, wie sie der Tatbestand bei ausschließlicher Beachtung denkgewohnter Kausalität eben fast zwangsläufig macht.

Nur sehr lange fortgeführte und sehr oft wiederholte Beobachtun[g] vermochte schon ohne Kenntnis serialer Gesetzmäßigkeiten vor jene[n] quantitativen Grundirrtum einigermaßen zu behüten. Das bisher Gesagte soll uns daher zunächst nur als Mahnung dienen, die Beobachtungen wirklich bis zu jenem Punkte fortzusetzen, der den Wechsel von serialen Häufungen und Leergängen, von „Bewegungs-" und „Ruheserien" (Kap. III) zu überblicken gestattet. Freilich wird in Unkenntnis der Serialität nicht leicht zu beurteilen sein, wann im einzelnen Falle solch ausreichende Übersicht gewonnen wurde; und außerdem wird immer wieder versucht werden, die seltsame Ungleichmäßigkeit in der Verteilung nur auf ihre Sonderursachen zurückzuführen oder sie unter Verzicht auf jede eigentliche Erklärung als „Zufall" zu betrachten. Ist vollends lange Durchverfolgung der Beobachtungen untunlich, dann bleibe immer der Vorbehalt aufrecht, gelte der Einwand als unwiderlegt, daß zumindest über die Quantität der zu ergründenden Erscheinung ein bindendes Urteil noch nicht abgebbar sei. Neben dem quantitativen Grundirrtum unterliegt der in Unkenntnis der Serien arbeitende Forscher überdies der Gefahr qualitativer Irrtümer; um die mannigfachen Gelegenheiten hierzu darzulegen, müssen wir erkenntniskritisch und logisch etwas weiter ausholen.

Der bisherigen Erkenntnistheorie war es bekannt, daß zeitliche und ursächliche Folge nicht ein und dasselbe sind: weil zwei Ereignisse aufeinander folgen, muß das in der Zeit vorangehende nicht die Ursache des angrenzenden späteren Ereignisses sein. Trotzdem diese Einsicht der wissenschaftlichen Theorie niemals fremd war, ist sie in der wissenschaftlichen Praxis von jeher gerne außer acht gelassen worden: besonders in denjenigen Wissenschaften, die mit bloßer Beschreibung und Vergleichung des Beschriebenen arbeiten, statt sich willkürlicher Schaffung und Abänderung der Ablaufsbedingungen zu bedienen, begegnet man der Verwechslung von temporären und kausalen Beziehungen auf Schritt und Tritt. In der Logik ist diese Verwechslung respektive Vernachlässigung dieses Unterschiedes eigens als „post hoc — propter hoc" benannt.

Stellt sich heraus, daß zwei aufeinanderfolgende Ereignisse sich nicht direkt hervorrufen, so sind sie (nach bisheriger Vorstellung) entweder von einer dritten Ursache gemeinsam bedingt oder jedes hat seine besondere Ursache. Im ersteren Falle kehrt die Aufeinanderfolge der beiden Ereignisse immer wieder, so oft ihre gemeinschaftliche Ursache einsetzt; im letzteren Falle ist zu unterscheiden, ob die besondere Ursache des einen und die des zweiten Ereignisses voneinander unabhängig oder derart abhängig sind, daß sie ihrerseits stets zusammen eintreffen. Hier bleibt die Verknüpfung der beiden uns interessierenden Ereignisse gerade so regelmäßig bestehen, als wären sie nur durch eine einzige Ursache hervorgerufen; dort dagegen wird von einer regelmäßigen, häufig beobachteten Wiederholung der beiden Ereignisse keine Rede sein, und wenn sie ja einmal aufeinander folgen, so wird es uns als „Zufall" erscheinen.

Hierzu ein Beispiel: von der Kurhausterrasse blicken wir zur Promenade hinab; um 4 Uhr erscheint Fräulein X, etwa eine Stunde später Herr Y.

1. Herr Y interessiert sich für die Dame und kommt zur Promenade, weil er bestimmt weiß, sie um jene Stunde bereits anzutreffen. Das Erscheinen des Fräulein X ist die Ursache des darauffolgenden Erscheinens von Herrn Y.

2. Beide kommen hin, um der Kurkapelle zuzuhören: die Musik ist gemeinsame Ursache, die sie häufig zusammenführen wird, ohne daß sie voneinander zu wissen brauchen.

3 a. Fräulein X kommt früher, weil sie sich mit einer dritten Person verabredet hat: Herr Y später, weil er ein langes Nachmittagsschläfchen hält. Jedes der beiden Ereignisse ist durch eine besondere, unabhängige Ursache bedingt, das zeitliche Aufeinander bloßer Zufall.

3 b. Fräulein X kommt früher, weil sie noch die helle Sonne genießen will, Herr Y später, weil er mehr den kühlen Abend liebt. Jedes der beiden Ereignisse ist zwar durch eine besondere, aber von der anderen abhängige Ursache bedingt: auf den hellen Tag folgt stets der kühle Abend und bringen deshalb regelmäßig dieselbe Wirkungsfolge (stets zuerst das Fräulein, dann den Herrn) mit sich.

4. Wie aber, wenn Fräulein X um 4 Uhr kommt, weil zu dieser Stunde im Promenadencafé ganz frisches Zuckergebäck serviert wird; Herr Y um 5 Uhr, weil er die Fünfuhrausgabe einer Tageszeitung lesen will? Hier sind die beiden Ursachen unabhängig und bringen trotzdem eine regelmäßige, nicht zufällige Verknüpfung ihrer Wirkungen hervor. Sie tun dies, weil sie ihrerseits regelmäßig zeitlich aufeinanderfolgen — ein Fall, den wir in der abstrakten Darlegung nicht eigens vorgesehen haben und jetzt im konkreten Exempel nachtragen: es ist ja nämlich selbstverständlich (und Anführung von Selbstverständlichkeit würde ein abstraktes Schema zu sehr komplizieren), daß jede Ursache ihrerseits als Wirkung einer noch weiter zurückliegenden Ursache betrachtet werden kann; dann aber fällt unsere in Rede stehende, vierte Kombination je nachdem in Rubrik 1, 2, 3 a oder 3 b, am wahrscheinlichsten wohl in 2, da der geordnete Betrieb des Kurortes eine gemeinsame Ursache dafür abgibt, daß das Kaffeehaus gerade um 4 Uhr in den Besitz frischen Backwerkes und um 5 Uhr in denjenigen des Abendblattes gelangt. —

Die bisher geltende, erkenntnistheoretische Anschauung erstreckt

sich bestenfalles auf richtige Unterscheidung von Ursachen-
und Häufigkeitsverhältnissen (Kausalitäten und Korrelationen),
obschon die Verwechslung dieser zwei grundverschiedenen Beziehungen
noch öfter begangen wird als das einfache „post hoc — propter hoc".
Man kann zeitliche und räumliche Korrelation unterscheiden: die
Diskussion der zeitlichen Korrelation fällt mit dem jetzt bereits
erörterten zusammen und braucht uns nicht mehr zu beschäftigen; im
Gegensatze zu diesem ungleichzeitig aufeinanderfolgenden Zusammentreffen zweier oder mehrerer Ereignisse ist dann die räumliche Korrelation (auch wohl Korrelation im engeren und eigentlichen Sinne)
als gleichzeitiges Zusammentreffen zweier oder mehrerer Ereignisse
oder Zustände zu definieren. Darin aber stimmen die Korrelation des
Miteinander und des Nacheinander überein, daß ein Ereignis das andere
nicht unmittelbar wirkungsgemäß bedingen muß; sondern korrelierte
Ereignisse können durch eine gemeinsame Ursache oder einen gemeinsamen, seinerseits zusammenhängenden Ursachenkomplex bedingt sein,
der hinter dem von uns wahrgenommenen Erscheinungskomplex steht,
wovon er sich — in seinen Einzelbestandteilen nicht mehr direkt verknüpft — abhebt.

Sind dagegen die gleichzeitig wahrgenommenen, zusammen vorkommenden Ereignisse oder Zustände jedes für sich durch eine besondere unabhängige Ursache bedingt, dann würde es sich wohl empfehlen, nur von Scheinverknüpfung oder Pseudokorrelation zu
reden; die Vernachlässigung dieses Umstandes hat zu schweren Ver-
wirrungen Anlaß geboten, beispielsweise in der Vererbungslehre. Als
sich herausstellte, daß gewisse erbliche Merkmale, die man gewöhnlich
in ein und demselben Individuum beisammen antrifft (so die bei der
Zeugung unbeteiligten äußeren Geschlechtsmerkmale), durch planmäßige Züchtung derart getrennt werden können, daß sie nunmehr
einzeln auf verschiedene Individuen verteilt erscheinen: da behauptete
man (z. B. LANG), der biologische Korrelationsbegriff befinde sich in
voller Auflösung. Man übersah dabei, daß Trennbarkeit eines Zusammenhanges kein Beweis dafür ist, daß überhaupt kein Zusammenhang vorhanden war; sowie zweitens, daß die Aufgabe zu lösen verbleibt, nach unserem dargelegten, logischen Kriterium nun auch
empirisch die echten und die nur scheinbaren Korrelationen zu scheiden.

Die begriffliche Trennung von Kausalität, Korrelation und Pseudokorrelation wird durch Weiterführung unseres früheren Beispieles erleichtert werden. Abermals befänden wir uns auf unserem
Beobachtungsposten der Kurhausterrasse und blickten auf die Promenade hinab. Punkt 4 Uhr begegnen einander dort das Fräulein X und
Herr Y.

1. Fräulein X und Herr Y gaben sich ein Stelldichein; zwischen ihrem Erscheinen besteht das Verhältnis der direkten Kausalität.

2a. Fräulein X und Herr Y gehen zur Kurmusik, die um 4 Uhr beginnt und deren Anfang sie nicht versäumen wollen; zwischen beider Erscheinen besteht das Verhältnis der Korrelation auf Grund gemeinschaftlicher Ursache — wenn man will ein Verhältnis indirekter Kausalität.

2b. Herr Y geht zur Kurmusik, Fräulein X kommt zur Promenade, um sich den dort entfalteten Toilettenaufwand anzusehen. Zwischen beider Erscheinen besteht Korrelation auf Grund gemeinsamen, in sich abhängigen Ursachenkomplexes.

3. Herr Y ist ein neuer Kurgast, eben von der Bahn gekommen und will sich nach Unterbringung seines Gepäckes im Hotel erst einmal das Leben und Treiben des Kurortes ein wenig ansehen. Fräulein X macht einen Spaziergang und passiert den Promenadeplatz auf dem Wege zum außerhalb liegenden Wald. Das Zusammentreffen ist ein pseudo-korrelatives, geschah durch getrennte, unabhängige Ursachen; durch Ausbleiben regelmäßiger Wiederholungen wird sich bald herausstellen, daß zwischen Erscheinen des Fräulein X und demjenigen des Herrn Y keine echte Korrelation bestand. —

Aus dem Gesagten geht hervor, daß die als wissenschaftliches Ziel geforderte Unterscheidung von Korrelation und Kausalität, ferner zwischen echter und Scheinkorrelation, von manchen wissenschaftlichen Methoden nicht geleistet werden kann. Zumal die Statistik kann nie beurteilen, ob die von ihr gefundenen Zahlenverhältnisse kausal oder bloß korrelativ zu bewerten sind: sie verliert dadurch nicht ihren Wert, wofern sie sich dieser Beschränkung und ihres Ranges als vorbereitende Zurichtung des Materiales für wahre Ursachenforschung bewußt bleibt. Die Entscheidung zu treffen, ob in Häufigkeitsverhältnissen ursächliche Bedingtheiten gegeben sind oder nicht, dazu ist eigentlich nur das Experiment berufen; und wo sich das Material der experimentellen Behandlung als unzugänglich erweist, wie in der menschlichen Bevölkerungslehre und Staatswissenschaft, da müßte es weiter heißen: „Ignorabimus!", wenn uns nicht — abgesehen vom Analogieschluß aus experimentellen Gebieten — die Lehre von den Serien und Perioden neue Ausblicke und wahrscheinlich auch neue gesicherte Erkenntnisse zu erwerben gestattete. —

Die Darlegung des gegenwärtigen Abschnittes bewegte sich ja überhaupt noch durchaus im Rahmen der bisher geltenden Anschauungsweise. Nun durften wir aber durch Feststellung der Serialität darüber hinaus erfahren, daß es simultan und sukzedan gehäufte Ereignisse gibt, die weder in den bislang ausschließlich berücksichtigten Rahmen unmittelbarer Kausalität noch in denjenigen zeitlicher und räumlicher Korrelation hineinpassen. Simultane und sukzedane Zusammentreffen, die stets in derselben Verbindung auftreten, sich regelmäßig in ihr wiederholen, ohne daß eine von den bisher aufgezählten Möglichkeiten gültig ist: weder ist das eine Ereignis Ursache des nächsten (kausale Verknüpfung), noch sind alle durch eine einzige Ursache verbunden, noch auch drittens von einem in sich abhängigen Ursachenkomplex (korrelative Verknüpfung). Nur eine gemeinschaftliche Ursache ist da; die ist aber ganz unspezifisch und bleibt immer dieselbe, mögen die auf ihrer Basis zusammentreffenden Ereigniswiederholungen noch so mannigfaltig sein: die Beharrung. Das fällt aber nicht mehr ins Bereich des denkgewohnten ,,post hoc — propter hoc"; auch nicht in dasjenige eines ergänzenden ,,cum hoc — propter hoc"; sondern erfordert eine besondere Umgewöhnung im Denken und Handeln: eine Umgewöhnung, die der Tatsache Rechnung trägt, daß die regelmäßige Wiederholung weder eine kausal oder korrelativ bedingte, noch selbstredend (da sie regelmäßig ist) eine ,,zufällige" zu sein braucht. Diese neue, das heißt bisher unbeachtet gebliebene Form der Häufung ist die seriale, die nunmehr dem erkenntnistheoretischen Besitzstand und erkenntniskritischen Rüstzeug einzufügen und in jeder Einzelwissenschaft, wie künftig im alltäglichen Leben, sorgfältig zu handhaben sein wird.

Um auch das wieder aus der abstrakten in konkrete Sprache zu übersetzen, sei die entsprechende Variation unseres bereits zweimal (als es galt, zeitliche und räumliche Korrelation von Kausalität unterscheiden zu lehren) benützten fiktiven Beispieles aufgestellt.

Fräulein X und Herr Y treffen heute beide auf der Kurpromenade ein; sie um 4 Uhr, er entweder gleichfalls um 4 Uhr oder später, sagen wir 5 Uhr. Morgen geschieht dasselbe, höchstens mit geringen Abweichungen; übermorgen wieder und vielleicht noch mehrere Tage so fort. Forschen wir nach den Gründen, so stelle sich folgendes heraus: Fräulein X und Herr Y kennen einander noch nicht; am ersten Tage kamen sie der Kurmusik wegen hin, er später, weil er lange Siesta hielt; am zweiten Tage konnte Fräulein X nicht erwarten, ihren neuen Hut zu zeigen; Herr Y dagegen war auf dem Wege ins Café, um die Abendblätter zu lesen; am dritten Tage hatte sich Fräulein X mit einer Freundin verabredet, Herr Y aber kam dann, weil Fräulein X seine Aufmerksamkeit erregt hatte und er nun schon wußte, daß sie um 5 Uhr dort promeniere (hätte er gewußt, daß sie dies schon seit 4 Uhr tue, so wäre er vielleicht früher hingekommen); am vierten Tage endlich findet Herr Y Gelegenheit, Fräulein X vorgestellt zu werden, und von nun ab mögen die weiteren Wiederholungen in die Bahn gleichbleibender Berührungskausalität einlenken.

Zuerst aber herrscht weder diese unmittelbare Kausalität (kein Glied der Serie geht unmittelbar aus dem anderen hervor); noch herrscht mittelbare Kausalität oder Korrelation (die Serienglieder gehen auch nicht aus einer gemeinsamen ursächlichen Grundlage hervor, sondern jedesmalige Wiederholung wird von neuen, unabhängigen Ursachen geschaffen); als Zufall erscheint das wiederholte Zusammentreffen ebensowenig, da seine Häufigkeit dagegen spricht — man müßte denn in banaler Weise von einem „besonders merkwürdigen" Zufall sprechen. Wie ziemlich zu Beginn des Buches (S. 35) dargelegt, ist solch eine Beurteilung schon im Alltag mißbräuchlich, um wie viel mehr in der Wissenschaft; es bleibt also zwischen den sich wiederholenden Gliedern des Ereignisses (Zusammentreffen des Fräulein X mit Herrn Y in gleichbleibenden Intervallen) einzig das Verhältnis der Serialität übrig.

Ein anderes, nicht erdachtes, sondern der Natur entnommenes Beispiel ist folgendes:

100.   Im Frühjahr und Sommer 1915 bestand bei uns die Gepflogenheit, mit einer Nachbarsfamilie (H.-W.) Sonntags spazieren zu gehen, und zwar gegen Abend, nachdem die zeitigeren Nachmittagsstunden im Zimmer oder Garten verbracht waren. Das Ziel war immer ein Ringelspiel und hohe Schaukeln nahe dem „Himmelhof" in Ober-St.-Veit (Wien). Plötzlich hörten die Spaziergänge auf: nicht weil man ihrer überdrüssig war; ebensowenig weil man ihrer vergaß — im Gegenteil, immer hieß es: wie schade, heute können wir unseren gewohnten Spaziergang wieder nicht ausführen; auch bestand kein bestimmter, dauernd wirksamer Verhinderungsgrund. Sondern jedesmal war es eine andere Ursache, die ihn unterbleiben ließ: beim ersten Male Regenwetter; beim zweiten Male das Fußleiden einer daran teilnehmenden Dame (Frau A. H.); beim dritten Male war der kurze Spaziergang durch einen längeren Ausflug mit ferner gelegenem Ziel ersetzt; beim vierten Male zog man vor, im kühlen abendlichen Garten mit Bogen und Pfeil nach der Scheibe zu schießen. Von da ab notierte ich die Sonderursachen nicht mehr; es gab auch nichts mehr, was ich hätte notieren können; denn die Spaziergänge zum Volksbelustigungsort beim Himmelhof waren gänzlich außer Gebrauch gekommen und nun wirklich in Vergessenheit geraten oder in Ungnade gefallen. Diese darf von da an als fortwirkende Ursache der weiteren unterbliebenen Sonntagsgänge bezeichnet werden — eine gemeinsame ursächliche Basis, die vorher vollkommen gefehlt hatte, durch serial eintretende Sonderursachen ersetzt und für den Fernestehenden, der den Vorgang und Wechsel beobachtet hätte, wohl auch vorgetäuscht worden wäre. Schließlich aber lenkte die Serialität in gewöhnliche Kausalität hinüber.

Im fiktiven wie im realen Beispiel war hier von „Einlenken der Serie in gewöhnliche Kausalität" die Rede. Über die Art und Weise, wie ein Serienlauf zum Abschlusse gelangt, muß überhaupt einiges nachgetragen werden. Schon in Kapitel III, S. 58, sprachen wir nämlich vom „Abbrechen" der Serien und verwiesen hinsichtlich des näheren auf die gegenwärtige Stelle. Nun erlischt der seriale Gesamtverlauf, wie gleichfalls wiederholt (S. 55, S. 60) hervorgehoben, freilich eigentlich niemals: eine Serie löst die andere ab, jede Serie verbreitet sich mit ihren Nebenserien im Raume, verlängert sich mit ihren Anhangsserien in die Zeit, erweitert sich zu Serienfolgen höherer Ordnung, häuft sich zu Serienpotenzen vielfachen Grades (vgl. das Schema S. 56, 57).

Aber es sind doch nicht dieselben Elemente des Geschehens, nicht die gleichen Glieder des sich wiederholenden Geschehens, die durch das ganze komplexe Seriengefüge hindurch erhalten bleiben. Sondern — wie in Kapitel III ausführlich beschrieben — stichwortartig werden Einzelglieder aus einer Serie in die räumlich-zeitlich nächste übernommen; sie sind es, die als Zwischenglieder dienen und die Ursprungsserie fortsetzen. Nach etlichen solchen Ablösungen jedoch hat jedes Glied gewechselt, blieb keins mehr bestehen, das in der als Anfang gesetzten Serie vertreten war. Insofern darf vom Abbruch einer einzelnen Serie gesprochen werden: sie gilt als abgebrochen, wenn die ihr eigentümlichen Komponenten sich nicht mehr wiederholen, sondern anderen, abweichenden Komponenten eines neuen, wenn auch durch Mittelglieder fest angeschlossenen Seriallaufes gewichen sind.

Das Aufhören einer Serie — genauer: der Glieder eines als Einzelserie begrenzbaren Ablaufs — kann nun in zweierlei Gestalt erfolgen; und um das zu zeigen, waren die voraufgegangenen Exempel unbedingt notwendig. Entweder es geschieht, was in den letzten Zeilen eigentlich bereits rekapituliert war: durch Auflösung der Raumserie in ihre Neben-, der Zeitserie in ihre Anhangsserien zerstiebt die ganze Struktur ihrer Wiederholungselemente; der Wechsel in diesen Elementen bewirkt, daß die Ursprungsserie in ganz andere Formen umgewandelt erscheint. Sie kann dabei ihren serialen Grundcharakter bewahrt haben; oder sie mag auf einzelnen Zweigen in rein kausal bedingte Ereignisketten auslaufen: jedenfalls ist in all diesen Gliedern die Anfangsserie nicht mehr zu erkennen. Deshalb sagen wir eben, sie sei im Verlaufe des Geschehens abgebrochen worden.

Den Merkmalen der Anfangsserie kann aber auch Dauer beschieden sein. Das wird namentlich eintreffen, wenn das Geschehen, welches bis zu einem gewissen Punkte nur durch seine Trägheit weiterlief, nun durch ständig fortwirkende Ursachen übernommen und weitergetragen wird. Wir sehen dann die Wiederholungsform der Serie, die jedoch in rein kausalen Wiederholungsbetrieb umgeschaltet wurde: das war der Fall, der uns in den beiden jüngsten Beispielen — dem erdachten des Fräulein X und Herrn Y, dem erlebten der Spaziergänge zum Himmelhof — vorlag. Die Ursachen, die das seriale Aussehen des Geschehens — sozusagen eine Pseudomorphose der Serie — erhalten und dieses Geschehen, das bis dahin nur durch Beharrung ohne Fortwirkung ausgespannt war, nunmehr befestigen: jene Ursachen schuf sich das Geschehen selbst. Die serialen Zusammentreffen bergen Konstellationen in sich oder beziehen solche aus der Umgebung, die geeignet sind, eben dieselben Zusammentreffen in der nämlichen Anordnung zu stabilisieren.

Das also war mit dem Satze gemeint: Serialität geht in Kausalität über. In den beiden mehrfach erwähnten Beispielen, die hierfür geboten worden waren (S. 424, 425), herrschte sukzedane Serialität; nun folge noch ein naturgegebenes Beispiel für simultane Serialität, wo sie ebenfalls mit der Zeit fester Kausalität weichen kann. — Man beobachtet zuweilen, daß Leute, die, ohne verwandt zu sein, einander im Gesichte ähnlich sehen, auch in bezug auf Stimme, Redewendungen, Bewegungen, sonstige Gewohnheiten, Charakter, Begabung u. dgl. ähnlich sind — entweder nur in einer oder in mehreren dieser Zusatzbeziehungen. Gemeinsame Abstammung sei, wie gesagt, als Ursache der gehäuften Ähnlichkeit ausgeschlossen; kann übereinstimmende Lebenslage als gemeinsame Ursache sie geschaffen haben? Oder besteht schon organische Korrelation in der Weise, daß — wer ein solches Antlitz hat — auch eine derartige Stimme, Gangart usw. besitzen muß? Das Vorkommen so beschaffener Korrelationen ist uns allerdings geläufig: vom großen, starken Manne erwarten wir tiefen Baß, weit ausholenden, festen Tritt, stramme Haltung; vom zarten Mädchen hohen Sopran, zierliches Trippeln, Bieg- und Schmiegsamkeit. Andererseits lehrt uns die Erfahrung das Vorkommen auch aller übrigen Kombinationen, z. B. des vollbärtigen Riesen mit Fistelstimme und unsicherem, wiegendem Schritt, gebeugter Haltung; des Backfisches mit sonorem Alt und Dragonertritt. Unbeschadet dessen gibt es fraglos Typen, deren äußerer Ähnlichkeit sich die mehr von innen kommende motorische, akustische, psychische gesellt, und zwar nicht bloß im Rahmen des bezeichneten, grob quantitativen Gesamtgepräges (hohe Gestalt, tiefe oder laute Stimme usw.), sondern bis. in qualitative Kleinigkeiten hinein (individuelle Körperhaltung, charakteristische Klangfarbe usw.). Ich vermute auch hier eine Serialerscheinung; gemäß unserer Klassifizierung im Kapitel III entfiele sie in die Kategorie der „Korrelationsserie". In Betracht kommen aber die anderen Möglichkeiten ebenfalls, insbesondere Korrelation auf Grund gemeinsamer kausaler Basis, wennschon direkte Berührungskausalität ziemlich ausgeschlossen ist. Genaue Untersuchung des einzelnen Falles könnte unsere Entscheidung zwischen jenen Möglichkeiten fördern; für den Typus des beschriebenen Vorkommens lassen wir sie ungelöst.

Wir setzten nämlich das Beispiel diesmal noch zu anderem Zwecke her: um zu zeigen, daß die Aufhellung der Tatbestände durch Anerkennung der Serialität und Einführung des serialen Erklärungsprinzipes zweifellos eine Komplikation und daher zunächst eine Erschwerung erfährt. Die Entdecker eines neuen Ordnungsgrundsatzes pflegen diesen zum Gebrauche zu empfehlen, indem sie sich zu zeigen bemühen, daß das Verständnis des Tatsachenmateriales mit seiner Hilfe vereinfacht und erleichtert wird; von dieser Empfehlung dürfen wir mit unserem Gesetz der Serie freilich keinen Gebrauch machen.

Was hingegen die Pfadfinder eines neuen Ordnungsgrundsatzes weniger betonen, ist seine Eignung zur Erforschung der Wahrheit; darauf dürfen wir uns um so mehr stützen. Was nützt nämlich die einfachste Erklärung, wenn sie unrichtig ist? — Nicht etwa aus Mangel an Wahrheitsliebe unterläßt man sonst gerne, den Wahrheitswert eines Ordnungssatzes zu prüfen, sondern man setzt stillschweigend voraus, daß jede Vereinfachung an sich bereits Erklärung und damit zugleich Aufdeckung der Wirklichkeit bedeute. Mit solcher Voraussetzung macht man sich aber einer Verwechslung schuldig zwischen Quantität und Qualität des Grundsatzes, zwischen seiner graduellen und prinzipiellen Klarheitseignung, zwischen Erklärungsmenge (größere oder geringere Zahl der zusammengefaßten Einzelerscheinungen) und Erklärungswert (richtige oder unrichtige Art, zwischen den Einzelerscheinungen die Verbindung herzustellen).

Die lässige Gewohnheit, die einfachste Erklärungsweise stets schon für die zutreffende zu halten — mindestens so lange, bis eine noch einfachere gefunden ist —, diese Gewohnheit muß aus dem wissenschaftlichen Betriebe verschwinden. Je weniger Momente ins Spiel kamen, um ein Maximum (nicht Optimum) gesonderter Tatsachen unter einen Hut zu bringen, desto näher sollte nach bisherigem Usus die Erklärung an absolute Wahrheit heranreichen; desto eher hatte die Hypothese Anspruch, zum Range einer Theorie erhoben zu werden. Indessen dieser Grundsatz einfachster Erklärung, das Ökonomieprinzip der Forschung („Simplex sigillum veri") ist falsch, sobald es allgemeine Geltung fordert, und hat schon mehrfach Schiffbruch gelitten. Den Bedürfnissen unseres nach restlosem Erfassen des unendlichen Naturganzen ringenden Intellektes kommt das Ökonomieprinzip zwar entgegen; aber seine Bequemlichkeit für unsere geistige Arbeit hindert nicht, daß die Natur keineswegs einfach, sondern im Gegenteile äußerst kompliziert ist; und nicht darauf kann es der Naturforschung ankommen, die simpelste — vielmehr nur darauf, die möglichst richtige Deutung in der Flucht des Erkannten zu gewinnen. Unser Verlangen nach Einfachheit zeigt sich in allem, was wir ersinnen und konstruieren: so sind unsere Maschinen weit einfacher und leisten das von ihnen Verlangte mit größerer Energiesparsamkeit als die Lebewesen, welche miserable Maschinen darstellen und viel Kraft vergeuden; analog sind sämtliche Naturabläufe viel zusammengesetzter, als wir sie sehen.

Die vorhin gekennzeichnete Verwechslung von Zahl und Art begrifflich verknüpfter Sonderphänomene, von Weite und Weise der sie verknüpfenden Ordnung — diese gebräuchliche Vermengung darf in letzter Reihe als identisch betrachtet werden mit der nicht minder üblichen Verwirrung, welche Einfachheit für Einheit anpreist, Einzelheit für Einheitlichkeit hinnimmt. Das philosophische Sehnen des Menschengeistes nach Vereinheitlichung, nach steter Synthese ist seine Stärke, ihm eingegeben von der Einheit der Welt selber, der er entstammt, deren Sprößling er ist; aber sein Verlangen nach Versimpelung, nach steter Reduktion und Nivellierung ist seine Schwäche, ist Unfähigkeit, das All in sich aufzunehmen, ist der unartige Wille des eigensüchtigen Kindes, dem der Erzieher Weltall bald Einhalt gebietet. Mögen meine Worte das Mißverstehen verhüten, als verwürfe ich mit der Einfachheit des Universums zugleich seine Einheitlichkeit; als entwürfe ich auf Grund seiner hohen Zusammensetzung eine dualistische oder gar pluralistische Weltanschauung: mehrmals habe ich mich dagegen verwahrt. Aber ich verschließe mich auch nicht einer Übermacht von Gegnern des Monismus; er dankt sie dem Bestreben vieler Monisten und wissenschaftlicher Methodiker — beides ist heute ungefähr gleichbedeutend, wennselbst dieser Umstand von den meisten Methodikern ebenso heftig geleugnet als von einigen Monisten (WI. OSTWALD 1912 an der Spitze) behauptet wird —, dem Bestreben, für alle Dinge nicht sowohl eine einheitliche, sondern zugleich eine einfachste Ableitung herzustellen: jenes ist durchaus gerechtfertigt, dieses ganz und gar nicht. Zwar ruht das Weltall wahrscheinlich wirklich auf nur einer gemeinsamen Wesenheit; ihre zahllosen Abstufungen und Entwicklungszustände aber machen daraus ein Mosaik, in dessen blendender Buntheit nicht Uniformität und Egalität herrscht, sondern Komplikation; und nicht die naheliegendste Erklärung ordnet es aufs beste, wofern sie die Mannigfaltigkeit nur am weitesten umgreift; sondern ganz allein die tiefste Erklärung, die es versteht, dem Mosaikbild der Wirklichkeit am treuesten gerecht zu werden.

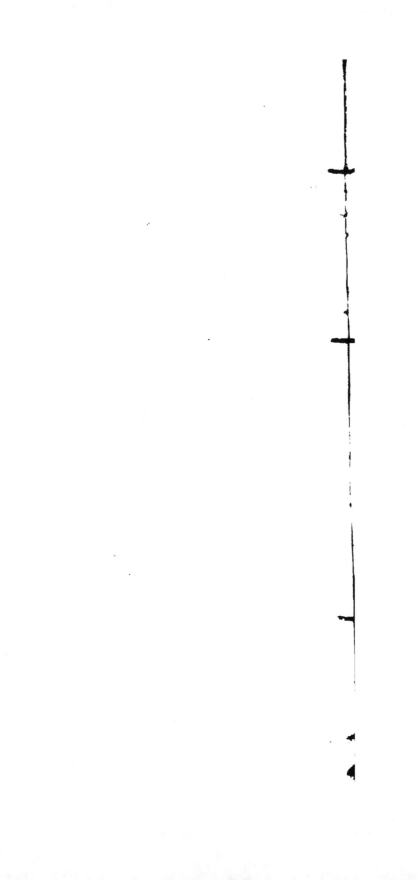

XVI. Serien und Kunst

Die ästhetische Wirkung der Reihenform ist typisch für dasjenige, was als das Wesen aller ästhetischen Gesetze erkannt wurde: daß sie samt und sonders formalen Charakter tragen, und daß die Form als solche, nicht die Inhalte oder Qualitäten, welche in eine Form gebracht sind, den ästhetischen Wert ausmachen.

FRIEDRICH JODL, „Ästhetik der bildenden Künste" (1917).

Und lauteten stets am Schlusse von zwei Zeilen die Worte des Liedes gleichklingend; und doch auch wieder nicht ganz gleich; als ob sich zwei Stimmen suchten im Hall und Widerhall. Oder wie wenn Mann und Weib, eins und doch zwei, sich zusammenschließen im Kuß.

FELIX DAHN, „Sind Götter?" S. 95.

Ins vorige Kapitel (S. 4r8) fand ein bemerkenswerter Satz SCHLIE-PERs wörtliche Aufnahme, an den wir jetzt abermals anknüpfen müssen: „Eine neue Bewertung des Denkens ist erforderlich geworden. Durch die Mittel dieses Denkens: Abgrenzen, Zusammenfassen, Vergleichen, Zählen, ist die Arbeit der Natur enthüllt worden, die ganz ebenso vor sich geht. Wie in den menschlichen Kunstwerken, sofern sie Symmetrie und Rhythmus enthalten, ein Stück wesentlicher Natur liegt, ein Stück Projektion unseres organisierten Körpers: ebenso enthüllt die tierische Psyche das im innersten Grund natürliche Prinzip des Scheidens und Vereinigens" (Rhythmus des Lebendigen, S. r56). Der Satz war von SCHLIEPER zum Beweise für die umwälzende Bedeutung der Periodenlehre in der Psychologie (einschließlich der Tierpsychologie) vermeint, von uns zum Belege für dieselbe Bedeutung der ganzen Serienlehre in der Logik verwendet worden. Gegenwärtig interessiert uns daran die Anspielung auf die Kunst und die Übereinstimmung, die er dadurch noch mehr, als er sie schon sowieso besitzt, mit einem verwandten Gedanken BÖLSCHEs gewinnt.

BÖLSCHE verteidigt die Berechtigung, im Sinne HAECKELs von „Kunstformen der Natur" zu sprechen: Allgegenwart des Schönen, besonders in der lebenden Natur, schließt bloßes Zufallswalten aus, das ihm noch etwa für Entstehung pittoresker Felsformen zu genügen scheint; Abwesenheit des Nutzwertes macht andererseits Heranzüchtung organischer Schmuckformen durch Selektion unwahrscheinlich. Auch geschlechtliche Zuchtwahl kann den Reichtum an Luxusbildungen nicht geschaffen haben.

„Die wunderbaren letzten rhythmischen Feinheiten eines Schmetterlingsflügels aber überhaupt durch die Wahl eines Tierauges und Tiergehirnes hervorsteigern zu lassen, erscheint mir weitaus zu kühn. Bei den Ammonoideen etwa, die in Ornamentalem schwelgen, versagt jede Voraussetzung einer Liebeszuchtwahl, und vollends die ‚Schönheit' der Kieselskelette von Radiolarien, also Urtieren, die zum Teil die absolut finsteren Abgründe der Tiefsee bewohnen und an ihrem schlichten Zelleibe keinerlei besonderes Auge, das Ornamentalformen beurteilen könnte, führen, kommt unmöglich mehr für diese Theorie in Betracht. Gerade auf diesem indifferenten Gebiete erzielt aber das Ornamental- und Harmonieprinzip noch immer seine breitesten Triumphe. Hier muß in nochmals tieferer Schicht also wohl nochmals eine Generalursache walten, die aber auch nicht bloß der Zufall sein kann, sondern die in einer strengen, an kristallinische Bildungen erinnernden Gesetzmäßigkeit unmittelbar Rhythmisch-Ornamentales begünstigen muß. HAECKEL selbst hat schon vor vielen Jahren in der ersten Auflage seiner „Generellen Morphologie" den Versuch gemacht, die Formenfülle auch der organischen Welt auf gewisse kristallinische Regelmäßigkeiten wenigstens ordnend einmal zurückzuführen ... Ich persönlich habe wiederholt darauf hingewiesen, daß für den, der an eine natürliche Entwicklung des Menschen, also schließlich auch des Kunstmenschen glaubt, der Gedanke immerhin nahe läge: ob nicht das, was dort unten vom Einzeller an im Körperbau formgebend im Sinne einer Art kristallinischer Richtkraft zum rhythmisch Stilisierten gewirkt hat, identisch sein könnte mit den materiellen Vorgängen in unserem menschlichen Gehirn, die uns psychisch als Hang zu rhythmischer Kunstgestaltung und Freude am Stilisierten erscheinen" (Stirb und Werde, S. 159, 160).

Beiden Gedankengängen, SCHLIEPERs und BÖLSCHEs, ist mithin etwas gemeinsam, womit sie sich noch drittens mit SEMONs „Mneme-Theorie" (Kap. XII) berühren: die höchsten schöpferischen Vorgänge im Menschenhirn — die verstandesmäßigen Leistungen des Denkvermögens ebenso wie die mehr gefühlsmäßigen des Kunstschaffens — beruhen auf allgemeinen Eigenschaften der organischen Materie; aus einerlei Material, nur in verschiedener Feinheit ausgeführt, besteht alles Lebendige; ihm ist auch der Mensch mit seinen glänzenden Fähigkeiten entsprossen — alles, was Menschenhirn und Menschenherz bewegt, muß denselben Ursprung genommen haben. Deshalb muß aber auch die vorgeschrittenste Äußerung unseres Kulturlebens, des Gipfels jener Höher- und Höchstentwicklung, in ihren Elementen durch die ganze lebendige Natur bis zu ihren tiefststehenden Vertretern hinab nachweisbar sein: nur daß sie bei Tier und Pflanze nach innen gerichtet beim Formen des eigenen Leibes und seiner Anbauten (Gehäuse, Skelette, Nester) stehen bleibt, wo sie beim Menschen, gesteigert beim Gelehrten und Künstler, in ungleich reicherem Maße erst im Entwerfen nach außen ihr Genügen findet. Doch die Gestaltungskraft an sich bleibt überall dieselbe; und wir sind genötigt, ihre Homologie, die hier vorerst bloß aus Vereinheitlichung des Menschen und der übrigen lebenden Natur erwuchs, noch weiter auszudehnen auf die unbelebte und damit auf die Gesamtnatur; insbesondere, wie es HAECKEL unternommen hat, die anorganischen Kristallgestalten miteinzurechnen in die „Kunstformen der Natur", will sagen, in die Kunstleistungen der allen Naturkörpern selber innewohnenden Formungskraft.

434

Dies einheitlich gemeinsame Streben, harmonische Gestalt zu werden, kommt kaum irgendwo beweisender zutage als durch die Übereinstimmung des Stiles, die zwischen Naturkörpern und Kunstdenkmälern ein und desselben Landes obwaltet. In Indien sieht alles, was Natur und Kultur hervorbringt, „echt indisch", in Ägypten ebenso alles „ägyptisch" aus: man betrachte z. B. die Pharaonenmaske hier heimischer Echsen, etwa des Harduns *(Agama stellio)* und Dornschwanzes *(Uromastix spinipes)*; den Buddhaausdruck dort heimischer Kröten (etwa *Bufo melanostictus)*. Mag sein, daß das Herausfinden solcher Stilähnlichkeiten vor strengen Kriterien des Verstandes nicht bestehen kann, und daß es viel eher ein nachträgliches Hineintragen ist: man wird unter anderem einwenden, auch asiatische Agamen (etwa *Uromastix hardwickei*, *Calotes*-Arten) sähen „ägyptisch" aus und ägyptische Kröten *(Bufo regularis)* wie ein indischer Götze, während andere Tiere des Niltales sich in ihrem Habitus kaum von europäischen Gattungen unterscheiden (etwa die dortigen Fransenfingerechsen nicht von den bei uns heimischen Halsbandechsen) und noch andere weit über die Grenzen desjenigen Landes verbreitet sind, dessen Gepräge sie tragen sollen. Man könne eben alles in jedes hineindeuten. Trotzdem sage ich mir instinktmäßig, daß etwas Wahres daran ist; und kürzlich hörte ich zur Bestätigung dessen eine gänzlich unvoreingenommene Persönlichkeit — eine Künstlerin, deren Urteil in rebus scientificis sicherlich nicht durch Sachkenntnis „getrübt" war — beim Anblick einer ägyptischen Gottesanbeterin (Fangheuschrecke *Sphodromantis bioculata)* überrascht ausrufen, das Tier trage einen Sphinxkopf; der Ausspruch fiel, noch ehe ich die Heimat des Insektes (das in Europa eine scheinbar durchaus übereinstimmend „stilisierte" Verwandte, *Mantis religiosa*, besitzt) bekanntgegeben hatte.

Nicht minder wie zwischen der tierischen Bevölkerung einerseits, Trachten und Rassentypus der menschlichen Bevölkerung andererseits bestehen solche Ähnlichkeiten zwischen belebter und unbelebter Natur eines Landes auf der einen, menschlichen Bau- und Bildwerken daselbst auf der anderen Seite. „Die dunkelfarbigen oder rötlichen, durch Winderosion skulpturierten Felsenmassen der nubischen Wüste gemahnen so sehr an altägyptische Kolossalstandbilder, an Memnonssäulen, Sphinxe und Ramsesstatuen, daß sich wie von selbst der Gedanke aufdrängt, sie hätten diesen als Muster gedient, oder die Phantasie der altpharaonischen Bildhauer sei mindestens unbewußt von jenen Naturdenkmälern angeregt worden" (KAMMERER, Musikalisches Talent, S. 33). Gleiches gilt nochmals zwischen der nationalen Musik und häufigen Naturgeräuschen, die dem von derselben Nation bewohnten Lande eigen sind: ich führte dies

a. a. O. näher aus für den eintönigen Gesang der Sudanneger und das beinah melodische Knarren der ungeölten Schöpfräder, von denen die Felder bewässert werden.

Nicht umsonst spricht man von „bodenständiger", „wurzelechter" Kunst, von ihrem „Erdgeruch": soweit Kunstschaffen in Frage kommt, dürften wohl die meisten der zu beobachtenden Ähnlichkeiten mit dem landesüblichen Naturstil durch sekundäre Nachahmungsvorgänge zustande kommen, wobei der Künstler selbst die tätige Initiative ergreift. Die Stilgerechtheit benachbarter Bauten und Baudenkmäler — etwa ein und derselben Straße oder Stadt — ist beispielsweise sicher zum größten Teile durch absichtlich nachahmendes Schaffen der Baumeister und Architekten bedingt; wer sich aber dessen bewußt bleibt, daß menschliches Handeln nicht autonom ist, nicht souverän über der Natur steht, dem bedeutet selbst diese willkürliche Anschmiegung nur einen besonderen, und zwar einen besonders lebhaften Ausdruck des allgemeinen imitatorischen Naturprinzips. Zwischen Naturprodukten (einschließlich des Menschen) untereinander sind vollends außerdem die primären Nachahmungen — von vornherein gleichgerichtete, ausgeglichene Formungstendenzen — für Einheitlichkeit des Stiles verantwortlich zu machen.

Besonders wertvoll ist es nun, wenn SCHLIEPER (wie zu Beginn des Kapitels zitiert) die Einheitlichkeit der mit Formungsenergie beladenen Arbeitsweise — hier des nach außen projizierenden Menschen, zumal Künstlers; dort des nach innen projizierenden Lebewesens und Kristalles — auch im Bereiche des Periodischen nochmals aufgefunden hat. Darin ist nämlich ein denkwürdiger Hinweis gegeben, warum wir die durch sich selbst geschaffenen „Kunstformen der Natur" und die von uns selbst geschaffenen „Naturformen der Kunst" als schön empfinden. Gewiß, sie erscheinen uns schön, weil sie einen Teil unseres ureigensten Wesens darstellen — weil sie den Gestaltungsdrang jeglicher Materie zur Tat werden lassen. Aber damit ist dem Schönheitsempfinden noch nicht auf den Grund gegangen; noch etwas Besonderes muß vorhanden sein, das sein Wesen tiefer ausschöpft: dieses besondere Moment ist die Wiederholung — die seriale Wiederholung im allgemeinen und die regelmäßig periodische im besonderen.

Die Bedeutung der Wiederholung für das Wesen der Schönheit ist längst erkannt. MACH verleiht ihr folgenden Ausdruck: „Im allgemeinen gibt ein Produzieren nach einer bestimmten, konsequent festgehaltenen Regel etwas leidlich Hübsches ... Eine Regel setzt aber immer eine Wiederholung voraus. Es spielt also die Wiederholung eine Rolle im Angenehmen ... Ein Beispiel dafür, daß Wiederholung der Empfindung angenehm sein kann, bietet das Schreibheft jedes Schuljungen, welches eine Fundgrube für dergleichen Dinge ist und in der Tat nur eines Abbé DOMENECH bedarf, um berühmt zu werden. Irgendeine noch so abgeschmackte Gestalt einige Male wiederholt und in eine Reihe gestellt, gibt immer ein leidliches Ornament" (Abb. 45 oben; MACH, Populärwissenschaftliche Vorlesungen, S. 102). Das Treffende dieser Behauptung läßt sich sogar experimentell erweisen: ein garstiger Tintenklecks gewinnt durch Falzen des Papieres und doppelseitigen Abklatsch symmetrische Gestalt und wirkt dann gar nicht ungefällig; solch planlose Ornamentierung ist in den Schulen als „Klecksographie" bekannt, und es gibt sogar eigene Heftchen dafür im Papierhandel, deren Ausfüllung durch verschiedene Personen scherzweise graphologisch ausgedeutet wird, da jedermann seine charakteristische Art haben soll, symmetrische Tintenflecke zu erzeugen.

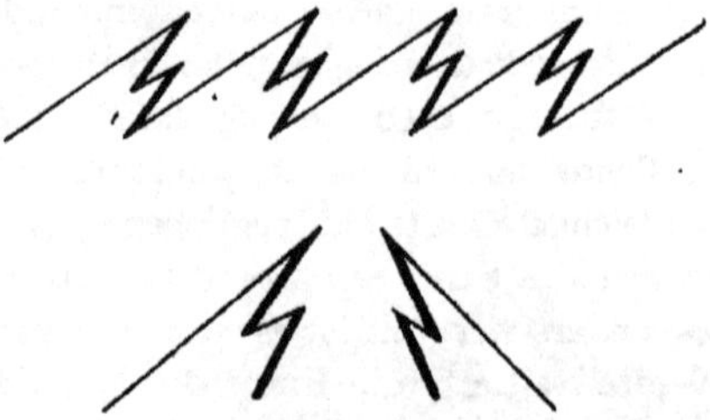

Über die angenehme Wirkung der Symmetrie sagt MACH: sie „beruht nun ebenfalls auf der Wiederholung von Empfindungen ... Die linke Hälfte *a* einer vertikal symmetrischen Figur löst in dem linken Auge dieselben Muskelgefühle aus, wie die rechte Hälfte *b* in dem rechten. Das Angenehme der Symmetrie hat zunächst in der Wiederholung der Muskelgefühle seinen Grund"

Abb. 45. Beispiel zur ornamentalen Wirkung einfachster Formen, wenn sie sich wiederholen (oben) oder symmetrisch gestellt sind (unten). (Nach E. Mach, „Populärwissenschaftliche Vorlesungen", S. 103, Fig. 25.)

(Abb. 45 unten; MACH, Vorlesungen, S. 103, 120).

Spuren des Serial-Schönen finden sich in jeder künstlerischen Form reichlich. Ich entnehme die folgenden Belege dafür zumeist einem sehr lehrreichen Aufsatze von STEFAN HOCK. Nach SORET und MÜLLER-FREIENFELS beruht die musikalische Komposition auf Wiederholung melodischer und rhythmischer Elemente; und auch die Wiederholung harmonischer Elemente kann hier gleich zugezogen werden, um so eher, als die beim Erklingen eines Tones mitklingenden Obertöne das Wesen von Konsonanz und Dissonanz bestimmen. Das „Mitklingen" der Saiten von gleicher oder bestimmt dimensionierter Schwingungszahl ist aber eine bekannte ins Reich der Imitationen gehörige Erscheinung.

Rhythmische Wiederholung ist ferner in der Poesie unentbehrlich: die ganze Metrik beruht darauf, ebenso die Reime, mögen sie sich am Ende, am Anfang oder inmitten der Verszeile befinden. „Wobei aber nicht ausschließlich an Wort und Vers gedacht werden soll; auch ein Wechsel dramatisch bewegter und lyrisch ausklingender Szenen, wie WALZEL ihn für das klassizistische Drama nachweist, ist rhythmisch." Nach MEUMANN wirkt selbst Wiederholung rhythmisch ungleicher Gruppen rhythmisierend: nach WUNDT tritt dabei „ein Wechsel von spannenden und lösenden Gefühlen ein — ein Übergang von Erwartung über Verzögerung zu Überraschung, der höchst lustvoll ist". Hierzu vergleiche man unsere Ausführungen über den serialen Charakter im Ungleichen (S. 79); ferner kann man in jenen „spannenden und lösenden" psychischen Vorgängen abermals ein Spiegelbild der großen Naturwesenheiten in unserem menschlichen Wesen erkennen: nämlich wohl den Wechsel materiell-energetischer Abstoßungs- und Anziehungsvorgänge, wie sie den Kreislauf der imitatorischen Ausgleichsprozesse ständig begleiten.

Der Rhythmus „ist aber nicht die einzige Quelle des Vergnügens an der Wiederholung: durch Wiederholung wird die Apperzeption erleichtert. Bei erstmaligem Anhören einer rhythmischen Figur sind wir rein auffassend und uns innerlich adaptierend tätig; bei der Wiederholung ist die Arbeit der Auffassung vorbei und wir können uns, nachdem die aneignende Aufmerksamkeit entlastet worden ist, dem Genuß hingeben." MEUMANN spricht von der Lustqualität, die allem Bekannten anhaftet. MÜLLER-FREIENFELS „läßt den Kunstgenuß von Bekanntheits- und Neuheitsgefühlen begleitet sein, die selbst erst wieder der Grund von Lust- und Unlustgefühlen werden. Sowohl Wiederholung innerhalb des Kunstwerkes als Wiederholung des Kunstwerkes löst das Gefühl der Bekanntheit aus. Dieses ist im allgemeinen lustvoll; allzu große Bekanntheit aber ruft — wie sehr starke Neuheit — Unlustgefühle hervor. Die Schwelle für derartige Eindrücke ist nach Individuen, Nationen, Zeiten verschieden."

In der bildenden Kunst tritt das, was in der Musik und Poesie die zeitliche Rhythmik ausdrückt, als räumliche Ornamentik hervor. Bezüglich ihrer Entstehung gehen die Ansichten auseinander: GROSSE und WUNDT sind der Meinung, daß folgende Entwicklungsstufen zum Ornament hinführen: Vereinfachung der Naturnachbildung zum Zwecke der Mitteilung, Stilisierung, Wiederholung; letztere nach JONAS COHN und LIPPS auch in spiegelbildlicher Form, als Streben nach Symmetrie zur Hervorhebung der Einheit (vgl. das vorhin von MACH über Symmetrie Gesagte). DESSOIR, WORRINGER, WALZEL dagegen sind der Meinung, daß Stilisierung und Rhythmisierung des Naturbildes nichts Sekundäres, sondern etwas Primäres sei: nicht Nachahmung der Natur, sondern Flucht vor der Natur als Wurzel ornamentalen Schaffens. „Ein abstraktes Gebilde wird nachträglich naturalisiert, nicht das Naturobjekt nachträglich stilisiert." — Dieselbe Streitfrage besteht in der Lyrik: laut den zuerst genannten Autoren „auch hier eine Gefühlsäußerung, zunächst mit der Absicht der Mitteilung verbunden, ihre Stilisierung durch den Rhythmus, die Wiederholung; auch hier die stilisierende Zerstörung der naturgegebenen Form, wenn der Sinn im Laufe der Zeit verstümmelt wird, so daß der musikalische Rhythmus, vergleichbar dem geometrischen Ornament, übrigbleibt." Und nach den spätergenannten Schriftstellern „nicht nachträgliche Rhythmisierung einer Gefühlsäußerung, sondern Hervorbringung eines Rhythmus neben oder vor seiner Ausfüllung durch sinnvolle Worte".

Wie so oft, ergibt sich die Lösung der Streitfrage nicht aus einem Entweder-Oder, sondern aus dem Sowohl-Als auch: beides ist richtig, denn beides kommt vor. Ein versöhnliches Moment liegt zunächst darin, wie die Wiederholung in der Kunst, besonders der Dichtung und Musik, gehandhabt wird, nämlich selten und höchstens in ganz bestimmter Absicht als starre Unveränderlichkeit: „Je rascher die Unlust an der Gleichförmigkeit eintritt, um so häufiger verbindet sich die Wiederholung mit der Variation" (HOCK, S. 60). Diese Abwechslung kann nun entweder nur die Form allein betreffen oder nur den Inhalt, aber Form und Inhalt bleiben innig verbunden und ergeben zusammen die ästhetische Wirkung des Rhythmus. Entweder also bleibt in den Wiederholungen der Inhalt gleich, und die Form wechselt; z. B. wenn im Märchen dasselbe mehrmals erzählt wird, aber mit etwas anderen Worten und kürzer, denn gegen ganz wörtliche Wiederholung besteht entschiedene Abneigung. Oder es bleibt umgekehrt das formale Gerüst gleich, aber sein sachlicher Inhalt wechselt, wie bei der Assonanz des Endreimes, Alliteration des Stabreimes, deren wiederholendes Element im Gleichklang, deren abwechselndes Element in verschiedener Wortbedeutung ruht; man möchte dann den neuen Inhalt, der die gleichgebliebene Form ausfüllt, entfernt mit den kristallinischen „Pseudomorphosen" (S. 197) vergleichen, wo ebenfalls neues Material, und zwar ein fremdes Mineral den Abguß einer Kristallgestalt herstellt, die als Ausguß zurückblieb, wo das ihr arteigene Mineral vom anderen verdrängt wurde.

Noch anschaulicher wird die genetische und morphologische Zusammengehörigkeit von Form und Inhalt und daher das bloß Scheinbare des oben gezeigten Widerspruches, wenn wir von der zeitlichen Stufenfolge des Kunstwerks jetzt absehen und es nur nach der Endstufe werten, die es erreicht hat: wir bestimmen dann jede Kunst, worin Stil und Rhythmus Hauptsache sind, als klassizistische oder reine Formkunst; und jede, worin Nachahmung des Wirklichen im Vordergrunde steht, als naturalistische oder Erlebniskunst. WORRINGER kontrastiert beide Gattungen aufs schärfste, indem er sagt, das Grundprinzip der einen sei „Eurhythmie der Form, das der anderen Wiedergabe des Lebens"; HAMANN charakterisiert sie mit folgenden Worten: „Das Erlebnis verlangt Geschlossenheit, Anfang und Ende, Gruppierung. Die Form dagegen Reihung, Wiederholung, Monotonie und Unendlichkeit. Die Form ist das ästhetische Element der dekorativen Kunst; im Erlebniskunstwerk dagegen bildet sie nur die Begleitung, nicht den Kern des Erlebnisses. Die Begleitung muß im Hintergrund bleiben, als rhythmische Wiederholung. Je mehr sich aber die Begleitung als formale Wiederkehr des Gleichen vordrängt, um so mehr hört das Ganze auf, Erlebnis zu werden und wird Dekoration."

Liegt nun hier im tiefsten Sinne ein wirklicher Gegensatz vor? In den Extremen gewiß, wie schon unterwegs der dichotomischen Gabelung jener zwei Kunstgattungen; in ihrer gemeinsamen Wurzel gewiß nicht. Ich will nicht die Selbstverständlichkeit ausführen, daß ein Erlebniskunstwerk der Form und damit des Rhythmus ebensowenig entraten kann wie ein Formkunstwerk der Lebenswahrheit: mag selbst in äußersten Fällen dort die Form und hier die Lebendigkeit rudimentär geworden sein wie männliche Geschlechtscharaktere im Weibchen und weibliche im Männchen — dennoch hier wie dort Zeugnisse ihrer gemeinschaftlichen Abstammung, ihrer Differenzierung aus Indifferentem. Aber ich will, an ersteres anknüpfend, darauf hinweisen, daß die Nachahmung der Wirklichkeit an sich, durch eben diese Nachbildung, schon Wiederholung ist und als solche und ganze — sogar ohne Wiederholung innerhalb des Kunstwerkes selbst — gleichsam mnemisch rhythmisierend wirkt; ferner will ich, ans zweite anknüpfend, mit HOCK hervorheben, daß nicht bloß Wiedergabe der Wirklichkeit, sondern ebensosehr die Form, in die sie eingekleidet wird, von der Natur gegeben ist: noch abgesehen von der Lebensfülle ihres Inhalts ist auch die Formkunst schon als solche Erlebniskunst; stellt in dieser nur einen engeren, keineswegs einen gegensätzlichen Begriff vor. Und insofern, als die Seele jeder Form, jeder Regel Wiederholung ist, brauchen wir jetzt nur noch ans Naturgegebene, aus dem Leben Geschöpfte der Serialität zu erinnern. „Freude am Rhythmus und Freude am Bekannten," sagt HOCK (S. 6o), „sind ästhetische Gefühle. Die Wiederholung, die ihnen entgegenkommt, hat zwar ausschließlich formale Bedeutung. Aber auch das Erlebniskunstwerk kennt die Wiederholung, wie das Leben selbst sie kennt." Und Seite 68, 69: „Wenn die Wiederholung der Steigerung des Eindrucks dient, so kann das Nachahmung des wirklichen Lebens sein. Etwa die einander drängenden Hiobsposten" in den SHAKESPEAREschen Königsdramen.

Ja, HOCK hat sogar mit scharfem Blick bereits den Zusammenhang erkannt, den sein kunstästhetisches Problem mit dem philosophischen Serialitätsproblem besitzt, nur daß er letzteres vorläufig nicht ernst zu nehmen geneigt ist: „Ich verweise auf die lebhafte Aufmerksamkeit, die man dem zeitlich benachbarten Auftreten verwandter Ereignisse widmet und die zu der halb scherzhaften Behauptung eines Gesetzes der Serie geführt hat" (S. 70). Freilich erklärt HOCK knapp vor und nach diesem Satze: „In der Natur erscheinen selten zwei gleiche Personen, Dinge, Ereignisse. Auch hier wirken sie daher mit besonderer Kraft;" im letztgesagten hat HOCK sehr recht, im restlichen irrt er. Und „man erwartet im Leben die Verschiedenartigkeit der Erscheinungen. Die große Ähnlichkeit von Zwillingen habe ich immer als etwas geheimnisvoll Reizendes, wohl auch Ängstigendes empfunden. In diese Kategorie wäre das Doppelgängertum einzureihen, dessen literarische Verwertung wiederholt förderliche Betrachtung erfahren hat."

Auch jene Erwartung hat zwar recht, wenn sie die Mannigfaltigkeit der Erscheinungen voraussetzt; aber sie irrt, wenn sie annimmt, Benachbartes werde meistens mannigfaltig sein, müsse in der Regel „bunte Reihe" bilden. Wir wissen, nicht Buntheit in der Reihe, sondern Reihung in der Buntheit bildet die Regel. Und wenn es unheimlich erscheint, sobald die Erfahrung der Erwartung durchgängiger oder doch durchschnittlicher nachbarlicher Verschiedenheit widerspricht, so ist diese Empfindung nichts anderes als das abergläubische Grauen vor jeder gewaltigen Naturerscheinung, die wir noch nicht vertraulich kennen, noch nicht verständlich erforscht und beherrscht haben. Das Schaudern vor unentrinnbarer Wiederholung gleicht der Furcht des Wilden vor Blitz, Sturm und anderen Elementargewalten, in denen er Dämonen sieht. Naturwissenschaftliche Erforschung wird auch die serialen Vorkommnisse ihres mystischen Reizes entkleiden — doch ihr künstlerischer Zauber wird unberührt und bezwingend bleiben wie je zuvor. Freude an der Wiederholung ist ja nur aus dem Grunde möglich und notwendig, weil Wiederholung ein unentbehrlicher Teil unseres eigenen Ich ist; die Wiederholung kann und muß aber nur deshalb ein wesentlicher Bestandteil unserer menschlichen Natur sein, weil sie aus Gesamtnatur herauswuchs als eines ihrer zahllosen Entwicklungserzeugnisse.

Menschliche Natur und Gesamtnatur — ihr Wesen; und das Wesen wahrer Kunst sind eben ein und dasselbe. Wir deuteten es an, wo wir das Gedächtnis als erhaltendes Prinzip im Wechsel lebendigen Geschehens erkannten; von diesem besonderen Gesichtspunkt (S. 313) führten wir aus, daß auch im lebendigen Kunstwerk etwas Beharrendes, seine Wiederholungen aber beharrlich mit noch nicht Dagewesenem Beladendes sein müsse — wiedererscheinende Melismen beispielsweise in abgewandelter Harmonik, Rhythmik, Dynamik. Denn stereotype Wiederkehr wirkt als Armut, als Leere; Neues allein aber als Formlosigkeit. Spiegel der bei aller Wiederkehr unerschöpflichen Mannigfaltigkeit der Welt kann das Kunstwerk nur sein, seine reichsten Wirkungen nur entfalten, wenn es Wiederholung und Neuformung harmonisch verbindet.

So bestätigen diese beiden wesentlichen Eigenschaften des Weltgeschehens — Wiederholung und Wechsel —, daß das vollkommenste Kunstwerk aller Gebiete jenes bleibt, das den Weltenbau am treuesten wiedergibt. Den Weltenbau oder Gesamtnatur in ihrem Wesen, nicht Stücke daraus in ihrem Sein, deren genauer Abklatsch in Porträt, Stilleben, Landschaft, in Erzählung, Beschreibung, Schilderung uns simpelhaft und unkünstlerisch vorkommt, wie mechanisches Abknipsen der Vorlagen mit dem photographischen Apparat.

Welche Eigenschaften der Welt immer wir sonst noch als Prüfstein fürs Wesen echter Kunst verwenden wollten: immer bleibt dieselbe Wahrheit bestehen. Jüngst hat ZEDERBAUER das harmonische Dreieck und den harmonischen Kreis als ständige Verhältnismaße in allen Natur-, Himmelskörpern und gewaltigsten Kunstschöpfungen aufgefunden; die Allgegenwart jenes rechtwinkligen und gleichschenkligen Dreieckes und jenes Kreises, dem es eingeschrieben werden kann, nachdem über seinen Seiten Quadrate errichtet wurden, gilt ZEDERBAUER als „Harmonie der Welt". Zu unserem Gesetz der Serie hat ZEDERBAUERs universelle Harmonielehre insofern Verwandtschaft, als hier wie dort eine überall gegenwärtige, gesetzmäßige Zuordnung der Dinge erkennbar wird, die mit der ständig sich erneuernden, stetig wechselnden, fortgesponnenen Kette von Ursachen und Wirkungen nicht erschöpft und beschlossen sein kann; im Serien- wie im Gesetz des harmonischen Dreiecks und Kreises wird eine gesetzmäßige Lage- und Zeitbeziehung der Dinge nachgewiesen, die nochmals tiefer liegt als alle Ursache und Wirkung — ihren gemeinschaftlichen Urgrund bildet vom Anfange der Dinge bis in deren Ewigkeit.

Nun ist kraft der Entwicklung die Struktur des Universums eingesenkt in uns: so vermögen wir denn die leichte, im eigentlichen Sinne „spielende" Lösung der Weltprobleme, wie sie im vollkommenen Kunstwerk harmonisch anklingen, als Auflösung der Rätsel auch des eigenen Ich zu empfinden und mittelbar als Erlösung vom „Weltschmerz", der kaum anderes ist als ungestillter Erkenntnisdrang, unbefriedetes

Sehnen nach Klarheit. Da ferner Kunstschöpfung, deren Formen sich in abgewandelter Wiederholung ergehen, Gesamtschöpfung abbildet; so fühlen wir diese Formkunst, die mit Erfindung zwar spart, in ökonomischer Verwendung weniger Motive aber — man denke nur an den motivischen Wunderbau WAGNERscher Musikdramen — verschwenderischsten Reichtum entfaltet, als tiefstes Welterleben und deshalb zugleich als vollste, beglückendste Selbsterfüllung.

Rückblick

Man hat daher in wissenschaftlichen Dingen
gerade das Gegenteil von dem zu tun, was der
Künstler rätlich findet: denn er tut wohl, sein
Kunstwerk nicht öffentlich sehen zu lassen, bis
es vollendet ist, weil ihm nicht leicht jemand
raten noch Beistand leisten kann ... In wissenschaftlichen Dingen hingegen ist es schon nütz-
lich, jede einzelne Erfahrung, ja Vermutung
öffentlich mitzuteilen, und es ist höchst rätlich,
ein wissenschaftliches Gebäude nicht eher auf-
zuführen, bis der Plan dazu und die Materialien
allgemein bekannt, beurteilt und ausgewählt
sind.

GOETHE, „Der Versuch als Vermittler
von Objekt und Subjekt" (1793).

Von einem allbekannten physikalischen Gesetz nimmt unsere zusammenfassende Darstellung ihren Ausgang: vom Gesetze der Aktion und Reaktion. Jede Wirkung, die von irgendeinem Ding auf ein anderes ausgeübt wird, verursacht bei diesem die gleichstarke Gegenwirkung auf jenes. Es ist einerlei, welchem Energiegebiet die Wirkung angehört; immer entspricht ihr die äquivalente Rückwirkung.

Es ist eine Folge wechselseitiger energetischer Beeinflussung der Dinge, daß sie die Energiemengen, mit denen sie geladen sind, zum Ausgleiche bringen. Besäße Ding A die Energieladung E + e; Ding B aber von E — e, so wird sowohl von A auf B als umgekehrt die Einwirkung e ausgeübt werden, nur im letzteren Fall' als Rückwirkung mit negativem Vorzeichen. Zum Schlusse hätten A wie B denselben Energievorrat E, womit der Prozeß zur Ruhe gelangt, soweit seine Antriebe im System selber gelegen sind und nicht etwa durch äußere (außerhalb des Systems AB gelegene) Energiewirkungen in dasselbe hineingetragen werden. Das Bisherige ist auch folgendermaßen ausdrückbar: Besteht in bezug auf den Energiebesitz zweier Dinge ein Potentialgefälle; so strömt vom höheren energetischen Niveau so lange Energie zum niedrigeren ab, bis die Niveaudifferenz verschwunden ist.

Setzen wir voraus, daß alle Eigenschaften der Dinge durch ihre Zusammensetzung aus gewissen Mengen der verschiedensten Energiearten bestimmt werden: dann müssen in gegenseitiger Nähe befindliche Dinge durch den fortgesetzten Energietausch einander zunehmend ähnlicher werden. Einige Energiesorten vollziehen die Ausgleichung ihrer Niveauunterschiede rascher (Wärme, Elektrizität einschließlich Magnetismus, Bewegung); andere vollbringen sie langsamer (Stoff- und Formenergie). Die Verähnlichung in Wirkung und Gegenwirkung befindlicher Dinge geht also nicht in bezug auf ihre gesamte Energieladung (in bezug auf all ihre Eigenschaften) gleichmäßig vonstatten; sondern im Maße des leichteren oder schwereren Überganges aus Lage- in lebendige Energie wird der thermische, motorische, elektromagnetische Ausgleich bereits vollzogen, der chemische und plastische noch unvollendet sein. Äußere Bedingungen, z. B. die umgebende Temperatur und Dichte, verschieben die Reihenfolge, verzögern oder beschleunigen den Gesamtausgleich.

Die Verähnlichung der energetischen, letzten Endes also der Gesamtbeschaffenheit benachbarter Dinge nennen wir Nachahmung (Imitation): der Ausdruck darf ja nicht dazu verleiten, einen anthropozentrischen Begriff damit zu verbinden! Der Terminus „Imitation" möge also nicht dahin mißverstanden werden, als wollten wir im wechselseitigen „Nachahmen" beliebiger, auch lebloser Dinge eine Willenshandlung erblicken. Eher ist umgekehrt die willkürliche Nachahmung des Menschen und der Tiere nichts anderes als ein spezieller und besonders lebhafter Ausdruck des universellen imitatorischen Naturprinzipes, das sich überall Geltung verschafft — angefangen vom mechanischen Energiestrom (aus einem Maximum in ein Minimum) durch alle Grade bis zum organischen, unbewußten Nachahmungstrieb und schließlich empor zur höchsten Stufe wachbewußten Lernens und Nacheiferns.

Ich will ferner nicht den möglichen Irrtum bestehen lassen, als sei die Gültigkeit des Imitationsgesetzes an eine energetische Weltanschauung gebunden. Hauptsächlich den geläufigen, bequemen Erklärungsmitteln zuliebe — die ja allerdings meiner Ansicht nach dem größten Maße an Wahrscheinlichkeit angemessen sind — bediene ich mich zur Entwicklung meiner Lehre der Sprache der Energetik. Es ist aber gleichgültig, ob die Wesenheiten der Dinge, durch die sie ihre Verähnlichung bewirken, „Energien" sind oder nicht. Die Verähnlichung ist eine Beobachtungstatsache: nennen wir dasjenige, durch dessen Austausch sie zustande kommt, nach dem Muster von MACH ganz unverbindlich „Elemente", so ist der Erfahrung und ihrer theoretischen Formulierung damit ebensogut gedient.

In Verlauf und Ergebnis kann die Imitation zweierlei Gestalt annehmen: entweder beide Dinge verändern sich unter dem Einflusse des imitatorischen Prozesses sichtbarlich; sie werden untereinander zwar gleich, gleichen aber nicht mehr ihrem jeweilig eigenen, ursprünglichen Zustand. Hat A dieselbe Energie- (oder unverbindlich Elementen-)Menge e gewonnen, die B verlor; so nahmen dadurch beide das von A wie B gleich verschiedene Aussehen C an: $A + e = B - e = C$. Diese Form der Imitation nennen wir Ausgleichung (Kompensation). Chemische Verbindungen aller Art bieten dafür ein weites Gebiet von Beispielen.

Werdegang und Resultat der Imitation kann aber auch den Anblick einseitiger Nachahmung bieten: A gewinnt das Aussehen von B; B jedoch ist seinem ehemaligen Aussehen und Zustande scheinbar gleich geblieben. Dies Einseitige daran beruht selbstverständlich auf Täuschung — ähnlich derjenigen, die glauben läßt, der fallende Stein werde von der Erde einseitig angezogen, nicht auch die Erde ebenso stark vom Stein. Jene Form der Imitation, bei welcher nur die Aktion von B auf A, nicht die Reaktion von A auf B sichtbar wird, nennen wir Angleichung (Adaptation). Farb- und Formanpassungen der Tiere an ihre Umgebung, etwa der Kerbtiere an Pflanzenteile, auf denen sie leben, liefern dafür einen weiten Bereich von Beispielen.

Kompensation und Adaptation der Dinge machen es begreiflich, daß nebeneinander viel Ähnliches und Gleiches gefunden wird: jenes reihen- oder haufenweise Vorkommen und gleichzeitige Geschehen des Homologen oder Analogen, das wir als simultane oder räumliche Serialität bezeichneten.

Es kommen jedoch Dinge zusammen, die bereits ähnlich oder gleich waren, ehe sie an Ort und Stelle einem so weitgehenden Imitationsprozeß unterworfen gewesen sein konnten: diese sekundäre (zum Unterschied von der eben behandelten primären) Simultanserialität erklärt sich aus der allgemeinen Anziehung (Attraktion), die in ihrer Stärke an den Grad sonstiger energetischer Ausgeglichenheit der Dinge gebunden, und zwar dieser direkt proportional ist.

Die Attraktion hat ihre mechanische und ihre chemische Seite: dort erscheint sie als allgemeine Massenanziehung (Gravitation); hier als allgemeine Stoffanziehung (Affinität). Zwar wird die Affinität oder stoffliche Wahlverwandtschaft gebräuchlichen Sinnes als desto größer betrachtet, je verschiedener und nicht je ähnlicher Elemente in ihren Eigenschaften sind. Diese Differenz wird behoben, wenn man folgende einfache Überlegung anstellt: es sind die Dinge mit größten Verschiedenheiten, zwischen welchen auch die Ausgleichsprozesse am stürmischsten verlaufen müssen; mit zunehmender Ausgleichung aber wächst die Anziehung. Die schließlich erfolgte Verbindung, der erreichte Zusammenhalt, ist nicht mehr Werk der primär gewesenen Verschiedenheit, sondern schon Werk der sekundär gewordenen Gleichheit. Es ergibt sich eine Synthese von Affinität und Gravitation, dergestalt, daß beide nur Grade ein und derselben Attraktion vorstellen: Affinität ist gewissermaßen werdende Gravitation; Gravitation das Endstadium der Affinität. Man muß sich die Attraktion als Bestandteil, in ihrer Vollendung als letztes Glied der gesamten Ausgleichung vorstellen: durch Beseitigung der räumlichen Entfernung wird eben zu guter Letzt noch das Gefälle an attraktiver Energie ausgeglichen. Je nach dem Aggregatzustand der Dinge wird — selbstredend von äußeren Hindernissen abgesehen — ihre Annäherung eine mehr oder minder vollkommene sein: bei Starrzuständen nur zum Aneinander, bei Flußzuständen bis zum Ineinander gedeihen.

Die allgemeine Attraktion ist noch an die Achsenbestimmung (Polarität) geknüpft: während des Energietausches werden die Dinge polarisiert; gleichsam als Nebenprodukt des Prozesses entstehen in ihnen polare Verschiedenheiten; und diese sind es, die den Anstoß geben zur attraktiven Vollendung des Gesamtprozesses. Attraktion greift nämlich nur bei heterologen Polen an, die sich deshalb auch einander zuwenden; an homologen Polen dagegen besteht Abstoßung (Repulsion) und deshalb räumliche Abwendung. Durch solche Verlagerung kommt die Achsenbestimmung oft schon äußerlich als S ym metrisierung, als spiegelbildlich-seitengleicher Bau des Imitations- und Attraktionsbereiches zum Vorschein. Je nach dem Näherungs- grade wird die heterologe Polarität ausgeglichener Dinge an ihren Grenzflächen aufgehoben, ja bei ihrer innerlichen Vermischung (wenn der Aggregatszustand für eine solche hinlänglich flüssig ist) in homologe Polarität umgeschaltet; da dies Abstoßung bedeutet, führt es zur Zer- trennung, zur räumlichen Wiederentfernung; letztere aber führt zum Erwerbe neuer Verschiedenheiten — die Verschiedenheiten ihrerseits zur Neuaufnahme des Ausgleiches. So pendelt das Geschehen zwischen Gleichwerden und Anziehung einerseits, Abstoßung und Ungleich- werden andererseits — bietet äußerlich das Schauspiel ewigen Kreis- laufs von Gleichförmigkeit und Mannigfaltigkeit der Welt.

Die Imitationen geleiten nicht bloß zur Annäherung des Gleichen im räumlichen Nebeneinander, sondern auch im zeitlichen Nacheinander. Wird doch jeder Augenblick von der Beschaffenheit des vorausgehenden Augenblickes beeinflußt und mitbestimmt. Mag die Zukunft durch neue Einwirkungen von außen her noch so viele Veränderungen erfahren, sie kann doch ihre Vergangenheit nicht verleugnen, deren wesentliche Merkmale stets in sie eingehen. Jeder Folgezustand übernimmt auf energetisch-imitatorischem Wege seine Eigenart zunächst vom jeweils zeitlich angrenzenden Vorzustand. Ausdruck dessen ist die Beharrung des Geschehens: sie wird hierdurch als besondere Gesetzmäßigkeit dem allgemeinen Reaktionsgesetze untergeordnet und verliert in dieser Fassung ihr anthropistisches Gepräge. Wie die „Nach- ahmung", muß die Beharrung oder „Trägheit", sobald das Wort von Lebewesen einschließlich des Menschen gebraucht wird, nur als vitaler Sonderfall desselben physikalischen Geschehens aufgefaßt, ja nicht umgekehrt die allgemeine Naturträgheit als Spezialfall der Lebens- trägheit begriffen werden.

Das Beharrungsgeschehen und Beharrungsbestreben — wie wir sahen, eine Folge der aus dem Raume in die Zeit erweiterten Imitation — gilt nicht etwa bloß im Sinne veralteter mechanischer Beschränkung für Bewegung und Masse; sondern für alle Energie, der es EINSTEIN (1913) gleichsetzt, und daher gleicherweise für Stoff wie für Kraft. Das Gesetz gleicher (ausgleichender und angleichender) Wirkung und

Gegenwirkung macht so die Häufung des Gleichen in zeitlicher Reihe nicht minder verständlich wie diejenige in räumlicher Breite: hiermit ist dann das Vorkommen sukzedaner oder zeitlicher Serialität dem früher erklärten Vorkommen simultaner oder räumlicher Serialität beigerechnet und angeschlossen.

Serien, deren nacheinander wiederholte Ereignisse nebst den zwischengeschalteten gleichbleibende oder doch zu fortwährendem Ausgleich gelangende Dauer beanspruchen, heißen Perioden. Dem Sprachgebrauche folgend, bleibt die Anwendung dieses Terminus auf regelmäßige Zeitserien beschränkt; sachlich würde seine Ausdehnung auf Raumserien gerechtfertigt sein, deren Glieder in regelmäßigen Abständen voneinander entfernt stehen. Dem Imitationsgesetze gehorsam, werden unregelmäßig seriale Folgen von regelmäßig-periodischen Folgen eingeregelt, rhythmisiert, so daß jene nun ebenfalls periodisch verlaufen (Angleichung der Serie an eine Periode); desgleichen imitieren einander zwei Perioden verschiedenen Taktes so, daß ihr Rhythmus nunmehr entweder derselbe oder mindestens ein wechselseitig zusammenstimmender wird: etwa bildet jede Phase der längeren Periode zu je mehreren Phasen der kürzeren Periode einen Überbau, dessen Anfang und Ende mit demjenigen des schnelleren Rhythmus gewissermaßen wie mit Taktstrichen oder Taktstockstreichen allemal zusammenfällt (Ausgleichung zweier oder mehrerer Perioden).

Ebenso wie die Imitation zwischen beliebigen Dingen überhaupt, ist diejenige zwischen Serien und Perioden oder zwischen verschiedenerlei Perioden bald räumlich, bald zeitlich. Räumliche Imitation findet statt zwischen einer Mehrheit, zumindest einer Zweiheit von Serien oder Perioden, die nebeneinander ablaufen und sich dabei rhythmisch an- oder ausgleichen; zeitliche Imitation geschieht zwischen den Phasen ein und derselben Serie oder Periode, indem zu lang geratene von entsprechend zu kurzen abgelöst werden oder umgekehrt, so daß das Regelmaß eines Periodenverlaufes in seiner Gänze unberührt bleibt. Besonders irrationale Serien im Übergange zu rationalen, also unentwickelte Perioden neigen zu solch ausgleichender Verlängerung und Verkürzung ihrer Intervalle; doch auch bei vollentwickelten Perioden kommt es dazu, wenn außerhalb des periodischen Systems liegende Einwirkungen das Gleichbleiben der Intervalle hindern. Je fester die Periode sitzt, je autonomer sie dem betreffenden System eigentümlich ist, desto prompter erfolgt der Ausgleich auf gleiche Dauer im ganzen.

Behaupten wir das seriale und periodische Geschehen als Beharren gleicher Körper- und Kräftekonstellationen, so geraten wir in Scheinwiderspruch zur Diskontinuität jenes Geschehens, die im Pochen und Pulsen, in Phasen und Zwischenphasen, in Wiederholungen und Unterbrechungen zum Ausdrucke kommt. Der scheinbare Widerspruch findet aber darin seine Lösung, daß die serialen wie die periodischen Hebungen und Senkungen dem Beharren einer geschwungenen Schnur verglichen werden können, die ihre Ausbiegungen beim Weitergleiten beibehält; oder noch allgemeiner der Trägheit auf- und niedergehender Wellenzüge an die Seite gestellt werden können. Die Unterbrochenheit der Wellenberge ist keine tatsächliche, weil die Wellentäler (die, für sich betrachtet, ja gleichfalls unterbrochen wären) sie zur Einheit verbinden. Der Schein des Sprunghaften wird erhöht, wo wir nicht den ganzen Wellengang überblicken, sondern nur seine Wellenschläge empfinden; wo die Wellengipfel allein in unser Oberbewußtsein ragen, die Wogentäler hingegen in unserem Unterbewußtsein verschwinden.

Diese Einsicht macht eine gewisse Änderung unserer Begriffe von Ursache und Wirkung notwendig. Nicht das Wesen des Kausalitätsbegriffes soll erschüttert oder erweitert, ebensowenig ihm ein akausaler Serialitätsbegriff zur Seite gestellt werden; nur ist die Erscheinungsform der Kausalität in serialen und periodischen Phänomenen eine andere als die bisher fast ausschließlich benützte und gewohnte. Bis nun nämlich wären Wiederholungen durch Fortwirkung derselben Ursache während der ganzen Wiederholungsdauer erklärt worden; falls sich aber herausstellt, daß jede Wiederholung auf eine unabhängige Sonderursache zurückgeht, wäre diese allein verantwortlich gemacht, das wiederholende Zusammentreffen als „Zufall" hingenommen worden. Solcher Rückständigkeit der Erklärungsweise begegnet man alltäglich, wenn die im gewöhnlichen Erleben nahegebrachten Duplizitäten und Multiplizitäten — viel zu zahlreich, um als Ausnahmen und Zufälle gedeutet zu werden (siehe die Beispielsammlung im ersten wie auch in späteren Kapiteln) — weder von Laien- noch von wissenschaftlicher Seite des Nachdenkens für würdig befunden werden; ja, wenn jeder Versuch, sie unter einheitlichem Gesichtspunkt zu fassen, als Aberglaube zurückgewiesen wird.

Während somit im Rahmen des denkgewohnten Kausalbegriffes einheitliche Zusammenfassung der Wiederholungen anscheinend unerreichbar ist, zeigt sich die Anwendung des Beharrungsbegriffes diesem Ziele sofort viel besser gewachsen: in seinem Lichte genügt schon der einmalige, anfängliche, dann abbrechende Anstoß, um Begebenheiten hervorzurufen, die sich wiederholen; die von jenem ersten Anstoß unmittelbar hervorgerufene Begebenheit läuft nämlich wellenförmig beharrlich weiter und gestattet vermöge der Einzelbetrachtung — bald nur der Wellengipfel, bald nur der Wellentäler — eine begriffliche

Zerlegung (Analyse) in eine Reihe (Serie) von Wiederholungen. Da die Ursache erlosch, welche die Wellenbewegung hervorrief, so erscheint die Fortpflanzung der Wellen, das wiederholte Eintreffen von Wogenkämmen bzw. Wogentälern ursachenlos, akausal. In Wirklichkeit freilich liegt nur eine verschleierte Form der Kausalität vor, die wir als Beharrungskausalität heraushoben und hierdurch der gewöhnlich ausschließend berücksichtigten Berührungskausalität gegenüberstellen. Bei der Berührungskausalität liegt die Ursache niemals eine Zeit- oder Raumstrecke hinter ihrer durch Beharrung weitergegebenen Wirkung zurück; sondern die Ursache geht der Wirkung — zeitlich wie räumlich hart angrenzend — unmittelbar voraus. Wird dagegen bei Beharrungskausalität ein wiederholtes Ereignis als Wirkung seines Vorgängers angesehen, so sind diese beiden gleichartigen, eben nur wegen ihrer Gleichartigkeit als Wiederholungen empfundenen Ereignisse durch eine andersartige Zwischenphase voneinander getrennt: Ursache und Wirkung erscheinen durch ein Raum- oder Zeitintervall geschieden.

Doch sind Berührungskausalität (Kausalität im engeren Sinne) und Beharrungskausalität (Serialität) keineswegs zwei gleichberechtigte, beigeordnete Begriffe; sondern diese ist der anderen untergeordnet. Strenge genommen und in einem weiteren Sinne ist alle Kausalität Berührungskausalität; alle Wirkung ist Nahwirkung, das heißt (mit FARADAY und MAXWELL) nur unmittelbar aneinanderstoßende Dinge wirken aufeinander. Der Anblick einer Fernwirkung bei Beharrungskausalität ist dadurch gegeben, daß man die Schaltmedien in Aktion und Reaktion befindlicher Dinge vernachlässigt und ausschließlich diese Dinge selbst ins Auge faßt; etwa den fallenden Körper und den ihn anziehenden Erdkern, nicht auch die zwischengeschalteten Kernhüllen, Erdrinde, Wasser- und Lufthülle. Die Emanationslehre oder Erkenntnis, daß alle Körper materielle Teilchen abschleudern, durch deren Vermittlung sie auf andere, selbst entfernte Körper wirken können — aber dadurch wirken, daß jene stofflichen Sendboten den entfernten Körper berühren —, muß der mystischen Fernwirkungslehre den letzten Boden entziehen.

Fernwirkung ist auch zwischen den einzelnen Wiederholungsfällen einer Serie, den Kulminations- und Tiefenpunkten einer Periode nur vorgetäuscht, wenn man das Verbindungsstück der serialen bzw. periodischen Kurve übersieht, zumal es meist nicht oberbewußt verläuft. Etwa Ermüdung als Folge der Anstrengung: Wirkung und Ursache scheinen nicht in Berührung zu stehen, wenn jene erst am zweiten Tage herauskommt. Tatsächlich berührt sie sich aber mit dieser durch eine Verbindungslinie, die im Unterbewußtsein verstreicht.

Mehrfach hat in unseren Überlegungen das Bild der Wellenbewegung: die Wellenkurve als veranschaulichendes Moment gedient. Doch erscheint das seriale und periodische Geschehen nur, wenn auf kurze Entfernung verfolgt, als Wellen- oder Pendelbewegung, gleichwie sich die Erdoberfläche bei kleinem Überblick als flache Scheibe und nicht als Kugelsegment darstellt. Weil es aber kein vollkommen autonomes, von seiner Umwelt unabhängig schwingendes Serien- und Periodensystem gibt, so schreitet die Wiederholung nicht als Kongruenz, sondern nur als Analogie einher — nicht als Deckungsgleichheit, sondern als Gleichheit, die immer mit Verschiedenheit gepaart ist. Die Erneuerung des Alten ist Erneuerung auch in dem buchstäblichen Sinne, als sie nicht bloß das Vergangene wiederbringt, sondern allemal noch nicht Dagewesenes mit sich trägt. Der Mischung aus Altem und Neuem danken wir das Empfinden des Fortschreitens in der Zeit; wir hätten es nicht, wenn die Ereignisse mit solcher Kopientreue zurückkehrten wie die Zeiger der Uhr nach jedesmaliger Ganzbeschreibung ihrer Kreisbahn.

So gleicht der Fortschritt des realen Geschehens weder einem Kreisen noch einem Pendeln; und in seiner graphischen Darstellung nicht so sehr einer zweidimensionalen Wellen- als einer dreidimensionalen Schraubenlinie. Die Windungen wiederholen sich zwar, biegen immer nach derselben Seite des Geschehens um: aber der ehemaligen Lage gegenüber im ganzen immer mehr oder minder weit verschoben; rückkehrend und dabei doch vorwärts rückend.

Das Bild der dreidimensionalen Spirale bewährt sich in jeglichem Weltgeschehen: in den periodischen Bahnen und Eigenbewegungen der Gestirne (Beispiel S. 251: jeder Punkt der Erdoberfläche beschreibt eine Schraubenlinie, deren Achse ein Meridian ist, welcher von Ost- und Westpol gleichen Abstand besitzt); im Werden des einzelnen Himmelskörpers, der Schichtung seines Rindenbaues; in der Geschichte des Erdenlebens von der Urzeugung des Protoplasmas bis zum Zellindividuum und von hier aus weiter zum denkenden Zellenstaat; und wieder in der Geschichte des Menschengeschlechtes vom Höhlenmenschen der Steinzeit bis zum ,,Kulturmenschen'' des Ekrasites, Unterseebootes und der lenkbaren Bombenluftfahrten: spiralig nach jedesmaligem Teilverlaufe eines Umganges im Bereiche des Fortschrittes rückbiegend in alte Barbarei, aber immer wieder mit neuen Barbarismen beladen: die Feuersteinschleuder wich dem Wurfspeer mit Bronzespitze, der Armbrust mit Stahlbolzen, dem Sprenggeschoß aus weittragenden Geschützen. Noch weiter bewährt sich das Bild vom Schraubengang in durchlaufenden Teilsträngen der Menschheitsgeschichte, bei Entwicklung jedweder menschlichen Betätigung: eingehend nachgewiesen ist es in der Sprachgeschichte; darauf aufmerksam gemacht in der allgemeinen Geistes-, besonders der Erfindungsgeschichte; biogenetisch rekapituliert in der Entstehungsgeschichte jeder physiologischen und psychologischen Einheit, jeder Person und jedes ihrer Gefühle und Gedanken.

Nichts davon natürlich bevorrechtet den Menschen, sondern ist gemeinschaftliches Eigentum des Gesamtlebens, der Gesamtnatur, offenbart sich an untermenschlichen Lebewesen wie an Kristallen und Gesteinen. In unserer zusammenfassenden Übersicht soll nur daran erinnert werden, wie das begrifflich konstruierte Vergleichsbild der Schraubenlinie — und zwar als flachgewundene Spirale bei langsamem, als steilgewundene Korkzieherkurve bei schnellem Vorwärtsschreiten — sogar körperlich zum Vorschein kommt, wo äußere Richtkräfte möglichst wenig hemmend eingreifen. Schraubig ist die Verbindungslinie der Fußpunkte an Pflanzen- und Polypenstämmen entspringender (periodisch entstehender) Zweige und Knospen; spiralig verläuft hemmungsloses Wachstum, so unabgenützter Zähne, Schnäbel, Klauen, Haare, Federn, Ranken; im Kreise wenigstens — aufzufassen als Windung, der Raumhindernisse nicht gestatten, zur Spirale auszuwachsen — bewegt sich der Tanz, als motorische Lustbezeigung jenen morphologischen Luxusbildungen vergleichbar; im Kreise rennt aber auch der Drehsüchtige beim Fortfall innerer, der Verirrte beim Fortfall äußerer, regelnder Orientierungsempfindungen. Könnte der Tänzer wie der Verirrte — dieser wie jener ein „Verdrehter", „Verstiegener" — fliegen, er schwebte in Spiralwindungen zu höheren Sphären empor gleich dem „kreisenden", seine Schraubenlinien beschreibenden Aar.

So ist denn Serialität allgegenwärtig und ununterbrochen im Lebens-, Natur- und Weltgeschehen. Als Modell diene der Flachkiesel, der — horizontal aufs Wasser geworfen — mehrmals emporspringt und eine „Serie" auf der Wasserfläche tanzt. Überall aber, wo er niederfällt, erregt dieses sich wiederholende Ereignis je als neue Serie die Wasserwellen, die sich vom Orte des Abstoßens kreisförmig nach allen Richtungen fortpflanzen; Schallwellen des Aufklatschens setzen sich ebenfalls fort; und Lichtwellen dringen ins Auge des Beobachters, verursachen dort rhythmisch-seriales Weiterklingen der Simultankontraste und komplementären Nachbilder in der Sehsinnessubstanz, jederzeit reproduzierbare Erinnerungsbilder in der grauen Gehirnrindensubstanz, von wo sie wieder nach außen projiziert werden können im spielerisch-empirischen Nachmachen (Vornehmen abermaliger Steinwürfe), im wissenschaftlichen Beschreiben, im künstlerischen Schaffen und Umformen . . .

Unsere ganze Lebensführung wird sich deshalb des

serialen (beharrungskausalen) Prinzipes bemächtigen, von ausschließlicher Verwertung des berührungskausalen Grundsatzes abkommen müssen. Als Methode zur Gewinnung wissenschaftlicher Einsicht, zum Erkennen des philosophischen Weltbildes, zur mathematisch sicheren Vorhersage des Wahrscheinlichsten; als Weg zum Erwerbe verlässlicher Alltagserfahrung; als Verfahren der Heilkunde und Technik; als Richtschnur unseres sittlichen Handelns; als Mittel zur Beherrschung und bewußten Gestaltung unseres persönlichen Lebens wie desjenigen unserer Angehörigen, unserer Untergebenen, zur Verwaltung der gesamten menschlichen Gesellschaft wird man die Serien und Perioden fortan nicht mehr entbehren können. Vorausgesetzt, daß es eine menschliche Zukunft, einen menschlichen Fortschritt noch gibt und nicht bloß mehr ein degeneratives Rückschreiten, ein Altern und Aussterben der Gattung Mensch. Der Grund zu neuem Fortschritt würde gelegt durch den Vorbau einer beschreibenden und vergleichenden Serienlehre; wahrhaft dem Fortschritt dienstbar gemacht würde der Ausbau einer experimentellen Serienlehre, die uns ermöglicht, nicht bloß (wie ausschließlich bisher) kürzest überschaubare Berührungs-, sondern auch weitest gespannte Beharrungsabläufe des Lebens je nach ihrer Gunst oder Ungunst zu erzwingen oder abzuschneiden, zum Ablaufe oder zum Aufhören zu bringen.

Denn Wiederholung ist ein wesentliches Walten und Wirken im ganzen der Welt: gleicherweise eignet sie dem Laufe der Gestirne wie dem Wirbel der Atome; den toten wie den lebendigen Teilchen und Massen. Nachahmung, Ausgleichung, Anpassung, Wiederholung leiht der Pflanze ihren Wuchs, dem Tier seinen Bau und seine Bewegung, dem Menschen seinen Geist und sein Geschick und seine Schöpfung: Höchstleistungen des Fühlens und Denkens, ans Göttliche ragende Meisterwerke der Kunst wie der Wissenschaft — sie alle sind der Wiederkehr unterworfen und tragen die Wiederkehr in sich selbst: mit dem Schoße des Weltalls, das alles in der Welt gebar, verknüpft sie alle das Gesetz der Serie.

Liste der genannten Schriften,
zugleich Schriftstellerverzeichnis

* vor dem Autornamen bedeutet, daß die Schrift unmittelbar in die Fragen dieses Werkes einschlägt; während die übrigen nur gelegentliche und vergleichend herangezogene Hinweise enthalten. — Die von den bibliographischen Angaben durch eine Punktenreihe getrennten, am Schlusse jeden Zitates stehenden Zahlen bedeuten Seiten, auf denen die Schrift im vorliegenden Buche erwähnt ist.

457

458

auf das Potentialgefälle in der Atmosphäre". Meteorologische Zeitschrift, XI, 58, 1894 (vgl. auch Zölß) 261

EKMAN, SVEN, „Die Phyllopoden, Cladoceren und freilebenden Copepoden der nordschwedischen Hochgebirge". Zoologische Jahrbücher, Abteilung für Systematik, Geographie und Biologie der Tiere, XXI, 1905 272

ELLIS, HAVELOCK, „Geschlechtstrieb und Schamgefühl". Deutsch von Julia E. Kötscher. Leipzig 1900 415

EMPEDOKLES, zitiert nach Diels, „Fragmente der Vorsokratiker". 1. Aufl., S. 90 139

EÖTVÖS, Pendelversuche 148

ERATOSTHENES (276 oder 275 — ca. 194 v. Chr.), Bruchstücke seiner Schriften gesammelt von Bernhardy, „Eratosthenica", Berlin 1822 188

EURIPIDES (480—405 v. Chr.), „Hippolytos", Vers 1213; „Die Troerinnen", Vers 83 . . . . 234, 235

FABRE, J., „Souvenirs entomologiques", Paris 1879—1882. Deutsch als: „Bilder aus der Insektenwelt", zweite Serie, Stuttgart, Franckhsche Verlagshandlung, S. 41 und 98, 1911 294

FARADAY, MICHAEL (1791—1867), „Six lectures on various forces of matter"; 4. Aufl., London 1874; deutsch Berlin 1873 453

FESTUS, SEXTUS POMPEJUS (ca. 2. Jahrh. n. Chr.), Auszug aus Verrius Flaccus' „De verborum significatu", Ausgabe K. O. Müller, Leipzig 1839 235

FICK, A., „Philosophischer Versuch über die Wahrscheinlichkeiten". Würzburg 1883. Abgedruckt in A. Ficks Gesammelten Schriften, Bd. I, S. 146 ff., Würzburg 1903 176

*FLIESS, WILHELM, „Die Beziehungen zwischen Nase und weiblichen Geschlechtsorganen", Leipzig und Wien, Franz Deuticke, 1897 23

*FLIESS, WILHELM, „Der Ablauf des Lebens. Grundlegung zur exakten Biologie". Leipzig und Wien, Franz Deuticke, 1906 23, 32, 99, 202, 237, 238, 239
245, 246, 249, 262, 315, 347, 374, 417

*FLIESS, WILHELM, „Zum Ablauf des Lebens". Ostwalds Annalen der Naturphilosophie, VI. Bd., S. 121—138, 1907 80

*FLIESS, WILHELM, „Der Ablauf des Lebens und seine Kritiker". Ostwalds Annalen der Naturphilosophie, X. Bd., S. 314—350, 1911 23, 99, 238, 245, 315
374, 417

*FLIESS, WILHELM, „Vom Leben und vom Tod. Biologische Vorträge". Jena, Eugen Diederichs, 1. Aufl., 1909; 2. Aufl., 1914 a 23, 32, 99, 202, 238, 245
246, 315, 374, 384, 417

*FLIESS, WILHELM, „Männlich und Weiblich". Zeitschrift für Sexualwissenschaft, 1. Bd., 1. Heft, April 1914 b 202

*FLIESS, WILHELM, „Die periodischen Tage des Menschen". Nach einem Vortrag in der Wiener Urania. Das monistische Jahrhundert, III, Heft 4, S. 75—84; Heft 5, S. 105—114; Diskussion Heft 11, S. 286—291; Schlußwort Heft 19/20, S. 516—518; 1914 c 32, 248, 332, 405

*FLIESS, WILHELM, „Das Jahr im Lebendigen". — Verlegt bei Eugen Diederichs in Jena, 1918 . . . . 239, 249, 262

FORCELLINI, „Totius Latinitatis Lexicon", II sub verbo Decimanus vel decumanus, II, 8 235

*FOREL, AUGUST, „Das Gedächtnis und seine Abnormitäten". S. 12—14, Zürich 1885 284

FOURIER, JEAN BAPTISTE JOSEPH DE, „Théorie analytique de la chaleur", Paris 1822. Deutsch von Weinstein, Berlin 1884 . . . . 184, 185

FRAZER, J. G., „Lectures on the early history of the kingship". S. 41 ff. . . . 341

FREUD, SIEGMUND, siehe BREUER und FREUD.

*FRIEDLÄNDER, BENEDIKT, „Über den sogenannten Palolowurm". Biologisches Zentralblatt, XVIII, Nr. 10, 1898; XIX, Nr. 8 und Nr. 16; Medizinische Woche, Nr. 38 und 39, 1901 . . . . 260, 262

FRISCH, KARL VON, „Über farbige Anpassung bei Fischen". Zoologische

466

467

469

Seite

473

Sachregister

485